最新执法办案实务丛书

—— 第十六版 ——

图解

立案证据定罪量刑
标准与法律适用

TUJIE LI'AN ZHENGJU DINGZUI LIANGXING BIAOZHUN YU FALÜ SHIYONG

第一分册

危害国家安全案
危害公共安全案

张　润　张尊仆 / 编著

《最新执法办案实务丛书》编写组 / 编

中国法制出版社
CHINA LEGAL PUBLISHING HOUSE

图书在版编目（CIP）数据

图解立案证据定罪量刑标准与法律适用. 第一分册 /
张润，张尊仆编著；《最新执法办案实务丛书》编写组
编. -- 16 版. -- 北京：中国法制出版社，2024. 9.
ISBN 978 - 7 - 5216 - 4560 - 6

Ⅰ. D924. 305 - 64

中国国家版本馆 CIP 数据核字第 2024D4A784 号

责任编辑：刘海龙 　　　　　　　　　　　　　　封面设计：李　宁

图解立案证据定罪量刑标准与法律适用. 第一分册

TUJIE LI'AN ZHENGJU DINGZUI LIANGXING BIAOZHUN YU FALÜ SHIYONG. DI-YI FENCE

编著/张润，张尊仆
编者/《最新执法办案实务丛书》编写组
经销/新华书店
印刷/三河市紫恒印装有限公司
开本/787 毫米×1092 毫米　16 开　　　　　印张/31.75　字数/852 千
版次/2024 年 9 月第 16 版　　　　　　　　2024 年 9 月第 1 次印刷

中国法制出版社出版
书号 ISBN 978 - 7 - 5216 - 4560 - 6　　　　　　　　定价：96.00 元

北京市西城区西便门西里甲 16 号西便门办公区
邮政编码：100053　　　　　　　　　　　传真：010 - 63141600
网址：http：//www. zgfzs. com　　　　　编辑部电话：010 - 63141814
市场营销部电话：010 - 63141612　　　　印务部电话：010 - 63141606

（如有印装质量问题，请与本社印务部联系。）

修订说明

《图解立案证据定罪量刑标准与法律适用》自出版以来，深受广大读者欢迎。本书是第十六版的第一分册。根据《中华人民共和国反间谍法》《中华人民共和国保守国家秘密法》《煤矿安全生产条例》《最高人民法院、最高人民检察院关于办理环境污染刑事案件适用法律若干问题的解释》《最高人民法院、最高人民检察院、公安部、司法部关于办理醉酒危险驾驶刑事案件的意见》等最新修订、公布的法律法规、规章、司法解释，我们对本书进行了全面修订，以适应刑事立法和司法的最新变化。

书中引用的罪名，根据1997年12月11日《最高人民法院关于执行〈中华人民共和国刑法〉确定罪名的规定》、2002年3月15日《最高人民法院、最高人民检察院关于执行〈中华人民共和国刑法〉确定罪名的补充规定》、2003年8月15日《最高人民法院、最高人民检察院关于执行〈中华人民共和国刑法〉确定罪名的补充规定（二）》、2007年10月25日《最高人民法院、最高人民检察院关于执行〈中华人民共和国刑法〉确定罪名的补充规定（三）》、2009年10月14日《最高人民法院、最高人民检察院关于执行〈中华人民共和国刑法〉确定罪名的补充规定（四）》、2011年4月27日《最高人民法院、最高人民检察院关于执行〈中华人民共和国刑法〉确定罪名的补充规定（五）》、2015年10月30日《最高人民法院、最高人民检察院关于执行〈中华人民共和国刑法〉确定罪名的补充规定（六）》、2021年2月26日《最高人民法院、最高人民检察院关于执行〈中华人民共和国刑法〉确定罪名的补充规定（七）》和2024年1月30日《最高人民法院、最高人民检察院关于执行〈中华人民共和国刑法〉确定罪名的补充规定（八）》确定。

本书采用全新的版式设计和装帧形式，内文双色印刷，排版更加疏朗，装帧更为精美。期待这些设计能给广大读者带来更好的阅读体验。

二〇二四年九月

编写说明

公安机关、人民检察院、人民法院等在实现依法治国、建设社会主义法治国家中发挥着重要的职能作用。对法律的正确理解和准确适用是法治意识形成的源泉，是实现法治目标的基本保障。公安、司法、监察等机关的工作人员要顺利履行职责，必须准确理解、全面掌握刑事法律知识。惟其如此，才能做到依法及时打击犯罪，维护社会治安秩序。

为满足上述机关工作人员刑事办案的需要，我们编写了这套《图解立案证据定罪量刑标准与法律适用》丛书。

本书具有以下三个特点：

新颖。全书采用图表的形式，一目了然，便于快速查阅。在体例编排上，按照【概念】【立案标准】【定罪标准】【证据参考标准】【量刑标准】【法律适用】的体例结构形式，根据最新颁布的法律法规、司法解释、部门规章和规范性文件对相关罪案进行逐一全面的释解。

准确。本书根据权威资料精心编撰。撰写者均来自实务机关、律所、相关院校等，长期从事刑事法律理论及实践工作，法学理论功底扎实，了解司法实践情况，解说准确，结构严谨，能够确保本书的权威性和准确性。

实用。本书紧密结合刑事办案工作实际，对办案中涉及的关于立案标准、罪名认定、罪与非罪、此罪与彼罪、一罪与数罪、罪重罪轻、证据范围和法律适用等问题进行了详细介绍，逻辑清晰、语言流畅、针对性强，有利于办案时进行参考。

需要说明的是，本书体例中所指的立案标准、定罪标准、证据参考标准和量刑标准等法律术语，其含义如下：

1. **立案标准**，从广义上讲，包括立案所应当具备的一切法律和事实的标准，它是立案条件的具体化、规范化。从狭义上看，是指构成犯罪客观方面所要求达到的数额、情节、行为等的界限。本书中的立案标准是指狭义的立案标准。从刑法的规定看，立案标准可分为数额标准、情节标准、行为标准、结果标准、危险标准等。司法实践中，立案标准是办案的起点，与量刑标准有一定的区别。

2. **定罪标准**，即犯罪构成，包括犯罪客体、犯罪客观方面、犯罪主体、犯罪主观方面四个要件。定罪，要注意区别罪与非罪的界限。衡量一个行为是否构成犯罪，首先，要看该行为是否具有社会危害性，以及社会危害性的

程度如何。其次，既要从刑法总则关于犯罪构成的原则规定进行认定，也要从刑法分则关于某种犯罪的具体构成上进行认定。最后，认定罪名，还要注意区别此罪与彼罪、一罪与数罪的问题。

  3. 证据参考标准， 是指监察机关在调查，侦查机关在立案、批捕、侦查终结移送审查起诉，人民检察院对被告人提起公诉，人民法院认定被告人构成犯罪以及构成何种犯罪、罪轻、罪重时所需要提供的证据材料。司法实践中，证据的收集应当围绕定罪量刑要求依法进行。为此，本书按照定罪证据标准即犯罪构成四个要件的证据和量刑证据标准进行列举。

  理解证据参考标准，要注意以下三点：第一，证据的目的是证明犯罪事实。犯罪事实成为证据证明的对象。第二，证据的收集应当充分、确实。证据充分、确实意味着事实的认定要有充分的证据基础，即足够的证据使案件事实得到证明，达到证明标准，同时，证据本身要确实。具体应当包括以下内容：(1) 某一犯罪事实客观存在的证据；(2) 证明审查对象确实是犯罪嫌疑人的证据；(3) 犯罪嫌疑人实施犯罪行为的证据；(4) 犯罪嫌疑人已达到刑事责任年龄，应负刑事责任的证据；(5) 证明犯罪嫌疑人主观罪过的证据。证据充分并不是看证据的数量、种类有多少，关键在于证据的证明力。不同性质的案件对充分的要求不同，不同种类、数量的证据相互印证所产生的证明力也不相同，只要达到足够即可。充分的证据还应当包括：(1) 准备移送审查起诉的全部犯罪事实的证据；(2) 证明犯罪行为、方法、手段、过程及犯罪时间、地点等相关的证据；(3) 犯罪嫌疑人身份情况的证据；(4) 犯罪嫌疑人主观罪过（包括动机、目的）的证据；(5) 证明犯罪起因、结果、侵害对象等的证据；(6) 法定情节、酌定情节的证据。证据充分要求案件事实和情节都必须有相应的证据予以证明，证据之间能够形成严密的证据链，相互补充、印证，不能存在矛盾，得出的结论也必须是唯一的，具有排他性。第三，证明犯罪嫌疑人依法应当追究刑事责任。通过收集的证据证明犯罪嫌疑人所实施的行为，构成了刑法分则所规定的犯罪，应当判处刑罚。

  4. 量刑标准， 是指人民法院在定罪的基础上，予以裁量刑罚的尺度。量刑标准分为法定量刑情节和酌定量刑情节、从宽的量刑情节和从严的量刑情节。本书依照刑法确定的类别对量刑标准进行了详细列举。

  我们将根据有关法律、司法解释、行政法规、部门规章和政策的制定、修改、废止等情况及时对本书进行修订。

  因时间仓促，编者水平有限，疏漏之处在所难免，敬请广大读者批评指正。

《最新执法办案实务丛书》 编写组

目录

1. 背叛国家案（刑法第 102 条） /1

2. 分裂国家案（刑法第 103 条第 1 款） /6

3. 煽动分裂国家案（刑法第 103 条第 2 款） /15

4. 武装叛乱、暴乱案（刑法第 104 条） /22

5. 颠覆国家政权案（刑法第 105 条第 1 款） /27

6. 煽动颠覆国家政权案（刑法第 105 条第 2 款） /33

7. 资助危害国家安全犯罪活动案（刑法第 107 条） /38

8. 投敌叛变案（刑法第 108 条） /41

9. 叛逃案（刑法第 109 条） /45

10. 间谍案（刑法第 110 条） /49

11. 为境外窃取、刺探、收买、非法提供国家秘密、情报案（刑法第 111 条） /63

12. 资敌案（刑法第 112 条） /75

13. 放火案（刑法第 114 条、第 115 条第 1 款） /78

14. 决水案（刑法第 114 条、第 115 条第 1 款） /83

15. 爆炸案（刑法第 114 条、第 115 条第 1 款） /87

16. 投放危险物质案（刑法第 114 条、第 115 条第 1 款） /91

17. 以危险方法危害公共安全案（刑法第 114 条、第 115 条第 1 款） /99

18. 失火案（刑法第 115 条第 2 款） /107

19. 过失决水案（刑法第 115 条第 2 款） /117

20. 过失爆炸案（刑法第 115 条第 2 款） /120

21. 过失投放危险物质案（刑法第 115 条第 2 款） /124

22. 过失以危险方法危害公共安全案（刑法第 115 条第 2 款） /128

23. 破坏交通工具案（刑法第 116 条、第 119 条第 1 款） /131

24. 破坏交通设施案（刑法第 117 条、第 119 条第 1 款） /147

25. 破坏电力设备案（刑法第 118 条、第 119 条第 1 款） /153

26. 破坏易燃易爆设备案（刑法第 118 条、第 119 条第 1 款） /163

27. 过失损坏交通工具案（刑法第 119 条第 2 款）/168

28. 过失损坏交通设施案（刑法第 119 条第 2 款）/171

29. 过失损坏电力设备案（刑法第 119 条第 2 款）/174

30. 过失损坏易燃易爆设备案（刑法第 119 条第 2 款）/177

31. 组织、领导、参加恐怖组织案（刑法第 120 条）/180

32. 帮助恐怖活动案（刑法第 120 条之一）/204

33. 准备实施恐怖活动案（刑法第 120 条之二）/214

34. 宣扬恐怖主义、极端主义、煽动实施恐怖活动案（刑法第 120 条之三）/219

35. 利用极端主义破坏法律实施案（刑法第 120 条之四）/225

36. 强制穿戴宣扬恐怖主义、极端主义服饰、标志案（刑法第 120 条之五）/230

37. 非法持有宣扬恐怖主义、极端主义物品案（刑法第 120 条之六）/234

38. 劫持航空器案（刑法第 121 条）/240

39. 劫持船只、汽车案（刑法第 122 条）/245

40. 暴力危及飞行安全案（刑法第 123 条）/248

41. 破坏广播电视设施、公用电信设施案（刑法第 124 条第 1 款）/252

42. 过失损坏广播电视设施、公用电信设施案（刑法第 124 条第 2 款）/264

43. 非法制造、买卖、运输、邮寄、储存枪支、弹药、爆炸物案（刑法第 125 条第 1 款）/269

44. 非法制造、买卖、运输、储存危险物质案（刑法第 125 条第 2 款）/296

45. 违规制造、销售枪支案（刑法第 126 条）/309

46. 盗窃、抢夺枪支、弹药、爆炸物、危险物质案（刑法第 127 条第 1 款）/314

47. 抢劫枪支、弹药、爆炸物、危险物质案（刑法第 127 条第 2 款）/319

48. 非法持有、私藏枪支、弹药案（刑法第 128 条第 1 款）/323

49. 非法出租、出借枪支案（刑法第 128 条第 2 款、第 3 款）/331

50. 丢失枪支不报案（刑法第 129 条）/337

51. 非法携带枪支、弹药、管制刀具、危险物品危及公共安全案（刑法第 130 条）/341

52. 重大飞行事故案（刑法第 131 条）/348

53. 铁路运营安全事故案（刑法第 132 条） /353

54. 交通肇事案（刑法第 133 条） /361

55. 危险驾驶案（刑法第 133 条之一） /371

56. 妨害安全驾驶案（刑法第 133 条之二） /384

57. 重大责任事故案（刑法第 134 条第 1 款） /389

58. 强令、组织他人违章冒险作业案（刑法第 134 条第 2 款） /411

59. 危险作业案（刑法第 134 条之一） /418

60. 重大劳动安全事故案（刑法第 135 条） /423

61. 大型群众性活动重大安全事故案（刑法第 135 条之一） /438

62. 危险物品肇事案（刑法第 136 条） /446

63. 工程重大安全事故案（刑法第 137 条） /463

64. 教育设施重大安全事故案（刑法第 138 条） /476

65. 消防责任事故案（刑法第 139 条） /481

66. 不报、谎报安全事故案（刑法第 139 条之一） /489

1 背叛国家案

概念　本罪是指勾结外国或者与境外机构、组织、个人相勾结，危害中华人民共和国主权、领土完整和安全的行为。

立案标准　根据《刑法》第 102 条的规定，勾结外国或者与境外机构、组织、个人相勾结，危害我国主权、领土完整和安全的，应当立案。

本罪是行为犯，也是性质最严重的犯罪。《刑法》对构成本罪没有规定"情节"方面的要求，并不要求已经造成危害国家主权、领土完整和安全的实际后果。只要行为人着手实施了勾结外国或者与境外机构、组织、个人相勾结，危害国家领土主权、领土完整和安全的行为，不管是在密谋、策划阶段，还是已付诸实施，都应当立案追究。

定罪标准

犯罪客体

本罪侵犯的客体是中华人民共和国主权、领土完整和安全。国家主权，是指国家独立自主地处理自己内外事务、管理自己国家的权力。它是国家最重要的属性，是国家固有的在国内的最高权力和在国际上的独立权力。这种权力是不可分割和不可让与的，不受外来干预和不从属于外来意志。领土是构成国家的基本要素之一，包括领陆、领水、领空、底土，是国家得以生存的物质条件。领土完整是指国家的领土不能分裂，不容侵犯。国家安全是国家存在的基础，是国家稳定发展的基本条件。

《国家安全法》第 2 条规定，国家安全是指国家政权、主权、统一和领土完整、人民福祉、经济社会可持续发展和国家其他重大利益相对处于没有危险和不受内外威胁的状态，以及保障持续安全状态的能力。

犯罪客观方面

本罪客观方面表现为勾结外国或者与境外机构、组织、个人相勾结，危害我国主权、领土完整和安全的行为。包括以下两个特征：

一、勾结外国或者境外机构、组织、个人。背叛国家的犯罪分子，为了破坏祖国的独立、主权、领土完整和安全，出卖民族利益，总是千方百计地寻找外国敌对势力做靠山，而外国敌对势力要对我国搞颠覆活动，也会千方百计地从我国内部寻找他们中意的代理人，充当内奸。这样一来他们必然相互勾结，狼狈为奸，以期达到他们共同危害我国主权、领土完整和安全的目的。这里所说的外国，是指对我国怀有侵略、控制、颠覆野心的外国政府，也指外国敌视和破坏我国社会主义制度的政党、政治集团以及其他敌对势力，包括外国机构、组织和个人。外国机构，是指外国的官方机构，如政府、军队以及其他国家机关设置的机构，也包括外国驻我国的使、领馆及办事处等。外国组织，是指外国的政党、社会团体及其他企事业单位等。通常所说的组织包括机构，因为危害国家安全的行为背后往往有某一国家的政府、军队或者其他官方组织机构的支持、操纵，所以将外国机构单列出来并加以强调很有必要。外国个人，

是指外国公民、无国籍人以及外籍华人等。

境外与外国的含义不相同。境外是指中华人民共和国国（边）境以外的区域。所谓境外机构、组织，是指境外的机构、组织及其在中华人民共和国境内设立的分支（代表）机构和分支组织。如外国的政府、军队以及其他国家机关在中国境内设置的机构、社团以及其他企事业组织，也包括外国驻华使、领馆、办事处，以及商社、新闻机构等。所谓境外个人，是指居住在境外的人，以及居住在中华人民共和国境内不具有中华人民共和国国籍的人。这里所说的居住，不论是否取得永久居住权或长期居住权，还是短期居住，都应视为居住。

勾结，有公开的，但更多的是进行秘密接触、联系交往、通谋策划，共同进行危害国家安全的行为。这里所说的勾结，既有国内的组织和个人与国外机构、组织、个人主动勾连、投靠，接受其资助、指使，寻求支持、帮助，也有国外机构、组织、个人多方与我国国内的组织和个人勾连，提供各种资助、帮助。其共同目的是进行危害我国国家的主权、领土完整和安全的活动。

二、危害中华人民共和国的主权、领土完整和安全。即暗中秘密策划危害中华人民共和国的主权、领土完整和安全的活动。如谋划签订卖国条约，与敌国通谋向我国发动侵略战争，在我国组织傀儡政府，进行颠覆活动等。

上述两个特征是紧密相连、不可分割的。勾结外国或者境外机构、组织、个人是阴谋危害中华人民共和国的主权、领土完整和安全的前提和手段；危害中华人民共和国的主权、领土完整和安全是勾结外国或者境外机构、组织、个人的特定内容和直接目的。本罪的构成，并不要求在实际上已经造成了危害祖国主权、领土完整和安全的结果，而是只要行为人的行为具备上述两个特征，有勾结外国或者境外机构、组织、个人，意在危害中华人民共和国主权、领土完整和安全的活动，即可构成。如果行为人虽与外国或者境外机构、组织、个人相勾结，但策划的不是上述内容，则不构成本罪。

本罪主体只能是中国公民，即具有中华人民共和国国籍的人。外国人、无国籍人不能成为本罪的主体，但可以成为本罪的共犯。能够成为本罪主体的中国公民，主要是那些混入我党、政、军机关内部，窃据要职、掌握重要权力的人或者有重大政治影响的人。普通公民一般情况下很难危害到国家的主权、领土完整和安全，但由于《刑法》并未规定本罪主体必须具有特殊身份，普通公民也可以成为本罪的主体。

本罪主观方面表现为直接故意，即明知自己勾结外国或者境外机构、组织、个人实施的行为危害中国的主权、领土完整和安全，而希望或者放任这种危害后果的发生。只要行为人实施了勾结外国或者境外机构、组织、个人，危害中华人民共和国的主权、领土完整和安全的行为，不管是处于策划阶段，还是边策划边实施，都不影响构成本罪。

区分罪与非罪的关键是看背叛国家的活动是否达到危害国家安全，足以使国家的主权丧失或领土分割的程度。

（左侧栏目）

定罪标准

犯罪客观方面

犯罪主体

犯罪主观方面

罪与非罪

证据参考标准	主体方面的证据	**一、证明行为人刑事责任年龄、身份等自然情况的证据** 包括身份证明、户籍证明、任职证明、工作经历证明、特定职责证明等，主要是证明行为人的姓名（曾用名）、性别、出生年月日、民族、籍贯、出生地、职业（或职务）、住所地（或居所地）等证据材料，如户口簿、居民身份证、工作证、出生证、专业或技术等级证、干部履历表、职工登记表、护照等。 对于户籍、出生证等材料内容不实的，应提供其他证据材料。人大代表、政协委员犯罪的案件，应注明身份，并附身份证明材料。 **二、证明行为人刑事责任能力的证据** 证明行为人对自己的行为是否具有辨认能力与控制能力，如是否属于间歇性精神病人、尚未完全丧失辨认或者控制自己行为能力的精神病人的证明材料。
	主观方面的证据	**证明行为人故意的证据** 1. 证明行为人明知的证据：证明行为人明知自己的行为会发生危害社会的结果；2. 证明直接故意的证据：证明行为人希望危害结果发生；3. 目的：危害国家安全、出卖国家主权。
	客观方面的证据	**证明行为人勾结外国或者境外机构、组织、个人实施了危害中华人民共和国主权、领土完整和安全的行为的证据** 具体证据包括：1. 证明行为人勾结外国暗中接触行为的证据；2. 证明行为人与外国勾结，策划、出卖国家利益行为的证据；3. 证明行为人出卖国家主权行为的证据；4. 证明行为人签订卖国条约行为的证据；5. 证明行为人策划对我国发动侵略战争行为的证据；6. 证明行为人制造国际争端行为的证据；7. 证明行为人干涉我国内政行为的证据；8. 证明行为人组织傀儡政权的证据；9. 证明行为人所处政治地位的证据；10. 证明行为人背叛国家犯罪行为的证据；11. 证明行为人与境外机构、组织、个人相勾结行为的证据；12. 证明行为人背叛国家犯罪对国家和人民危害特别严重行为的证据；13. 证明行为人背叛祖国犯罪情节特别恶劣行为的证据。
	量刑方面的证据	**一、法定量刑情节证据** 1. 事实情节：（1）情节严重；（2）其他。2. 法定从重情节。3. 法定从轻减轻情节：（1）可以从轻；（2）可以从轻或减轻；（3）应当从轻或者减轻。4. 法定从轻减轻免除情节：（1）可以从轻、减轻或者免除处罚；（2）应当从轻、减轻或者免除处罚。5. 法定减轻免除情节：（1）可以减轻或者免除处罚；（2）应当减轻或者免除处罚；（3）可以免除处罚。 **二、酌定量刑情节证据** 1. 犯罪手段；2. 犯罪对象；3. 危害结果；4. 动机；5. 平时表现；6. 认罪态度；7. 是否有前科；8. 其他证据。

量刑标准	犯本罪的	处无期徒刑或者十年以上有期徒刑，应当附加剥夺政治权利，可以并处没收财产
	对国家和人民危害特别严重、情节特别恶劣的	可以判处死刑，应当剥夺政治权利终身，可以并处没收财产

刑法条文

第一百零二条 勾结外国，危害中华人民共和国的主权、领土完整和安全的，处无期徒刑或者十年以上有期徒刑。

与境外机构、组织、个人相勾结，犯前款罪的，依照前款的规定处罚。

第一百一十三条 本章上述危害国家安全罪行中，除第一百零三条第二款、第一百零五条、第一百零七条、第一百零九条外，对国家和人民危害特别严重、情节特别恶劣的，可以判处死刑。

犯本章之罪的，可以并处没收财产。

第五十六条 对于危害国家安全的犯罪分子应当附加剥夺政治权利；对于故意杀人、强奸、放火、爆炸、投毒、抢劫等严重破坏社会秩序的犯罪分子，可以附加剥夺政治权利。

独立适用剥夺政治权利的，依照本法分则的规定。

第五十四条 剥夺政治权利是剥夺下列权利：

（一）选举权和被选举权；

（二）言论、出版、集会、结社、游行、示威自由的权利；

（三）担任国家机关职务的权利；

（四）担任国有公司、企业、事业单位和人民团体领导职务的权利。

第五十五条 剥夺政治权利的期限，除本法第五十七条规定外，为一年以上五年以下。

判处管制附加剥夺政治权利的，剥夺政治权利的期限与管制的期限相等，同时执行。

第五十七条 对于被判处死刑、无期徒刑的犯罪分子，应当剥夺政治权利终身。

在死刑缓期执行减为有期徒刑或者无期徒刑减为有期徒刑的时候，应当把附加剥夺政治权利的期限改为三年以上十年以下。

相关法律法规

一、《中华人民共和国国家安全法》（节录）（2015年7月1日中华人民共和国主席令第29号公布　自公布之日起施行）

第一条 为了维护国家安全，保卫人民民主专政的政权和中国特色社会主义制度，保护人民的根本利益，保障改革开放和社会主义现代化建设的顺利进行，实现中华民族伟大复兴，根据宪法，制定本法。

第二条 国家安全是指国家政权、主权、统一和领土完整、人民福祉、经济社会可持续发展和国家其他重大利益相对处于没有危险和不受内外威胁的状态，以及保障持续安全状态的能力。

第十一条 中华人民共和国公民、一切国家机关和武装力量、各政党和各人民团体、企业事业组织和其他社会组织，都有维护国家安全的责任和义务。

中国的主权和领土完整不容侵犯和分割。维护国家主权、统一和领土完整是包括港澳同胞和台湾同胞在内的全中国人民的共同义务。

第十五条 国家坚持中国共产党的领导，维护中国特色社会主义制度，发展社会主义民主政治，健全社会主义法治，强化权力运行制约和监督机制，保障人民当家作主的各项权利。

国家防范、制止和依法惩治任何叛国、分裂国家、煽动叛乱、颠覆或者煽动颠覆人民民主专政政权的行为；防范、制止和依法惩治窃取、泄露国家秘密等危害国家安全的行为；防范、制止和依法惩治境外势力的渗透、破坏、颠覆、分裂活动。

法律适用

相关法律法规

二、《中华人民共和国反间谍法》（节录）（2014 年 11 月 1 日中华人民共和国主席令第 16 号公布 自公布之日起施行 2023 年 4 月 26 日修订）

第四条 本法所称间谍行为，是指下列行为：

（一）间谍组织及其代理人实施或者指使、资助他人实施，或者境内外机构、组织、个人与其相勾结实施的危害中华人民共和国国家安全的活动；

（二）参加间谍组织或者接受间谍组织及其代理人的任务，或者投靠间谍组织及其代理人；

（三）间谍组织及其代理人以外的其他境外机构、组织、个人实施或者指使、资助他人实施，或者境内机构、组织、个人与其相勾结实施的窃取、刺探、收买、非法提供国家秘密、情报以及其他关系国家安全和利益的文件、数据、资料、物品，或者策动、引诱、胁迫、收买国家工作人员叛变的活动；

（四）间谍组织及其代理人实施或者指使、资助他人实施，或者境内外机构、组织、个人与其相勾结实施针对国家机关、涉密单位或者关键信息基础设施等的网络攻击、侵入、干扰、控制、破坏等活动；

（五）为敌人指示攻击目标；

（六）进行其他间谍活动。

间谍组织及其代理人在中华人民共和国领域内，或者利用中华人民共和国的公民、组织或者其他条件，从事针对第三国的间谍活动，危害中华人民共和国国家安全的，适用本法。

第十条 境外机构、组织、个人实施或者指使、资助他人实施的，或者境内机构、组织、个人与境外机构、组织、个人相勾结实施的危害中华人民共和国国家安全的间谍行为，都必须受到法律追究。

第五十三条 实施间谍行为，构成犯罪的，依法追究刑事责任。

第五十五条 实施间谍行为，有自首或者立功表现的，可以从轻、减轻或者免除处罚；有重大立功表现的，给予奖励。

在境外受胁迫或者受诱骗参加间谍组织、敌对组织，从事危害中华人民共和国国家安全的活动，及时向中华人民共和国驻外机构如实说明情况，或者入境后直接或者通过所在单位及时向国家安全机关如实说明情况，并有悔改表现的，可以不予追究。

第六十条 违反本法规定，有下列行为之一，构成犯罪的，依法追究刑事责任；尚不构成犯罪的，由国家安全机关予以警告或者处十日以下行政拘留，可以并处三万元以下罚款：

（一）泄露有关反间谍工作的国家秘密；

（二）明知他人有间谍犯罪行为，在国家安全机关向其调查有关情况、收集有关证据时，拒绝提供；

（三）故意阻碍国家安全机关依法执行任务；

（四）隐藏、转移、变卖、损毁国家安全机关依法查封、扣押、冻结的财物；

（五）明知是间谍行为的涉案财物而窝藏、转移、收购、代为销售或者以其他方法掩饰、隐瞒；

（六）对依法支持、协助国家安全机关工作的个人和组织进行打击报复。

法律适用

相关法律法规

2 分裂国家案

概念	本罪是指组织、策划、实施分裂国家，破坏国家统一的行为。
立案标准	对组织、策划、实施分裂国家，破坏国家统一的下列人员应当立案追究： (1) 首要分子或者罪行重大的； (2) 积极参加的； (3) 其他参加的。 　　本罪是行为犯，《刑法》对构成本罪没有规定"情节"方面的要求，并不要求已经造成分裂国家、破坏国家统一的实际后果。只要行为人已经着手组织、策划、实施了分裂国家，破坏国家统一的行为，不管是在密谋、策划阶段，还是已经付诸实施，都应当立案追究。

定罪标准	**犯罪客体**	本罪侵犯的客体是中华人民共和国的国家统一。
	犯罪客观方面	本罪客观方面表现为组织、策划、实施分裂国家、破坏国家统一的行为。所谓组织，是指为分裂国家而安排分散的人使之具有一定的系统性和整体性。组织既包括预备过程中的组织，也包括实施过程中的组织。所谓策划，是指为分裂国家而暗中密谋、策划，实际上是处于一种犯罪预备的状态。所谓实施，是指已经着手，个人或有组织地将策划的内容付诸行动。组织、策划、实施是分裂国家行为的不同形式及发展阶段，都属于法律明确规定的程度不同的实行行为。所谓分裂国家，是指破坏多民族国家的统一，其表现形式主要有两种：一是挑拨民族关系，制造民族动乱，搞民族分裂，破坏各民族的团结和国家的统一；二是搞地方割据，另立伪政府，抗拒中央的领导，破坏国家的统一。破坏国家统一是分裂国家的一种特殊形式或结果，分裂国家则是破坏国家统一的行为手段。分裂国家的手段多种多样，不论此种行为是否造成危害结果，只要行为人具有组织、策划、实施分裂国家、破坏国家统一的活动事实，就构成犯罪。
	犯罪主体	本罪主体是一般主体，即凡年满 16 周岁且具有刑事责任能力的自然人均可成为本罪主体。包括中国人、外国人和无国籍人。法律上虽然对犯罪主体没有特别规定，但在实践中，本罪的主体通常是那些在中央和地方窃取党政军重要职位的野心家、阴谋家或者是民族分裂分子。
	犯罪主观方面	本罪主观方面表现为直接故意，即明知组织、策划、实施分裂国家、破坏国家统一的行为而希望或放任结果的发生。

定罪标准	罪与非罪	本罪与一般民族纠纷、民族矛盾的界限。由于此类犯罪处理不好将会直接影响到民族团结问题，为此，要严格区分罪与非罪的界限，对因一般民族纠纷、民族矛盾引起的群众性事件，不应按犯罪处理。
	此罪与彼罪	一、本罪与颠覆国家政权罪的界限。两罪的行为方式相同，虽然都包含组织、策划、实施的行为，但它们的直接客体是不同的，本罪侵犯的是国家的统一，后罪侵犯的是人民民主专政的政权和社会主义制度。另外，两者在主观方面也不同，本罪的目的是分裂统一的多民族国家，后罪的目的是颠覆人民民主专政和推翻社会主义制度。分裂国家的行为与颠覆政权的行为不尽相同。国家被分裂，但政权依然可能存在。反过来说，政权被颠覆了而国家没有分裂的现象也屡见不鲜。 二、本罪与背叛国家罪的界限。背叛国家罪危害的是国家的主权、领土完整和安全，这一客体的涉及面远比本罪的客体广泛得多。本罪侵犯的是国家统一，国家主权和安全没有落入外国人之手，因而与勾结外国、使国家主权和安全落入外国之手的背叛国家罪是不同的。但是国家统一这个概念，并不完全等于领土完整。国家没有统一，也可能领土完整；国家统一，也可能领土不完整。因为国家统一是对内而言的，领土完整是对外而言的。两者在客观方面两罪也不同。本罪不以勾结外国为要件，后罪则正好相反。总之，本罪与后罪的关系是内乱与外患的关系。
证据参考标准	主体方面的证据	**一、证明行为人刑事责任年龄、身份等自然情况的证据** 包括身份证明、户籍证明、任职证明、工作经历证明、特定职责证明等，主要是证明行为人的姓名（曾用名）、性别、出生年月日、民族、籍贯、出生地、职业（或职务）、住所地（或居所地）等证据材料，如户口簿、居民身份证、工作证、出生证、专业或技术等级证、干部履历表、职工登记表、护照等。 对于户籍、出生证等材料内容不实的，应提供其他证据材料。外国人犯罪的案件，应有护照等身份证明材料。人大代表、政协委员犯罪的案件，应注明身份，并附身份证明材料。 **二、证明行为人刑事责任能力的证据** 证明行为人对自己的行为是否具有辨认能力与控制能力，如是否属于间歇性精神病人、尚未完全丧失辨认或者控制自己行为能力的精神病人的证明材料。
	主观方面的证据	**证明行为人故意的证据** 1. 证明行为人明知的证据：证明行为人明知自己的行为会发生危害社会的结果；2. 证明直接故意的证据：证明行为人希望危害结果发生；3. 目的：分裂国家、破坏统一。
	客观方面的证据	**证明行为人组织、策划、实施分裂国家、破坏国家统一行为的证据** 具体证据包括：1. 证明行为人发动危害国家安全的武装政变行为的证据；2. 证明行为人推翻地方人民政府行为的证据；3. 证明行为人建立伪政权行为的证据；4. 证明行为人实行地方割据行为的证据；5. 证明行为人破坏民族团结、制造民族分裂行为的证据；6. 证明行为人建立犯罪集团行为的证据；7. 证明行为人领导犯罪集团行为的证据；8. 证明行为人指挥拟定犯罪活动计划的证据；9. 证明行为人指挥实

证据参考标准	**客观方面的证据**	施犯罪活动行为的证据；10. 证明行为人筹划、制订犯罪活动计划行为的证据；11. 证明行为人制定应付国家专政工具对策行为的证据；12. 证明行为人与境外机构、组织、个人相勾结行为的证据；13. 证明行为人分裂国家犯罪危害特别严重的证据；14. 证明行为人分裂国家犯罪情节特别恶劣行为的证据；15. 证明行为人属于分裂国家犯罪首要分子的证据；16. 证明行为人煽动分裂国家罪行重要分子的证据；17. 证明行为人积极参加分裂国家犯罪行为的证据；18. 证明行为人参加分裂国家犯罪行为的证据；19. 证明行为人所处政治地位的证据。
	量刑方面的证据	**一、法定量刑情节证据** 　　1. 事实情节：（1）首要分子或者罪行重大的；（2）积极参加者；（3）其他参加人；（4）危害特别严重；（5）情节特别严重。2. 法定从重情节。3. 法定从轻减轻情节：（1）可以从轻；（2）可以从轻或减轻；（3）应当从轻或者减轻。4. 法定从轻减轻免除情节：（1）可以从轻、减轻或者免除处罚；（2）应当从轻、减轻或者免除处罚。5. 法定减轻免除情节：（1）可以减轻或者免除处罚；（2）应当减轻或者免除处罚；（3）可以免除处罚。 　　**二、酌定量刑情节证据** 　　1. 犯罪手段：（1）组织；（2）策划；（3）实施。2. 犯罪对象。3. 危害结果。4. 动机。5. 平时表现。6. 认罪态度。7. 是否有前科。8. 其他证据。

量刑标准		
	犯本罪的，对首要分子或者罪行重大的	处无期徒刑或者十年以上有期徒刑，应当附加剥夺政治权利，可以并处没收财产
	对积极参加的	处三年以上十年以下有期徒刑，可以并处没收财产，应当附加剥夺政治权利
	对其他参加的	处三年以下有期徒刑、拘役、管制或者剥夺政治权利，可以并处没收财产
	对国家和人民危害特别严重、情节特别恶劣的	可以判处死刑，可以并处没收财产，应当附加剥夺政治权利终身

法律适用	**刑法条文**	**第一百零三条第一款**　组织、策划、实施分裂国家、破坏国家统一的，对首要分子或者罪行重大的，处无期徒刑或者十年以上有期徒刑；对积极参加的，处三年以上十年以下有期徒刑；对其他参加的，处三年以下有期徒刑、拘役、管制或者剥夺政治权利。 　　**第一百零六条**　与境外机构、组织、个人相勾结，实施本章第一百零三条、第一百零四条、第一百零五条规定之罪的，依照各该条的规定从重处罚。 　　**第一百一十三条**　本章上述危害国家安全罪行中，除第一百零三条第二款、第一百零五条、第一百零七条、第一百零九条外，对国家和人民危害特别严重、情节特别恶劣的，可以判处死刑。 　　犯本章之罪的，可以并处没收财产。 　　**第五十六条**　对于危害国家安全的犯罪分子应当附加剥夺政治权利；对于故意杀人、强奸、放火、爆炸、投毒、抢劫等严重破坏社会秩序的犯罪分子，可以附加剥夺政治权利。 　　独立适用剥夺政治权利的，依照本法分则的规定。

一、最高人民法院、最高人民检察院、公安部、国家安全部、司法部《关于依法惩治"台独"顽固分子分裂国家、煽动分裂国家犯罪的意见》（节录）（2024年5月26日最高人民法院、最高人民检察院、公安部、国家安全部、司法部公布　自公布之日起施行）

一、总体要求

1. 世界上只有一个中国，台湾是中国领土不可分割的一部分。极少数"台独"顽固分子大肆进行"台独"分裂活动，严重危害台湾海峡地区和平稳定，严重损害两岸同胞共同利益和中华民族根本利益。人民法院、人民检察院、公安机关、国家安全机关和司法行政机关要充分发挥职能作用，依法严惩"台独"顽固分子分裂国家、煽动分裂国家犯罪，坚决捍卫国家主权、统一和领土完整。

二、准确认定犯罪

2. 以将台湾从中国分裂出去为目的，组织、策划、实施下列行为之一的，依照刑法第一百零三条第一款的规定，以分裂国家罪定罪处罚：

（1）发起、建立"台独"分裂组织，策划、制定"台独"分裂行动纲领、计划、方案，指挥"台独"分裂组织成员或者其他人员实施分裂国家、破坏国家统一活动的；

（2）通过制定、修改、解释、废止台湾地区有关规定或者"公民投票"等方式，图谋改变台湾是中国一部分的法律地位的；

（3）通过推动台湾加入仅限主权国家参加的国际组织或者对外进行官方往来、军事联系等方式，图谋在国际社会制造"两个中国"、"一中一台"、"台湾独立"的；

（4）利用职权在教育、文化、历史、新闻传媒等领域大肆歪曲、篡改台湾是中国一部分的事实，或者打压支持两岸关系和平发展和国家统一的政党、团体、人员的；

（5）其他图谋将台湾从中国分裂出去的行为。

3. 在"台独"分裂犯罪集团中起组织、策划、指挥作用的，应当认定为刑法第一百零三条第一款规定的"首要分子"。

4. 实施本意见第二条规定的行为，具有下列情形之一的，应当认定为刑法第一百零三条第一款规定的"罪行重大"：

（1）直接参与实施"台独"分裂组织主要分裂活动的；

（2）实施"台独"分裂活动后果严重、影响恶劣的；

（3）其他在"台独"分裂活动中起重大作用的。

5. 实施本意见第二条规定的行为，具有下列情形之一的，应当认定为刑法第一百零三条第一款规定的"积极参加"：

（1）多次参与"台独"分裂组织分裂活动的；

（2）在"台独"分裂组织中起骨干作用的；

（3）在"台独"分裂组织中积极协助首要分子实施组织、领导行为的；

（4）其他积极参加的。

6. 实施本意见第二条规定行为的，对首要分子或者罪行重大的，处无期徒刑或者十年以上有期徒刑，其中对国家和人民危害特别严重、情节特别恶劣的，可以判处死刑；对积极参加的，处三年以上十年以下有期徒刑；对其他参加的，处三年以下有期徒刑、拘役、管制或者剥夺政治权利。

10. 实施本意见第二条、第七条规定行为的，可以并处没收财产。

法律适用

司法解释

11. 与外国或者境外机构、组织、个人相勾结实施本意见第二条、第七条规定行为的，依照刑法第一百零六条的规定从重处罚。

12. "台独"顽固分子分裂国家、煽动分裂国家的犯罪行为有连续或者继续状态的，追诉期限从犯罪行为终了之日起计算。在公安机关、国家安全机关立案侦查或者人民法院受理案件以后，逃避侦查或者审判的，不受追诉期限的限制。

三、正确适用程序

13. 应当逮捕的犯罪嫌疑人如果在逃，公安机关、国家安全机关可以发布通缉令，采取有效措施，追捕归案。

14. 犯罪嫌疑人、被告人自愿如实供述自己的罪行，承认指控的犯罪事实，愿意接受处罚的，可以依法从宽处理。

15. "台独"顽固分子主动放弃"台独"分裂立场，不再实施"台独"分裂活动，并采取措施减轻、消除危害后果或者防止危害扩大，符合刑事诉讼法第一百八十二条第一款规定的，可以撤销案件、不起诉或者对涉嫌数罪中的一项或多项不起诉。

16. 犯罪嫌疑人、被告人依法享有辩护权利，除自己行使辩护权以外，还可以委托一至二人作为辩护人。

17. 对于需要及时进行审判，经最高人民检察院核准的"台独"顽固分子分裂国家、煽动分裂国家犯罪案件，犯罪嫌疑人、被告人在境外，公安机关、国家安全机关移送起诉，人民检察院认为犯罪事实已经查清，证据确实、充分，依法应当追究刑事责任的，可以向人民法院提起公诉。人民法院进行审查后，对于起诉书中有明确的指控犯罪事实，符合缺席审判程序适用条件的，应当决定开庭审判。

前款案件，由最高人民法院指定的中级人民法院组成合议庭进行审理。

18. 对人民检察院依照刑事诉讼法第二百九十一条第一款的规定提起公诉的"台独"顽固分子分裂国家、煽动分裂国家犯罪案件，人民法院立案后，应当将传票和起诉书副本送达被告人。传票和起诉书副本送达后，被告人未按要求到案的，人民法院应当开庭审理，依法作出判决，并对违法所得及其他涉案财产作出处理。

19. 人民法院缺席审判"台独"顽固分子分裂国家、煽动分裂国家犯罪案件，被告人有权委托或者由近亲属代为委托一至二名辩护人。在境外委托的，应当依照有关规定对授权委托进行公证、认证。

被告人及其近亲属没有委托辩护人的，人民法院应当通知法律援助机构指派律师为被告人提供辩护。被告人及其近亲属拒绝法律援助机构指派的律师辩护的，人民法院应当查明原因。理由正当的，应当准许，但被告人或者其近亲属应当在五日以内另行委托辩护人；被告人及其近亲属未另行委托辩护人的，人民法院应当在三日以内通知法律援助机构另行指派律师为其提供辩护。

20. 人民法院缺席审判"台独"顽固分子分裂国家、煽动分裂国家犯罪案件，应当将判决书送达被告人及其近亲属、辩护人。被告人或者其近亲属不服判决的，有权向上一级人民法院上诉。辩护人经被告人或者其近亲属同意，可以提出上诉。

人民检察院认为人民法院的判决确有错误的，应当向上一级人民法院提出抗诉。

四、附则

21. 对于"台独"顽固分子实施的资助危害国家安全犯罪活动罪等其他犯罪，可以参照本意见办理。

司法解释

二、最高人民法院、最高人民检察院《关于办理组织、利用邪教组织破坏法律实施等刑事案件适用法律若干问题的解释》（节录）（2017 年 1 月 25 日最高人民法院、最高人民检察院公布　自 2017 年 2 月 1 日起施行　法释〔2017〕3 号）

第十条　组织、利用邪教组织破坏国家法律、行政法规实施过程中，又有煽动分裂国家、煽动颠覆国家政权或者侮辱、诽谤他人等犯罪行为的，依照数罪并罚的规定定罪处罚。

法律适用

相关法律法规

一、《中华人民共和国香港特别行政区维护国家安全法》（节录）（2020 年 6 月 30 日中华人民共和国主席令第 49 号公布　自公布之日起施行）

第五条　防范、制止和惩治危害国家安全犯罪，应当坚持法治原则。法律规定为犯罪行为的，依照法律定罪处刑；法律没有规定为犯罪行为的，不得定罪处刑。

任何人未经司法机关判罪之前均假定无罪。保障犯罪嫌疑人、被告人和其他诉讼参与人依法享有的辩护权和其他诉讼权利。任何人已经司法程序被最终确定有罪或者宣告无罪的，不得就同一行为再予审判或者惩罚。

第六条　维护国家主权、统一和领土完整是包括香港同胞在内的全中国人民的共同义务。

在香港特别行政区的任何机构、组织和个人都应当遵守本法和香港特别行政区有关维护国家安全的其他法律，不得从事危害国家安全的行为和活动。

香港特别行政区居民在参选或者就任公职时应当依法签署文件确认或者宣誓拥护中华人民共和国香港特别行政区基本法，效忠中华人民共和国香港特别行政区。

第二十条　任何人组织、策划、实施或者参与实施以下旨在分裂国家、破坏国家统一行为之一的，不论是否使用武力或者以武力相威胁，即属犯罪：

（一）将香港特别行政区或者中华人民共和国其他任何部分从中华人民共和国分离出去；

（二）非法改变香港特别行政区或者中华人民共和国其他任何部分的法律地位；

（三）将香港特别行政区或者中华人民共和国其他任何部分转归外国统治。

犯前款罪，对首要分子或者罪行重大的，处无期徒刑或者十年以上有期徒刑；对积极参加的，处三年以上十年以下有期徒刑；对其他参加的，处三年以下有期徒刑、拘役或者管制。

第二十一条　任何人煽动、协助、教唆、以金钱或者其他财物资助他人实施本法第二十条规定的犯罪的，即属犯罪。情节严重的，处五年以上十年以下有期徒刑；情节较轻的，处五年以下有期徒刑、拘役或者管制。

第三十条　为实施本法第二十条、第二十二条规定的犯罪，与外国或者境外机构、组织、人员串谋，或者直接或者间接接受外国或者境外机构、组织、人员的指使、控制、资助或者其他形式的支援的，依照本法第二十条、第二十二条的规定从重处罚。

第三十一条　公司、团体等法人或者非法人组织实施本法规定的犯罪的，对该组织判处罚金。

公司、团体等法人或者非法人组织因犯本法规定的罪行受到刑事处罚的，应责令其暂停运作或者吊销其执照或者营业许可证。

第三十二条　因实施本法规定的犯罪而获得的资助、收益、报酬等违法所得以及用于或者意图用于犯罪的资金和工具，应当予以追缴、没收。

第三十三条 有以下情形的，对有关犯罪行为人、犯罪嫌疑人、被告人可以从轻、减轻处罚；犯罪较轻的，可以免除处罚：

（一）在犯罪过程中，自动放弃犯罪或者自动有效地防止犯罪结果发生的；

（二）自动投案，如实供述自己的罪行的；

（三）揭发他人犯罪行为，查证属实，或者提供重要线索得以侦破其他案件的。

被采取强制措施的犯罪嫌疑人、被告人如实供述执法、司法机关未掌握的本人犯有本法规定的其他罪行的，按前款第二项规定处理。

第三十四条 不具有香港特别行政区永久性居民身份的人实施本法规定的犯罪的，可以独立适用或者附加适用驱逐出境。

不具有香港特别行政区永久性居民身份的人违反本法规定，因任何原因不对其追究刑事责任的，也可以驱逐出境。

第三十五条 任何人经法院判决犯危害国家安全罪行的，即丧失作为候选人参加香港特别行政区举行的立法会、区议会选举或者出任香港特别行政区任何公职或者行政长官选举委员会委员的资格；曾经宣誓或者声明拥护中华人民共和国香港特别行政区基本法、效忠中华人民共和国香港特别行政区的立法会议员、政府官员及公务人员、行政会议成员、法官及其他司法人员、区议员，即时丧失该等职务，并丧失参选或者出任上述职务的资格。

前款规定资格或者职务的丧失，由负责组织、管理有关选举或者公职任免的机构宣布。

第三十六条 任何人在香港特别行政区内实施本法规定的犯罪的，适用本法。犯罪的行为或者结果有一项发生在香港特别行政区内的，就认为是在香港特别行政区内犯罪。

在香港特别行政区注册的船舶或者航空器内实施本法规定的犯罪的，也适用本法。

第三十七条 香港特别行政区永久性居民或者在香港特别行政区成立的公司、团体等法人或者非法人组织在香港特别行政区以外实施本法规定的犯罪的，适用本法。

第三十八条 不具有香港特别行政区永久性居民身份的人在香港特别行政区以外针对香港特别行政区实施本法规定的犯罪的，适用本法。

第三十九条 本法施行以后的行为，适用本法定罪处刑。

二、《中华人民共和国境外非政府组织境内活动管理法》（节录）（2016 年 4 月 28 日中华人民共和国主席令第 44 号公布 自 2017 年 1 月 1 日起施行 2017 年 11 月 4 日修正）

第四十七条 境外非政府组织、境外非政府组织代表机构有下列情形之一的，由登记管理机关吊销登记证书或者取缔临时活动；尚不构成犯罪的，由设区的市级以上人民政府公安机关对直接责任人员处十五日以下拘留：

（一）煽动抗拒法律、法规实施的；

（二）非法获取国家秘密的；

（三）造谣、诽谤或者发表、传播其他有害信息，危害国家安全或者损害国家利益的；

（四）从事或者资助政治活动，非法从事或者资助宗教活动的；

（五）有其他危害国家安全、损害国家利益或者社会公共利益情形的。

境外非政府组织、境外非政府组织代表机构有分裂国家、破坏国家统一、颠覆国家政权等犯罪行为的，由登记管理机关依照前款规定处罚，对直接责任人员依法追究刑事责任。

法律适用

相关法律法规

第四十八条 境外非政府组织、境外非政府组织代表机构违反本法规定被撤销登记、吊销登记证书或者临时活动被取缔的，自被撤销、吊销、取缔之日起五年内，不得在中国境内再设立代表机构或者开展临时活动。

未登记代表机构或者临时活动未备案开展活动的境外非政府组织，自活动被取缔之日起五年内，不得在中国境内再设立代表机构或者开展临时活动。

有本法第四十七条规定情形之一的境外非政府组织，国务院公安部门可以将其列入不受欢迎的名单，不得在中国境内再设立代表机构或者开展临时活动。

三、《中华人民共和国国家安全法》（节录）（2015 年 7 月 1 日中华人民共和国主席令第 29 号公布　自公布之日起施行）

第二条 国家安全是指国家政权、主权、统一和领土完整、人民福祉、经济社会可持续发展和国家其他重大利益相对处于没有危险和不受内外威胁的状态，以及保障持续安全状态的能力。

第十一条 中华人民共和国公民、一切国家机关和武装力量、各政党和各人民团体、企业事业组织和其他社会组织，都有维护国家安全的责任和义务。

中国的主权和领土完整不容侵犯和分割。维护国家主权、统一和领土完整是包括港澳同胞和台湾同胞在内的全中国人民的共同义务。

第十五条 国家坚持中国共产党的领导，维护中国特色社会主义制度，发展社会主义民主政治，健全社会主义法治，强化权力运行制约和监督机制，保障人民当家作主的各项权利。

国家防范、制止和依法惩治任何叛国、分裂国家、煽动叛乱、颠覆或者煽动颠覆人民民主专政政权的行为；防范、制止和依法惩治窃取、泄露国家秘密等危害国家安全的行为；防范、制止和依法惩治境外势力的渗透、破坏、颠覆、分裂活动。

第二十六条 国家坚持和完善民族区域自治制度，巩固和发展平等团结互助和谐的社会主义民族关系。坚持各民族一律平等，加强民族交往、交流、交融，防范、制止和依法惩治民族分裂活动，维护国家统一、民族团结和社会和谐，实现各民族共同团结奋斗、共同繁荣发展。

第二十七条 国家依法保护公民宗教信仰自由和正常宗教活动，坚持宗教独立自主自办的原则，防范、制止和依法惩治利用宗教名义进行危害国家安全的违法犯罪活动，反对境外势力干涉境内宗教事务，维护正常宗教活动秩序。

国家依法取缔邪教组织，防范、制止和依法惩治邪教违法犯罪活动。

四、《反分裂国家法》（2005 年 3 月 14 日中华人民共和国主席令第 34 号公布自公布之日起施行）

第一条 为了反对和遏制"台独"分裂势力分裂国家，促进祖国和平统一，维护台湾海峡地区和平稳定，维护国家主权和领土完整，维护中华民族的根本利益，根据宪法，制定本法。

第二条 世界上只有一个中国，大陆和台湾同属一个中国，中国的主权和领土完整不容分割。维护国家主权和领土完整是包括台湾同胞在内的全中国人民的共同义务。

台湾是中国的一部分。国家绝不允许"台独"分裂势力以任何名义、任何方式把台湾从中国分裂出去。

第三条 台湾问题是中国内战的遗留问题。

解决台湾问题，实现祖国统一，是中国的内部事务，不受任何外国势力的干涉。

第四条 完成统一祖国的大业是包括台湾同胞在内的全中国人民的神圣职责。

第五条 坚持一个中国原则，是实现祖国和平统一的基础。

以和平方式实现祖国统一，最符合台湾海峡两岸同胞的根本利益。国家以最大的诚意，尽最大的努力，实现和平统一。

国家和平统一后，台湾可以实行不同于大陆的制度，高度自治。

第六条 国家采取下列措施，维护台湾海峡地区和平稳定，发展两岸关系：

（一）鼓励和推动两岸人员往来，增进了解，增强互信；

（二）鼓励和推动两岸经济交流与合作，直接通邮通航通商，密切两岸经济关系，互利互惠；

（三）鼓励和推动两岸教育、科技、文化、卫生、体育交流，共同弘扬中华文化的优秀传统；

（四）鼓励和推动两岸共同打击犯罪；

（五）鼓励和推动有利于维护台湾海峡地区和平稳定、发展两岸关系的其他活动。

国家依法保护台湾同胞的权利和利益。

第七条 国家主张通过台湾海峡两岸平等的协商和谈判，实现和平统一。协商和谈判可以有步骤、分阶段进行，方式可以灵活多样。

台湾海峡两岸可以就下列事项进行协商和谈判：

（一）正式结束两岸敌对状态；

（二）发展两岸关系的规划；

（三）和平统一的步骤和安排；

（四）台湾当局的政治地位；

（五）台湾地区在国际上与其地位相适应的活动空间；

（六）与实现和平统一有关的其他任何问题。

第八条 "台独"分裂势力以任何名义、任何方式造成台湾从中国分裂出去的事实，或者发生将会导致台湾从中国分裂出去的重大事变，或者和平统一的可能性完全丧失，国家得采取非和平方式及其他必要措施，捍卫国家主权和领土完整。

依照前款规定采取非和平方式及其他必要措施，由国务院、中央军事委员会决定和组织实施，并及时向全国人民代表大会常务委员会报告。

第九条 依照本法规定采取非和平方式及其他必要措施并组织实施时，国家尽最大可能保护台湾平民和在台湾的外国人的生命财产安全和其他正当权益，减少损失；同时，国家依法保护台湾同胞在中国其他地区的权利和利益。

第十条 本法自公布之日起施行。

3 煽动分裂国家案

概念

本罪是指煽动分裂国家、破坏国家统一的行为。

立案标准

根据《刑法》第 103 条第 2 款的规定，以煽动分裂国家、破坏国家统一为目的，实施张贴标语、散发传单、编辑刊物、发表演说、播放图像、非法出版、宣传邪教等行为的，应当立案追究。

本罪是行为犯，《刑法》对此没有规定"情节"方面的要求，并不要求已经造成分裂国家、破坏国家统一的实际后果。只要行为人实施了煽动行为，就应当立案。一般来说，对煽动分裂国家的首要分子或者罪行重大的，应当一律立案追究。

定罪标准	犯罪客体	本罪侵犯的客体是中华人民共和国的国家统一和民族团结。
	犯罪客观方面	本罪客观方面表现为煽动分裂国家、破坏国家统一的行为。煽动，是指行为人以语言、文字、图像等方式对他人进行鼓吹煽动，意图使他人接受或相信所煽动的内容或去实行所煽动的分裂国家的行为，而并非行为人自己实行。从煽动的对象看，可以是一人或众人。从煽动的方式看，可以是发表言论、散布文字、制作、传播音像制品等。 分裂国家、破坏国家统一，是指窃据地方权力，抗拒中央领导，脱离中央，搞地方割据或地方独立，或者制造民族矛盾和民族分裂，破坏统一的多民族国家。只要行为人进行以分裂国家、破坏国家统一为宗旨的煽动行为，不管其所煽动的对象是否接受或相信所煽动的内容，也不管其是否去实行所煽动的行为，都应属于本条规定的煽动行为。本罪属于行为犯，行为人只要具有煽动分裂国家、破坏国家统一的行为，不论是否得逞，是否造成严重后果，都应构成犯罪既遂。
	犯罪主体	本罪主体是一般主体，包括中国人、外国人和无国籍人。
	犯罪主观方面	本罪主观方面表现为直接故意。行为人进行宣传煽动的目的，是企图用蛊惑、煽动群众的手段来分裂国家。
	罪与非罪	在煽动分裂国家、破坏国家统一的犯罪活动中，参与人员通常比较复杂，尤其是一些民族分裂分子往往借群众事件为掩护，使一些不明真相的群众被欺骗，或因不明事实真相误传谣言，或由于对中央现行的民族政策不理解，发牢骚、讲怪话等，这些一般属于思想教育问题，不构成煽动分裂国家罪。

定罪标准	**此罪与彼罪**	一、本罪与煽动民族仇恨、民族歧视罪的界限。（1）侵害的客体不同。本罪侵害的客体是国家统一和民族团结，而煽动民族仇恨、民族歧视罪侵害的客体是公民的人身权利、民主权利，包括各民族平等的权利。（2）煽动的内容不同。前者是煽动分裂国家、破坏国家统一；后者是煽动民族间的仇恨、民族间的歧视。 二、本罪与分裂国家罪的界限。两罪的客体是相同的，即国家的统一；两罪的目的也是相同的，即分裂国家。两者有明显的区别：（1）实施的行为不同：本罪是煽动行为，后罪是组织、策划、实施分裂的行为；（2）犯罪形式不同：本罪是任意共同犯罪，即单个人即可构成，后罪是必要共同犯罪，只能以共同犯罪形式存在；（3）犯罪故意的内容不同：本罪是煽动的故意，后罪是组织、策划、实施的故意；（4）犯罪主体虽都是一般主体，但在实施中有所区别。本罪的实行者多为民族分裂分子，后罪的实行者则多是窃据重要地位的政界要人，当然也包括民族分裂分子。 三、本罪与煽动颠覆国家政权罪的界限。虽然两罪都实行了煽动行为，方式也基本相同，而且同属一类犯罪，但它们有如下主要区别：（1）犯罪行为的内容不同。本罪是煽动分裂国家，即一分为二或一分为多，后罪是煽动覆灭现存政权，另立新政权。（2）犯罪故意和犯罪目的不同。（3）犯罪客体不同。本罪的客体是国家统一，后罪的客体是人民民主专政及社会主义制度。国家统一主要是各民族感情和爱国主义的问题，后者主要是政治理想、政治信念的问题。
证据参考标准	**主体方面的证据**	**一、证明行为人刑事责任年龄、身份等自然情况的证据** 包括身份证明、户籍证明、任职证明、工作经历证明、特定职责证明等，主要是证明行为人的姓名（曾用名）、性别、出生年月日、民族、籍贯、出生地、职业（或职务）、住所地（或居所地）等证据材料，如户口簿、居民身份证、工作证、出生证、专业或技术等级证、干部履历表、职工登记表、护照等。 对于户籍、出生证等材料内容不实的，应提供其他证据材料。外国人犯罪的案件，应有护照等身份证明材料。人大代表、政协委员犯罪的案件，应注明身份，并附身份证明材料。 **二、证明行为人刑事责任能力的证据** 证明行为人对自己的行为是否具有辨认能力与控制能力，如是否属于间歇性精神病人、尚未完全丧失辨认或者控制自己行为能力的精神病人的证明材料。
	主观方面的证据	**证明行为人故意的证据** 1. 证明行为人明知的证据：明知自己的行为会发生危害社会的结果；2. 证明直接故意的证据：证明行为人希望危害结果发生；3. 目的：煽动分裂国家、破坏国家统一。
	客观方面的证据	**证明行为人实施了宣传煽动分裂国家、破坏统一犯罪行为的证据** 具体证据包括：1. 证明行为人煽动群众分裂国家行为的证据；2. 证明行为人煽动群众进行破坏国家统一活动行为的证据；3. 证明行为人煽动成立反动的地方伪政府行为的证据；4. 证明行为人煽动搞民主分裂行为的证据；5. 证明行为人书写煽动标语分裂、破坏国家统一行为的证据；6. 证明行为人散发煽动分裂、破坏国家统一传单行为的证据；7. 证明行为人发表煽动演讲行为的证据；8. 证明行为人呼喊煽动分裂、

证据参考标准	**客观方面的证据**	破坏国家统一口号行为的证据；9. 证明行为人散布煽动分裂、破坏国家统一谣言行为的证据；10. 证明行为人密谋、集会、制定煽动措施、方案等行为的证据；11. 证明行为人与境外机构、组织、个人相勾结行为的证据；12. 证明行为人煽动分裂国家犯罪首要分子行为的证据；13. 证明行为人煽动分裂国家罪行重要分子的证据；14. 证明行为人所处政治地位的证据。
	量刑方面的证据	**一、法定量刑情节证据** 1. 事实情节：（1）情节严重；（2）其他。2. 法定从重情节。3. 法定从轻减轻情节：（1）可以从轻；（2）可以从轻或减轻；（3）应当从轻或者减轻。4. 法定从轻减轻免除情节：（1）可以从轻、减轻或者免除处罚；（2）应当从轻、减轻或者免除处罚。5. 法定减轻免除情节：（1）可以减轻或者免除处罚；（2）应当减轻或者免除处罚；（3）可以免除处罚。 **二、酌定量刑情节证据** 1. 犯罪手段：（1）公开；（2）秘密；（3）其他。2. 犯罪对象。3. 危害结果。4. 动机。5. 平时表现。6. 认罪态度。7. 是否有前科。8. 其他证据。
量刑标准	犯本罪的	处五年以下有期徒刑、拘役、管制或者剥夺政治权利，可以并处没收财产
	对首要分子或者罪行重大的	处五年以上有期徒刑，可以并处没收财产，应当附加剥夺政治权利
法律适用	**刑法条文**	**第一百零三条第二款** 煽动分裂国家、破坏国家统一的，处五年以下有期徒刑、拘役、管制或者剥夺政治权利；首要分子或者罪行重大的，处五年以上有期徒刑。 **第一百零六条** 与境外机构、组织、个人相勾结，实施本章第一百零三条、第一百零四条、第一百零五条规定之罪的，依照各该条的规定从重处罚。 **第一百一十三条第二款** 犯本章之罪的，可以并处没收财产。
	司法解释	**一、最高人民法院、最高人民检察院、公安部、国家安全部、司法部《关于依法惩治"台独"顽固分子分裂国家、煽动分裂国家犯罪的意见》（节录）**（2024 年 5 月 26 日最高人民法院、最高人民检察院、公安部、国家安全部、司法部公布 自公布之日起施行） **一、总体要求** 1. 世界上只有一个中国，台湾是中国领土不可分割的一部分。极少数"台独"顽固分子大肆进行"台独"分裂活动，严重危害台湾海峡地区和平稳定，严重损害两岸同胞共同利益和中华民族根本利益。人民法院、人民检察院、公安机关、国家安全机关和司法行政机关要充分发挥职能作用，依法严惩"台独"顽固分子分裂国家、煽动分裂国家犯罪，坚决捍卫国家主权、统一和领土完整。

二、准确认定犯罪

7. 以将台湾从中国分裂出去为目的，实施下列行为之一的，依照刑法第一百零三条第二款的规定，以煽动分裂国家罪定罪处罚：

（1）顽固宣扬"台独"分裂主张及其分裂行动纲领、计划、方案的；

（2）其他煽动将台湾从中国分裂出去的行为。

8. 实施本意见第七条规定的行为，情节严重、造成严重后果或者造成特别恶劣影响的，应当认定为刑法第一百零三条第二款规定的"罪行重大"。

9. 实施本意见第七条规定行为的，处五年以下有期徒刑、拘役、管制或者剥夺政治权利；首要分子或者罪行重大的，处五年以上有期徒刑。

10. 实施本意见第二条、第七条规定行为的，可以并处没收财产。

11. 与外国或者境外机构、组织、个人相勾结实施本意见第二条、第七条规定行为的，依照刑法第一百零六条的规定从重处罚。

12. "台独"顽固分子分裂国家、煽动分裂国家的犯罪行为有连续或者继续状态的，追诉期限从犯罪行为终了之日起计算。在公安机关、国家安全机关立案侦查或者人民法院受理案件以后，逃避侦查或者审判的，不受追诉期限的限制。

三、正确适用程序

13. 应当逮捕的犯罪嫌疑人如果在逃，公安机关、国家安全机关可以发布通缉令，采取有效措施，追捕归案。

14. 犯罪嫌疑人、被告人自愿如实供述自己的罪行，承认指控的犯罪事实，愿意接受处罚的，可以依法从宽处理。

15. "台独"顽固分子主动放弃"台独"分裂立场，不再实施"台独"分裂活动，并采取措施减轻、消除危害后果或者防止危害扩大，符合刑事诉讼法第一百八十二条第一款规定的，可以撤销案件、不起诉或者对涉嫌数罪中的一项或多项不起诉。

16. 犯罪嫌疑人、被告人依法享有辩护权利，除自己行使辩护权以外，还可以委托一至二人作为辩护人。

17. 对于需要及时进行审判，经最高人民检察院核准的"台独"顽固分子分裂国家、煽动分裂国家犯罪案件，犯罪嫌疑人、被告人在境外，公安机关、国家安全机关移送起诉，人民检察院认为犯罪事实已经查清，证据确实、充分，依法应当追究刑事责任的，可以向人民法院提起公诉。人民法院进行审查后，对于起诉书中有明确的指控犯罪事实，符合缺席审判程序适用条件的，应当决定开庭审判。

前款案件，由最高人民法院指定的中级人民法院组成合议庭进行审理。

18. 对人民检察院依照刑事诉讼法第二百九十一条第一款的规定提起公诉的"台独"顽固分子分裂国家、煽动分裂国家犯罪案件，人民法院立案后，应当将传票和起诉书副本送达被告人。传票和起诉书副本送达后，被告人未按要求到案的，人民法院应当开庭审理，依法作出判决，并对违法所得及其他涉案财产作出处理。

19. 人民法院缺席审判"台独"顽固分子分裂国家、煽动分裂国家犯罪案件，被告人有权委托或者由近亲属代为委托一至二名辩护人。在境外委托的，应当依照有关规定对授权委托进行公证、认证。

被告人及其近亲属没有委托辩护人的，人民法院应当通知法律援助机构指派律师为被告人提供辩护。被告人及其近亲属拒绝法律援助机构指派的律师辩护的，人民法院应当查明原因。理由正当的，应当准许，但被告人或者其近亲属应当在五日以内另行委托辩护人；被告人及其近亲属未另行委托辩护人的，人民法院应当在三日以内通知法律援助机构另行指派律师为其提供辩护。

20. 人民法院缺席审判"台独"顽固分子分裂国家、煽动分裂国家犯罪案件，应当将判决书送达被告人及其近亲属、辩护人。被告人或者其近亲属不服判决的，有权向上一级人民法院上诉。辩护人经被告人或者其近亲属同意，可以提出上诉。

人民检察院认为人民法院的判决确有错误的，应当向上一级人民法院提出抗诉。

四、附则

21. 对于"台独"顽固分子实施的资助危害国家安全犯罪活动罪等其他犯罪，可以参照本意见办理。

二、最高人民法院、最高人民检察院《关于办理组织、利用邪教组织破坏法律实施等刑事案件适用法律若干问题的解释》（节录）（2017 年 1 月 25 日最高人民法院、最高人民检察院公布　自 2017 年 2 月 1 日起施行　法释〔2017〕3 号）

第十条　组织、利用邪教组织破坏国家法律、行政法规实施过程中，又有煽动分裂国家、煽动颠覆国家政权或者侮辱、诽谤他人等犯罪行为的，依照数罪并罚的规定定罪处罚。

三、最高人民法院《关于审理破坏广播电视设施等刑事案件具体应用法律若干问题的解释》（节录）（2011 年 6 月 7 日最高人民法院公布　自 2011 年 6 月 13 日起施行　法释〔2011〕13 号）

第七条　实施破坏广播电视设施犯罪，并利用广播电视设施实施煽动分裂国家、煽动颠覆国家政权、煽动民族仇恨、民族歧视或者宣扬邪教等行为，同时构成其他犯罪的，依照处罚较重的规定定罪处罚。

四、最高人民法院、最高人民检察院《关于办理妨害预防、控制突发传染病疫情等灾害的刑事案件具体应用法律若干问题的解释》（节录）（2003 年 5 月 14 日最高人民法院、最高人民检察院公布　自 2003 年 5 月 15 日起施行　法释〔2003〕8 号）

第十条第二款　利用突发传染病疫情等灾害，制造、传播谣言，煽动分裂国家、破坏国家统一，或者煽动颠覆国家政权、推翻社会主义制度的，依照刑法第一百零三条第二款、第一百零五条第二款的规定，以煽动分裂国家罪或者煽动颠覆国家政权罪定罪处罚。

第十八条　本解释所称"突发传染病疫情等灾害"，是指突然发生，造成或者可能造成社会公众健康严重损害的重大传染病疫情、群体性不明原因疾病以及其他严重影响公众健康的灾害。

五、最高人民法院《关于审理非法出版物刑事案件具体应用法律若干问题的解释》（节录）（1998 年 12 月 17 日最高人民法院公布　自 1998 年 12 月 23 日起施行　法释〔1998〕30 号）

第一条　明知出版物中载有煽动分裂国家、破坏国家统一或者煽动颠覆国家政权、推翻社会主义制度的内容，而予以出版、印刷、复制、发行、传播的，依照刑法第一百零三条第二款或者第一百零五条第二款的规定，以煽动分裂国家罪或者煽动颠覆国家政权罪定罪处罚。

法律适用

相关法律法规

一、《中华人民共和国香港特别行政区维护国家安全法》（节录）（2020 年 6 月 30 日中华人民共和国主席令第 49 号公布　自公布之日起施行）

第五条　防范、制止和惩治危害国家安全犯罪，应当坚持法治原则。法律规定为犯罪行为的，依照法律定罪处刑；法律没有规定为犯罪行为的，不得定罪处刑。

任何人未经司法机关判罪之前均假定无罪。保障犯罪嫌疑人、被告人和其他诉讼参与人依法享有的辩护权和其他诉讼权利。任何人已经司法程序被最终确定有罪或者宣告无罪的，不得就同一行为再予审判或者惩罚。

第六条　维护国家主权、统一和领土完整是包括香港同胞在内的全中国人民的共同义务。

在香港特别行政区的任何机构、组织和个人都应当遵守本法和香港特别行政区有关维护国家安全的其他法律，不得从事危害国家安全的行为和活动。

香港特别行政区居民在参选或者就任公职时应当依法签署文件确认或者宣誓拥护中华人民共和国香港特别行政区基本法，效忠中华人民共和国香港特别行政区。

第二十条　任何人组织、策划、实施或者参与实施以下旨在分裂国家、破坏国家统一行为之一的，不论是否使用武力或者以武力相威胁，即属犯罪：

（一）将香港特别行政区或者中华人民共和国其他任何部分从中华人民共和国分离出去；

（二）非法改变香港特别行政区或者中华人民共和国其他任何部分的法律地位；

（三）将香港特别行政区或者中华人民共和国其他任何部分转归外国统治。

犯前款罪，对首要分子或者罪行重大的，处无期徒刑或者十年以上有期徒刑；对积极参加的，处三年以上十年以下有期徒刑；对其他参加的，处三年以下有期徒刑、拘役或者管制。

第二十一条　任何人煽动、协助、教唆、以金钱或者其他财物资助他人实施本法第二十条规定的犯罪的，即属犯罪。情节严重的，处五年以上十年以下有期徒刑；情节较轻的，处五年以下有期徒刑、拘役或者管制。

第三十条　为实施本法第二十条、第二十二条规定的犯罪，与外国或者境外机构、组织、人员串谋，或者直接或者间接接受外国或者境外机构、组织、人员的指使、控制、资助或者其他形式的支援的，依照本法第二十条、第二十二条的规定从重处罚。

二、全国人民代表大会常务委员会《关于维护互联网安全的决定》（节录）（2000年 12 月 28 日第九届全国人民代表大会常务委员会公布　自公布之日起施行　2009 年8 月 27 日修正）

二、为了维护国家安全和社会稳定，对有下列行为之一，构成犯罪的，依照刑法有关规定追究刑事责任：

（一）利用互联网造谣、诽谤或者发表、传播其他有害信息，煽动颠覆国家政权、推翻社会主义制度，或者煽动分裂国家、破坏国家统一；

（二）通过互联网窃取、泄露国家秘密、情报或者军事秘密；

（三）利用互联网煽动民族仇恨、民族歧视，破坏民族团结；

（四）利用互联网组织邪教组织、联络邪教组织成员，破坏国家法律、行政法规实施。

法律适用

相关法律法规

三、《中华人民共和国国家安全法》（节录）（2015 年 7 月 1 日中华人民共和国主席令第 29 号公布　自公布之日起施行）

第二条　国家安全是指国家政权、主权、统一和领土完整、人民福祉、经济社会可持续发展和国家其他重大利益相对处于没有危险和不受内外威胁的状态，以及保障持续安全状态的能力。

第十五条　国家坚持中国共产党的领导，维护中国特色社会主义制度，发展社会主义民主政治，健全社会主义法治，强化权力运行制约和监督机制，保障人民当家作主的各项权利。

国家防范、制止和依法惩治任何叛国、分裂国家、煽动叛乱、颠覆或者煽动颠覆人民民主专政政权的行为；防范、制止和依法惩治窃取、泄露国家秘密等危害国家安全的行为；防范、制止和依法惩治境外势力的渗透、破坏、颠覆、分裂活动。

四、《中华人民共和国反间谍法》（节录）（2014 年 11 月 1 日中华人民共和国主席令第 16 号公布　自公布之日起施行　2023 年 4 月 26 日修订）

第五十五条　实施间谍行为，有自首或者立功表现的，可以从轻、减轻或者免除处罚；有重大立功表现的，给予奖励。

在境外受胁迫或者受诱骗参加间谍组织、敌对组织，从事危害中华人民共和国国家安全的活动，及时向中华人民共和国驻外机构如实说明情况，或者入境后直接或者通过所在单位及时向国家安全机关如实说明情况，并有悔改表现的，可以不予追究。

4 武装叛乱、暴乱案

概念　本罪是指组织、策划、实施武装叛乱或者武装暴乱的行为。

立案标准　根据《刑法》第104条的规定，对实施武装叛乱、暴乱的下列人员应当立案追究：(1) 首要分子或者罪行重大的；(2) 积极参加的；(3) 其他参加的。

本罪是行为犯，刑法对构成本罪没有规定"情节"方面的要求，并不要求已经造成实际的危害后果。只要行为人已经着手组织、策划、实施武装叛乱或者武装暴乱的行为，不管是在密谋、策划阶段，还是已经付诸实施，都应当立案追究。一般来说，本罪情节的轻重和立案标准主要依据犯罪主体的情况而定。

本罪是选择性罪名，组织、策划、实施武装叛乱的，构成武装叛乱罪；组织、策划、实施武装暴乱的，构成武装暴乱罪。

定罪标准

犯罪客体　本罪侵犯的客体是复杂客体。既侵害我国现国家政权，又同时侵害国家和人民的财产安全以及公民的人身安全，但主要是侵害国家政权。

犯罪客观方面　本罪在客观方面表现为组织、策划、实施武装叛乱或者武装暴乱的行为。所谓组织，是指为武装叛乱、暴乱而安排分散的人使之具有一定的系统性和整体性。所谓策划，是指为武装叛乱、暴乱而暗中密谋、筹划，实际上是处于犯罪预备状态。所谓实施，是指已经着手，正式开始实行武装叛乱、暴乱的活动。所谓武装叛乱，是指行为人使用枪炮或其他军事武器、装备等武装形式，以投靠或意图投靠境外的组织或敌对势力而公开进行反叛国家和政府的行为。武装叛乱并不完全等同于持械聚众叛乱。所谓武装暴乱，是指行为人采取武装形式，如携带或使用枪炮或其他武器进行杀人放火，破坏道路桥梁，抢劫档案、军火或其他设施、物资，破坏社会秩序等，与国家进行对抗的行为。如果行为人没有携带、使用武器，只是使用棍棒、石块等一般暴力时，则不宜作武装暴乱对待。从两罪行为看，都是使用武器与政府发生武装冲突，但不排除在某些情况下武器尚未来得及被使用，或者没有使用武器犯罪即被制止，因此，如果行为人携带武器进行叛乱或暴乱活动，而不管其是否实际使用，都不会影响武装叛乱罪或武装暴乱罪的构成。

武装叛乱与武装暴乱的区别主要是：行为人是否以境外组织或境外敌对势力为背景。武装叛乱是投靠或意图投靠境外组织或境外敌对势力，具有投敌叛变之性质，这是犯罪分子的主要倾向；而武装暴乱只是发生在境内直接同国家和政府对抗，而没有投靠境外的意图或联系。虽然武装暴乱犯罪的过程中也不排除犯罪人可能会与境外组织、敌对势力相勾结，进行某种联系，但其暴力骚乱活动主要是针对国家和政府。

本罪是行为犯，只要有组织、策划、实施武装叛乱、暴乱的行为，不论是否得逞、是否造成严重后果均构成犯罪。

定罪标准	**犯罪主体**	本罪主体是一般主体，包括中国人、外国人和无国籍人。凡年满16周岁且具有刑事责任能力的自然人均能构成本罪主体。中国人、外国人、无国籍人都可能成为这两种犯罪的主体。进行武装叛乱或武装暴乱的犯罪，实践中往往是多人或众人所为，如某种组织或集团所为，单个人是不可能进行这两种犯罪活动的；个人如果具有这种行为，应依刑法的其他有关条文定罪处刑。
	犯罪主观方面	本罪主观方面表现为直接故意，且具有以武装叛乱、暴乱行为危害国家安全的目的。
	罪与非罪	区分罪与非罪的界限，应注意以下两点： 一、本罪与一般聚众闹事的界限。聚众闹事，多是因人民内部矛盾引起的，如部分群众对政府的某些政策、措施不理解，或者是片面强调个人利益，或者是某些领导官僚主义引起群众不满，而采取的过激行动。聚众闹事也有一定的破坏性，但与武装叛乱、暴乱有本质的不同：两者的主观故意不同，聚众闹事的目的一般是达到个人的某些要求，而武装叛乱、暴乱的目的是颠覆人民民主专政的政权和社会主义制度；聚众闹事一般不使用暴力，使用器械也多是棍棒、砖头等，主要是向领导或者有关方面施加压力，而武装叛乱、暴乱则往往采取严重暴力行动，多数使用枪支弹药等杀伤性武器，给人民生命财产造成重大损失。但对极少数人利用聚众闹事，将其演变成严重的武装暴力活动，则应按本罪定罪量刑。 二、策动、胁迫、勾引、收买国家机关工作人员、武装部队人员、人民警察、民兵进行武装叛乱或者武装暴乱的，从重处罚。基于犯罪对象的特殊性，《刑法》将其规定为法定从重处罚情节。这里的策动，是通过策划、鼓动，使国家机关工作人员、武装部队人员、人民警察、民兵实施武装叛乱或者武装暴乱行为；胁迫，是指威胁、强迫或者控制他人参与犯罪活动；勾引，是指利用名利、地位、色情等手段，引诱国家机关工作人员、武装部队人员、人民警察、民兵实施武装叛乱或者武装暴乱的行为；收买，是指用金钱、物质或其他利益笼络人心，使国家机关工作人员、武装部队人员、人民警察、民兵实施武装叛乱或者武装暴乱行为。
	此罪与彼罪	本罪与相关犯罪的界限。一是在武装叛乱、暴乱中，对于趁火打劫的行为，构成犯罪的，应当按照所触犯的罪名定罪处罚。二是既参加了武装叛乱、暴乱，同时又实施了独立的犯罪行为，如强奸妇女，应当分别定罪，实行数罪并罚。
证据参考标准	**主体方面的证据**	**一、证明行为人刑事责任年龄、身份等自然情况的证据** 包括身份证明、户籍证明、任职证明、工作经历证明、特定职责证明等，主要是证明行为人的姓名（曾用名）、性别、出生年月日、民族、籍贯、出生地、职业（或职务）、住所地（或居所地）等证据材料，如户口簿、居民身份证、工作证、出生证、专业或技术等级证、干部履历表、职工登记表、护照等。 对于户籍、出生证等材料内容不实的，应提供其他证据材料。外国人犯罪的案件，应有护照等身份证明材料。人大代表、政协委员犯罪的案件，应注明身份，并附身份证明材料。

证据参考标准	**主体方面的证据**	**二、证明行为人刑事责任能力的证据** 证明行为人对自己的行为是否具有辨认能力与控制能力，如是否属于间歇性精神病人、尚未完全丧失辨认或者控制自己行为能力的精神病人的证明材料。 **三、证明行为人系犯罪主体的证据** 1. 首要分子；2. 罪行重大的；3. 积极参加的；4. 其他参加的。
	主观方面的证据	**证明行为人故意的证据** 1. 证明行为人明知的证据：证明行为人明知自己的行为会发生危害社会的结果。2. 证明直接故意的证据：证明行为人希望危害结果发生。3. 目的：（1）足以危害国家安全、危害国家政局稳定；（2）敌视和破坏人民民主专政和推翻社会主义制度。
	客观方面的证据	**证明行为人组织、策划、实施武装叛乱或者武装暴乱的行为的证据** 具体证据包括：1. 证明行为人联络他人参与武装叛乱、暴乱准备活动行为的证据；2. 证明行为人召集他人参与武装叛乱、暴乱准备活动行为的证据；3. 证明行为人指使他人参与武装叛乱、暴乱准备活动行为的证据；4. 证明行为人策动他人参与武装叛乱、暴乱准备活动行为的证据；5. 证明行为人胁迫他人参与武装叛乱、暴乱准备活动行为的证据；6. 证明行为人勾引他人参与武装叛乱、暴乱准备活动行为的证据；7. 证明行为人收买他人参与武装叛乱、暴乱准备活动行为的证据；8. 证明行为人领导他人参与武装叛乱、暴乱准备活动行为的证据；9. 证明行为人袭击、砸毁党政军机关行为的证据；10. 证明行为人残杀政府官员行为的证据；11. 证明行为人残杀无辜群众行为的证据；12. 证明行为人抢掠或烧毁机密文件行为的证据；13. 证明行为人抢掠或烧毁档案行为的证据；14. 证明行为人损毁公私财物行为的证据；15. 证明行为人策动、胁迫、勾引、收买国家机关工作人员进行武装叛乱或者武装暴乱行为的证据；16. 证明行为人策动、胁迫、勾引、收买武装部队进行武装叛乱或者武装暴乱行为的证据；17. 证明行为人策动、胁迫、勾引、收买人民警察、民兵进行武装叛乱或者武装暴乱行为的证据；18. 证明行为人与境外机构、组织、个人相勾结行为的证据；19. 证明行为人武装叛乱、暴乱犯罪对国家和人民危害特别严重行为的证据；20. 证明行为人武装叛乱、暴乱犯罪情节特别严重行为的证据；21. 证明行为人所处政治地位的证据。
	量刑方面的证据	**一、法定量刑情节证据** 1. 事实情节：（1）情节严重；（2）其他。2. 法定从重情节。3. 法定从轻减轻情节：（1）可以从轻；（2）可以从轻或减轻；（3）应当从轻或者减轻。4. 法定从轻减轻免除情节：（1）可以从轻、减轻或者免除处罚；（2）应当从轻、减轻或者免除处罚。5. 法定减轻免除情节：（1）可以减轻或者免除处罚；（2）应当减轻或者免除处罚；（3）可以免除处罚。 **二、酌定量刑情节证据** 1. 犯罪手段：（1）组织；（2）策划；（3）实施；（4）策动：①策动武装叛乱，②策动武装暴乱，③挑唆，④煽动，⑤威胁，⑥其他，（5）勾引、收买：①名利，②地位，③金钱，④物质，⑤女色，⑥其他，（6）政治手段。2. 犯罪对象。3. 危害结果。4. 动机。5. 平时表现。6. 认罪态度。7. 是否有前科。8. 其他证据。

量刑标准	对首要分子或者罪行重大的	处无期徒刑或者十年以上有期徒刑，可以并处没收财产，应当附加剥夺政治权利
	对积极参加的	处三年以上十年以下有期徒刑，可以并处没收财产，应当附加剥夺政治权利
	对其他参加的	处三年以下有期徒刑、拘役、管制或者剥夺政治权利，可以并处没收财产
	对国家和人民危害特别严重、情节特别恶劣的	可以判处死刑，可以并处没收财产，应当附加剥夺政治权利终身

| 法律适用 | 刑法条文 | 　　**第一百零四条**　组织、策划、实施武装叛乱或者武装暴乱的，对首要分子或者罪行重大的，处无期徒刑或者十年以上有期徒刑；对积极参加的，处三年以上十年以下有期徒刑；对其他参加的，处三年以下有期徒刑、拘役、管制或者剥夺政治权利。
　　策动、胁迫、勾引、收买国家机关工作人员、武装部队人员、人民警察、民兵进行武装叛乱或者武装暴乱的，依照前款的规定从重处罚。
　　第一百零六条　与境外机构、组织、个人相勾结，实施本章第一百零三条、第一百零四条、第一百零五条规定之罪的，依照各该条的规定从重处罚。
　　第一百一十三条　本章上述危害国家安全罪行中，除第一百零三条第二款、第一百零五条、第一百零七条、第一百零九条外，对国家和人民危害特别严重、情节特别恶劣的，可以判处死刑。
　　犯本章之罪的，可以并处没收财产。
　　第五十六条　对于危害国家安全的犯罪分子应当附加剥夺政治权利；对于故意杀人、强奸、放火、爆炸、投毒、抢劫等严重破坏社会秩序的犯罪分子，可以附加剥夺政治权利。
　　独立适用剥夺政治权利的，依照本法分则的规定。
　　第六十六条　危害国家安全犯罪、恐怖活动犯罪、黑社会性质的组织犯罪的犯罪分子，在刑罚执行完毕或者赦免以后，在任何时候再犯上述任一类罪的，都以累犯论处。 |
| | 相关法律法规 | 　　**一、《中华人民共和国国家安全法》（节录）**（2015 年 7 月 1 日中华人民共和国主席令第 29 号公布　自公布之日起施行）
　　第一条　为了维护国家安全，保卫人民民主专政的政权和中国特色社会主义制度，保护人民的根本利益，保障改革开放和社会主义现代化建设的顺利进行，实现中华民族伟大复兴，根据宪法，制定本法。
　　第十五条　国家坚持中国共产党的领导，维护中国特色社会主义制度，发展社会主义民主政治，健全社会主义法治，强化权力运行制约和监督机制，保障人民当家作主的各项权利。
　　国家防范、制止和依法惩治任何叛国、分裂国家、煽动叛乱、颠覆或者煽动颠覆人民民主专政政权的行为；防范、制止和依法惩治窃取、泄露国家秘密等危害国家安全的行为；防范、制止和依法惩治境外势力的渗透、破坏、颠覆、分裂活动。 |

二、《中华人民共和国反间谍法》（节录）（2014 年 11 月 1 日中华人民共和国主席令第 16 号公布　自公布之日起施行　2023 年 4 月 26 日修订）

第四条　本法所称间谍行为，是指下列行为：

（一）间谍组织及其代理人实施或者指使、资助他人实施，或者境内外机构、组织、个人与其相勾结实施的危害中华人民共和国国家安全的活动；

（二）参加间谍组织或者接受间谍组织及其代理人的任务，或者投靠间谍组织及其代理人；

（三）间谍组织及其代理人以外的其他境外机构、组织、个人实施或者指使、资助他人实施，或者境内机构、组织、个人与其相勾结实施的窃取、刺探、收买、非法提供国家秘密、情报以及其他关系国家安全和利益的文件、数据、资料、物品，或者策动、引诱、胁迫、收买国家工作人员叛变的活动；

（四）间谍组织及其代理人实施或者指使、资助他人实施，或者境内外机构、组织、个人与其相勾结实施针对国家机关、涉密单位或者关键信息基础设施等的网络攻击、侵入、干扰、控制、破坏等活动；

（五）为敌人指示攻击目标；

（六）进行其他间谍活动。

间谍组织及其代理人在中华人民共和国领域内，或者利用中华人民共和国的公民、组织或者其他条件，从事针对第三国的间谍活动，危害中华人民共和国国家安全的，适用本法。

第十条　境外机构、组织、个人实施或者指使、资助他人实施的，或者境内机构、组织、个人与境外机构、组织、个人相勾结实施的危害中华人民共和国国家安全的间谍行为，都必须受到法律追究。

法律适用

相关法律法规

5 颠覆国家政权案

概念　本罪是指组织、策划、实施颠覆国家政权、推翻社会主义制度的行为。

立案标准　根据《刑法》第 105 条第 1 款的规定，对组织、策划、实施颠覆国家政权、推翻社会主义制度的下列人员应当立案追究：（1）首要分子或者罪行重大的；（2）积极参加的；（3）其他参加的。

本罪是行为犯，《刑法》对构成本罪没有规定"情节"方面的要求，并不要求实际已经造成国家政权被颠覆、社会主义制度被推翻的危害后果。只要行为人已经着手组织、策划、实施颠覆国家政权、推翻社会主义制度的行为，不管是在密谋、策划阶段，还是已经付诸实施，都应当立案追究。一般来说，本罪情节的轻重和立案标准主要依据犯罪主体的情况而定。本罪立案标准的适用，应当注意以下三点：

（1）首要分子或者罪行重大的，应当一律立案追究。根据《刑法》第 97 条的规定，"首要分子"是指在颠覆国家政权、推翻社会主义制度中起组织、策划、指挥作用的犯罪分子。"罪行重大的"，是指除首要分子以外的其他在颠覆国家政权、推翻社会主义制度中起主要作用的犯罪分子。

（2）积极参加的，应当一律立案追究。所谓"积极参加的"，是指除首要分子、罪行重大的以外，其他积极主动参加颠覆国家政权、推翻社会主义制度的活动，并在犯罪中起骨干作用的人员。由于这类人员在主观上积极追求犯罪结果的发生，因此，也是重点打击对象。

（3）对其他参加的，一般应当立案追究。所谓"其他参加的"，主要是指在颠覆国家政权、推翻社会主义制度中起次要作用的一般参加人员。对于情节显著轻微、危害不大的"其他参加的"，可以不予立案追究。另外，对于被欺骗、被裹胁参与，没有具体实施犯罪活动的一般群众，可以不立案追究。

定罪标准	**犯罪客体**	本罪侵犯的客体是人民民主专政的政权和社会主义制度。
	犯罪客观方面	本罪客观方面表现为组织、策划、实施颠覆国家政权、推翻社会主义制度的行为。所谓组织、策划、实施，与分裂国家案的解释相同，请参看该条内容。这里所说的颠覆，是指以非法手段推翻或篡夺国家现政权，包括我国各级权力机关、监察机关、司法机关、军事机关、中央和地方人民政府在内的整个政权。中央政权的安危，关系到国家的前途与命运，决定着社会主义事业的成败。中央政权的地位是显而易见的。但是，犯罪分子也可能是把推翻地方人民政府作为第一步，进而推翻中央人民政府，以实现其推翻人民民主专政的政权和社会主义制度的最终目的。因此，实施推翻地方人民政府的行为，也是本罪客观方面的表现。颠覆政府的形式是多种多样的，包括暴力的和非暴力的、公开的和秘密的等各种手段。如策动武装政变、直接推翻国家政权，或者利用已经窃取的国家部分领导权，实行"和平演变"，改变国家政权的阶级性质等。所谓推翻社会主义制度，是指以各种方式改变人民民主专政和以公有制为主体的社会主义市场经济的经济基础的行为。其手段也是多种多样的。

定罪标准	**犯罪主体**	本罪主体是一般主体，包括中国人、外国人和无国籍人。在实践中，本罪的主体一般都是那些在中央和地方窃据党政军大权或者有重大社会影响的野心家、阴谋家。因为法律对此没有特别规定，所以一般公民也能构成本罪主体。
	犯罪主观方面	本罪主观方面表现为直接故意，并且必须具有推翻我国人民民主专政的政权和社会主义制度的目的。 本罪属行为犯。本罪的构成，不要求有颠覆政府的实际危害结果，行为人只要进行了组织、策划、实施颠覆国家政权、推翻社会主义制度的行为，不管其是否得逞，不影响颠覆国家政权罪的成立，只要查明犯罪分子以颠覆政府为目的而进行了秘密谋划活动，就足以构成本罪。
	罪与非罪	区分罪与非罪的关键是看是否实施了组织、策划、实施颠覆国家政权、推翻社会主义制度的行为。确定本罪必须先严格审查行为人的合法性依据。
	此罪与彼罪	一、本罪与武装叛乱、暴乱罪的界限。两罪主要区别就是客观方面表现不同，本罪所说的"颠覆"的手段主要是指使用非暴力手段，如以"和平演变"的秘密方法夺取政权。如果是以暴力手段夺取政权，则属于想象的竞合犯，应当从一重罪处理，即以武装叛乱、暴乱罪定罪处罚。 二、本罪与分裂国家罪的界限。两罪都是极为严重的危害国家安全的犯罪，因此处罚很重。它们的区别主要是：(1) 犯罪的直接客体不同。本罪客体是国家政权；后罪客体是国家统一。(2) 犯罪行为内容不同。本罪是颠覆政权；后罪是分裂国家。(3) 犯罪主观方面和犯罪目的相应地存在区别。 三、本罪与煽动颠覆国家政权罪的界限。(1) 行为方式不同。本罪是组织、策划、实施的方式；后罪则是煽动群众的方式。(2) 犯罪故意不同。但两罪在犯罪的直接客体上、犯罪目的上是完全相同的。 四、在颠覆国家政权罪中行为人如果使用暴力手段时，应注意与《刑法》第104条中武装暴乱罪的界限。如果行为人的行为性质属于武装暴乱的，则应依《刑法》第104条规定的武装暴乱罪定罪处刑。
证据参考标准	**主体方面的证据**	**一、证明行为人刑事责任年龄、身份等自然情况的证据** 包括身份证明、户籍证明、任职证明、工作经历证明、特定职责证明等，主要是证明行为人的姓名（曾用名）、性别、出生年月日、民族、籍贯、出生地、职业（或职务）、住所地（或居所地）等证据材料，如户口簿、居民身份证、工作证、出生证、专业或技术等级证、干部履历表、职工登记表、护照等。 对于户籍、出生证等材料内容不实的，应提供其他证据材料。外国人犯罪的案件，应有护照等身份证明材料。人大代表、政协委员犯罪的案件，应注明身份，并附身份证明材料。 **二、证明行为人刑事责任能力的证据** 证明行为人对自己的行为是否具有辨认能力与控制能力，如是否属于间歇性精神病人、尚未完全丧失辨认或者控制自己行为能力的精神病人的证明材料。

证据参考标准	主观方面的证据	**证明行为人故意的证据** 1. 证明行为人明知的证据：证明行为人明知自己的行为会颠覆国家政权、推翻社会主义制度；2. 证明直接故意的证据：证明行为人希望危害结果发生；3. 目的：颠覆国家政权、推翻社会主义制度。
	客观方面的证据	**证明行为人组织、策划实施颠覆国家政权、推翻社会主义制度行为的证据** 具体证据包括：1. 证明行为人组织颠覆国家政权、推翻社会主义制度行为的证据：（1）证明行为人拉帮结派结成反动集团行为的证据；（2）证明行为人领导反动的犯罪集团行为的证据；（3）证明行为人指挥拟定颠覆政权计划行为的证据；（4）证明行为人指挥实施颠覆政权行动行为的证据。2. 证明行为人策划颠覆国家政权、推翻社会主义制度行为的证据：（1）证明行为人幕后密谋筹划改变政权性质行为的证据；（2）证明行为人幕后拟定篡党夺权计划及方案行为的证据；（3）证明行为人幕后制定躲避国家惩处的对策行为的证据。3. 证明行为人实施颠覆国家政权、推翻社会主义制度行为的证据：（1）证明行为人直接接受反动集团组织者的领导行为的证据；（2）证明行为人执行颠覆政权反动计划行为的证据：①参与篡党夺权，②改变政权性质，③改变社会主义制度，④策动暴力政变、夺取国家政权。4. 证明行为人是首要分子行为的证据。5. 证明行为人罪行重大行为的证据。6. 证明行为人与境外机构相勾结行为的证据。7. 证明行为人与境外组织相勾结行为的证据。8. 证明行为人与境外个人相勾结行为的证据。
	量刑方面的证据	**一、法定量刑情节证据** 1. 证明事实情节：（1）首要分子；（2）罪行重大的；（3）积极参加的；（4）其他参加的。2. 法定从重情节。3. 法定从轻减轻情节：（1）可以从轻；（2）可以从轻或减轻；（3）应当从轻或者减轻。4. 法定从轻减轻免除情节：（1）可以从轻、减轻或者免除处罚；（2）应当从轻、减轻或者免除处罚。5. 法定减轻免除情节：（1）可以减轻或者免除处罚；（2）应当减轻或者免除处罚；（3）可以免除处罚。 **二、酌定量刑情节证据** 1. 犯罪手段的证据：（1）组织；（2）策划；（3）颠覆。2. 犯罪对象。3. 危害后果。4. 动机。5. 平时表现。6. 认罪态度。7. 是否有前科。8. 其他证据。
量刑标准	对首要分子或者罪行重大的	处无期徒刑或者十年以上有期徒刑，应当附加剥夺政治权利，可以并处没收财产
	对积极参加的	处三年以上十年以下有期徒刑，应当附加剥夺政治权利，可以并处没收财产
	对其他参加的	处三年以下有期徒刑、拘役、管制或者剥夺政治权利，可以并处没收财产

刑 法 条 文

第一百零五条第一款 组织、策划、实施颠覆国家政权、推翻社会主义制度的，对首要分子或者罪行重大的，处无期徒刑或者十年以上有期徒刑；对积极参加的，处三年以上十年以下有期徒刑；对其他参加的，处三年以下有期徒刑、拘役、管制或者剥夺政治权利。

第一百零六条 与境外机构、组织、个人相勾结，实施本章第一百零三条、第一百零四条、第一百零五条规定之罪的，依照各该条的规定从重处罚。

第一百一十三条第二款 犯本章之罪的，可以并处没收财产。

第五十六条 对于危害国家安全的犯罪分子应当附加剥夺政治权利；对于故意杀人、强奸、放火、爆炸、投毒、抢劫等严重破坏社会秩序的犯罪分子，可以附加剥夺政治权利。

独立适用剥夺政治权利的，依照本法分则的规定。

司 法 解 释

最高人民法院、最高人民检察院《关于办理组织、利用邪教组织破坏法律实施等刑事案件适用法律若干问题的解释》（节录）（2017 年 1 月 25 日最高人民法院、最高人民检察院公布 自 2017 年 2 月 1 日起施行 法释〔2017〕3 号）

第十条 组织、利用邪教组织破坏国家法律、行政法规实施过程中，又有煽动分裂国家、煽动颠覆国家政权或者侮辱、诽谤他人等犯罪行为的，依照数罪并罚的规定定罪处罚。

法 律 适 用

相 关 法 律 法 规

一、《中华人民共和国香港特别行政区维护国家安全法》（节录）（2020 年 6 月 30 日中华人民共和国主席令第 49 号公布 自公布之日起施行）

第五条 防范、制止和惩治危害国家安全犯罪，应当坚持法治原则。法律规定为犯罪行为的，依照法律定罪处刑；法律没有规定为犯罪行为的，不得定罪处刑。

任何人未经司法机关判罪之前均假定无罪。保障犯罪嫌疑人、被告人和其他诉讼参与人依法享有的辩护权和其他诉讼权利。任何人已经司法程序被最终确定有罪或者宣告无罪的，不得就同一行为再予审判或者惩罚。

第六条 维护国家主权、统一和领土完整是包括香港同胞在内的全中国人民的共同义务。

在香港特别行政区的任何机构、组织和个人都应当遵守本法和香港特别行政区有关维护国家安全的其他法律，不得从事危害国家安全的行为和活动。

香港特别行政区居民在参选或者就任公职时应当依法签署文件确认或者宣誓拥护中华人民共和国香港特别行政区基本法，效忠中华人民共和国香港特别行政区。

第二十二条 任何人组织、策划、实施或者参与实施以下以武力、威胁使用武力或者其他非法手段旨在颠覆国家政权行为之一的，即属犯罪：

（一）推翻、破坏中华人民共和国宪法所确立的中华人民共和国根本制度；

（二）推翻中华人民共和国中央政权机关或者香港特别行政区政权机关；

（三）严重干扰、阻挠、破坏中华人民共和国中央政权机关或者香港特别行政区政权机关依法履行职能；

（四）攻击、破坏香港特别行政区政权机关履职场所及其设施，致使其无法正常履行职能。

犯前款罪，对首要分子或者罪行重大的，处无期徒刑或者十年以上有期徒刑；对积极参加的，处三年以上十年以下有期徒刑；对其他参加的，处三年以下有期徒刑、拘役或者管制。

第二十三条 任何人煽动、协助、教唆、以金钱或者其他财物资助他人实施本法第二十二条规定的犯罪的，即属犯罪。情节严重的，处五年以上十年以下有期徒刑；情节较轻的，处五年以下有期徒刑、拘役或者管制。

第三十条 为实施本法第二十条、第二十二条规定的犯罪，与外国或者境外机构、组织、人员串谋，或者直接或者间接接受外国或者境外机构、组织、人员的指使、控制、资助或者其他形式的支援的，依照本法第二十条、第二十二条的规定从重处罚。

第三十一条 公司、团体等法人或者非法人组织实施本法规定的犯罪的，对该组织判处罚金。

公司、团体等法人或者非法人组织因犯本法规定的罪行受到刑事处罚的，应责令其暂停运作或者吊销其执照或者营业许可证。

第三十二条 因实施本法规定的犯罪而获得的资助、收益、报酬等违法所得以及用于或者意图用于犯罪的资金和工具，应当予以追缴、没收。

第三十三条 有以下情形的，对有关犯罪行为人、犯罪嫌疑人、被告人可以从轻、减轻处罚；犯罪较轻的，可以免除处罚：

（一）在犯罪过程中，自动放弃犯罪或者自动有效地防止犯罪结果发生的；

（二）自动投案，如实供述自己的罪行的；

（三）揭发他人犯罪行为，查证属实，或者提供重要线索得以侦破其他案件的。

被采取强制措施的犯罪嫌疑人、被告人如实供述执法、司法机关未掌握的本人犯有本法规定的其他罪行的，按前款第二项规定处理。

第三十四条 不具有香港特别行政区永久性居民身份的人实施本法规定的犯罪的，可以独立适用或者附加适用驱逐出境。

不具有香港特别行政区永久性居民身份的人违反本法规定，因任何原因不对其追究刑事责任的，也可以驱逐出境。

第三十五条 任何人经法院判决犯危害国家安全罪行的，即丧失作为候选人参加香港特别行政区举行的立法会、区议会选举或者出任香港特别行政区任何公职或者行政长官选举委员会委员的资格；曾经宣誓或者声明拥护中华人民共和国香港特别行政区基本法、效忠中华人民共和国香港特别行政区的立法会议员、政府官员及公务人员、行政会议成员、法官及其他司法人员、区议员，即时丧失该等职务，并丧失参选或者出任上述职务的资格。

前款规定资格或者职务的丧失，由负责组织、管理有关选举或者公职任免的机构宣布。

第三十六条 任何人在香港特别行政区内实施本法规定的犯罪的，适用本法。犯罪的行为或者结果有一项发生在香港特别行政区内的，就认为是在香港特别行政区内犯罪。

在香港特别行政区注册的船舶或者航空器内实施本法规定的犯罪的，也适用本法。

第三十七条 香港特别行政区永久性居民或者在香港特别行政区成立的公司、团体等法人或者非法人组织在香港特别行政区以外实施本法规定的犯罪的，适用本法。

第三十八条 不具有香港特别行政区永久性居民身份的人在香港特别行政区以外针对香港特别行政区实施本法规定的犯罪的，适用本法。

第三十九条 本法施行以后的行为，适用本法定罪处刑。

二、《中华人民共和国境外非政府组织境内活动管理法》（节录）（2016 年 4 月 28 日中华人民共和国主席令第44号公布　自2017年1月1日起施行　2017年11月4日修正）

第四十七条　境外非政府组织、境外非政府组织代表机构有下列情形之一的，由登记管理机关吊销登记证书或者取缔临时活动；尚不构成犯罪的，由设区的市级以上人民政府公安机关对直接责任人员处十五日以下拘留：

（一）煽动抗拒法律、法规实施的；

（二）非法获取国家秘密的；

（三）造谣、诽谤或者发表、传播其他有害信息，危害国家安全或者损害国家利益的；

（四）从事或者资助政治活动，非法从事或者资助宗教活动的；

（五）有其他危害国家安全、损害国家利益或者社会公共利益情形的。

境外非政府组织、境外非政府组织代表机构有分裂国家、破坏国家统一、颠覆国家政权等犯罪行为的，由登记管理机关依照前款规定处罚，对直接责任人员依法追究刑事责任。

第四十八条　境外非政府组织、境外非政府组织代表机构违反本法规定被撤销登记、吊销登记证书或者临时活动被取缔的，自被撤销、吊销、取缔之日起五年内，不得在中国境内再设立代表机构或者开展临时活动。

未登记代表机构或者临时活动未备案开展活动的境外非政府组织，自活动被取缔之日起五年内，不得在中国境内再设立代表机构或者开展临时活动。

有本法第四十七条规定情形之一的境外非政府组织，国务院公安部门可以将其列入不受欢迎的名单，不得在中国境内再设立代表机构或者开展临时活动。

三、全国人民代表大会常务委员会《关于维护互联网安全的决定》（节录）（2000年12月28日第九届全国人民代表大会常务委员会公布　自公布之日起施行　2009年8月27日修正）

二、为了维护国家安全和社会稳定，对有下列行为之一，构成犯罪的，依照刑法有关规定追究刑事责任：

（一）利用互联网造谣、诽谤或者发表、传播其他有害信息，煽动颠覆国家政权、推翻社会主义制度，或者煽动分裂国家、破坏国家统一；

（二）通过互联网窃取、泄露国家秘密、情报或者军事秘密；

（三）利用互联网煽动民族仇恨、民族歧视，破坏民族团结；

（四）利用互联网组织邪教组织、联络邪教组织成员，破坏国家法律、行政法规实施。

四、《中华人民共和国国家安全法》（节录）（2015 年 7 月 1 日中华人民共和国主席令第29号公布　自公布之日起施行）

第二条　国家安全是指国家政权、主权、统一和领土完整、人民福祉、经济社会可持续发展和国家其他重大利益相对处于没有危险和不受内外威胁的状态，以及保障持续安全状态的能力。

第十五条　国家坚持中国共产党的领导，维护中国特色社会主义制度，发展社会主义民主政治，健全社会主义法治，强化权力运行制约和监督机制，保障人民当家作主的各项权利。

国家防范、制止和依法惩治任何叛国、分裂国家、煽动叛乱、颠覆或者煽动颠覆人民民主专政政权的行为；防范、制止和依法惩治窃取、泄露国家秘密等危害国家安全的行为；防范、制止和依法惩治境外势力的渗透、破坏、颠覆、分裂活动。

6 煽动颠覆国家政权案

概念	本罪是指以造谣、诽谤或者其他方式煽动颠覆国家政权、推翻社会主义制度的行为。
立案标准	根据《刑法》第 105 条第 2 款的规定，以造谣、诽谤或者其他方式煽动颠覆国家政权、推翻社会主义制度的，应当立案追究。 本罪是行为犯，《刑法》对构成本罪没有规定"情节"方面的要求，并不要求已经造成国家政权被颠覆、社会主义制度被推翻的实际后果。只要行为人实施了造谣、诽谤或者其他方式的煽动行为，就应当立案。一般来说，对煽动颠覆国家政权的首要分子或者罪行重大的，应当一律立案追究。根据《刑法》第 97 条的规定，这里的"首要分子"，是指在煽动颠覆国家政权中起组织、策划、指挥作用的犯罪分子。所谓"罪行重大"，是指除首要分子以外的实施煽动颠覆国家政权的骨干分子。对于其他煽动者，除情节显著轻微、危害不大、不构成犯罪的以外，也应当立案追究。

定罪标准	犯罪客体	本罪侵犯的客体是人民民主专政的政权和社会主义制度。
	犯罪客观方面	本罪客观方面表现为以造谣、诽谤或者其他方式煽动颠覆国家政权、推翻社会主义制度的行为。所谓造谣，是指为了达到颠覆国家政权、推翻社会主义制度的目的而无中生有，捏造虚假事实，迷惑群众；所谓诽谤，是指为了达到颠覆政权、推翻社会主义制度的目的，而散布有损于国家政权和社会主义制度的言论，以损害国家政权的形象。 行为人只要具有以造谣、诽谤或者其他方式煽动颠覆国家政权、推翻社会主义制度的行为，不管其所煽动的对象是否相信或接受其所煽动的内容，也不管其是否去实行所煽动的有关颠覆活动，均不影响犯罪的构成。
	犯罪主体	本罪主体是一般主体，包括中国人、外国人和无国籍人。
	犯罪主观方面	本罪主观方面表现为直接故意，且以推翻我国人民民主专政的政权和社会主义制度为目的。
	罪与非罪	区分罪与非罪的界限，应注意：对于一般的落后或不满言论，甚至一些过激言论，只要不是企图颠覆国家政权、推翻社会主义制度的，或者是对中央某些方针、政策不理解而产生抵触情绪，发泄不满；或者是反映情况，提出批评、建议，言辞过激，甚至带有错误言论的，都属于思想和认识问题，应该进行深刻思想教育，不能认为构成犯罪。

定罪标准	此罪与彼罪	一、本罪与煽动暴力抗拒法律实施罪的界限。两罪主要区别在于：（1）侵害的客体不同。本罪侵害的客体是人民民主专政的政权和社会主义制度；而煽动暴力抗拒法律实施罪侵害的客体是社会管理秩序，具体来说就是国家法律、行政法规的实施。（2）煽动的内容不同。前者是煽动颠覆国家政权；后者是煽动暴力抗拒国家法律、行政法规的实施。在煽动颠覆国家政权的行为中，也包括煽动对国家政策、法律的攻击和污蔑，但不一定煽动使用暴力，如果是煽动使用暴力抗拒国家法律的实施，则构成煽动暴力抗拒法律实施罪。 　　二、本罪与其他危害国家安全罪的教唆犯的区别：（1）行为直接影响的对象或影响的方式不同。本罪一般是公开对不特定的多人进行煽动，当然也不排除个别的一个一个地对多人进行分别煽动的情况；但其他危害国家安全罪的教唆犯只是对特定对象进行教唆，一般不是公开的。（2）侵害具体对象的行为内容不同。本罪的犯罪行为包括一项，即煽动颠覆国家政权；其他危害国家安全罪的教唆犯的行为内容则根据具体情况而定。（3）确定罪名的根据不同。本罪的根据仅在于《刑法》第105条第2款；而后者则包括刑法总则和危害国家安全罪的有关规定，是多样性的。（4）处罚的原则不同。对本罪应严格按本罪法定刑处罚，后者则应按总则的规定并结合其教唆行为具体触犯的罪名，依照其在危害国家安全的共同犯罪中所起的作用处罚。
证据参考标准	主体方面的证据	**一、证明行为人刑事责任年龄、身份等自然情况的证据** 　　包括身份证明、户籍证明、任职证明、工作经历证明、特定职责证明等，主要是证明行为人的姓名（曾用名）、性别、出生年月日、民族、籍贯、出生地、职业（或职务）、住所地（或居所地）等证据材料，如户口簿、居民身份证、工作证、出生证、专业或技术等级证、干部履历表、职工登记表、护照等。 　　对于户籍、出生证等材料内容不实的，应提供其他证据材料。外国人犯罪的案件，应有护照等身份证明材料。人大代表、政协委员犯罪的案件，应注明身份，并附身份证明材料。 **二、证明行为人刑事责任能力的证据** 　　证明行为人对自己的行为是否具有辨认能力与控制能力，如是否属于间歇性精神病人、尚未完全丧失辨认或者控制自己行为能力的精神病人的证明材料。
	主观方面的证据	**证明行为人故意的证据** 　　1. 证明行为人明知的证据：明知自己的行为会危害国家安全、危害国家政局稳定；2. 证明直接故意的证据：证明行为人希望危害结果发生；3. 目的：危害国家安全、危害国家政局稳定。
	客观方面的证据	**证明行为人以造谣、诽谤或者其他方式煽动颠覆国家政权、推翻社会主义制度的行为的证据** 　　具体证据包括：1. 证明行为人以造谣的方式煽动颠覆国家政权、推翻社会主义制度行为的证据。2. 证明行为人以诽谤的方式煽动颠覆国家政权、推翻社会主义制度行为的证据。3. 证明行为人以其他方式煽动颠覆政权、推翻社会主义制度行为的证据：（1）发表反动讲演；（2）呼喊反动口号；（3）制造和散布反动谣言；（4）张贴反动标语；（5）散发反动传单；（6）张贴反动大字报、小字报；（7）投寄反动宣传煽动信件；（8）印刷反动报纸、书刊；（9）发动反动报纸、书刊。4. 证明行为主体的证据：

证据参考标准	客观方面的证据	（1）首要分子；（2）罪行重大的；（3）进行煽动的。5. 证明行为人与境外机构相勾结煽动颠覆国家、推翻社会主义制度行为的证据。6. 证明行为人与境外组织相勾结煽动颠覆国家政权、推翻社会主义制度行为的证据。7. 证明行为人与境外个人相勾结煽动颠覆国家政权、推翻社会主义制度行为的证据。
	量刑方面的证据	**一、法定量刑情节证据** 1. 事实情节：（1）首要分子；（2）罪行重大的；（3）进行煽动的。2. 法定从重情节。3. 法定从轻减轻情节：（1）可以从轻；（2）可以从轻或减轻；（3）应当从轻或者减轻。4. 法定从轻减轻免除情节：（1）可以从轻、减轻或者免除处罚；（2）应当从轻、减轻或者免除处罚。5. 法定减轻免除情节：（1）可以减轻或者免除处罚；（2）应当减轻或者免除处罚；（3）可以免除处罚。 **二、酌定量刑情节证据** 1. 犯罪手段：（1）公开；（2）秘密；（3）其他。2. 犯罪对象。3. 危害结果。4. 动机。5. 平时表现。6. 认罪态度。7. 是否有前科。8. 其他证据。

量刑标准	犯本罪的	处五年以下有期徒刑、拘役、管制或者剥夺政治权利，可以并处没收财产
	对首要分子或者罪行重大的	处五年以上有期徒刑，应当附加剥夺政治权利，可以并处没收财产

法律适用	刑法条文	**第一百零五条第二款** 以造谣、诽谤或者其他方式煽动颠覆国家政权、推翻社会主义制度的，处五年以下有期徒刑、拘役、管制或者剥夺政治权利；首要分子或者罪行重大的，处五年以上有期徒刑。 **第一百零六条** 与境外机构、组织、个人相勾结，实施本章第一百零三条、第一百零四条、第一百零五条规定之罪的，依照各该条的规定从重处罚。 **第一百一十三条第二款** 犯本章之罪的，可以并处没收财产。
	司法解释	**一、最高人民法院、最高人民检察院《关于办理组织、利用邪教组织破坏法律实施等刑事案件适用法律若干问题的解释》（节录）**（2017 年 1 月 25 日最高人民法院、最高人民检察院公布 自 2017 年 2 月 1 日起施行 法释〔2017〕3 号） **第十条** 组织、利用邪教组织破坏国家法律、行政法规实施过程中，又有煽动分裂国家、煽动颠覆国家政权或者侮辱、诽谤他人等犯罪行为的，依照数罪并罚的规定定罪处罚。 **二、最高人民法院《关于审理破坏广播电视设施等刑事案件具体应用法律若干问题的解释》（节录）**（2011 年 6 月 7 日最高人民法院公布 自 2011 年 6 月 13 日起施行 法释〔2011〕13 号） **第七条** 实施破坏广播电视设施犯罪，并利用广播电视设施实施煽动分裂国家、煽动颠覆国家政权、煽动民族仇恨、民族歧视或者宣扬邪教等行为，同时构成其他犯罪的，依照处罚较重的规定定罪处罚。

司法解释

三、最高人民法院、最高人民检察院《关于办理妨害预防、控制突发传染病疫情等灾害的刑事案件具体应用法律若干问题的解释》（节录）（2003 年 5 月 14 日最高人民法院、最高人民检察院公布　自 2003 年 5 月 15 日起施行　法释〔2003〕8 号）

第十条　编造与突发传染病疫情等灾害有关的恐怖信息，或者明知是编造的此类恐怖信息而故意传播，严重扰乱社会秩序的，依照刑法第二百九十一条之一的规定，以编造、故意传播虚假恐怖信息罪定罪处罚。

利用突发传染病疫情等灾害，制造、传播谣言，煽动分裂国家、破坏国家统一，或者煽动颠覆国家政权、推翻社会主义制度的，依照刑法第一百零三条第二款、第一百零五条第二款的规定，以煽动分裂国家罪或者煽动颠覆国家政权罪定罪处罚。

四、最高人民法院《关于审理非法出版物刑事案件具体应用法律若干问题的解释》（节录）（1998 年 12 月 17 日最高人民法院公布　自 1998 年 12 月 23 日起施行　法释〔1998〕30 号）

第一条　明知出版物中载有煽动分裂国家、破坏国家统一或者煽动颠覆国家政权、推翻社会主义制度的内容，而予以出版、印刷、复制、发行、传播的，依照刑法第一百零三条第二款或者第一百零五条第二款的规定，以煽动分裂国家罪或者煽动颠覆国家政权罪定罪处罚。

法律适用　相关法律法规

一、《中华人民共和国网络安全法》（节录）（2016 年 11 月 7 日中华人民共和国主席令第 53 号公布　自 2017 年 6 月 1 日起施行）

第二条　在中华人民共和国境内建设、运营、维护和使用网络，以及网络安全的监督管理，适用本法。

第十二条　国家保护公民、法人和其他组织依法使用网络的权利，促进网络接入普及，提升网络服务水平，为社会提供安全、便利的网络服务，保障网络信息依法有序自由流动。

任何个人和组织使用网络应当遵守宪法法律，遵守公共秩序，尊重社会公德，不得危害网络安全，不得利用网络从事危害国家安全、荣誉和利益，煽动颠覆国家政权、推翻社会主义制度，煽动分裂国家、破坏国家统一，宣扬恐怖主义、极端主义，宣扬民族仇恨、民族歧视，传播暴力、淫秽色情信息，编造、传播虚假信息扰乱经济秩序和社会秩序，以及侵害他人名誉、隐私、知识产权和其他合法权益等活动。

二、全国人民代表大会常务委员会《关于维护互联网安全的决定》（节录）（2000 年 12 月 28 日第九届全国人民代表大会常务委员会公布　自公布之日起施行　2009 年 8 月 27 日修正）

二、为了维护国家安全和社会稳定，对有下列行为之一，构成犯罪的，依照刑法有关规定追究刑事责任：

（一）利用互联网造谣、诽谤或者发表、传播其他有害信息，煽动颠覆国家政权、推翻社会主义制度，或者煽动分裂国家、破坏国家统一；

（二）通过互联网窃取、泄露国家秘密、情报或者军事秘密；

（三）利用互联网煽动民族仇恨、民族歧视，破坏民族团结；

（四）利用互联网组织邪教组织、联络邪教组织成员，破坏国家法律、行政法规实施。

法律适用

相关法律法规

三、《中华人民共和国国家安全法》（节录）（2015 年 7 月 1 日中华人民共和国主席令第 29 号公布　自公布之日起施行）

第二条　国家安全是指国家政权、主权、统一和领土完整、人民福祉、经济社会可持续发展和国家其他重大利益相对处于没有危险和不受内外威胁的状态，以及保障持续安全状态的能力。

第十五条　国家坚持中国共产党的领导，维护中国特色社会主义制度，发展社会主义民主政治，健全社会主义法治，强化权力运行制约和监督机制，保障人民当家作主的各项权利。

国家防范、制止和依法惩治任何叛国、分裂国家、煽动叛乱、颠覆或者煽动颠覆人民民主专政政权的行为；防范、制止和依法惩治窃取、泄露国家秘密等危害国家安全的行为；防范、制止和依法惩治境外势力的渗透、破坏、颠覆、分裂活动。

7 资助危害国家安全犯罪活动案

| 概念 | 本罪是指境内外机构、组织或者个人资助实施背叛国家，分裂国家，煽动分裂国家，武装叛乱、暴乱，颠覆国家政权，煽动颠覆国家政权的行为。 |

立案标准

根据《刑法》第 107 条的规定，境内外机构、组织或者个人资助实施背叛国家，分裂国家，煽动分裂国家，武装叛乱、暴乱，颠覆国家政权，煽动颠覆国家政权等六种犯罪行为之一的，应当立案追究。

本罪是行为犯，《刑法》对构成本罪没有规定"情节"方面的要求，并不要求已经造成实际的危害后果。只要境内外机构、组织或者个人实施了资助行为，不论被资助人是否已实施危害国家安全的行为，都应当立案追究。本罪资助的范围是特定的，即《刑法》第 102 条、第 103 条、第 104 条、第 105 条规定的背叛国家罪，分裂国家罪，煽动分裂国家罪，武装叛乱、暴乱罪，颠覆国家政权罪，煽动颠覆国家政权罪这六种犯罪行为，如果资助实施上述行为以外的其他危害国家安全的犯罪行为，则不构成本罪，可以按所犯罪行的共犯论处。

定罪标准	犯罪客体	本罪侵犯的客体是中华人民共和国的国家安全和利益，即人民民主专政的政权和社会主义制度以及国家安全。
	犯罪客观方面	本罪客观方面表现为境内外机构、组织或者个人资助实施背叛国家罪，分裂国家罪，煽动分裂国家罪，武装叛乱、暴乱罪，颠覆国家政权罪，煽动颠覆国家政权罪的行为。 所谓"资助"，是指向有特定的危害国家安全犯罪行为的组织或者个人提供经费、场所和物资；向犯罪组织、个人提供用于进行危害国家安全活动的经费、场所和物资。资助的方式没有限制，资助的时间也没有限定，在犯罪组织或者个人实施上述特定犯罪之前、之中、之后进行资助的，都成立本罪。
	犯罪主体	本罪主体是一般主体，包括中国人、外国人和无国籍人。对境内外机构、组织资助危害国家安全活动的，则追究直接责任人员的刑事责任。
	犯罪主观方面	本罪主观方面表现为直接故意。即明知实施的是危害国家安全的行为，但仍予以资助。如果不知是从事危害国家安全活动而给予资助，不构成本罪。资助的动机可能多种多样，如出于哥们义气等。但动机如何不影响本罪的成立。
	罪与非罪	区分罪与非罪的关键是看是否实施了《刑法》第 107 条所规定的行为。

证据参考标准	**主体方面的证据**	**一、证明行为人刑事责任年龄、身份等自然情况的证据** 包括身份证明、户籍证明、任职证明、工作经历证明、特定职责证明等，主要是证明行为人的姓名（曾用名）、性别、出生年月日、民族、籍贯、出生地、职业（或职务）、住所地（或居所地）等证据材料，如户口簿、居民身份证、工作证、出生证、专业或技术等级证、干部履历表、职工登记表、护照等。 对于户籍、出生证等材料内容不实的，应提供其他证据材料。外国人犯罪的案件，应有护照等身份证明材料。人大代表、政协委员犯罪的案件，应注明身份，并附身份证明材料。 **二、证明行为人刑事责任能力的证据** 证明行为人对自己的行为是否具有辨认能力与控制能力，如是否属于间歇性精神病人、尚未完全丧失辨认或者控制自己行为能力的精神病人的证明材料。
	主观方面的证据	**证明行为人故意的证据** 1. 证明行为人明知的证据：明知自己的行为会危害中华人民共和国安全、危害国家政局稳定；2. 证明直接故意的证据：证明行为人希望危害结果发生；3. 目的：危害中华人民共和国安全、危害国家政局稳定。
	客观方面的证据	**证明行为人实施资助危害国家安全犯罪活动行为的证据** 具体证据包括：1. 证明资助行为人系境内外机构、组织或个人的证据；2. 证明行为人或机构、组织资助背叛国家犯罪行为的证据；3. 证明行为人或机构、组织资助分裂国家犯罪行为的证据；4. 证明行为人或机构、组织资助煽动分裂国家犯罪行为的证据；5. 证明行为人或机构、组织资助武装叛乱、暴乱犯罪行为的证据；6. 证明行为人或机构、组织资助颠覆国家政权犯罪行为的证据；7. 证明行为人或机构、组织资助煽动颠覆国家政权犯罪行为的证据；8. 证明行为人或机构、组织希望受资助对象进行危害国家安全犯罪行为的证据；9. 证明行为人或机构、组织与受资助对象联系方法行为的证据；10. 证明行为人或机构、组织资助的金钱、物品来源、种类、数量行为的证据；11. 证明行为人政治地位的证据；12. 证明行为人情节严重行为的证据。
	量刑方面的证据	**一、法定量刑情节证据** 1. 事实情节：（1）情节严重；（2）其他。2. 法定从重情节。3. 法定从轻减轻情节：（1）可以从轻；（2）可以从轻或减轻；（3）应当从轻或者减轻。4. 法定从轻减轻免除情节：（1）可以从轻、减轻或者免除处罚；（2）应当从轻、减轻或者免除处罚。5. 法定减轻免除情节：（1）可以减轻或者免除处罚；（2）应当减轻或者免除处罚；（3）可以免除处罚。 **二、酌定量刑情节证据** 1. 犯罪手段：（1）资助；（2）其他。2. 犯罪对象。3. 危害结果。4. 动机。5. 平时表现。6. 认罪态度。7. 是否有前科。8. 其他证据。

| 量刑标准 | 犯本罪的，对直接责任人员 | 处五年以下有期徒刑、拘役、管制或者剥夺政治权利，可以并处没收财产 |
| | 情节严重的 | 处五年以上有期徒刑，应当附加剥夺政治权利，可以并处没收财产 |

| 法律适用 | 刑法条文 | **第一百零七条**　境内外机构、组织或者个人资助实施本章第一百零二条、第一百零三条、第一百零四条、第一百零五条规定之罪的，对直接责任人员，处五年以下有期徒刑、拘役、管制或者剥夺政治权利；情节严重的，处五年以上有期徒刑。
第一百一十三条第二款　犯本章之罪的，可以并处没收财产。 |
| | 相关法律法规 | **一、《中华人民共和国国家安全法》（节录）**（2015 年 7 月 1 日中华人民共和国主席令第 29 号公布　自公布之日起施行）
第二条　国家安全是指国家政权、主权、统一和领土完整、人民福祉、经济社会可持续发展和国家其他重大利益相对处于没有危险和不受内外威胁的状态，以及保障持续安全状态的能力。
第十五条　国家坚持中国共产党的领导，维护中国特色社会主义制度，发展社会主义民主政治，健全社会主义法治，强化权力运行制约和监督机制，保障人民当家作主的各项权利。
国家防范、制止和依法惩治任何叛国、分裂国家、煽动叛乱、颠覆或者煽动颠覆人民民主专政政权的行为；防范、制止和依法惩治窃取、泄露国家秘密等危害国家安全的行为；防范、制止和依法惩治境外势力的渗透、破坏、颠覆、分裂活动。
第七十七条第二款　任何个人和组织不得有危害国家安全的行为，不得向危害国家安全的个人或者组织提供任何资助或者协助。
二、《中华人民共和国反间谍法》（节录）（2014 年 11 月 1 日中华人民共和国主席令第 16 号公布　自公布之日起施行　2023 年 4 月 26 日修订）
第十条　境外机构、组织、个人实施或者指使、资助他人实施的，或者境内机构、组织、个人与境外机构、组织、个人相勾结实施的危害中华人民共和国国家安全的间谍行为，都必须受到法律追究。
第五十五条　实施间谍行为，有自首或者立功表现的，可以从轻、减轻或者免除处罚；有重大立功表现的，给予奖励。
在境外受胁迫或者受诱骗参加间谍组织、敌对组织，从事危害中华人民共和国国家安全的活动，及时向中华人民共和国驻外机构如实说明情况，或者入境后直接或者通过所在单位及时向国家安全机关如实说明情况，并有悔改表现的，可以不予追究。 |

8 投敌叛变案

概念	本罪是指中国公民投靠敌人，背叛国家，出卖民族利益，或者在被捕、被俘后投降敌人，进行危害国家安全活动的行为。
立案标准	根据《刑法》第108条的规定，中国公民出于危害国家安全的目的投敌叛变的，或者在被捕、被俘后投敌叛变的，应当立案追究。 本罪是行为犯，《刑法》对此没有规定"情节"方面的要求，并不要求已经造成实际的危害后果。本罪涉及的敌人，既包括处于交战状态下的敌对国家、敌方阵营，也包括各种敌对势力、敌对组织。投敌叛变的形式是多种多样的，既可以是主动投向敌方营垒，也可以是被捕、被俘后，出卖组织、同志；既可以投奔敌方控制区域，也可以是投靠敌对国家的外交使领馆；还可以是在敌人的策动下，身在我方而暗中加入敌方阵营，为敌人提供情报。投敌叛变可以是单个人进行的，也可以是率众进行的。只要中国公民出于危害国家安全的目的投敌叛变的，或者在被捕、被俘后投敌叛变的，就应当立案追究。

定罪标准	**犯罪客体**	本罪侵犯的客体是中华人民共和国的国家安全和利益。
	犯罪客观方面	本罪客观方面表现为投敌，背叛国家，出卖民族利益，或者在被捕、被俘后投降敌人。投敌就是投奔敌国、敌方或者在被捕、被俘后投降敌人、背叛国家。行为的具体表现：一是投奔到境外的敌对国家及其控制区；二是投奔国内的敌对方；三是通过与境外敌对国家或敌方联络，成为敌方助手，实际上已背叛国家；四是在战争状态下投奔或投靠已进入境内的敌方，或者被捕、被俘后投降敌人。投敌的目的是进行危害国家安全的活动。如果不是为了进行危害国家安全的活动，而是为了投亲靠友、求学、做工、继承财产等投奔敌方的，不构成本罪。
	犯罪主体	本罪主体是特殊主体，即只能是中国公民。外国人不能构成本罪。外国人策动或帮助中国公民投敌叛变的，应以投敌叛变罪的共犯论处。
	犯罪主观方面	本罪主观方面表现为直接故意，即危害国家安全的意图。投敌叛变行为，不论是基于危害国家安全而主动叛变投敌，还是受他人策动、勾引、收买或被捕、被俘后经不起考验而投敌，皆不影响本罪构成。如果行为人被捕、被俘而未投降敌人的，不构成本罪。
	罪与非罪	投敌叛变往往是在被敌人捕获或俘虏后进行，但如果行为人被捕、被俘后没有投靠敌人、出卖情报，而仅仅是放下武器、停止反抗，不能视为构成投敌叛变罪。 投敌叛变罪是危害国家安全的行为，从而与不以危害国家安全为目的的偷越国（边）境犯罪严格区别。投敌叛变后，又进行危害国家安全的其他行为构成犯罪的，实行数罪并罚。

定罪标准	**此罪与彼罪**	一、本罪与间谍罪的界限。两罪都是危害国家安全的犯罪，都与境外有联系，但两罪有明显的区别：（1）犯罪的直接客体不同。本罪的直接客体是人民民主专政的政权和社会主义制度；后罪的直接客体是狭义上的国家安全，而不是直接指向人民民主专政和社会主义制度。（2）犯罪客观特征不同。本罪是投降敌人或投奔敌人进行危害国家安全的活动，这是本罪唯一的表现形式，亦即本罪行为人为之效力的只能是敌人，即敌对势力，包括国内的和国际的。后罪的行为内容则包括：参加间谍组织或者接受间谍组织及其代理人的任务；为敌人指示轰击目标。可见，后罪的行为人为之效力的既可以是敌对国家或势力，也可以不是敌对国家或势力。（3）犯罪主体不同。本罪主体只能是中国公民；后罪则可以是外国人、无国籍人。（4）犯罪主观方面不同。本罪有特定的目的；而后罪没有特定的目的。 在国内与海外敌对势力建立联系，参加其组织，接受其指挥，潜伏在国内进行颠覆、破坏活动的，也是投敌叛变的行为。这种情况下，如果该组织是间谍组织，则构成想象竞合，应按择一重罪处断的原则处罚。 二、本罪与背叛国家罪的界限。两罪都存在背叛国家的特点，虽然犯罪主体都是中国公民，但有很大的区别：（1）犯罪直接客体不同。本罪客体是人民民主专政和社会主义制度；后罪的直接客体是国家的主权、领土完整和安全。（2）犯罪客观方面不同。本罪是投敌叛变的行为；后罪是勾结外国，危害国家独立的行为。（3）犯罪主观方面不同。本罪故意及目的所与之对立的是社会主义；后罪故意及目的所与之对立的是爱国主义。 三、如果行为人是为了投亲靠友、求学经商等个人目的投奔敌方控制区，且偷越国（边）境，情节严重的，构成偷越国（边）境罪。军人在战场上临阵脱逃，或者自动放下武器投降敌人的，不构成投敌叛变罪，而构成军人违反职责罪一章中的临阵脱逃罪或投降罪。
证据参考标准	**主体方面的证据**	**一、证明行为人刑事责任年龄、身份等自然情况的证据** 包括身份证明、户籍证明、任职证明、工作经历证明、特定职责证明等，主要是证明行为人的姓名（曾用名）、性别、出生年月日、民族、籍贯、出生地、职业（或职务）、住所地（或居所地）等证据材料，如户口簿、居民身份证、工作证、出生证、专业或技术等级证、干部履历表、职工登记表、护照等。 对于户籍、出生证等材料内容不实的，应提供其他证据材料。人大代表、政协委员犯罪的案件，应注明身份，并附身份证明材料。 **二、证明行为人刑事责任能力的证据** 证明行为人对自己的行为是否具有辨认能力与控制能力，如是否属于间歇性精神病人、尚未完全丧失辨认或者控制自己行为能力的精神病人的证明材料。
	主观方面的证据	**证明行为人故意的证据** 1. 证明行为人明知的证据：证明行为人明知自己的行为会危害中华人民共和国国家安全、危害国家利益；2. 证明直接故意的证据：证明行为人希望危害结果发生；3. 目的：危害国家安全、危害国家利益。

证据参考标准	**客观方面的证据**	**证明行为人投敌叛变犯罪行为的证据** 具体证据包括：1. 证明行为人自动投向敌对势力营垒行为的证据；2. 证明行为人在被捕、被俘后投降敌人行为的证据；3. 证明行为人被敌人策反行为的证据；4. 证明行为人被敌人勾引行为的证据：（1）地位，（2）金钱，（3）美色，（4）其他；5. 证明行为被敌人收买背叛行为的证据；6. 证明行为人暗地加入敌对营垒行为的证据；7. 证明行为人带领武装部队人员投敌叛变行为的证据；8. 证明行为人带领人民警察投敌叛变行为的证据；9. 证明行为人带领民兵投敌叛变行为的证据；10. 证明行为人情节严重行为的证据；11. 证明行为人危害我国国家安全行为的证据；12. 证明行为人所处政治地位的证据；13. 证明行为人社会关系的证据；14. 证明行为人实施投敌叛变犯罪对国家和人民危害特别严重行为的证据；15. 证明行为人实施投敌叛变犯罪情节特别恶劣行为的证据。
	量刑方面的证据	**一、法定量刑情节证据** 1. 事实情节：（1）情节严重；（2）危害特别严重；（3）情节特别恶劣。2. 法定从重情节。3. 法定从轻减轻情节：（1）可以从轻；（2）可以从轻或减轻；（3）应当从轻或者减轻。4. 法定从轻减轻免除情节：（1）可以从轻、减轻或者免除处罚；（2）应当从轻、减轻或者免除处罚。5. 法定减轻免除情节：（1）可以减轻或者免除处罚；（2）应当减轻或者免除处罚；（3）可以免除处罚。 **二、酌定量刑情节证据** 1. 犯罪手段。2. 犯罪对象。3. 危害结果：（1）被捕、被俘后向敌人投降；（2）向敌人出卖组织；（3）向敌人出卖国家利益；（4）向敌人提供情报；（5）投奔敌人；（6）危害我国国家安全。4. 动机。5. 平时表现。6. 认罪态度。7. 是否有前科。8. 其他证据。
量刑标准	犯本罪的	处三年以上十年以下有期徒刑，应当附加剥夺政治权利，可以并处没收财产
	情节严重或者带领武装部队人员、人民警察、民兵投敌叛变的	处十年以上有期徒刑或者无期徒刑，应当附加剥夺政治权利，可以并处没收财产
	对国家和人民危害特别严重、情节特别恶劣的	可以判处死刑，可以并处没收财产，应当附加剥夺政治权利终身
法律适用	**刑法条文**	**第一百零八条** 投敌叛变的，处三年以上十年以下有期徒刑；情节严重或者带领武装部队人员、人民警察、民兵投敌叛变的，处十年以上有期徒刑或者无期徒刑。 **第一百一十三条** 本章上述危害国家安全罪行中，除第一百零三条第二款、第一百零五条、第一百零七条、第一百零九条外，对国家和人民危害特别严重、情节特别恶劣的，可以判处死刑。 犯本章之罪的，可以并处没收财产。 **第五十六条** 对于危害国家安全的犯罪分子应当附加剥夺政治权利；对于故意杀人、强奸、放火、爆炸、投毒、抢劫等严重破坏社会秩序的犯罪分子，可以附加剥夺政治权利。 独立适用剥夺政治权利的，依照本法分则的规定。

法律适用

相关法律法规

一、《中华人民共和国国家安全法》（节录） （2015 年 7 月 1 日中华人民共和国主席令第 29 号公布　自公布之日起施行）

第十一条　中华人民共和国公民、一切国家机关和武装力量、各政党和各人民团体、企业事业组织和其他社会组织，都有维护国家安全的责任和义务。

中国的主权和领土完整不容侵犯和分割。维护国家主权、统一和领土完整是包括港澳同胞和台湾同胞在内的全中国人民的共同义务。

第十五条　国家坚持中国共产党的领导，维护中国特色社会主义制度，发展社会主义民主政治，健全社会主义法治，强化权力运行制约和监督机制，保障人民当家作主的各项权利。

国家防范、制止和依法惩治任何叛国、分裂国家、煽动叛乱、颠覆或者煽动颠覆人民民主专政政权的行为；防范、制止和依法惩治窃取、泄露国家秘密等危害国家安全的行为；防范、制止和依法惩治境外势力的渗透、破坏、颠覆、分裂活动。

二、《中华人民共和国反间谍法》（节录） （2014 年 11 月 1 日中华人民共和国主席令第 16 号公布　自公布之日起施行　2023 年 4 月 26 日修订）

第五十五条　实施间谍行为，有自首或者立功表现的，可以从轻、减轻或者免除处罚；有重大立功表现的，给予奖励。

在境外受胁迫或者受诱骗参加间谍组织、敌对组织，从事危害中华人民共和国国家安全的活动，及时向中华人民共和国驻外机构如实说明情况，或者入境后直接或者通过所在单位及时向国家安全机关如实说明情况，并有悔改表现的，可以不予追究。

9 叛逃案

概念	本罪是指国家机关工作人员在履行公务期间，擅离岗位，叛逃境外或者在境外叛逃的，或者掌握国家秘密的国家工作人员叛逃境外或者在境外叛逃的行为。
立案标准	根据《刑法》第109条的规定，国家机关工作人员在履行公务期间，擅离岗位，叛逃境外或者在境外叛逃的，或者掌握国家秘密的国家工作人员叛逃境外或者在境外叛逃的，应当立案追究。

定罪标准	犯罪客体	本罪侵犯的客体是中华人民共和国的国家安全和利益。
	犯罪客观方面	本罪客观方面表现为两个方面： 一、国家机关工作人员在履行公务期间，擅离岗位，叛逃境外或者在境外叛逃的行为。 1. 必须是在履行公务期间叛逃，才构成犯罪。若不是在履行公务期间叛逃，则不能构成犯罪。 2. 必须是擅离岗位叛逃。没有离开自己工作岗位的，不能成为叛逃行为。 3. 必须有叛逃行为，包括两种方式：一是在境内履行公务期间叛逃至境外；二是在境外履行公务期间叛逃。叛逃境外或者在境外叛逃，是指在境内实施背叛国家、逃往境外或者在境外实施背叛国家的出逃行为。具体表现就是国家机关工作人员在境内或者境外履行公务期间，擅离岗位叛逃。 二、掌握国家秘密的国家工作人员叛逃境外或者在境外叛逃的行为。
	犯罪主体	本罪主体为特殊主体，是国家机关工作人员以及掌握国家秘密的国家工作人员。国家机关工作人员，是指在国家机关，包括国家权力机关、行政机关、监察机关、审判机关、检察机关中依照法律从事公务的人员（军人叛逃的构成军人违反职责罪）。从实际情况考虑，中国共产党的各级机关、中国人民政治协商会议的各级机关中从事公务的人员，也应属于国家机关工作人员。掌握国家秘密的国家工作人员可以成为本罪主体，国家工作人员，既指国家机关中从事公务的人员，也包括国有公司、企业、事业单位、人民团体中从事公务的人员和国家机关、国有公司、企业、事业单位委派到非国有公司、企业、事业单位、社会团体从事公务的人员，以及其他依照法律从事公务的人员。 值得注意的是，这些人员并非任何时候都可以构成犯罪主体，时间限定为"履行公务期间"。
	犯罪主观方面	本罪主观方面表现为直接故意，即自己故意叛逃，并且明知自己的叛逃行为会发生危害国家安全的结果，并且希望和放任这种结果发生。
	罪与非罪	区分罪与非罪的关键：是不是国家机关工作人员以及掌握国家秘密的国家工作人员。

定罪标准	此罪与彼罪	一、本罪与偷越国（边）境罪的界限。如果行为人是出于羡慕国外生活方式或者个人目的而偷越国（边）境，或者在境外滞留不归，并没有投靠境外机构、组织、个人，也没有危害国家安全，构成犯罪的，可按偷越国（边）境罪定罪处罚；对于不构成犯罪的，可以给予纪律处分。 二、本罪与投敌叛变罪的界限。叛逃罪与投敌叛变罪有相似之处，其主要区别表现在两个方面：（1）客观要件不完全相同。叛逃罪可以是一种单纯的叛逃行为，不要求投奔敌人营垒，不要求实施其他危害国家安全的活动；投敌叛变罪是一种投奔敌人营垒并进行危害国家安全活动的行为。（2）主体要件不同。叛逃罪必须是国家机关工作人员或掌握国家秘密的国家工作人员；而投敌叛变罪的主体可以是任何具备犯罪主体一般要件的中国公民。
证据参考标准	主体方面的证据	**一、证明行为人刑事责任年龄、属于国家的工作人员以及掌握国家秘密的国家工作人员身份等自然情况的证据** 包括身份证明、户籍证明、任职证明、工作经历证明、特定职责证明等，主要是证明行为人的姓名（曾用名）、性别、出生年月日、民族、籍贯、出生地、职业（或职务）、住所地（或居所地）等证据材料，如户口簿、居民身份证、工作证、出生证、专业或技术等级证、干部履历表、职工登记表、护照等。 对于户籍、出生证等材料内容不实的，应提供其他证据材料。人大代表、政协委员犯罪的案件，应注明身份，并附身份证明材料。 **二、证明行为人刑事责任能力的证据** 证明行为人对自己的行为是否具有辨认能力与控制能力，如是否属于间歇性精神病人、尚未完全丧失辨认或者控制自己行为能力的精神病人的证明材料。
	主观方面的证据	**证明行为人故意的证据** 1. 证明行为人明知的证据：明知自己的行为会危害国家安全、危害国家利益；2. 证明直接故意的证据：证明行为人希望危害结果发生；3. 目的：危害国家安全、危害国家利益。
	客观方面的证据	**证明行为人叛逃犯罪行为的证据** 具体证据包括：1. 证明国家机关工作人员在履行公务期间，擅离岗位，叛逃境外行为的证据；2. 证明国家机关工作人员在履行公务期间，擅离岗位，在境外叛逃行为的证据；3. 证明行为人依照法律规定或授权担任职务的证据；4. 证明行为人行使职务、行政管理职能行为的证据；5. 证明行为人未向有权批准的机关或人员汇报，而私自脱逃行为的证据；6. 证明行为人未有得到批准和决定，而私自脱逃行为的证据；7. 证明行为人是掌握国家秘密的国家工作人员的证据；8. 证明行为人政治地位的证据；9. 证明行为人叛逃情节严重行为的证据；10. 证明掌握国家秘密的国家工作人员叛逃境外或在境外叛逃行为的证据。
	量刑方面的证据	**一、法定量刑情节证据** 1. 事实情节：（1）情节严重；（2）其他。2. 法定从重情节。3. 法定从轻减轻情节：（1）可以从轻；（2）可以从轻或减轻；（3）应当从轻或者减轻。4. 法定从轻减轻免除情节：（1）可以从轻、减轻或者免除处罚；（2）应当从轻、减轻或者免除处罚。

证据参考标准	量刑方面的证据	5. 法定减轻免除情节：（1）可以减轻或者免除处罚；（2）应当减轻或者免除处罚；（3）可以免除处罚。 **二、酌定量刑情节证据** 1. 犯罪手段：（1）叛逃境外；（2）境外叛逃；（3）其他。2. 犯罪对象。3. 危害结果。4. 动机。5. 平时表现。6. 认罪态度。7. 是否有前科。8. 其他证据。

量刑标准	犯本罪的	处五年以下有期徒刑、拘役、管制或者剥夺政治权利，可以并处没收财产
	情节严重的	处五年以上十年以下有期徒刑，应当附加剥夺政治权利，可以并处没收财产
	对掌握国家秘密的国家工作人员犯本罪的	从重处罚

法律适用	刑法条文	**第一百零九条** 国家机关工作人员在履行公务期间，擅离岗位，叛逃境外或者在境外叛逃的，处五年以下有期徒刑、拘役、管制或者剥夺政治权利；情节严重的，处五年以上十年以下有期徒刑。 掌握国家秘密的国家工作人员叛逃境外或者在境外叛逃的，依照前款的规定从重处罚。 **第一百一十三条第二款** 犯本章之罪的，可以并处没收财产。 **第五十六条** 对于危害国家安全的犯罪分子应当附加剥夺政治权利；对于故意杀人、强奸、放火、爆炸、投毒、抢劫等严重破坏社会秩序的犯罪分子，可以附加剥夺政治权利。 独立适用剥夺政治权利的，依照本法分则的规定。
	相关法律法规	**一、《中华人民共和国国家安全法》（节录）**（2015 年 7 月 1 日中华人民共和国主席令第 29 号公布 自公布之日起施行） **第十五条** 国家坚持中国共产党的领导，维护中国特色社会主义制度，发展社会主义民主政治，健全社会主义法治，强化权力运行制约和监督机制，保障人民当家作主的各项权利。 国家防范、制止和依法惩治任何叛国、分裂国家、煽动叛乱、颠覆或者煽动颠覆人民民主专政政权的行为；防范、制止和依法惩治窃取、泄露国家秘密等危害国家安全的行为；防范、制止和依法惩治境外势力的渗透、破坏、颠覆、分裂活动。 **二、《中华人民共和国反间谍法》（节录）**（2014 年 11 月 1 日中华人民共和国主席令第 16 号公布 自公布之日起施行 2023 年 4 月 26 日修订） **第四条** 本法所称间谍行为，是指下列行为： （一）间谍组织及其代理人实施或者指使、资助他人实施，或者境内外机构、组织、个人与其相勾结实施的危害中华人民共和国国家安全的活动； （二）参加间谍组织或者接受间谍组织及其代理人的任务，或者投靠间谍组织及其代理人；

（三）间谍组织及其代理人以外的其他境外机构、组织、个人实施或者指使、资助他人实施，或者境内机构、组织、个人与其相勾结实施的窃取、刺探、收买、非法提供国家秘密、情报以及其他关系国家安全和利益的文件、数据、资料、物品，或者策动、引诱、胁迫、收买国家工作人员叛变的活动；

（四）间谍组织及其代理人实施或者指使、资助他人实施，或者境内外机构、组织、个人与其相勾结实施针对国家机关、涉密单位或者关键信息基础设施等的网络攻击、侵入、干扰、控制、破坏等活动；

（五）为敌人指示攻击目标；

（六）进行其他间谍活动。

间谍组织及其代理人在中华人民共和国领域内，或者利用中华人民共和国的公民、组织或者其他条件，从事针对第三国的间谍活动，危害中华人民共和国国家安全的，适用本法。

第十四条 任何个人和组织都不得非法获取、持有属于国家秘密的文件、数据、资料、物品。

第五十五条 实施间谍行为，有自首或者立功表现的，可以从轻、减轻或者免除处罚；有重大立功表现的，给予奖励。

在境外受胁迫或者受诱骗参加间谍组织、敌对组织，从事危害中华人民共和国国家安全的活动，及时向中华人民共和国驻外机构如实说明情况，或者入境后直接或者通过所在单位及时向国家安全机关如实说明情况，并有悔改表现的，可以不予追究。

第六十一条 非法获取、持有属于国家秘密的文件、数据、资料、物品，以及非法生产、销售、持有、使用专用间谍器材，尚不构成犯罪的，由国家安全机关予以警告或者处十日以下行政拘留。

10 间谍案

概念　本罪是指参加间谍组织、接受间谍组织及其代理人任务的，或者为敌人指示轰击目标，危害国家安全的行为。

立案标准　根据《刑法》第110条的规定，有下列间谍行为之一的，应当立案追究：

（1）参加间谍组织或者接受间谍组织及其代理人的任务的；

（2）为敌人指示轰击目标的。

根据《反间谍法》的规定，间谍行为是指下列行为：（1）间谍组织及其代理人实施或者指使、资助他人实施，或者境内外机构、组织、个人与其相勾结实施的危害中华人民共和国国家安全的活动；（2）参加间谍组织或者接受间谍组织及其代理人的任务，或者投靠间谍组织及其代理人；（3）间谍组织及其代理人以外的其他境外机构、组织、个人实施或者指使、资助他人实施，或者境内机构、组织、个人与其相勾结实施的窃取、刺探、收买、非法提供国家秘密、情报以及其他关系国家安全和利益的文件、数据、资料、物品，或者策动、引诱、胁迫、收买国家工作人员叛变的活动；（4）间谍组织及其代理人实施或者指使、资助他人实施，或者境内外机构、组织、个人与其相勾结实施针对国家机关、涉密单位或者关键信息基础设施等的网络攻击、侵入、干扰、控制、破坏等活动；（5）为敌人指示攻击目标；（6）进行其他间谍活动。

定罪标准

犯罪客体　本罪侵犯的客体是中华人民共和国的国家安全和利益，即人民民主专政的国家政权和社会主义制度。国家安全是主权国家独立自主地生存和发展的保障，关系国家存亡的大事。

国家安全是通过一个主权国家独立自主地生存和发展表现出来的。国家安全受到侵犯，就是这些具体对象受到了侵害。间谍，作为国家与国家或集团与集团之间进行军事、政治、外交斗争乃至经济、科技竞争的有效手段，是随着国家的产生而产生，是阶级斗争的产物。它以隐蔽的方式打入对方营垒以至高级机关，进行发展组织、窃取机密及其他各种破坏活动，以颠覆对方国家政权为目的。使用间谍搞离间和颠覆活动，消灭异国，扩大势力范围，是一种不动兵戈、制服政敌的有效手法。间谍活动是隐蔽斗争的一种形式，是严重危害国家安全的犯罪行为。新中国成立以来，境外间谍情报机关危害我国国家安全的活动从来没有停止过，隐蔽战线的斗争一直尖锐、复杂。特别是改革开放以来，境外间谍机关利用我国扩大对外交往的便利条件，派遣间谍入境，发展组织，建立据点，进行策反、渗透、窃密，甚至进行破坏行动，范围不断扩大，方式也更加多样。他们以公开掩护秘密，以合法掩护非法的活动方式，以外交官、记者、商人、访问学者、留学生或者旅游者等各种身份为掩护入境，打着新闻采访、经贸合作、投资办企业、友好往来、学术交流、观光旅游、探亲访友等旗号，向我国国家机构和各种组织进行渗透、颠覆政权、窃取国家秘密和情报，策反公职人员，进行暗杀、放火、爆炸、投毒、散布危害我国国家安全的谎言等行为，正是这些行为使国家机关、国家秘密、各类情报、国家工作人员等具体对象受到侵犯，从而使国家安全受到了侵害。这里所说的这些具体对象受到侵犯，并不要求一定具有物质性的损害结果，而只要行为人的行为危害或可能危害到这些对象，就可认定其行为侵害了我国国家安全。

定罪标准	犯罪客观方面	本罪客观方面表现为参加间谍组织或者接受间谍组织及其代理人的任务的，或者为敌人指示轰击目标的行为。 一、参加间谍组织，成为间谍组织的成员，充当间谍。所谓间谍组织，主要是指外国政府建立的旨在策反我国公职人员，向我国国家机构和各种组织进行渗透、窃取、刺探、收买、非法提供国家秘密和情报，进行颠覆和破坏活动的组织。参加间谍组织，是指行为人履行一定的加入手续（如挑选、登记、专门训练等），或者在非常情况下虽未按常规正式加入，但事实上已作为该间谍组织的成员进行活动。 二、接受间谍组织及其代理人的任务。间谍组织的代理人，是指受间谍组织或者其成员的指使、委托、资助，进行或者授意、指使他人进行危害中华人民共和国国家安全活动的人。例如，某国记者虽在组织上不隶属于该国间谍组织的成员，但其接受了该国间谍组织收集情报的任务，在此情况下，该记者可视为间谍组织的代理人。这里的代理人应是广义的，既可以是自然人，也可以是法人。接受间谍组织及其代理人的任务，是指行为人受间谍组织（不管其是否正式加入）及其代理人的命令、派遣、指使、委托为间谍组织服务，进行危害国家安全的活动。实践中，境外间谍组织既有直接在我国境内秘密设立活动网点，直接派遣，又有大量通过境外其他机构，如公司、记者站、商会等在境内设立分支机构或办事处，安插或委托具有合法身份的人作为其代理人进行活动。接受间谍组织代理人的任务，虽不是直接从间谍组织处受领任务，但实际上与接受间谍组织的任务毫无两样，只是多了一个中间环节，这正是间谍活动隐蔽性的体现。参加间谍组织或者接受间谍组织及其代理人的任务的，行为人只要实施了接受间谍组织或者代理人的任务的行为，便满足了间谍罪的构成且既遂的要件。至于行为人是否实施接受的任务或完成程度，对间谍罪的成立且既遂不存在影响。而且，这种行为不需要行为人一定具有间谍的身份，即行为人是否参加间谍组织，不影响该罪的构成。 三、为敌人指示轰击目标。它是指为军事侵略我国的敌国提供攸关我国安全的重大军事设施、建设项目、城市等目标的行为。行为方式是在战时为交战敌对国或敌方用画图、文字、使用信号、标记等手段向敌人明示所要轰击的我方目标。这里所谓的敌人，不是指国内暗藏的个别敌对分子，而是指军事侵略我国的敌国和武装力量。这种行为不以行为人是否参加间谍组织或是否接受间谍组织及其代理人的任务为限。行为人只要实施为敌人指示轰击目标的行为，就构成间谍罪。 行为人只要实施了上述三种行为之一，即可构成本罪，不要求三者同时具备。
	犯罪主体	本罪主体是一般主体，包括中国人、外国人和无国籍人。单位不能成为间谍罪的犯罪主体。 如果发现机构、组织实施间谍行为的，其法律责任应当由直接责任人员承担。如果国家机关工作人员、军人在非履行公务期间投敌叛变或者非国家机关工作人员、非军人投敌叛变的，不按照《刑法》第108条的投敌叛变罪进行认定。如果实施了本罪规定犯罪行为的，则按照《刑法》第110条的间谍罪处以刑责。
	犯罪主观方面	本罪主观方面表现为直接故意。其故意的内容表现为行为人明知是间谍组织，或者明知是间谍组织及其代理人任务等而参加或者予以接受。至于行为人的动机，可以是多种多样的，有的出于图财；有的出于贪恋美色；有的出于出国或探亲方便；有的出于贪生怕死；有的出于推翻人民民主专政的政权和社会主义制度；等等。无论行为人出于何种动机和目的，都不影响该罪的构成。 值得注意的是，对于行为主观故意内容判断来说，并不要求行为人明确认识到其所参加的组织是何具体的间谍组织，只要其认识到该组织的成立是为了危害国家安全、实施间谍活动即可。

定罪标准

罪与非罪

区别本罪与非罪，注意以下三点：

一、行为人实施的间谍行为，必须是针对中华人民共和国，对国家安全造成危害，否则，不构成间谍罪。本条对构成间谍罪的间谍行为作了限制性的规定，即行为人实施的间谍行为必须是危害我国国家安全的。行为人虽实施了间谍行为，若这种行为不具有危害我国国家安全性质的，则不能按间谍罪论处。例如，行为人虽参加了间谍组织，具有间谍身份，但该人参加间谍组织是为了针对其他国家，负有针对其他国家的间谍任务，而并不是针对危害中华人民共和国国家安全而参加间谍组织的，对这种人就不能按间谍罪予以追究。

在实践中，对接受间谍组织及其代理人的任务和为敌人指示轰击目标的间谍行为是否具有危害我国国家安全的性质较好认定，而对参加间谍组织的间谍行为是否具有危害我国国家安全的性质则较难把握。只要查明行为人参加间谍组织所针对的目标是什么，就可判断行为人的行为是否危害了我国国家安全。若行为人的目标是针对我国而参加间谍组织的，就可认为是对我国国家安全造成了危害。因为国家安全的危害，并不需要具有物质性的损害结果，国家安全受到危害在行为人参加间谍组织时就一并存在。

二、要把参加间谍组织的间谍分子同这些组织中的非间谍分子加以区别。所谓非间谍分子，是指间谍组织中未履行参加间谍组织的手续，也未进行间谍活动的工程技术、一般勤杂、医务、传达等人员。这些人员虽然也来我国旅游、探亲、学术交流、经贸洽谈等，但没有进行间谍活动的，不能按间谍罪予以追究。

三、关于行为人参加间谍组织，接受了间谍组织及其代理人任务后，又去实施所接受的任务，诸如，进行窃取、刺探、收买、非法提供国家秘密或进行如暗杀、放火、爆炸、投毒等破坏活动的行为或其他犯罪，应如何处理的问题，有不同意见。一种意见认为，行为人接受间谍组织及其代理人的任务而进行其他犯罪的，依法构成间谍罪与其他所实施的犯罪，予以并罚，理由是行为人所实施的这些犯罪已超出了间谍罪的构成要件范围，应单独处罚，予以数罪并罚；另一种意见认为，对于接受间谍组织及其代理任务而进行其他犯罪的，只构成间谍罪，而不构成数罪给予并罚。理由是接受任务的行为与完成任务的行为之间存在内在的事实上的联系性，并且要实施完成任务的行为的故意在行为人接受任务时一并客观存在。行为人参加间谍组织，接受间谍组织及其代理人的任务而进行其他犯罪的，在构成间谍罪的同时，又构成了其他所犯的罪，应予数罪并罚。

此罪与彼罪

本罪与为境外窃取、刺探、收买、非法提供国家秘密、情报罪的界限。随着现代科学技术的发展，收集情报的领域更加扩大，收集情报的组织也更复杂，不再限于间谍组织，一些公司、企业也在从事收集情报的工作。因此，《刑法》中专门规定了为境外窃取、刺探、收买、非法提供国家秘密、情报罪。两罪的区别在于：(1) 客观方面的表现不同。本罪中行为人只要参加了间谍组织或者接受间谍组织及其代理人的任务，是否从事收集情报，不影响本罪的成立；而为境外窃取、刺探、收买、非法提供国家秘密、情报罪，必须实施了窃取、刺探、收买、非法提供国家秘密或者情报的行为。(2) 提供情报的对象不同。本罪提供情报的对象仅限于间谍组织及其代理人；为其他机构、组织、人员提供情报，则构成为境外窃取、刺探、收买、非法提供国家秘密、情报罪。

证据参考标准

主体方面的证据

一、证明行为人刑事责任年龄、身份等自然情况的证据

包括身份证明、户籍证明、任职证明、工作经历证明、特定职责证明等，主要是证明行为人的姓名（曾用名）、性别、出生年月日、民族、籍贯、出生地、职业（或职务）、住所地（或居所地）等证据材料，如户口簿、居民身份证、工作证、出生证、专业或技术等级证、干部履历表、职工登记表、护照等。

对于户籍、出生证等材料内容不实的，应提供其他证据材料。外国人犯罪的案件，应有护照等身份证明材料。人大代表、政协委员犯罪的案件，应注明身份，并附身份证明材料。

二、证明行为人刑事责任能力的证据

证明行为人对自己的行为是否具有辨认能力与控制能力，如是否属于间歇性精神病人、尚未完全丧失辨认或者控制自己行为能力的精神病人的证明材料。

主观方面的证据

证明行为人故意的证据

1. 证明行为人明知的证据：证明行为人明知自己的行为会发生危害社会的结果；2. 证明直接故意的证据：证明行为人希望危害结果发生；3. 目的：危害国家安全。

客观方面的证据

证明行为人间谍犯罪行为的证据

具体证据包括：1. 证明行为人参加间谍组织行为的证据；2. 证明行为人接受间谍组织任务行为的证据；3. 证明行为人接受间谍组织代理人任务行为的证据；4. 证明行为人收集并向敌人提供军事情报行为的证据；5. 证明行为人收集并向间谍组织提供政治情报行为的证据；6. 证明行为人收集并向间谍组织提供外交情报行为的证据；7. 证明行为人收集并向间谍组织提供国民经济情报行为的证据；8. 证明行为人收集并向间谍组织提供科技情报行为的证据；9. 证明行为人收集并向间谍组织提供国防建设、武装部队情报行为的证据；10. 证明行为人发展间谍对象行为的证据；11. 证明行为人采取各种间接方式为敌人指示轰击目标行为的证据；12. 证明行为人到敌方阵营中直接告知轰击目标行为的证据；13. 证明行为人政治立场的证据；14. 证明行为人犯罪情节较轻的证据；15. 证明行为人危害特别严重行为的证据；16. 证明行为人情节特别恶劣的证据。

量刑方面的证据

一、法定量刑情节证据

1. 事实情节：（1）情节较轻；（2）危害特别严重；（3）情节特别恶劣。2. 法定从重情节。3. 法定从轻减轻情节：（1）可以从轻；（2）可以从轻或减轻；（3）应当从轻或者减轻。4. 法定从轻减轻免除情节：（1）可以从轻、减轻或者免除处罚；（2）应当从轻、减轻或者免除处罚。5. 法定减轻免除情节：（1）可以减轻或者免除处罚；（2）应当减轻或者免除处罚；（3）可以免除处罚。

二、酌定量刑情节证据

1. 犯罪手段：（1）窃取；（2）刺探；（3）收集；（4）贿买；（5）截取；（6）窃听；（7）其他。2. 犯罪对象。3. 危害结果：（1）危害国家安全；（2）其他。4. 动机。5. 平时表现。6. 认罪态度。7. 是否有前科。8. 其他证据。

量刑标准	犯本罪的	处十年以上有期徒刑或者无期徒刑，可以并处没收财产，应当附加剥夺政治权利
	情节较轻的	处三年以上十年以下有期徒刑，可以并处没收财产，应当附加剥夺政治权利
	对国家和人民危害特别严重、情节特别恶劣的	可以判处死刑，可以并处没收财产，应当附加剥夺政治权利终身
法律适用	刑法条文	**第一百一十条** 有下列间谍行为之一，危害国家安全的，处十年以上有期徒刑或者无期徒刑；情节较轻的，处三年以上十年以下有期徒刑： （一）参加间谍组织或者接受间谍组织及其代理人的任务的； （二）为敌人指示轰击目标的。 **第一百一十三条** 本章上述危害国家安全罪行中，除第一百零三条第二款、第一百零五条、第一百零七条、第一百零九条外，对国家和人民危害特别严重、情节特别恶劣的，可以判处死刑。 犯本章之罪的，可以并处没收财产。 **第五十六条** 对于危害国家安全的犯罪分子应当附加剥夺政治权利；对于故意杀人、强奸、放火、爆炸、投毒、抢劫等严重破坏社会秩序的犯罪分子，可以附加剥夺政治权利。 独立适用剥夺政治权利的，依照本法分则的规定。
	相关法律法规	**一、《中华人民共和国反间谍法》**（2014年11月1日中华人民共和国主席令第16号公布 自公布之日起施行 2023年4月26日修订） **第一章 总 则** **第一条** 为了加强反间谍工作，防范、制止和惩治间谍行为，维护国家安全，保护人民利益，根据宪法，制定本法。 **第二条** 反间谍工作坚持党中央集中统一领导，坚持总体国家安全观，坚持公开工作与秘密工作相结合、专门工作与群众路线相结合，坚持积极防御、依法惩治、标本兼治，筑牢国家安全人民防线。 **第三条** 反间谍工作应当依法进行，尊重和保障人权，保障个人和组织的合法权益。 **第四条** 本法所称间谍行为，是指下列行为： （一）间谍组织及其代理人实施或者指使、资助他人实施，或者境内外机构、组织、个人与其相勾结实施的危害中华人民共和国国家安全的活动； （二）参加间谍组织或者接受间谍组织及其代理人的任务，或者投靠间谍组织及其代理人； （三）间谍组织及其代理人以外的其他境外机构、组织、个人实施或者指使、资助他人实施，或者境内机构、组织、个人与其相勾结实施的窃取、刺探、收买、非法提供国家秘密、情报以及其他关系国家安全和利益的文件、数据、资料、物品，或者策动、引诱、胁迫、收买国家工作人员叛变的活动； （四）间谍组织及其代理人实施或者指使、资助他人实施，或者境内外机构、组织、个人与其相勾结实施针对国家机关、涉密单位或者关键信息基础设施等的网络攻击、侵入、干扰、控制、破坏等活动；

（五）为敌人指示攻击目标；

（六）进行其他间谍活动。

间谍组织及其代理人在中华人民共和国领域内，或者利用中华人民共和国的公民、组织或者其他条件，从事针对第三国的间谍活动，危害中华人民共和国国家安全的，适用本法。

第五条 国家建立反间谍工作协调机制，统筹协调反间谍工作中的重大事项，研究、解决反间谍工作中的重大问题。

第六条 国家安全机关是反间谍工作的主管机关。

公安、保密等有关部门和军队有关部门按照职责分工，密切配合，加强协调，依法做好有关工作。

第七条 中华人民共和国公民有维护国家的安全、荣誉和利益的义务，不得有危害国家的安全、荣誉和利益的行为。

一切国家机关和武装力量、各政党和各人民团体、企业事业组织和其他社会组织，都有防范、制止间谍行为，维护国家安全的义务。

国家安全机关在反间谍工作中必须依靠人民的支持，动员、组织人民防范、制止间谍行为。

第八条 任何公民和组织都应当依法支持、协助反间谍工作，保守所知悉的国家秘密和反间谍工作秘密。

第九条 国家对支持、协助反间谍工作的个人和组织给予保护。

对举报间谍行为或者在反间谍工作中做出重大贡献的个人和组织，按照国家有关规定给予表彰和奖励。

第十条 境外机构、组织、个人实施或者指使、资助他人实施的，或者境内机构、组织、个人与境外机构、组织、个人相勾结实施的危害中华人民共和国国家安全的间谍行为，都必须受到法律追究。

第十一条 国家安全机关及其工作人员在工作中，应当严格依法办事，不得超越职权、滥用职权，不得侵犯个人和组织的合法权益。

国家安全机关及其工作人员依法履行反间谍工作职责获取的个人和组织的信息，只能用于反间谍工作。对属于国家秘密、工作秘密、商业秘密和个人隐私、个人信息的，应当保密。

第二章 安全防范

第十二条 国家机关、人民团体、企业事业组织和其他社会组织承担本单位反间谍安全防范工作的主体责任，落实反间谍安全防范措施，对本单位的人员进行维护国家安全的教育，动员、组织本单位的人员防范、制止间谍行为。

地方各级人民政府、相关行业主管部门按照职责分工，管理本行政区域、本行业有关反间谍安全防范工作。

国家安全机关依法协调指导、监督检查反间谍安全防范工作。

第十三条 各级人民政府和有关部门应当组织开展反间谍安全防范宣传教育，将反间谍安全防范知识纳入教育、培训、普法宣传内容，增强全民反间谍安全防范意识和国家安全素养。

新闻、广播、电视、文化、互联网信息服务等单位，应当面向社会有针对性地开展反间谍宣传教育。

国家安全机关应当根据反间谍安全防范形势，指导有关单位开展反间谍宣传教育活动，提高防范意识和能力。

第十四条　任何个人和组织都不得非法获取、持有属于国家秘密的文件、数据、资料、物品。

第十五条　任何个人和组织都不得非法生产、销售、持有、使用间谍活动特殊需要的专用间谍器材。专用间谍器材由国务院国家安全主管部门依照国家有关规定确认。

第十六条　任何公民和组织发现间谍行为，应当及时向国家安全机关举报；向公安机关等其他国家机关、组织举报的，相关国家机关、组织应当立即移送国家安全机关处理。

国家安全机关应当将受理举报的电话、信箱、网络平台等向社会公开，依法及时处理举报信息，并为举报人保密。

第十七条　国家建立反间谍安全防范重点单位管理制度。

反间谍安全防范重点单位应当建立反间谍安全防范工作制度，履行反间谍安全防范工作要求，明确内设职能部门和人员承担反间谍安全防范职责。

第十八条　反间谍安全防范重点单位应当加强对工作人员反间谍安全防范的教育和管理，对离岗离职人员脱密期内履行反间谍安全防范义务的情况进行监督检查。

第十九条　反间谍安全防范重点单位应当加强对涉密事项、场所、载体等的日常安全防范管理，采取隔离加固、封闭管理、设置警戒等反间谍物理防范措施。

第二十条　反间谍安全防范重点单位应当按照反间谍技术防范的要求和标准，采取相应的技术措施和其他必要措施，加强对要害部门部位、网络设施、信息系统的反间谍技术防范。

第二十一条　在重要国家机关、国防军工单位和其他重要涉密单位以及重要军事设施的周边安全控制区域内新建、改建、扩建建设项目的，由国家安全机关实施涉及国家安全事项的建设项目许可。

县级以上地方各级人民政府编制国民经济和社会发展规划、国土空间规划等有关规划，应当充分考虑国家安全因素和划定的安全控制区域，征求国家安全机关的意见。

安全控制区域的划定应当统筹发展和安全，坚持科学合理、确有必要的原则，由国家安全机关会同发展改革、自然资源、住房城乡建设、保密、国防科技工业等部门以及军队有关部门共同划定，报省、自治区、直辖市人民政府批准并动态调整。

涉及国家安全事项的建设项目许可的具体实施办法，由国务院国家安全主管部门会同有关部门制定。

第二十二条　国家安全机关根据反间谍工作需要，可以会同有关部门制定反间谍技术防范标准，指导有关单位落实反间谍技术防范措施，对存在隐患的单位，经过严格的批准手续，可以进行反间谍技术防范检查和检测。

第三章　调查处置

第二十三条　国家安全机关在反间谍工作中依法行使本法和有关法律规定的职权。

第二十四条　国家安全机关工作人员依法执行反间谍工作任务时，依照规定出示工作证件，可以查验中国公民或者境外人员的身份证明，向有关个人和组织问询有关情况，对身份不明、有间谍行为嫌疑的人员，可以查看其随带物品。

第二十五条 国家安全机关工作人员依法执行反间谍工作任务时，经设区的市级以上国家安全机关负责人批准，出示工作证件，可以查验有关个人和组织的电子设备、设施及有关程序、工具。查验中发现存在危害国家安全情形的，国家安全机关应当责令其采取措施立即整改。拒绝整改或者整改后仍存在危害国家安全隐患的，可以予以查封、扣押。

对依照前款规定查封、扣押的电子设备、设施及有关程序、工具，在危害国家安全的情形消除后，国家安全机关应当及时解除查封、扣押。

第二十六条 国家安全机关工作人员依法执行反间谍工作任务时，根据国家有关规定，经设区的市级以上国家安全机关负责人批准，可以查阅、调取有关的文件、数据、资料、物品，有关个人和组织应当予以配合。查阅、调取不得超出执行反间谍工作任务所需的范围和限度。

第二十七条 需要传唤违反本法的人员接受调查的，经国家安全机关办案部门负责人批准，使用传唤证传唤。对现场发现的违反本法的人员，国家安全机关工作人员依照规定出示工作证件，可以口头传唤，但应当在询问笔录中注明。传唤的原因和依据应当告知被传唤人。对无正当理由拒不接受传唤或者逃避传唤的人，可以强制传唤。

国家安全机关应当在被传唤人所在市、县内的指定地点或者其住所进行询问。

国家安全机关对被传唤人应当及时询问查证。询问查证的时间不得超过八小时；情况复杂，可能适用行政拘留或者涉嫌犯罪的，询问查证的时间不得超过二十四小时。国家安全机关应当为被传唤人提供必要的饮食和休息时间。严禁连续传唤。

除无法通知或者可能妨碍调查的情形以外，国家安全机关应当及时将传唤的原因通知被传唤人家属。在上述情形消失后，应当立即通知被传唤人家属。

第二十八条 国家安全机关调查间谍行为，经设区的市级以上国家安全机关负责人批准，可以依法对涉嫌间谍行为的人身、物品、场所进行检查。

检查女性身体的，应当由女性工作人员进行。

第二十九条 国家安全机关调查间谍行为，经设区的市级以上国家安全机关负责人批准，可以查询涉嫌间谍行为人员的相关财产信息。

第三十条 国家安全机关调查间谍行为，经设区的市级以上国家安全机关负责人批准，可以对涉嫌用于间谍行为的场所、设施或者财物依法查封、扣押、冻结；不得查封、扣押、冻结与被调查的间谍行为无关的场所、设施或者财物。

第三十一条 国家安全机关工作人员在反间谍工作中采取查阅、调取、传唤、检查、查询、查封、扣押、冻结等措施，应当由二人以上进行，依照有关规定出示工作证件及相关法律文书，并由相关人员在有关笔录等书面材料上签名、盖章。

国家安全机关工作人员进行检查、查封、扣押等重要取证工作，应当对全过程进行录音录像，留存备查。

第三十二条 在国家安全机关调查了解有关间谍行为的情况、收集有关证据时，有关个人和组织应当如实提供，不得拒绝。

第三十三条 对出境后可能对国家安全造成危害，或者对国家利益造成重大损失的中国公民，国务院国家安全主管部门可以决定其在一定期限内不准出境，并通知移民管理机构。

对涉嫌间谍行为人员，省级以上国家安全机关可以通知移民管理机构不准其出境。

第三十四条 对入境后可能进行危害中华人民共和国国家安全活动的境外人员，国务院国家安全主管部门可以通知移民管理机构不准其入境。

第三十五条 对国家安全机关通知不准出境或者不准入境的人员，移民管理机构应当按照国家有关规定执行；不准出境、入境情形消失的，国家安全机关应当及时撤销不准出境、入境决定，并通知移民管理机构。

第三十六条 国家安全机关发现涉及间谍行为的网络信息内容或者网络攻击等风险，应当依照《中华人民共和国网络安全法》规定的职责分工，及时通报有关部门，由其依法处置或者责令电信业务经营者、互联网服务提供者及时采取修复漏洞、加固网络防护、停止传输、消除程序和内容、暂停相关服务、下架相关应用、关闭相关网站等措施，保存相关记录。情况紧急，不立即采取措施将对国家安全造成严重危害的，由国家安全机关责令有关单位修复漏洞、停止相关传输、暂停相关服务，并通报有关部门。

经采取相关措施，上述信息内容或者风险已经消除的，国家安全机关和有关部门应当及时作出恢复相关传输和服务的决定。

第三十七条 国家安全机关因反间谍工作需要，根据国家有关规定，经过严格的批准手续，可以采取技术侦察措施和身份保护措施。

第三十八条 对违反本法规定，涉嫌犯罪，需要对有关事项是否属于国家秘密或者情报进行鉴定以及需要对危害后果进行评估的，由国家保密部门或者省、自治区、直辖市保密部门按照程序在一定期限内进行鉴定和组织评估。

第三十九条 国家安全机关经调查，发现间谍行为涉嫌犯罪的，应当依照《中华人民共和国刑事诉讼法》的规定立案侦查。

第四章 保障与监督

第四十条 国家安全机关工作人员依法履行职责，受法律保护。

第四十一条 国家安全机关依法调查间谍行为，邮政、快递等物流运营单位和电信业务经营者、互联网服务提供者应当提供必要的支持和协助。

第四十二条 国家安全机关工作人员因执行紧急任务需要，经出示工作证件，享有优先乘坐公共交通工具、优先通行等通行便利。

第四十三条 国家安全机关工作人员依法执行任务时，依照规定出示工作证件，可以进入有关场所、单位；根据国家有关规定，经过批准，出示工作证件，可以进入限制进入的有关地区、场所、单位。

第四十四条 国家安全机关因反间谍工作需要，根据国家有关规定，可以优先使用或者依法征用国家机关、人民团体、企业事业组织和其他社会组织以及个人的交通工具、通信工具、场地和建筑物等，必要时可以设置相关工作场所和设施设备，任务完成后应当及时归还或者恢复原状，并依照规定支付相应费用；造成损失的，应当给予补偿。

第四十五条 国家安全机关因反间谍工作需要，根据国家有关规定，可以提请海关、移民管理等检查机关对有关人员提供通关便利，对有关资料、器材等予以免检。有关检查机关应当依法予以协助。

第四十六条 国家安全机关工作人员因执行任务，或者个人因协助执行反间谍工作任务，本人或者其近亲属的人身安全受到威胁时，国家安全机关应当会同有关部门依法采取必要措施，予以保护、营救。

个人因支持、协助反间谍工作，本人或者其近亲属的人身安全面临危险的，可以向国家安全机关请求予以保护。国家安全机关应当会同有关部门依法采取保护措施。

个人和组织因支持、协助反间谍工作导致财产损失的，根据国家有关规定给予补偿。

第四十七条 对为反间谍工作做出贡献并需要安置的人员，国家给予妥善安置。

公安、民政、财政、卫生健康、教育、人力资源和社会保障、退役军人事务、医疗保障、移民管理等有关部门以及国有企业事业单位应当协助国家安全机关做好安置工作。

第四十八条 对因开展反间谍工作或者支持、协助反间谍工作导致伤残或者牺牲、死亡的人员，根据国家有关规定给予相应的抚恤优待。

第四十九条 国家鼓励反间谍领域科技创新，发挥科技在反间谍工作中的作用。

第五十条 国家安全机关应当加强反间谍专业力量人才队伍建设和专业训练，提升反间谍工作能力。

对国家安全机关工作人员应当有计划地进行政治、理论和业务培训。培训应当坚持理论联系实际、按需施教、讲求实效，提高专业能力。

第五十一条 国家安全机关应当严格执行内部监督和安全审查制度，对其工作人员遵守法律和纪律等情况进行监督，并依法采取必要措施，定期或者不定期进行安全审查。

第五十二条 任何个人和组织对国家安全机关及其工作人员超越职权、滥用职权和其他违法行为，都有权向上级国家安全机关或者监察机关、人民检察院等有关部门检举、控告。受理检举、控告的国家安全机关或者监察机关、人民检察院等有关部门应当及时查清事实，依法处理，并将处理结果及时告知检举人、控告人。

对支持、协助国家安全机关工作或者依法检举、控告的个人和组织，任何个人和组织不得压制和打击报复。

第五章 法律责任

第五十三条 实施间谍行为，构成犯罪的，依法追究刑事责任。

第五十四条 个人实施间谍行为，尚不构成犯罪的，由国家安全机关予以警告或者处十五日以下行政拘留，单处或者并处五万元以下罚款，违法所得在五万元以上的，单处或者并处违法所得一倍以上五倍以下罚款，并可以由有关部门依法予以处分。

明知他人实施间谍行为，为其提供信息、资金、物资、劳务、技术、场所等支持、协助，或者窝藏、包庇，尚不构成犯罪的，依照前款的规定处罚。

单位有前两款行为的，由国家安全机关予以警告，单处或者并处五十万元以下罚款，违法所得在五十万元以上的，单处或者并处违法所得一倍以上五倍以下罚款，并对直接负责的主管人员和其他直接责任人员，依照第一款的规定处罚。

国家安全机关根据相关单位、人员违法情节和后果，可以建议有关主管部门依法责令停止从事相关业务、提供相关服务或者责令停产停业、吊销有关证照、撤销登记。有关主管部门应当将作出行政处理的情况及时反馈国家安全机关。

第五十五条 实施间谍行为，有自首或者立功表现的，可以从轻、减轻或者免除处罚；有重大立功表现的，给予奖励。

在境外受胁迫或者受诱骗参加间谍组织、敌对组织，从事危害中华人民共和国家安全的活动，及时向中华人民共和国驻外机构如实说明情况，或者入境后直接或者通过所在单位及时向国家安全机关如实说明情况，并有悔改表现的，可以不予追究。

第五十六条 国家机关、人民团体、企业事业组织和其他社会组织未按照本法规定履行反间谍安全防范义务的，国家安全机关可以责令改正；未按照要求改正的，国家安全机关可以约谈相关负责人，必要时可以将约谈情况通报该单位上级主管部门；产生危害后果或者不良影响的，国家安全机关可以予以警告、通报批评；情节严重的，对负有责任的领导人员和直接责任人员，由有关部门依法予以处分。

第五十七条 违反本法第二十一条规定新建、改建、扩建建设项目的，由国家安全机关责令改正，予以警告；拒不改正或者情节严重的，责令停止建设或者使用、暂扣或者吊销许可证件，或者建议有关主管部门依法予以处理。

第五十八条 违反本法第四十一条规定的，由国家安全机关责令改正，予以警告或者通报批评；拒不改正或者情节严重的，由有关主管部门依照相关法律法规予以处罚。

第五十九条 违反本法规定，拒不配合数据调取的，由国家安全机关依照《中华人民共和国数据安全法》的有关规定予以处罚。

第六十条 违反本法规定，有下列行为之一，构成犯罪的，依法追究刑事责任；尚不构成犯罪的，由国家安全机关予以警告或者处十日以下行政拘留，可以并处三万元以下罚款：

（一）泄露有关反间谍工作的国家秘密；

（二）明知他人有间谍犯罪行为，在国家安全机关向其调查有关情况、收集有关证据时，拒绝提供；

（三）故意阻碍国家安全机关依法执行任务；

（四）隐藏、转移、变卖、损毁国家安全机关依法查封、扣押、冻结的财物；

（五）明知是间谍行为的涉案财物而窝藏、转移、收购、代为销售或者以其他方法掩饰、隐瞒；

（六）对依法支持、协助国家安全机关工作的个人和组织进行打击报复。

第六十一条 非法获取、持有属于国家秘密的文件、数据、资料、物品，以及非法生产、销售、持有、使用专用间谍器材，尚不构成犯罪的，由国家安全机关予以警告或者处十日以下行政拘留。

第六十二条 国家安全机关对依照本法查封、扣押、冻结的财物，应当妥善保管，并按照下列情形分别处理：

（一）涉嫌犯罪的，依照《中华人民共和国刑事诉讼法》等有关法律的规定处理；

（二）尚不构成犯罪，有违法事实的，对依法应当没收的予以没收，依法应当销毁的予以销毁；

（三）没有违法事实的，或者与案件无关的，应当解除查封、扣押、冻结，并及时返还相关财物；造成损失的，应当依法予以赔偿。

第六十三条 涉案财物符合下列情形之一的，应当依法予以追缴、没收，或者采取措施消除隐患：

（一）违法所得的财物及其孳息、收益，供实施间谍行为所用的本人财物；

（二）非法获取、持有的属于国家秘密的文件、数据、资料、物品；

（三）非法生产、销售、持有、使用的专用间谍器材。

第六十四条 行为人及其近亲属或者其他相关人员，因行为人实施间谍行为从间谍组织及其代理人获取的所有利益，由国家安全机关依法采取追缴、没收等措施。

第六十五条 国家安全机关依法收缴的罚款以及没收的财物，一律上缴国库。

第六十六条 境外人员违反本法的，国务院国家安全主管部门可以决定限期出境，并决定其不准入境的期限。未在规定期限内离境的，可以遣送出境。

对违反本法的境外人员，国务院国家安全主管部门决定驱逐出境的，自被驱逐出境之日起十年内不准入境，国务院国家安全主管部门的处罚决定为最终决定。

法律适用

相关法律法规

第六十七条 国家安全机关作出行政处罚决定之前，应当告知当事人拟作出的行政处罚内容及事实、理由、依据，以及当事人依法享有的陈述、申辩、要求听证等权利，并依照《中华人民共和国行政处罚法》的有关规定实施。

第六十八条 当事人对行政处罚决定、行政强制措施决定、行政许可决定不服的，可以自收到决定书之日起六十日内，依法申请复议；对复议决定不服的，可以自收到复议决定书之日起十五日内，依法向人民法院提起诉讼。

第六十九条 国家安全机关工作人员滥用职权、玩忽职守、徇私舞弊，或者有非法拘禁、刑讯逼供、暴力取证、违反规定泄露国家秘密、工作秘密、商业秘密和个人隐私、个人信息等行为，依法予以处分，构成犯罪的，依法追究刑事责任。

第六章　附　　则

第七十条 国家安全机关依照法律、行政法规和国家有关规定，履行防范、制止和惩治间谍行为以外的危害国家安全行为的职责，适用本法的有关规定。

公安机关在依法履行职责过程中发现、惩治危害国家安全的行为，适用本法的有关规定。

第七十一条 本法自 2023 年 7 月 1 日起施行。

二、《中华人民共和国国家安全法》（节录）（2015 年 7 月 1 日中华人民共和国主席令第 29 号公布　自公布之日起施行）

第十一条 中华人民共和国公民、一切国家机关和武装力量、各政党和各人民团体、企业事业组织和其他社会组织，都有维护国家安全的责任和义务。

中国的主权和领土完整不容侵犯和分割。维护国家主权、统一和领土完整是包括港澳同胞和台湾同胞在内的全中国人民的共同义务。

第十五条 国家坚持中国共产党的领导，维护中国特色社会主义制度，发展社会主义民主政治，健全社会主义法治，强化权力运行制约和监督机制，保障人民当家作主的各项权利。

国家防范、制止和依法惩治任何叛国、分裂国家、煽动叛乱、颠覆或者煽动颠覆人民民主专政政权的行为；防范、制止和依法惩治窃取、泄露国家秘密等危害国家安全的行为；防范、制止和依法惩治境外势力的渗透、破坏、颠覆、分裂活动。

第七十七条第二款 任何个人和组织不得有危害国家安全的行为，不得向危害国家安全的个人或者组织提供任何资助或者协助。

三、《中华人民共和国反间谍法实施细则》（节录）（2017 年 11 月 22 日中华人民共和国国务院令第 692 号公布　自公布之日起施行）

第三条 《反间谍法》所称"境外机构、组织"包括境外机构、组织在中华人民共和国境内设立的分支（代表）机构和分支组织；所称"境外个人"包括居住在中华人民共和国境内不具有中华人民共和国国籍的人。

第四条 《反间谍法》所称"间谍组织代理人"，是指受间谍组织或者其成员的指使、委托、资助，进行或者授意、指使他人进行危害中华人民共和国国家安全活动的人。

间谍组织和间谍组织代理人由国务院国家安全主管部门确认。

第五条 《反间谍法》所称"敌对组织"，是指敌视中华人民共和国人民民主专政的政权和社会主义制度，危害国家安全的组织。

敌对组织由国务院国家安全主管部门或者国务院公安部门确认。

法律适用

相关法律法规

法律适用

相关法律法规

第六条　《反间谍法》所称"资助"实施危害中华人民共和国国家安全的间谍行为，是指境内外机构、组织、个人的下列行为：

（一）向实施间谍行为的组织、个人提供经费、场所和物资的；

（二）向组织、个人提供用于实施间谍行为的经费、场所和物资的。

第七条　《反间谍法》所称"勾结"实施危害中华人民共和国国家安全的间谍行为，是指境内外组织、个人的下列行为：

（一）与境外机构、组织、个人共同策划或者进行危害国家安全的间谍活动的；

（二）接受境外机构、组织、个人的资助或者指使，进行危害国家安全的间谍活动的；

（三）与境外机构、组织、个人建立联系，取得支持、帮助，进行危害国家安全的间谍活动的。

第八条　下列行为属于《反间谍法》第三十九条所称"间谍行为以外的其他危害国家安全行为"：

（一）组织、策划、实施分裂国家、破坏国家统一，颠覆国家政权、推翻社会主义制度的；

（二）组织、策划、实施危害国家安全的恐怖活动的；

（三）捏造、歪曲事实，发表、散布危害国家安全的文字或者信息，或者制作、传播、出版危害国家安全的音像制品或者其他出版物的；

（四）利用设立社会团体或者企业事业组织，进行危害国家安全活动的；

（五）利用宗教进行危害国家安全活动的；

（六）组织、利用邪教进行危害国家安全活动的；

（七）制造民族纠纷，煽动民族分裂，危害国家安全的；

（八）境外个人违反有关规定，不听劝阻，擅自会见境内有危害国家安全行为或者有危害国家安全行为重大嫌疑的人员的。

第十七条　《反间谍法》第二十四条所称"非法持有属于国家秘密的文件、资料和其他物品"是指：

（一）不应知悉某项国家秘密的人员携带、存放属于该项国家秘密的文件、资料和其他物品的；

（二）可以知悉某项国家秘密的人员，未经办理手续，私自携带、留存属于该项国家秘密的文件、资料和其他物品的。

第二十一条　有证据证明知道他人有间谍行为，或者经国家安全机关明确告知他人有危害国家安全的犯罪行为，在国家安全机关向其调查有关情况、收集有关证据时，拒绝提供的，依照《反间谍法》第二十九条的规定处理。

第二十二条　国家安全机关依法执行反间谍工作任务时，公民和组织依法有义务提供便利条件或者其他协助，拒不提供或者拒不协助，构成故意阻碍国家安全机关依法执行反间谍工作任务的，依照《反间谍法》第三十条的规定处罚。

第二十三条　故意阻碍国家安全机关依法执行反间谍工作任务，造成国家安全机关工作人员人身伤害或者财物损失的，应当依法承担赔偿责任，并由司法机关或者国家安全机关依照《反间谍法》第三十条的规定予以处罚。

第二十四条　对涉嫌间谍行为的人员，国家安全机关可以决定其在一定期限内不得出境。对违反《反间谍法》的境外个人，国务院国家安全主管部门可以决定限期离境或者驱逐出境，并决定其不得入境的期限。被驱逐出境的境外个人，自被驱逐出境之日起 10 年内不得入境。

法律适用

规章及规范性文件

《反间谍安全防范工作规定》（节录）（2021年4月26日中华人民共和国国家安全部令2021年第1号公布　自公布之日起施行）

　　第二十九条　机关、团体、企业事业组织和其他社会组织及其工作人员未履行或者未按照规定履行反间谍安全防范责任和义务，造成不良后果或者影响的，国家安全机关可以向有关机关、单位移送问题线索，建议有关机关、单位按照管理权限对负有责任的领导人员和直接责任人员依规依纪依法予以处理；构成犯罪的，依法追究刑事责任。

　　第三十条　国家安全机关及其工作人员在反间谍安全防范指导和检查工作中，滥用职权、玩忽职守、徇私舞弊的，对负有责任的领导人员和直接责任人员依规依纪依法予以处理；构成犯罪的，依法追究刑事责任。

11 为境外窃取、刺探、收买、非法提供国家秘密、情报案

概念 　本罪是指为境外的机构、组织、人员窃取、刺探、收买、非法提供国家秘密或者情报的行为。

立案标准 　根据《刑法》第 111 条和最高人民法院《关于审理为境外窃取、刺探、收买、非法提供国家秘密、情报案件具体应用法律若干问题的解释》的规定，为境外的机构、组织、人员窃取、刺探、收买、非法提供国家秘密或者情报的，应当立案追究。

定罪标准

犯罪客体

本罪侵犯的客体是中华人民共和国的国家安全和利益。保守国家秘密是宪法规定的中国公民的一项基本权利和义务。《反间谍法》第 23 条、第 24 条规定，任何公民和组织都应当保守所知悉的有关反间谍工作的国家秘密。任何个人和组织都不得非法持有属于国家秘密的文件、资料和其他物品。《国家安全法》第 15 条、第 77 条也规定，国家防范、制止和依法惩治窃取、泄露国家秘密等危害国家安全的行为；公民和组织有保守所知悉的国家秘密的义务，任何个人和组织不得有危害国家安全的行为，不得向危害国家安全的个人或者组织提供任何资助或者协助。

关于是否为国家秘密或情报，须由有关部门按照有关法律、法规，按法定程序确定和作出鉴定。

犯罪客观方面

本罪客观方面，是指为境外的机构、组织、人员窃取、刺探、收买、非法提供国家秘密或者情报的行为。境外，是指中华人民共和国国（边）境以外的地域。境外机构、组织，是指境外的机构、组织及其在中华人民共和国境内设立的分支（代表）机构和分支组织，如外国的政府、军队以及其他国家机关在中国境内设置的机构、社团以及其他企事业组织，也包括外国驻华使、领馆、办事处，以及商社、新闻机构等。境外个人，是指居住在境外的人，以及居住在中华人民共和国境内不具有中华人民共和国国籍的人。这里所说的居住，不论是取得永久居住权或长期居住权，还是短期居住，都应视为居住。

窃取，是指使用秘密手段盗窃属于国家秘密或者情报的资料或物品的行为。刺探，是指通过各种渠道、使用各种手段，非法探知国家秘密或者情报资料的行为。收买，是指用金钱、色情和其他物质利益等手段向掌握国家秘密或者情报的人员获取国家秘密或者情报资料或者物品的行为。非法提供，是指国家秘密持有者或知悉者非法出卖、交付、告知其他不应知悉该项国家秘密或者情报的人的行为。

国家秘密，是指关系国家的安全和利益，依法定程序确定、在一定时间内只限一定范围的人员知悉的事项。它是包括国家事务的重大决策、国防建设和武装力量活动、外交和外事活动、国民经济和社会发展、科学技术、维护国家安全活动和追究刑事犯罪活动方面以及其他经国家保密工作部门确定应当保守的国家秘密事项。符合《保守国家秘密法》第 13 条第 1 款规定的政党中的秘密事项，属于国家秘密。行为人对不同等级即绝密、机密、秘密的国家秘密进行窃取、刺探、收买、非法提供给境外的机构、组织、个人，致使国家的安全、利益遭受的危害程度也不同。情报，是指除国家秘密以外的涉及国家政治、经济、军事、科技等方面尚未公开或不宜公开泄露的、影响国家安全和利益的情况和材料。不公开的单位内部情况、正常的情报信息交流，不应理解为这里的情报。

定罪标准	犯罪主体	本罪主体是一般主体，包括中国人、外国人和无国籍人。
	犯罪主观方面	本罪主观方面可以是直接故意，也可以是间接故意。即一是明知是国家秘密或具有情报价值的信息，而故意窃取、刺探、收买；二是明知是境外的机构、组织和人员，而故意向其提供国家秘密或者情报。
	罪与非罪	区分罪与非罪的关键是看是否实施了为境外的机构、组织、人员窃取、刺探、收买、非法提供国家秘密或者情报的行为。
	此罪与彼罪	本罪与故意或者过失泄露国家秘密罪的界限。故意或者过失泄露国家秘密罪，是指国家机关工作人员违反《保守国家秘密法》的规定，故意或者过失泄露国家秘密情节严重的行为，属于渎职罪的一种。二者的主要区别在于：（1）侵害的客体不同。本罪侵害的客体是国家安全和利益，故意或者过失泄露国家秘密罪侵害的客体是国家的保密制度。（2）主观方面的表现不同。本罪在主观上只能是故意，而故意或者过失泄露国家秘密罪可以是故意的，也可以是过失的。（3）客观方面的表现不同。只要行为人实施了为境外窃取、刺探、收买、非法提供国家秘密或情报的行为，就构成本罪，而故意或者过失泄露国家秘密罪泄露的只能是国家秘密，并且必须是情节严重的才构成犯罪。（4）泄露的对象不同。本罪只是为境外机构、组织、人员提供国家秘密或者情报，而故意或者过失泄露国家秘密罪泄露的对象是不特定的，可以是外国人，也可以是中国人。
证据参考标准	主体方面的证据	**一、证明行为人刑事责任年龄、身份等自然情况的证据** 包括身份证明、户籍证明、任职证明、工作经历证明、特定职责证明等，主要是证明行为人的姓名（曾用名）、性别、出生年月日、民族、籍贯、出生地、职业（或职务）、住所地（或居所地）等证据材料，如户口簿、居民身份证、工作证、出生证、专业或技术等级证、干部履历表、职工登记表、护照等。 对于户籍、出生证等材料内容不实的，应提供其他证据材料。外国人犯罪的案件，应有护照等身份证明材料。人大代表、政协委员犯罪的案件，应注明身份，并附身份证明材料。 **二、证明行为人刑事责任能力的证据** 证明行为人对自己的行为是否具有辨认能力与控制能力，如是否属于间歇性精神病人、尚未完全丧失辨认或者控制自己行为能力的精神病人的证明材料。
	主观方面的证据	**证明行为人故意的证据** 1. 证明行为人明知的证据：明知自己的行为会发生危害社会的结果；2. 证明直接故意的证据：证明行为人希望危害结果发生；3. 证明间接故意的证据：证明行为人放任危害结果发生。
	客观方面的证据	**证明行为人为境外窃取、刺探、收买、非法提供国家秘密、情报犯罪行为的证据** 具体证据包括：1. 证明行为人为境外窃取国家秘密行为的证据。2. 证明行为人为境外刺探国家秘密行为的证据。3. 证明行为人为境外收买国家秘密行为的证据。

证据参考标准	客观方面的证据	4. 证明行为人非法提供国家秘密行为的证据：（1）境外的组织；（2）境外的机构；（3）境外的人员。5. 证明行为人为境外窃取情报行为的证据。6. 证明行为人为境外刺探情报行为的证据。7. 证明行为人为境外收买情报行为的证据。8. 证明行为人为境外非法提供情报行为的证据：（1）境外的组织；（2）境外的机构；（3）境外的人员。9. 证明行为人政治地位的证据。10. 证明行为人犯罪对国家和人民危害特别严重、情节特别恶劣行为的证据。11. 证明行为人犯罪情节特别严重行为的证据。12. 证明行为人犯罪情节较轻行为的证据。
	量刑方面的证据	**一、法定量刑情节证据** 1. 事实情节：（1）情节较轻；（2）危害特别严重；（3）情节特别恶劣。2. 法定从重情节。3. 法定从轻、减轻情节：（1）可以从轻；（2）可以从轻或减轻；（3）应当从轻或者减轻。4. 法定从轻、减轻、免除情节：（1）可以从轻、减轻或者免除处罚；（2）应当从轻、减轻或者免除处罚。5. 法定减轻、免除情节：（1）可以减轻或者免除处罚；（2）应当减轻或者免除处罚；（3）可以免除处罚。 **二、酌定量刑情节证据** 1. 犯罪手段：（1）窃取；（2）刺探；（3）收买；（4）非法提供；（5）其他。2. 犯罪对象。3. 危害结果。4. 动机。5. 平时表现。6. 认罪态度。7. 是否有前科。8. 其他证据。
量刑标准	犯本罪的	处五年以上十年以下有期徒刑，可以并处没收财产，应当附加剥夺政治权利
	情节较轻的	处五年以下有期徒刑、拘役、管制或者剥夺政治权利，可以并处没收财产
	情节特别严重的	处十年以上有期徒刑或者无期徒刑，可以并处没收财产，应当附加剥夺政治权利
	对国家和人民危害特别严重、情节特别恶劣的	可以判处死刑，可以并处没收财产，应当附加剥夺政治权利终身
法律适用	刑法条文	**第一百一十一条** 为境外的机构、组织、人员窃取、刺探、收买、非法提供国家秘密或者情报的，处五年以上十年以下有期徒刑；情节特别严重的，处十年以上有期徒刑或者无期徒刑；情节较轻的，处五年以下有期徒刑、拘役、管制或者剥夺政治权利。 **第一百一十三条** 本章上述危害国家安全罪行中，除第一百零三条第二款、第一百零五条、第一百零七条、第一百零九条外，对国家和人民危害特别严重、情节特别恶劣的，可以判处死刑。 犯本章之罪的，可以并处没收财产。 **第二百八十七条** 利用计算机实施金融诈骗、盗窃、贪污、挪用公款、窃取国家秘密或者其他犯罪的，依照本法有关规定定罪处罚。 **第五十六条** 对于危害国家安全的犯罪分子应当附加剥夺政治权利；对于故意杀人、强奸、放火、爆炸、投毒、抢劫等严重破坏社会秩序的犯罪分子，可以附加剥夺政治权利。 独立适用剥夺政治权利的，依照本法分则的规定。

最高人民法院《关于审理为境外窃取、刺探、收买、非法提供国家秘密、情报案件具体应用法律若干问题的解释》（2001 年 1 月 17 日最高人民法院公布　自 2001 年 1 月 22 日起施行　法释〔2001〕4 号）

为依法惩治为境外的机构、组织、人员窃取、刺探、收买、非法提供国家秘密、情报犯罪活动，维护国家安全和利益，根据刑法有关规定，现就审理这类案件具体应用法律的若干问题解释如下：

第一条　刑法第一百一十一条规定的"国家秘密"，是指《中华人民共和国保守国家秘密法》第二条、第八条①以及《中华人民共和国保守国家秘密法实施办法》②第四条确定的事项。

刑法第一百一十一条规定的"情报"，是指关系国家安全和利益、尚未公开或者依照有关规定不应公开的事项。

对为境外机构、组织、人员窃取、刺探、收买、非法提供国家秘密之外的情报的行为，以为境外窃取、刺探、收买、非法提供情报罪定罪处罚。

第二条　为境外窃取、刺探、收买、非法提供国家秘密或者情报，具有下列情形之一的，属于"情节特别严重"，处十年以上有期徒刑、无期徒刑，可以并处没收财产：

（一）为境外窃取、刺探、收买、非法提供绝密级国家秘密的；

（二）为境外窃取、刺探、收买、非法提供三项以上机密级国家秘密的；

（三）为境外窃取、刺探、收买、非法提供国家秘密或者情报，对国家安全和利益造成其他特别严重损害的。

实施前款行为，对国家和人民危害特别严重、情节特别恶劣的，可以判处死刑，并处没收财产。

第三条　为境外窃取、刺探、收买、非法提供国家秘密或者情报，具有下列情形之一的，处五年以上十年以下有期徒刑，可以并处没收财产：

（一）为境外窃取、刺探、收买、非法提供机密级国家秘密的；

（二）为境外窃取、刺探、收买、非法提供三项以上秘密级国家秘密的；

（三）为境外窃取、刺探、收买、非法提供国家秘密或者情报，对国家安全和利益造成其他严重损害的。

第四条　为境外窃取、刺探、收买、非法提供秘密级国家秘密或者情报，属于"情节较轻"，处五年以下有期徒刑、拘役、管制或者剥夺政治权利，可以并处没收财产。

第五条　行为人知道或者应当知道没有标明密级的事项关系国家安全和利益，而为境外窃取、刺探、收买、非法提供的，依照刑法第一百一十一条的规定以为境外窃取、刺探、收买、非法提供国家秘密罪定罪处罚。

第六条　通过互联网将国家秘密或者情报非法发送给境外的机构、组织、个人的，依照刑法第一百一十一条的规定定罪处罚；将国家秘密通过互联网予以发布，情节严重的，依照刑法第三百九十八条的规定定罪处罚。

第七条　审理为境外窃取、刺探、收买、非法提供国家秘密案件，需要对有关事项是否属于国家秘密以及属于何种密级进行鉴定的，由国家保密工作部门或者省、自治区、直辖市保密工作部门鉴定。

---

①《中华人民共和国保守国家秘密法》于 2010 年、2024 年被修订，此处的第二条、第八条对应修订后的第二条、第十三条。

②《中华人民共和国保守国家秘密法实施办法》已被 2014 年《中华人民共和国保守国家秘密法实施条例》废止。

一、《中华人民共和国香港特别行政区维护国家安全法》（节录）（2020 年 6 月 30 日中华人民共和国主席令第 49 号公布　自公布之日起施行）

第五条　防范、制止和惩治危害国家安全犯罪，应当坚持法治原则。法律规定为犯罪行为的，依照法律定罪处刑；法律没有规定为犯罪行为的，不得定罪处刑。

任何人未经司法机关判罪之前均假定无罪。保障犯罪嫌疑人、被告人和其他诉讼参与人依法享有的辩护权和其他诉讼权利。任何人已经司法程序被最终确定有罪或者宣告无罪的，不得就同一行为再予审判或者惩罚。

第六条　维护国家主权、统一和领土完整是包括香港同胞在内的全中国人民的共同义务。

在香港特别行政区的任何机构、组织和个人都应当遵守本法和香港特别行政区有关维护国家安全的其他法律，不得从事危害国家安全的行为和活动。

香港特别行政区居民在参选或者就任公职时应当依法签署文件确认或者宣誓拥护中华人民共和国香港特别行政区基本法，效忠中华人民共和国香港特别行政区。

第二十九条　为外国或者境外机构、组织、人员窃取、刺探、收买、非法提供涉及国家安全的国家秘密或者情报的；请求外国或者境外机构、组织、人员实施，与外国或者境外机构、组织、人员串谋实施，或者直接或者间接接受外国或者境外机构、组织、人员的指使、控制、资助或者其他形式的支援实施以下行为之一的，均属犯罪：

（一）对中华人民共和国发动战争，或者以武力或者武力相威胁，对中华人民共和国主权、统一和领土完整造成严重危害；

（二）对香港特别行政区政府或者中央人民政府制定和执行法律、政策进行严重阻挠并可能造成严重后果；

（三）对香港特别行政区选举进行操控、破坏并可能造成严重后果；

（四）对香港特别行政区或者中华人民共和国进行制裁、封锁或者采取其他敌对行动；

（五）通过各种非法方式引发香港特别行政区居民对中央人民政府或者香港特别行政区政府的憎恨并可能造成严重后果。

犯前款罪，处三年以上十年以下有期徒刑；罪行重大的，处无期徒刑或者十年以上有期徒刑。

本条第一款规定涉及的境外机构、组织、人员，按共同犯罪定罪处刑。

第三十条　为实施本法第二十条、第二十二条规定的犯罪，与外国或者境外机构、组织、人员串谋，或者直接或者间接接受外国或者境外机构、组织、人员的指使、控制、资助或者其他形式的支援的，依照本法第二十条、第二十二条的规定从重处罚。

第三十一条　公司、团体等法人或者非法人组织实施本法规定的犯罪的，对该组织判处罚金。

公司、团体等法人或者非法人组织因犯本法规定的罪行受到刑事处罚的，应责令其暂停运作或者吊销其执照或者营业许可证。

第三十二条　因实施本法规定的犯罪而获得的资助、收益、报酬等违法所得以及用于或者意图用于犯罪的资金和工具，应当予以追缴、没收。

第三十三条　有以下情形的，对有关犯罪行为人、犯罪嫌疑人、被告人可以从轻、减轻处罚；犯罪较轻的，可以免除处罚：

（一）在犯罪过程中，自动放弃犯罪或者自动有效地防止犯罪结果发生的；

（二）自动投案，如实供述自己的罪行的；

（三）揭发他人犯罪行为，查证属实，或者提供重要线索得以侦破其他案件的。

被采取强制措施的犯罪嫌疑人、被告人如实供述执法、司法机关未掌握的本人犯有本法规定的其他罪行的，按前款第二项规定处理。

第三十四条 不具有香港特别行政区永久性居民身份的人实施本法规定的犯罪的，可以独立适用或者附加适用驱逐出境。

不具有香港特别行政区永久性居民身份的人违反本法规定，因任何原因不对其追究刑事责任的，也可以驱逐出境。

第三十五条 任何人经法院判决犯危害国家安全罪行的，即丧失作为候选人参加香港特别行政区举行的立法会、区议会选举或者出任香港特别行政区任何公职或者行政长官选举委员会委员的资格；曾经宣誓或者声明拥护中华人民共和国香港特别行政区基本法、效忠中华人民共和国香港特别行政区的立法会议员、政府官员及公务人员、行政会议成员、法官及其他司法人员、区议员，即时丧失该等职务，并丧失参选或者出任上述职务的资格。

前款规定资格或者职务的丧失，由负责组织、管理有关选举或者公职任免的机构宣布。

第三十六条 任何人在香港特别行政区内实施本法规定的犯罪的，适用本法。犯罪的行为或者结果有一项发生在香港特别行政区内的，就认为是在香港特别行政区内犯罪。

在香港特别行政区注册的船舶或者航空器内实施本法规定的犯罪的，也适用本法。

第三十七条 香港特别行政区永久性居民或者在香港特别行政区成立的公司、团体等法人或者非法人组织在香港特别行政区以外实施本法规定的犯罪的，适用本法。

第三十八条 不具有香港特别行政区永久性居民身份的人在香港特别行政区以外针对香港特别行政区实施本法规定的犯罪的，适用本法。

第三十九条 本法施行以后的行为，适用本法定罪处刑。

二、《中华人民共和国保守国家秘密法》（节录）（1988 年 9 月 5 日中华人民共和国主席令第 6 号公布　自 1989 年 5 月 1 日起施行　2010 年 4 月 29 日第一次修订 2024 年 2 月 27 日第二次修订）

第二条 国家秘密是关系国家安全和利益，依照法定程序确定，在一定时间内只限一定范围的人员知悉的事项。

第四条 保密工作坚持总体国家安全观，遵循党管保密、依法管理，积极防范、突出重点，技管并重、创新发展的原则，既确保国家秘密安全，又便利信息资源合理利用。

法律、行政法规规定公开的事项，应当依法公开。

第十三条 下列涉及国家安全和利益的事项，泄露后可能损害国家在政治、经济、国防、外交等领域的安全和利益的，应当确定为国家秘密：

（一）国家事务重大决策中的秘密事项；

（二）国防建设和武装力量活动中的秘密事项；

（三）外交和外事活动中的秘密事项以及对外承担保密义务的秘密事项；

（四）国民经济和社会发展中的秘密事项；

（五）科学技术中的秘密事项；

（六）维护国家安全活动和追查刑事犯罪中的秘密事项；

（七）经国家保密行政管理部门确定的其他秘密事项。

政党的秘密事项中符合前款规定的，属于国家秘密。

第十四条 国家秘密的密级分为绝密、机密、秘密三级。

绝密级国家秘密是最重要的国家秘密，泄露会使国家安全和利益遭受特别严重的损害；机密级国家秘密是重要的国家秘密，泄露会使国家安全和利益遭受严重的损害；秘密级国家秘密是一般的国家秘密，泄露会使国家安全和利益遭受损害。

第十五条　国家秘密及其密级的具体范围（以下简称保密事项范围），由国家保密行政管理部门单独或者会同有关中央国家机关规定。

军事方面的保密事项范围，由中央军事委员会规定。

保密事项范围的确定应当遵循必要、合理原则，科学论证评估，并根据情况变化及时调整。保密事项范围的规定应当在有关范围内公布。

第十六条　机关、单位主要负责人及其指定的人员为定密责任人，负责本机关、本单位的国家秘密确定、变更和解除工作。

机关、单位确定、变更和解除本机关、本单位的国家秘密，应当由承办人提出具体意见，经定密责任人审核批准。

第十七条　确定国家秘密的密级，应当遵守定密权限。

中央国家机关、省级机关及其授权的机关、单位可以确定绝密级、机密级和秘密级国家秘密；设区的市级机关及其授权的机关、单位可以确定机密级和秘密级国家秘密；特殊情况下无法按照上述规定授权定密的，国家保密行政管理部门或者省、自治区、直辖市保密行政管理部门可以授予机关、单位定密权限。具体的定密权限、授权范围由国家保密行政管理部门规定。

下级机关、单位认为本机关、本单位产生的有关定密事项属于上级机关、单位的定密权限，应当先行采取保密措施，并立即报请上级机关、单位确定；没有上级机关、单位的，应当立即提请有相应定密权限的业务主管部门或者保密行政管理部门确定。

公安机关、国家安全机关在其工作范围内按照规定的权限确定国家秘密的密级。

第十八条　机关、单位执行上级确定的国家秘密事项或者办理其他机关、单位确定的国家秘密事项，需要派生定密的，应当根据所执行、办理的国家秘密事项的密级确定。

第十九条　机关、单位对所产生的国家秘密事项，应当按照保密事项范围的规定确定密级，同时确定保密期限和知悉范围；有条件的可以标注密点。

第二十条　国家秘密的保密期限，应当根据事项的性质和特点，按照维护国家安全和利益的需要，限定在必要的期限内；不能确定期限的，应当确定解密的条件。

国家秘密的保密期限，除另有规定外，绝密级不超过三十年，机密级不超过二十年，秘密级不超过十年。

机关、单位应当根据工作需要，确定具体的保密期限、解密时间或者解密条件。

机关、单位对在决定和处理有关事项工作过程中确定需要保密的事项，根据工作需要决定公开的，正式公布时即视为解密。

第二十一条　国家秘密的知悉范围，应当根据工作需要限定在最小范围。

国家秘密的知悉范围能够限定到具体人员的，限定到具体人员；不能限定到具体人员的，限定到机关、单位，由该机关、单位限定到具体人员。

国家秘密的知悉范围以外的人员，因工作需要知悉国家秘密的，应当经过机关、单位主要负责人或者其指定的人员批准。原定密机关、单位对扩大国家秘密的知悉范围有明确规定的，应当遵守其规定。

第二十二条　机关、单位对承载国家秘密的纸介质、光介质、电磁介质等载体（以下简称国家秘密载体）以及属于国家秘密的设备、产品，应当作出国家秘密标志。

涉及国家秘密的电子文件应当按照国家有关规定作出国家秘密标志。

不属于国家秘密的，不得作出国家秘密标志。

第二十三条 国家秘密的密级、保密期限和知悉范围，应当根据情况变化及时变更。国家秘密的密级、保密期限和知悉范围的变更，由原定密机关、单位决定，也可以由其上级机关决定。

国家秘密的密级、保密期限和知悉范围变更的，应当及时书面通知知悉范围内的机关、单位或者人员。

第二十四条 机关、单位应当每年审核所确定的国家秘密。

国家秘密的保密期限已满的，自行解密。在保密期限内因保密事项范围调整不再作为国家秘密，或者公开后不会损害国家安全和利益，不需要继续保密的，应当及时解密；需要延长保密期限的，应当在原保密期限届满前重新确定密级、保密期限和知悉范围。提前解密或者延长保密期限的，由原定密机关、单位决定，也可以由其上级机关决定。

第二十五条 机关、单位对是否属于国家秘密或者属于何种密级不明确或者有争议的，由国家保密行政管理部门或者省、自治区、直辖市保密行政管理部门按照国家保密规定确定。

三、《中华人民共和国国家安全法》（节录） （2015年7月1日中华人民共和国主席令第29号公布　自公布之日起施行）

第十五条 国家坚持中国共产党的领导，维护中国特色社会主义制度，发展社会主义民主政治，健全社会主义法治，强化权力运行制约和监督机制，保障人民当家作主的各项权利。

国家防范、制止和依法惩治任何叛国、分裂国家、煽动叛乱、颠覆或者煽动颠覆人民民主专政政权的行为；防范、制止和依法惩治窃取、泄露国家秘密等危害国家安全的行为；防范、制止和依法惩治境外势力的渗透、破坏、颠覆、分裂活动。

第二十五条 国家建设网络与信息安全保障体系，提升网络与信息安全保护能力，加强网络和信息技术的创新研究和开发应用，实现网络和信息核心技术、关键基础设施和重要领域信息系统及数据的安全可控；加强网络管理，防范、制止和依法惩治网络攻击、网络入侵、网络窃密、散布违法有害信息等网络违法犯罪行为，维护国家网络空间主权、安全和发展利益。

第四十二条 国家安全机关、公安机关依法搜集涉及国家安全的情报信息，在国家安全工作中依法行使侦查、拘留、预审和执行逮捕以及法律规定的其他职权。

有关军事机关在国家安全工作中依法行使相关职权。

第五十二条 国家安全机关、公安机关、有关军事机关根据职责分工，依法搜集涉及国家安全的情报信息。

国家机关各部门在履行职责过程中，对于获取的涉及国家安全的有关信息应当及时上报。

第七十七条 公民和组织应当履行下列维护国家安全的义务：

（一）遵守宪法、法律法规关于国家安全的有关规定；

（二）及时报告危害国家安全活动的线索；

（三）如实提供所知悉的涉及危害国家安全活动的证据；

（四）为国家安全工作提供便利条件或者其他协助；

（五）向国家安全机关、公安机关和有关军事机关提供必要的支持和协助；

（六）保守所知悉的国家秘密；

（七）法律、行政法规规定的其他义务。

任何个人和组织不得有危害国家安全的行为，不得向危害国家安全的个人或者组织提供任何资助或者协助。

四、全国人民代表大会常务委员会《关于维护互联网安全的决定》（节录）（2000年12月28日第九届全国人民代表大会常务委员会公布　自公布之日起施行　2009年8月27日修正）

二、为了维护国家安全和社会稳定，对有下列行为之一，构成犯罪的，依照刑法有关规定追究刑事责任：

（一）利用互联网造谣、诽谤或者发表、传播其他有害信息，煽动颠覆国家政权、推翻社会主义制度，或者煽动分裂国家、破坏国家统一；

（二）通过互联网窃取、泄露国家秘密、情报或者军事秘密；

（三）利用互联网煽动民族仇恨、民族歧视，破坏民族团结；

（四）利用互联网组织邪教组织、联络邪教组织成员，破坏国家法律、行政法规实施。

五、《中华人民共和国反间谍法》（节录）（2014年11月1日中华人民共和国主席令第16号公布　自公布之日起施行　2023年4月26日修订）

第四条　本法所称间谍行为，是指下列行为：

（一）间谍组织及其代理人实施或者指使、资助他人实施，或者境内外机构、组织、个人与其相勾结实施的危害中华人民共和国国家安全的活动；

（二）参加间谍组织或者接受间谍组织及其代理人的任务，或者投靠间谍组织及其代理人；

（三）间谍组织及其代理人以外的其他境外机构、组织、个人实施或者指使、资助他人实施，或者境内机构、组织、个人与其相勾结实施的窃取、刺探、收买、非法提供国家秘密、情报以及其他关系国家安全和利益的文件、数据、资料、物品，或者策动、引诱、胁迫、收买国家工作人员叛变的活动；

（四）间谍组织及其代理人实施或者指使、资助他人实施，或者境内外机构、组织、个人与其相勾结实施针对国家机关、涉密单位或者关键信息基础设施等的网络攻击、侵入、干扰、控制、破坏等活动；

（五）为敌人指示攻击目标；

（六）进行其他间谍活动。

间谍组织及其代理人在中华人民共和国领域内，或者利用中华人民共和国的公民、组织或者其他条件，从事针对第三国的间谍活动，危害中华人民共和国国家安全的，适用本法。

第八条　任何公民和组织都应当依法支持、协助反间谍工作，保守所知悉的国家秘密和反间谍工作秘密。

第九条　国家对支持、协助反间谍工作的个人和组织给予保护。

对举报间谍行为或者在反间谍工作中做出重大贡献的个人和组织，按照国家有关规定给予表彰和奖励。

第十条　境外机构、组织、个人实施或者指使、资助他人实施的，或者境内机构、组织、个人与境外机构、组织、个人相勾结实施的危害中华人民共和国国家安全的间谍行为，都必须受到法律追究。

第十一条　国家安全机关及其工作人员在工作中，应当严格依法办事，不得超越职权、滥用职权，不得侵犯个人和组织的合法权益。

国家安全机关及其工作人员依法履行反间谍工作职责获取的个人和组织的信息，只能用于反间谍工作。对属于国家秘密、工作秘密、商业秘密和个人隐私、个人信息的，应当保密。

第五十三条　实施间谍行为，构成犯罪的，依法追究刑事责任。

第五十四条　个人实施间谍行为，尚不构成犯罪的，由国家安全机关予以警告或者处十五日以下行政拘留，单处或者并处五万元以下罚款，违法所得在五万元以上的，单处或者并处违法所得一倍以上五倍以下罚款，并可以由有关部门依法予以处分。

明知他人实施间谍行为，为其提供信息、资金、物资、劳务、技术、场所等支持、协助，或者窝藏、包庇，尚不构成犯罪的，依照前款的规定处罚。

单位有前两款行为的，由国家安全机关予以警告，单处或者并处五十万元以下罚款，违法所得在五十万元以上的，单处或者并处违法所得一倍以上五倍以下罚款，并对直接负责的主管人员和其他直接责任人员，依照第一款的规定处罚。

国家安全机关根据相关单位、人员违法情节和后果，可以建议有关主管部门依法责令停止从事相关业务、提供相关服务或者责令停产停业、吊销有关证照、撤销登记。有关主管部门应当将作出行政处理的情况及时反馈国家安全机关。

第五十五条　实施间谍行为，有自首或者立功表现的，可以从轻、减轻或者免除处罚；有重大立功表现的，给予奖励。

在境外受胁迫或者受诱骗参加间谍组织、敌对组织，从事危害中华人民共和国国家安全的活动，及时向中华人民共和国驻外机构如实说明情况，或者入境后直接或者通过所在单位及时向国家安全机关如实说明情况，并有悔改表现的，可以不予追究。

第五十六条　国家机关、人民团体、企业事业组织和其他社会组织未按照本法规定履行反间谍安全防范义务的，国家安全机关可以责令改正；未按照要求改正的，国家安全机关可以约谈相关负责人，必要时可以将约谈情况通报该单位上级主管部门；产生危害后果或者不良影响的，国家安全机关可以予以警告、通报批评；情节严重的，对负有责任的领导人员和直接责任人员，由有关部门依法予以处分。

第五十七条　违反本法第二十一条规定新建、改建、扩建建设项目的，由国家安全机关责令改正，予以警告；拒不改正或者情节严重的，责令停止建设或者使用、暂扣或者吊销许可证件，或者建议有关主管部门依法予以处理。

第五十八条　违反本法第四十一条规定的，由国家安全机关责令改正，予以警告或者通报批评；拒不改正或者情节严重的，由有关主管部门依照相关法律法规予以处罚。

第五十九条　违反本法规定，拒不配合数据调取的，由国家安全机关依照《中华人民共和国数据安全法》的有关规定予以处罚。

第六十条　违反本法规定，有下列行为之一，构成犯罪的，依法追究刑事责任；尚不构成犯罪的，由国家安全机关予以警告或者处十日以下行政拘留，可以并处三万元以下罚款：

（一）泄露有关反间谍工作的国家秘密；

（二）明知他人有间谍犯罪行为，在国家安全机关向其调查有关情况、收集有关证据时，拒绝提供；

（三）故意阻碍国家安全机关依法执行任务；

（四）隐藏、转移、变卖、损毁国家安全机关依法查封、扣押、冻结的财物；

（五）明知是间谍行为的涉案财物而窝藏、转移、收购、代为销售或者以其他方法掩饰、隐瞒；

（六）对依法支持、协助国家安全机关工作的个人和组织进行打击报复。

第六十一条　非法获取、持有属于国家秘密的文件、数据、资料、物品，以及非法生产、销售、持有、使用专用间谍器材，尚不构成犯罪的，由国家安全机关予以警告或者处十日以下行政拘留。

六、《中华人民共和国保守国家秘密法实施条例》（节录）（2014 年 1 月 17 日中华人民共和国国务院令第 646 号公布　自 2014 年 3 月 1 日起施行　2024 年 7 月 10 日修订）

第十二条　国家秘密及其密级的具体范围（以下称保密事项范围）应当明确规定国家秘密具体事项的名称、密级、保密期限、知悉范围和产生层级。

保密事项范围应当根据情况变化及时调整。制定、修订保密事项范围应当充分论证，听取有关机关、单位和相关行业、领域专家的意见。

第十三条　有定密权限的机关、单位应当依据本行业、本领域以及相关行业、领域保密事项范围，制定国家秘密事项一览表，并报同级保密行政管理部门备案。国家秘密事项一览表应当根据保密事项范围及时修订。

第十四条　机关、单位主要负责人为本机关、本单位法定定密责任人，根据工作需要，可以明确本机关、本单位其他负责人、内设机构负责人或者其他人员为指定定密责任人。

定密责任人、承办人应当接受定密培训，熟悉定密职责和保密事项范围，掌握定密程序和方法。

第十五条　定密责任人在职责范围内承担国家秘密确定、变更和解除工作，指导、监督职责范围内的定密工作。具体职责是：

（一）审核批准承办人拟定的国家秘密的密级、保密期限和知悉范围；

（二）对本机关、本单位确定的尚在保密期限内的国家秘密进行审核，作出是否变更或者解除的决定；

（三）参与制定修订本机关、本单位国家秘密事项一览表；

（四）对是否属于国家秘密和属于何种密级不明确的事项先行拟定密级、保密期限和知悉范围，并按照规定的程序报保密行政管理部门确定。

第十六条　中央国家机关、省级机关以及设区的市级机关可以根据保密工作需要或者有关机关、单位申请，在国家保密行政管理部门规定的定密权限、授权范围内作出定密授权。

无法按照前款规定授权的，省级以上保密行政管理部门可以根据保密工作需要或者有关机关、单位申请，作出定密授权。

定密授权应当以书面形式作出。授权机关应当对被授权机关、单位履行定密授权的情况进行监督。被授权机关、单位不得再授权。

中央国家机关、省级机关和省、自治区、直辖市保密行政管理部门作出的定密授权，报国家保密行政管理部门备案；设区的市级机关作出的定密授权，报省、自治区、直辖市保密行政管理部门备案。

第十七条　机关、单位应当在国家秘密产生的同时，由承办人依据有关保密事项范围拟定密级、保密期限和知悉范围，报定密责任人审核批准，并采取相应保密措施。

机关、单位对应当定密但本机关、本单位没有定密权限的事项，先行采取保密措施，并依照法定程序，报上级机关、单位确定；没有上级机关、单位的，报有定密权限的业务主管部门或者保密行政管理部门确定。

机关、单位确定国家秘密，能够明确密点的，按照国家保密规定确定并标注。

第十八条　机关、单位执行上级确定的国家秘密事项或者办理其他机关、单位确定的国家秘密事项，有下列情形之一的，应当根据所执行、办理的国家秘密事项的密级、保密期限和知悉范围派生定密：

（一）与已确定的国家秘密事项完全一致的；

（二）涉及已确定的国家秘密事项密点的；

（三）对已确定的国家秘密事项进行概括总结、编辑整合、具体细化的；

（四）原定密机关、单位对使用已确定的国家秘密事项有明确定密要求的。

第十九条　机关、单位对所产生的国家秘密，应当按照保密事项范围的规定确定具体的保密期限或者解密时间；不能确定的，应当确定解密条件。

国家秘密的保密期限，自标明的制发日起计算；不能标明制发日的，确定该国家秘密的机关、单位应当书面通知知悉范围内的机关、单位和人员，保密期限自通知之日起计算。

第二十条　机关、单位应当依法限定国家秘密的知悉范围，对知悉机密级以上国家秘密的人员，应当作出记录。

第二十一条　国家秘密载体以及属于国家秘密的设备、产品（以下简称密品）的明显部位应当作出国家秘密标志。国家秘密标志应当标注密级、保密期限。国家秘密的密级或者保密期限发生变更的，应当及时对原国家秘密标志作出变更。

无法作出国家秘密标志的，确定该国家秘密的机关、单位应当书面通知知悉范围内的机关、单位和人员。

第二十二条　机关、单位对所确定的国家秘密，认为符合保密法有关解除或者变更规定的，应当及时解除或者变更。

机关、单位对不属于本机关、本单位确定的国家秘密，认为符合保密法有关解除或者变更规定的，可以向原定密机关、单位或者其上级机关、单位提出建议。

已经依法移交各级国家档案馆的属于国家秘密的档案，由原定密机关、单位按照国家有关规定进行解密审核。

第二十三条　机关、单位被撤销或者合并、分立的，该机关、单位所确定国家秘密的变更和解除，由承担其职能的机关、单位负责；没有相应机关、单位的，由其上级机关、单位或者同级保密行政管理部门指定的机关、单位负责。

第二十四条　机关、单位发现本机关、本单位国家秘密的确定、变更和解除不当的，应当及时纠正；上级机关、单位发现下级机关、单位国家秘密的确定、变更和解除不当的，应当及时通知其纠正，也可以直接纠正。

第二十五条　机关、单位对符合保密法的规定，但保密事项范围没有规定的不明确事项，应当先行拟定密级、保密期限和知悉范围，采取相应的保密措施，并自拟定之日起10个工作日内报有关部门确定。拟定为绝密级的事项和中央国家机关拟定的机密级、秘密级的事项，报国家保密行政管理部门确定；其他机关、单位拟定的机密级、秘密级的事项，报省、自治区、直辖市保密行政管理部门确定。

保密行政管理部门接到报告后，应当在10个工作日内作出决定。省、自治区、直辖市保密行政管理部门还应当将所作决定及时报国家保密行政管理部门备案。

第二十六条　机关、单位对已确定的国家秘密事项是否属于国家秘密或者属于何种密级有不同意见的，可以向原定密机关、单位提出异议，由原定密机关、单位作出决定。

机关、单位对原定密机关、单位未予处理或者对作出的决定仍有异议的，按照下列规定办理：

（一）确定为绝密级的事项和中央国家机关确定的机密级、秘密级的事项，报国家保密行政管理部门确定；

（二）其他机关、单位确定的机密级、秘密级的事项，报省、自治区、直辖市保密行政管理部门确定；对省、自治区、直辖市保密行政管理部门作出的决定有异议的，可以报国家保密行政管理部门确定。

在原定密机关、单位或者保密行政管理部门作出决定前，对有关事项应当按照主张密级中的最高密级采取相应的保密措施。

12 资敌案

概念 | 本罪是指战时供给敌人武器装备、军用物资资敌的行为。

立案标准

根据《刑法》第112条的规定，战时供给敌人武器装备、军用物资资敌的，应当立案追究。

本罪是行为犯，《刑法》对本罪未规定"情节"方面的要求，只要行为人在战时实施了供给敌人武器装备、军用物资资敌的行为，无论是否造成危害后果，都应当立案追究。本罪是特定时间的犯罪，即"战时"。战时，是指全国或者局部地区发生战争的时期，只要宣布该地区进入战争状态，不论是否正式开战，均应视为战争时期。所谓资敌，是指为敌人提供武器装备、军用物资的行为，这里的军用物资是指军用被服、军用粮食、用于军事用途的车辆、各种器材及军需经费等。如果提供的不是武器装备和军用物资，而是其他非军用物资，则不构成本罪。这里的"敌人"，是指与我方交战的带有军事性质的武装力量。为敌人提供武器装备和军用物资的方式是多种多样的，可以是有偿的，也可以是无偿的，可以是直接提供，也可以通过第三者间接提供。

定罪标准	**犯罪客体**	本罪侵犯的客体是中华人民共和国的国家主权和安全。
	犯罪客观方面	本罪客观方面表现为战时供给敌人武器装备、军用物资资敌的行为。所谓战时，是指国家宣布进入战争状态、部队受领作战任务或者遭敌突然袭击时。部队执行戒严任务或者处置突发性暴力事件时，以战时论。根据我国《宪法》第62条规定，决定战争与和平问题，宣布国家进入战争状态，是全国人民代表大会的职权之一，在全国人民代表大会闭会期间，遇有国家遭受武装侵犯或必须履行国际间共同防止侵略的条约的情况，则由全国人大常委会决定战争状态的宣布。如果国家在非战争状态下，与邻国发生局部边界冲突时，该地区的部队受领作战任务的，该地区也应属于处在"战时"。 这里所说的敌人，是指国内外带有军事性质的危害国家安全的武装力量。敌人包括国内敌人和国外敌人。武器装备，是指直接用于实施和保障作战行动的武器、武器系统和军事技术器材。武器是直接用于杀伤敌人有生力量和破坏敌人作战设施的器械，包括兵器、枪械、火炮、火箭、导弹、弹药、爆破器材、坦克和其他装甲战斗车辆、作战飞机、战斗舰艇、鱼雷、水雷、核武器等。武器系统包括：杀伤手段、投掷或运载工具、指挥器材等。军事技术器材通常包括：通信指挥器材、侦察探测器材、雷达、电子对抗装备、情报处理设备、军用电子计算机、野战工程机械、渡河器材、气象保障器材、军用车辆、伪装器材等。军用物资指除武器装备外供军队作战训练、施工科研、后勤保障等方面所使用的物资，如油料、药品、建材、器材、被装、车辆等。

定罪标准	犯罪客观方面	提供非用于军事的物资，不构成本罪。为敌人提供上述军用物资的方式是多种多样的，无论是有偿的或是无偿的，或者为向敌人提供而购买、携带、运输，均可构成本罪。
	犯罪主体	本罪主体为一般主体。外国人、无国籍人不能成为本罪主体，但可以成为本罪的共犯。
	犯罪主观方面	本罪主观方面表现为直接故意，且以推翻国家主权为目的。即行为人明知其行为会对国家安全造成危害，明知是武器装备和军用物资而向敌人提供。
	罪与非罪	区分罪与非罪的关键是看是否在战时实施供给敌人武器装备、军用物资资敌的行为。
	此罪与彼罪	本罪与资助危害国家安全犯罪活动罪的界限。这两种犯罪都有资助行为，其区别在于：(1) 资助时间不同。本罪的资助时间是特定的，必须是在"战时"，如果是在平时资敌，则不构成本罪。后者则没有时间上的限制。(2) 资助对象不同。本罪所资助的对象是敌人，即敌对国家或者敌对阵营。后者资助的对象是刑法规定的背叛国家罪、分裂国家罪等六种犯罪活动。(3) 资助物品不同。本罪资助的物品是武器装备、军用物资。后者资助的主要是金钱和普通物品等。
证据参考标准	主体方面的证据	**一、证明行为人刑事责任年龄、中国公民身份等自然情况的证据** 包括身份证明、户籍证明、任职证明、工作经历证明、特定职责证明等，主要是证明行为人的姓名（曾用名）、性别、出生年月日、民族、籍贯、出生地、职业（或职务）、住所地（或居所地）等证据材料，如户口簿、居民身份证、工作证、出生证、专业或技术等级证、干部履历表、职工登记表、护照等。 对于户籍、出生证等材料内容不实的，应提供其他证据材料。人大代表、政协委员犯罪的案件，应注明身份，并附身份证明材料。 **二、证明行为人刑事责任能力的证据** 证明行为人对自己的行为是否具有辨认能力与控制能力，如是否属于间歇性精神病人、尚未完全丧失辨认或者控制自己行为能力的精神病人的证明材料。
	主观方面的证据	**证明行为人故意的证据** 1. 证明行为人明知的证据：明知自己的行为会发生危害社会的结果；2. 证明直接故意的证据：证明行为人希望危害结果发生；3. 目的：推翻国家主权。
	客观方面的证据	**证明行为人资敌犯罪行为的证据** 具体证据包括：1. 证明行为人战时供给敌人武器装备行为的证据：(1) 证明行为人战时供给敌人枪、炮、弹药行为的证据；(2) 证明行为人战时供给敌人军车、飞机、舰艇、坦克装甲车行为的证据；(3) 证明行为人战时供给敌人化学武器、核武器

证据参考标准	客观方面的证据	行为的证据。2.证明行为人战时供给敌人军事技术装备行为的证据：(1)证明行为人战时供给敌人通信、侦察技术装备行为的证据；(2)证明行为人战时供给敌人工程、防化技术装备行为的证据。3.证明行为人战时供给敌人军用物资行为的证据：(1)证明行为人战时供给敌人被装、粮秣行为的证据；(2)证明行为人战时供给敌人车船、油料行为的证据；(3)证明行为人战时供给敌人药品、器材行为的证据。4.证明行为人政治地位的证据。5.证明行为人犯罪对国家和人民危害特别严重、情节特别恶劣行为的证据。6.证明行为人犯罪情节较轻行为的证据。
	量刑方面的证据	**一、法定量刑情节证据** 1.事实情节：(1)情节较轻；(2)危害特别严重；(3)情节特别恶劣。2.法定从重情节。3.法定从轻减轻情节：(1)可以从轻；(2)可以从轻或减轻；(3)应当从轻或者减轻。4.法定从轻减轻免除情节：(1)可以从轻、减轻或者免除处罚；(2)应当从轻、减轻或者免除处罚。5.法定减轻免除情节：(1)可以减轻或者免除处罚；(2)应当减轻或者免除处罚；(3)可以免除处罚。 **二、酌定量刑情节证据** 1.犯罪手段：(1)资助；(2)其他。2.犯罪对象。3.危害结果。4.动机。5.平时表现。6.认罪态度。7.是否有前科。8.其他证据。

量刑标准	犯本罪的	处十年以上有期徒刑或者无期徒刑，可以并处没收财产，应当附加剥夺政治权利
	情节较轻的	处三年以上十年以下有期徒刑，可以并处没收财产，应当附加剥夺政治权利
	对国家和人民危害特别严重、情节特别恶劣的	可以判处死刑，可以并处没收财产，应当附加剥夺政治权利终身

法律适用	刑法条文	**第一百一十二条** 战时供给敌人武器装备、军用物资资敌的，处十年以上有期徒刑或者无期徒刑；情节较轻的，处三年以上十年以下有期徒刑。 **第一百一十三条** 本章上述危害国家安全罪行中，除第一百零三条第二款、第一百零五条、第一百零七条、第一百零九条外，对国家和人民危害特别严重、情节特别恶劣的，可以判处死刑。 犯本章之罪的，可以并处没收财产。 **第五十六条** 对于危害国家安全的犯罪分子应当附加剥夺政治权利；对于故意杀人、强奸、放火、爆炸、投毒、抢劫等严重破坏社会秩序的犯罪分子，可以附加剥夺政治权利。 独立适用剥夺政治权利的，依照本法分则的规定。
	相关法律法规	**《中华人民共和国国家安全法》（节录）**(2015 年 7 月 1 日中华人民共和国主席令第 29 号公布　自公布之日起施行) **第七十七条第二款** 任何个人和组织不得有危害国家安全的行为，不得向危害国家安全的个人或者组织提供任何资助或者协助。

13 放火案

概念 | 本罪是指故意放火焚烧公私财物，危害公共安全的行为。

立案标准

根据《刑法》第 114 条、第 115 条第 1 款的规定，故意放火，足以危害公共安全的，应当立案。原国家林业局、公安部于 2001 年 5 月 9 日发布实施的《关于森林和陆生野生动物刑事案件管辖及立案标准》规定，凡故意放火造成森林或者其他林木火灾的都应当立案；过火有林地面积 2 公顷以上为重大案件；过火有林地面积 10 公顷以上，或者致人重伤、死亡的，为特别重大案件。

定罪标准

犯罪客体

本罪侵犯的客体是公共安全，即不特定多数人的生命、健康或重大公私财产的安全。放火行为一经实施，就可能造成不特定多数人的伤亡或者使不特定的公私财产遭受难以预料的重大损失。这种犯罪后果的严重性和广泛性往往是难以预料的，甚至行为人自己也难以控制。这是放火罪同以放火方法实施的故意杀人罪、故意毁坏财物罪的本质区别。因此可以说，并非所有的用放火方法实施的犯罪行为都构成放火罪，关键是要看放火行为是否足以危害公共安全。如果行为人实施放火行为，而将火势有效地控制在较小的范围内，没有危害或者不足以危害不特定多数人的生命、健康和重大公私财产的安全，就不构成放火罪，而应根据案件具体情节，定故意毁坏财物罪或故意杀人罪、故意伤害罪等。

本罪侵犯的对象，主要是公私建筑物或者是其他公私财物。实施的对象包括工厂、矿山、油田、港口、仓库、住宅、森林、农场、牧场、重要管道、公共建筑物或者其他公私财物。这里所说的其他公私财物是指上述公私财物以外的，但性质与其相似的，比较重大的公私财物，而不是指上述公私财物以外的一切公私财物。因为只有燃烧这些公私财物，方可能危及公共安全。如果放火行为侵害的只是某一较小的财物，如烧几件衣物、一件小家具、小农具等价值不大的公私财物，不构成放火罪。如果行为人放火烧毁自己或家庭所有的房屋或其他财物，足以引起火灾，危害公共安全的，也应以放火罪论处。但是，如果行为人放火焚毁自己的房屋或其他财物，确实不足以危害公共安全的，则不构成放火罪。

犯罪客观方面

本罪在客观方面表现为实施放火焚烧公私财物，危害公共安全的行为。所谓放火，就是故意引起公私财物燃烧的行为。放火的行为方式，可以是作为，即用各种引火物，直接把公私财物点燃；也可以是不作为，即故意不履行自己防止火灾发生的义务，放任火灾的发生。例如，某电气维修工人，发现其负责维护的电气设备已经损坏，可能引起火灾，而他不加维修，放任火灾的发生。这就是以不作为的方式实施的放火行为。

以作为方式实施的放火行为，必须具备三个条件：一是要有火种；二是要有目的物，即要烧毁的财物；三是要让火种与目的物接触。在这三个条件已经具备的情况下，行为人使火种开始起火，就是放火行为的实行；目的物一旦着火，即使将火种撤

定罪标准	**犯罪客观方面**	离或者扑灭，目的物仍可独立继续燃烧，放火行为就被视为实行终了。 　　以不作为的方式实施的放火罪，行为人必须负有防止火灾发生的特定义务，而且能够履行这种特定义务而不履行，以致发生火灾。其特点：一是行为人必须是负有特定作为义务的人；二是根据主客观条件，行为人有能力履行这种特定的作为义务；三是行为人客观上必须有不履行这种特定作为义务的事实。 　　从义务的来源看，一是法律所规定的义务；二是职务或业务上所要求的义务，如油区防火员就负有消除火灾隐患，防止火灾发生的义务；三是行为人的先前行为所引起的义务，如行为人随手把烟头丢在窗帘上，引起窗帘着火，行为人就负有扑灭窗帘着火燃烧的义务。从司法实践来看，行为人的特定义务，主要是后两种情况。 　　有些放火案件，从表面上看是燃烧衣物、家具、农具等价值较小的财物，实际上是以衣服、家具、农具等作为引火物，意图通过燃烧衣物、家具、农具等引起重大公私财物的燃烧。这种情况应以放火罪论处。因此，在认定放火罪时，要注意发火物、引火物和目的物即放火行为的侵害对象的区分。 　　放火行为必须足以危害公共安全。虽然实施了放火行为，但从放火焚烧的对象、时间、地点、环境等方面考察，确实不足以危害公共安全、不存在危害公共安全的危险性，不构成放火罪。如果情节严重，需要刑罚处罚的，构成什么罪就定什么罪。
	犯罪主体	本罪的主体为一般主体。由于放火罪社会危害性很大，《刑法》第17条第2款规定，已满14周岁不满16周岁的人犯放火罪的，应当负刑事责任。
	犯罪主观方面	本罪在主观方面表现为故意，即明知自己的放火行为会引起火灾，危害公共安全，并且希望或者放任这种结果发生的心理态度。如果不是出于故意，不构成放火罪。放火的动机是多种多样的，如因个人的某种利益得不到满足而放火，因对批评、处分不满而放火，因泄愤报复而放火，为湮灭罪证、嫁祸于人而放火，因恋爱关系破裂而放火，因家庭矛盾激化而放火等。不论出于何种动机，都不影响放火罪的成立。但是，查明放火的动机，对于正确判断行为人的主观心理态度，是定罪量刑的关键。
	罪与非罪	区分罪与非罪的界限，要注意以下几点： 　　一、本罪与一般放火行为的界限。一般放火行为，是指情节显著轻微危害不大、不危害公共安全的放火行为。放火罪与一般放火行为，在客观上都可能造成轻微的危害结果。因此，它们的根本区别，不在于是否造成轻微的危害结果，而在于前者危害公共安全，后者不危害公共安全。理论上，界限不难区分，但司法实践中，在处理具体放火案件时，对于某种放火行为是一般放火行为，还是构成放火罪，容易发生意见分歧，应当认真分析认定。 　　二、本罪的既遂与未遂的界限。放火犯通常以烧毁目的物为犯罪目的。但是，判断放火罪的既遂与未遂，不应以犯罪目的是否达到为标准，而应以行为是否符合刑法规定的放火罪的全部构成要件为标准。《刑法》对于放火罪的规定有两个条文，即第114条和第115条。两条的关系是，第114条是规定放火罪的构成要件的基本条款，第115条是与本条相联系的结果加重条款。根据刑法理论，结果加重的条款是不发生犯罪未遂问题的，只有该条文规定的严重结果发生了，才能适用该条文。所以，认定放火罪的既遂和未遂，应以第114条规定的放火罪的构成要件为标准。

根据《刑法》第114条规定，只要实施了放火行为，点着了目的物，引起目的物燃烧，使目的物有被焚毁的危险，即使由于意志以外的原因，目的物被焚毁，没有造成严重后果，也构成放火罪的既遂。例如，某人刚点着引火物，就被大雨浇灭，应被认为是放火罪的既遂。

三、本罪与意外火灾的界限。意外火灾，是指由于不能预见或者不能抗拒的原因引起火灾、危害公共安全的情况，如雷电、地震以及其他不能预见和抗拒的原因引起的火灾。这种火灾的发生，虽然在客观上造成了损害结果，危害了公共安全，有的还与行为人的行为有关，但行为人主观上既无故意，又无过失，因此，不构成犯罪。在处理这类案件时，由于有时只看到火灾的发生与行为人的行为有关，而忽视了对行为人主观心理态度的考察、分析，因而在罪与非罪问题上发生分歧。

四、本罪与放火烧自己财物而又不危害公共安全行为的界限。从法律上讲，任何人对属于自己的财产都有处分权，包括将其毁坏，使其失去使用价值或者价值。但是，这种权利的性质是以不损害国家、集体和他人的利益为前提的。只要不损害国家、集体和他人的利益，放火烧自己的财物，就属于处分个人所有财产的范畴，不构成放火罪。反之，构成放火罪。

五、区别一罪和数罪。行为人在实施杀人、强奸等犯罪后用放火的方法焚毁罪迹的，应区分不同情况处理。如果行为人消灭罪迹的放火行为不足以危及公共安全的，按所犯的罪从重处罚，不另以放火罪实行数罪并罚；如果行为人消灭罪迹的放火行为足以危及公共安全，则应另以放火罪与前行为构成的犯罪，实行数罪并罚。

一、本罪与故意杀人罪、故意伤害罪的界限。如果行为人以放火为手段杀害或伤害特定的人，不足以危害公共安全的，只能构成故意杀人罪或故意伤害罪；如果行为人虽以放火为手段杀伤特定的人，但同时可能造成火灾危害公共安全的，应以放火罪论处。

二、本罪与破坏交通工具等罪的界限。如果行为人以放火为手段，破坏交通工具、交通设施、电力设备、煤气设备、易燃易爆设备和广播电视设施、公用电信设施，虽然具有《刑法》第114条规定的以危险方法危害公共安全的特征，但因法律对这几种罪已作了专门规定。因此，应分别适用《刑法》第116条、第117条、第118条和第124条，以破坏交通工具罪、破坏交通设施罪、破坏电力设备罪、破坏易燃易爆设备罪和破坏广播电视设施、公用电信设施罪论处。

三、本罪与故意毁坏财物罪的界限。如果行为人以放火为手段毁损公私财物，没有造成重大损失，也不可能危及公共安全的，应以故意毁坏财物罪论处；如果行为人放火烧毁公私财物，造成重大损失或者危害公共安全的，应以放火罪论处。

一、证明行为人刑事责任年龄、身份等自然情况的证据

包括身份证明、户籍证明、任职证明、工作经历证明、特定职责证明等，主要是证明行为人的姓名（曾用名）、性别、出生年月日、民族、籍贯、出生地、职业（或职务）、住所地（或居所地）等证据材料，如户口簿、居民身份证、工作证、出生证、专业或技术等级证、干部履历表、职工登记表、护照等。

对于户籍、出生证等材料内容不实的，应提供其他证据材料。外国人犯罪的案件，应有护照等身份证明材料。人大代表、政协委员犯罪的案件，应注明身份，并附身份证明材料。

罪与非罪

此罪与彼罪

定罪标准

证据参考标准

主体方面的证据

证据参考标准	主体方面的证据	**二、证明行为人刑事责任能力的证据** 　　证明行为人对自己的行为是否具有辨认能力与控制能力，如是否属于间歇性精神病人、尚未完全丧失辨认或者控制自己行为能力的精神病人的证明材料。
	主观方面的证据	**证明行为人故意的证据** 　　1.证明行为人明知的证据：明知自己的行为会发生危害社会的结果；2.证明直接故意的证据：证明行为人希望危害结果发生；3.证明间接故意的证据：证明行为人放任危害结果发生。
	客观方面的证据	**证明行为人放火犯罪行为的证据** 　　具体证据包括：1.证明行为人购置可燃物行为的证据；2.证明行为人准备、购置点火物行为的证据；3.证明行为人为报复而放火行为的证据；4.证明行为人为发泄不满而放火行为的证据；5.证明行为人为陷害他人而放火行为的证据；6.证明行为人为毁灭罪证而放火行为的证据；7.证明行为人放火行为足以危害公共安全行为的证据；8.证明行为人放火造成重伤、死亡后果的证据；9.证明行为人放火造成公私财产遭受重大损失的证据；10.证明行为人放火尚未造成严重后果的证据。
	量刑方面的证据	**一、法定量刑情节证据** 　　1.事实情节：（1）公私财产遭受重大损失的；（2）尚未造成严重后果的；（3）其他。2.法定从重情节。3.法定从轻减轻情节：（1）可以从轻；（2）可以从轻或减轻；（3）应当从轻或者减轻。4.法定从轻减轻免除情节：（1）可以从轻、减轻或者免除处罚；（2）应当从轻、减轻或者免除处罚。5.法定减轻免除情节：（1）可以减轻或者免除处罚；（2）应当减轻或者免除处罚；（3）可以免除处罚。 **二、酌定量刑情节证据** 　　1.犯罪手段：（1）故意放火；（2）不作为故意放火；（3）间接故意放火；（4）其他。2.犯罪对象。3.危害结果。4.犯罪动机。5.平时表现。6.认罪态度。7.是否有前科。8.其他证据。
量刑标准	犯本罪，尚未造成严重后果的	处三年以上十年以下有期徒刑
	致人重伤、死亡或者使公私财产遭受重大损失的	处十年以上有期徒刑、无期徒刑或者死刑
法律适用	刑法条文	**第一百一十四条**　放火、决水、爆炸以及投放毒害性、放射性、传染病病原体等物质或者以其他危险方法危害公共安全，尚未造成严重后果的，处三年以上十年以下有期徒刑。 **第一百一十五条第一款**　放火、决水、爆炸以及投放毒害性、放射性、传染病病原体等物质或者以其他危险方法致人重伤、死亡或者使公私财产遭受重大损失的，处十年以上有期徒刑、无期徒刑或者死刑。

司法解释

最高人民法院、最高人民检察院《关于办理组织、利用邪教组织破坏法律实施等刑事案件适用法律若干问题的解释》（节录）（2017年1月25日最高人民法院、最高人民检察院公布 自2017年2月1日起施行 法释〔2017〕3号）

第十二条 邪教组织人员以自焚、自爆或者其他危险方法危害公共安全的，依照刑法第一百一十四条、第一百一十五条的规定，以放火罪、爆炸罪、以危险方法危害公共安全罪等定罪处罚。

法律适用

规章及规范性文件

一、国家林业局（已撤销）、公安部《关于森林和陆生野生动物刑事案件管辖及立案标准》（节录）（2001年5月9日公安部、国家林业局（已撤销）公布 自公布之日起施行）

二、森林和陆生野生动物刑事案件的立案标准

（六）放火案

凡故意放火造成森林或者其他林木火灾的都应当立案；过火有林地面积2公顷以上为重大案件；过火有林地面积10公顷以上，或者致人重伤、死亡的，为特别重大案件。

二、公安部《火灾事故调查规定》（节录）（2012年7月17日公安部令第121号发布 自2012年11月1日起施行）

第十条 具有下列情形之一的，公安机关消防机构应当立即报告主管公安机关通知具有管辖权的公安机关刑侦部门，公安机关刑侦部门接到通知后应当立即派员赶赴现场参加调查；涉嫌放火罪的，公安机关刑侦部门应当依法立案侦查，公安机关消防机构予以协助：

（一）有人员死亡的火灾；

（二）国家机关、广播电台、电视台、学校、医院、养老院、托儿所、幼儿园、文物保护单位、邮政和通信、交通枢纽等部门和单位发生的社会影响大的火灾；

（三）具有放火嫌疑的火灾。

14 决水案

概念

本罪是指故意决水，制造水患，危害公共安全的行为。这是一种使用危险方法危害公共安全的犯罪。

立案标准

根据《刑法》第 114 条、第 115 条第 1 款的规定，故意决水，足以危害公共安全的，应当立案。本罪是危险犯，只要行为人实施了故意决水行为，并且足以威胁不特定的多数人的人身和财产安全，不要求造成严重后果，就构成犯罪，应当立案追究。

定罪标准		
	犯罪客体	本罪侵犯的客体是公共安全，即不特定多数人的生命、健康或重大公私财产的安全。决水是一种危险性很大的犯罪方法。俗话说："水火无情。"水利设施一旦遭受破坏，水势失控，顷刻就可能使无数良田被淹，大量财物付诸东流，甚至使不特定多数人溺死。因此决水罪历来是严厉打击的重点犯罪之一。
	犯罪客观方面	本罪在客观方面表现为实施危害公共安全的决水行为。这是决水罪区别于放火、爆炸、投放危险物质等犯罪的主要标志。 所谓决水是指足以使水流横溢、泛滥成灾的行为。决水行为既可以表现为积极的作为，如炸毁堤坝、堵塞水道、破坏水闸、破坏防水设备等；也可以表现为消极的不作为，如洪水来临时，水库管理人员不及时开放泄洪闸，或者不关闭防水堤的闸门。以不作为方式构成决水犯罪的，行为人必须负有特定的作为义务，并且有能力履行这种特定的作为义务而不履行。行为人实施的决水行为只要足以危害公共安全，就应以决水罪论处；如果仅是为个人利益或局部利益，擅自开闸放水、挖渠引水，尚不足以危害公共安全的，不应以决水罪论处。 决水的手段多种多样，如使用各种工具或机械挖掘，用爆破的方法破坏等。无论采用何种手段都不影响本罪的成立。实践中发生的炸毁堤坝决水的案件，实质上是利用水的作用，而不是直接靠爆破的力量使不特定多数人的生命、健康或重大公私财产遭受损害，因而仍属决水罪，而不宜定爆炸罪。 决水行为必须危害公共安全，才构成决水罪。如果决水行为不足以危害不特定多数人的生命、健康或重大公私财产的安全，如农民之间为争水浇地，擅自扒开水渠放水，致渠水漫溢，危害不大的，不宜定决水罪。鉴于决水罪具有严重的危害性，因此刑法规定，实施决水行为只要足以危害公共安全，即使尚未造成致人重伤、死亡或者使公私财产遭受重大损失的严重后果，也构成决水罪。 值得注意的是，本罪的"决水行为"应当理解为"即时发生"的。对于不是以决堤为目的长期取土、挖沙、采石等损害堤防水坝，导致在灾害天气溃坝发生的，不能以本罪论处。
	犯罪主体	本罪的主体为一般主体，即凡年满 16 周岁且具有刑事责任能力的自然人均可构成本罪主体。

定罪标准	**犯罪主观方面**	本罪在主观方面表现为故意，包括直接故意和间接故意，即行为人明知其决水行为会危害公共安全，并且希望或者放任危害公共安全的结果发生。实施决水罪的动机可能有多种，如泄愤报复、嫁祸于人等。
	罪与非罪	一、区分罪与非罪的界限，要注意的是：在日常生活中，特别是在农村，常常会发生一些村组的村民之间，在生产大忙季节或干旱的情况下，或者因水利纠纷，为争水灌溉，互不相让而发生水源纠纷，有的甚至为报复对方而擅自扒开水渠放水，致使水流漫溢，冲坏集体或者个人作物，造成一定损失。对此，不能一概都认定为犯罪。区分这种行为是否构成决水罪的关键是要看行为人的行为是否危及公共安全，即是否造成或可能造成不特定多数人的伤亡或重大公私财产的毁损，如果没有造成也不可能造成不特定多数人的伤亡或重大公私财产的毁损，即不危及公共安全，则行为人的行为不构成决水罪，不能以犯罪论处。对于一般的决水行为，主要是依靠民事的或行政的方法加以解决。 二、本罪未遂与既遂的界限。划分犯罪既遂和未遂应以是否符合法定构成要件为标准。《刑法》第114条对决水罪的规定并未将发生危害公共安全的严重结果作为法定构成要件，行为人只需实施决水行为并足以危害公共安全，即危及多数人的生命、健康或者有使公私财产遭受重大损失的现实危险，就视为决水罪构成要件齐备，即构成犯罪既遂。至于认定足以危害公共安全，一般应以决水后水流开始冲溢为标准。因为水流具有巨大的冲刷力，水势一旦失控，往往借助于冲刷力愈冲愈烈，从而构成对不特定多数人的生命、健康或重大公私财产安全的严重威胁。如果行为人刚着手破坏水利设施，或者在破坏过程中，由于犯罪分子意志以外的原因，未致使所决之水流开始冲溢，即为决水罪未遂。
	此罪与彼罪	本罪与破坏生产经营罪的界限。破坏生产经营罪，是指故意毁坏机器设备、残害耕畜或者以其他方法破坏生产经营的行为。在现实中，决水行为既能影响农田灌溉，也能使工农业生产因缺水而停产，从而构成破坏生产经营罪。但二者有明显区别：(1) 侵犯的客体不同。决水罪侵犯的客体是公共安全；破坏生产经营罪侵犯的客体是公私财产所有权和生产经营秩序。破坏生产经营罪虽然使生产经营秩序受到破坏，造成犯罪对象即与生产经营密切相关的物品、工具的毁坏，但尚不属于危害重大公私财产的安全，而决水罪则危害重大公私财产的安全。(2) 犯罪客观方面不同。决水罪的决水属于危险方法，既可以使大范围的工农业等生产经营活动受到影响，更重要的是使不特定多数人的生命、健康安全受到危害，使大片农田被淹，重大公私财物受损害；而破坏生产经营罪所决的水，不属危险方法，只能使大量的水流失，或使小范围的农田被淹，或使工农业等生产经营活动受到破坏，其在损害的严重程度上不及决水罪。而且，从水量上看，决水罪所决的水一般要大于破坏生产经营罪所决的水。(3) 犯罪主观故意的内容不同。决水罪的行为人明知其行为会危害公共安全，而希望或放任这种结果发生；破坏生产经营罪的行为人明知其行为会破坏生产经营秩序和侵犯公私财产所有权，而希望或放任这种结果发生。由此可见，基于破坏生产经营故意而决水，因而危害公共安全的，又构成决水罪，属于想象竞合犯，应按从一重罪的原则处断即按决水罪处断。

证据参考标准	**主体方面的证据**	**一、证明行为人刑事责任年龄、身份等自然情况的证据** 包括身份证明、户籍证明、任职证明、工作经历证明、特定职责证明等，主要是证明行为人的姓名（曾用名）、性别、出生年月日、民族、籍贯、出生地、职业（或职务）、住所地（或居所地）等证据材料，如户口簿、居民身份证、工作证、出生证、专业或技术等级证、干部履历表、职工登记表、护照等。 对于户籍、出生证等材料内容不实的，应提供其他证据材料。外国人犯罪的案件，应有护照等身份证明材料。人大代表、政协委员犯罪的案件，应注明身份，并附身份证明材料。 **二、证明行为人刑事责任能力的证据** 证明行为人对自己的行为是否具有辨认能力与控制能力，如是否属于间歇性精神病人、尚未完全丧失辨认或者控制自己行为能力的精神病人的证明材料。
	主观方面的证据	**证明行为人故意的证据** 1. 证明行为人明知的证据：证明行为人明知自己的行为会发生危害社会的结果。2. 证明直接故意的证据：证明行为人希望危害结果发生。3. 证明间接故意的证据：证明行为人放任危害结果发生。4. 目的：（1）破坏；（2）泄愤。
	客观方面的证据	**证明行为人决水犯罪行为的证据** 具体证据包括：1. 证明行为人决堤溃坝行为的证据；2. 证明行为人堵塞水道行为的证据；3. 证明行为人破坏水闸行为的证据；4. 证明行为人破坏防水设备行为的证据；5. 证明行为人消极地见堤坝溃决而放任不管行为的证据；6. 证明行为人消极地见渠道阻塞而放任不管行为的证据；7. 证明决水行为对多数人的生命健康造成严重损害行为的证据；8. 证明决水行为对公私财产造成严重损害行为的证据；9. 证明决水行为致人重伤、死亡行为的证据；10. 证明决水行为使公私财产遭受重大损失行为的证据；11. 证明决水行为危害公共安全、尚未造成严重后果行为的证据。
	量刑方面的证据	**一、法定量刑情节证据** 1. 事实情节：（1）遭受重大损失；（2）尚未造成严重后果。2. 法定从重情节。3. 法定从轻减轻情节：（1）可以从轻；（2）可以从轻或减轻；（3）应当从轻或者减轻。4. 法定从轻减轻免除情节：（1）可以从轻、减轻或者免除处罚；（2）应当从轻、减轻或者免除处罚。5. 法定减轻免除情节：（1）可以减轻或者免除处罚；（2）应当减轻或者免除处罚；（3）可以免除处罚。 **二、酌定量刑情节证据** 1. 犯罪手段：（1）挖；（2）刨；（3）爆炸；（4）拆卸；（5）技术方法；（6）其他。2. 犯罪对象。3. 危害结果。4. 动机。5. 平时表现。6. 认罪态度。7. 是否有前科。8. 其他证据。
量刑标准	犯本罪，尚未造成严重后果的	处三年以上十年以下有期徒刑
	致人重伤、死亡或者使公私财产遭受重大损失的	处十年以上有期徒刑、无期徒刑或者死刑

刑法条文

第一百一十四条　放火、决水、爆炸以及投放毒害性、放射性、传染病病原体等物质或者以其他危险方法危害公共安全，尚未造成严重后果的，处三年以上十年以下有期徒刑。

第一百一十五条第一款　放火、决水、爆炸以及投放毒害性、放射性、传染病病原体等物质或者以其他危险方法致人重伤、死亡或者使公私财产遭受重大损失的，处十年以上有期徒刑、无期徒刑或者死刑。

法律适用

相关法律法规

一、《中华人民共和国水法》（节录）（1988 年 1 月 21 日中华人民共和国主席令第 61 号公布　自 1988 年 7 月 1 日起施行　2002 年 8 月 29 日修订　2009 年 8 月 27 日第一次修正　2016 年 7 月 2 日第二次修正）

第七十二条　有下列行为之一，构成犯罪的，依照刑法的有关规定追究刑事责任；尚不够刑事处罚，且防洪法未作规定的，由县级以上地方人民政府水行政主管部门或者流域管理机构依据职权，责令停止违法行为，采取补救措施，处一万元以上五万元以下的罚款；违反治安管理处罚法的，由公安机关依法给予治安管理处罚；给他人造成损失的，依法承担赔偿责任：

（一）侵占、毁坏水工程及堤防、护岸等有关设施，毁坏防汛、水文监测、水文地质监测设施的；

（二）在水工程保护范围内，从事影响水工程运行和危害水工程安全的爆破、打井、采石、取土等活动的。

二、《中华人民共和国防洪法》（节录）（1997 年 8 月 29 日中华人民共和国主席令第 88 号公布　自 1998 年 1 月 1 日起施行　2009 年 8 月 27 日第一次修正　2015 年 4 月 24 日第二次修正　2016 年 7 月 2 日第三次修正）

第六十条　违反本法规定，破坏、侵占、毁损堤防、水闸、护岸、抽水站、排水渠系等防洪工程和水文、通信设施以及防汛备用的器材、物料的，责令停止违法行为，采取补救措施，可以处五万元以下的罚款；造成损坏的，依法承担民事责任；应当给予治安管理处罚的，依照治安管理处罚法的规定处罚；构成犯罪的，依法追究刑事责任。

三、《中华人民共和国水土保持法》（节录）（1991 年 6 月 29 日中华人民共和国主席令第 49 号公布　自 1991 年 6 月 29 日起施行　2009 年 8 月 27 日修正　2010 年 12 月 25 日修订）

第四十八条　违反本法规定，在崩塌、滑坡危险区或者泥石流易发区从事取土、挖砂、采石等可能造成水土流失的活动的，由县级以上地方人民政府水行政主管部门责令停止违法行为，没收违法所得，对个人处一千元以上一万元以下的罚款，对单位处二万元以上二十万元以下的罚款。

第五十八条　违反本法规定，造成水土流失危害的，依法承担民事责任；构成违反治安管理行为的，由公安机关依法给予治安管理处罚；构成犯罪的，依法追究刑事责任。

15 爆炸案

概念

　　本罪是指故意用爆炸的方法，杀伤不特定多人、毁坏重大公私财物，危害公共安全的行为。

立案标准

　　根据《刑法》第 114 条、第 115 条第 1 款的规定，故意用爆炸的方法，足以危害公共安全的，应当立案。本罪是危险犯，只要行为人实施了故意爆炸行为，并且足以威胁不特定的多数人的人身和财产安全，不要求造成严重后果，就构成犯罪。

定罪标准

犯罪客体

　　本罪侵犯的客体是公共安全，即不特定多数人的生命、健康或者重大公私财产的安全。

　　本罪侵害的对象是工厂、矿场、港口、仓库、住宅、农场、牧场、公共建筑物或者其他公私财产，以及不特定的人、畜。如果用爆炸的方法破坏火车、汽车、电车、船只、飞机等交通工具，或者破坏轨道、桥梁、隧道、公路、机场等交通设备，尽管使用爆炸方法危害了公共安全，但由于破坏的是特定的危险对象，所以应当分别以破坏交通工具罪或破坏交通设备罪处理。

犯罪客观方面

　　本罪在客观方面表现为对公私财物或人身实施爆炸，危害公共安全的行为。爆炸物品，包括炸弹、手榴弹、地雷、炸药（包括黄色炸药、黑色炸药和化学炸药）、雷管、导火索、雷汞、雷银等起爆器材和各种自制的爆炸装置（如炸药包、炸药瓶、炸药罐等）。实施爆炸的方式方法有很多：有的在室内安装炸药包，在室内或者室外引爆；有的将爆炸物直接投入室内爆炸；有的利用技术手段，使锅炉、设备发生爆炸；有的使用液化气或者其他方法爆炸。实施爆炸的地点主要是在人群集中或者财产集中的公共场所、交通线等处，如将爆炸物放在船只、飞机、汽车、火车上定时爆炸，在商场、车站、影剧院、街道、群众集会地方制造爆炸事件。爆炸行为有作为和不作为两种方式，如直接点燃爆炸物引发爆炸，就是积极的作为方式；而行为人负有防止爆炸发生的特定义务，并且有能力履行这种特定的义务而不履行，以致发生爆炸，就构成消极成不作为爆炸犯罪。

　　爆炸犯罪在客观方面的本质特点在于爆炸行为危害或足以危害不特定多数人的生命、健康或重大公私财产的安全。所谓足以危害公共安全，就是指行为人实施的爆炸行为，由于主观方面和客观方面的原因，如行为人自动中止爆炸犯罪，炸药的破坏性没有行为人主观想象的那么大，炸药受潮失效，没有将爆炸物投掷到所要求的位置，爆炸物被他人发现而被拆除等，实际上并未造成危害公共安全的结果，但如果排除这些原因，是可能造成危害公共安全的结果的。无论哪种原因存在，只要行为人实施了爆炸行为，足以危害公共安全的，就构成爆炸罪。爆炸罪的成立并不要求发生危害公共安全的实际后果。

定罪标准	**犯罪客观方面**	行为指向的对象是不特定多数人的生命、健康和重大公私财物。某些爆炸行为，行为人主观上是指向特定的人或者物，但发生在人群密集或者财物集中的公共场所，客观上危害了不特定多数人的生命、健康或者重大公私财产的安全，也可以爆炸罪论处。因为在这种场合用以爆炸的方法杀人、毁物，对这种行为会危害公共安全不可能没有预见，有预见而放任危害结果的发生，就是一种故意犯罪。 如果行为人实施的爆炸行为是指向特定的人或者特定的公私财物，并且有意识地把破坏的范围限制在不危害公共安全的范围内，客观上也未发生危害公共安全的结果，则不应定爆炸罪，而应根据实际情况，构成什么罪就定什么罪。 需要说明的是，如果用爆炸的方法炸塌江、河、湖泊、水库的堤坝，造成水流失控，泛滥成灾，危害公共安全，应定决水罪。因为刑法已对决水罪作了专门规定，爆炸只是决水的一种手段，正如用爆炸的方法破坏交通工具、交通设施、电力设备、煤气设备、易燃易爆设备和广播电视设施、公用电信设施，应分别定破坏交通工具罪、破坏交通设施罪、破坏电力设备罪、破坏易燃易爆设备罪和破坏广播电视设施、公用电信设施罪，而不定爆炸罪一样。
	犯罪主体	本罪的主体为一般主体，即凡年满16周岁且具有刑事责任能力的自然人，均可成为本罪的主体。由于爆炸罪严重危害公共安全，破坏社会秩序，所以法律规定这种犯罪处罚年龄的起点较低。根据《刑法》第17条第2款的规定，已满14周岁不满16周岁的人犯爆炸罪，应当负刑事责任。
	犯罪主观方面	本罪在主观方面表现为故意，包括直接故意和间接故意，即行为人明知其行为会引起爆炸，危害不特定多数人的生命、健康或重大公私财产的安全，并且希望或者放任这种危害结果的发生。犯本罪的动机多种多样，如出于报复、嫉妒、怨恨、诬陷等。犯罪动机如何不影响本罪的成立。
	罪与非罪	区分罪与非罪的界限，关键看行为是否足以达到危害公共安全的程度。本罪既遂与未遂的界限，应以是否符合法定犯罪构成要件为标准。根据《刑法》第114条的规定，只要行为人实施爆炸，危害公共安全，尚未造成严重后果，就具备爆炸罪全部构成要件，即为既遂。如果致人重伤、死亡或者使公私财产遭受重大损失，应按《刑法》第115条作为爆炸罪的结果加重犯处罚。至于爆炸罪的未遂，从立法精神看，不存在实行终了的未遂。因为爆炸行为已经实行终了，在一定条件下就足以危害不特定多人的生命、健康或重大财产的安全，无论是否引起严重后果，都是既遂。爆炸罪未遂只能发生在爆炸行为尚未实行终了的阶段，比如刚着手引爆或者在引爆过程中，被人发现夺下炸药，使爆炸未能得逞。这种情况属于未实行终了的爆炸未遂。
	此罪与彼罪	一、本罪与以爆炸方法实施的故意杀人罪、故意伤害罪的界限。这两类犯罪，其使用的手段和危害后果都有相同之处，但两者的区别主要是：(1) 侵犯的客体不同。爆炸罪侵犯的是公共安全，即不特定多数人的生命、健康和重大公私财产的安全；而故意杀人罪、故意伤害罪侵犯的是特定公民的人身权利。(2) 客观方面不同。爆炸犯罪行为人引发爆炸物或以其他方法制造爆炸，造成或足以造成不特定多数人的伤亡或重大公私财产的毁损，其危害结果是难以预料和难以控制的；故意杀人罪、故意伤害罪的犯罪行为人虽也使用爆炸的方法，但还可以使用其他方法，其行为所造成的危害

定罪标准	此罪与彼罪	后果是特定的某个人或某几个人的伤亡，而且一般只造成人身伤亡，不造成财产毁损。因此，行为人针对特定的对象实施爆炸行为，选择的作案环境和条件只能杀伤特定的某个人或某几个人，而不危及公共安全的，分别按故意杀人罪或故意伤害罪论处。如果爆炸行为虽然指向特定的对象，但行为人预见其爆炸行为会危害公共安全而仍实施爆炸行为，危害公共安全的，应以爆炸罪论处。 二、本罪与故意毁坏财物罪的界限。使用爆炸手段破坏公私财产的，往往也会同时侵犯公民的人身权利。如果使用爆炸手段故意毁损某项特定的公私财物，其结果也没有同时侵犯公民的人身权利和其他大量公私财产的，依照《刑法》第275条的规定，以故意毁坏财物罪论处。 三、本罪与危险物品肇事罪的界限。危险物品肇事罪，是指违反爆炸性、易燃性、放射性、毒害性、腐蚀性物品的管理规定，在生产、储存、运输、使用中发生重大事故，造成严重后果的行为，这种犯罪只能由过失构成。而爆炸罪，在客观方面不仅限于上述情况，在主观方面一般由故意构成。 四、本罪与使用爆炸方法破坏交通工具、交通设施、电力设备、易燃易爆设备等犯罪的界限。从行为方式、侵犯客体、危害后果来看，使用爆炸方法破坏交通工具、交通设施、电力设备、易燃易爆设备等犯罪与爆炸罪在犯罪构成要件上有很多相同之处。但是由于刑法对此类行为有专门规定，因此如果行为人使用爆炸方法破坏交通工具、交通设施、电力设备、易燃易爆设备的，应按照特别法条优于普通法条的原则，分别以破坏交通工具罪、破坏交通设施罪、破坏电力设备罪、破坏易燃易爆设备罪论处。
证据参考标准	主体方面的证据	**一、证明行为人刑事责任年龄、身份等自然情况的证据** 包括身份证明、户籍证明、任职证明、工作经历证明、特定职责证明等，主要是证明行为人的姓名（曾用名）、性别、出生年月日、民族、籍贯、出生地、职业（或职务）、住所地（或居所地）等证据材料，如户口簿、居民身份证、工作证、出生证、专业或技术等级证、干部履历表、职工登记表、护照等。 对于户籍、出生证等材料内容不实的，应提供其他证据材料。外国人犯罪的案件，应有护照等身份证明材料。人大代表、政协委员犯罪的案件，应注明身份，并附身份证明材料。 **二、证明行为人刑事责任能力的证据** 证明行为人对自己的行为是否具有辨认能力与控制能力，如是否属于间歇性精神病人、尚未完全丧失辨认或者控制自己行为能力的精神病人的证明材料。
	主观方面的证据	**证明行为人明知的证据** 1. 证明行为人明知的证据：明知自己的行为会发生危害社会的结果；2. 证明直接故意的证据：证明行为人希望危害结果发生；3. 证明间接故意的证据：证明行为人放任危害结果发生。
	客观方面的证据	**证明行为人爆炸犯罪行为的证据** 具体证据包括：1. 证明行为人持有爆炸物行为的证据：（1）炸弹；（2）地雷；（3）手榴弹；（4）手雷。2. 证明行为人持有炸药行为的证据：（1）黄色炸药；（2）黑色炸药；（3）化学炸药。3. 证明行为人持有起爆器材行为的证据：（1）雷管；（2）导火索；（3）雷汞；（4）雷银。4. 证明行为人持有自制爆炸装置行为的证据：（1）炸药

证据参考标准	**客观方面的证据**	包；（2）炸药瓶；（3）炸药罐。5. 证明行为人在室内安装炸药包，在室内或者室外引爆行为的证据。6. 证明行为人将爆炸物直接投入室内爆炸行为的证据。7. 证明行为人利用技术手段，使锅炉、设备发生爆炸行为的证据。8. 证明行为人使用液化气爆炸行为的证据。9. 证明行为人在公共场所实施爆炸行为的证据。10. 证明行为人在交通线路实施爆炸行为的证据。11. 证明行为人将爆炸物放在船只、飞机、汽车、火车上定时爆炸行为的证据。12. 证明行为人在商场、车站、影剧院、街道、群众集会地方制造爆炸事件的证据。13. 证明行为人实施爆炸致人重伤、死亡后果行为的证据。14. 证明行为人实施爆炸致使公私财产遭受重大损失行为的证据。15. 证明行为人实施爆炸尚未造成严重后果的证据。
	量刑方面的证据	**一、法定量刑情节证据** 1. 事实情节：（1）遭受重大损失的；（2）尚未造成严重后果的。2. 法定从重情节。3. 法定从轻减轻情节：（1）可以从轻；（2）可以从轻或减轻；（3）应当从轻或者减轻。4. 法定从轻减轻免除情节：（1）可以从轻、减轻或者免除处罚；（2）应当从轻、减轻或者免除处罚。5. 法定减轻免除情节：（1）可以减轻或者免除处罚；（2）应当减轻或者免除处罚；（3）可以免除处罚。 **二、酌定量刑情节证据** 1. 犯罪手段：（1）安装炸药包；（2）投放炸药物；（3）使用液化气；（4）爆炸技术。2. 犯罪对象。3. 危害结果：（1）建筑物损毁状况；（2）人员伤亡；（3）财产损失；（4）机械设备损毁程度。4. 动机。5. 平时表现。6. 认罪态度。7. 是否有前科。8. 其他证据。

量刑标准		
	犯本罪，尚未造成严重后果的	处三年以上十年以下有期徒刑
	致人重伤、死亡或者使公私财产遭受重大损失的	处十年以上有期徒刑、无期徒刑或者死刑

| **法律适用** | **刑法条文** | 　　**第一百一十四条**　放火、决水、爆炸以及投放毒害性、放射性、传染病病原体等物质或者以其他危险方法危害公共安全，尚未造成严重后果的，处三年以上十年以下有期徒刑。
　　第一百一十五条第一款　放火、决水、爆炸以及投放毒害性、放射性、传染病病原体等物质或者以其他危险方法致人重伤、死亡或者使公私财产遭受重大损失的，处十年以上有期徒刑、无期徒刑或者死刑。 |
| | **司法解释** | 　　**最高人民法院、最高人民检察院《关于办理组织、利用邪教组织破坏法律实施等刑事案件适用法律若干问题的解释》（节录）**（2017年1月25日最高人民法院、最高人民检察院公布　自2017年2月1日起施行　法释〔2017〕3号）
　　第十二条　邪教组织人员以自焚、自爆或者其他危险方法危害公共安全的，依照刑法第一百一十四条、第一百一十五条的规定，以放火罪、爆炸罪、以危险方法危害公共安全罪等定罪处罚。 |

16 投放危险物质案

概念

　　本罪是指故意投放毒害性、放射性、传染病病原体等物质，足以危害公共安全的行为。

立案标准

　　故意投放毒害性、放射性、传染病病原体等物质，足以危害公共安全的，应当立案。

　　本罪原为投毒罪，为了适应打击恐怖活动的需要，《刑法修正案（三）》对本罪作了修正，修正后的法条不仅包括原投毒罪的行为，而且内容更加广泛。本罪是危险犯，只要行为人实施了故意投放毒害性、放射性、传染病病原体等物质，并且足以威胁不特定的多数人的人身和财产安全，不要求造成严重后果，就构成犯罪，应当立案追究。

定罪标准

犯罪客体

　　本罪侵害的客体为公共安全。所谓公共安全，是指不特定多数人的生命、健康及重大公私财产、生活的安全。不特定，是指行为人对自己的危害行为侵害的对象及其产生的危害结果事先无法确定、无法预料且难以控制。如果能将自己的危害行为可能产生的结果控制在一定的对象、范围内，则就属于特定。

　　判断行为危害对象是否特定，应当注意以下三点：（1）对象是否特定，不能以行为实质危害对象的数量为准。（2）对象是否特定，不能以行为人主观上有无确定的目标、对象为准，认为对象明确就是特定，对象不明确就不特定。判断对象是否特定，应以危害行为是否能在一定条件下产生不特定严重后果的可能性、危险性为准。（3）对象是否特定，不能以行为发生的地点是否在公共场所为准。

犯罪客观方面

　　本罪在客观方面表现为投放毒害性、放射性、传染病病原体等危险物质，危害公共安全的行为。

　　一、要有投放的行为。所谓投放，是指采取放入、放置、喷洒、投递等方式使得毒害性、放射性、传染病病原体等危险物质置于不特定人身、财产的食物或者工作、生活环境中，危及人民群众的生命、财产安全。有的是将毒害性物质放入食用的物质，如在公用水井、水池、水缸、饭菜中；有的是在食用的器具，如公用饭锅、饭碗、水壶上涂上毒药；有的是在公共场所，如饭馆、商场或者机关、医院、学校放入毒气；有的是将有毒物质混在食用物或医药用品之中，使他人误作食物或药品食用；有的是将放射性物质裸露在人群集中的场所；有的是将带有传染病病原体的物质邮寄、喷洒，使人接触感染病毒；有的是在研究、试验过程中故意破坏开关、管道等使毒气外泄、毒液外流，等等。不论方法如何，只要是其故意使得毒害性、放射性、传染病病原体等危险物质危害了不特定人身、财产的安全，即可构成本罪。

二、投放的必须是毒害性、放射性、传染病病原体等危险物质。根据《刑法》第114条、第115条的规定，构成本罪投放行为对象的危险物质具体包括以下四种情况：

1. 毒害性物质。所谓毒害性物质，是指含有毒素并且一旦进入有机体后就能与有机体发生化学变化，从而破坏有机体内组织和生理机能的各种物质。毒害性物质必须含有毒素，且毒性大，作用期短，一般用少量的物质即可致人致兽严重伤害甚至死亡。

毒品虽然含有毒素，但毒性慢，不属于毒害性物质的范畴。毒害性物质表现多种多样，可以是液体，也可以是气体以及呈固体状态的各种形状如粉末、晶体等；可以是天然的有毒物质，如吃食可以致人死亡的毒菌、野蘑菇等植物性有毒物质、河豚等动物性有毒物质，也可以是人工制造、合成的有毒物质，如砒霜、鼠药、氰化物、各种农药等化学性有毒物质，还可以是肉毒杆菌等微生物类有毒物质；可以是无机物，也可以是有机物，等等。毒害性物质具有渗透性，即将毒物掺与、混入、溶入其他物质中，可能使其他物质也具有毒性，如将砒霜溶入米粥中、将农药注入待售的西瓜中，就使得米粥、西瓜带有毒性。毒害性物质有含量、大小轻重程度不同之分，如农药就有高毒、中等毒、低毒之别。根据《农药安全使用规定》的规定，高毒农药包括3911、苏化203、1605、甲基1605、1059、杀螟威、久效磷、甲胺磷、异丙磷、三硫磷、氧化乐果、磷化锌、磷化铝、氰化物、氟乙酰胺、砒霜、西力生、赛力散、溃疡净、五氯酚、氯化若、二溴氯、丙烷、401等。中等毒农药包括杀螟松、乐果、稻丰散、乙硫磷、亚胺硫磷、皮蝇磷、六六六、高丙体六六六、毒杀芬、氯丹、滴滴涕、西维因、害扑威、叶蝉散、速灭威、混灭威、抗蚜威、倍硫磷、敌敌畏、拟除虫菊酯类、克瘟散、稻瘟净、敌克松、402、福美砷、稻脚青、退菌特、代森环、燕麦敌、毒草胺等。低毒农药有敌百虫、马拉松、乙酸甲胺磷、辛硫磷、三氯杀螨醇、多菌灵、托布津、克菌丹、代森锌、福美双、萎锈灵、异稻瘟净、乙磷铝、百菌清、除草醚、敌稗、阿特拉津、去草胺、拉索、杀草丹、2甲4氯、绿麦隆、敌草隆、氟乐灵、苯达松、茅草枯、草甘膦等。无论是高毒、中等毒还是低毒农药，只要将之投放的行为足以危害公共安全的，就可构成本罪。

2. 放射性物质。含有能自发放射出具有穿透力射线的元素，如镭、铀、钋、钷、钴等放射性元素、放射性同位素，即放射性元素的质量数不同的各种原子等，都属放射性物质。

（1）《放射性同位素与射线装置安全和防护条例》第68条规定，放射性同位素，是指某种发生放射性衰变的元素中具有相同原子序数但质量不同的核素。

（2）注意放射性物质与放射性废物、放射性药品、放射性产品、伴生放射性矿物资源等相关概念的区别。所谓放射性废物，根据《放射性废物安全管理条例》规定，是指含有放射性核素或者被放射性核素污染，其放射性核素浓度或者比活度大于国家确定的清洁解控水平，预计不再使用的废弃物。所谓放射性药品，是指用于临床诊断或治疗的放射性制剂或其标记药物。所谓放射性产品，是指含放射性物料、含放射性物质消费品、伴生X射线电器产品和卫生部确定的其他含放射性产品。所谓伴生放射性矿物资源，是指除含所需的矿用成分外，同时伴生有高于规定水平的天然放射性的矿石或矿砂资源。这种资源，虽因含有天然放射性物质而有放射性，但其活度比仍在国家标准规定的豁免限值之内，从而不同于放射性物质本身，不应加以混淆。

（3）放射性物质，基于其特殊性质，让其裸露在一定的环境中，就会给环境造成污染，并危及人身、财产安全。但若能够控制利用，则可造福于国家，如用之制造原子弹等武器以保卫祖国，以之作为燃料建设核电厂，等等。在生产、储存、运输、使用放射性物质的过程中，因为疏忽大意或者过于自信而违规操作，致使放射性物质投放危及公共安全的构成犯罪，应以危险物品肇事罪论处，其他情况则构成过失投放危险物质罪，而不是本罪。

3. 传染病病原体。传染病，是指由病原体感染而引起的疾病。根据《传染病防治法》第 3 条规定，为该法规定管理的传染病分为甲类、乙类和丙类。其中，甲类传染病是指鼠疫、霍乱。乙类传染病是指传染性非典型肺炎、艾滋病、病毒性肝炎、脊髓灰质炎、人感染高致病性禽流感、麻疹、流行性出血热、狂犬病、流行性乙型脑炎、登革热、炭疽、细菌性和阿米巴性痢疾、肺结核、伤寒和副伤寒、流行性脑脊髓膜炎、百日咳、白喉、新生儿破伤风、猩红热、布鲁氏菌病、淋病、梅毒、钩端螺旋体病、血吸虫病、疟疾。丙类传染病是指流行性感冒、流行性腮腺炎、风疹、急性出血性结膜炎、麻风病、流行性和地方性斑疹伤寒、黑热病、包虫病、丝虫病以及除霍乱、细菌性和阿米巴性痢疾、伤寒和副伤寒以外的感染性腹泻病。随着医学科技的发展、环境的变化等因素，传染病的种类可能发生变化，为此，该法又规定，国务院卫生行政部门可以根据传染病暴发、流行情况和危害程度，增加、减少或者调整乙类、丙类传染病病种并予以公布。根据国家卫生健康管理部门的规定，将新型冠状病毒感染的肺炎纳入《传染病防治法》规定的乙类传染病，并采取甲类传染病的预防、控制措施。根据国家卫生健康管理部门的规定，将甲型 H1N1 流感纳入《传染病防治法》规定的乙类传染病，并采取乙类传染病的预防、控制措施。根据国家卫生健康管理部门的规定，将手足口病列入《传染病防治法》规定的丙类传染病进行管理。

病原体，则是指能够侵入生物体，并使生物体产生病理反应从而引起疾病的细菌、霉菌、病原虫、病毒等的统称。每种传染病，都有其相应的特异病原体。病原体通过各种方式在人群中传播，常常造成传染病的流行，从而危及人们生命健康及公私财产的安全，对之应当严加防范。根据《传染病防治法实施办法》第 16 条规定，作为传染病病原体的菌（毒）种分为下列三类：一类包括鼠疫耶尔森氏菌、霍乱弧菌，天花病毒、艾滋病病毒；二类包括布氏菌、炭疽菌、麻风杆菌、肝炎病毒、狂犬病毒、出血热病毒、登革热病毒，斑疹伤寒立克次体；三类包括脑膜炎双球菌、链球菌、淋病双球菌、结核杆菌、百日咳嗜血杆菌、白喉棒状杆菌、沙门氏菌、志贺氏菌、破伤风梭状杆菌、钩端螺旋体、梅毒螺旋体，乙型脑炎病毒、脊髓灰质炎病毒、流感病毒、流行性腮腺炎病毒、麻疹病毒、风疹病毒。国务院卫生行政部门可以根据情况增加或者减少菌（毒）种的种类。

4. 其他危险物质。投放毒害、放射性、传染病病原体等物质，危害公共安全的，均可构成本罪。据此，本罪行为的对象不仅仅限于毒害性、放射性、传染病病原体这3 种危险物质。除此之外，投放其他危险物质，危害公共安全的，也可构成本罪。其他危险物质，有待于立法解释或司法解释作出具体规定。

值得注意的是，如果以投放毒害性、放射性、传染病病原体等物质为手段，故意杀害特定个人的，亦即伤害对象是明确特定的，应当以故意杀人罪论处。

本罪的主体为一般主体。根据《刑法》第 17 条第 2 款规定，已满 14 周岁不满 16 周岁的人，犯投毒罪的，应当负刑事责任。该罪名系原罪名投毒罪修改而来，因此，实施投放毒害性物质的，仍然可以构成本罪。但是，实施投放放射性、传染病病原体等毒害性以外的危险物质的，不能适用《刑法》第 17 条第 2 款的规定。

犯罪主观方面	本罪在主观方面必须出于故意，即明知是毒害性、放射性、传染病病原体等危险物质，而将其投放一定场所危及不特定人身、财产的公共安全，并且希望或者放任投放行为危害公共安全的结果发生。过失不能构成本罪。 至于本罪的动机可多种多样，如发泄私愤、报复社会；为了达到某种政治目的，制造恐怖气氛；为了杀人灭口、毁灭罪证；为了栽赃陷害、嫁祸他人，等等。动机如何，并不影响本罪成立。
罪与非罪	区分罪与非罪的界限，要注意本罪系危险犯。只要出于危害公共安全的故意，实施了足以危害公共安全的投放毒害性、放射性、传染病病原体等物质的行为，即使未造成严重后果，也可构成本罪。行为人已经实施投放危险物质的行为，但在尚未完成之前被发现制止，只要该行为已对公共安全构成威胁、危害的，则可以本罪既遂依法追究其刑事责任。
定罪标准 — **此罪与彼罪**	一、本罪与生产、销售有毒、有害食品罪的界限。有毒、有害食品一旦流入社会，必然危及不特定消费者的生命、健康安全。二者的区别，主要有：(1) 主体范围不同。本罪为一般主体。但对投放毒害性物质的人来说，已满14周岁不满16周岁具有刑事责任能力的人也可构成其罪；后罪的主体虽然为一般主体，但要以生产、销售食品者的身份出现。非生产、销售食品者不能构成其罪。另外，后罪单位亦可构成；本罪的主体则仅限于自然人，单位不能成为主体。(2) 主观故意的内容不同。本罪在主观上出于危害公共安全的故意，既包括直接故意，又包括间接故意；后罪主观上必须出于双重故意，行为人实施生产、销售有毒、有害食品的行为先是在于谋求更大的经济利润，对于行为危及公共安全这一后果则持放任态度，出于间接故意。行为人如果出于危害公共安全的直接故意而生产、销售有毒、有害食品，则其行为超出于后罪主观故意的范畴，不能再以生产、销售有毒、有害食品罪论处；构成犯罪的，应以本罪或其他犯罪依法追究行为人的刑事责任。(3) 客观方面表现形式不同。本罪行为可以表现为任何形式的投放毒害性、放射性、传染病病原体等危险物质的行为，只要其足以或者已经危害公共安全，不论是否在所生产、销售的食品或者其他产品中投放，均可以构成其罪；而生产、销售有毒、有害食品罪，只能在所生产、销售的食品中掺入有毒、有害的非食品原料物质，行为者必是生产者、销售者，并且具有通过出售该食品以谋取商业利润的目的，行为始终与生产、销售食品这一经营行为相联系。(4) 行为对象范围不同。本罪行为对象限于毒害性、放射性、传染病病原体等危险物质。有的是投放于食品中危害公共安全，有的是投放在其他物品甚至某一地方中危害公共安全，只要行为足以危害公共安全的，不论在什么地方或物品中投放，都不影响其罪成立；生产、销售有毒、有害食品罪，其行为对象则为有毒、有害的食品，是在食品中掺入有毒、有害的非食品原料。有毒、有害的非食品原料，与毒害性、放射性、传染病病原体等危险物质显然不是同一概念，内涵相异，外延不同。(5) 侵犯的客体不同。本罪所侵害的客体为公共安全，属单一客体；生产、销售有毒、有害食品罪所侵害的客体为双重客体：一是不特定消费者的生命、健康以及公私财产的安全；二是食品卫生管理制度。前者指向公共安全，后者指向社会主义的市场经济秩序。就两者的地位而言，后者居于主导地位，起主导作用，决定着生产、销售有毒、有害食品罪这一破坏社会主义市场经济秩序的本质特征，从而区别于其他能对公共安全造成危害的危害公共安全犯罪。

定罪标准	**此罪与彼罪**	二、本罪与以危险方法危害公共安全罪的界限。以危险方法危害公共安全罪中的危险方法，是指放火、决水、爆炸以及本罪方法以外的其他足以危害公共安全的方法。其范围具有抽象性、概括性，由法官在具体的司法实践中按照罪刑法定原则的要求作严格限定裁决，一般情况下不会与本罪发生混淆。但是，本罪为《刑法修正案（三）》对投毒罪修改而来。在《刑法修正案（三）》施行之日，即 2001 年 12 月 29 日前，以危险方法危害公共安全罪中的危险方法，是放火、决水、爆炸、投毒以外的危险方法。那时，对于投放包括散布、邮寄放射性物质、传染病病原体，如炭疽、霍乱等传染病菌、病毒等危险物质，危害公共安全的行为，构成犯罪的，应以以危险方法危害公共安全罪定罪处罚。《刑法修正案（三）》施行后，以危险方法危害公共安全罪中的危险方法，则是指放火、决水、爆炸、投放毒害性、放射性、传染病病原体等危险物质以外的危险方法，其外延有所缩小，不包括投放放射性、传染病病原体等危险物质的方法。对于《刑法修正案（三）》施行后的投放毒害性、放射性、传染病病原体等危险物质，危害公共安全的行为，以投放危险物质罪定罪科刑无疑问。《刑法修正案（三）》施行前实施的尚未处理或者正在处理的上述行为，应根据从旧兼从轻原则进行处理。在《刑法修正案（三）》施行前，投毒行为单独构成投毒罪，其他投放放射性、传染病病原体等危险物质的行为构成以危险方法危害公共安全罪。无论是投毒罪还是以危险方法危害公共安全罪，其法定刑的档次、幅度与《刑法修正案（三）》修改而来的投放危险物质罪的完全相同，因此，根据从旧兼从轻原则，对于《刑法修正案（三）》施行前实施的投放毒害性、放射性、传染病病原体等危险物质现在尚未处理或者正在处理的行为，应当从旧以投毒罪或者以危险方法危害公共安全罪依法追究行为人的刑事责任。
证据参考标准	**主体方面的证据**	**一、证明行为人刑事责任年龄、身份等自然情况的证据** 包括身份证明、户籍证明、任职证明、工作经历证明、特定职责证明等，主要是证明行为人的姓名（曾用名）、性别、出生年月日、民族、籍贯、出生地、职业（或职务）、住所地（或居所地）等证据材料，如户口簿、居民身份证、工作证、出生证、专业或技术等级证、干部履历表、职工登记表、护照等。 对于户籍、出生证等材料内容不实的，应提供其他证据材料。外国人犯罪的案件，应有护照等身份证明材料。人大代表、政协委员犯罪的案件，应注明身份，并附身份证明材料。 **二、证明行为人刑事责任能力的证据** 证明行为人对自己的行为是否具有辨认能力与控制能力，如是否属于间歇性精神病人、尚未完全丧失辨认或者控制自己行为能力的精神病人的证明材料。
	主观方面的证据	**证明行为人故意的证据** 1. 证明行为人明知的证据：明知自己的行为会发生危害社会的结果；2. 证明直接故意的证据：证明行为人希望危害结果发生。
	客观方面的证据	**证明行为人投放危险物质犯罪行为的证据** 具体证据包括：1. 证明行为人持有的危险物质来源行为的证据；2. 证明行为人在公用的自来水池投放危险物质行为的证据；3. 证明行为人在公用的水渠、水井、自来水管道投放危险物质行为的证据；4. 证明行为人在公共食堂的水缸中投放危险物质

证据参考标准	**客观方面的证据**	行为的证据；5. 证明行为人在公共食堂的面粉、饭锅中投放危险物质行为的证据；6. 证明行为人在牧场的饮水池中投放危险物质行为的证据；7. 证明行为人在牲畜饲料中投放危险物质行为的证据；8. 证明行为人在储存粮食、副食品和果品的仓库中投放危险物质行为的证据；9. 证明行为人在大众的食品中（如油料、糕点、糖果、水果、饮料）投放危险物行为的证据；10. 证明行为人投放危险物质后造成人员死、伤后果行为的证据；11. 证明行为人投放危险物质后造成牲畜死、伤后果行为的证据；12. 证明行为人投放危险物质后造成公私财产遭受重大损失的证据；13. 证明行为人投放危险物质后尚未造成严重后果的证据；14. 其他。
	量刑方面的证据	**一、法定量刑情节证据** 1. 事实情节：（1）遭受重大损失的；（2）尚未造成严重后果的。2. 法定从重情节。3. 法定从轻减轻情节：（1）可以从轻；（2）可以从轻或减轻；（3）应当从轻或者减轻。4. 法定从轻减轻免除情节：（1）可以从轻、减轻或者免除处罚；（2）应当从轻、减轻或者免除处罚。5. 法定减轻免除情节：（1）可以减轻或者免除处罚；（2）应当减轻或者免除处罚；（3）可以免除处罚。 **二、酌定量刑情节证据** 1. 犯罪手段。2. 犯罪对象。3. 危害结果：（1）死亡；（2）后遗症。4. 动机。5. 平时表现。6. 认罪态度。7. 是否有前科。8. 其他证据。

量刑标准	犯本罪，尚未造成危害后果的	处三年以上十年以下有期徒刑
	致人重伤、死亡或者使公私财产遭受重大损失的	处十年以上有期徒刑、无期徒刑或者死刑

法律适用	**刑法条文**	**第一百一十四条** 放火、决水、爆炸以及投放毒害性、放射性、传染病病原体等物质或者以其他危险方法危害公共安全，尚未造成严重后果的，处三年以上十年以下有期徒刑。 **第一百一十五条第一款** 放火、决水、爆炸以及投放毒害性、放射性、传染病病原体等物质或者以其他危险方法致人重伤、死亡或者使公私财产遭受重大损失的，处十年以上有期徒刑、无期徒刑或者死刑。
	司法解释	**一、最高人民法院、最高人民检察院《关于办理环境污染刑事案件适用法律若干问题的解释》（节录）**（2023年8月8日最高人民法院、最高人民检察院公布　自2023年8月15日起施行　法释〔2023〕7号） 　　**第九条** 违反国家规定，排放、倾倒、处置含有毒害性、放射性、传染病病原体等物质的污染物，同时构成污染环境罪、非法处置进口的固体废物罪、投放危险物质罪等犯罪的，依照处罚较重的规定定罪处罚。 　　**二、最高人民法院、最高人民检察院、公安部、司法部、生态环境部《关于办理环境污染刑事案件有关问题座谈会纪要》（节录）**（2019年2月20日最高人民法院、最高人民检察院、公安部、司法部、生态环境部公布　自公布之日起施行） 　　6. 关于投放危险物质罪的适用 　　会议强调，目前我国一些地方环境违法犯罪活动高发多发，刑事处罚威慑力不强的问题仍然突出，现阶段在办理环境污染犯罪案件时必须坚决贯彻落实中央领导同志

法 律 适 用	**司 法 解 释**	关于重典治理污染的指示精神，把刑法和《环境解释》的规定用足用好，形成对环境污染违法犯罪的强大震慑。 　　会议认为，司法实践中对环境污染行为适用投放危险物质罪追究刑事责任时，应当重点审查判断行为人的主观恶性、污染行为恶劣程度、污染物的毒害性危险性、污染持续时间、污染结果是否可逆、是否对公共安全造成现实、具体、明确的危险或者危害等各方面因素。对于行为人明知其排放、倾倒、处置的污染物含有毒害性、放射性、传染病病原体等危险物质，仍实施环境污染行为放任其危害公共安全，造成重大人员伤亡、重大公私财产损失等严重后果，以污染环境罪论处明显不足以罚当其罪的，可以按投放危险物质罪定罪量刑。实践中，此类情形主要是向饮用水水源保护区，饮用水供水单位取水口和出水口，南水北调水库、干渠、涵洞等配套工程，重要渔业水体以及自然保护区核心区等特殊保护区域，排放、倾倒、处置毒害性极强的污染物，危害公共安全并造成严重后果的情形。
	相 关 法 律 法 规	**一、《中华人民共和国传染病防治法》（节录）**（1989 年 2 月 21 日中华人民共和国主席令第 15 号公布　自 1989 年 9 月 1 日起施行　2004 年 8 月 28 日修订　2013 年 6 月 29 日修正） 　　**第三条**　本法规定的传染病分为甲类、乙类和丙类。 　　甲类传染病是指：鼠疫、霍乱。 　　乙类传染病是指：传染性非典型肺炎、艾滋病、病毒性肝炎、脊髓灰质炎、人感染高致病性禽流感、麻疹、流行性出血热、狂犬病、流行性乙型脑炎、登革热、炭疽、细菌性和阿米巴性痢疾、肺结核、伤寒和副伤寒、流行性脑脊髓膜炎、百日咳、白喉、新生儿破伤风、猩红热、布鲁氏菌病、淋病、梅毒、钩端螺旋体病、血吸虫病、疟疾。 　　丙类传染病是指：流行性感冒、流行性腮腺炎、风疹、急性出血性结膜炎、麻风病、流行性和地方性斑疹伤寒、黑热病、包虫病、丝虫病，除霍乱、细菌性和阿米巴性痢疾、伤寒和副伤寒以外的感染性腹泻病。 　　国务院卫生行政部门根据传染病暴发、流行情况和危害程度，可以决定增加、减少或者调整乙类、丙类传染病病种并予以公布。 **二、《放射性废物安全管理条例》（节录）**（2011 年 12 月 20 日中华人民共和国国务院令第 612 号公布　自 2012 年 3 月 1 日起施行） 　　**第二条**　本条例所称放射性废物，是指含有放射性核素或者被放射性核素污染，其放射性核素浓度或者比活度大于国家确定的清洁解控水平，预期不再使用的废弃物。
	规 章 及 规 范 性 文 件	**《中华人民共和国传染病防治法实施办法》（节录）**（1991 年 12 月 6 日中华人民共和国卫生部令第 17 号公布　自公布之日起施行） 　　**第十六条**　传染病的菌（毒）种分为下列三类： 　　一类：鼠疫耶尔森氏菌、霍乱弧菌；天花病毒、艾滋病病毒； 　　二类：布氏菌、炭疽菌、麻风杆菌；肝炎病毒、狂犬病病毒、出血热病毒、登革热病毒；斑疹伤寒立克次体； 　　三类：脑膜炎双球菌、链球菌、淋病双球菌、结核杆菌、百日咳嗜血杆菌、白喉棒状杆菌、沙门氏菌、志贺氏菌、破伤风梭状杆菌；钩端螺旋体、梅毒螺旋体；乙型脑炎病毒、脊髓灰质炎病毒、流感病毒、流行性腮腺炎病毒、麻疹病毒、风疹病毒。

法律适用

规章及规范性文件

国务院卫生行政部门可以根据情况增加或者减少菌（毒）种的种类。

第十七条 国家对传染病菌（毒）种的保藏、携带、运输实行严格管理：

（一）菌（毒）种的保藏由国务院卫生行政部门指定的单位负责。

（二）一、二类菌（毒）种的供应由国务院卫生行政部门指定的保藏管理单位供应。三类菌（毒）种由设有专业实验室的单位或者国务院卫生行政部门指定的保藏管理单位供应。

（三）使用一类菌（毒）种的单位，必须经国务院卫生行政部门批准；使用二类菌（毒）种的单位必须经省级政府卫生行政部门批准；使用三类菌（毒）种的单位，应当经县级政府卫生行政部门批准。

（四）一、二类菌（毒）种，应派专人向供应单位领取，不得邮寄；三类菌（毒）种的邮寄必须持有邮寄单位的证明，并按照菌（毒）种邮寄与包装的有关规定办理。

第十八条 对患有下列传染病的病人或者病原携带者予以必要的隔离治疗，直至医疗保健机构证明其不具有传染性时，方可恢复工作：

（一）鼠疫、霍乱；

（二）艾滋病、病毒性肝炎、细菌性和阿米巴痢疾、伤寒和副伤寒、炭疽、斑疹伤寒、麻疹、百日咳、白喉、脊髓灰质炎、流行性脑脊髓膜炎、猩红热、流行性出血热、登革热、淋病、梅毒；

（三）肺结核、麻风病、流行性腮腺炎、风疹、急性出血性结膜炎。

17 以危险方法危害公共安全案

概念

本罪是指故意以放火、决水、爆炸、投放危险物质以外的并与其相当的危险方法，足以危害公共安全的行为。以危险方法危害公共安全的犯罪，是一个独立的罪名，是指以放火、决水、爆炸、投放危险物质以外的各种不常见的危险方法实施危害公共安全的犯罪。

立案标准

根据《刑法》第 114 条、第 115 条第 1 款的规定，用放火、决水、爆炸、投放危险物质以外的危险方法，足以危害公共安全的，应当立案追究。

定罪标准

犯罪客体

本罪侵犯的客体是社会公共安全，即不特定多数人的生命、健康或者重大公私财产的安全。如果行为人用危险方法侵害了特定的对象，不危及公共安全，对不特定多数人的生命、健康或重大公私财产的安全并无威胁，就不构成本罪。

犯罪客观方面

本罪在客观方面表现为以其他危险方法危害公共安全的行为。所谓其他危险方法，是指放火、决水、爆炸、投放危险物质之外的，但与上述危险方法相当的危害公共安全的犯罪方法。这里的其他危险方法包括两层含义：（1）其他危险方法，是指放火、决水、爆炸、投放危险物质以外的危险方法；（2）其他危险方法应理解为与放火、决水、爆炸、投放危险物质的危险性相当的、足以危害公共安全的方法，即这种危险方法一经实施就可能造成或造成不特定多数人的伤亡或重大公私财产的毁损。因此，司法实践中，对以"其他危险方法"危害公共安全罪的认定，既不能作无限制的扩大解释，也不能任意扩大其适用的范围。只有行为人实施危害公共安全的行为所采用的危险方法与放火、决水、爆炸、投放危险物质的危险性相当，且行为的社会危害性达到相当严重的程度，才能按以危险方法危害公共安全罪论处。如某甲为报复社会，故意驾车冲撞行人，危害不特定多数人的生命、健康安全，其故意驾车撞人的危险程度与放火、决水、爆炸、投放危险物质危害公共安全的危险方法相当，因此，行为人驾车撞人的危险方法在客观上就构成了以危险方法危害公共安全罪。但是如果行为人所实施的危险方法的程度较小，尚不足以造成不特定多数人中毒伤亡等严重后果的，如出售霉变、生虫的糕点等，就不能与放火、决水、爆炸、投放危险物质的危险方法相当或相类似，所以不能视为以危险方法危害公共安全罪。

从司法实践来看，以危险方法危害公共安全的犯罪突出表现在：（1）以私设电网的危险方法危害公共安全。私设电网，是一种危害社会的行为。有关法律、法规明令禁止单位、个人未经有关部门批准擅自架设电网，否则，造成严重后果的，要依法追究行为人的法律责任。同时，私设电网，也是一种危险方法，其侵犯的对象是不特定多数人的生命、健康的安全。特别是在公共场所私设电网，直接威胁不特定多数人的安全，其侵犯的客体是公共安全。这种行为，无论是从主观方面还是从客观方面，

定罪标准	**犯罪客观方面**	都符合以危险方法危害公共安全罪的构成。（2）以驾车撞人的危险方法危害公共安全。这种犯罪的行为人往往是出于对现实不满、报复社会的动机。如某人对工作不满，驾驶出租车在大街上冲撞行人，致多人伤亡。这种危险方法与放火、决水、爆炸、投放危险物质的危害性并无差别，其危害的是不特定多数人的生命、健康的安全，符合以危险方法危害公共安全罪的构成特征。（3）以制、输坏血、病毒血的危险方法危害公共安全。例如，个别不法医务人员，为了牟取非法暴利，置病人的生命、健康权利于不顾，采取以制、输坏血、病毒血的危险方法危害公共安全的案件不断发生。这种犯罪，行为人在主观上是故意，出于牟利或报复社会的目的和动机，实施以制、输坏血、病毒血的危险方法，危害或直接威胁不特定多数人的生命、健康安全，符合以危险方法危害公共安全罪的特征。（4）以向人群开枪的危险方法危害公共安全。这种犯罪的行为人往往是出于报复社会或寻求新奇刺激的目的和动机，向人群开枪射击。
	犯罪主体	本罪的主体为一般主体，即凡年满16周岁且具有刑事责任能力的自然人。
	犯罪主观方面	本罪在主观方面表现为故意，即行为人明知其实施的危险方法会危害公共安全，会发生危及不特定多数人的生命、健康或公私财产安全的严重后果，并且希望或者放任这种结果发生。实践中，这种案件除少数对危害公共安全的后果持希望态度，由直接故意构成外，大多持放任态度，属于间接故意。犯罪的目的和动机多种多样。如为报复泄愤而驾驶汽车向人群冲撞，为防盗而私架电网等。不论行为人出于直接故意或间接故意，基于何种个人的目的和动机，都不影响本罪的成立。
	罪与非罪	区分罪与非罪的界限，关键看是否达到足以危害公共安全的程度。
	此罪与彼罪	本罪与故意毁坏财物罪的界限。区别两者的标准是看使用危险方法实施犯罪，是否足以危害公共安全。如果犯罪分子使用的危险方法，如杀人、伤人或毁坏公私财物等其行为足以危害公共安全的，就构成以危险方法危害公共安全罪；如果其行为不足以危害公共安全的，应当依照《刑法》第232条、第234条、第275条的规定，分别以故意杀人罪、故意伤害罪、故意毁坏财物罪论处。
证据参考标准	**主体方面的证据**	**一、证明行为人刑事责任年龄、身份等自然情况的证据** 包括身份证明、户籍证明、任职证明、工作经历证明、特定职责证明等，主要是证明行为人的姓名（曾用名）、性别、出生年月日、民族、籍贯、出生地、职业（或职务）、住所地（或居所地）等证据材料，如户口簿、居民身份证、工作证、出生证、专业或技术等级证、干部履历表、职工登记表、护照等。 对于户籍、出生证等材料内容不实的，应提供其他证据材料。外国人犯罪的案件，应有护照等身份证明材料。人大代表、政协委员犯罪的案件，应注明身份，并附身份证明材料。 **二、证明行为人刑事责任能力的证据** 证明行为人对自己的行为是否具有辨认能力与控制能力，如是否属于间歇性精神病人、尚未完全丧失辨认或者控制自己行为能力的精神病人的证明材料。

证据参考标准	主观方面的证据	**证明行为人故意的证据** 　　1. 证明行为人明知的证据：明知自己的行为会发生危害社会的结果；2. 证明直接故意的证据：证明行为人希望危害结果发生；3. 证明间接故意的证据：证明行为人放任危害结果发生。
	客观方面的证据	**证明行为人以危险方法危害公共安全犯罪行为的证据** 　　具体证据包括：1. 证明行为人故意向人群冲撞行为的证据：（1）汽车；（2）摩托车；（3）拖拉机；（4）压道机；（5）船只；（6）手扶拖拉机；（7）雪橇；（8）竹筏。2. 证明行为人非法架设电网行为的证据。3. 证明行为人破坏矿井通风设备、放射性物质装置行为的证据。4. 证明行为人以危险方法危害公共安全致人重伤、死亡行为的证据。5. 证明行为人以危险方法危害公共安全造成公私财产遭受重大损失行为的证据。6. 证明行为人以危险方法危害公共安全尚未造成严重后果行为的证据。
	量刑方面的证据	**一、法定量刑情节证据** 　　1. 事实情节：（1）遭受重大损失行为的；（2）尚未造成严重后果的。2. 法定从重情节。3. 法定从轻减轻情节：（1）可以从轻；（2）可以从轻或减轻；（3）应当从轻或者减轻。4. 法定从轻减轻免除情节：（1）可以从轻、减轻或者免除处罚；（2）应当从轻、减轻或者免除处罚。5. 法定减轻免除情节：（1）可以减轻或者免除处罚；（2）应当减轻或者免除处罚；（3）可以免除处罚。 　　**二、酌定量刑情节证据** 　　1. 犯罪手段：危险性与放火、决水、爆炸投放危险物质相当的方法；2. 犯罪对象；3. 危害结果；4. 动机；5. 平时表现；6. 认罪态度；7. 是否有前科；8. 其他证据。
量刑标准	犯本罪，尚未造成严重后果的	处三年以上十年以下有期徒刑
	犯本罪，致人重伤、死亡或者使公私财产遭受重大损失的	处十年以上有期徒刑、无期徒刑或者死刑
法律适用	刑法条文	**第一百一十四条**　放火、决水、爆炸以及投放毒害性、放射性、传染病病原体等物质或者以其他危险方法危害公共安全，尚未造成严重后果的，处三年以上十年以下有期徒刑。 　　**第一百一十五条第一款**　放火、决水、爆炸以及投放毒害性、放射性、传染病病原体等物质或者以其他危险方法致人重伤、死亡或者使公私财产遭受重大损失的，处十年以上有期徒刑、无期徒刑或者死刑。
	司法解释	**一、最高人民法院、最高人民检察院、公安部《关于办理涉窨井盖相关刑事案件的指导意见》（节录）**（2020 年 3 月 16 日最高人民法院、最高人民检察院、公安部公布　自公布之日起施行　高检发〔2020〕3 号） 　　二、盗窃、破坏人员密集往来的非机动车道、人行道以及车站、码头、公园、广场、学校、商业中心、厂区、社区、院落等生产生活、人员聚集场所的窨井盖，足以危害公共安全，尚未造成严重后果的，依照刑法第一百一十四条的规定，以以危险方

法危害公共安全罪定罪处罚；致人重伤、死亡或者使公私财产遭受重大损失的，依照刑法第一百一十五条第一款的规定处罚。

过失致人重伤、死亡或者使公私财产遭受重大损失的，依照刑法第一百一十五条第二款的规定，以过失以危险方法危害公共安全罪定罪处罚。

十二、本意见所称的"窨井盖"，包括城市、城乡结合部和乡村等地的窨井盖以及其他井盖。

二、最高人民法院、最高人民检察院《关于办理组织、利用邪教组织破坏法律实施等刑事案件适用法律若干问题的解释》（节录）（2017 年 1 月 25 日最高人民法院、最高人民检察院公布　自 2017 年 2 月 1 日起施行　法释〔2017〕3 号）

第十二条　邪教组织人员以自焚、自爆或者其他危险方法危害公共安全的，依照刑法第一百一十四条、第一百一十五条的规定，以放火罪、爆炸罪、以危险方法危害公共安全罪等定罪处罚。

三、最高人民法院、最高人民检察院《关于办理妨害预防、控制突发传染病疫情等灾害的刑事案件具体应用法律若干问题的解释》（2003 年 5 月 14 日最高人民法院、最高人民检察院公布　自 2003 年 5 月 15 日起施行　法释〔2003〕8 号）

为依法惩治妨害预防、控制突发传染病疫情等灾害的犯罪活动，保障预防、控制突发传染病疫情等灾害工作的顺利进行，切实维护人民群众的身体健康和生命安全，根据《中华人民共和国刑法》等有关法律规定，现就办理相关刑事案件具体应用法律的若干问题解释如下：

第一条　故意传播突发传染病病原体，危害公共安全的，依照刑法第一百一十四条、第一百一十五条第一款的规定，按照以危险方法危害公共安全罪定罪处罚。

患有突发传染病或者疑似突发传染病而拒绝接受检疫、强制隔离或者治疗，过失造成传染病传播，情节严重，危害公共安全的，依照刑法第一百一十五条第二款的规定，按照过失以危险方法危害公共安全罪定罪处罚。

第二条　在预防、控制突发传染病疫情等灾害期间，生产、销售伪劣的防治、防护产品、物资，或者生产、销售用于防治传染病的假药、劣药，构成犯罪的，分别依照刑法第一百四十条、第一百四十一条、第一百四十二条的规定，以生产、销售伪劣产品罪，生产、销售假药罪或者生产、销售劣药罪定罪，依法从重处罚。

第三条　在预防、控制突发传染病疫情等灾害期间，生产用于防治传染病的不符合保障人体健康的国家标准、行业标准的医疗器械、医用卫生材料，或者销售明知是用于防治传染病的不符合保障人体健康的国家标准、行业标准的医疗器械、医用卫生材料，不具有防护、救治功能，足以严重危害人体健康的，依照刑法第一百四十五条的规定，以生产、销售不符合标准的医用器材罪定罪，依法从重处罚。

医疗机构或者个人，知道或者应当知道系前款规定的不符合保障人体健康的国家标准、行业标准的医疗器械、医用卫生材料而购买并有偿使用的，以销售不符合标准的医用器材罪定罪，依法从重处罚。

第四条　国有公司、企业、事业单位的工作人员，在预防、控制突发传染病疫情等灾害的工作中，由于严重不负责任或者滥用职权，造成国有公司、企业破产或者严重损失，致使国家利益遭受重大损失的，依照刑法第一百六十八条的规定，以国有公司、企业、事业单位人员失职罪或者国有公司、企业、事业单位人员滥用职权罪定罪处罚。

法律适用

司法解释

法律适用

司法解释

第五条　广告主、广告经营者、广告发布者违反国家规定，假借预防、控制突发传染病疫情等灾害的名义，利用广告对所推销的商品或者服务作虚假宣传，致使多人上当受骗，违法所得数额较大或者有其他严重情节的，依照刑法第二百二十二条的规定，以虚假广告罪定罪处罚。

第六条　违反国家在预防、控制突发传染病疫情等灾害期间有关市场经营、价格管理等规定，哄抬物价、牟取暴利，严重扰乱市场秩序，违法所得数额较大或者有其他严重情节的，依照刑法第二百二十五条第（四）项的规定，以非法经营罪定罪，依法从重处罚。

第七条　在预防、控制突发传染病疫情等灾害期间，假借研制、生产或者销售用于预防、控制突发传染病疫情等灾害用品的名义，诈骗公私财物数额较大的，依照刑法有关诈骗罪的规定定罪，依法从重处罚。

第八条　以暴力、威胁方法阻碍国家机关工作人员、红十字会工作人员依法履行为防治突发传染病疫情等灾害而采取的防疫、检疫、强制隔离、隔离治疗等预防、控制措施的，依照刑法第二百七十七条第一款、第三款的规定，以妨害公务罪定罪处罚。

第九条　在预防、控制突发传染病疫情等灾害期间，聚众"打砸抢"，致人伤残、死亡的，依照刑法第二百八十九条、第二百三十四条、第二百三十二条的规定，以故意伤害罪或者故意杀人罪定罪，依法从重处罚。对毁坏或者抢走公私财物的首要分子，依照刑法第二百八十九条、第二百六十三条的规定，以抢劫罪定罪，依法从重处罚。

第十条　编造与突发传染病疫情等灾害有关的恐怖信息，或者明知是编造的此类恐怖信息而故意传播，严重扰乱社会秩序的，依照刑法第二百九十一条之一的规定，以编造、故意传播虚假恐怖信息罪定罪处罚。

利用突发传染病疫情等灾害，制造、传播谣言，煽动分裂国家、破坏国家统一，或者煽动颠覆国家政权、推翻社会主义制度的，依照刑法第一百零三条第二款、第一百零五条第二款的规定，以煽动分裂国家罪或者煽动颠覆国家政权罪定罪处罚。

第十一条　在预防、控制突发传染病疫情等灾害期间，强拿硬要或者任意损毁、占用公私财物情节严重，或者在公共场所起哄闹事，造成公共场所秩序严重混乱的，依照刑法第二百九十三条的规定，以寻衅滋事罪定罪，依法从重处罚。

第十二条　未取得医师执业资格非法行医，具有造成突发传染病病人、病原携带者、疑似突发传染病病人贻误诊治或者造成交叉感染等严重情节的，依照刑法第三百三十六条第一款的规定，以非法行医罪定罪，依法从重处罚。

第十三条　违反传染病防治法等国家有关规定，向土地、水体、大气排放、倾倒或者处置含传染病病原体的废物、有毒物质或者其他危险废物，造成突发传染病传播等重大环境污染事故，致使公私财产遭受重大损失或者人身伤亡的严重后果的，依照刑法第三百三十八条的规定，以重大环境污染事故罪定罪处罚。

第十四条　贪污、侵占用于预防、控制突发传染病疫情等灾害的款物或者挪用归个人使用，构成犯罪的，分别依照刑法第三百八十二条、第三百八十三条、第二百七十一条、第三百八十四条、第二百七十二条的规定，以贪污罪、侵占罪、挪用公款罪、挪用资金罪定罪，依法从重处罚。

挪用用于预防、控制突发传染病疫情等灾害的救灾、优抚、救济等款物，构成犯罪的，对直接责任人员，依照刑法第二百七十三条的规定，以挪用特定款物罪定罪处罚。

第十五条 在预防、控制突发传染病疫情等灾害的工作中，负有组织、协调、指挥、灾害调查、控制、医疗救治、信息传递、交通运输、物资保障等职责的国家机关工作人员，滥用职权或者玩忽职守，致使公共财产、国家和人民利益遭受重大损失的，依照刑法第三百九十七条的规定，以滥用职权罪或者玩忽职守罪定罪处罚。

第十六条 在预防、控制突发传染病疫情等灾害期间，从事传染病防治的政府卫生行政部门的工作人员，或者在受政府卫生行政部门委托代表政府卫生行政部门行使职权的组织中从事公务的人员，或者虽未列入政府卫生行政部门人员编制但在政府卫生行政部门从事公务的人员，在代表政府卫生行政部门行使职权时，严重不负责任，导致传染病传播或者流行，情节严重的，依照刑法第四百零九条的规定，以传染病防治失职罪定罪处罚。

在国家对突发传染病疫情等灾害采取预防、控制措施后，具有下列情形之一的，属于刑法第四百零九条规定的"情节严重"：

（一）对发生突发传染病疫情等灾害的地区或者突发传染病病人、病原携带者、疑似突发传染病病人，未按照预防、控制突发传染病疫情等灾害工作规范的要求做好防疫、检疫、隔离、防护、救治等工作，或者采取的预防、控制措施不当，造成传染范围扩大或者疫情、灾情加重的；

（二）隐瞒、缓报、谎报或者授意、指使、强令他人隐瞒、缓报、谎报疫情、灾情，造成传染范围扩大或者疫情、灾情加重的；

（三）拒不执行突发传染病疫情等灾害应急处理指挥机构的决定、命令，造成传染范围扩大或者疫情、灾情加重的；

（四）具有其他严重情节的。

第十七条 人民法院、人民检察院办理有关妨害预防、控制突发传染病疫情等灾害的刑事案件，对于有自首、立功等悔罪表现的，依法从轻、减轻、免除处罚或者依法作出不起诉决定。

第十八条 本解释所称"突发传染病疫情等灾害"，是指突然发生，造成或者可能造成社会公众健康严重损害的重大传染病疫情、群体性不明原因疾病以及其他严重影响公众健康的灾害。

四、最高人民法院、最高人民检察院、公安部、工业和信息化部、住房和城乡建设部、交通运输部、应急管理部、国家铁路局、中国民用航空局、国家邮政局《关于依法惩治涉枪支、弹药、爆炸物、易燃易爆危险物品犯罪的意见》（节录）（2021 年12 月 28 日最高人民法院、最高人民检察院、公安部、工业和信息化部、住房和城乡建设部、交通运输部、应急管理部、国家铁路局、中国民用航空局、国家邮政局公布

自 2021 年 12 月 31 日起施行 法发〔2021〕35 号）

8. 在水路、铁路、航空易燃易爆危险物品运输生产作业活动中违反有关安全管理的规定，有下列情形之一，明知存在重大事故隐患而不排除，足以危害公共安全的，依照刑法第一百一十四条的规定，以以危险方法危害公共安全罪定罪处罚；致人重伤、死亡或者使公私财产遭受重大损失的，依照刑法第一百一十五条第一款的规定处罚：

（1）未经依法批准或者许可，擅自从事易燃易爆危险物品运输的；

（2）委托无资质企业或者个人承运易燃易爆危险物品的；

（3）在托运的普通货物中夹带易燃易爆危险物品的；

（4）将易燃易爆危险物品谎报或者匿报为普通货物托运的；

（5）其他在水路、铁路、航空易燃易爆危险物品运输活动中违反有关安全管理规定的情形。

非法携带易燃易爆危险物品进入水路、铁路、航空公共交通工具或者有关公共场所，危及公共安全，情节严重的，依照刑法第一百三十条的规定，以非法携带危险物品危及公共安全罪定罪处罚。

9. 通过邮件、快件夹带易燃易爆危险物品，或者将易燃易爆危险物品谎报为普通物品交寄，符合本意见第 5 条至第 8 条规定的，依照各该条的规定定罪处罚。

五、最高人民法院《关于依法妥善审理高空抛物、坠物案件的意见》（节录） (2019年10月21日最高人民法院公布　自公布之日起施行　法发〔2019〕25号)

5. 准确认定高空抛物犯罪。对于高空抛物行为，应当根据行为人的动机、抛物场所、抛掷物的情况以及造成的后果等因素，全面考量行为的社会危害程度，准确判断行为性质，正确适用罪名，准确裁量刑罚。

故意从高空抛弃物品，尚未造成严重后果，但足以危害公共安全的，依照刑法第一百一十四条规定的以危险方法危害公共安全罪定罪处罚；致人重伤、死亡或者使公私财产遭受重大损失的，依照刑法第一百一十五条第一款的规定处罚。为伤害、杀害特定人员实施上述行为的，依照故意伤害罪、故意杀人罪定罪处罚。

一、最高人民法院、最高人民检察院、海关总署、公安部、中国海警局《关于打击粤港澳海上跨境走私犯罪适用法律若干问题的指导意见》（节录） (2021年12月14日最高人民法院、最高人民检察院、海关总署、公安部、中国海警局公布　自公布之日起施行　署缉发〔2021〕141号)

二、走私犯罪分子在实施走私犯罪或者逃避追缉过程中，实施碰撞、挤别、抛撒障碍物、超高速行驶、强光照射驾驶人员等危险行为，危害公共安全的，以走私罪和以危险方法危害公共安全罪数罪并罚。以暴力、威胁方法抗拒缉私执法，以走私罪和袭警罪或者妨害公务罪数罪并罚。武装掩护走私的，依照刑法第一百五十一条第一款规定从重处罚。

二、最高人民法院、最高人民检察院、公安部《关于依法惩治袭警违法犯罪行为的指导意见》（节录） (2020年1月10日最高人民法院、最高人民检察院、公安部公布　自公布之日起施行)

三、驾车冲撞、碾轧、拖拽、剐蹭民警，或者挤别、碰撞正在执行职务的警用车辆，危害公共安全或者民警生命、健康安全，符合刑法第一百一十四条、第一百一十五条、第二百三十二条、第二百三十四条规定的，应当以以危险方法危害公共安全罪、故意杀人罪或者故意伤害罪定罪，酌情从重处罚。

暴力袭警，致使民警重伤、死亡，符合刑法第二百三十四条、第二百三十二条规定的，应当以故意伤害罪、故意杀人罪定罪，酌情从重处罚。

五、民警在非工作时间，依照《中华人民共和国人民警察法》等法律履行职责的，应当视为执行职务。

三、最高人民法院、最高人民检察院、公安部《关于依法惩治妨害公共交通工具安全驾驶违法犯罪行为的指导意见》（节录） (2019年1月8日最高人民法院、最高人民检察院、公安部公布　自公布之日起施行)

一、准确认定行为性质，依法从严惩处妨害安全驾驶犯罪

（一）乘客在公共交通工具行驶过程中，抢夺方向盘、变速杆等操纵装置，殴打、

法 律 适 用

规 章 及 规 范 性 文 件

拉拽驾驶人员，或者有其他妨害安全驾驶行为，危害公共安全，尚未造成严重后果的，依照刑法第一百一十四条的规定，以以危险方法危害公共安全罪定罪处罚；致人重伤、死亡或者使公私财产遭受重大损失的，依照刑法第一百一十五条第一款的规定，以以危险方法危害公共安全罪定罪处罚。

实施前款规定的行为，具有以下情形之一的，从重处罚：

1. 在夜间行驶或者恶劣天气条件下行驶的公共交通工具上实施的；

2. 在临水、临崖、急弯、陡坡、高速公路、高架道路、桥隧路段及其他易发生危险的路段实施的；

3. 在人员、车辆密集路段实施的；

4. 在实际载客 10 人以上或者时速 60 公里以上的公共交通工具上实施的；

5. 经他人劝告、阻拦后仍然继续实施的；

6. 持械袭击驾驶人员的；

7. 其他严重妨害安全驾驶的行为。

实施上述行为，即使尚未造成严重后果，一般也不得适用缓刑。

（二）乘客在公共交通工具行驶过程中，随意殴打其他乘客，追逐、辱骂他人，或者起哄闹事，妨害公共交通工具运营秩序，符合刑法第二百九十三条规定的，以寻衅滋事罪定罪处罚；妨害公共交通工具安全行驶，危害公共安全的，依照刑法第一百一十四条、第一百一十五条第一款的规定，以以危险方法危害公共安全罪定罪处罚。

（三）驾驶人员在公共交通工具行驶过程中，与乘客发生纷争后违规操作或者擅离职守，与乘客厮打、互殴，危害公共安全，尚未造成严重后果的，依照刑法第一百一十四条的规定，以以危险方法危害公共安全罪定罪处罚；致人重伤、死亡或者使公私财产遭受重大损失的，依照刑法第一百一十五条第一款的规定，以以危险方法危害公共安全罪定罪处罚。

（四）对正在进行的妨害安全驾驶的违法犯罪行为，乘客等人员有权采取措施予以制止。制止行为造成违法犯罪行为人损害，符合法定条件的，应当认定为正当防卫。

（五）正在驾驶公共交通工具的驾驶人员遭到妨害安全驾驶行为侵害时，为避免公共交通工具倾覆或者人员伤亡等危害后果发生，采取紧急制动或者躲避措施，造成公共交通工具、交通设施损坏或者人身损害，符合法定条件的，应当认定为紧急避险。

（六）以暴力、威胁方法阻碍国家机关工作人员依法处置妨害安全驾驶违法犯罪行为、维护公共交通秩序的，依照刑法第二百七十七条的规定，以妨害公务罪定罪处罚；暴力袭击正在依法执行职务的人民警察的，从重处罚。

（七）本意见所称公共交通工具，是指公共汽车、公路客运车，大、中型出租车等车辆。

18 失火案

概念

本罪是指由于行为人的过失引起火灾，造成严重后果，危害公共安全的行为。这是一种以过失酿成火灾的危险方法危害公共安全的犯罪。

立案标准

过失引起火灾，涉嫌下列情形之一的，应予立案追诉：

(1) 导致死亡 1 人以上，或者重伤 3 人以上的；

(2) 造成公共财产或者他人财产直接经济损失 50 万元以上的；

(3) 造成 10 户以上家庭的房屋以及其他基本生活资料烧毁的；

(4) 造成森林火灾，过火有林地面积 2 公顷以上，或者过火疏林地、灌木林地、未成林地、苗圃地面积 4 公顷以上的；

(5) 其他造成严重后果的情形。

定罪标准	犯罪客体	本罪侵犯的客体是公共安全，即不特定多数人的生命、健康或重大公私财产的安全。从实践来看，本罪对公共安全的危害通常表现为危害重大公私财产的安全和既危害不特定多数人的生命、健康，又危害重大公私财产安全两种情况。由于火的燃烧须依附于财物，没有财物的燃烧，火势就难以危及不特定多数人的人身，因此单纯危害不特定多数人的生命、健康的情况是罕见的。 值得注意的是，失火行为虽然造成了严重后果，但没有侵害不特定多数人的生命、身体的安全与公众生活的平稳与安宁的，不能认定为失火罪。
	犯罪客观方面	本罪在客观方面表现为行为人实施引起火灾，造成严重后果的危害公共安全行为。(1) 行为人必须有引起火灾的行为。失火一般发生在日常生活中，如吸烟入睡引起火灾，取暖做饭用火不慎引起火灾，做饭不照看炉火，安装炉灶、烟囱不合防火规则，在森林中乱烧荒，或者架柴做饭、取暖，不注意防火，以致酿成火灾，造成重大损失，就构成失火罪。如果在工作中严重不负责任或擅离职守；或者在生产中违章作业或强令他人违章作业而引起火灾，则分别构成玩忽职守罪或者重大责任事故罪。如果火灾不是由于行为人的失火行为引起的，而是由于自然原因引起的，不构成失火罪。(2) 行为人的行为必须造成严重后果，即致人重伤、死亡或者使公私财产遭受重大损失。仅有失火行为，未引起危害后果；或者危害后果不严重，不构成失火罪，而属一般失火行为。(3) 上述严重后果必须是失火行为所引起，即同失火行为有着直接的因果关系。这一特征是行为人负刑事责任的客观根据。
	犯罪主体	本罪主体为一般主体，即凡年满 16 周岁且具有刑事责任能力的人均可成为本罪主体。国家工作人员或者具有从事某种业务身份的人员，在执行职务中或从事业务过程中过失引起火灾的，不构成失火罪。
	犯罪主观方面	本罪在主观方面表现为过失。既可出于疏忽大意的过失，即行为人应当预见自己的行为可能引起火灾，但是疏忽大意而未预见，致使火灾发生；也可出于过于自信的过失，即行为人已经预见自己的行为可能引起火灾，由于轻信火灾能够避免，结果发

	犯罪主观方面	生了火灾。这里疏忽大意、轻信能够避免，是指行为人对火灾危害结果的心理态度，而不是对导致火灾的行为的心理态度。实践中有的案件行为人对导致火灾的行为是明知故犯的，如明知在特定区域内禁止吸烟却禁而不止等，但对火灾危害结果既不希望，也不放任其发生。这种案件应定为失火罪。行为人对于火灾的发生，主观上具有犯罪的过失，是其负刑事责任的主观根据。如果查明火灾是由于不可抗拒或不能预见的原因所引起，如雷击、地震等引起的火灾，则属于意外事故，不涉及犯罪问题。
	罪与非罪	区分罪与非罪的界限，关键是看失火行为是否造成严重后果。实践中，这类案件情况比较复杂。处理时，首先要查明行为人的行为与失火事件的发生有没有刑法上的因果关系。其次要查明损失的大小。火灾的发生虽与行为人的过失行为之间有因果关系，但由于及时扑灭而没有产生危害后果，或者造成的损失轻微的，也不构成失火罪，可由公安机关按照《治安管理处罚法》的规定处罚，或者由有关单位给予批评教育或者行政处分。 　　本罪与自然火灾的界限。自然火灾，是由于地震、火山爆发、雷击、天旱等引起火灾，不是人为原因造成的，当然不构成犯罪。
定罪标准	此罪与彼罪	一、本罪与放火罪的界限。失火罪与放火罪在客观上都表现为与火灾有关的危害公共安全的行为，都侵害了社会公共安全。但两者有明显的区别：（1）在客观方面，失火罪必须造成致人重伤、死亡或者使公私财产遭受重大损失的严重后果，才能构成。放火罪并不以发生上述严重后果作为法定要件，只要实施足以危害公共安全的放火行为，放火罪即能成立。（2）放火罪有既遂、未遂之分。失火罪是过失犯罪，以发生严重后果作为法定要件，不存在犯罪未遂问题。（3）主体要件处罚年龄不同。放火罪年满14周岁不满16周岁的人即可构成；失火罪年满16周岁的人才负刑事责任。（4）主观罪过形式不同。放火罪由故意构成；失火罪则出于过失。这是两种犯罪性质的根本区别所在。 　　司法实践中，有时会发生过失犯罪转化为故意犯罪的情况。例如，某人在仓库吸烟无意中将未熄灭的火柴头扔到草堆上，当即起火。这时行为人本应奋力灭火以避免火灾的发生，而他却扬长而去，漠不关心，任火势蔓延，致酿成灾。这里行为人开始只是无意中将火柴头扔进草堆，并非故意制造火灾，本应认定为失火行为，但由于其先前的失火行为已经造成火灾的危险，行为人负有灭火、消除危险的义务。在其能够履行义务的情况下，明知不灭火可能造成火灾，却不予履行，任由火灾发生。这时行为人主观罪过已转化为间接故意，因而构成以不作为形式实施的放火罪，不应再以失火罪论处。 　　二、本罪与重大责任事故罪的界限。这两种犯罪的主观罪过形式都是过失；从现象上看，都可能引发火灾，造成严重的危害后果。但两者有明显区别：（1）犯罪主体不同。失火罪的犯罪主体没有具体限制；重大责任事故罪的犯罪主体是对生产、作业负有组织、指挥或者管理职责的负责人、管理人员、投资人等人员，以及直接从事生产、作用的人员。（2）客观方面不同。重大责任事故罪必须是发生在生产、作业过程中，由于不服管理、违反规章制度，因而发生严重事故；而失火罪一般是由于在日常生活中用火不慎而引起火灾。因此，对过失引起火灾的，应全面分析其犯罪构成要件各个方面的特点，根据行为人所触犯的相应刑法条文定罪量刑。

定罪标准	**此罪与彼罪**	三、本罪与危险物品肇事罪的界限。两者都是过失犯罪，但区别在于：（1）犯罪主体不同。失火罪是一般主体；危险物品肇事罪的犯罪主体主要是从事生产、储存、运输和使用危害物品的职工，只有在特殊情况下，其他人员才可构成该罪的犯罪主体。（2）犯罪客观方面不同。危险物品肇事罪在客观方面也可能表现为引起火灾，但它是在生产、储存、运输和使用易燃性物品时，由于违反有关管理规定而发生重大火灾；失火罪则不限于此，而且一般是由于日常生活中用火不慎而引起火灾。
证据参考标准	**主体方面的证据**	**一、证明行为人刑事责任年龄、身份等自然情况的证据** 包括身份证明、户籍证明、任职证明、工作经历证明、特定职责证明等，主要是证明行为人的姓名（曾用名）、性别、出生年月日、民族、籍贯、出生地、职业（或职务）、住所地（或居所地）等证据材料，如户口簿、居民身份证、工作证、出生证、专业或技术等级证、干部履历表、职工登记表、护照等。 对于户籍、出生证等材料内容不实的，应提供其他证据材料。外国人犯罪的案件，应有护照等身份证明材料。人大代表、政协委员犯罪的案件，应注明身份，并附身份证明材料。 **二、证明行为人刑事责任能力的证据** 证明行为人对自己的行为是否具有辨认能力与控制能力，如是否属于间歇性精神病人、尚未完全丧失辨认或者控制自己行为能力的精神病人的证明材料。
	主观方面的证据	**证明行为人过失的证据** 1. 证明行为人应当预见自己的行为可能发生危害社会的结果的证据；2. 证明疏忽大意过失的证据；3. 证明过于自信过失的证据。
	客观方面的证据	**证明行为人失火犯罪行为的证据** 具体证据包括：1. 证明行为人疏忽大意造成火灾行为的证据；2. 证明行为人因吸烟入睡造成火灾行为的证据；3. 证明行为人因取暖造成火灾行为的证据；4. 证明行为人用火不慎引起火灾行为的证据；5. 证明因失火造成致人重伤的证据；6. 证明因失火造成致人死亡的证据；7. 证明因失火造成公私财产重大损失的证据；8. 证明行为人失火犯罪行为情节较轻的证据。
	量刑方面的证据	**一、法定量刑情节证据** 1. 事实情节：（1）造成重大损失的；（2）情节较轻的。2. 法定从重情节。3. 法定从轻减轻情节：（1）可以从轻；（2）可以从轻或者减轻；（3）应当从轻或者减轻。4. 法定从轻减轻免除情节：（1）可以从轻、减轻或者免除处罚；（2）应当从轻、减轻或者免除处罚。5. 法定减轻免除情节：（1）可以减轻或者免除处罚；（2）应当减轻或者免除处罚；（3）可以免除处罚。 **二、酌定量刑情节证据** 1. 犯罪手段。2. 犯罪对象。3. 危害结果：（1）死亡；（2）重伤；（3）重大损失。4. 动机。5. 平时表现。6. 认罪态度。7. 是否有前科。8. 其他证据。

量刑标准	犯本罪的	处三年以上七年以下有期徒刑
	情节较轻的	处三年以下有期徒刑或者拘役

法律适用

刑法条文

第一百一十五条 放火、决水、爆炸以及投放毒害性、放射性、传染病病原体等物质或者以其他危险方法致人重伤、死亡或者使公私财产遭受重大损失的，处十年以上有期徒刑、无期徒刑或者死刑。

过失犯前款罪的，处三年以上七年以下有期徒刑；情节较轻的，处三年以下有期徒刑或者拘役。

相关法律法规

一、《中华人民共和国消防法》（节录） （1998年4月29日中华人民共和国主席令第4号公布 自1998年9月1日起施行 2008年10月28日修订 2019年4月23日第一次修正 2021年4月29日第二次修正）

第五十八条 违反本法规定，有下列行为之一的，由住房和城乡建设主管部门、消防救援机构按照各自职权责令停止施工、停止使用或者停产停业，并处三万元以上三十万元以下罚款：

（一）依法应当进行消防设计审查的建设工程，未经依法审查或者审查不合格，擅自施工的；

（二）依法应当进行消防验收的建设工程，未经消防验收或者消防验收不合格，擅自投入使用的；

（三）本法第十三条规定的其他建设工程验收后经依法抽查不合格，不停止使用的；

（四）公众聚集场所未经消防救援机构许可，擅自投入使用、营业的，或者经核查发现场所使用、营业情况与承诺内容不符的。

核查发现公众聚集场所使用、营业情况与承诺内容不符，经责令限期改正，逾期不整改或者整改后仍达不到要求的，依法撤销相应许可。

建设单位未依照本法规定在验收后报住房和城乡建设主管部门备案的，由住房和城乡建设主管部门责令改正，处五千元以下罚款。

第五十九条 违反本法规定，有下列行为之一的，由住房和城乡建设主管部门责令改正或者停止施工，并处一万元以上十万元以下罚款：

（一）建设单位要求建筑设计单位或者建筑施工企业降低消防技术标准设计、施工的；

（二）建筑设计单位不按照消防技术标准强制性要求进行消防设计的；

（三）建筑施工企业不按照消防设计文件和消防技术标准施工，降低消防施工质量的；

（四）工程监理单位与建设单位或者建筑施工企业串通，弄虚作假，降低消防施工质量的。

第六十条 单位违反本法规定，有下列行为之一的，责令改正，处五千元以上五万元以下罚款：

（一）消防设施、器材或者消防安全标志的配置、设置不符合国家标准、行业标准，或者未保持完好有效的；

（二）损坏、挪用或者擅自拆除、停用消防设施、器材的；

（三）占用、堵塞、封闭疏散通道、安全出口或者有其他妨碍安全疏散行为的；

（四）埋压、圈占、遮挡消火栓或者占用防火间距的；

（五）占用、堵塞、封闭消防车通道，妨碍消防车通行的；

（六）人员密集场所在门窗上设置影响逃生和灭火救援的障碍物的；

（七）对火灾隐患经消防救援机构通知后不及时采取措施消除的。

个人有前款第二项、第三项、第四项、第五项行为之一的，处警告或者五百元以下罚款。

有本条第一款第三项、第四项、第五项、第六项行为，经责令改正拒不改正的，强制执行，所需费用由违法行为人承担。

第六十一条　生产、储存、经营易燃易爆危险品的场所与居住场所设置在同一建筑物内，或者未与居住场所保持安全距离的，责令停产停业，并处五千元以上五万元以下罚款。

生产、储存、经营其他物品的场所与居住场所设置在同一建筑物内，不符合消防技术标准的，依照前款规定处罚。

第六十二条　有下列行为之一的，依照《中华人民共和国治安管理处罚法》的规定处罚：

（一）违反有关消防技术标准和管理规定生产、储存、运输、销售、使用、销毁易燃易爆危险品的；

（二）非法携带易燃易爆危险品进入公共场所或者乘坐公共交通工具的；

（三）谎报火警的；

（四）阻碍消防车、消防艇执行任务的；

（五）阻碍消防救援机构的工作人员依法执行职务的。

第六十三条　违反本法规定，有下列行为之一的，处警告或者五百元以下罚款；情节严重的，处五日以下拘留：

（一）违反消防安全规定进入生产、储存易燃易爆危险品场所的；

（二）违反规定使用明火作业或者在具有火灾、爆炸危险的场所吸烟、使用明火的。

第六十四条　违反本法规定，有下列行为之一，尚不构成犯罪的，处十日以上十五日以下拘留，可以并处五百元以下罚款；情节较轻的，处警告或者五百元以下罚款：

（一）指使或者强令他人违反消防安全规定，冒险作业的；

（二）过失引起火灾的；

（三）在火灾发生后阻拦报警，或者负有报告职责的人员不及时报警的；

（四）扰乱火灾现场秩序，或者拒不执行火灾现场指挥员指挥，影响灭火救援的；

（五）故意破坏或者伪造火灾现场的；

（六）擅自拆封或者使用被消防救援机构查封的场所、部位的。

第六十五条　违反本法规定，生产、销售不合格的消防产品或者国家明令淘汰的消防产品的，由产品质量监督部门或者工商行政管理部门依照《中华人民共和国产品质量法》的规定从重处罚。

人员密集场所使用不合格的消防产品或者国家明令淘汰的消防产品的，责令限期改正；逾期不改正的，处五千元以上五万元以下罚款，并对其直接负责的主管人员和其他直接责任人员处五百元以上二千元以下罚款；情节严重的，责令停产停业。

消防救援机构对于本条第二款规定的情形，除依法对使用者予以处罚外，应当将发现不合格的消防产品和国家明令淘汰的消防产品的情况通报产品质量监督部门、工商行政管理部门。产品质量监督部门、工商行政管理部门应当对生产者、销售者依法及时查处。

第六十六条 电器产品、燃气用具的安装、使用及其线路、管路的设计、敷设、维护保养、检测不符合消防技术标准和管理规定的，责令限期改正；逾期不改正的，责令停止使用，可以并处一千元以上五千元以下罚款。

第六十七条 机关、团体、企业、事业等单位违反本法第十六条、第十七条、第十八条、第二十一条第二款规定的，责令限期改正；逾期不改正的，对其直接负责的主管人员和其他直接责任人员依法给予处分或者给予警告处罚。

第六十八条 人员密集场所发生火灾，该场所的现场工作人员不履行组织、引导在场人员疏散的义务，情节严重，尚不构成犯罪的，处五日以上十日以下拘留。

第六十九条 消防设施维护保养检测、消防安全评估等消防技术服务机构，不具备从业条件从事消防技术服务活动或者出具虚假文件的，由消防救援机构责令改正，处五万元以上十万元以下罚款，并对直接负责的主管人员和其他直接责任人员处一万元以上五万元以下罚款；不按照国家标准、行业标准开展消防技术服务活动的，责令改正，处五万元以下罚款，并对直接负责的主管人员和其他直接责任人员处一万元以下罚款；有违法所得的，并处没收违法所得；给他人造成损失的，依法承担赔偿责任；情节严重的，依法责令停止执业或者吊销相应资格；造成重大损失的，由相关部门吊销营业执照，并对有关责任人员采取终身市场禁入措施。

前款规定的机构出具失实文件，给他人造成损失的，依法承担赔偿责任；造成重大损失的，由消防救援机构依法责令停止执业或者吊销相应资格，由相关部门吊销营业执照，并对有关责任人员采取终身市场禁入措施。

第七十条 本法规定的行政处罚，除应当由公安机关依照《中华人民共和国治安管理处罚法》的有关规定决定的外，由住房和城乡建设主管部门、消防救援机构按照各自职权决定。

被责令停止施工、停止使用、停产停业的，应当在整改后向作出决定的部门或者机构报告，经检查合格，方可恢复施工、使用、生产、经营。

当事人逾期不执行停产停业、停止使用、停止施工决定的，由作出决定的部门或者机构强制执行。

责令停产停业，对经济和社会生活影响较大的，由住房和城乡建设主管部门或者应急管理部门报请本级人民政府依法决定。

第七十一条 住房和城乡建设主管部门、消防救援机构的工作人员滥用职权、玩忽职守、徇私舞弊，有下列行为之一，尚不构成犯罪的，依法给予处分：

（一）对不符合消防安全要求的消防设计文件、建设工程、场所准予审查合格、消防验收合格、消防安全检查合格的；

（二）无故拖延消防设计审查、消防验收、消防安全检查，不在法定期限内履行职责的；

（三）发现火灾隐患不及时通知有关单位或者个人整改的；

（四）利用职务为用户、建设单位指定或者变相指定消防产品的品牌、销售单位或者消防技术服务机构、消防设施施工单位的；

（五）将消防车、消防艇以及消防器材、装备和设施用于与消防和应急救援无关的事项的；

（六）其他滥用职权、玩忽职守、徇私舞弊的行为。

产品质量监督、工商行政管理等其他有关行政主管部门的工作人员在消防工作中滥用职权、玩忽职守、徇私舞弊，尚不构成犯罪的，依法给予处分。

第七十二条 违反本法规定，构成犯罪的，依法追究刑事责任。

二、《消防安全责任制实施办法》（节录）（2017 年 10 月 29 日国务院办公厅公布 自公布之日起施行 国办发〔2017〕87 号）

第十三条 具有行政审批职能的部门，对审批事项中涉及消防安全的法定条件要依法严格审批，凡不符合法定条件的，不得核发相关许可证照或批准开办。对已经依法取得批准的单位，不再具备消防安全条件的应当依法予以处理。

（一）公安机关负责对消防工作实施监督管理，指导、督促机关、团体、企业、事业等单位履行消防工作职责。依法实施建设工程消防设计审核、消防验收，开展消防监督检查，组织针对性消防安全专项治理，实施消防行政处罚。组织和指挥火灾现场扑救，承担或参加重大灾害事故和其他以抢救人员生命为主的应急救援工作。依法组织或参与火灾事故调查处理工作，办理失火罪和消防责任事故罪案件。组织开展消防宣传教育培训和应急疏散演练。

（二）教育部门负责学校、幼儿园管理中的行业消防安全。指导学校消防安全教育宣传工作，将消防安全教育纳入学校安全教育活动统筹安排。

（三）民政部门负责社会福利、特困人员供养、救助管理、未成年人保护、婚姻、殡葬、救灾物资储备、烈士纪念、军休军供、优抚医院、光荣院、养老机构等民政服务机构审批或管理中的行业消防安全。

（四）人力资源社会保障部门负责职业培训机构、技工院校审批或管理中的行业消防安全。做好政府专职消防人员、企业专职消防队员依法参加工伤保险工作。将消防法律法规和消防知识纳入公务员培训、职业培训内容。

（五）城乡规划管理部门依据城乡规划配合制定消防设施布局专项规划，依据规划预留消防站规划用地，并负责监督实施。

（六）住房城乡建设部门负责依法督促建设工程责任单位加强对房屋建筑和市政基础设施工程建设的安全管理，在组织制定工程建设规范以及推广新技术、新材料、新工艺时，应充分考虑消防安全因素，满足有关消防安全性能及要求。

（七）交通运输部门负责在客运车站、港口、码头及交通工具管理中依法督促有关单位落实消防安全主体责任和有关消防工作制度。

（八）文化部门负责文化娱乐场所审批或管理中的行业消防安全工作，指导、监督公共图书馆、文化馆（站）、剧院等文化单位履行消防安全职责。

（九）卫生计生部门负责医疗卫生机构、计划生育技术服务机构审批或管理中的行业消防安全。

（十）工商行政管理部门负责依法对流通领域消防产品质量实施监督管理，查处流通领域消防产品质量违法行为。

（十一）质量技术监督部门负责依法督促特种设备生产单位加强特种设备生产过程中的消防安全管理，在组织制定特种设备产品及使用标准时，应充分考虑消防安全因素，满足有关消防安全性能及要求，积极推广消防新技术在特种设备产品

中的应用。按照职责分工对消防产品质量实施监督管理，依法查处消防产品质量违法行为。做好消防安全相关标准制修订工作，负责消防相关产品质量认证监督管理工作。

（十二）新闻出版广电部门负责指导新闻出版广播影视机构消防安全管理，协助监督管理印刷业、网络视听节目服务机构消防安全。督促新闻媒体发布针对性消防安全提示，面向社会开展消防宣传教育。

（十三）安全生产监督管理部门要严格依法实施有关行政审批，凡不符合法定条件的，不得核发有关安全生产许可。

三、《森林防火条例》（节录）（1988 年 1 月 16 日国务院公布　自 1988 年 3 月 15 日起施行　2008 年 11 月 19 日修订）

第四十七条　违反本条例规定，县级以上地方人民政府及其森林防火指挥机构、县级以上人民政府林业主管部门或者其他有关部门及其工作人员，有下列行为之一的，由其上级行政机关或者监察机关责令改正；情节严重的，对直接负责的主管人员和其他直接责任人员依法给予处分；构成犯罪的，依法追究刑事责任：

（一）未按照有关规定编制森林火灾应急预案的；

（二）发现森林火灾隐患未及时下达森林火灾隐患整改通知书的；

（三）对不符合森林防火要求的野外用火或者实弹演习、爆破等活动予以批准的；

（四）瞒报、谎报或者故意拖延报告森林火灾的；

（五）未及时采取森林火灾扑救措施的；

（六）不依法履行职责的其他行为。

第四十八条　违反本条例规定，森林、林木、林地的经营单位或者个人未履行森林防火责任的，由县级以上地方人民政府林业主管部门责令改正，对个人处 500 元以上 5000 元以下罚款，对单位处 1 万元以上 5 万元以下罚款。

第四十九条　违反本条例规定，森林防火区内的有关单位或者个人拒绝接受森林防火检查或者接到森林火灾隐患整改通知书逾期不消除火灾隐患的，由县级以上地方人民政府林业主管部门责令改正，给予警告，对个人并处 200 元以上 2000 元以下罚款，对单位并处 5000 元以上 1 万元以下罚款。

第五十条　违反本条例规定，森林防火期内未经批准擅自在森林防火区内野外用火的，由县级以上地方人民政府林业主管部门责令停止违法行为，给予警告，对个人并处 200 元以上 3000 元以下罚款，对单位并处 1 万元以上 5 万元以下罚款。

第五十一条　违反本条例规定，森林防火期内未经批准在森林防火区内进行实弹演习、爆破等活动的，由县级以上地方人民政府林业主管部门责令停止违法行为，给予警告，并处 5 万元以上 10 万元以下罚款。

第五十二条　违反本条例规定，有下列行为之一的，由县级以上地方人民政府林业主管部门责令改正，给予警告，对个人并处 200 元以上 2000 元以下罚款，对单位并处 2000 元以上 5000 元以下罚款：

（一）森林防火期内，森林、林木、林地的经营单位未设置森林防火警示宣传标志的；

（二）森林防火期内，进入森林防火区的机动车辆未安装森林防火装置的；

（三）森林高火险期内，未经批准擅自进入森林高火险区活动的。

第五十三条 违反本条例规定，造成森林火灾，构成犯罪的，依法追究刑事责任；尚不构成犯罪的，除依照本条例第四十八条、第四十九条、第五十条、第五十一条、第五十二条的规定追究法律责任外，县级以上地方人民政府林业主管部门可以责令责任人补种树木。

四、《草原防火条例》（节录）（1993 年 10 月 5 日中华人民共和国国务院令第 130 号公布 自公布之日起施行 2008 年 11 月 19 日修订）

第四十二条 违反本条例规定，县级以上人民政府草原防火主管部门或者其他有关部门及其工作人员，有下列行为之一的，由其上级行政机关或者监察机关责令改正；情节严重的，对直接负责的主管人员和其他直接责任人员依法给予处分；构成犯罪的，依法追究刑事责任：

（一）未按照规定制订草原火灾应急预案的；

（二）对不符合草原防火要求的野外用火或者爆破、勘察和施工等活动予以批准的；

（三）对不符合条件的车辆发放草原防火通行证的；

（四）瞒报、谎报或者授意他人瞒报、谎报草原火灾的；

（五）未及时采取草原火灾扑救措施的；

（六）不依法履行职责的其他行为。

第四十三条 截留、挪用草原防火资金或者侵占、挪用草原防火物资的，依照有关财政违法行为处罚处分的法律、法规进行处理；构成犯罪的，依法追究刑事责任。

第四十四条 违反本条例规定，有下列行为之一的，由县级以上地方人民政府草原防火主管部门责令停止违法行为，采取防火措施，并限期补办有关手续，对有关责任人员处 2000 元以上 5000 元以下罚款，对有关责任单位处 5000 元以上 2 万元以下罚款：

（一）未经批准在草原上野外用火或者进行爆破、勘察和施工等活动的；

（二）未取得草原防火通行证进入草原防火管制区的。

第四十五条 违反本条例规定，有下列行为之一的，由县级以上地方人民政府草原防火主管部门责令停止违法行为，采取防火措施，消除火灾隐患，并对有关责任人员处 200 元以上 2000 元以下罚款，对有关责任单位处 2000 元以上 2 万元以下罚款；拒不采取防火措施、消除火灾隐患的，由县级以上地方人民政府草原防火主管部门代为采取防火措施、消除火灾隐患，所需费用由违法单位或者个人承担：

（一）在草原防火期内，经批准的野外用火未采取防火措施的；

（二）在草原上作业和行驶的机动车辆未安装防火装置或者存在火灾隐患的；

（三）在草原上行驶的公共交通工具上的司机、乘务人员或者旅客丢弃火种的；

（四）在草原上从事野外作业的机械设备作业人员不遵守防火安全操作规程或者对野外作业的机械设备未采取防火措施的；

（五）在草原防火管制区内未按照规定用火的。

第四十六条 违反本条例规定，草原上的生产经营等单位未建立或者未落实草原防火责任制的，由县级以上地方人民政府草原防火主管部门责令改正，对有关责任单位处 5000 元以上 2 万元以下罚款。

第四十七条 违反本条例规定，故意或者过失引发草原火灾，构成犯罪的，依法追究刑事责任。

法律适用

规章及规范性文件

一、最高人民检察院、公安部《关于公安机关管辖的刑事案件立案追诉标准的规定（一）》（节录）（2008年6月25日最高人民检察院、公安部公布 自公布之日起施行 公通字〔2008〕36号 2017年4月27日修正）

第一条 〔失火案（刑法第一百一十五条第二款）〕过失引起火灾，涉嫌下列情形之一的，应予立案追诉：

（一）造成死亡一人以上，或者重伤三人以上的；

（二）造成公共财产或者他人财产直接经济损失五十万元以上的；

（三）造成十户以上家庭的房屋以及其他基本生活资料烧毁的；

（四）造成森林火灾，过火有林地面积二公顷以上，或者过火疏林地、灌木林地、未成林地、苗圃地面积四公顷以上的；

（五）其他造成严重后果的情形。

本条和本规定第十五条规定的"有林地"、"疏林地"、"灌木林地"、"未成林地"、"苗圃地"，按照国家林业主管部门的有关规定确定。

二、国家林业局（已撤销）、公安部《关于森林和陆生野生动物刑事案件管辖及立案标准》（节录）（2001年5月9日公安部、国家林业局（已撤销）公布 自公布之日起施行）

二、森林和陆生野生动物刑事案件的立案标准

（七）失火案

失火造成森林火灾，过火有林地面积2公顷以上，或者致人重伤、死亡的应当立案；过火有林地面积为10公顷以上，或者致人死亡、重伤5人以上的为重大案件；过火有林地面积为50公顷以上，或者死亡2人以上的，为特别重大案件。

三、公安部《火灾事故调查规定》（节录）（2009年4月30日公安部令第108号发布 自2009年5月1日起施行 2012年7月17日修订）

第四十一条 公安机关消防机构在火灾事故调查过程中，应当根据下列情况分别作出处理：

（一）涉嫌失火罪、消防责任事故罪的，按照《公安机关办理刑事案件程序规定》立案侦查；涉嫌其他犯罪的，及时移送有关主管部门办理；

（二）涉嫌消防安全违法行为的，按照《公安机关办理行政案件程序规定》调查处理；涉嫌其他违法行为的，及时移送有关主管部门调查处理；

（三）依照有关规定应当给予处分的，移交有关主管部门处理。

对经过调查不属于火灾事故的，公安机关消防机构应当告知当事人处理途径并记录在案。

19 过失决水案

概念 | 本罪是指过失决水，引起水灾，危害公共安全，造成严重后果的行为。

立案标准 | 根据《刑法》第115条的规定，行为人过失决水，致人重伤、死亡或者使公私财产遭受重大损失的，应当立案追究。

定罪标准		
	犯罪客体	本罪侵犯的客体是公共安全，即不特定多数人的生命、健康或重大公私财产的安全。
	犯罪客观方面	本罪在客观方面表现为实施危害公共安全的决水行为，并且造成了严重后果。(1) 行为人必须实施引起水灾的行为，即改变水势，使之泛滥成灾的行为。这种行为多是发生在日常生活中，由于行为人不注意公共安全以致酿成水灾。如果负责防洪的工作人员，在工作中严重不负责任或擅离职守，因过失引起水灾，致人重伤、死亡或者公私财产遭受重大损失，不构成本罪，视情节可定为玩忽职守罪。(2) 构成本罪必须已经造成法定的严重后果，即致人重伤、死亡或者公私财物遭受重大损失。如果造成的危害后果不严重，或者未造成危害后果，不构成过失决水罪。而且这种严重后果必须是过失行为所引起，二者存在因果关系。上述客观方面的特征是本罪区别于失火、过失爆炸、过失投放危险物质等犯罪的关键所在。 值得注意的是，本罪为结果犯，必须有严重危害公共安全的后果产生方可构成本罪，不存在犯罪未遂。
	犯罪主体	本罪主体为一般主体，即凡年满16周岁且具备刑事责任能力的自然人均可构成本罪。
	犯罪主观方面	本罪在主观方面表现为过失，包括过于自信的过失和疏忽大意的过失。其内容表现为，行为人已经预见其行为可能引起水灾，危害公共安全，并轻信能够避免；或者应当预见，因为疏忽大意而未预见，以致发生了危害公共安全的严重后果。如果行为人对其行为引起的水灾并未预见，而且根据案件发生时的主客观情况看，行为人也不可能预见，则属于意外事件，不负刑事责任。
	罪与非罪	区分罪与非罪的界限，要注意两点：(1) 本罪是结果犯，行为人的决水行为必须"致人重伤、死亡或者使公私财产遭受重大损失"，才能构成犯罪。(2) 本罪与自然水灾的界限。前者是由于行为人的过失行为而引起的水灾，造成危害公共安全的严重后果。自然水灾并非人为的水灾，而是由于不可抗拒的自然原因所造成，如山洪暴发、雨水过多、河堤决口、地震等原因造成的水灾。

定罪标准	**此罪与彼罪**	一、本罪与决水罪的界限。过失决水罪与决水罪都是以决水的危险方法危害公共安全的犯罪，其主要区别是：（1）主观方面不同。过失决水罪是出于过失；决水罪是故意构成。（2）客观方面不同。过失决水罪必须造成法定的严重后果，即致人重伤、死亡或者使公私财产遭受重大损失，才能定罪；而决水罪是只要故意实施危害公共安全的决水行为，无论是否发生严重后果，都构成犯罪。（3）决水罪有既遂、未遂之分；过失决水罪不可能出现未遂的形态。 二、本罪与故意毁坏财物罪的界限。过失决水罪和以决水方式故意毁坏公私财物都会造成公私财物的一定损失，但两者的区别是明显的：（1）侵犯的客体不同。过失决水罪侵犯的客体是公共安全；而故意毁坏财物罪的客体则是公私财物的所有权。（2）客观方面不同。过失决水罪是危害公共安全的犯罪，既可以使不特定的重大公私财产遭受损失，又可以造成不特定多数人的伤亡；而故意毁坏财物罪则只能是使特定的公私财物遭受损失。而且，就公私财产遭受毁损的范围来看，过失决水罪使公私财产遭受毁损的范围要大于故意毁坏财物罪。（3）主观方面不同。过失决水罪主观上只能是过失；而故意毁坏财物罪主观上则只能是故意。
证据参考标准	**主体方面的证据**	一、证明行为人刑事责任年龄、身份等自然情况的证据 包括身份证明、户籍证明、任职证明、工作经历证明、特定职责证明等，主要是证明行为人的姓名（曾用名）、性别、出生年月日、民族、籍贯、出生地、职业（或职务）、住所地（或居所地）等证据材料，如户口簿、居民身份证、工作证、出生证、专业或技术等级证、干部履历表、职工登记表、护照等。 对于户籍、出生证等材料内容不实的，应提供其他证据材料。外国人犯罪的案件，应有护照等身份证明材料。人大代表、政协委员犯罪的案件，应注明身份，并附身份证明材料。 二、证明行为人刑事责任能力的证据 证明行为人对自己的行为是否具有辨认能力与控制能力，如是否属于间歇性精神病人、尚未完全丧失辨认或者控制自己行为能力的精神病人的证明材料。
	主观方面的证据	证明行为人过失的证据 1. 证明行为人应当预见自己的行为可能发生危害社会的结果的证据；2. 证明疏忽大意过失的证据；3. 证明过于自信过失的证据。
	客观方面的证据	证明行为人过失决水犯罪行为的证据 具体证据包括：1. 证明行为人疏忽大意或过于自信而实施了使堤防决口行为的证据；2. 证明行为人疏忽大意或过于自信实施了使河水漫溢行为的证据；3. 证明行为人疏忽大意或过于自信实施了使水闸损毁行为的证据；4. 证明行为人疏忽大意或过于自信实施了使水库溃决行为的证据；5. 证明行为人疏忽大意或过于自信实施了破坏其他水利设备、设施行为的证据；6. 证明行为人由于疏忽大意或过于自信造成水灾行为的证据；7. 证明行为人由于水灾的后果致人重伤行为的证据；8. 证明行为人由于水灾的后果致人死亡行为的证据；9. 证明行为人由于水灾的后果使公私财产遭受重大损失行为的证据；10. 证明行为人情节较轻行为的证据。

证据参考标准	量刑方面的证据	**一、法定量刑情节证据** 1. 事实情节：（1）重大损失的；（2）情节较轻的。2. 法定从重情节。3. 法定从轻减轻情节：（1）可以从轻；（2）可以从轻或减轻；（3）应当从轻或者减轻。4. 法定从轻减轻免除情节：（1）可以从轻、减轻或者免除处罚；（2）应当从轻、减轻或者免除处罚。5. 法定减轻免除情节：（1）可以减轻或者免除处罚；（2）应当减轻或者免除处罚；（3）可以免除处罚。 **二、酌定量刑情节证据** 1. 犯罪手段：（1）拆卸；（2）修建。2. 犯罪对象。3. 危害结果：（1）水灾泛滥；（2）人员伤亡；（3）财产损失。4. 动机。5. 平时表现。6. 认罪态度。7. 是否有前科。8. 其他证据。
量刑标准	犯本罪的	处三年以上七年以下有期徒刑
	情节较轻的	处三年以下有期徒刑或者拘役
法律适用	刑法条文	**第一百一十五条** 放火、决水、爆炸以及投放毒害性、放射性、传染病病原体等物质或者以其他危险方法致人重伤、死亡或者使公私财产遭受重大损失的，处十年以上有期徒刑、无期徒刑或者死刑。 过失犯前款罪的，处三年以上七年以下有期徒刑；情节较轻的，处三年以下有期徒刑或者拘役。

20 过失爆炸案

概念　　本罪是指过失引起爆炸，致人重伤、死亡或者使公私财产遭受重大损失，危害公共安全的行为。

立案标准　　根据《刑法》第 115 条的规定，行为人过失爆炸，致人重伤、死亡或者使公私财产遭受重大损失的，应当立案追究。

　　本罪是结果犯，行为人的爆炸行为必须"致人重伤、死亡或者使公私财产遭受重大损失"，才能立案追究。如果没有造成严重后果，则不构成犯罪，不予立案。

定罪标准	犯罪客体	本罪侵犯的客体是公共安全，即不特定多数人的生命、健康及重大公私财产的安全。
	犯罪客观方面	本罪在客观方面表现为过失引起爆炸，危害公共安全，造成致人重伤、死亡或者使公私财产遭受重大损失的严重后果的行为。现实生活中，过失爆炸行为的具体表现形式多种多样，但其共同特点都是由于行为人在日常生活中不注意安全引起的。如在易燃易爆物品仓库中乱扔烟头，引起爆炸等。从行为方式看，过失爆炸行为，既可以是作为，也可以是不作为。以不作为方式完成的过失爆炸罪，行为人必须负有特定的义务。 要构成过失爆炸罪，行为人的行为在客观方面必须同时具备以下四个要件：(1) 行为人实施了过失引起爆炸的行为。如果爆炸不是由于行为人的过失行为引起的，而是由于自然原因或者其他不能预见、不可抗拒的原因引起的，则不成立过失爆炸罪。(2) 过失引起爆炸的行为必须危害公共安全，即危害不特定多数人的生命、健康或者重大公私财产的安全。(3) 过失引起爆炸的行为必须造成严重后果。也就是说必须造成不特定多数人的重伤、死亡或者造成公私财产的重大毁损。如果尚未发生危害结果，或者发生的危害结果尚未达到致人重伤、死亡或使公私财产遭受重大损失的严重程度的，则不构成过失爆炸罪。因此，后果严重是构成过失爆炸罪的重要标志。(4) 过失引起爆炸的行为与严重后果之间必须具有刑法上的因果关系，即致人重伤、死亡或者使公私财产遭受重大损失的严重后果必须是由于行为人的过失爆炸行为引起的。这是行为人对其行为负刑事责任的客观基础。
	犯罪主体	本罪的主体为一般主体，即凡年满 16 周岁且具有刑事责任能力的自然人均可成为本罪主体。

定罪标准	**犯罪主观方面**	本罪在主观方面表现为过失，既可以是过于自信的过失，行为人对其引起爆炸的行为可能造成危害公共安全的严重后果已经预见，但轻信能够避免；也可以是疏忽大意的过失，即行为人应当预见其爆炸行为可能造成危害公共安全的严重后果，由于疏忽大意而未预见，以致发生了这种结果。这一特征是行为人负刑事责任的主观基础。爆炸行为虽然在客观上造成了危害公共安全的严重后果，但行为人对该结果并未预见，而且根据案件具体情况也不可能预见，则属于意外事件，行为人不负刑事责任。
	罪与非罪	区分罪与非罪的界限，关键看是否造成致人重伤、死亡或者使公私财产遭受重大损失的严重后果。
	此罪与彼罪	一、本罪与爆炸罪的界限。过失爆炸罪与爆炸罪都是以爆炸的危险方法危害公共安全的犯罪。二者的区别在于：（1）主观方面不同。过失爆炸罪是出于过失；而爆炸罪是由故意构成。（2）客观方面不同。过失爆炸行为只有造成致人重伤、死亡或者使公私财产遭受重大损失的严重后果，才构成犯罪；而爆炸罪只要故意实施爆炸行为足以危害公共安全，无论是否造成严重后果，均可定罪。（3）主体要件的责任年龄不同。爆炸罪行为人年满 14 周岁就可以负刑事责任；而过失爆炸罪行为人年满 16 周岁才能构成。（4）犯罪形态上不同。爆炸罪有既遂、未遂之分；而过失爆炸罪不可能出现未遂形态。 二、本罪与过失致人重伤罪或过失致人死亡罪的界限。三者都是过失犯罪，主要区别在于：（1）侵犯的客体和对象不同。过失爆炸罪侵犯的客体是公共安全，即不特定多数人的生命、健康和重大公私财产的安全，其侵犯的对象具有不确定性；过失致人重伤罪或过失致人死亡罪侵犯的客体是公民的生命、健康权利，侵犯的对象是特定的人身。（2）客观方面表现不同。过失爆炸罪既可以表现为致人重伤或死亡，也可以表现为使公私财产遭受重大损失；过失致人重伤罪或过失致人死亡罪虽然也造成他人重伤、死亡的结果，但不危害公共安全。如果过失爆炸的行为只引起特定人的伤亡，而不危害公共安全的，则应以过失致人重伤罪或过失致人死亡罪论处。
证据参考标准	**主体方面的证据**	**一、证明行为人刑事责任年龄、身份等自然情况的证据** 包括身份证明、户籍证明、任职证明、工作经历证明、特定职责证明等，主要是证明行为人的姓名（曾用名）、性别、出生年月日、民族、籍贯、出生地、职业（或职务）、住所地（或居所地）等证据材料，如户口簿、居民身份证、工作证、出生证、专业或技术等级证、干部履历表、职工登记表、护照等。 对于户籍、出生证等材料内容不实的，应提供其他证据材料。外国人犯罪的案件，应有护照等身份证明材料。人大代表、政协委员犯罪的案件，应注明身份，并附身份证明材料。 **二、证明行为人刑事责任能力的证据** 证明行为人对自己的行为是否具有辨认能力与控制能力，如是否属于间歇性精神病人、尚未完全丧失辨认或者控制自己行为能力的精神病人的证明材料。

证据参考标准	主观方面的证据	**证明行为人过失的证据** 1. 证明行为人应当预见自己的行为可能发生危害社会的结果的证据；2. 证明疏忽大意过失的证据；3. 证明过于自信过失的证据。
	客观方面的证据	**证明行为人过失爆炸犯罪行为的证据** 具体证据包括：1. 证明行为人在携带爆炸物时因疏忽大意而引起爆炸行为的证据；2. 证明行为人在易燃物品仓库中因疏忽大意而引起爆炸行为的证据；3. 证明行为人在易爆物品仓库中因疏忽大意而引起爆炸行为的证据；4. 证明行为人由过于自信而引起锅炉爆炸行为的证据；5. 证明行为人由过于自信而引起液化气爆炸行为的证据；6. 证明行为人由过于自信而引起天然气爆炸行为的证据；7. 证明过失爆炸造成人员重伤行为的证据；8. 证明过失爆炸造成人员死亡行为的证据；9. 证明过失爆炸使公私财产遭受重大损失的证据；10. 证明行为人情节较轻行为的证据。
	量刑方面的证据	**一、法定量刑情节证据** 1. 事实情节：（1）重大损失的；（2）情节较轻的。2. 法定从重情节。3. 法定从轻减轻情节：（1）可以从轻；（2）可以从轻或减轻；（3）应当从轻或者减轻。4. 法定从轻减轻免除情节：（1）可以从轻、减轻或者免除处罚；（2）应当从轻、减轻或者免除处罚。5. 法定减轻免除情节：（1）可以减轻或者免除处罚；（2）应当减轻或者免除处罚；（3）可以免除处罚。 **二、酌定量刑情节证据** 1. 犯罪手段：（1）爆炸；（2）其他。2. 犯罪对象。3. 危害结果：（1）致人重伤；（2）致人死亡；（3）公私财产遭受重大损失。4. 动机。5. 平时表现。6. 认罪态度。7. 是否有前科。8. 其他证据。

量刑标准	犯本罪的	处三年以上七年以下有期徒刑
	情节较轻的	处三年以下有期徒刑或者拘役

法律适用	刑法条文	**第一百一十五条** 放火、决水、爆炸以及投放毒害性、放射性、传染病病原体等物质或者以其他危险方法致人重伤、死亡或者使公私财产遭受重大损失的，处十年以上有期徒刑、无期徒刑或者死刑。 过失犯前款罪的，处三年以上七年以下有期徒刑；情节较轻的，处三年以下有期徒刑或者拘役。
	规章及规范性文件	**最高人民法院、最高人民检察院、公安部、商务部、国家市场监督管理总局、中央军委后勤保障部、中央军委装备发展部、中央军委训练管理部、中央军委国防动员部《关于军地共同加强部队训练场未爆弹药安全风险防控的意见》（节录）**（2022 年 10 月 22 日最高人民法院、最高人民检察院、公安部、商务部、国家市场监督管理总局、中央军委后勤保障部、中央军委装备发展部、中央军委训练管理部、中央军委国防动员部公布　自公布之日起施行） **四、打击挖捡买卖违法行为** （十一）界定属性归属。根据军用爆炸物品安全管理和军队资产管理有关法规，训练场未爆弹药属于军用爆炸物品范畴，任何组织和个人未经相关军事机关许可，不

法律适用

规章及规范性文件

得私自挖捡、收存、运输和处置；军用炮弹残片的残值属于军队，任何组织和个人未经相关军事机关许可，不得私自占有。

（十二）组织清查整治。挖捡买卖问题突出地区，由训练场管理单位积极协同公安、商务、市场监管等部门和人民武装部，定期对废旧金属收购、再生资源回收、炮弹工艺品制售等机构实施检查。相关部门接到举报、掌握线索要及时查办，对违禁物品和涉事工具依法收缴，对涉事机构和经营户责令整改，对发现的未爆弹药、炮弹引信等危险品要稳妥看护并安排专业人员处置。

（十三）打击违法犯罪。非法进入训练场、不听制止的，破坏训练场围墙、围网等周界防护设施的，依照军事设施保护法的有关规定处罚，符合刑法第三百六十九条第一款、第三百七十一条规定的，分别以破坏军事设施罪、聚众冲击军事禁区罪、聚众扰乱军事管理区秩序罪定罪处罚。挖捡、非法买卖未爆弹药，符合刑法第一百二十七条第一款、第一百二十五条第一款规定的，分别以盗窃弹药、爆炸物罪和非法买卖弹药、爆炸物罪定罪处罚。非法买卖未爆弹药拆解的炮弹引信、火炸药，符合刑法第一百二十五条第一款规定的，以非法买卖弹药、爆炸物罪定罪处罚。非法进入训练场挖捡炮弹残片，符合刑法第二百六十四条规定的，以盗窃罪定罪处罚。因敲击、拆解未爆弹药等行为引发爆炸，符合刑法第一百一十五条第二款、第二百三十三条、第二百三十五条规定的，分别以过失爆炸罪、过失致人死亡罪、过失致人重伤罪定罪处罚。明知是非法拆解的未爆弹药或者非法挖捡的炮弹残片及其所产生的收益而窝藏、转移、代为销售或者以其他方法掩饰、隐瞒，符合刑法第三百一十二条规定的，以掩饰、隐瞒犯罪所得、犯罪所得收益罪定罪处罚。有非法挖捡买卖行为，经教育后确有悔改表现，上交未爆弹药、炮弹残片或者销售炮弹残片违法所得的，可以依法从宽处罚；情节显著轻微危害不大不构成犯罪、构成违反治安管理行为的，依法给予治安管理处罚。

21 过失投放危险物质案

概念 　　本罪是指过失投放毒害性、放射性、传染病病原体等危险物质，严重危害公共安全的行为。

立案标准 　　过失投放毒害性、放射性、传染病病原体等危险物质，并且致使严重危害公共安全后果发生的，应当立案。

定罪标准

犯罪客体

　　本罪所侵害的客体为公共安全，即不特定人身、财产的安全。虽然过失投放了毒害性、放射性、传染病病原体等物质，但不会危及不特定人身、财产的公共安全，也不能以本罪追究行为人的刑事责任；造成特定人身重伤、死亡，构成犯罪的，应以过失致人重伤罪、过失致人死亡罪等论处；造成特定财产重大损失的行为不应承担刑事责任，但要依法承担民事责任或者其他法律责任。

犯罪客观方面

　　本罪在客观方面表现为过失投放毒害性、放射性、传染病病原体等危险物质，并且致使严重危害公共安全后果发生的行为。

　　一、必须具有投放毒害性、放射性、传染病病原体等危险物质的行为。这种行为基于疏忽大意或者过于自信的主观罪过而发生，从而与基于主观故意情形下而实施的投放行为相区别。后者即故意投放危险物质的行为，在对行为后果有明确预见下实施，因此，具有主动性。行为人常常会对行为的时间、地点、方式等作出最佳选择，进而实现其非法目的。而本罪的过失投放危险物质的行为，则对后果没有预见，一旦预见，就不会实施该行为，其不存在对行为的时间、地点、方式等作出有意选择的问题，通常是在人们的日常工作、生活中违反日常安全规则所致。这种日常安全规则是一般人都知道的，不需要专业知识，从经验中通常就可获得。如医院的药剂师在为病人配药时，不小心把危险物质作为药品配出；宾馆、酒店的厨师误将敌敌畏当作调料炒菜，致消费者食用中毒；对于放射性消费产品，在用完后乱拆乱丢，致使内有的密封性放射源遭受破坏，造成他人严重伤害，等等，都可构成本罪的过失投放危险物质的行为。

　　二、必须是因过失投放毒害性、放射性、传染病病原体等危险物质的行为，严重危害了公共安全。虽因过失投放了危险物质，但没有造成实际危害后果发生，或者虽有实际危害后果，但没有达到严重程度，或者虽有严重的实际危害后果，但不是使不特定多人或不特定公私财产的公共安全遭受危害后果，以及严重的危害公共安全后果与过失投放危险物质的行为之间没有因果关系，都不能构成本罪。所谓严重危害公共安全，根据《刑法》第115条的规定，是指过失投放危险物质的行为引发不特定多数人中毒，造成重伤、死亡，或者致使不特定公私财产遭受重大损失。就因果关系而言，既包括过失投放行为直接致人重伤、死亡，或者使公私财产遭受重大损失，又包括因过失投放行为间接致人重伤、死亡，或者使公私财产遭受重大损失。前者如投放的危险物直接致接触人重伤、死亡，后者如他人发现了过失的投放危险物质为排除其危害而采取行动，结果付出重大代价，致使重伤甚至死亡，或者遭受重大经济损失等。

定罪标准	**犯罪主体**	本罪的主体为一般主体，即凡年满 16 周岁具有刑事责任能力的自然人，均可构成本罪主体。
	犯罪主观方面	本罪在主观方面只能出于过失。过失，既可以是疏忽大意，也可以是过于自信。前者应当意识到是毒害性、放射性、传染病病原体等危险物质却因疏忽大意没有意识到，或者意识到了属于危险物质却对自己投放的行为会危害公共安全的结果没有预见到，造成严重危害公共安全的后果；后者则不仅意识到是毒害性、放射性、传染病病原体等危险物质，而且意识到了因其投放行为可能发生危害公共安全的后果，但却轻信能够避免，以致发生严重危害公共安全的后果。如果根本不知道是毒害性、放射性、传染病病原体等危险物质，并且根据行为人的知识水平、认识能力、职业以及对危险物质的识别难度等具体情况，行为人确实不能知道属于危险物质，即使具有投放行为并严重危害公共安全的，这时也因缺乏罪过而不能构成本罪。如甲意图造成炭疽病传播，将含有该病病原体的文件交由他人传阅，他人根本不知也不应当知道而将文件传阅，结果使看文件之人感染炭疽病，则他人由于没有罪过而不能以犯罪论处。
	罪与非罪	区分罪与非罪的界限，关键是看过失投放毒害性、放射性、传染病病原体等危险物质，是否致使严重危害公共安全后果发生。 行为虽然引起一定后果，但未造成严重后果的，不构成犯罪。
	此罪与彼罪	一、本罪与投放危险物质罪的界限。两者在客观行为方式、所侵犯的客体有类似之处，主要区别是：(1) 主体范围不同。对于故意投放危险物质的行为，年满 14 周岁具有刑事责任能力的自然人即可构成后罪；过失投放危险物质的，则以年满 16 周岁具有刑事责任能力为构成本罪的主体条件。(2) 主观罪过的内容不同。本罪出于过失；后罪出于故意。(3) 危害后果是否属于犯罪构成的必备要件不同。本罪必以产生实际危害公共安全的后果且为严重的后果为构成必要，否则就不能构成本罪；后罪则不要求产生实际的危害公共安全后果，只要足以危害公共安全即可。 二、本罪与过失以危险方法危害公共安全罪的界限。本罪是《刑法修正案(三)》对《刑法》原第 115 条规定的过失投放危险物质罪修改而来。在《刑法修正案(三)》施行之日即 2001 年 12 月 29 日前，对于过失投放毒害性物质之外的其他过失投放放射性、传染病病原体等危险物质并严重危害公共安全的行为，应以过失以危险方法危害公共安全罪定罪处罚；之后的此类行为则应以过失投放危险物质罪定罪科刑。这样就存在对于《刑法修正案(三)》施行前，但在其施行后才予处理的过失投放危险物质严重危害公共安全的行为如何处理的问题，具体应当按照从旧兼从轻原则加以处理。比照过失投放毒害性、放射性、传染病病原体等危险物质在《刑法修正案(三)》施行前应当适用的罪名即过失投放危险物质罪或过失以危险方法危害公共安全罪，与在《刑法修正案(三)》施行后应当适用的本罪罪名的法定刑，不难看出，法定刑档次及幅度完全相同，因此，上述行为应当从旧以投放危险物质罪或过失以危险方法危害公共安全罪追究行为人的刑事责任。 三、本罪与危险物品肇事罪的界限。两者的主要区别是：(1) 本罪的主体为一般主体，年满 16 周岁具有刑事责任能力的自然人均可构成本罪；后罪的主体虽然也为一般主体，但实际构成后罪的要与其客观行为相联系，应当属于生产、储存、运输、使用毒害性、放射性、爆炸性、易燃性及腐蚀性等 5 种危险物品的自然人。非生产、

<table>
<tr>
<td rowspan="2">定罪标准</td>
<td>此罪与彼罪</td>
<td>储存、使用、运输上述危险物品的人，不能构成其罪。（2）本罪发生的范围较为广泛，通常与日常生活相关；而危险物品肇事罪则必发生在生产、储存、运输、使用危险物品的过程中。（3）本罪一般是行为人在日常生活中不慎将危险物质作其他物质投放而严重危害公共安全，或者虽然知道是危险物质却认为其投放行为不会发生危害公共安全的后果，或者虽然可能发生危害公共安全的后果，却轻信可以避免，结果严重危害公共安全；而后罪是在生产、运输、使用、保管危险物品的过程中，违反有关危险物品管理规定所致，即因违反危险物品管理规定的生产、使用、运输、保管行为造成了重大事故，严重危害公共安全。（4）本罪行为的对象为毒害性、放射性、传染病病原体等物质。危险物质除列举的毒害性、放射性、传染病病原体3种物质外，还有其他危险物质。后罪的行为对象则仅限于爆炸性、易燃性、毒害性、腐蚀性物品5类。

四、本罪与过失致人死亡罪、过失致人重伤罪的界限。三者虽然在主体、主观罪过、客观后果等方面有相同或者类似之处，但一般情况下不会发生混淆。在过失投放危险物质致人重伤、死亡的情形下，其行为是构成本罪还是过失致人死亡罪或过失致人重伤罪，关键要看行为危害的是不特定人身的生命健康安全还是特定人身的生命健康安全。如属前者，则应以本罪追究行为人的刑事责任；如属后者，则应以过失致人死亡罪或过失致人重伤罪定罪处罚。二者属于想象竞合的关系。</td>
</tr>
<tr>
<td></td>
<td></td>
</tr>
<tr>
<td rowspan="4">证据参考标准</td>
<td>主体方面的证据</td>
<td>**一、证明行为人刑事责任年龄、身份等自然情况的证据**

包括身份证明、户籍证明、任职证明、工作经历证明、特定职责证明等，主要是证明行为人的姓名（曾用名）、性别、出生年月日、民族、籍贯、出生地、职业（或职务）、住所地（或居所地）等证据材料，如户口簿、居民身份证、工作证、出生证、专业或技术等级证、干部履历表、职工登记表、护照等。

对于户籍、出生证等材料内容不实的，应提供其他证据材料。外国人犯罪的案件，应有护照等身份证明材料。人大代表、政协委员犯罪的案件，应注明身份，并附身份证明材料。

二、证明行为人刑事责任能力的证据

证明行为人对自己的行为是否具有辨认能力与控制能力，如是否属于间歇性精神病人、尚未完全丧失辨认或者控制自己行为能力的精神病人的证明材料。</td>
</tr>
<tr>
<td>主观方面的证据</td>
<td>**证明行为人过失的证据**

1. 证明行为人应当预见自己的行为可能发生危害社会的结果的证据；2. 证明疏忽大意过失的证据；3. 证明过于自信过失的证据。</td>
</tr>
<tr>
<td>客观方面的证据</td>
<td>**证明行为人过失投放毒害性、放射性、传染病病原体等危险物质犯罪行为的证据**

具体证据包括：1. 证明行为人过于自信投放毒害性、放射性、传染病病原体等危险物质行为的证据。2. 证明行为人疏忽大意投放毒害性、放射性、传染病病原体等危险物质行为的证据。3. 证明行为人持有毒害性、放射性、传染病病原体等危险物质来源的证据。4. 证明行为人误将危险物质投入饮用水中行为的证据：（1）水库；（2）池塘；（3）水井；（4）水缸；（5）水桶；（6）河流；（7）水渠；（8）自来水管道；（9）蓄水池。5. 证明行为人误将危险物质投入食物中行为的证据：（1）饭盒；</td>
</tr>
</table>

证据参考标准	客观方面的证据	（2）饭锅；（3）菜盆；（4）食盒；（5）其他。6. 证明行为人误将危险物质投入食品中行为的证据：（1）油料；（2）石粉；（3）糖；（4）糕点；（5）饮料；（6）矿泉水。7. 证明行为人误将危险物质投入饲料中行为的证据。8. 证明造成人员重伤、死亡的证据。9. 证明使公私财产遭受重大损失的证据。10. 证明行为人情节较轻行为的证据。
	量刑方面的证据	**一、法定量刑情节证据** 1. 事实情节：（1）遭受重大损失的；（2）情节较轻。2. 法定从重情节。3. 法定从轻减轻情节：（1）可以从轻；（2）可以从轻或减轻；（3）应当从轻或者减轻。4. 法定从轻减轻免除情节：（1）可以从轻、减轻或者免除处罚；（2）应当从轻、减轻或者免除处罚。5. 法定减轻免除情节：（1）可以减轻或者免除处罚；（2）应当减轻或者免除处罚；（3）可以免除处罚。 **二、酌定量刑情节证据** 1. 犯罪手段。2. 犯罪对象。3. 危害结果：（1）重伤；（2）死亡；（3）公私财产遭受重大损失。4. 动机。5. 平时表现。6. 认罪态度。7. 是否有前科。8. 其他证据。

量刑标准	犯本罪的	处三年以上七年以下有期徒刑
	犯本罪的，情节较轻的	处三年以下有期徒刑或者拘役

法律适用	刑法条文	**第一百一十五条** 放火、决水、爆炸以及投放毒害性、放射性、传染病病原体等物质或者以其他危险方法致人重伤、死亡或者使公私财产遭受重大损失的，处十年以上有期徒刑、无期徒刑或者死刑。 过失犯前款罪的，处三年以上七年以下有期徒刑；情节较轻的，处三年以下有期徒刑或者拘役。

22 过失以危险方法危害公共安全案

概念　本罪是指过失以失火、决水、爆炸、投放危险物质以外的危险方法危害公共安全，造成严重后果的行为。

立案标准　根据《刑法》第 115 条的规定，过失用放火、决水、爆炸、投放危险物质以外的危险方法，致人重伤、死亡或者使公私财产遭受重大损失的，应当立案追究。

本罪是结果犯，行为人过失用放火、决水、爆炸、投放危险物质以外的危险方法，"致人重伤、死亡或者使公私财产遭受重大损失的"，才能立案追究。如果没有造成严重后果，则不构成犯罪，不予立案。

定罪标准		
	犯罪客体	本罪侵犯的客体是社会公共安全，即不特定多数人的生命、健康和重大公私财产的安全。
	犯罪客观方面	本罪在客观方面表现为实施以其他危险方法危害公共安全，造成严重后果的行为。司法实践中，过失以其他危险方法危害公共安全的犯罪形式多种多样，至于其具体包括哪些形式，立法上没有明确规定。应注意把握以下两点：(1) 过失以其他危险方法是指失火、过失决水、过失爆炸、过失投放危险物质以外的危险方法；(2) 过失以其他危险方法是指与失火、过失决水、过失爆炸、过失投放危险物质的危险性和社会危害性相当的危害公共安全的方法。因此，对过失以其他危险方法危害公共安全罪的认定，既不能作无限制的扩大解释，也不能任意扩大其适用范围。 过失以危险方法危害公共安全罪在客观方面必须同时具备以下三个特征：(1) 行为人实施了以其他危险方法，即除失火、过失决水、过失爆炸、过失投放危险物质以外的并与之相当的危险方法，危害公共安全的行为。如果采用的犯罪方法与失火、爆炸等方法的严重危险性显然不相称，不足以危害公共安全，不符合本罪的客观特征。(2) 已经造成了危害公共安全的严重后果，致不特定的多数人重伤、死亡或者使公私财产遭受严重损失。如果未造成危害结果或者危害结果不严重，均不构成本罪。(3) 严重后果必须是以其他危险方法危害公共安全的行为所造成。也即行为与造成的严重后果之间须有刑法上的因果关系。
	犯罪主体	本罪主体是一般主体，即凡年满 16 周岁且具有刑事责任能力的自然人均可构成本罪主体。
	犯罪主观方面	本罪在主观方面表现为过失，包括过于自信的过失和疏忽大意的过失，即行为人对其使用其他危险方法可能发生的危害公共安全的严重结果已经预见，但轻信能够避免，或者应当预见这种严重结果可能发生，因为疏忽大意而没有预见，以致发生了这种严重结果。这两种过失对发生危害公共安全的严重后果均持否定态度，既不希望，也不放任其发生。这一特征是行为人受到处罚的主观基础。
	罪与非罪	区分罪与非罪的界限，关键看是否造成严重后果，即是否致人重伤、死亡或者使公私财产遭受严重损失。

定罪标准	**此罪与彼罪**	本罪与以危险方法危害公共安全罪的界限。两者主要区别在于：（1）在客观上，都表现为使用其他危险方法危害公共安全的行为。但前者必须发生致人重伤、死亡或者使公私财产遭受重大损失的严重后果，才构成犯罪；后者只要实施危害公共安全的行为，即使尚未造成严重后果，也构成犯罪。（2）在主观上，前者由过失构成；后者则出于故意。在实践中，对间接故意实施的与出于过于自信的过失构成的上述犯罪比较难以区分。二者行为人对其行为可能造成的危害公共安全的严重后果均已预见（尽管认识程度不同），而且都不希望结果发生。但前者虽不希望却未采取避免结果发生的任何措施，而是心存侥幸任其发生，危害结果发生与否均不违背行为人的意愿。后者行为人则采取一定的措施，或者相信具有可能防止结果发生的主客观条件，只是过高地估计和轻信了这些条件，才使得危害结果未能避免，发生这种危害结果违背行为人的意愿。
证据参考标准	**主体方面的证据**	**一、证明行为人刑事责任年龄、身份等自然情况的证据** 包括身份证明、户籍证明、任职证明、工作经历证明、特定职责证明等，主要是证明行为人的姓名（曾用名）、性别、出生年月日、民族、籍贯、出生地、职业（或职务）、住所地（或居所地）等证据材料，如户口簿、居民身份证、工作证、出生证、专业或技术等级证、干部履历表、职工登记表、护照等。 对于户籍、出生证等材料内容不实的，应提供其他证据材料。外国人犯罪的案件，应有护照等身份证明材料。人大代表、政协委员犯罪的案件，应注明身份，并附身份证明材料。 **二、证明行为人刑事责任能力的证据** 证明行为人对自己的行为是否具有辨认能力与控制能力，如是否属于间歇性精神病人、尚未完全丧失辨认或者控制自己行为能力的精神病人的证明材料。
	主观方面的证据	**证明行为人过失的证据** 1. 证明行为人应当预见自己的行为可能发生危害社会的结果的证据；2. 证明疏忽大意过失的证据；3. 证明过于自信过失的证据。
	客观方面的证据	**证明行为人过失以危险方法危害公共安全犯罪行为的证据** 具体证据包括：1. 证明行为人过于自信过失使用危险方法致人重伤、死亡行为的证据。2. 证明行为人过于自信过失使用危险方法造成公私财产遭受重大损失行为的证据。3. 证明行为人疏忽大意过失使用危险方法致人重伤、死亡行为的证据。4. 证明行为人疏忽大意过失使用危险方法造成公私财产遭受重大损失行为的证据。5. 证明行为人过失使用危险方法行为的证据：（1）汽车；（2）摩托车；（3）拖拉机；（4）压道机；（5）船只；（6）手扶拖拉机；（7）雪橇；（8）竹筏；（9）电网；（10）矿井通风设备；（11）放射性物质装置。6. 证明行为人以其他危险方法危害公共安全其他行为的证据。7. 证明行为人造成重大损失行为的证据。8. 证明行为人情节较轻行为的证据。
	量刑方面的证据	**一、法定量刑情节证据** 1. 事实情节：（1）造成重大损失的；（2）情节较轻的。2. 法定从重情节。3. 法定从轻减轻情节：（1）可以从轻；（2）可以从轻或减轻；（3）应当从轻或者减轻。4. 法定从轻减轻免除情节：（1）可以从轻、减轻或者免除处罚；（2）应当从轻、减轻或者免除处罚。5. 法定减轻免除情节：（1）可以减轻或者免除处罚；（2）应当减轻或者免除处罚；（3）可以免除处罚。

证据参考标准	量刑方面的证据	**二、酌定量刑情节证据** 1. 犯罪手段：危险性与放火、决水、爆炸、投放危险物质相当的方法；2. 犯罪对象；3. 危害结果；4. 动机；5. 平时表现；6. 认罪态度；7. 是否有前科；8. 其他证据。
量刑标准	犯本罪的	处三年以上七年以下有期徒刑
	犯本罪，情节较轻的	处三年以下有期徒刑或者拘役
法律适用	刑法条文	**第一百一十五条**　放火、决水、爆炸以及投放毒害性、放射性、传染病病原体等物质或者以其他危险方法致人重伤、死亡或者使公私财产遭受重大损失的，处十年以上有期徒刑、无期徒刑或者死刑。 过失犯前款罪的，处三年以上七年以下有期徒刑；情节较轻的，处三年以下有期徒刑或者拘役。
	司法解释	**一、最高人民法院、最高人民检察院、公安部《关于办理涉窨井盖相关刑事案件的指导意见》（节录）**（2020 年 3 月 16 日最高人民法院、最高人民检察院、公安部公布　自公布之日起施行　高检发〔2020〕3 号） 二、盗窃、破坏人员密集往来的非机动车道、人行道以及车站、码头、公园、广场、学校、商业中心、厂区、社区、院落等生产生活、人员聚集场所的窨井盖，足以危害公共安全，尚未造成严重后果的，依照刑法第一百一十四条的规定，以以危险方法危害公共安全罪定罪处罚；致人重伤、死亡或者使公私财产遭受重大损失的，依照刑法第一百一十五条第一款的规定处罚。 过失致人重伤、死亡或者使公私财产遭受重大损失的，依照刑法第一百一十五条第二款的规定，以过失以危险方法危害公共安全罪定罪处罚。 十二、本意见所称的"窨井盖"，包括城市、城乡结合部和乡村等地的窨井盖以及其他井盖。 **二、最高人民法院、最高人民检察院《关于办理妨害预防、控制突发传染病疫情等灾害的刑事案件具体应用法律若干问题的解释》（节录）**（2003 年 5 月 14 日最高人民法院、最高人民检察院公布　自 2003 年 5 月 15 日起施行　法释〔2003〕8 号） **第一条**　故意传播突发传染病病原体，危害公共安全的，依照刑法第一百一十四条、第一百一十五条第一款的规定，按照以危险方法危害公共安全罪定罪处罚。 患有突发传染病或者疑似突发传染病而拒绝接受检疫、强制隔离或者治疗，过失造成传染病传播，情节严重，危害公共安全的，依照刑法第一百一十五条第二款的规定，按照过失以危险方法危害公共安全罪定罪处罚。

23 破坏交通工具案

概念

本罪是指故意破坏火车、汽车、电车、船只、航空器，足以使火车、汽车、电车、船只、航空器发生倾覆、毁坏危险，危害公共安全的行为。这是一种以交通工具作为特定破坏对象的危害公共安全的犯罪。

立案标准

根据《刑法》第 116 条、第 119 条第 1 款的规定，破坏正在使用中的火车、汽车、电车、船只、航空器，足以使上述交通工具发生倾覆、毁坏危险的，应当立案追究。

本罪是危险犯，只要行为人破坏了正在使用中的交通工具，并且足以使交通工具发生倾覆、毁坏危险，就会威胁到不特定的多数人的人身和财产安全，不要求实际已经造成严重后果，就构成犯罪，应当立案追究。

定罪标准

犯罪客体

本罪侵犯的客体是交通运输安全。破坏交通工具不但给铁路、公路、水上、空中安全运输造成严重威胁，严重危害国家经济建设和国防建设，也危及广大群众生命财产的安全。

本罪的犯罪对象，仅限于法定的正在使用的火车、汽车、电车、船只、航空器等大型的现代化交通工具。这些交通工具机动性强、价值高、速度快、载运量大，一旦遭受破坏，使之颠覆或毁损，就可能造成不特定多人重伤、死亡，或者公私财产的重大损失。破坏自行车、手推车等简单交通工具，虽然也可能造成人身伤亡或财产损失，但有其局限性，不足以危害公共安全，不构成本罪。视情节可定为故意毁坏财物罪，或者故意杀人罪、故意伤害罪。用于交通运输的拖拉机能否作为本罪的对象，实践中看法不一。多数人认为，从事交通运输的拖拉机与汽车性能相似，对其进行破坏有可能危害交通运输安全。因此对汽车应作广义解释，包括用于交通运输的拖拉机在内。但破坏耕种用的拖拉机，不危及交通运输安全，不构成本罪。构成犯罪的，应以故意毁坏财物罪论处。作为本罪破坏对象的交通工具不仅是特定的，还必须是正在使用中的，包括运行中的和交付使用停机待用的交通工具。因为只有破坏这样的交通工具，才可能危害交通运输安全。破坏正在制造或修理中，尚未交付使用的交通工具，通常不会给公共安全造成威胁，其情节严重的，应以故意毁坏财物罪论处。

犯罪客观方面

本罪在客观方面表现为实施破坏火车、汽车、电车、船只、航空器的行为，并且足以使其发生倾覆、毁坏危险。破坏的方法多种多样，如放火、爆炸、拆卸或砸毁重要机件，故意违章操作制造事故，在修理中制造隐患并交付使用等。实施破坏行为足以使火车等特定交通工具发生倾覆、毁坏的危险，并不要求实际已发生颠覆、损坏的结果，构成本罪。所谓倾覆，是指车辆倾倒、颠覆，船只翻沉，航空器坠落等。所谓毁坏，是指使交通工具完全报废，或受到严重破坏，以致不能行驶或不能安全行驶。

倾覆、毁坏危险则指破坏行为虽未实际造成交通工具倾覆、破坏，但具有使之倾覆、毁坏的实际可能性和危险性。通常只有破坏正在使用的交通工具的重要部位和机件，如交通工具的操作驾驶系统，制动、刹车系统，以及破坏船体造成行船危险等，才可能产生这种实际可能性和危险性。有些破坏行为，使交通工具门窗破碎，车身表面凹陷，油漆剥落，从表面看，遍体鳞伤，但其机体性能完好，不影响安全运行，因而不构成破坏交通工具罪。有些破坏行为，从表现看，机体完好无损，但其关键机件遭受破坏、拆卸，足以使交通工具发生倾覆、毁坏危险，则构成破坏交通工具罪。因此，认定破坏交通工具的破坏程度，不应以给交通工具本身造成损失的价值大小为标准，而应以是否足以使交通工具发生倾覆、毁坏危险为根据。有的破坏行为可能只拆卸一个螺丝钉，一个螺丝钉本身的价值不大，但由于被拆卸，足以使交通工具发生倾覆、毁坏危险的，就构成破坏交通工具罪。

一般而言，判断行为人的行为是否足以造成交通工具倾覆或者毁坏的危险，应从以下两个方面来判断：(1) 要看被破坏的交通工具是否正在使用期间。所谓正在使用的交通工具，不仅包括正在行驶或者飞行中的交通工具，也包括经过验收、在交付使用期间停机待用的交通工具。因为，只有破坏这种正在执行和随时可能执行运输任务的交通工具，才能够危害公共安全，给人民群众的生命财产造成重大的损失。如果破坏正在制造、修理中的，或者已经报废的，或者虽然制造出成品，但尚未交付使用的交通工具，由于不可能构成对公共安全的威胁，因此，不能构成破坏交通工具罪，而应以故意毁坏财物罪论处。但是，如果负责修理交通工具的人员，在修理中故意进行破坏或制造隐患，将受到破坏或尚未修复的交通工具交付使用，则构成破坏交通工具罪。(2) 要看破坏的方法和部位。一般地说，只有使用放火、爆炸等危险方法，或者用其他方法破坏交通工具的重要装置部件，才足以造成车翻、船沉、航空器坠落的严重后果，才能构成本罪。例如，在长途公共汽车中途停车休息时，甲把汽车的重要部件刹车泵偷偷拆下，汽车开动后，因不能刹车而造成翻车事故，致多人伤亡，甲的行为构成破坏交通工具罪。如果只破坏上述交通工具中一些不影响安全运行的协助性设备，如门窗、玻璃、灯具、卧具、座椅、卫生设备等，则不构成破坏交通工具罪。情节严重的，可以按故意毁坏财物罪论处。破坏交通工具只要达到足以使之发生倾覆、毁坏危险，无论是否造成严重后果，均构成本罪的既遂。本罪是否存在未遂，刑法理论界有两种不同的观点：否定未遂存在的观点认为，本罪属于危险犯，以行为造成交通工具倾覆、毁坏危险作为法定的既遂标准。而行为人着手实施犯罪就具备了这种危险性，已经达到既遂状态，因而无既遂与未遂之分。肯定未遂存在的观点认为，根据《刑法》第116条的规定，本罪是以行为造成交通工具倾覆、毁坏的实际危险状态作为既遂的标志，通常行为实行终了才会产生这种实际危险状态。如果行为人虽已着手对交通工具进行破坏，但尚不足以造成交通工具倾覆、毁坏的实际危险状态，就构成本罪的未遂。比如，行为人刚着手破坏汽车的刹车系统，未容剪断刹车管即被当场抓获，而未得逞，就应按破坏交通工具未遂犯处理。我们认为，后一种意见较为合理。

本罪的主体为一般主体，即凡年满16周岁且具有刑事责任能力的自然人均可构成本罪主体。

定罪标准

犯罪客观方面

犯罪主体

定罪标准	**犯罪主观方面**	本罪在主观方面表现为故意，包括直接故意和间接故意，即行为人明知其破坏行为足以造成交通工具倾覆、毁坏的危险，并希望或者放任这种危险的发生。本罪的动机多种多样，如出于报复泄愤、邀功请赏或嫁祸于人而蓄意制造事故，出于贪利而盗窃正在使用的交通工具的重要部件，出于寻衅滋事动机故意捣乱破坏等。无论出于何种个人动机都不影响本罪的成立。
	罪与非罪	区分罪与非罪的界限，关键看是否足以使交通工具发生倾覆、毁坏的实际危险。
	此罪与彼罪	一、本罪与放火罪、爆炸罪的界限。使用放火、爆炸的手段破坏交通工具的安全与放火罪、爆炸罪犯罪手段相同，而且都危害公共安全。其主要区别在于，前者的犯罪对象是正在使用的火车、汽车、电车、船只、航空器等交通工具，放火罪、爆炸罪侵害的对象则是上述交通工具以外的其他公私财物和不特定多数人的人身和财产安全。为了保证交通运输安全，《刑法》将正在使用的交通工具作为特殊保护对象加以规定，因此行为人无论采用何种手段破坏交通工具，只要足以使之发生倾覆、毁坏危险，因而危害交通运输安全，均以破坏交通工具罪论处。如果行为人使用放火、爆炸的手段破坏未交付使用的交通工具，则应以放火罪或爆炸罪定罪。 二、本罪与盗窃罪的界限。实践中发生的出于盗窃目的破坏交通工具的案件，易与由于盗窃交通工具的设备、一般部件等构成的盗窃罪相混淆。区分两者的关键在于破坏的对象和侵犯的客体不同。前者行为人以盗窃为目的，破坏的是正在使用的交通工具的重要装置和部件，足以造成交通工具倾覆、毁坏危险，因而侵犯了交通运输安全，应以破坏交通工具罪论处。后者行为人出于盗窃的目的，毁坏的是非使用中的交通工具或者交通工具的一般设备。因为这类交通工具未承担运输任务，破坏部位不影响交通工具安全行驶，因而对交通运输安全无现实危险性，其侵犯的客体只能体现为公私财产的所有关系。鉴于这种案件行为人秘密窃取交通工具的设备、部件，大多不是信手拈来，盗窃目的往往需要实施拆卸等破坏行为才能实现，这样盗窃行为和毁坏公私财物的行为就发生牵连关系，根据对牵连犯按一重罪处理的原则，对这种案件应视情节，定为盗窃罪或故意毁坏财物罪。 三、本罪与故意毁坏财物罪的界限。当侵犯的对象均是交通工具时，二者容易发生混淆。区别的关键是：破坏交通工具罪要求被破坏的对象，必须是正在使用中的交通工具，而故意毁坏财物罪无此限制。破坏交通工具罪的客体是交通运输安全。
证据参考标准	**主体方面的证据**	**一、证明行为人刑事责任年龄、身份等自然情况的证据** 包括身份证明、户籍证明、任职证明、工作经历证明、特定职责证明等，主要是证明行为人的姓名（曾用名）、性别、出生年月日、民族、籍贯、出生地、职业（或职务）、住所地（或居所地）等证据材料，如户口簿、居民身份证、工作证、出生证、专业或技术等级证、干部履历表、职工登记表、护照等。 对于户籍、出生证等材料内容不实的，应提供其他证据材料。外国人犯罪的案件，应有护照等身份证明材料。人大代表、政协委员犯罪的案件，应注明身份，并附身份证明材料。 **二、证明行为人刑事责任能力的证据** 证明行为人对自己的行为是否具有辨认能力与控制能力，如是否属于间歇性精神病人、尚未完全丧失辨认或者控制自己行为能力的精神病人的证明材料。

证据参考标准	**主观方面的证据**	**证明行为人故意的证据** 1. 证明行为人明知的证据：明知自己的行为会发生危害社会的结果。2. 证明直接故意的证据：证明行为人希望危害结果发生。3. 证明间接故意的证据：证明行为人放任危害结果发生。4. 目的：（1）发泄愤恨和不满；（2）报复；（3）邀功请赏；（4）嫁祸于人。
	客观方面的证据	**证明行为人破坏交通工具犯罪行为的证据** 具体证据包括：1. 证明行为人放火烧毁火车、汽车、电车、船只、飞机行为的证据；2. 证明行为人炸毁火车、汽车、电车、船只、飞机行为的证据；3. 证明行为人拆卸火车、汽车、电车、船只、飞机上重要机件行为的证据；4. 证明行为人砸毁火车、汽车、电车、船只、飞机上重要机件行为的证据；5. 证明行为人故意违章操作交通工具制造事故行为的证据；6. 证明行为人在修理交通工具中制造事故隐患并交付使用行为的证据；7. 证明行为人发现交通工具机器故障、险情不排除而继续使用，造成危害后果行为的证据；8. 证明行为人发现交通工具刹车失灵不予修复，而继续使用，造成严重后果行为的证据；9. 证明行为人故意不扳道岔，不及时回复定位，而使火车造成严重后果行为的证据；10. 证明行为人用其他方法破坏交通工具造成严重后果行为的证据；11. 证明行为人破坏交通工具尚未造成严重后果行为的证据。
	量刑方面的证据	**一、法定量刑情节证据** 1. 事实情节：（1）尚未造成严重后果；（2）造成严重后果。2. 法定从重情节。3. 法定从轻减轻情节：（1）可以从轻；（2）可以从轻或减轻；（3）应当从轻或者减轻。4. 法定从轻减轻免除情节：（1）可以从轻、减轻或者免除处罚；（2）应当从轻、减轻或者免除处罚。5. 法定减轻免除情节：（1）可以减轻或者免除处罚；（2）应当减轻或者免除处罚；（3）可以免除处罚。 **二、酌定量刑情节证据** 1. 犯罪手段：（1）倾覆；（2）毁坏。2. 犯罪对象。3. 危害结果：（1）交通工具毁坏程度；（2）人员死亡情况；（3）财产损失。4. 动机。5. 平时表现。6. 认罪态度。7. 是否有前科。8. 其他证据。
量刑标准	犯本罪的	处三年以上十年以下有期徒刑
	造成严重后果的	处十年以上有期徒刑、无期徒刑或者死刑
法律适用	**刑法条文**	**第一百一十六条** 破坏火车、汽车、电车、船只、航空器，足以使火车、汽车、电车、船只、航空器发生倾覆、毁坏危险，尚未造成严重后果的，处三年以上十年以下有期徒刑。 **第一百一十九条第一款** 破坏交通工具、交通设施、电力设备、燃气设备、易燃易爆设备，造成严重后果的，处十年以上有期徒刑、无期徒刑或者死刑。

一、《中华人民共和国铁路法》（节录） (1990 年 9 月 7 日中华人民共和国主席令第 32 号公布　自 1991 年 5 月 1 日起施行　2009 年 8 月 27 日第一次修正　2015 年 4 月 24 日第二次修正)

第六十一条　故意损毁、移动铁路行车信号装置或者在铁路线路上放置足以使列车倾覆的障碍物的，依照刑法有关规定追究刑事责任。

第六十二条　盗窃铁路线路上行车设施的零件、部件或者铁路线路上的器材，危及行车安全的，依照刑法有关规定追究刑事责任。

二、《中华人民共和国民用航空法》（节录） (1995 年 10 月 30 日中华人民共和国主席令第 56 号公布　自 1996 年 3 月 1 日起施行　2009 年 8 月 27 日第一次修正　2015 年 4 月 24 日第二次修正　2016 年 11 月 7 日第三次修正　2017 年 11 月 4 日第四次修正　2018 年 12 月 29 日第五次修正　2021 年 4 月 29 日第六次修正)

第一百九十五条　故意在使用中的民用航空器上放置危险品或者唆使他人放置危险品，足以毁坏该民用航空器，危及飞行安全的，依照刑法有关规定追究刑事责任。

第一百九十七条　盗窃或者故意损毁、移动使用中的航行设施，危及飞行安全，足以使民用航空器发生坠落、毁坏危险的，依照刑法有关规定追究刑事责任。

三、《铁路安全管理条例》 (2013 年 8 月 17 日中华人民共和国国务院令第 639 号公布　自 2014 年 1 月 1 日起施行)

第一章　总　　则

第一条　为了加强铁路安全管理，保障铁路运输安全和畅通，保护人身安全和财产安全，制定本条例。

第二条　铁路安全管理坚持安全第一、预防为主、综合治理的方针。

第三条　国务院铁路行业监督管理部门负责全国铁路安全监督管理工作，国务院铁路行业监督管理部门设立的铁路监督管理机构负责辖区内的铁路安全监督管理工作。国务院铁路行业监督管理部门和铁路监督管理机构统称铁路监管部门。

国务院有关部门依照法律和国务院规定的职责，负责铁路安全管理的有关工作。

第四条　铁路沿线地方各级人民政府和县级以上地方人民政府有关部门应当按照各自职责，加强保障铁路安全的教育，落实护路联防责任制，防范和制止危害铁路安全的行为，协调和处理保障铁路安全的有关事项，做好保障铁路安全的有关工作。

第五条　从事铁路建设、运输、设备制造维修的单位应当加强安全管理，建立健全安全生产管理制度，落实企业安全生产主体责任，设置安全管理机构或者配备安全管理人员，执行保障生产安全和产品质量安全的国家标准、行业标准，加强对从业人员的安全教育培训，保证安全生产所必需的资金投入。

铁路建设、运输、设备制造维修单位的工作人员应当严格执行规章制度，实行标准化作业，保证铁路安全。

第六条　铁路监管部门、铁路运输企业等单位应当按照国家有关规定制定突发事件应急预案，并组织应急演练。

第七条　禁止扰乱铁路建设、运输秩序。禁止损坏或者非法占用铁路设施设备、铁路标志和铁路用地。

任何单位或者个人发现损坏或者非法占用铁路设施设备、铁路标志、铁路用地以及其他影响铁路安全的行为，有权报告铁路运输企业，或者向铁路监管部门、公安机

关或者其他有关部门举报。接到报告的铁路运输企业、接到举报的部门应当根据各自职责及时处理。

对维护铁路安全作出突出贡献的单位或者个人，按照国家有关规定给予表彰奖励。

第二章　铁路建设质量安全

第八条　铁路建设工程的勘察、设计、施工、监理以及建设物资、设备的采购，应当依法进行招标。

第九条　从事铁路建设工程勘察、设计、施工、监理活动的单位应当依法取得相应资质，并在其资质等级许可的范围内从事铁路工程建设活动。

第十条　铁路建设单位应当选择具备相应资质等级的勘察、设计、施工、监理单位进行工程建设，并对建设工程的质量安全进行监督检查，制作检查记录留存备查。

第十一条　铁路建设工程的勘察、设计、施工、监理应当遵守法律、行政法规关于建设工程质量和安全管理的规定，执行国家标准、行业标准和技术规范。

铁路建设工程的勘察、设计、施工单位依法对勘察、设计、施工的质量负责，监理单位依法对施工质量承担监理责任。

高速铁路和地质构造复杂的铁路建设工程实行工程地质勘察监理制度。

第十二条　铁路建设工程的安全设施应当与主体工程同时设计、同时施工、同时投入使用。安全设施投资应当纳入建设项目概算。

第十三条　铁路建设工程使用的材料、构件、设备等产品，应当符合有关产品质量的强制性国家标准、行业标准。

第十四条　铁路建设工程的建设工期，应当根据工程地质条件、技术复杂程度等因素，按照国家标准、行业标准和技术规范合理确定、调整。

任何单位和个人不得违反前款规定要求铁路建设、设计、施工单位压缩建设工期。

第十五条　铁路建设工程竣工，应当按照国家有关规定组织验收，并由铁路运输企业进行运营安全评估。经验收、评估合格，符合运营安全要求的，方可投入运营。

第十六条　在铁路线路及其邻近区域进行铁路建设工程施工，应当执行铁路营业线施工安全管理规定。铁路建设单位应当会同相关铁路运输企业和工程设计、施工单位制定安全施工方案，按照方案进行施工。施工完毕应当及时清理现场，不得影响铁路运营安全。

第十七条　新建、改建设计开行时速 120 公里以上列车的铁路或者设计运输量达到国务院铁路行业监督管理部门规定的较大运输量标准的铁路，需要与道路交叉的，应当设置立体交叉设施。

新建、改建高速公路、一级公路或者城市道路中的快速路，需要与铁路交叉的，应当设置立体交叉设施，并优先选择下穿铁路的方案。

已建成的属于前两款规定情形的铁路、道路为平面交叉的，应当逐步改造为立体交叉。

新建、改建高速铁路需要与普通铁路、道路、渡槽、管线等设施交叉的，应当优先选择高速铁路上跨方案。

第十八条　设置铁路与道路立体交叉设施及其附属安全设施所需费用的承担，按照下列原则确定：

（一）新建、改建铁路与既有道路交叉的，由铁路方承担建设费用；道路方要求超过既有道路建设标准建设所增加的费用，由道路方承担；

（二）新建、改建道路与既有铁路交叉的，由道路方承担建设费用；铁路方要求超过既有铁路线路建设标准建设所增加的费用，由铁路方承担；

（三）同步建设的铁路和道路需要设置立体交叉设施以及既有铁路道口改造为立体交叉的，由铁路方和道路方按照公平合理的原则分担建设费用。

第十九条 铁路与道路立体交叉设施及其附属安全设施竣工验收合格后，应当按照国家有关规定移交有关单位管理、维护。

第二十条 专用铁路、铁路专用线需要与公用铁路网接轨的，应当符合国家有关铁路建设、运输的安全管理规定。

第三章　铁路专用设备质量安全

第二十一条 设计、制造、维修或者进口新型铁路机车车辆，应当符合国家标准、行业标准，并分别向国务院铁路行业监督管理部门申请领取型号合格证、制造许可证、维修许可证或者进口许可证，具体办法由国务院铁路行业监督管理部门制定。

铁路机车车辆的制造、维修、使用单位应当遵守有关产品质量的法律、行政法规以及国家其他有关规定，确保投入使用的机车车辆符合安全运营要求。

第二十二条 生产铁路道岔及其转辙设备、铁路信号控制软件和控制设备、铁路通信设备、铁路牵引供电设备的企业，应当符合下列条件并经国务院铁路行业监督管理部门依法审查批准：

（一）有按照国家标准、行业标准检测、检验合格的专业生产设备；

（二）有相应的专业技术人员；

（三）有完善的产品质量保证体系和安全管理制度；

（四）法律、行政法规规定的其他条件。

第二十三条 铁路机车车辆以外的直接影响铁路运输安全的铁路专用设备，依法应当进行产品认证的，经认证合格方可出厂、销售、进口、使用。

第二十四条 用于危险化学品和放射性物品运输的铁路罐车、专用车辆以及其他容器的生产和检测、检验，依照有关法律、行政法规的规定执行。

第二十五条 用于铁路运输的安全检测、监控、防护设施设备，集装箱和集装化用具等运输器具，专用装卸机械、索具、篷布、装载加固材料或者装置，以及运输包装、货物装载加固等，应当符合国家标准、行业标准和技术规范。

第二十六条 铁路机车车辆以及其他铁路专用设备存在缺陷，即由于设计、制造、标识等原因导致同一批次、型号或者类别的铁路专用设备普遍存在不符合保障人身、财产安全的国家标准、行业标准的情形或者其他危及人身、财产安全的不合理危险的，应当立即停止生产、销售、进口、使用；设备制造者应当召回缺陷产品，采取措施消除缺陷。具体办法由国务院铁路行业监督管理部门制定。

第四章　铁路线路安全

第二十七条 铁路线路两侧应当设立铁路线路安全保护区。铁路线路安全保护区的范围，从铁路线路路堤坡脚、路堑坡顶或者铁路桥梁（含铁路、道路两用桥，下同）外侧起向外的距离分别为：

（一）城市市区高速铁路为 10 米，其他铁路为 8 米；

（二）城市郊区居民居住区高速铁路为 12 米，其他铁路为 10 米；

（三）村镇居民居住区高速铁路为 15 米，其他铁路为 12 米；

（四）其他地区高速铁路为 20 米，其他铁路为 15 米。

前款规定距离不能满足铁路运输安全保护需要的，由铁路建设单位或者铁路运输企业提出方案，铁路监督管理机构或者县级以上地方人民政府依照本条第三款规定程序划定。

在铁路用地范围内划定铁路线路安全保护区的，由铁路监督管理机构组织铁路建设单位或者铁路运输企业划定并公告。在铁路用地范围外划定铁路线路安全保护区的，由县级以上地方人民政府根据保障铁路运输安全和节约用地的原则，组织有关铁路监督管理机构、县级以上地方人民政府国土资源等部门划定并公告。

铁路线路安全保护区与公路建筑控制区、河道管理范围、水利工程管理和保护范围、航道保护范围或者石油、电力以及其他重要设施保护区重叠的，由县级以上地方人民政府组织有关部门依照法律、行政法规的规定协商划定并公告。

新建、改建铁路的铁路线路安全保护区范围，应当自铁路建设工程初步设计批准之日起 30 日内，由县级以上地方人民政府依照本条例的规定划定并公告。铁路建设单位或者铁路运输企业应当根据工程竣工资料进行勘界，绘制铁路线路安全保护区平面图，并根据平面图设立标桩。

第二十八条　设计开行时速 120 公里以上列车的铁路应当实行全封闭管理。铁路建设单位或者铁路运输企业应当按照国务院铁路行业监督管理部门的规定在铁路用地范围内设置封闭设施和警示标志。

第二十九条　禁止在铁路线路安全保护区内烧荒、放养牲畜、种植影响铁路线路安全和行车瞭望的树木等植物。

禁止向铁路线路安全保护区排污、倾倒垃圾以及其他危害铁路安全的物质。

第三十条　在铁路线路安全保护区内建造建筑物、构筑物等设施，取土、挖砂、挖沟、采空作业或者堆放、悬挂物品，应当征得铁路运输企业同意并签订安全协议，遵守保证铁路安全的国家标准、行业标准和施工安全规范，采取措施防止影响铁路运输安全。铁路运输企业应当派员对施工现场实行安全监督。

第三十一条　铁路线路安全保护区内既有的建筑物、构筑物危及铁路运输安全的，应当采取必要的安全防护措施；采取安全防护措施后仍不能保证安全的，依照有关法律的规定拆除。

拆除铁路线路安全保护区内的建筑物、构筑物，清理铁路线路安全保护区内的植物，或者对他人在铁路线路安全保护区内已依法取得的采矿权等合法权利予以限制，给他人造成损失的，应当依法给予补偿或者采取必要的补救措施。但是，拆除非法建设的建筑物、构筑物的除外。

第三十二条　在铁路线路安全保护区及其邻近区域建造或者设置的建筑物、构筑物、设备等，不得进入国家规定的铁路建筑限界。

第三十三条　在铁路线路两侧建造、设立生产、加工、储存或者销售易燃、易爆或者放射性物品等危险物品的场所、仓库，应当符合国家标准、行业标准规定的安全防护距离。

第三十四条　在铁路线路两侧从事采矿、采石或者爆破作业，应当遵守有关采矿和民用爆破的法律法规，符合国家标准、行业标准和铁路安全保护要求。

在铁路线路路堤坡脚、路堑坡顶、铁路桥梁外侧起向外各 1000 米范围内，以及在铁路隧道上方中心线两侧各 1000 米范围内，确需从事露天采矿、采石或者爆破作业的，应当与铁路运输企业协商一致，依照有关法律法规的规定报县级以上地方人民政府有关部门批准，采取安全防护措施后方可进行。

第三十五条　高速铁路线路路堤坡脚、路堑坡顶或者铁路桥梁外侧起向外各 200 米范围内禁止抽取地下水。

在前款规定范围外，高速铁路线路经过的区域属于地面沉降区域，抽取地下水危及高速铁路安全的，应当设置地下水禁止开采区或者限制开采区，具体范围由铁路监督管理机构会同县级以上地方人民政府水行政主管部门提出方案，报省、自治区、直辖市人民政府批准并公告。

第三十六条　在电气化铁路附近从事排放粉尘、烟尘及腐蚀性气体的生产活动，超过国家规定的排放标准，危及铁路运输安全的，由县级以上地方人民政府有关部门依法责令整改，消除安全隐患。

第三十七条　任何单位和个人不得擅自在铁路桥梁跨越处河道上下游各 1000 米范围内围垦造田、拦河筑坝、架设浮桥或者修建其他影响铁路桥梁安全的设施。

因特殊原因确需在前款规定的范围内进行围垦造田、拦河筑坝、架设浮桥等活动的，应当进行安全论证，负责审批的机关在批准前应当征求有关铁路运输企业的意见。

第三十八条　禁止在铁路桥梁跨越处河道上下游的下列范围内采砂、淘金：

（一）跨河桥长 500 米以上的铁路桥梁，河道上游 500 米，下游 3000 米；

（二）跨河桥长 100 米以上不足 500 米的铁路桥梁，河道上游 500 米，下游 2000 米；

（三）跨河桥长不足 100 米的铁路桥梁，河道上游 500 米，下游 1000 米。

有关部门依法在铁路桥梁跨越处河道上下游划定的禁采范围大于前款规定的禁采范围的，按照划定的禁采范围执行。

县级以上地方人民政府水行政主管部门、国土资源主管部门应当按照各自职责划定禁采区域、设置禁采标志，制止非法采砂、淘金行为。

第三十九条　在铁路桥梁跨越处河道上下游各 500 米范围内进行疏浚作业，应当进行安全技术评价，有关河道、航道管理部门应当征求铁路运输企业的意见，确认安全或者采取安全技术措施后，方可批准进行疏浚作业。但是，依法进行河道、航道日常养护、疏浚作业的除外。

第四十条　铁路、道路两用桥由所在地铁路运输企业和道路管理部门或者道路经营企业定期检查、共同维护，保证桥梁处于安全的技术状态。

铁路、道路两用桥的墩、梁等共用部分的检测、维修由铁路运输企业和道路管理部门或者道路经营企业共同负责，所需费用按照公平合理的原则分担。

第四十一条　铁路的重要桥梁和隧道按照国家有关规定由中国人民武装警察部队负责守卫。

第四十二条　船舶通过铁路桥梁应当符合桥梁的通航净空高度并遵守航行规则。

桥区航标中的桥梁航标、桥柱标、桥梁水尺标由铁路运输企业负责设置、维护，水面航标由铁路运输企业负责设置，航道管理部门负责维护。

第四十三条　下穿铁路桥梁、涵洞的道路应当按照国家标准设置车辆通过限高、限宽标志和限高防护架。城市道路的限高、限宽标志由当地人民政府指定的部门设置并维护，公路的限高、限宽标志由公路管理部门设置并维护。限高防护架在铁路桥梁、涵洞、道路建设时设置，由铁路运输企业负责维护。

机动车通过下穿铁路桥梁、涵洞的道路，应当遵守限高、限宽规定。

下穿铁路涵洞的管理单位负责涵洞的日常管理、维护，防止淤塞、积水。

第四十四条　铁路线路安全保护区内的道路和铁路线路路堑上的道路、跨越铁路线路的道路桥梁，应当按照国家有关规定设置防止车辆以及其他物体进入、坠入铁路

线路的安全防护设施和警示标志，并由道路管理部门或者道路经营企业维护、管理。

第四十五条 架设、铺设铁路信号和通信线路、杆塔应当符合国家标准、行业标准和铁路安全防护要求。铁路运输企业、为铁路运输提供服务的电信企业应当加强对铁路信号和通信线路、杆塔的维护和管理。

第四十六条 设置或者拓宽铁路道口、铁路人行过道，应当征得铁路运输企业的同意。

第四十七条 铁路与道路交叉的无人看守道口应当按照国家标准设置警示标志；有人看守道口应当设置移动栏杆、列车接近报警装置、警示灯、警示标志、铁路道口路段标线等安全防护设施。

道口移动栏杆、列车接近报警装置、警示灯等安全防护设施由铁路运输企业设置、维护；警示标志、铁路道口路段标线由铁路道口所在地的道路管理部门设置、维护。

第四十八条 机动车或者非机动车在铁路道口内发生故障或者装载物掉落的，应当立即将故障车辆或者掉落的装载物移至铁路道口停止线以外或者铁路线路最外侧钢轨 5 米以外的安全地点。无法立即移至安全地点的，应当立即报告铁路道口看守人员；在无人看守道口，应当立即在道口两端采取措施拦停列车，并就近通知铁路车站或者公安机关。

第四十九条 履带车辆等可能损坏铁路设施设备的车辆、物体通过铁路道口，应当提前通知铁路道口管理单位，在其协助、指导下通过，并采取相应的安全防护措施。

第五十条 在下列地点，铁路运输企业应当按照国家标准、行业标准设置易于识别的警示、保护标志：

（一）铁路桥梁、隧道的两端；

（二）铁路信号、通信光（电）缆的埋设、铺设地点；

（三）电气化铁路接触网、自动闭塞供电线路和电力贯通线路等电力设施附近易发生危险的地点。

第五十一条 禁止毁坏铁路线路、站台等设施设备和铁路路基、护坡、排水沟、防护林木、护坡草坪、铁路线路封闭网及其他铁路防护设施。

第五十二条 禁止实施下列危及铁路通信、信号设施安全的行为：

（一）在埋有地下光（电）缆设施的地面上方进行钻探，堆放重物、垃圾，焚烧物品，倾倒腐蚀性物质；

（二）在地下光（电）缆两侧各 1 米的范围内建造、搭建建筑物、构筑物等设施；

（三）在地下光（电）缆两侧各 1 米的范围内挖砂、取土；

（四）在过河光（电）缆两侧各 100 米的范围内挖砂、抛锚或者进行其他危及光（电）缆安全的作业。

第五十三条 禁止实施下列危害电气化铁路设施的行为：

（一）向电气化铁路接触网抛掷物品；

（二）在铁路电力线路导线两侧各 500 米的范围内升放风筝、气球等低空飘浮物体；

（三）攀登铁路电力线路杆塔或者在杆塔上架设、安装其他设施设备；

（四）在铁路电力线路杆塔、拉线周围 20 米范围内取土、打桩、钻探或者倾倒有害化学物品；

（五）触碰电气化铁路接触网。

第五十四条 县级以上各级人民政府及其有关部门、铁路运输企业应当依照地质灾害防治法律法规的规定，加强铁路沿线地质灾害的预防、治理和应急处理等工作。

第五十五条 铁路运输企业应当对铁路线路、铁路防护设施和警示标志进行经常性巡查和维护；对巡查中发现的安全问题应当立即处理，不能立即处理的应当及时报告铁路监督管理机构。巡查和处理情况应当记录留存。

第五章　铁路运营安全

第五十六条 铁路运输企业应当依照法律、行政法规和国务院铁路行业监督管理部门的规定，制定铁路运输安全管理制度，完善相关作业程序，保障铁路旅客和货物运输安全。

第五十七条 铁路机车车辆的驾驶人员应当参加国务院铁路行业监督管理部门组织的考试，考试合格方可上岗。具体办法由国务院铁路行业监督管理部门制定。

第五十八条 铁路运输企业应当加强铁路专业技术岗位和主要行车工种岗位从业人员的业务培训和安全培训，提高从业人员的业务技能和安全意识。

第五十九条 铁路运输企业应当加强运输过程中的安全防护，使用的运输工具、装载加固设备以及其他专用设施设备应当符合国家标准、行业标准和安全要求。

第六十条 铁路运输企业应当建立健全铁路设施设备的检查防护制度，加强对铁路设施设备的日常维护检修，确保铁路设施设备性能完好和安全运行。

铁路运输企业的从业人员应当按照操作规程使用、管理铁路设施设备。

第六十一条 在法定假日和传统节日等铁路运输高峰期或者恶劣气象条件下，铁路运输企业应当采取必要的安全应急管理措施，加强铁路运输安全检查，确保运输安全。

第六十二条 铁路运输企业应当在列车、车站等场所公告旅客、列车工作人员以及其他进站人员遵守的安全管理规定。

第六十三条 公安机关应当按照职责分工，维护车站、列车等铁路场所和铁路沿线的治安秩序。

第六十四条 铁路运输企业应当按照国务院铁路行业监督管理部门的规定实施火车票实名购买、查验制度。

实施火车票实名购买、查验制度的，旅客应当凭有效身份证件购票乘车；对车票所记载身份信息与所持身份证件或者真实身份不符的持票人，铁路运输企业有权拒绝其进站乘车。

铁路运输企业应当采取有效措施为旅客实名购票、乘车提供便利，并加强对旅客身份信息的保护。铁路运输企业工作人员不得窃取、泄露旅客身份信息。

第六十五条 铁路运输企业应当依照法律、行政法规和国务院铁路行业监督管理部门的规定，对旅客及其随身携带、托运的行李物品进行安全检查。

从事安全检查的工作人员应当佩戴安全检查标志，依法履行安全检查职责，并有权拒绝不接受安全检查的旅客进站乘车和托运行李物品。

第六十六条 旅客应当接受并配合铁路运输企业在车站、列车实施的安全检查，不得违法携带、夹带管制器具，不得违法携带、托运烟花爆竹、枪支弹药等危险物品或者其他违禁物品。

禁止或者限制携带的物品种类及其数量由国务院铁路行业监督管理部门会同公安机关规定，并在车站、列车等场所公布。

左侧竖排文字：法律适用　相关法律法规

第六十七条　铁路运输托运人托运货物、行李、包裹，不得有下列行为：

（一）匿报、谎报货物品名、性质、重量；

（二）在普通货物中夹带危险货物，或者在危险货物中夹带禁止配装的货物；

（三）装车、装箱超过规定重量。

第六十八条　铁路运输企业应当对承运的货物进行安全检查，并不得有下列行为：

（一）在非危险货物办理站办理危险货物承运手续；

（二）承运未接受安全检查的货物；

（三）承运不符合安全规定、可能危害铁路运输安全的货物。

第六十九条　运输危险货物应当依照法律法规和国家其他有关规定使用专用的设施设备，托运人应当配备必要的押运人员和应急处理器材、设备以及防护用品，并使危险货物始终处于押运人员的监管之下；危险货物发生被盗、丢失、泄漏等情况，应当按照国家有关规定及时报告。

第七十条　办理危险货物运输业务的工作人员和装卸人员、押运人员，应当掌握危险货物的性质、危害特性、包装容器的使用特性和发生意外的应急措施。

第七十一条　铁路运输企业和托运人应当按照操作规程包装、装卸、运输危险货物，防止危险货物泄漏、爆炸。

第七十二条　铁路运输企业和托运人应当依照法律法规和国家其他有关规定包装、装载、押运特殊药品，防止特殊药品在运输过程中被盗、被劫或者发生丢失。

第七十三条　铁路管理信息系统及其设施的建设和使用，应当符合法律法规和国家其他有关规定的安全技术要求。

铁路运输企业应当建立网络与信息安全应急保障体系，并配备相应的专业技术人员负责网络和信息系统的安全管理工作。

第七十四条　禁止使用无线电台（站）以及其他仪器、装置干扰铁路运营指挥调度无线电频率的正常使用。

铁路运营指挥调度无线电频率受到干扰的，铁路运输企业应当立即采取排查措施并报告无线电管理机构、铁路监管部门；无线电管理机构、铁路监管部门应当依法排除干扰。

第七十五条　电力企业应当依法保障铁路运输所需电力的持续供应，并保证供电质量。

铁路运输企业应当加强用电安全管理，合理配置供电电源和应急自备电源。

遇有特殊情况影响铁路电力供应的，电力企业和铁路运输企业应当按照各自职责及时组织抢修，尽快恢复正常供电。

第七十六条　铁路运输企业应当加强铁路运营食品安全管理，遵守有关食品安全管理的法律法规和国家其他有关规定，保证食品安全。

第七十七条　禁止实施下列危害铁路安全的行为：

（一）非法拦截列车、阻断铁路运输；

（二）扰乱铁路运输指挥调度机构以及车站、列车的正常秩序；

（三）在铁路线路上放置、遗弃障碍物；

（四）击打列车；

（五）擅自移动铁路线路上的机车车辆，或者擅自开启列车车门、违规操纵列车紧急制动设备；

（六）拆盗、损毁或者擅自移动铁路设施设备、机车车辆配件、标桩、防护设施和安全标志；

（七）在铁路线路上行走、坐卧或者在未设道口、人行过道的铁路线路上通过；

（八）擅自进入铁路线路封闭区域或者在未设置行人通道的铁路桥梁、隧道通行；

（九）擅自开启、关闭列车的货车阀、盖或者破坏施封状态；

（十）擅自开启列车中的集装箱箱门，破坏箱体、阀、盖或者施封状态；

（十一）擅自松动、拆解、移动列车中的货物装载加固材料、装置和设备；

（十二）钻车、扒车、跳车；

（十三）从列车上抛扔杂物；

（十四）在动车组列车上吸烟或者在其他列车的禁烟区域吸烟；

（十五）强行登乘或者以拒绝下车等方式强占列车；

（十六）冲击、堵塞、占用进出站通道或者候车区、站台。

第六章 监督检查

第七十八条 铁路监管部门应当对从事铁路建设、运输、设备制造维修的企业执行本条例的情况实施监督检查，依法查处违反本条例规定的行为，依法组织或者参与铁路安全事故的调查处理。

铁路监管部门应当建立企业违法行为记录和公告制度，对违反本条例被依法追究法律责任的从事铁路建设、运输、设备制造维修的企业予以公布。

第七十九条 铁路监管部门应当加强对铁路运输高峰期和恶劣气象条件下运输安全的监督管理，加强对铁路运输的关键环节、重要设施设备的安全状况以及铁路运输突发事件应急预案的建立和落实情况的监督检查。

第八十条 铁路监管部门和县级以上人民政府安全生产监督管理部门应当建立信息通报制度和运输安全生产协调机制。发现重大安全隐患，铁路运输企业难以自行排除的，应当及时向铁路监管部门和有关地方人民政府报告。地方人民政府获悉铁路沿线有危及铁路运输安全的重要情况，应当及时通报有关的铁路运输企业和铁路监管部门。

第八十一条 铁路监管部门发现安全隐患，应当责令有关单位立即排除。重大安全隐患排除前或者排除过程中无法保证安全的，应当责令从危险区域内撤出人员、设备，停止作业；重大安全隐患排除后方可恢复作业。

第八十二条 实施铁路安全监督检查的人员执行监督检查任务时，应当佩戴标志或者出示证件。任何单位和个人不得阻碍、干扰安全监督检查人员依法履行安全检查职责。

第七章 法律责任

第八十三条 铁路建设单位和铁路建设的勘察、设计、施工、监理单位违反本条例关于铁路建设质量安全管理的规定的，由铁路监管部门依照有关工程建设、招标投标管理的法律、行政法规的规定处罚。

第八十四条 铁路建设单位未对高速铁路和地质构造复杂的铁路建设工程实行工程地质勘察监理，或者在铁路线路及其邻近区域进行铁路建设工程施工不执行铁路营业线施工安全管理规定，影响铁路运营安全的，由铁路监管部门责令改正，处10万元以上50万元以下的罚款。

第八十五条 依法应当进行产品认证的铁路专用设备未经认证合格，擅自出厂、销售、进口、使用的，依照《中华人民共和国认证认可条例》的规定处罚。

第八十六条　铁路机车车辆以及其他专用设备制造者未按规定召回缺陷产品，采取措施消除缺陷的，由国务院铁路行业监督管理部门责令改正；拒不改正的，处缺陷产品货值金额1%以上10%以下的罚款；情节严重的，由国务院铁路行业监督管理部门吊销相应的许可证件。

第八十七条　有下列情形之一的，由铁路监督管理机构责令改正，处2万元以上10万元以下的罚款：

（一）用于铁路运输的安全检测、监控、防护设施设备，集装箱和集装化用具等运输器具、专用装卸机械、索具、篷布、装载加固材料或者装置、运输包装、货物装载加固等，不符合国家标准、行业标准和技术规范；

（二）不按照国家有关规定和标准设置、维护铁路封闭设施、安全防护设施；

（三）架设、铺设铁路信号和通信线路、杆塔不符合国家标准、行业标准和铁路安全防护要求，或者未对铁路信号和通信线路、杆塔进行维护和管理；

（四）运输危险货物不依照法律法规和国家其他有关规定使用专用的设施设备。

第八十八条　在铁路线路安全保护区内烧荒、放养牲畜、种植影响铁路线路安全和行车瞭望的树木等植物，或者向铁路线路安全保护区排污、倾倒垃圾以及其他危害铁路安全的物质的，由铁路监督管理机构责令改正，对单位可以处5万元以下的罚款，对个人可以处2000元以下的罚款。

第八十九条　未经铁路运输企业同意或者未签订安全协议，在铁路线路安全保护区内建造建筑物、构筑物等设施，取土、挖砂、挖沟、采空作业或者堆放、悬挂物品，或者违反保证铁路安全的国家标准、行业标准和施工安全规范，影响铁路运输安全的，由铁路监督管理机构责令改正，可以处10万元以下的罚款。

铁路运输企业未派员对铁路线路安全保护区内施工现场进行安全监督的，由铁路监督管理机构责令改正，可以处3万元以下的罚款。

第九十条　在铁路线路安全保护区及其邻近区域建造或者设置的建筑物、构筑物、设备等进入国家规定的铁路建筑限界，或者在铁路线路两侧建造、设立生产、加工、储存或者销售易燃、易爆或者放射性物品等危险物品的场所、仓库不符合国家标准、行业标准规定的安全防护距离的，由铁路监督管理机构责令改正，对单位处5万元以上20万元以下的罚款，对个人处1万元以上5万元以下的罚款。

第九十一条　有下列行为之一的，分别由铁路沿线所在地县级以上地方人民政府水行政主管部门、国土资源主管部门或者无线电管理机构等依照有关水资源管理、矿产资源管理、无线电管理等法律、行政法规的规定处罚：

（一）未经批准在铁路线路两侧各1000米范围内从事露天采矿、采石或者爆破作业；

（二）在地下水禁止开采区或者限制开采区抽取地下水；

（三）在铁路桥梁跨越处河道上下游各1000米范围内围垦造田、拦河筑坝、架设浮桥或者修建其他影响铁路桥梁安全的设施；

（四）在铁路桥梁跨越处河道上下游禁止采砂、淘金的范围内采砂、淘金；

（五）干扰铁路运营指挥调度无线电频率正常使用。

第九十二条　铁路运输企业、道路管理部门或者道路经营企业未履行铁路、道路两用桥检查、维护职责的，由铁路监督管理机构或者上级道路管理部门责令改正；拒不改正的，由铁路监督管理机构或者上级道路管理部门指定其他单位进行养护和维修，养护和维修费用由拒不履行义务的铁路运输企业、道路管理部门或者道路经营企业承担。

第九十三条 机动车通过下穿铁路桥梁、涵洞的道路未遵守限高、限宽规定的，由公安机关依照道路交通安全管理法律、行政法规的规定处罚。

第九十四条 违反本条例第四十八条、第四十九条关于铁路道口安全管理的规定的，由铁路监督管理机构责令改正，处1000元以上5000元以下的罚款。

第九十五条 违反本条例第五十一条、第五十二条、第五十三条、第七十七条规定的，由公安机关责令改正，对单位处1万元以上5万元以下的罚款，对个人处500元以上2000元以下的罚款。

第九十六条 铁路运输托运人托运货物、行李、包裹时匿报、谎报货物品名、性质、重量，或者装车、装箱超过规定重量的，由铁路监督管理机构责令改正，可以处2000元以下的罚款；情节较重的，处2000元以上2万元以下的罚款；将危险化学品谎报或者匿报为普通货物托运的，处10万元以上20万元以下的罚款。

铁路运输托运人在普通货物中夹带危险货物，或者在危险货物中夹带禁止配装的货物的，由铁路监督管理机构责令改正，处3万元以上20万元以下的罚款。

第九十七条 铁路运输托运人运输危险货物未配备必要的应急处理器材、设备、防护用品，或者未按照操作规程包装、装卸、运输危险货物的，由铁路监督管理机构责令改正，处1万元以上5万元以下的罚款。

第九十八条 铁路运输托运人运输危险货物不按照规定配备必要的押运人员，或者发生危险货物被盗、丢失、泄漏等情况不按照规定及时报告的，由公安机关责令改正，处1万元以上5万元以下的罚款。

第九十九条 旅客违法携带、夹带管制器具或者违法携带、托运烟花爆竹、枪支弹药等危险物品或者其他违禁物品的，由公安机关依法给予治安管理处罚。

第一百条 铁路运输企业有下列情形之一的，由铁路监管部门责令改正，处2万元以上10万元以下的罚款：

（一）在非危险货物办理站办理危险货物承运手续；

（二）承运未接受安全检查的货物；

（三）承运不符合安全规定、可能危害铁路运输安全的货物；

（四）未按照操作规程包装、装卸、运输危险货物。

第一百零一条 铁路监管部门及其工作人员应当严格按照本条例规定的处罚种类和幅度，根据违法行为的性质和具体情节行使行政处罚权，具体办法由国务院铁路行业监督管理部门制定。

第一百零二条 铁路运输企业工作人员窃取、泄露旅客身份信息的，由公安机关依法处罚。

第一百零三条 从事铁路建设、运输、设备制造维修的单位违反本条例规定，对直接负责的主管人员和其他直接责任人员依法给予处分。

第一百零四条 铁路监管部门及其工作人员不依照本条例规定履行职责的，对负有责任的领导人员和直接责任人员依法给予处分。

第一百零五条 违反本条例规定，给铁路运输企业或者其他单位、个人财产造成损失的，依法承担民事责任。

违反本条例规定，构成违反治安管理行为的，由公安机关依法给予治安管理处罚；构成犯罪的，依法追究刑事责任。

第八章 附 则

第一百零六条 专用铁路、铁路专用线的安全管理参照本条例的规定执行。

法律适用

相关法律法规

第一百零七条 本条例所称高速铁路，是指设计开行时速 250 公里以上（含预留），并且初期运营时速 200 公里以上的客运列车专线铁路。

第一百零八条 本条例自 2014 年 1 月 1 日起施行。2004 年 12 月 27 日国务院公布的《铁路运输安全保护条例》同时废止。

四、《中华人民共和国民用航空安全保卫条例》（节录）（1996 年 7 月 6 日中华人民共和国国务院令第 201 号公布　自公布之日起施行　2011 年 1 月 8 日修订）

第十一条 机场控制区应当根据安全保卫的需要，划定为候机隔离区、行李分检装卸区、航空器活动区和维修区、货物存放区等，并分别设置安全防护设施和明显标志。

第十四条 在航空器活动区和维修区内的人员、车辆必须按照规定路线行进，车辆、设备必须在指定位置停放，一切人员、车辆必须避让航空器。

第十六条 机场内禁止下列行为：

（一）攀（钻）越、损毁机场防护围栏及其他安全防护设施；

（二）在机场控制区内狩猎、放牧、晾晒谷物、教练驾驶车辆；

（三）无机场控制区通行证进入机场控制区；

（四）随意穿越航空器跑道、滑行道；

（五）强行登、占航空器；

（六）谎报险情，制造混乱；

（七）扰乱机场秩序的其他行为。

第二十五条 航空器内禁止下列行为：

（一）在禁烟区吸烟；

（二）抢占座位、行李舱（架）；

（三）打架、酗酒、寻衅滋事；

（四）盗窃、故意损坏或者擅自移动救生物品和设备；

（五）危及飞行安全和扰乱航空器内秩序的其他行为。

第三十七条 违反本条例的有关规定，构成犯罪的，依法追究刑事责任。

24 破坏交通设施案

概念　本罪是指故意破坏轨道、桥梁、隧道、公路、机场、航道、灯塔、标志或者进行其他破坏活动，足以使火车、汽车、电车、船只、航空器发生倾覆、毁坏危险，危害公共安全的行为。这是一种以交通设施为特定破坏对象的危害公共安全犯罪。

立案标准　根据《刑法》第 117 条、第 119 条第 1 款的规定，故意破坏正在使用中的轨道、桥梁、隧道、公路、机场、航道、灯塔、标志或者进行其他破坏活动，足以使火车、汽车、电车、船只、航空器发生倾覆、毁坏危险的，应当立案追究。

本罪是危险犯，只要行为人破坏了正在使用中的交通设施，并且足以使交通工具发生倾覆、毁坏的现实可能和危险，不要求实际已经造成交通工具发生倾覆、毁坏的严重后果，就构成犯罪，应当立案追究。

定罪标准

犯罪客体　本罪侵犯的客体是交通运输安全，破坏的对象是正在使用中的直接关系交通运输安全的交通设施。

所谓正在使用中的交通设施，是指交通设施已经交付使用或者处于正在使用之中，而不是正在建设或正在修理且未交付使用的交通设施或已废弃不用的交通设施。如果破坏的是正在建设、修理而未交付使用的或废弃不用的交通设施，则不构成本罪。因为上述交通设施不处于正在使用的过程中，因而不涉及是否会影响交通工具的安全运行问题，故不构成破坏交通设施罪。对于破坏上述不在使用中的交通设施构成犯罪的，应依法认定为故意毁坏财物罪或盗窃罪等犯罪。所谓直接关系交通运输安全，是指直接关系到火车、汽车、电车、船只、航空器的行车、行船、飞行安全。如铁路轨道、地铁隧道、公路、飞行跑道、机场航道、灯塔、信号灯等，交通工具要在这些交通设施上行驶或者要根据其打出的信号指示行驶，也就是说，这些交通设施与交通运输安全有着直接联系，如果对这些交通设施进行破坏，就会直接造成火车、汽车、电车、船只、航空器发生倾覆、毁坏危险，危害公共安全。反之，破坏那些虽然也是交通设施，但不直接关系交通运输安全的交通设施，则不构成破坏交通设施罪。如破坏火车站的候车室、长途汽车站的货仓、机场的候机室等，因其不直接关系行车、行船、飞行的安全，故不能成为本罪的犯罪对象。

从现实生活中来看，对交通设施的对象范围可以具体分为以下五种：(1) 正在使用的铁路干线、支线、地方铁路、专用铁路线路、地下铁路和随时可能投入使用的备用线以及线路上的隧道、桥梁和用于指示车辆行驶的信号标志等；(2) 用于公路运输的公路干线及支线，包括高速公路、国道、省道、地方公路以及线路上的隧道、桥梁、信号和重要标志等；(3) 用于飞机起落的军用机场、民用机场的跑道、停机坪以及用于指挥飞机起落的指挥系统，用于导航的灯塔、标志等；(4) 用于船只航行的内河、内湖航道、我国领海内的海运航道、导航标志和灯塔等；(5) 用于运输、旅游、森林采伐的空中索道及设施等。

本罪在客观方面表现为使用各种方法破坏轨道、桥梁、隧道、公路、机场、航道、灯塔、标志，或者进行其他破坏活动，足以使火车、汽车、电车、船只、航空器发生倾覆、毁坏危险的行为。所谓破坏，包括对交通设施的毁坏和使交通设施丧失正常功能。例如，破坏海上的灯塔或航标，既可以将灯塔的发光设备砸毁，也可以故意挪动航标的位置，使之失去正常指示功能，从而导致航船发生安全事故。这些交通设施必须是正在使用的，因为只有破坏正在使用的交通设施才可能危害交通运输安全。如果破坏的是正在修筑的或者已经废弃的交通设施，不应定本罪。破坏交通设施的方法多种多样，如炸毁铁轨、桥梁、隧道，拔除铁轨道钉，抽掉枕木，拧松或拆卸夹板螺丝，破坏公路路基，堵塞航道，在公路、机场路道上挖掘坑穴，拆毁或挪动灯塔、航标等安全标志。这里其他破坏活动是指诸如在铁轨上放置石块、涂抹机油等，虽未直接破坏上述交通设备，但其行为本身同样足以造成交通工具倾覆、毁坏危险的破坏活动。

行为人的破坏行为必须足以使火车、汽车、电车、船只、航空器发生倾覆、毁坏危险。而实际上的倾覆与毁坏结果并不是本罪的构成要件。也就是说，破坏交通设施会造成两种后果：一种是可能发生的后果；另一种是已经发生的后果。只要造成两种后果之中的任何一种后果，都构成破坏交通设施罪。如果行为人的某种行为不足以使火车、汽车、电车、船只、航空器发生倾覆、毁坏危险的，则不构成本罪。司法实践中，我们通常从以下两个方面考察某种行为是否足以使交通工具发生倾覆、毁坏危险：一是从破坏的方法看，如果行为人使用了极其危险的破坏方法，如采取爆炸、放火、拆毁的方法破坏交通设施，由于这些破坏方法本身可以使交通设施遭受严重破坏，从而足以使交通工具发生倾覆、毁坏危险。二是从破坏的部位看，破坏交通设施的重要部位就会直接危及交通工具的运输安全。如挖掉铁轨、枕木，卸去轨道之间的连接部件等，这些破坏交通设施重要部位的行为直接关系到交通工具的行驶安全，足以造成交通工具的倾覆、毁坏危险。但是，如果行为人破坏的只是交通设施的附属部位，比如，在公路边上采挖少量砂石等，因为这些破坏行为与交通运输安全没有直接联系，不足以使交通工具发生倾覆、毁坏危险，所以不构成破坏交通设施罪。

根据本条的规定，本罪属于危险犯，其犯罪既遂并不要求必须造成交通工具倾覆、毁坏的实际结果，而是以具备法定的客观危险状态为标志，即破坏行为只要足以使交通工具发生倾覆、毁坏危险，无论是否造成严重后果，均构成本罪既遂。如果行为人已经着手破坏交通设施，刚刚接触破坏对象，破坏行为尚未实行终了，由于犯罪分子意志以外的原因（如被抓获、制止），没有造成交通工具倾覆、毁坏的危险状态，应视为本罪的未遂。破坏交通设施罪有既遂、未遂之分。不论采取何种方法，只要足以使交通工具发生倾覆、毁坏危险，就构成破坏交通设施罪既遂。如果破坏行为不可能使交通工具发生倾覆或毁坏，不危及交通运输安全，不能按本罪处理。具体认定破坏行为是否足以使交通工具发生倾覆、毁坏危险，应当从破坏方法、破坏交通设施的部位等多方面综合考察确定。

根据《铁路法》规定，故意损毁、移动铁路行车信号装置或者在铁路线路上旋转足以使列车倾覆的障碍物，盗窃铁路线路上行车设施的零件、部件或者铁路线路上的器材，危及行车安全，均按破坏交通设施罪处理。造成严重后果，是指因为行为人故意损毁、移动铁路行车信号装置或者在铁路线路上旋转足以使列车倾覆的障碍物，或者盗窃铁路线路上行车设施的零件、部件、铁路线路上的器材，造成人身伤亡、重大财产毁损、中断铁路行车等。

定罪标准

犯罪客观方面

定罪标准	**犯罪主体**	本罪主体为一般主体，即凡年满 16 周岁且具备刑事责任能力的自然人均可构成本罪主体。
	犯罪主观方面	本罪主观方面表现为故意，包括直接故意和间接故意，即行为人明知破坏交通设施会造成交通工具倾覆、毁坏危险，并且希望或者放任这种危险状态的发生。犯本罪的动机多种多样，如出于报复泄愤、图谋陷害、嫁祸于人、贪财图利等。这些不同的个人动机对构成本罪并无影响。
	罪与非罪	区分罪与非罪的界限，要注意：根据《治安管理处罚法》第 34 条、第 35 条、第 37 条的规定，破坏交通设施的一般违法行为主要包括：（1）盗窃、损坏、擅自移动使用中的航空设施；（2）在使用中的航空器上使用可能影响导航系统正常功能的器具、工具；（3）盗窃、损毁或者擅自移动铁路设施、设备、机车车辆配件或者安全标志的；（4）在铁路线路上放置障碍物，或者故意向列车投掷物品的；（5）在铁路线路、桥梁、涵洞处挖掘坑穴、采石取沙的；（6）在铁路线路上私设道口或者平交过道的；（7）未经批准，安装、使用电网的，或者安装、使用电网不符合安全规定的；（8）在车辆、行人通行的地方施工，对沟井坎穴不设覆盖物、防围和警示标志的，或者故意损毁、移动覆盖物、防围和警示标志的；（9）盗窃、损毁路面井盖、照明等公共设施的。区分破坏交通设施罪与上述一般违法行为的关键在于，破坏交通设施的行为是否足以使交通工具发生倾覆、毁坏危险，是否危害交通运输安全。如果破坏行为已经造成或者足以造成交通工具倾覆或毁坏，从而危害交通运输安全的，应以本罪论处；如果破坏行为只是可能影响交通运输安全，但尚未达到足以使交通工具发生倾覆、毁坏危险的严重程度，则属于破坏交通设施的违法行为。
	此罪与彼罪	一、本罪与盗窃罪的界限。在司法实践中，出于非法占有的目的，盗窃交通设施，如盗窃铁轨上的枕木、偷割使用中的铁路专用电缆，从保障交通运输安全的电气设备上偷拆电子元件等，从而严重危害交通运输安全的犯罪，与盗窃罪容易混淆。两者虽然都是以非法占有为目的，秘密窃取财物，但前者盗窃的不是一般公私财物，而是正在使用中关系到交通运输安全的设施，这种盗窃行为，不仅侵犯财产关系，而且严重危害交通运输安全；同时行为人对其行为可能造成交通工具倾覆或者毁坏的危险大多采取放任态度，即表现为间接故意。因此，这种行为既是盗窃罪，又是破坏交通设施罪，应当按一个重罪即破坏交通设施罪定罪判刑。而盗窃罪窃取的是一般公私财物，或者盗窃未投入使用的交通设施，不影响交通运输安全，其侵犯的客体只是公私财产权利，因此，与上述以盗窃交通设施为目的而构成的破坏交通设施罪有本质区别。 二、本罪与破坏交通工具罪的界限。破坏交通设施罪和破坏交通工具罪都是危害交通运输安全的犯罪，两者的主要区别在于侵犯的对象不同。破坏交通设施罪侵犯的对象是正在使用中的轨道、桥梁、隧道、公路、机场、航道、灯塔、标志等保证交通工具正常行驶的交通设施，通过破坏这些交通设施来引起火车、汽车等交通工具发生倾覆、毁坏危险；而破坏交通工具罪侵犯的对象则直接指向正在使用中的火车、汽车、电车、船只、航空器等交通工具本身，通过破坏交通工具本身，来引起交通工具发生倾覆、毁坏危险。

定罪标准	此罪与彼罪	由于交通设施与交通工具之间的相互依存关系，破坏交通设施往往引起交通工具的倾覆、毁坏，而且这种危害结果的发生通常是行为人所追求的目的；同样，破坏交通工具也常引起交通设施被破坏。在这种情况下，是定破坏交通设施罪，还是定破坏交通工具罪，要视行为的直接指向而定。如果行为指向交通设施，直接破坏交通设施，应定破坏交通设施罪。其所引起的交通工具的倾覆、毁坏，应视为破坏交通设施，造成严重后果，适用《刑法》第119条规定的破坏交通设施罪的结果加重条文。如果行为指向交通工具，直接破坏交通工具，应定破坏交通工具罪，其所引起的对交通设施的破坏，也应视为破坏交通工具，造成严重后果的情况。
证据参考标准	主体方面的证据	**一、证明行为人刑事责任年龄、身份等自然情况的证据** 　　包括身份证明、户籍证明、任职证明、工作经历证明、特定职责证明等，主要是证明行为人的姓名（曾用名）、性别、出生年月日、民族、籍贯、出生地、职业（或职务）、住所地（或居所地）等证据材料，如户口簿、居民身份证、工作证、出生证、专业或技术等级证、干部履历表、职工登记表、护照等。 　　对于户籍、出生证等材料内容不实的，应提供其他证据材料。外国人犯罪的案件，应有护照等身份证明材料。人大代表、政协委员犯罪的案件，应注明身份，并附身份证明材料。 **二、证明行为人刑事责任能力的证据** 　　证明行为人对自己的行为是否具有辨认能力与控制能力，如是否属于间歇性精神病人、尚未完全丧失辨认或者控制自己行为能力的精神病人的证明材料。
	主观方面的证据	**证明行为人故意的证据** 　　1. 证明行为人明知的证据：证明行为人明知自己的行为会发生危害社会的结果。2. 证明直接故意的证据：证明行为人希望危害结果发生。3. 证明间接故意的证据：证明行为人放任危害结果发生。4. 目的：（1）发泄愤恨和不满；（2）报复。
	客观方面的证据	**证明行为人破坏交通设施犯罪行为的证据** 　　具体证据包括：1. 证明行为人拆掉铁轨行为的证据；2. 证明行为人拆掉铁轨下枕木行为的证据；3. 证明行为人拆掉铁轨下道钉行为的证据；4. 证明行为人拧掉铁轨夹板螺丝行为的证据；5. 证明行为人拧开铁轨夹板螺丝行为的证据；6. 证明行为人炸毁桥梁行为的证据；7. 证明行为人炸毁隧道行为的证据；8. 证明行为人破坏铁路路基行为的证据；9. 证明行为人破坏公路路基、路面行为的证据；10. 证明行为人在公路上挖坑、掘穴行为的证据；11. 证明行为人在机场跑道上挖坑、掘穴行为的证据；12. 证明行为人拆除车站的安全信号装置行为的证据；13. 证明行为人拆除机场上的安全信号装置行为的证据；14. 证明行为人破坏铁路安全标志行为的证据；15. 证明行为人破坏机场安全标志行为的证据；16. 证明行为人破坏、毁坏灯塔上照明设备行为的证据；17. 证明行为人预见设备损坏不加修理行为的证据；18. 证明行为人预见灯塔发光设备损坏而不予修复行为的证据；19. 证明行为人在铁轨上放置大石、木棒等障碍物行为的证据；20. 证明行为人破坏铁路电话线行为的证据；21. 证明行为人在铁轨上涂抹机油行为的证据；22. 证明行为人破坏交通设施尚未造成严重后果行为的证据；23. 证明行为人破坏交通设施造成严重后果行为的证据。

证据参考标准	量刑方面的证据	**一、法定量刑情节证据** 1. 事实情节：（1）尚未造成严重后果；（2）已经造成严重后果。2. 法定从重情节。3. 法定从轻减轻情节：（1）可以从轻；（2）可以从轻或减轻；（3）应当从轻或者减轻。4. 法定从轻减轻免除情节：（1）可以从轻、减轻或者免除处罚；（2）应当从轻、减轻或者免除处罚。5. 法定减轻免除情节：（1）可以减轻或者免除处罚；（2）应当减轻或者免除处罚；（3）可以免除处罚。 **二、酌定量刑情节证据** 1. 犯罪手段：（1）爆炸；（2）拆除；（3）设障。2. 犯罪对象。3. 危害结果：（1）人员伤亡；（2）交通工具毁损状况；（3）交通工具破坏程度；（4）经济损失。4. 动机。5. 平时表现。6. 认罪态度。7. 是否有前科。8. 其他证据。
量刑标准		犯本罪，尚未造成严重后果的
		造成严重后果的

量刑标准		
犯本罪，尚未造成严重后果的	处三年以上十年以下有期徒刑	
造成严重后果的	处十年以上有期徒刑、无期徒刑或者死刑	

法律适用	刑法条文	**第一百一十七条**　破坏轨道、桥梁、隧道、公路、机场、航道、灯塔、标志或者进行其他破坏活动，足以使火车、汽车、电车、船只、航空器发生倾覆、毁坏危险，尚未造成严重后果的，处三年以上十年以下有期徒刑。 　　**第一百一十九条第一款**　破坏交通工具、交通设施、电力设备、燃气设备、易燃易爆设备，造成严重后果的，处十年以上有期徒刑、无期徒刑或者死刑。
	司法解释	**最高人民法院、最高人民检察院、公安部《关于办理涉窨井盖相关刑事案件的指导意见》（节录）**（2020年3月16日最高人民法院、最高人民检察院、公安部公布 自公布之日起施行　高检发〔2020〕3号） 　　一、盗窃、破坏正在使用中的社会机动车通行道路上的窨井盖，足以使汽车、电车发生倾覆、毁坏危险，尚未造成严重后果的，依照刑法第一百一十七条的规定，以破坏交通设施罪定罪处罚；造成严重后果的，依照刑法第一百一十九条第一款的规定处罚。 　　过失造成严重后果的，依照刑法第一百一十九条第二款的规定，以过失损坏交通设施罪定罪处罚。 　　十二、本意见所称的"窨井盖"，包括城市、城乡结合部和乡村等地的窨井盖以及其他井盖。
	相关法律法规	**一、《中华人民共和国铁路法》（节录）**（1990年9月7日中华人民共和国主席令第32号公布　自1991年5月1日起施行　2009年8月27日第一次修正　2015年4月24日第二次修正） 　　**第六十一条**　故意损毁、移动铁路行车信号装置或者在铁路线路上放置足以使列车倾覆的障碍物的，依照刑法有关规定追究刑事责任。 　　**第六十二条**　盗窃铁路线路上行车设施的零件、部件或者铁路线路上的器材，危及行车安全的，依照刑法有关规定追究刑事责任。

法律适用

相关法律法规

二、《中华人民共和国公路法》（节录）（1997 年 7 月 3 日中华人民共和国主席令第 86 号公布　自 1998 年 1 月 1 日起施行　1999 年 10 月 31 日第一次修正　2004 年 8 月 28 日第二次修正　2009 年 8 月 27 日第三次修正　2016 年 11 月 7 日第四次修正　2017 年 11 月 4 日第五次修正）

第七十六条　有下列违法行为之一的，由交通主管部门责令停止违法行为，可以处三万元以下的罚款：

（一）违反本法第四十四条第一款规定，擅自占用、挖掘公路的；

（二）违反本法第四十五条规定，未经同意或者未按照公路工程技术标准的要求修建桥梁、渡槽或者架设、埋设管线、电缆等设施的；

（三）违反本法第四十七条规定，从事危及公路安全的作业的；

（四）违反本法第四十八条规定，铁轮车、履带车和其他可能损害路面的机具擅自在公路上行驶的；

（五）违反本法第五十条规定，车辆超限使用汽车渡船或者在公路上擅自超限行驶的；

（六）违反本法第五十二条、第五十六条规定，损坏、移动、涂改公路附属设施或者损坏、挪动建筑控制区的标桩、界桩，可能危及公路安全的。

第七十七条　违反本法第四十六条的规定，造成公路路面损坏、污染或者影响公路畅通的，或者违反本法第五十一条规定，将公路作为试车场地的，由交通主管部门责令停止违法行为，可以处五千元以下的罚款。

第八十四条　违反本法有关规定，构成犯罪的，依法追究刑事责任。

三、《中华人民共和国民用航空法》（节录）（1995 年 10 月 30 日中华人民共和国主席令第 56 号公布　自 1996 年 3 月 1 日起施行　2009 年 8 月 27 日第一次修正　2015 年 4 月 24 日第二次修正　2016 年 11 月 7 日第三次修正　2017 年 11 月 4 日第四次修正　2018 年 12 月 29 日第五次修正　2021 年 4 月 29 日第六次修正）

第一百九十五条　故意在使用中的民用航空器上放置危险品或者唆使他人放置危险品，足以毁坏该民用航空器，危及飞行安全的，依照刑法有关规定追究刑事责任。

第一百九十七条　盗窃或者故意损毁、移动使用中的航行设施，危及飞行安全，足以使民用航空器发生坠落、毁坏危险的，依照刑法有关规定追究刑事责任。

25 破坏电力设备案

概念 | 本罪是指故意破坏电力设备，危害公共安全的行为。

立案标准

　　根据《刑法》第118条、第119条第1款的规定，故意破坏电力设备，足以危害公共安全的，应当立案追究。破坏电力设备，下列情形属于"严重后果"：(1) 造成1人以上死亡、3人以上重伤或者10人以上轻伤的；(2) 造成1万以上用户电力供应中断6小时以上，致使生产、生活受到严重影响的；(3) 造成直接经济损失100万元以上的；(4) 造成其他危害公共安全严重后果的。

　　本罪是危险犯，只要行为人破坏了正在使用中的电力设备，并且足以危害不特定的人身和财产安全，不要求实际已经造成严重后果，就构成犯罪，应当立案追究。

定罪标准

犯罪客体

　　本罪所侵犯的客体是公共供电中的公共安全。犯罪对象是正在使用中的电力设备。所谓电力设备，是指用于发电、供电、输电、变电的各种设备，包括火力发电厂的热力设备，如锅炉、汽轮机、燃气机等；水力发电厂的水轮机和水力建筑物，如水坝、闸门、水渠、隧道、调压井、蓄电池、压力水管等；供电系统的供电设备，如发电机包括电磁系统、调箱机、变波机、变压器、高压线路、电力电缆等。具体说来，根据《电力设施保护条例》的规定，发电设施、变电设施的保护范围为：(1) 发电厂、变电站、换流站、开关站等厂、站内的设施；(2) 发电厂、变电站外各种专用的管道（沟）、储灰场、水井、泵站、冷却水塔、油库、堤坝、铁路、道路、桥梁、码头、燃料装卸设施、避雷装置、消防设施及其有关辅助设施；(3) 水力发电厂使用的水库、大坝、取水口、引水隧洞（含支洞口）、引水渠道、调压井（塔）、露天高压管道、厂房、尾水渠、厂房与大坝间的通信设施及其有关辅助设施。电力线路设施的保护范围是：(1) 架空电力线路：杆塔、基础、拉线、接地装置、导线、避雷线、金具、绝缘子、登杆塔的爬梯和脚钉，导线跨越航道的保护设施，巡（保）线站，巡视检修专用道路、船舶和桥梁、标志牌及其有关辅助设施；(2) 电力电缆线路：架空、地下、水底电力电缆和电缆联结装置，电缆管道、电缆隧道、电缆沟、电缆桥，电缆井、盖板、人孔、标石、水线标志牌及其有关辅助设施；(3) 电力线路上的变压器、电容器、电抗器、断路器、隔离开关、避雷器、互感器、熔断器、计量仪表装置、配电室、箱式变电站及其有关辅助设施；(4) 电力调度设施：电力调度场所、电力调度通信设施、电网调度自动化设施、电网运行控制设施。

　　应当指出，上述电力设备还必须是正在使用中，如果没有使用，如正在制造、运输、安装、架设或尚在库存中，以及虽然已交付使用但正在检修暂停使用的，对其进行破坏，不应构成本罪。构成犯罪的，应根据破坏的方法、所涉及的对象等以他罪如放火罪、爆炸罪、故意毁坏财物罪等论处。

定罪标准	**犯罪客观方面**	本罪在客观方面表现为故意破坏电力设备，危害公共安全的行为。其具有以下三个特征：(1) 破坏电力设备罪的犯罪对象必须是正在使用中的电力设备，具体包括发电设备、供电设备等。所谓正在使用中，是指电力设备经过验收以后，正式交付使用或投入使用。处于生产过程中的电力设备和未交付、投入使用的电力设备以及报废、废置不用的电力设备，就不是正在使用中的电力设备，行为人对其进行破坏也就不构成破坏电力设备罪。(2) 行为人必须实施了破坏正在使用中的电力设备的行为。在实际生活中，这种破坏行为的表现形式是多种多样的。大多数情况下，行为人表现为作为，如采用爆炸、放火的方法破坏电力设备，在电力设备中掺放杂物，毁坏电力设备的重要部件或者偷割、偷拆电力设备等。在少数情况下，行为人也可能表现为不作为。如对电力设备负有维修保护职责的工作人员，在上班检修电力设备期间，发现重要部件异常或出现故障，有毁坏电力设备的危险，却故意置之不理，放任危险的发生，其客观行为方式就是不作为。(3) 行为人的破坏行为必须危害公共安全，即造成或足以造成危害公共安全的严重后果。要认定行为人的行为是否足以危害公共安全，必须根据破坏的具体对象、破坏的具体部位和破坏的方法以及破坏的具体损害程度等来综合分析认定。如果行为人的行为造成或足以造成危害公共安全的严重后果的，即构成本罪。如果行为人的破坏行为不足以危害公共安全的，如破坏行为轻微或者破坏电力设备的次要部件，不可能引发严重后果的，则不构成本罪。
	犯罪主体	本罪的犯罪主体是一般主体，即凡年满16周岁且具备刑事责任能力的自然人均可成为本罪的犯罪主体。
	犯罪主观方面	本罪在主观方面必须出于故意，包括直接故意和间接故意。至于犯罪的动机，亦可多种多样，不论是为泄愤报复，还是为嫁祸他人，或出于贪财图利及其他动机，都不影响本罪成立。
	罪与非罪	区分罪与非罪的界限，关键看是否达到足以造成危害公共安全的程度。
	此罪与彼罪	一、本罪与放火罪、爆炸罪的界限。构成本罪的破坏行为除一般破坏手段外，亦可以使用放火、爆炸等方式进行。破坏方法一般不影响认定。此时，由于本罪属特别法条，根据特别法条优于普通法条的规则，应当以本罪治罪，而不适用放火罪、爆炸罪等定罪量刑。 二、本罪与盗窃罪的界限。出于非法占有之目的，盗窃正在使用中的电力设备，危害公共安全的，应当以本罪论处。如果不能危及公共安全，则应以盗窃罪论处。最高人民法院《关于审理破坏电力设备刑事案件具体应用法律若干问题的解释》第3条规定，盗窃电力设备，危害公共安全，但不构成盗窃罪的，以破坏电力设备罪定罪处罚；同时构成盗窃罪和破坏电力设备罪的，依照刑法处罚较重的规定定罪处罚。盗窃电力设备，没有危及公共安全，但应当追究刑事责任的，可以根据案件的不同情况，按照盗窃罪等犯罪处理。 三、本罪与故意毁坏财物罪的界限。要认定某一破坏电力设备的行为是构成破坏电力设备罪，还是构成故意毁坏财物罪，主要是看被破坏的电力设备是否处于正在使用中，破坏电力设备的行为是否危及公共安全。如果破坏的是正在使用中的电力设备，

定罪标准	**此罪与彼罪**	如验收完毕、已交付使用的发电设备、供电设备、变电设备，足以危害公共安全的，则构成破坏电力设备罪。反之，行为人破坏的电力设备不是正在使用中，如库存的电力设备、废弃不用的电力设备、生产过程中的电力设备或修理过程中的电力设备，则不构成破坏电力设备罪。因为这些电力设备不是正在使用中，而不具有危害公共安全的可能性，只是造成财产毁损、侵犯财产的所有权。
证据参考标准	**主体方面的证据**	**一、证明行为人刑事责任年龄、身份等自然情况的证据** 　　包括身份证明、户籍证明、任职证明、工作经历证明、特定职责证明等，主要是证明行为人的姓名（曾用名）、性别、出生年月日、民族、籍贯、出生地、职业（或职务）、住所地（或居所地）等证据材料，如户口簿、居民身份证、工作证、出生证、专业或技术等级证、干部履历表、职工登记表、护照等。 　　对于户籍、出生证等材料内容不实的，应提供其他证据材料。外国人犯罪的案件，应有护照等身份证明材料。人大代表、政协委员犯罪的案件，应注明身份，并附身份证明材料。 **二、证明行为人刑事责任能力的证据** 　　证明行为人对自己的行为是否具有辨认能力与控制能力，如是否属于间歇性精神病人、尚未完全丧失辨认或者控制自己行为能力的精神病人的证明材料。
	主观方面的证据	**证明行为人故意的证据** 　　1. 证明行为人明知的证据：证明行为人明知自己的行为会发生危害社会的结果。2. 证明直接故意的证据：证明行为人希望危害结果发生。3. 证明间接故意的证据：证明行为人放任危害结果发生。4. 目的：（1）贪财图利；（2）报复泄愤；（3）嫁祸于人。
	客观方面的证据	**证明行为人破坏电力设备犯罪行为的证据** 　　具体证据包括：1. 证明行为人破坏发电设备行为的证据；2. 证明行为人破坏供电设备行为的证据；3. 证明行为人破坏变电设备行为的证据；4. 证明行为人破坏输电线路行为的证据；5. 证明行为人爆炸、放火、毁坏、拆卸正在使用电力设备重要配件行为的证据；6. 证明行为人割断、拆除正在使用的输电线路行为的证据；7. 证明行为人故意违反操作规程使正在使用的电力设备损毁行为的证据；8. 证明行为人尚未造成严重后果或者已经造成严重后果行为的证据。
	量刑方面的证据	**一、法定量刑情节证据** 　　1. 事实情节。2. 法定从重情节。3. 法定从轻减轻情节：（1）可以从轻；（2）可以从轻或减轻；（3）应当从轻或者减轻。4. 法定从轻减轻免除情节：（1）可以从轻、减轻或者免除处罚；（2）应当从轻、减轻或者免除处罚。5. 法定减轻免除情节：（1）可以减轻或者免除处罚；（2）应当减轻或者免除处罚；（3）可以免除处罚。 **二、酌定量刑情节证据** 　　1. 犯罪手段；2. 犯罪对象；3. 危害结果；4. 动机；5. 平时表现；6. 认罪态度；7. 是否有前科；8. 其他证据。

量刑标准	犯本罪的	处三年以上十年以下有期徒刑
	造成严重后果的	处十年以上有期徒刑、无期徒刑或者死刑

刑法条文

第一百一十八条　破坏电力、燃气或者其他易燃易爆设备，危害公共安全，尚未造成严重后果的，处三年以上十年以下有期徒刑。

第一百一十九条第一款　破坏交通工具、交通设施、电力设备、燃气设备、易燃易爆设备，造成严重后果的，处十年以上有期徒刑、无期徒刑或者死刑。

法律适用

司法解释

一、最高人民法院《关于审理破坏电力设备刑事案件具体应用法律若干问题的解释》（2007年8月15日最高人民法院公布　自2007年8月21日起施行　法释〔2007〕15号）

为维护公共安全，依法惩治破坏电力设备等犯罪活动，根据刑法有关规定，现就审理这类刑事案件具体应用法律的若干问题解释如下：

第一条　破坏电力设备，具有下列情形之一的，属于刑法第一百一十九条第一款规定的"造成严重后果"，以破坏电力设备罪判处十年以上有期徒刑、无期徒刑或者死刑：

（一）造成一人以上死亡、三人以上重伤或者十人以上轻伤的；

（二）造成一万以上用户电力供应中断六小时以上，致使生产、生活受到严重影响的；

（三）造成直接经济损失一百万元以上的；

（四）造成其他危害公共安全严重后果的。

第二条　过失损坏电力设备，造成本解释第一条规定的严重后果的，依照刑法第一百一十九条第二款的规定，以过失损坏电力设备罪判处三年以上七年以下有期徒刑；情节较轻的，处三年以下有期徒刑或者拘役。

第三条　盗窃电力设备，危害公共安全，但不构成盗窃罪的，以破坏电力设备罪定罪处罚；同时构成盗窃罪和破坏电力设备罪的，依照刑法处罚较重的规定定罪处罚。

盗窃电力设备，没有危及公共安全，但应当追究刑事责任的，可以根据案件的不同情况，按照盗窃罪等犯罪处理。

第四条　本解释所称电力设备，是指处于运行、应急等使用中的电力设备；已经通电使用，只是由于枯水季节或电力不足等原因暂停使用的电力设备；已经交付使用但尚未通电的电力设备。不包括尚未安装完毕，或者已经安装完毕但尚未交付使用的电力设备。

本解释中直接经济损失的计算范围，包括电量损失金额，被毁损设备材料的购置、更换、修复费用，以及因停电给用户造成的直接经济损失等。

二、最高人民法院、最高人民检察院《关于办理盗窃刑事案件适用法律若干问题的解释》（节录）（2013年4月2日最高人民法院、最高人民检察院公布　自2013年4月4日起施行　法释〔2013〕8号）

第十一条　盗窃公私财物并造成财物损毁的，按照下列规定处理：

（一）采用破坏性手段盗窃公私财物，造成其他财物损毁的，以盗窃罪从重处罚；同时构成盗窃罪和其他犯罪的，择一重罪从重处罚；

（二）实施盗窃犯罪后，为掩盖罪行或者报复等，故意毁坏其他财物构成犯罪的，以盗窃罪和构成的其他犯罪数罪并罚；

（三）盗窃行为未构成犯罪，但损毁财物构成其他犯罪的，以其他犯罪定罪处罚。

一、《中华人民共和国电力法》（节录）（1995 年 12 月 28 日中华人民共和国主席令第 60 号公布　自 1996 年 4 月 1 日起施行　2009 年 8 月 27 日第一次修正　2015 年 4 月 24 日第二次修正　2018 年 12 月 29 日第三次修正）

第四条　电力设施受国家保护。

禁止任何单位和个人危害电力设施安全或者非法侵占、使用电能。

第五十二条　任何单位和个人不得危害发电设施、变电设施和电力线路设施及其有关辅助设施。

在电力设施周围进行爆破及其他可能危及电力设施安全的作业的，应当按照国务院有关电力设施保护的规定，经批准并采取确保电力设施安全的措施后，方可进行作业。

第五十三条　电力管理部门应当按照国务院有关电力设施保护的规定，对电力设施保护区设立标志。

任何单位和个人不得在依法划定的电力设施保护区内修建可能危及电力设施安全的建筑物、构筑物，不得种植可能危及电力设施安全的植物，不得堆放可能危及电力设施安全的物品。

在依法划定电力设施保护区前已经种植的植物妨碍电力设施安全的，应当修剪或者砍伐。

第五十四条　任何单位和个人需要在依法划定的电力设施保护区内进行可能危及电力设施安全的作业时，应当经电力管理部门批准并采取安全措施后，方可进行作业。

第五十五条　电力设施与公用工程、绿化工程和其他工程在新建、改建或者扩建中相互妨碍时，有关单位应当按照国家有关规定协商，达成协议后方可施工。

第七十二条　盗窃电力设施或者以其他方法破坏电力设施，危害公共安全的，依照刑法有关规定追究刑事责任。

二、《电力设施保护条例》（节录）（1987 年 9 月 15 日国务院公布　自公布之日起施行　1998 年 1 月 7 日第一次修订　2011 年 1 月 8 日第二次修订）

第四条　电力设施受国家法律保护，禁止任何单位或个人从事危害电力设施的行为。任何单位和个人都有保护电力设施的义务，对危害电力设施的行为，有权制止并向电力管理部门、公安部门报告。

电力企业应加强对电力设施的保护工作，对危害电力设施安全的行为，应采取适当措施，予以制止。

第八条　发电设施、变电设施的保护范围：

（一）发电厂、变电站、换流站、开关站等厂、站内的设施；

（二）发电厂、变电站外各种专用的管道（沟）、储灰场、水井、泵站、冷却水塔、油库、堤坝、铁路、道路、桥梁、码头、燃料装卸设施、避雷装置、消防设施及其有关辅助设施；

（三）水力发电厂使用的水库、大坝、取水口、引水隧洞（含支洞口）、引水渠道、调压井（塔）、露天高压管道、厂房、尾水渠、厂房与大坝间的通信设施及其有关辅助设施。

第九条　电力线路设施的保护范围：

（一）架空电力线路：杆塔、基础、拉线、接地装置、导线、避雷线、金具、绝缘子、登杆塔的爬梯和脚钉，导线跨越航道的保护设施，巡（保）线站，巡视检修专用道路、船舶和桥梁，标志牌及其有关辅助设施；

（二）电力电缆线路：架空、地下、水底电力电缆和电缆联结装置，电缆管道、电缆隧道、电缆沟、电缆桥，电缆井、盖板、人孔、标石、水线标志牌及其有关辅助设施；

（三）电力线路上的变压器、电容器、电抗器、断路器、隔离开关、避雷器、互感器、熔断器、计量仪表装置、配电室、箱式变电站及其有关辅助设施；

（四）电力调度设施：电力调度场所、电力调度通信设施、电网调度自动化设施、电网运行控制设施。

第十条　电力线路保护区：

（一）架空电力线路保护区：导线边线向外侧水平延伸并垂直于地面所形成的两平行面内的区域，在一般地区各级电压导线的边线延伸距离如下：

1 – 10 千伏	5 米
35 – 110 千伏	10 米
154 – 330 千伏	15 米
500 千伏	20 米

在厂矿、城镇等人口密集地区，架空电力线路保护区的区域可略小于上述规定。但各级电压导线边线延伸的距离，不应小于导线边线在最大计算弧垂及最大计算风偏后的水平距离和风偏后距建筑物的安全距离之和。

（二）电力电缆线路保护区：地下电缆为电缆线路地面标桩两侧各 0.75 米所形成的两平行线内的区域；海底电缆一般为线路两侧各 2 海里（港内为两侧各 100 米），江河电缆一般不小于线路两侧各 100 米（中、小河流一般不小于各 50 米）所形成的两平行线内的水域。

第十一条　县以上地方各级电力管理部门应采取以下措施，保护电力设施：

（一）在必要的架空电力线路保护区的区界上，应设立标志，并标明保护区的宽度和保护规定；

（二）在架空电力线路导线跨越重要公路和航道的区段，应设立标志，并标明导线距穿越物体之间的安全距离；

（三）地下电缆铺设后，应设立永久性标志，并将地下电缆所在位置书面通知有关部门；

（四）水底电缆敷设后，应设立永久性标志，并将水底电缆所在位置书面通知有关部门。

第十二条　任何单位或个人在电力设施周围进行爆破作业，必须按照国家有关规定，确保电力设施的安全。

第十三条　任何单位或个人不得从事下列危害发电设施、变电设施的行为：

（一）闯入发电厂、变电站内扰乱生产和工作秩序，移动、损害标志物；

（二）危及输水、输油、供热、排灰等管道（沟）的安全运行；

（三）影响专用铁路、公路、桥梁、码头的使用；

（四）在用于水力发电的水库内，进入距水工建筑物 300 米区域内炸鱼、捕鱼、游泳、划船及其他可能危及水工建筑物安全的行为；

（五）其他危害发电、变电设施的行为。

第十四条　任何单位或个人，不得从事下列危害电力线路设施的行为：

（一）向电力线路设施射击；

（二）向导线抛掷物体；

（三）在架空电力线路导线两侧各 300 米的区域内放风筝；

（四）擅自在导线上接用电器设备；

（五）擅自攀登杆塔或在杆塔上架设电力线、通信线、广播线，安装广播喇叭；

（六）利用杆塔、拉线作起重牵引地锚；

（七）在杆塔、拉线上拴牲畜、悬挂物体、攀附农作物；

（八）在杆塔、拉线基础的规定范围内取土、打桩、钻探、开挖或倾倒酸、碱、盐及其他有害化学物品；

（九）在杆塔内（不含杆塔与杆塔之间）或杆塔与拉线之间修筑道路；

（十）拆卸杆塔或拉线上的器材，移动、损坏永久性标志或标志牌；

（十一）其他危害电力线路设施的行为。

第十五条 任何单位或个人在架空电力线路保护区内，必须遵守下列规定：

（一）不得堆放谷物、草料、垃圾、矿渣、易燃物、易爆物及其他影响安全供电的物品；

（二）不得烧窑、烧荒；

（三）不得兴建建筑物、构筑物；

（四）不得种植可能危及电力设施安全的植物。

第十六条 任何单位或个人在电力电缆线路保护区内，必须遵守下列规定：

（一）不得在地下电缆保护区内堆放垃圾、矿渣、易燃物、易爆物，倾倒酸、碱、盐及其他有害化学物品，兴建建筑物、构筑物或种植树木、竹子；

（二）不得在海底电缆保护区内抛锚、拖锚；

（三）不得在江河电缆保护区内抛锚、拖锚、炸鱼、挖沙。

第十七条 任何单位或个人必须经县级以上地方电力管理部门批准，并采取安全措施后，方可进行下列作业或活动：

（一）在架空电力线路保护区内进行农田水利基本建设工程及打桩、钻探、开挖等作业；

（二）起重机械的任何部位进入架空电力线路保护区进行施工；

（三）小于导线距穿越物体之间的安全距离，通过架空电力线路保护区；

（四）在电力电缆线路保护区内进行作业。

第十八条 任何单位或个人不得从事下列危害电力设施建设的行为：

（一）非法侵占电力设施建设项目依法征收的土地；

（二）涂改、移动、损害、拔除电力设施建设的测量标桩和标记；

（三）破坏、封堵施工道路，截断施工水源或电源。

第十九条 未经有关部门依照国家有关规定批准，任何单位和个人不得收购电力设施器材。

第三十条 凡违反本条例规定而构成违反治安管理行为的单位或个人，由公安部门根据《中华人民共和国治安管理处罚法》予以处罚；构成犯罪的，由司法机关依法追究刑事责任。

《电力设施保护条例实施细则》（1999 年 3 月 18 日国家经济贸易委员会、公安部令第 8 号公布 自公布之日起施行 2011 年 6 月 30 日第一次修订 2024 年 1 月 4 日第二次修订）

第一条 根据《电力设施保护条例》（以下简称《条例》）第三十一条规定，制定本实施细则。

第二条 本细则适用于中华人民共和国境内国有、集体、外资、合资、个人已建或在建的电力设施。

相关法律法规

法律适用

规章及规范性文件

第三条 电力管理部门、公安部门、电力企业和人民群众都有保护电力设施的义务。各级地方人民政府设立的由同级人民政府所属有关部门和电力企业（包括：电网经营企业、供电企业、发电企业）负责人组成的电力设施保护领导小组，负责领导所辖行政区域内电力设施的保护工作，其办事机构设在相应的电网经营企业，负责电力设施保护的日常工作。

电力设施保护领导小组，应当在有关电力线路沿线组织群众护线，群众护线组织成员由相应的电力设施保护领导小组发给护线证件。

各省（自治区、直辖市）电力管理部门可制定办法，规定群众护线组织形式、权利、义务、责任等。

第四条 电力企业必须加强对电力设施的保护工作。对危害电力设施安全的行为，电力企业有权制止并可以劝其改正、责其恢复原状、强行排除妨害，责令赔偿损失、请求有关行政主管部门和司法机关处理，以及采取法律、法规或政府授权的其他必要手段。

第五条 架空电力线路保护区，是为了保证已建架空电力线路的安全运行和保障人民生活的正常供电而必须设置的安全区域。在厂矿、城镇、集镇、村庄等人口密集地区，架空电力线路保护区为导线边线在最大计算风偏后的水平距离和风偏后距建筑物的水平安全距离之和所形成的两平行线内的区域。各级电压导线边线在计算导线最大风偏情况下，距建筑物的水平安全距离如下：

1 千伏以下	1.0 米
1－10 千伏	1.5 米
35 千伏	3.0 米
66－110 千伏	4.0 米
154－220 千伏	5.0 米
330 千伏	6.0 米
500 千伏	8.5 米

第六条 江河电缆保护区的宽度为：

（一）敷设于二级及以上航道时，为线路两侧各 100 米所形成的两平行线内的水域；

（二）敷设于三级及以下航道时，为线路两侧各 50 米所形成的两平行线内的水域。

第七条 地下电力电缆保护区的宽度为地下电力电缆线路地面标桩两侧各 0.75 米所形成两平行线内区域。

发电设施附属的输油、输灰、输水管线的保护区依本条规定确定。

在保护区内禁止使用机械掘土、种植林木；禁止挖坑、取土、兴建建筑物和构筑物；不得堆放杂物或倾倒酸、碱、盐及其他有害化学物品。

第八条 禁止在电力电缆沟内同时埋设其他管道。未经电力企业同意，不准在地下电力电缆沟内埋设输油、输气等易燃易爆管道。管道交叉通过时，有关单位应当协商，并采取安全措施，达成协议后方可施工。

第九条 电力管理部门应指导电力设施产权单位在下列地点设置安全标志。

（一）架空电力线路穿越的人口密集地段；

（二）架空电力线路穿越的人员活动频繁的地区；

（三）车辆、机械频繁穿越架空电力线路的地段；

（四）电力线路上的变压器平台。

第十条 任何单位和个人不得在距电力设施周围五百米范围内（指水平距离）进行爆破作业。因工作需要必须进行爆破作业时，应当按国家颁发的有关爆破作业的法律法规，采取可靠的安全防范措施，确保电力设施安全，并征得当地电力设施产权单位或管理部门的书面同意，报经政府有关管理部门批准。

在规定范围外进行的爆破作业必须确保电力设施的安全。

第十一条 任何单位或个人不得冲击、扰乱发电、供电企业的生产和工作秩序，不得移动、损害生产场所的生产设施及标志物。

第十二条 任何单位或个人不得在距架空电力线路杆塔、拉线基础外缘的下列范围内进行取土、打桩、钻探、开挖或倾倒酸、碱、盐及其他有害化学物品的活动：

（一）35 千伏及以下电力线路杆塔、拉线周围 5 米的区域；

（二）66 千伏及以上电力线路杆塔、拉线周围 10 米的区域。

在杆塔、拉线基础的上述距离范围外进行取土、堆物、打桩、钻探、开挖活动时，必须遵守下列要求：

（一）预留出通往杆塔、拉线基础供巡视和检修人员、车辆通行的道路；

（二）不得影响基础的稳定，如可能引起基础周围土壤、砂石滑坡，进行上述活动的单位或个人应当负责修筑护坡加固；

（三）不得损坏电力设施接地装置或改变其埋设深度。

第十三条 在架空电力线路保护区内，任何单位或个人不得种植可能危及电力设施和供电安全的树木、竹子等高杆植物。

第十四条 超过 4 米高度的车辆或机械通过架空电力线路时，必须采取安全措施，并经县级以上的电力管理部门批准。

第十五条 架空电力线路一般不得跨越房屋。对架空电力线路通道内的原有房屋，架空电力线路建设单位应当与房屋产权所有者协商搬迁，拆迁费不得超出国家规定标准；特殊情况需要跨越房屋时，设计建设单位应当采取增加杆塔高度、缩短档距等安全措施，以保证被跨越房屋的安全。被跨越房屋不得再行增加高度。超越房屋的物体高度或房屋周边延伸出的物体长度必须符合安全距离的要求。

第十六条 架空电力线路建设项目和公用工程、城市绿化及其他工程之间发生妨碍时，按下述原则处理：

（一）新建架空电力线路建设工程、项目需穿过林区时，应当按国家有关电力设计的规程砍伐出通道，通道内不得再种植树木；对需砍伐的树木由架空电力线路建设单位按国家的规定办理手续和付给树木所有者一次性补偿费用，并与其签定不再在通道内种植树木的协议。

（二）架空电力线路建设项目、计划已经当地城市建设规划主管部门批准的，园林部门对影响架空电力线路安全运行的树木，应当负责修剪，并保持今后树木自然生长最终高度和架空电力线路导线之间的距离符合安全距离的要求。

（三）根据城市绿化规划的要求，必须在已建架空电力线路保护区内种植树木时，园林部门需与电力管理部门协商，征得同意后，可种植低矮树种，并由园林部门负责修剪以保持树木自然生长最终高度和架空电力线路导线之间的距离符合安全距离的要求。

（四）架空电力线路导线在最大弧垂或最大风偏后与树木之间的安全距离为：

电压等级	最大风偏距离	最大垂直距离
35－110 千伏	3.5 米	4.0 米
154－220 千伏	4.0 米	4.5 米
330 千伏	5.0 米	5.5 米
500 千伏	7.0 米	7.0 米

对不符合上述要求的树木应当依法进行修剪或砍伐，所需费用由树木所有者负担。

第十七条 城乡建设规划主管部门审批或规划已建电力设施（或已经批准新建、改建、扩建、规划的电力设施）两侧的新建建筑物时，应当会同当地电力管理部门审查后批准。

第十八条 在依法划定的电力设施保护区内，任何单位和个人不得种植危及电力设施安全的树木、竹子或高杆植物。

电力企业对已划定的电力设施保护区域内新种植或自然生长的可能危及电力设施安全的树木、竹子，应当予以砍伐，并不予支付林木补偿费、林地补偿费、植被恢复费等任何费用。

第十九条 电力管理部门对发生下列行为的单位或个人，根据贡献大小，给予相应物质奖励。

（一）检举、揭发破坏电力设施或哄抢、盗窃电力设施器材的行为符合事实的；

（二）同破坏电力设施或哄抢、盗窃电力设施器材的行为进行斗争并防止事故发生的；

（三）为保护电力设施与自然灾害作斗争，成绩突出或者为维护电力设施安全做出显著成绩的。

对维护、保护电力设施作出重大贡献的单位或个人，除按以上规定给予物质奖励外，还可由电力管理部门、公安部门或当地人民政府根据各自的权限给予表彰或荣誉奖励。

第二十条 下列危害电力设施的行为，情节显著轻微的，由电力管理部门责令改正；拒不改正的，处 1000 元以上 10000 元以下罚款：

（一）损坏使用中的杆塔基础的；

（二）损坏、拆卸、盗窃使用中或备用塔材、导线等电力设施的；

（三）拆卸、盗窃使用中或备用变压器等电力设备的。破坏电力设备、危害公共安全构成犯罪的，依法追究其刑事责任。

第二十一条 下列违反《电力设施保护条例》和本细则的行为，尚不构成犯罪的，由公安机关依据《中华人民共和国治安管理处罚法》予以处理：

（一）盗窃、哄抢库存或者已废弃停止使用的电力设施器材的；

（二）盗窃、哄抢尚未安装完毕或尚未交付使用单位验收的电力设施的；

（三）其他违反治安管理的行为。

第二十二条 电力管理部门为保护电力设施安全，对违法行为予以行政处罚，应当依照法定程序进行。

第二十三条 本实施细则自发布之日起施行，原能源部、公安部 1992 年 12 月 2 日发布的《电力设施保护条例实施细则》同时废止。

26 破坏易燃易爆设备案

概念　　本罪是指故意破坏燃气或者其他易燃易爆设备，足以危害公共安全的行为。这是一种以燃气等易燃易爆设备为特定破坏对象的危害公共安全犯罪。

立案标准　　根据《刑法》第118条、第119条第1款的规定，故意破坏燃气或者其他易燃易爆设备，足以危害公共安全的，应当立案追究。

　　本罪是危险犯，只要行为人破坏了正在使用中的燃气或者其他易燃易爆设备，并且足以危害不特定的人身和财产安全，不要求实际已经造成严重后果，就构成犯罪，应当立案追究。

定罪标准

犯罪客体

　　本罪所侵犯的客体是属于公共供给燃气、易燃易爆的公共安全。犯罪对象是正在使用中的燃气或其他易燃易爆设备。所谓燃气设备，是指生产、储存、输送诸如煤气、液化气、石油气、天然气等燃气的各种机器或设施，包括制造系统的燃器发生装置，如煤气发生炉，净化系统的燃气净化装置，输送系统的输送设备如排送机器、输送管道以及贮存设备如储气罐等。所谓其他易燃易爆设备，则是指除电力、燃气设备外的其他用于生产、贮存和输送易燃易爆物质的设备，如石油、化工、炸药方面的油井、油库、贮油罐、石油输送管道、液化石油罐、汽油加油站以及酒精、煤油、丙酮、炸药、火药等易燃易爆物品的生产、贮存、运送设备等。上述易燃易爆设备还必须正在使用中，如果没有使用，如正在制造、运输、安装、架设或尚在库存中，以及虽然已交付使用但正在检修暂停使用的，对其进行破坏，不应构成本罪。构成犯罪的应根据破坏的方法等以他罪如放火罪、爆炸罪、故意毁坏财物罪等论处。还应注意的是，本罪行为的对象在于生产、贮存、运送易燃易爆物品的机器设备，而不是易燃易爆物品本身。如果行为人在生产、贮存、运输、使用易燃易爆物品的过程中，违反危险物品的管理规定，造成爆炸、火灾后果的，则应以危险物品肇事罪定罪。这时的爆炸、火灾发生自然会使易燃易爆设备遭受破坏，但这种破坏不是行为人的行为直接破坏易燃易爆设备所导致，而是行为人的行为造成易燃易爆物品的燃烧、爆炸而间接产生的。易燃易爆物品的燃烧、爆炸乃是易燃易爆设备发生破坏的直接原因。如果行为人直接破坏易燃易爆设备，致使易燃易爆物品发生燃烧、爆炸的，则应以本罪论处。这时的破坏是行为人的行为直接所致并由此成为易燃易爆物品发生燃烧、爆炸的原因。

犯罪客观方面

　　本罪在客观方面表现为使用各种方法破坏电力、燃气或者其他易燃易爆设备，足以危害公共安全的行为。(1) 本罪侵犯的对象是正在使用中的易燃易爆设备。所谓正在使用中，是指易燃易爆设备一旦经过验收，正式交付或投入使用后，即为正在使用中，那么就要时刻保持其使用的良好状态，保证随时可以使用。因此，对那些库存的、废置不用的、正在制造安装的或正在修理中的易燃易爆设备，则不能认定为正在使用中的设备，破坏这些非使用中的易燃易爆设备，则不构成本罪。(2) 行为人必须

定罪标准	犯罪客观方面	实施了破坏易燃易爆设备的行为。行为人破坏易燃易爆设备的行为是多种多样的。可以表现为作为，如行为人采用放火、爆炸、拆毁或者其他方法破坏易燃易爆设备的重要零部件等；也可以表现为不作为，比如维修工在值班时间发现煤气管道破损，有发生火灾、爆炸事故的危险存在而不予维修，任其发生燃烧、爆炸，危害公共安全。无论行为人采取何种行为方式只要其实施了破坏易燃易爆设备的行为，足以危害公共安全的，都构成本罪而不要求有实际的严重后果发生。(3) 行为人破坏易燃易爆设备的行为必须足以危害公共安全或者已经造成危害公共安全的严重后果。这就要根据破坏的具体对象、破坏的具体部件、行为人采取的破坏方法等各方面加以综合认定。如果行为人的破坏行为足以危害或者已经危害公共安全的，则构成本罪；如果行为人的破坏行为不足以危害公共安全的，如破坏行为轻微或者破坏次要零部件，不足以发生严重后果、危害公共安全的，则不宜以本罪论处。情节严重的，可依法以其他犯罪论处。以上三个方面缺一不可。
	犯罪主体	本罪的主体是一般主体，即凡年满16周岁且具有刑事责任能力的自然人均可构成本罪主体。
	犯罪主观方面	本罪在主观方面表现为故意，包括直接故意和间接故意，即行为人明知其破坏易燃易爆设备的行为会发生危害公共安全的结果，并且希望或者放任这种结果的发生。本罪的动机多种多样，如出于贪财图利、报复泄愤、嫁祸于人等。无论出自何种个人动机，均不影响定罪。
	罪与非罪	区分罪与非罪的界限，关键看是否达到足以危害公共安全的程度。只要破坏行为足以危害公共安全，即便尚未造成严重后果，也成立犯罪既遂。
	此罪与彼罪	一、本罪与放火罪、爆炸罪的界限。破坏易燃易爆设备罪与放火罪、爆炸罪侵犯的客体都是公共安全，破坏易燃易爆设备罪行为人亦可采用放火、爆炸的手段破坏易燃易爆设备，往往也会导致火灾、爆炸的严重后果。区分两者的关键在于犯罪对象不同。破坏易燃易爆设备罪的犯罪对象仅限于正在使用中的易燃易爆设备；放火罪、爆炸罪的犯罪对象是一切公私财物。行为人采用放火、爆炸方法破坏易燃易爆设备，这是法条竞合问题。按照特别法优于普通法的原则，应以破坏易燃易爆设备罪论处，而不能定放火罪或爆炸罪。 二、本罪与故意毁坏财物罪、盗窃罪等侵犯财产方面的犯罪的界限。确定某一破坏易燃易爆设备的行为是构成破坏易燃易爆设备罪还是构成侵犯财产方面的犯罪，主要看受破坏的易燃易爆设备是否处于正在使用中，破坏行为是否足以危害公共安全。也就是说，如果破坏正在使用中的易燃易爆设备，足以危害公共安全或者已经造成严重后果、危害公共安全的，则构成破坏易燃易爆设备罪。反之，如果行为人破坏的是非正在使用中的易燃易爆设备，因其不存在危害公共安全的可能性，而不构成破坏易燃易爆设备罪；只是对财产所有权的侵犯，情节严重的，构成侵犯财产方面的犯罪。如果是故意毁损非正在使用中的易燃易爆设备，情节严重的，应以故意毁坏财物罪论处；如果行为人采用盗窃方法破坏非正在使用中的易燃易爆设备，数额较大或者多次盗窃的，应以盗窃罪论处。

证据参考标准	主体方面的证据	**一、证明行为人刑事责任年龄、身份等自然情况的证据** 　　包括身份证明、户籍证明、任职证明、工作经历证明、特定职责证明等，主要是证明行为人的姓名（曾用名）、性别、出生年月日、民族、籍贯、出生地、职业（或职务）、住所地（或居所地）等证据材料，如户口簿、居民身份证、工作证、出生证、专业或技术等级证、干部履历表、职工登记表、护照等。 　　对于户籍、出生证等材料内容不实的，应提供其他证据材料。外国人犯罪的案件，应有护照等身份证明材料。人大代表、政协委员犯罪的案件，应注明身份，并附身份证明材料。 **二、证明行为人刑事责任能力的证据** 　　证明行为人对自己的行为是否具有辨认能力与控制能力，如是否属于间歇性精神病人、尚未完全丧失辨认或者控制自己行为能力的精神病人的证明材料。
	主观方面的证据	**证明行为人故意的证据** 　　1. 证明行为人明知的证据：证明行为人明知自己的行为会发生危害社会的结果。2. 证明直接故意的证据：证明行为人希望危害结果发生。3. 证明间接故意的证据：证明行为人放任危害结果发生。4. 目的：（1）发泄愤恨和不满；（2）个人报复；（3）嫁祸于人。
	客观方面的证据	**证明行为人破坏易燃易爆设备犯罪行为的证据** 　　具体证据包括：1. 证明行为人炸毁正在使用中的煤气发生装置、储气罐等行为的证据；2. 证明行为人毁坏、拆卸煤气管道行为的证据；3. 证明行为人毁坏、拆卸天然气管道行为的证据；4. 证明行为人炸毁油井、油库行为的证据；5. 证明行为人炸毁天然气储气罐行为的证据；6. 证明行为人毁坏易燃易爆的化工装置行为的证据；7. 证明行为人破坏易燃易爆设备造成人员伤亡的证据；8. 证明行为人破坏易燃易爆设备造成直接损失的证据；9. 证明行为人破坏易燃易爆设备造成间接损失的证据；10. 证明行为人破坏易燃易爆设备使公私财产遭受重大损失的证据；11. 证明行为人破坏易燃易爆设备使社会的生产、生活秩序受到严重影响的证据；12. 证明行为人破坏易燃易爆设备尚未造成严重后果的证据；13. 证明行为人破坏易燃易爆设备造成严重后果的证据。
	量刑方面的证据	**一、法定量刑情节证据** 　　1. 事实情节：（1）造成严重后果；（2）其他。2. 法定从重情节。3. 法定从轻减轻情节：（1）可以从轻；（2）可以从轻或减轻；（3）应当从轻或者减轻。4. 法定从轻减轻免除情节：（1）可以从轻、减轻或者免除处罚；（2）应当从轻、减轻或者免除处罚。5. 法定减轻免除情节：（1）可以减轻或者免除处罚；（2）应当减轻或者免除处罚；（3）可以免除处罚。 **二、酌定量刑情节证据** 　　1. 犯罪手段：（1）拆除；（2）炸坏；（3）破坏；（4）毁坏；（5）盗窃。2. 犯罪对象。3. 危害结果：（1）毁损破坏程序；（2）经济损失。4. 动机。5. 平时表现。6. 认罪态度。7. 是否有前科。8. 其他证据。

量刑标准	犯本罪的	处三年以上十年以下有期徒刑
	造成严重后果的	处十年以上有期徒刑、无期徒刑或者死刑

法律适用	刑法条文	**第一百一十八条** 破坏电力、燃气或者其他易燃易爆设备，危害公共安全，尚未造成严重后果的，处三年以上十年以下有期徒刑。 **第一百一十九条第一款** 破坏交通工具、交通设施、电力设备、燃气设备、易燃易爆设备，造成严重后果的，处十年以上有期徒刑、无期徒刑或者死刑。
	司法解释	**一、最高人民法院、最高人民检察院《关于办理盗窃油气、破坏油气设备等刑事案件具体应用法律若干问题的解释》**（2007 年 1 月 15 日最高人民法院、最高人民检察院公布　自 2007 年 1 月 19 日起施行　法释〔2007〕3 号） 为维护油气的生产、运输安全，依法惩治盗窃油气、破坏油气设备等犯罪，根据刑法有关规定，现就办理这类刑事案件具体应用法律的若干问题解释如下： **第一条** 在实施盗窃油气等行为过程中，采用切割、打孔、撬砸、拆卸、开关等手段破坏正在使用的油气设备的，属于刑法第一百一十八条规定的"破坏燃气或者其他易燃易爆设备"的行为；危害公共安全，尚未造成严重后果的，依照刑法第一百一十八条的规定定罪处罚。 **第二条** 实施本解释第一条规定的行为，具有下列情形之一的，属于刑法第一百一十九条第一款规定的"造成严重后果"，依照刑法第一百一十九条第一款的规定定罪处罚： （一）造成一人以上死亡、三人以上重伤或者十人以上轻伤的； （二）造成井喷或者重大环境污染事故的； （三）造成直接经济损失数额在五十万元以上的； （四）造成其他严重后果的。 **第三条** 盗窃油气或者正在使用的油气设备，构成犯罪，但未危害公共安全的，依照刑法第二百六十四条的规定，以盗窃罪定罪处罚。 盗窃油气，数额巨大但尚未运离现场的，以盗窃未遂定罪处罚。 为他人盗窃油气而偷开油气井、油气管道等油气设备阀门排放油气或者提供其他帮助的，以盗窃罪的共犯定罪处罚。 **第四条** 盗窃油气同时构成盗窃罪和破坏易燃易爆设备罪的，依照刑法处罚较重的规定定罪处罚。 **第五条** 明知是盗窃犯罪所得的油气或者油气设备，而予以窝藏、转移、收购、加工、代为销售或者以其他方法掩饰、隐瞒的，依照刑法第三百一十二条的规定定罪处罚。 实施前款规定的犯罪行为，事前通谋的，以盗窃犯罪的共犯定罪处罚。 **第六条** 违反矿产资源法的规定，非法开采或者破坏性开采石油、天然气资源的，依照刑法第三百四十三条以及《最高人民法院关于审理非法采矿、破坏性采矿刑事案件具体应用法律若干问题的解释》的规定追究刑事责任。 **第七条** 国家机关工作人员滥用职权或者玩忽职守，实施下列行为之一，致使公共财产、国家和人民利益遭受重大损失的，依照刑法第三百九十七条的规定，以滥用职权罪或者玩忽职守罪定罪处罚：

（一）超越职权范围，批准发放石油、天然气勘查、开采、加工、经营等许可证的；

（二）违反国家规定，给不符合法定条件的单位、个人发放石油、天然气勘查、开采、加工、经营等许可证的；

（三）违反《石油天然气管道保护条例》等国家规定，在油气设备安全保护范围内批准建设项目的；

（四）对发现或者经举报查实的未经依法批准、许可擅自从事石油、天然气勘查、开采、加工、经营等违法活动不予查封、取缔的。

第八条 本解释所称的"油气"，是指石油、天然气。其中，石油包括原油、成品油；天然气包括煤层气。

本解释所称"油气设备"，是指用于石油、天然气生产、储存、运输等易燃易爆设备。

二、最高人民法院、最高人民检察院、公安部《关于办理盗窃油气、破坏油气设备等刑事案件适用法律若干问题的意见》（节录）（2018 年 9 月 28 日最高人民法院、最高人民检察院、公安部公布　自公布之日起施行　法发〔2018〕18 号）

一、关于危害公共安全的认定

在实施盗窃油气等行为过程中，破坏正在使用的油气设备，具有下列情形之一的，应当认定为刑法第一百一十八条规定的"危害公共安全"：

（一）采用切割、打孔、撬砸、拆卸手段的，但是明显未危害公共安全的除外；

（二）采用开、关等手段，足以引发火灾、爆炸等危险的。

四、关于内外勾结盗窃油气行为的处理

行为人与油气企业人员勾结共同盗窃油气，没有利用油气企业人员职务便利，仅仅是利用其易于接近油气设备、熟悉环境等方便条件的，以盗窃罪的共同犯罪论处。

实施上述行为，同时构成破坏易燃易爆设备罪的，依照处罚较重的规定定罪处罚。

五、关于窝藏、转移、收购、加工、代为销售被盗油气行为的处理

明知是犯罪所得的油气而予以窝藏、转移、收购、加工、代为销售或者以其他方式掩饰、隐瞒，符合刑法第三百一十二条规定的，以掩饰、隐瞒犯罪所得罪追究刑事责任。

"明知"的认定，应当结合行为人的认知能力、所得报酬、运输工具、运输路线、收购价格、收购形式、加工方式、销售地点、仓储条件等因素综合考虑。

实施第一款规定的犯罪行为，事前通谋的，以盗窃罪、破坏易燃易爆设备罪等有关犯罪的共同犯罪论处。

《中华人民共和国石油天然气管道保护法》（节录）（2010 年 6 月 25 日中华人民共和国主席令第 30 号公布　自 2010 年 10 月 1 日起施行）

第五十一条 采用移动、切割、打孔、砸撬、拆卸等手段损坏管道或者盗窃、哄抢管道输送、泄漏、排放的石油、天然气，尚不构成犯罪的，依法给予治安管理处罚。

第五十五条 违反本法规定，实施危害管道安全的行为，给管道企业造成损害的，依法承担民事责任。

第五十六条 县级以上地方人民政府及其主管管道保护工作的部门或者其他有关部门，违反本法规定，对应当组织排除的管道外部安全隐患不及时组织排除，发现危害管道安全的行为或者接到对危害管道安全行为的举报后不依法予以查处，或者有其他不依照本法规定履行职责的行为的，由其上级机关责令改正，对直接负责的主管人员和其他直接责任人员依法给予处分。

第五十七条 违反本法规定，构成犯罪的，依法追究刑事责任。

（司法解释）（相关法律法规）（法律适用）

27 过失损坏交通工具案

概念

本罪是指由于过失而引起正在使用的火车、汽车、电车、船只、航空器遭受严重损坏，造成严重后果的行为。这是一种以交通工具为特定破坏对象的过失危害公共安全的犯罪。

立案标准

根据《刑法》第 119 条第 2 款的规定，过失损坏正在使用中的火车、汽车、电车、船只、航空器，造成严重后果的，应当立案追究。

本罪是结果犯，行为人过失损坏交通工具，造成致人重伤、死亡或者使公私财产遭受重大损失等严重后果的，才能立案追究。

定罪标准

犯罪客体

本罪侵犯的客体是交通运输安全，侵害的对象是正在使用的火车、汽车、电车、船只、航空器等大型现代化交通工具。只有过失损坏上述交通工具造成危害交通运输安全的严重后果，才能构成本罪。

犯罪客观方面

本罪在客观方面表现为实施使正常使用的火车、汽车、电车、船只、航空器遭受破坏，并造成严重后果的行为。这种损坏交通工具的行为通常表现为行为人不谨慎，无意中造成交通工具的损坏。例如，趁司机不在，随意摆弄汽车，无意中将刹车弄坏。如果是交通运输人员在驾驶交通工具中违反规章制度，过失引起交通工具倾覆或毁坏，造成重大事故，虽危害了交通运输安全，但也不构成本罪，应以交通肇事罪论处。

造成严重后果是构成本罪重要的法定要件之一。所谓严重后果是指致人重伤、死亡或者使公私财产遭受重大损失，如交通工具颠覆、互撞、起火、爆炸、车毁人亡等。只有过失损坏交通工具的行为，并未引起严重后果，不构成本罪。在处理这种犯罪时，还必须查明损坏交通工具的行为同严重后果是否存在因果关系，如果虽然后果严重，但查明不是过失损坏交通工具的行为所引起，不构成过失损坏交通工具罪。

犯罪主体

本罪主体为一般主体，即凡年满 16 周岁且具备刑事责任能力的自然人均可成为本罪的主体。

犯罪主观方面

本罪在主观方面表现为过失，包括疏忽大意的过失和过于自信的过失，即行为人对其损坏交通工具的行为可能引起的严重后果应当预见，因为疏忽大意而未预见；或者虽然已经预见，而轻信能够避免，以致发生了严重后果。如果行为人对其行为造成的危害交通运输安全的严重后果，既非出于故意，也不存在过失，属于意外事件，不构成犯罪。

罪与非罪

区分罪与非罪的界限，关键看是否造成严重后果。

定罪标准	**此罪与彼罪**	一、本罪与破坏交通工具罪的界限。过失损坏交通工具罪与破坏交通工具罪都是以交通工具为侵害对象的危害交通运输安全的犯罪。两者主要的区别是：（1）主观罪过不同。过失损坏交通工具罪是过失犯罪。行为人对其行为可能引起的严重后果持否定态度，或者应当预见而未预见，或者虽已预见而轻信能够避免，以致引起严重后果。破坏交通工具罪是故意犯罪。行为人对其破坏行为会发生严重危害结果是明知的，并且持希望或者放任态度。（2）对危害结果要求不同。前者把造成严重后果作为构成犯罪的法定要件，如果实施损坏交通工具的过失行为尚未造成严重后果，不构成犯罪。后者只要故意实施破坏交通工具的行为，并足以使之发生倾覆或毁坏危险，无论是否造成严重危害结果，均构成犯罪，而且构成破坏交通工具罪既遂。 二、本罪与交通肇事罪的界限。两者都是过失犯罪，主要区别在于客观方面不同。过失损坏交通工具罪主要表现为行为人因过失行为而致使火车、汽车、电车、船只、航空器发生倾覆、毁坏，造成严重后果；交通肇事罪则表现为行为人（包括从事交通运输的人员和非从事交通运输的人员）违反交通运输管理法规而引起重大事故，致人重伤、死亡或者使公私财产遭受重大损失。因此，如果交通运输人员在驾驶交通工具的过程中，违反交通运输管理法规，过失引起交通工具倾覆、毁坏，造成严重后果，则不构成过失损坏交通工具罪，而构成交通肇事罪。
证据参考标准	**主体方面的证据**	**一、证明行为人刑事责任年龄、身份等自然情况的证据** 包括身份证明、户籍证明、任职证明、工作经历证明、特定职责证明等，主要是证明行为人的姓名（曾用名）、性别、出生年月日、民族、籍贯、出生地、职业（或职务）、住所地（或居所地）等证据材料，如户口簿、居民身份证、工作证、出生证、专业或技术等级证、干部履历表、职工登记表、护照等。 对于户籍、出生证等材料内容不实的，应提供其他证据材料。外国人犯罪的案件，应有护照等身份证明材料。人大代表、政协委员犯罪的案件，应注明身份，并附身份证明材料。 **二、证明行为人刑事责任能力的证据** 证明行为人对自己的行为是否具有辨认能力与控制能力，如是否属于间歇性精神病人、尚未完全丧失辨认或者控制自己行为能力的精神病人的证明材料。
	主观方面的证据	**证明行为人过失的证据** 1. 证明行为人应当预见自己的行为可能发生危害社会的结果的证据；2. 证明疏忽大意的过失的证据；3. 证明过于自信的过失的证据。
	客观方面的证据	**证明行为人过失损坏交通工具犯罪行为的证据** 具体证据包括：1. 证明行为人因疏忽大意造成火车遭受严重损坏行为的证据；2. 证明行为人因疏忽大意造成汽车遭受严重损坏行为的证据；3. 证明行为人因疏忽大意造成电车遭受严重损坏行为的证据；4. 证明行为人因疏忽大意造成船只遭受严重损坏行为的证据；5. 证明行为人因疏忽大意造成飞机遭受严重损坏行为的证据；6. 证明行为人因过于自信造成火车遭受严重损坏行为的证据；7. 证明行为人因过于自信造成汽车遭受严重损坏行为的证据；8. 证明行为人因过于自信造成电车遭受严重

证据参考标准	客观方面的证据	损坏行为的证据；9. 证明行为人因过于自信造成船只遭受严重损坏行为的证据；10. 证明行为人因过于自信造成飞机遭受严重损坏行为的证据；11. 证明过失损坏交通工具造成严重后果行为的证据；12. 证明过失损坏交通工具造成较轻后果行为的证据。
	量刑方面的证据	**一、法定量刑情节证据** 1. 事实情节：（1）造成严重后果；（2）后果较轻。2. 法定从重情节。3. 法定从轻减轻情节：（1）可以从轻；（2）可以从轻或减轻；（3）应当从轻或者减轻。4. 法定从轻减轻免除情节：（1）可以从轻、减轻或者免除处罚；（2）应当从轻、减轻或者免除处罚。5. 法定减轻免除情节：（1）可以减轻或者免除处罚；（2）应当减轻或者免除处罚；（3）可以免除处罚。 **二、酌定量刑情节证据** 1. 犯罪手段。2. 犯罪对象。3. 危害结果：（1）被破坏物毁损程度；（2）人员伤亡；（3）财产损失。4. 动机。5. 平时表现。6. 认罪态度。7. 是否有前科。8. 其他证据。

量刑标准	犯本罪的	处三年以上七年以下有期徒刑
	情节较轻的	处三年以下有期徒刑或者拘役

法律适用	刑法条文	**第一百一十九条** 破坏交通工具、交通设施、电力设备、燃气设备、易燃易爆设备，造成严重后果的，处十年以上有期徒刑、无期徒刑或者死刑。 过失犯前款罪的，处三年以上七年以下有期徒刑；情节较轻的，处三年以下有期徒刑或者拘役。

28 过失损坏交通设施案

概念

　　本罪是指过失损坏轨道、桥梁、隧道、公路、机场、航道、灯塔、标志等交通设施，危害公共安全，致使火车、汽车、电车、船只、航空器倾覆或毁坏，造成严重后果的行为。本罪是一种以交通设施为侵害对象的过失危害公共安全罪。

立案标准

　　根据《刑法》第 119 条第 2 款的规定，过失损坏正在使用中的轨道、桥梁、隧道、公路、机场、航道、灯塔、标志等交通设施，造成交通工具倾覆、毁坏、人身伤亡等严重后果的，应当立案追究。

　　本罪是结果犯，行为人过失损坏交通设施，造成致使交通工具倾覆、毁坏，人员重伤、死亡或者使公私财产遭受重大损失等严重后果的，才能立案追究。

定罪标准

犯罪客体

　　本罪侵犯的客体是交通运输安全。这是本罪区别于其他过失犯罪的显著特征。过失损坏交通设施，造成严重后果的行为，不仅使交通设施本身价值遭受损失甚至报废，更重要的是它直接影响火车、汽车、电车、船只、航空器的安全运行，造成火车、汽车、电车、船只、航空器的倾覆、毁坏，给国家、集体和人民群众带来巨大损失。因此，理应运用刑法武器惩治此种犯罪行为。过失损坏交通设施罪的犯罪对象是法律规定的特定对象，即轨道、桥梁、隧道、公路、机场、航道、灯塔、标志等交通设施。而且，这些交通设施必须是处于正在使用中。因为只有过失损坏正在使用中的交通设施，才可能危害交通运输安全，造成严重后果。也就是说，如果行为过失损坏的交通设施不是正在使用中，而是正在生产或正在修理而未交付使用，或者废弃不用的，则不成立本罪。

犯罪客观方面

　　本罪在客观方面表现为实施损坏上述交通设施，危害公共安全，致使火车等交通工具倾覆或毁坏，造成严重后果的过失行为。这是本罪同过失损坏交通工具罪的区别所在。

　　一、行为人必须实施破坏交通设施的行为。这种行为通常是发生在日常生活和工作中，由于行为人缺乏谨慎所致。如行为人通过铁路道口不慎将路旁放置的废钢挂倒在路轨上，造成列车颠覆。如果直接管理交通设施的人员，在操作中违反规章制度，以致过失损坏交通设施，发生重大责任事故，引起严重后果的，应以重大责任事故罪论处。

　　二、破坏交通设施的过失行为必须造成危害交通运输安全的严重后果，即造成火车、汽车等交通工具倾覆或毁坏，致人重伤、死亡或者使公私财产遭受重大损失。如果未造成后果或者后果不严重，不构成本罪。"已经造成严重后果"是指已经实际造成重大公私财产的损失或者多人伤亡的后果。

　　三、破坏交通设施的行为同严重后果之间必须具有因果关系。如果严重后果不是由行为人过失行为所引起，行为人不负刑事责任。

定罪标准	**犯罪主体**	本罪的主体为一般主体，即凡年满 16 周岁且具备刑事责任能力的自然人均可成为本罪的主体。
	犯罪主观方面	本罪在主观方面表现为过失，包括过于自信的过失和疏忽大意的过失，即行为人对其行为可能造成的危害交通运输安全的严重后果已经预见，但轻信能够避免；或者应当预见，因为疏忽大意而未预见，以致发生这种严重后果。
	罪与非罪	区分罪与非罪的界限，关键看是否造成严重后果。
	此罪与彼罪	本罪与破坏交通设施罪的界限。过失损坏交通设施罪与破坏交通设施罪，侵害的客体和对象相同。两者的主要区别是：(1) 对犯罪结果要求不同。前者损坏交通设施的过失行为必须造成危害交通运输安全的严重后果才构成犯罪；后者只要实施破坏交通设施的行为，并足以使交通工具发生倾覆、毁坏危险，无论是否造成严重后果，均成立犯罪，而且构成犯罪既遂。(2) 主观罪过不同。前者是过失犯罪，后者是故意犯罪。从行为人认识方面看，前者行为人对其行为可能造成的危害结果已经预见，或者应当预见而未预见；后者对其行为会造成的危害结果是明知的。从行为人态度看，前者对严重后果持否定态度，由于轻信能够避免或者由于疏忽大意，才发生了危害交通运输安全的严重后果；后者对交通工具倾覆、毁坏的严重后果持希望或放任的态度。
证据参考标准	**主体方面的证据**	**一、证明行为人刑事责任年龄、身份等自然情况的证据** 包括身份证明、户籍证明、任职证明、工作经历证明、特定职责证明等，主要是证明行为人的姓名（曾用名）、性别、出生年月日、民族、籍贯、出生地、职业（或职务）、住所地（或居所地）等证据材料，如户口簿、居民身份证、工作证、出生证、专业或技术等级证、干部履历表、职工登记表、护照等。 对于户籍、出生证等材料内容不实的，应提供其他证据材料。外国人犯罪的案件，应有护照等身份证明材料。人大代表、政协委员犯罪的案件，应注明身份，并附身份证明材料。 **二、证明行为人刑事责任能力的证据** 证明行为人对自己的行为是否具有辨认能力与控制能力，如是否属于间歇性精神病人、尚未完全丧失辨认或者控制自己行为能力的精神病人的证明材料。
	主观方面的证据	**证明行为人过失的证据** 1. 证明行为人应当预见自己的行为可能发生危害社会的结果的证据；2. 证明疏忽大意的过失的证据；3. 证明过于自信的过失的证据。
	客观方面的证据	**证明行为人过失损坏交通设施犯罪行为的证据** 具体证据包括：1. 证明行为人疏忽大意的过失造成交通设施损坏行为的证据：(1) 桥梁；(2) 隧道；(3) 公路；(4) 机场；(5) 航道；(6) 灯塔；(7) 标志。2. 证明行为人过于自信的过失造成交通设施损坏行为的证据：(1) 桥梁；(2) 隧道；

证据参考标准	**客观方面的证据**	（3）公路；（4）机场；（5）航道；（6）灯塔；（7）标志。3. 证明造成火车、汽车、电车、船只、航空器（坠毁）倾覆的证据。4. 证明造成火车、汽车、电车、船只、航空器毁坏的证据。5. 证明致使他人重伤、死亡的证据。6. 证明致使公私财产遭受重大损失的证据。7. 证明行为人过失地损坏交通设施造成严重后果行为的证据：（1）致人重伤；（2）致人死亡；（3）致使公私财产遭受重大损失。8. 证明行为人过失地损坏交通设施其他行为的证据。
	量刑方面的证据	**一、法定量刑情节证据** 1. 事实情节：（1）造成严重后果；（2）情节较轻。2. 法定从重情节。3. 法定从轻减轻情节：（1）可以从轻；（2）可以从轻或减轻；（3）应当从轻或者减轻。4. 法定从轻减轻免除情节：（1）可以从轻、减轻或者免除处罚；（2）应当从轻、减轻或者免除处罚。5. 法定减轻免除情节：（1）可以减轻或者免除处罚；（2）应当减轻或者免除处罚；（3）可以免除处罚。 **二、酌定量刑情节证据** 1. 犯罪手段。2. 犯罪对象。3. 危害结果：（1）人员伤亡；（2）交通设施损坏状况；（3）交通设施破坏程度。4. 动机。5. 平时表现。6. 认罪态度。7. 是否有前科。8. 其他证据。

量刑标准		
	犯本罪的	处三年以上七年以下有期徒刑
	情节较轻的	处三年以下有期徒刑或者拘役

法律适用	**刑法条文**	**第一百一十九条** 破坏交通工具、交通设施、电力设备、燃气设备、易燃易爆设备，造成严重后果的，处十年以上有期徒刑、无期徒刑或者死刑。 过失犯前款罪的，处三年以上七年以下有期徒刑；情节较轻的，处三年以下有期徒刑或者拘役。
	司法解释	**最高人民法院、最高人民检察院、公安部《关于办理涉窨井盖相关刑事案件的指导意见》（节录）**（2020 年 3 月 16 日最高人民法院、最高人民检察院、公安部公布 自公布之日起施行 高检发〔2020〕3 号） 一、盗窃、破坏正在使用中的社会机动车通行道路上的窨井盖，足以使汽车、电车发生倾覆、毁坏危险，尚未造成严重后果的，依照刑法第一百一十七条的规定，以破坏交通设施罪定罪处罚；造成严重后果的，依照刑法第一百一十九条第一款的规定处罚。 过失造成严重后果的，依照刑法第一百一十九条第二款的规定，以过失损坏交通设施罪定罪处罚。 十二、本意见所称的"窨井盖"，包括城市、城乡结合部和乡村等地的窨井盖以及其他井盖。

29 过失损坏电力设备案

概念

本罪是指过失损坏电力设备，危害公共安全，造成严重后果的行为。

立案标准

根据《刑法》第119条第2款的规定，过失损坏正在使用中的电力设备，造成人身伤亡或者重大公私财产损失等严重后果的，应当立案追究。

本罪是结果犯，行为人过失损坏电力设备，已经造成严重后果的，才能立案追究。如果行为人只有过失行为，并未造成严重后果，则不构成犯罪，不予立案。

定罪标准

犯罪客体

本罪侵犯的客体是公共供电中的公共安全，即不特定多数人的生命、健康安全或者重大公私财产安全。这是本罪区别于其他过失犯罪的显著特征。过失损坏电力设备罪的犯罪对象是法律规定的特定对象，即电力设备，包括供电设备、发电设备和变电设备等。而且，本罪的犯罪对象即电力设备必须是处于正在使用中的电力设备。也就是说，过失损坏的如果不是正在使用中的电力设备，如库存的、废弃的、正在生产中的或修理中的电力设备，则不成立本罪。

犯罪客观方面

本罪在客观方面表现为行为人过失损坏电力设备，危害公共安全，造成严重后果的行为。本罪在客观方面具有以下特征：（1）行为人必须有过失损坏电力设备的行为，即行为人由于自己的行为不慎，损坏了电力设备。（2）行为人过失损坏电力设备的行为必须危害公共安全。也就是说，由于行为人的过失行为损坏了电力设备，从而影响或破坏了电力设备的正常性能，并进而危害公共安全。但是，如果行为人的过失损坏行为没有影响电力设备的正常性能，没有危害公共安全的，则不构成本罪。这就要根据过失损坏行为、损坏的部位、损坏的程度以及损坏的方式等因素进行综合评判。如某甲用小石子打逗留在变压器上的鸟，鸟飞走了，小石子打在变压器的铁壳上。此事件中，某甲用小石子打鸟，结果打在变压器的铁壳上，从损坏方式、损坏部位和损坏程度看，其行为并不危害公共安全，因此不构成本罪。（3）行为人过失损坏电力设备的行为必须造成严重后果。过失犯罪都是以发生严重后果作为构成犯罪的要件。如果没有发生严重后果或者后果不严重的，则不构成犯罪。因此，要构成过失损坏电力设备罪，也必须发生严重后果。这里的严重后果是指致人重伤、死亡或者使公私财产遭受重大损失。（4）行为人过失损坏电力设备的行为与严重后果之间存在刑法上的因果关系，即严重后果是由行为人过失损坏电力设备的行为引起的。这是行为人对严重后果负刑事责任的客观基础。如果行为人过失损坏电力设备的行为与严重后果之间不存在刑法上的因果关系，行为人则不对严重后果负刑事责任。以上四个条件必须同时具备，缺一不可。

犯罪主体

本罪的犯罪主体是一般主体，即凡年满16周岁且具备刑事责任能力，由于自己的过失行为损坏电力设备，危害公共安全，造成严重后果的自然人都可以成为本罪的犯罪主体。

定罪标准	犯罪主观方面	本罪在主观方面只能是过失，即行为人应当预见自己的行为可能损坏电力设备，由于疏忽大意没有预见或者已经预见而轻信能够避免，以致发生这种结果的心理态度。这是本罪与意外事件的主要区别之所在。本罪的过失包括过于自信的过失和疏忽大意的过失。过失是针对造成的严重后果而言的。
	罪与非罪	区分罪与非罪的界限，关键看行为人的行为是否造成严重后果。
	此罪与彼罪	一、本罪与破坏电力设备罪的界限。两罪侵犯的对象都是正在使用中的电力设备，在客观方面也都实施了破坏行为，侵犯的客体都是公共安全。但两者之间有明显区别：（1）主观罪过形式不同。破坏电力设备罪在主观方面是出自故意；过失损坏电力设备罪在主观方面则表现为过失。（2）客观方面不同。过失损坏电力设备罪必须造成致人重伤、死亡或者使公私财产遭受重大损失的严重后果，才能构成犯罪；破坏电力设备罪并不要求发生严重后果才成立犯罪，只要足以危害公共安全即有危害公共安全危险的，就可以成立犯罪。（3）破坏电力设备罪有既遂与未遂之分，过失损坏电力设备罪不存在既遂与未遂问题。 二、本罪与重大责任事故罪的界限。二者的主要区别是：（1）犯罪主体不同。重大责任事故罪的犯罪主体是特殊主体；过失损坏电力设备罪的犯罪主体是一般主体。（2）侵犯的客体不同。重大责任事故罪侵犯的客体是企业、事业单位的生产作业安全；过失损坏电力设备罪侵犯的客体是公共安全。因此，电力部门职工在生产作业过程中，违反规章制度，因而发生损坏电力设备的重大事故，造成严重后果的行为，是由于电力部门职工这一特殊犯罪主体在生产作业过程中的业务过失所造成的严重后果，应以特别法条即重大责任事故罪论处，而不能以过失损坏电力设备罪论处。
证据参考标准	主体方面的证据	一、证明行为人刑事责任年龄、身份等自然情况的证据 包括身份证明、户籍证明、任职证明、工作经历证明、特定职责证明等，主要是证明行为人的姓名（曾用名）、性别、出生年月日、民族、籍贯、出生地、职业（或职务）、住所地（或居所地）等证据材料，如户口簿、居民身份证、工作证、出生证、专业或技术等级证、干部履历表、职工登记表、护照等。 对于户籍、出生证等材料内容不实的，应提供其他证据材料。外国人犯罪的案件，应有护照等身份证明材料。人大代表、政协委员犯罪的案件，应注明身份，并附身份证明材料。 二、证明行为人刑事责任能力的证据 证明行为人对自己的行为是否具有辨认能力与控制能力，如是否属于间歇性精神病人、尚未完全丧失辨认或者控制自己行为能力的精神病人的证明材料。
	主观方面的证据	证明行为人过失的证据 1. 证明行为人应当预见自己的行为可能发生危害社会的结果的证据；2. 证明疏忽大意的过失的证据；3. 证明过于自信的过失的证据。

证据参考标准	客观方面的证据	**证明行为人过失损坏电力设备犯罪行为的证据** 具体证据包括：1. 证明行为人对其破坏电力设备的行为可能造成的严重后果应当预见，因为疏忽大意而未预见行为的证据；2. 证明行为人已经预见损坏电力设备的行为但轻信能够避免，以致发生这种严重后果行为的证据；3. 证明行为人过失损坏电力设备造成人员重伤、死亡或使公私财产遭受重大损失行为的证据；4. 证明行为人过失损坏电力设备使公共生产、生活秩序受到严重破坏行为的证据。
	量刑方面的证据	**一、法定量刑情节证据** 1. 事实情节：（1）情节严重；（2）其他。2. 法定从重情节。3. 法定从轻减轻情节：（1）可以从轻；（2）可以从轻或减轻；（3）应当从轻或者减轻。4. 法定从轻减轻免除情节：（1）可以从轻、减轻或者免除处罚；（2）应当从轻、减轻或者免除处罚。5. 法定减轻免除情节：（1）可以减轻或者免除处罚；（2）应当减轻或者免除处罚；（3）可以免除处罚。 **二、酌定量刑情节证据** 1. 犯罪手段。2. 犯罪对象。3. 危害结果：（1）重伤；（2）死亡；（3）公私财产遭受重大损失。4. 动机。5. 平时表现。6. 认罪态度。7. 是否有前科。8. 其他证据。

量刑标准	犯本罪的	处三年以上七年以下有期徒刑
	情节较轻的	处三年以下有期徒刑或者拘役

刑法条文	**第一百一十九条** 破坏交通工具、交通设施、电力设备、燃气设备、易燃易爆设备，造成严重后果的，处十年以上有期徒刑、无期徒刑或者死刑。 过失犯前款罪的，处三年以上七年以下有期徒刑；情节较轻的，处三年以下有期徒刑或者拘役。

法律适用	司法解释	**最高人民法院《关于审理破坏电力设备刑事案件具体应用法律若干问题的解释》（节录）**（2007年8月15日最高人民法院公布 自2007年8月21日起施行 法释〔2007〕15号） **第一条** 破坏电力设备，具有下列情形之一的，属于刑法第一百一十九条第一款规定的"造成严重后果"，以破坏电力设备罪判处十年以上有期徒刑、无期徒刑或者死刑： （一）造成一人以上死亡、三人以上重伤或者十人以上轻伤的； （二）造成一万以上用户电力供应中断六小时以上，致使生产、生活受到严重影响的； （三）造成直接经济损失一百万元以上的； （四）造成其他危害公共安全严重后果的。 **第二条** 过失损坏电力设备，造成本解释第一条规定的严重后果的，依照刑法第一百一十九条第二款的规定，以过失损坏电力设备罪判处三年以上七年以下有期徒刑；情节较轻的，处三年以下有期徒刑或者拘役。

30 过失损坏易燃易爆设备案

概念

本罪是指过失损坏燃气或者其他易燃易爆设备，危害公共安全，造成严重后果的行为。本罪是一种以易燃易爆设备为特定破坏对象的过失危害公共安全罪。

立案标准

根据《刑法》第 119 条第 2 款的规定，过失损坏正在使用中的燃气或者其他易燃易爆设备，造成人身伤亡或者重大公私财产损失等严重后果的，应当立案追究。

本罪是结果犯，行为人过失损坏燃气或者其他易燃易爆设备，已经造成严重后果的，才能立案追究。

定罪标准

犯罪客体

本罪侵犯的客体是公共安全，即不特定多数人的生命、健康安全或者重大公私财产安全。现实生活中，过失损坏易燃易爆设备的行为，不仅使易燃易爆设备本身遭到损坏，而且常常引发火灾、爆炸事故，造成不特定多数人的伤亡和重大公私财产的毁损。

过失损坏易燃易爆设备罪的犯罪对象是法律规定的特定对象，即燃气或者其他易燃易爆设备。所谓燃气主要是指煤气、天然气等可燃性气体。燃气设备主要包括供气系统的燃气发生装置、燃气净化装置、燃气输送设备等。其他易燃易爆设备包括的内容则更为广泛，可以包括燃气设备之外的一切易于燃烧或者易于爆炸的设备，如用于化工、石油方面的油井、油库、贮油罐，石油运输管、贮气室，制造或者储存各种炸药的设备等。值得注意的是，本罪的犯罪对象必须是易燃易爆设备，而不包括易燃易爆物品。而且，本罪的犯罪对象即燃气或者其他易燃易爆设备必须是处于正在使用中的燃气或者其他易燃易爆设备。也就是说，过失损坏的如果不是正在使用中的燃气或者其他易燃易爆设备，如库存的、废弃的、正在生产中的或修理中的燃气或者其他易燃易爆设备，则不成立本罪。

犯罪客观方面

本罪在客观方面表现为过失实施使燃气或者其他易燃易爆设备遭受毁坏，并造成严重后果的行为。损坏易燃易爆设备的行为必须造成严重后果才构成本罪。这里造成严重后果，是指致人重伤、死亡，使公私财产遭受重大损失，或者使公共生产、生活秩序受到严重破坏。这种严重后果，通常是由于行为人在日常生活和工作中，对行为不谨慎所致。如果是直接管理、操作易燃易爆设备的人员，在生产作业中违反规章制度，过失地发生重大事故，造成上述设备损坏，致人重伤、死亡或者使公私财产遭受重大损失的，应定重大责任事故罪。

犯罪主体

本罪主体为一般主体，即凡年满 16 周岁且具备刑事责任能力的自然人均可成为本罪的主体。

犯罪主观方面

本罪在主观上表现为过失，包括过于自信的过失和疏忽大意的过失，即行为人对其损坏易燃易爆设备的行为可能造成的严重后果应当预见，因为疏忽大意而未预见；或者虽然已经预见但轻信能够避免，以致发生了这种严重后果。如果行为人对其损坏易燃易爆设备的行为可能造成的严重后果，主观上既非出于故意，也无过失，则属于意外事件，不构成犯罪。过失是针对造成的严重后果而言的。

定罪标准	**罪与非罪**	区分罪与非罪的界限，关键是看是否发生严重后果。如果实施损坏易燃易爆设备的过失行为，尚未造成严重后果，不构成犯罪。
	此罪与彼罪	本罪与破坏易燃易爆设备罪的界限。过失损坏易燃易爆设备罪与破坏易燃易爆设备罪，侵害对象相同，都危害公共安全。二者的主要区别是：（1）主观罪过不同。破坏易燃易爆设备罪行为人对其破坏易燃易爆设备的行为会造成危害公共安全的严重后果是明知的，并且持希望或放任的态度，属于故意犯罪。本罪属于过失犯罪，行为人对其行为可能引起危害公共安全的严重后果应当预见，因为疏忽大意而未预见；或者虽然已经预见，但轻信能够避免。（2）对犯罪结果要求不同。破坏易燃易爆设备罪，只要行为人实施破坏易燃易爆设备的行为，并足以造成危害公共安全的严重后果，无论严重后果实际是否发生，均构成犯罪，而且是犯罪既遂。而本罪则要求必须发生严重后果才构成犯罪。如果实施损坏易燃易爆设备的过失行为，尚未造成严重后果，不构成犯罪。
证据参考标准	**主体方面的证据**	**一、证明行为人刑事责任年龄、身份等自然情况的证据** 包括身份证明、户籍证明、任职证明、工作经历证明、特定职责证明等，主要是证明行为人的姓名（曾用名）、性别、出生年月日、民族、籍贯、出生地、职业（或职务）、住所地（或居所地）等证据材料，如户口簿、居民身份证、工作证、出生证、专业或技术等级证、干部履历表、职工登记表、护照等。 对于户籍、出生证等材料内容不实的，应提供其他证据材料。外国人犯罪的案件，应有护照等身份证明材料。人大代表、政协委员犯罪的案件，应注明身份，并附身份证明材料。 **二、证明行为人刑事责任能力的证据** 证明行为人对自己的行为是否具有辨认能力与控制能力，如是否属于间歇性精神病人、尚未完全丧失辨认或者控制自己行为能力的精神病人的证明材料。
	主观方面的证据	**证明行为人过失的证据** 1.证明行为人应当预见自己的行为可能发生危害社会的结果的证据；2.证明疏忽大意的过失的证据；3.证明过于自信的过失的证据。
	客观方面的证据	**证明行为人过失损坏易燃易爆设备犯罪行为的证据** 具体证据包括：1.证明行为人因疏忽大意过失造成燃气设备被损坏行为的证据；2.证明行为人因疏忽大意过失造成其他易燃易爆设备被损坏行为的证据；3.证明行为人因过于自信过失造成燃气设备被损坏行为的证据；4.证明行为人因过于自信过失造成其他易燃易爆设备被损坏行为的证据；5.证明造成致人重伤、死亡的证据；6.证明使公私财产遭受重大损失的证据；7.证明使公共生产、生活秩序受到严重破坏的证据；8.证明情节较轻行为的证据。
	量刑方面的证据	**一、法定量刑情节证据** 1.事实情节：（1）造成严重后果的；（2）情节较轻的。2.法定从重情节。3.法定从轻减轻情节：（1）可以从轻；（2）可以从轻或减轻；（3）应当从轻或者减轻。4.法定从轻减轻免除情节：（1）可以从轻、减轻或者免除处罚；（2）应当从轻、减

证据参考标准	量刑方面的证据	轻或者免除处罚。5. 法定减轻免除情节：(1) 可以减轻或者免除处罚；(2) 应当减轻或者免除处罚；(3) 可以免除处罚。 **二、酌定量刑情节证据** 1. 犯罪手段。2. 犯罪对象。3. 危害结果：(1) 财产损失；(2) 设备被损坏程度。4. 动机。5. 平时表现。6. 认罪态度。7. 是否有前科。8. 其他证据。

量刑标准	犯本罪的	处三年以上七年以下有期徒刑
	情节较轻的	处三年以下有期徒刑或者拘役

法律适用	刑法条文	**第一百一十九条** 破坏交通工具、交通设施、电力设备、燃气设备、易燃易爆设备，造成严重后果的，处十年以上有期徒刑、无期徒刑或者死刑。 过失犯前款罪的，处三年以上七年以下有期徒刑；情节较轻的，处三年以下有期徒刑或者拘役。

31 组织、领导、参加恐怖组织案

概念

本罪是指以进行恐怖活动为目的，组织、领导、参加恐怖组织活动的行为。本罪是危害公共安全罪之一。

立案标准

具有下列情形之一的，应当认定为"组织、领导恐怖活动组织"，以组织、领导恐怖组织罪定罪处罚：

（1）发起、建立恐怖活动组织的；

（2）恐怖活动组织成立后，对组织及其日常运行负责决策、指挥、管理的；

（3）恐怖活动组织成立后，组织、策划、指挥该组织成员进行恐怖活动的；

（4）其他组织、领导恐怖活动组织的情形。

具有下列情形之一的，应当认定为"积极参加"，以参加恐怖组织罪定罪处罚：

（1）纠集他人共同参加恐怖活动组织的；

（2）多次参加恐怖活动组织的；

（3）曾因参加恐怖活动组织、实施恐怖活动被追究刑事责任或者2年内受过行政处罚，又参加恐怖活动组织的；

（4）在恐怖活动组织中实施恐怖活动且作用突出的；

（5）在恐怖活动组织中积极协助组织、领导者实施组织、领导行为的；

（6）其他积极参加恐怖活动组织的情形。

参加恐怖活动组织，但不具有前述情形的，应当认定为"其他参加"，以参加恐怖组织罪定罪处罚。

定罪标准

犯罪客体

本罪侵犯的客体为公共安全，即不特定多数人的生命、健康安全或者重大公私财产安全。行为对象可以是本国公民，也可以是外国人。近年来，受各种因素的影响，恐怖犯罪活动在我国有所抬头。一些恐怖活动犯罪分子拉帮结伙、歃血为盟、称霸一方，制造杀人、爆炸、绑架事件，使当地人民群众的生命财产安全受到严重威胁，严重影响了社会治安。

犯罪客观方面

本罪在客观方面表现为组织、领导或者参加恐怖组织活动的行为。

一、必须有组织、领导、参加恐怖组织活动的行为。所谓组织，是指通过策划、倡议、鼓动、召集、引诱、指使、胁迫、招揽、拉拢、安排等手段，召集多人使分散的个人基于进行恐怖活动犯罪的目的而成立一个比较稳定的组织的行为，包括创立、组建恐怖组织，确定恐怖组织的目的、宗旨，以及组织机构、人员安排、行为规范、活动方式，发展恐怖组织成员等具体活动。所谓领导，是指在恐怖组织成立之后，处于统率、支配地位的成员，通过策划、决定、指挥、率领、安排、调查、协调等手段指挥、管理恐怖组织人员及其活动的行为，其对象为恐怖组织。所谓参加包括两种情形，一为"积极参加"，二为"其他参加"，是指明知为恐怖组织而主动、积极要求

加入组织，或者基于组织者、中介人的鼓动、利诱、招揽、威胁、欺骗等而加入恐怖组织，成为其中一员。组织、领导、参加恐怖组织的行为既相区别，又相联系。组织行为，一般发生在恐怖组织建立之前。组织建立之后，为了壮大组织，采取各种手段使他人加入或者控制成员，不许脱离组织的行为，也应属于组织的范畴。领导，作为指挥、管理恐怖组织的行为，必须在组织建立后实施。组织建立前，不存在对其管理、指挥等领导行为，因此，在组织建立恐怖组织的过程中进行领导、策划、指挥创建、建立组织的行为均应以组织行为论处。参加行为，则从恐怖组织创立初期到其整个持续存在的过程中，均可发生。应当指出，就本罪的构成而言，并不要求三种行为皆备。

二、组织、领导、参加的必须是恐怖组织。理解恐怖组织的含义，首先必须掌握什么是恐怖活动。恐怖活动，是指以制造社会恐慌、危害公共安全或者胁迫国家机关、国际组织为目的，采取暴力、破坏、恐吓等手段，造成或者意图造成人员伤亡、重大财产损失、公共设施损坏、社会秩序混乱等严重社会危害的行为，以及煽动、资助或者以其他方式协助实施上述活动的行为。其具有三个基本特征：(1) 恐怖活动目的的明确性。行为人针对某人、某物实施或威胁实施放火、爆炸等危险行为，其目的就是要使社会公众产生一种恐惧不安的恐怖气氛，以恐吓、威胁、要挟政府、社会、公众，进而实现其不法企图。(2) 行为方式的危险性。行为人实施恐怖行为的直接意图就是要在社会公众中制造恐怖气氛，造成公众恐慌、惧怕、心神不安，时刻担心自己的人身、财产安全，进而恐吓、要挟政府、社会或公众，与此相适应，所采取的手段必然具有相当的危险性。其中，带有暴力性、残酷性、危害性大的危险手段，则成为首选，致使恐怖活动方式常常具有危险性。随着科技发展，恐怖行为的方式在变化、发展，有关恐怖行为的传统观念也在变化、发展，出现了网络恐怖主义。(3) 对象的不特定性。恐怖分子要使社会公众对其犯罪产生普遍恐惧的心理，使人们为自己的生命、健康或者重大财产受到威胁而恐慌不安，在对象的选择上自然带有任意性、不可预测性，从而产生恐怖行为对象的不特定性。

所谓恐怖组织，是指3人以上（包括3人）基于政治、报复社会等动机，共同进行恐怖犯罪活动，以恐吓、要挟政府、社会或公众而组成的较为固定的犯罪集团。恐怖组织具有以下基本特征：(1) 组织成员的多数性。任何犯罪组织，都以具有3个或者3个以上的成员为构成必要，2人不能构成犯罪组织，只能成立共同犯罪，作为犯罪组织之一的恐怖组织也不能例外。(2) 犯罪目的的明确性。恐怖组织设立的目的，就是共同进行杀人、放火、爆炸、投放危险物质、绑架、劫持航空器等恐怖犯罪活动，制造恐怖气氛，进而恐吓、威胁、要挟公众、社会乃至政府，企图实现其不法意图。(3) 较强的组织性。成员之间由于一致的犯罪目的而存在较为紧密的联系，结构比较严密，如组织特别是规模较大的组织成员之间一般有明确的分工，有组织、领导犯罪组织的首要分子；重要成员尤其是骨干成员基本固定；组织、领导者和一般参加者之间，层次通常比较分明，等级界线比较森严；纪律比较严格，有的还较为残酷，用以约束、规范组织成员，等等。(4) 一定的稳定性。恐怖组织一旦成立，成员之间因为明确一致的目的和较为严格的纪律约束，相对稳定；他们以首要分子为核心，相互联系，在较长的时间内进行暗杀、绑架、劫机、爆炸等恐怖犯罪活动，或以此为常

定罪标准

犯罪客观方面

定罪标准	犯罪客观方面	业，表现出一定的稳定性。（5）严重的危害性。恐怖组织所犯罪行基于其目的，不仅性质严重，而且因为犯罪时通常都有比较周密的计划，手段狡猾，举组织之全力，从而对社会所造成的危害性异常严重，有的甚至骇人听闻，危害之巨，无法想象。恐怖组织除具有上述内在的基本特征外，还具有以下外在表现：（1）恐怖组织犯罪活动的公然性。恐怖组织所犯罪行通常性质严重、危害巨大，并且常常发生于公共汽车、车站、飞机等公共场所，甚至在公安局、大使馆、政府办公楼等地方。有的还肆无忌惮公开承认，致使恐怖犯罪活动具有公然性、挑衅性。（2）恐怖组织犯罪方式的多样性。恐怖分子实施的犯罪行为多种多样，杀人，重伤，放火，爆炸，投放毒害性、放射性、传染病病原体，绑架，劫持航空器，破坏交通工具，破坏计算机信息系统，等等，都可用以制造恐怖气氛，造成社会公众的极度恐慌。（3）恐怖组织犯罪的国际化。恐怖组织的犯罪活动，跨国实施，针对外国政府、公民及其财产实施的日益增多。（4）恐怖组织的经济实力日益增强。恐怖组织尤其是规模庞大的恐怖组织，为了有效进行恐怖活动，往往要不断招募成员，大量培养骨干，制造、购买枪支、弹药甚或坦克、大炮等军火，而这些都必须以一定的经济实力作后盾。为此，恐怖组织在进行恐怖活动的同时，往往还会采取各种手段如走私、贩毒、经营等筹措经费，或者寻找他人的资助，从而使得经济实力日益增强，为长时间内进行恐怖犯罪，也为恐怖组织的不断发展、壮大奠定深厚的经济基础。为此，2015 年 8 月 29 日第十二届全国人民代表大会常务委员会第十六次会议通过的《中华人民共和国刑法修正案（九）》对本条增加了财产刑，对组织、领导恐怖活动组织的"并处没收财产"，对积极参加的"并处罚金"，对其他参加的"可以并处罚金"，以此铲除支持恐怖分子实施恐怖活动的经济来源，从根本上遏制恐怖事件的发生，达到惩治和预防此类犯罪的目的。
	犯罪主体	本罪的主体为一般主体，即凡年满 16 周岁且具备刑事责任能力的自然人，无论是中国公民，还是外国人、无国籍人，均可成为本罪的主体。在司法实践中，实际能够成为本罪主体的应是组织、领导、参加恐怖活动组织的人员，多为恐怖组织的成员，包括首要分子及其参加者。对于一般参加者，不能绝对化地不分情况一律以犯罪论处。对于那些因不明真相而参加恐怖组织，一旦发现即脱离关系，实际上也未参加恐怖组织活动或只是一般性的日常活动的，或者受欺骗、蒙蔽、利诱或者胁迫参加恐怖活动组织，但消极对待，经教育后痛改前非，积极检举、揭发恐怖活动组织成员及其犯罪活动的，则可根据《刑法》第 13 条的规定认定为"情节显著轻微危害不大"而不认为是犯罪。另外，已满 14 周岁不满 16 周岁的人仅仅参加甚至组织、领导恐怖组织的，不能以本罪论处。如果组织、领导或者参加恐怖组织并实施故意杀人、故意伤害致人重伤或者死亡、放火、爆炸、投放危险物质、强奸、抢劫、贩卖毒品等 8 种犯罪的，则应当依法追究其刑事责任。
	犯罪主观方面	本罪在主观方面必须出于故意，应具有恐怖活动的目的，但动机如何不影响本罪的认定。

定罪标准	罪与非罪	区分罪与非罪的界限，要注意：本罪是一个选择性罪名，行为人只要实施组织、领导、参加恐怖组织行为之一的即构成本罪。在司法实践中，对于参加恐怖组织罪而言，行为人必须明知是恐怖组织而自愿参加，方可构成本罪。也就是说，对于那些不明真相、受骗上当而参加恐怖组织，一经发觉就表示并实际上与其脱离关系的人，则不能认定其构成参加恐怖组织罪。但是，如果行为人最初因受骗而参加恐怖组织，明知恐怖组织的性质后仍然不退出，甚至积极进行恐怖活动的，则当然构成本罪。
	此罪与彼罪	一、本罪与放火、爆炸等危害公共安全罪的界限。本罪与放火、爆炸等危害公共安全犯罪存在着密切联系，如所侵犯的客体均为公共安全，恐怖组织也经常实施放火、爆炸等危害公共安全的犯罪来进行恐怖活动等。两者的区别主要是：（1）主观故意的内容不同。本罪在主观方面表现为组织者企图组建恐怖组织以进行恐怖活动，领导者、参加者明知是恐怖组织而仍对其进行领导、参加。虽然他们有进行恐怖活动的故意，但是否实施放火、爆炸等恐怖活动，并不影响本罪成立。如果实施了放火、爆炸等危害公共安全犯罪，其意图也是为了恐吓、要挟公众、社会或政府，从而使它们归属于恐怖活动的范畴。而放火、爆炸等犯罪如果不与恐怖目的联系在一起，则是一般的危害公共安全犯罪，不属于恐怖犯罪活动，其故意内容则是明知其放火、爆炸等行为会危害公共安全而仍决意实施，并且希望或者放任这一危害结果的发生。（2）两者的客观行为方式不同。本罪的客观行为表现为对恐怖组织的组织、领导或参加行为，并不表现为具体实施放火、爆炸等危害公共安全的行为。组织、领导、参加恐怖组织后，基于恐怖目的具体实施了放火、爆炸等危害公共安全犯罪的，则应以本罪与后罪并罚。而放火、爆炸等危害公共安全犯罪在客观上则表现为具体的放火、爆炸等危害公共安全的行为。（3）犯罪对象不同。本罪行为的对象为恐怖组织；而后者的行为对象则为具体的不特定人身和财产。（4）犯罪形态不尽相同。本罪除组织者为1人且为未遂不能构成共同犯罪外，其他情形均属共同犯罪，一般还为集团犯罪；而后者既可个人单独实施，也可多人共同实施，共同犯罪并非其行为的普遍特征。 　　二、本罪与组织、领导、参加黑社会性质组织罪的界限。两者在主体、主观故意、行为方式等方面存在着相同或类似的特征，关键区别则在于一个组织、领导、参加的是恐怖组织，另一个组织、领导、参加的是黑社会性质组织。所谓黑社会性质组织，是指出于控制一方、谋取非法经济利益的目的，采取暴力、威胁或者其他手段，有组织地进行各种违法犯罪活动，在一定范围内形成了一定势力，欲与社会相抗衡，称王称霸，为非作歹，欺压、残害群众，严重破坏经济、社会生活秩序的专业性违法犯罪集团。两者的区别是：（1）两者的目的不同。本罪基于进行恐怖活动，恐吓、要挟政府、社会、公众的目的而成立；后罪则基于获取不法的经济利益及一定的势力范围而成立。（2）两者的客观方面表现不同。本罪在客观方面表现为组织、领导、参加恐怖组织的行为；后罪则表现为组织、领导、参加黑社会性质组织的行为。（3）两者实施目的所采取的手段方式不同。本罪行为人之所以组织、领导、参加恐怖组织，是为了进行恐怖活动，恐吓、要挟政府、社会、公众，要实现这种目的，还要进行暗杀、放火、爆炸等具体的恐怖犯罪行为。这些行为，具有危害不特定多数人生命、健康及重大公私财物安全的危害大、范围广的危险性特征。后罪行为人所实施的则主要是有助于实现攫取不法经济利益，谋取、巩固、扩大其势力范围，称霸一方的目的，

定罪标准	此罪与彼罪	诸如开设赌场、组织、强迫卖淫、走私、贩毒、抢劫、绑架、敲诈勒索、聚众斗殴、寻衅滋事、行贿等危害社会经济管理秩序的行为。（4）两者对象及所指向的客体不同。本罪行为的对象为恐怖组织，指向的客体为公共安全；后罪行为的对象则为黑社会性质组织，指向的客体为社会管理秩序。相比较而言，黑社会性质犯罪组织的社会危害性较恐怖组织要轻。由此可以看出，从静态上讲，本罪与组织、领导、参加黑社会性质组织罪是不难区分的。但是，在司法实践中，有时由于恐怖组织与黑社会性质组织的行为之间相互交错，使得某一组织既具有恐怖组织的特征，又具有黑社会性质组织的特征，属想象竞合，应当按照从一重处断的适用原则择重罪而以本罪论处。行为人既组织、领导、参加恐怖组织，又组织、领导、参加黑社会性质组织，且不同属于一个组织的，则属于在不同故意的支配下分别实施两种不同的组织、领导、参加恐怖组织和组织、领导、参加黑社会性质组织的行为，为数罪，应当依法对之分别定罪，然后实行并罚。
证据参考标准	主体方面的证据	**一、证明行为人刑事责任年龄、身份等自然情况的证据** 　　包括身份证明、户籍证明、任职证明、工作经历证明、特定职责证明等，主要是证明行为人的姓名（曾用名）、性别、出生年月日、民族、籍贯、出生地、职业（或职务）、住所地（或居所地）等证据材料，如户口簿、居民身份证、工作证、出生证、专业或技术等级证、干部履历表、职工登记表、护照等。 　　对于户籍、出生证等材料内容不实的，应提供其他证据材料。外国人犯罪的案件，应有护照等身份证明材料。人大代表、政协委员犯罪的案件，应注明身份，并附身份证明材料。 **二、证明行为人刑事责任能力的证据** 　　证明行为人对自己的行为是否具有辨认能力与控制能力，如是否属于间歇性精神病人、尚未完全丧失辨认或者控制自己行为能力的精神病人的证明材料。
	主观方面的证据	**证明行为人故意的证据** 　　1. 证明行为人明知的证据：证明行为人明知自己的行为会发生危害社会的结果。2. 证明直接故意的证据：证明行为人希望危害结果发生。3. 证明间接故意的证据：证明行为人放任危害结果发生。4. 目的：（1）充满仇恨；（2）凶残成性；（3）应具有恐怖活动的目的。
	客观方面的证据	**证明行为人组织、领导、参加恐怖组织犯罪行为的证据** 　　具体证据包括：1. 证明行为人秘密发展恐怖组织行为的证据。2. 证明行为人筹措活动经费行为的证据。3. 证明行为人制作恐怖宣传品行为的证据。4. 证明行为人给组织成员配发武器行为的证据。5. 证明行为人与海外特务机关勾连行为的证据。6. 证明行为人组织、领导、参与抢劫行为的证据。7. 证明行为人组织、领导、参与暗杀行为的证据。8. 证明行为人组织、领导、参与破坏行为的证据。9. 证明行为人组织、领导、参与武装暴乱行为的证据。10. 证明引起他人恐怖、害怕心理和惊慌情绪的证据。11. 证明行为人实施杀人犯罪的证据。12. 证明行为人实施爆炸犯罪的证据。13. 证明行为人实施绑架犯罪的证据。14. 证明行为人所处地位作用的证据：（1）组织者；（2）领导者；（3）积极参加者；（4）其他参加者。15. 证明行为人组织、领导、参加恐怖组织其他行为的证据。

证据参考标准	量刑方面的证据	**一、法定量刑情节证据** 1. 事实情节：（1）组织、领导者；（2）积极参加者。2. 法定从重情节。3. 法定从轻减轻情节：（1）可以从轻；（2）可以从轻或减轻；（3）应当从轻或者减轻。4. 法定从轻减轻免除情节：（1）可以从轻、减轻或者免除处罚；（2）应当从轻、减轻或者免除处罚。5. 法定减轻免除情节：（1）可以减轻或者免除处罚；（2）应当减轻或者免除处罚；（3）可以免除处罚。 **二、酌定量刑情节证据** 1. 犯罪手段。2. 犯罪对象。3. 危害结果：（1）造成他人恐惧；（2）造成他人害怕；（3）造成他人惊慌。4. 动机。5. 平时表现。6. 认罪态度。7. 是否有前科。8. 其他证据。
量刑标准	犯本罪，组织、领导恐怖活动组织的	处十年以上有期徒刑或者无期徒刑，并处没收财产
	积极参加恐怖活动组织的	处三年以上十年以下有期徒刑，并处罚金
	其他参加的	处三年以下有期徒刑、拘役、管制或者剥夺政治权利，可以并处罚金
	犯本罪，并实施杀人、爆炸、绑架等犯罪的	依照数罪并罚的规定处罚

法律适用	刑法条文	**第一百二十条** 组织、领导恐怖活动组织的，处十年以上有期徒刑或者无期徒刑，并处没收财产；积极参加的，处三年以上十年以下有期徒刑，并处罚金；其他参加的，处三年以下有期徒刑、拘役、管制或者剥夺政治权利，可以并处罚金。 犯前款罪并实施杀人、爆炸、绑架等罪的，依照数罪并罚的规定处罚。
	司法解释	**一、最高人民法院、最高人民检察院、公安部、司法部《关于办理恐怖活动和极端主义犯罪案件适用法律若干问题的意见》**（2018 年 3 月 16 日最高人民法院、最高人民检察院、公安部、司法部公布 自公布之日起施行 高检会〔2018〕1 号） 为了依法惩治恐怖活动和极端主义犯罪，维护国家安全、社会稳定，保障人民群众生命财产安全，根据《中华人民共和国刑法》《中华人民共和国刑事诉讼法》《中华人民共和国反恐怖主义法》等法律规定，结合司法实践，制定本意见。 **一、准确认定犯罪** （一）具有下列情形之一的，应当认定为刑法第一百二十条规定的"组织、领导恐怖活动组织"，以组织、领导恐怖组织罪定罪处罚： 1. 发起、建立恐怖活动组织的； 2. 恐怖活动组织成立后，对组织及其日常运行负责决策、指挥、管理的； 3. 恐怖活动组织成立后，组织、策划、指挥该组织成员进行恐怖活动的； 4. 其他组织、领导恐怖活动组织的情形。 具有下列情形之一的，应当认定为刑法第一百二十条规定的"积极参加"，以参加恐怖组织罪定罪处罚： 1. 纠集他人共同参加恐怖活动组织的； 2. 多次参加恐怖活动组织的；

3. 曾因参加恐怖活动组织、实施恐怖活动被追究刑事责任或者二年内受过行政处罚，又参加恐怖活动组织的；

4. 在恐怖活动组织中实施恐怖活动且作用突出的；

5. 在恐怖活动组织中积极协助组织、领导者实施组织、领导行为的；

6. 其他积极参加恐怖活动组织的情形。

参加恐怖活动组织，但不具有前两款规定情形的，应当认定为刑法第一百二十条规定的"其他参加"，以参加恐怖组织罪定罪处罚。

犯刑法第一百二十条规定的犯罪，又实施杀人、放火、爆炸、绑架、抢劫等犯罪的，依照数罪并罚的规定定罪处罚。

（二）具有下列情形之一的，依照刑法第一百二十条之一的规定，以帮助恐怖活动罪定罪处罚：

1. 以募捐、变卖房产、转移资金等方式为恐怖活动组织、实施恐怖活动的个人、恐怖活动培训筹集、提供经费，或者提供器材、设备、交通工具、武器装备等物资，或者提供其他物质便利的；

2. 以宣传、招收、介绍、输送等方式为恐怖活动组织、实施恐怖活动、恐怖活动培训招募人员的；

3. 以帮助非法出入境，或者为非法出入境提供中介服务、中转运送、停留住宿、伪造身份证明材料等便利，或者充当向导、帮助探查偷越国（边）境路线等方式，为恐怖活动组织、实施恐怖活动、恐怖活动培训运送人员的；

4. 其他资助恐怖活动组织、实施恐怖活动的个人、恐怖活动培训，或者为恐怖活动组织、实施恐怖活动、恐怖活动培训招募、运送人员的情形。

实施恐怖活动的个人，包括已经实施恐怖活动的个人，也包括准备实施、正在实施恐怖活动的个人。包括在我国领域内实施恐怖活动的个人，也包括在我国领域外实施恐怖活动的个人。包括我国公民，也包括外国公民和无国籍人。

帮助恐怖活动罪的主观故意，应当根据案件具体情况，结合行为人的具体行为、认知能力、一贯表现和职业等综合认定。

明知是恐怖活动犯罪所得及其产生的收益，为掩饰、隐瞒其来源和性质，而提供资金账户，协助将财产转换为现金、金融票据、有价证券，通过转账或者其他结算方式协助资金转移，协助将资金汇往境外的，以洗钱罪定罪处罚。事先通谋的，以相关恐怖活动犯罪的共同犯罪论处。

（三）具有下列情形之一的，依照刑法第一百二十条之二的规定，以准备实施恐怖活动罪定罪处罚：

1. 为实施恐怖活动制造、购买、储存、运输凶器，易燃易爆，易制爆品，腐蚀性、放射性、传染性、毒害性物品等危险物品，或者其他工具的；

2. 以当面传授、开办培训班、组建训练营、开办论坛、组织收听收看音频视频资料等方式，或者利用网站、网页、论坛、博客、微博客、网盘、即时通信、通讯群组、聊天室等网络平台、网络应用服务组织恐怖活动培训的，或者积极参加恐怖活动心理体能培训，传授、学习犯罪技能方法或者进行恐怖活动训练的；

3. 为实施恐怖活动，通过拨打电话、发送短信、电子邮件等方式，或者利用网站、网页、论坛、博客、微博客、网盘、即时通信、通讯群组、聊天室等网络平台、网络应用服务与境外恐怖活动组织、人员联络的；

4. 为实施恐怖活动出入境或者组织、策划、煽动、拉拢他人出入境的；

5. 为实施恐怖活动进行策划或者其他准备的情形。

（四）实施下列行为之一，宣扬恐怖主义、极端主义或者煽动实施恐怖活动的，依照刑法第一百二十条之三的规定，以宣扬恐怖主义、极端主义、煽动实施恐怖活动罪定罪处罚：

1. 编写、出版、印刷、复制、发行、散发、播放载有宣扬恐怖主义、极端主义内容的图书、报刊、文稿、图片或者音频视频资料的；

2. 设计、生产、制作、销售、租赁、运输、托运、寄递、散发、展示带有宣扬恐怖主义、极端主义内容的标识、标志、服饰、旗帜、徽章、器物、纪念品等物品的；

3. 利用网站、网页、论坛、博客、微博客、网盘、即时通信、通讯群组、聊天室等网络平台、网络应用服务等登载、张贴、复制、发送、播放、演示载有恐怖主义、极端主义内容的图书、报刊、文稿、图片或者音频视频资料的；

4. 网站、网页、论坛、博客、微博客、网盘、即时通信、通讯群组、聊天室等网络平台、网络应用服务的建立、开办、经营、管理者，明知他人利用网络平台、网络应用服务散布、宣扬恐怖主义、极端主义内容，经相关行政主管部门处罚后仍允许或者放任他人发布的；

5. 利用教经、讲经、解经、学经、婚礼、葬礼、纪念、聚会和文体活动等宣扬恐怖主义、极端主义、煽动实施恐怖活动的；

6. 其他宣扬恐怖主义、极端主义、煽动实施恐怖活动的行为。

（五）利用极端主义，实施下列行为之一的，依照刑法第一百二十条之四的规定，以利用极端主义破坏法律实施罪定罪处罚：

1. 煽动、胁迫群众以宗教仪式取代结婚、离婚登记，或者干涉婚姻自由的；

2. 煽动、胁迫群众破坏国家法律确立的司法制度实施的；

3. 煽动、胁迫群众干涉未成年人接受义务教育，或者破坏学校教育制度、国家教育考试制度等国家法律规定的教育制度的；

4. 煽动、胁迫群众抵制人民政府依法管理，或者阻碍国家机关工作人员依法执行职务的；

5. 煽动、胁迫群众损毁居民身份证、居民户口簿等国家法定证件以及人民币的；

6. 煽动、胁迫群众驱赶其他民族、有其他信仰的人员离开居住地，或者干涉他人生活和生产经营的；

7. 其他煽动、胁迫群众破坏国家法律制度实施的行为。

（六）具有下列情形之一的，依照刑法第一百二十条之五的规定，以强制穿戴宣扬恐怖主义、极端主义服饰、标志罪定罪处罚：

1. 以暴力、胁迫等方式强制他人在公共场所穿着、佩戴宣扬恐怖主义、极端主义服饰的；

2. 以暴力、胁迫等方式强制他人在公共场所穿着、佩戴含有恐怖主义、极端主义的文字、符号、图形、口号、徽章的服饰、标志的；

3. 其他强制他人穿戴宣扬恐怖主义、极端主义服饰、标志的情形。

（七）明知是载有宣扬恐怖主义、极端主义内容的图书、报刊、文稿、图片、音频视频资料、服饰、标志或者其他物品而非法持有，达到下列数量标准之一的，依照刑法第一百二十条之六的规定，以非法持有宣扬恐怖主义、极端主义物品罪定罪处罚：

1. 图书、刊物二十册以上，或者电子图书、刊物五册以上的；

2. 报纸一百份（张）以上，或者电子报纸二十份（张）以上的；

3. 文稿、图片一百篇（张）以上，或者电子文稿、图片二十篇（张）以上，或者电子文档五十万字符以上的；

法律适用 司法解释

4. 录音带、录像带等音像制品二十个以上，或者电子音频视频资料五个以上，或者电子音频视频资料二十分钟以上的；

5. 服饰、标志二十件以上的。

非法持有宣扬恐怖主义、极端主义的物品，虽未达到前款规定的数量标准，但具有多次持有，持有多类物品，造成严重后果或者恶劣社会影响，曾因实施恐怖活动、极端主义违法犯罪被追究刑事责任或者二年内受过行政处罚等情形之一的，也可以定罪处罚。

多次非法持有宣扬恐怖主义、极端主义的物品，未经处理的，数量应当累计计算。非法持有宣扬恐怖主义、极端主义的物品，涉及不同种类或者形式的，可以根据本条规定的不同数量标准的相应比例折算后累计计算。

非法持有宣扬恐怖主义、极端主义物品罪主观故意中的"明知"，应当根据案件具体情况，以行为人实施的客观行为为基础，结合其一贯表现，具体行为、程度、手段、事后态度，以及年龄、认知和受教育程度、所从事的职业等综合审查判断。

具有下列情形之一，行为人不能做出合理解释的，可以认定其"明知"，但有证据证明确属被蒙骗的除外：

1. 曾因实施恐怖活动、极端主义违法犯罪被追究刑事责任，或者二年内受过行政处罚，或者被责令改正后又实施的；

2. 在执法人员检查时，有逃跑、丢弃携带物品或者逃避、抗拒检查等行为，在其携带、藏匿或者丢弃的物品中查获宣扬恐怖主义、极端主义的物品的；

3. 采用伪装、隐匿、暗语、手势、代号等隐蔽方式制作、散发、持有宣扬恐怖主义、极端主义的物品的；

4. 以虚假身份、地址或者其他虚假方式办理托运、寄递手续，在托运、寄递的物品中查获宣扬恐怖主义、极端主义的物品的；

5. 有其他证据足以证明行为人应当知道的情形。

（八）犯刑法第一百二十条规定的犯罪，同时构成刑法第一百二十条之一至之六规定的犯罪的，依照处罚较重的规定定罪处罚。

犯刑法第一百二十条之一至之六规定的犯罪，同时构成其他犯罪的，依照处罚较重的规定定罪处罚。

（九）恐怖主义、极端主义，恐怖活动，恐怖活动组织，根据《中华人民共和国反恐怖主义法》等法律法规认定。

二、正确适用程序

（一）组织、领导、参加恐怖组织罪，帮助恐怖活动罪，准备实施恐怖活动罪，宣扬恐怖主义、煽动实施恐怖活动罪，强制穿戴宣扬恐怖主义服饰、标志罪，非法持有宣扬恐怖主义物品罪的第一审刑事案件由中级人民法院管辖；宣扬极端主义罪，利用极端主义破坏法律实施罪，强制穿戴宣扬极端主义服饰、标志罪，非法持有宣扬极端主义物品罪的第一审刑事案件由基层人民法院管辖。高级人民法院可以根据级别管辖的规定，结合本地区社会治安状况、案件数量等情况，决定实行相对集中管辖，指定辖区内特定的中级人民法院集中审理恐怖活动和极端主义犯罪第一审刑事案件，或者指定辖区内特定的基层人民法院集中审理极端主义犯罪第一审刑事案件，并将指定法院名单报最高人民法院备案。

（二）国家反恐怖主义工作领导机构对恐怖活动组织和恐怖活动人员作出认定并予以公告的，人民法院可以在办案中根据公告直接认定。国家反恐怖主义工作领导机构没有公告的，人民法院应当严格依照《中华人民共和国反恐怖主义法》有关恐怖活

法律适用

动组织和恐怖活动人员的定义认定，必要时，可以商地市级以上公安机关出具意见作为参考。

（三）宣扬恐怖主义、极端主义的图书、音频视频资料，服饰、标志或者其他物品的认定，应当根据《中华人民共和国反恐怖主义法》有关恐怖主义、极端主义的规定，从其记载的内容、外观特征等分析判断。公安机关应当对涉案物品全面审查并逐一标注或者摘录，提出审读意见，与扣押、移交物品清单及涉案物品原件一并移送人民检察院审查。人民检察院、人民法院可以结合在案证据、案件情况、办案经验等综合审查判断。

（四）恐怖活动和极端主义犯罪案件初查过程中收集提取的电子数据，以及通过网络在线提取的电子数据，可以作为证据使用。对于原始存储介质位于境外或者远程计算机信息系统上的恐怖活动和极端主义犯罪电子数据，可以通过网络在线提取。必要时，可以对远程计算机信息系统进行网络远程勘验。立案后，经设区的市一级以上公安机关负责人批准，可以采取技术侦查措施。对于恐怖活动和极端主义犯罪电子数据量大或者提取时间长等需要冻结的，经县级以上公安机关负责人或者检察长批准，可以进行冻结。对于电子数据涉及的专门性问题难以确定的，由具备资格的司法鉴定机构出具鉴定意见，或者由公安部指定的机构出具报告。

三、完善工作机制

（一）人民法院、人民检察院和公安机关办理恐怖活动和极端主义犯罪案件，应当互相配合，互相制约，确保法律有效执行。对于主要犯罪事实、关键证据和法律适用等可能产生分歧或者重大、疑难、复杂的恐怖活动和极端主义犯罪案件，公安机关商请听取有管辖权的人民检察院意见和建议的，人民检察院可以提出意见和建议。

（二）恐怖活动和极端主义犯罪案件一般由犯罪地公安机关管辖，犯罪嫌疑人居住地公安机关管辖更为适宜的，也可以由犯罪嫌疑人居住地公安机关管辖。移送案件应当一案一卷，将案件卷宗、提取物证和扣押物品等全部随案移交。移送案件的公安机关应当指派专人配合接收案件的公安机关开展后续案件办理工作。

（三）人民法院、人民检察院和公安机关办理恐怖活动和极端主义犯罪案件，应当坚持对涉案人员区别对待，实行教育转化。对被教唆、胁迫、引诱参与恐怖活动、极端主义活动，或者参与恐怖活动、极端主义活动情节轻微，尚不构成犯罪的人员，公安机关应当组织有关部门、村民委员会、居民委员会、所在单位、就读学校、家庭和监护人对其进行帮教。对被判处有期徒刑以上刑罚的恐怖活动罪犯和极端主义罪犯，服刑地的中级人民法院应当根据其社会危险性评估结果和安置教育建议，在其刑满释放前作出是否安置教育的决定。人民检察院依法对安置教育进行监督，对于实施安置教育过程中存在违法行为的，应当及时提出纠正意见或者检察建议。

二、最高人民法院《关于充分发挥审判职能作用切实维护公共安全的若干意见》（节录）（2015 年 9 月 16 日最高人民法院公布　自公布之日起施行　法发〔2015〕12 号）

3. 依法严惩暴力恐怖犯罪活动。暴力恐怖犯罪严重危害广大人民群众的生命财产安全，严重危害社会和谐稳定。对暴力恐怖犯罪活动，要坚持严打方针不动摇，对首要分子、骨干成员、罪行重大者，该判处重刑乃至死刑的应当依法判处；要立足打早打小打苗头，对已经构成犯罪的一律依法追究刑事责任，对因被及时发现、采取预防措施而没有造成实际损害的暴恐分子，只要符合犯罪构成条件的，该依法重判的也要依法重判；要注意区别对待，对自动投案、检举揭发，特别是主动交代、协助抓捕幕后指使的，要体现政策依法从宽处理。要通过依法裁判，树立法治威严，坚决打掉暴恐分子的嚣张气焰，有效维护人民权益和社会安宁。

法律适用

相关法律法规

一、《中华人民共和国香港特别行政区维护国家安全法》（节录）（2020年6月30日中华人民共和国主席令第49号公布　自公布之日起施行）

第五条　防范、制止和惩治危害国家安全犯罪，应当坚持法治原则。法律规定为犯罪行为的，依照法律定罪处刑；法律没有规定为犯罪行为的，不得定罪处刑。

任何人未经司法机关判罪之前均假定无罪。保障犯罪嫌疑人、被告人和其他诉讼参与人依法享有的辩护权和其他诉讼权利。任何人已经司法程序被最终确定有罪或者宣告无罪的，不得就同一行为再予审判或者惩罚。

第六条　维护国家主权、统一和领土完整是包括香港同胞在内的全中国人民的共同义务。

在香港特别行政区的任何机构、组织和个人都应当遵守本法和香港特别行政区有关维护国家安全的其他法律，不得从事危害国家安全的行为和活动。

香港特别行政区居民在参选或者就任公职时应当依法签署文件确认或者宣誓拥护中华人民共和国香港特别行政区基本法，效忠中华人民共和国香港特别行政区。

第二十四条　为胁迫中央人民政府、香港特别行政区政府或者国际组织或者威吓公众以图实现政治主张，组织、策划、实施、参与实施或者威胁实施以下造成或者意图造成严重社会危害的恐怖活动之一的，即属犯罪：

（一）针对人的严重暴力；

（二）爆炸、纵火或者投放毒害性、放射性、传染病病原体等物质；

（三）破坏交通工具、交通设施、电力设备、燃气设备或者其他易燃易爆设备；

（四）严重干扰、破坏水、电、燃气、交通、通讯、网络等公共服务和管理的电子控制系统；

（五）以其他危险方法严重危害公众健康或者安全。

犯前款罪，致人重伤、死亡或者使公私财产遭受重大损失的，处无期徒刑或者十年以上有期徒刑；其他情形，处三年以上十年以下有期徒刑。

第二十五条　组织、领导恐怖活动组织的，即属犯罪，处无期徒刑或者十年以上有期徒刑，并处没收财产；积极参加的，处三年以上十年以下有期徒刑，并处罚金；其他参加的，处三年以下有期徒刑、拘役或者管制，可以并处罚金。

本法所指的恐怖活动组织，是指实施或者意图实施本法第二十四条规定的恐怖活动罪行或者参与或者协助实施本法第二十四条规定的恐怖活动罪行的组织。

第二十八条　本节规定不影响依据香港特别行政区法律对其他形式的恐怖活动犯罪追究刑事责任并采取冻结财产等措施。

第三十一条　公司、团体等法人或者非法人组织实施本法规定的犯罪的，对该组织判处罚金。

公司、团体等法人或者非法人组织因本法规定的罪行受到刑事处罚的，应责令其暂停运作或者吊销其执照或者营业许可证。

第三十二条　因实施本法规定的犯罪而获得的资助、收益、报酬等违法所得以及用于或者意图用于犯罪的资金和工具，应当予以追缴、没收。

第三十三条　有以下情形的，对有关犯罪行为人、犯罪嫌疑人、被告人可以从轻、减轻处罚；犯罪较轻的，可以免除处罚：

（一）在犯罪过程中，自动放弃犯罪或者自动有效地防止犯罪结果发生的；

（二）自动投案，如实供述自己的罪行的；

（三）揭发他人犯罪行为，查证属实，或者提供重要线索得以侦破其他案件的。

被采取强制措施的犯罪嫌疑人、被告人如实供述执法、司法机关未掌握的本人犯有本法规定的其他罪行的，按前款第二项规定处理。

第三十四条 不具有香港特别行政区永久性居民身份的人实施本法规定的犯罪的，可以独立适用或者附加适用驱逐出境。

不具有香港特别行政区永久性居民身份的人违反本法规定，因任何原因不对其追究刑事责任的，也可以驱逐出境。

第三十五条 任何人经法院判决犯危害国家安全罪行的，即丧失作为候选人参加香港特别行政区举行的立法会、区议会选举或者出任香港特别行政区任何公职或者行政长官选举委员会委员的资格；曾经宣誓或者声明拥护中华人民共和国香港特别行政区基本法、效忠中华人民共和国香港特别行政区的立法会议员、政府官员及公务人员、行政会议成员、法官及其他司法人员、区议员，即时丧失该等职务，并丧失参选或者出任上述职务的资格。

前款规定资格或者职务的丧失，由负责组织、管理有关选举或者公职任免的机构宣布。

第三十六条 任何人在香港特别行政区内实施本法规定的犯罪的，适用本法。犯罪的行为或者结果有一项发生在香港特别行政区内的，就认为是在香港特别行政区内犯罪。

在香港特别行政区注册的船舶或者航空器内实施本法规定的犯罪的，也适用本法。

第三十七条 香港特别行政区永久性居民或者在香港特别行政区成立的公司、团体等法人或者非法人组织在香港特别行政区以外实施本法规定的犯罪的，适用本法。

第三十八条 不具有香港特别行政区永久性居民身份的人在香港特别行政区以外针对香港特别行政区实施本法规定的犯罪的，适用本法。

第三十九条 本法施行以后的行为，适用本法定罪处刑。

二、《中华人民共和国反恐怖主义法》（2015 年 12 月 27 日中华人民共和国主席令第 36 号公布　自 2016 年 1 月 1 日起施行　2018 年 4 月 27 日修正）

第一章　总　　则

第一条 为了防范和惩治恐怖活动，加强反恐怖主义工作，维护国家安全、公共安全和人民生命财产安全，根据宪法，制定本法。

第二条 国家反对一切形式的恐怖主义，依法取缔恐怖活动组织，对任何组织、策划、准备实施、实施恐怖活动，宣扬恐怖主义，煽动实施恐怖活动，组织、领导、参加恐怖活动组织，为恐怖活动提供帮助的，依法追究法律责任。

国家不向任何恐怖活动组织和人员作出妥协，不向任何恐怖活动人员提供庇护或者给予难民地位。

第三条 本法所称恐怖主义，是指通过暴力、破坏、恐吓等手段，制造社会恐慌、危害公共安全、侵犯人身财产，或者胁迫国家机关、国际组织，以实现其政治、意识形态等目的的主张和行为。

本法所称恐怖活动，是指恐怖主义性质的下列行为：

（一）组织、策划、准备实施、实施造成或者意图造成人员伤亡、重大财产损失、公共设施损坏、社会秩序混乱等严重社会危害的活动的；

（二）宣扬恐怖主义，煽动实施恐怖活动，或者非法持有宣扬恐怖主义的物品，强制他人在公共场所穿戴宣扬恐怖主义的服饰、标志的；

（三）组织、领导、参加恐怖活动组织的；

（四）为恐怖活动组织、恐怖活动人员、实施恐怖活动或者恐怖活动培训提供信息、资金、物资、劳务、技术、场所等支持、协助、便利的；

（五）其他恐怖活动。

本法所称恐怖活动组织，是指三人以上为实施恐怖活动而组成的犯罪组织。

本法所称恐怖活动人员，是指实施恐怖活动的人和恐怖活动组织的成员。

本法所称恐怖事件，是指正在发生或者已经发生的造成或者可能造成重大社会危害的恐怖活动。

第四条　国家将反恐怖主义纳入国家安全战略，综合施策，标本兼治，加强反恐怖主义的能力建设，运用政治、经济、法律、文化、教育、外交、军事等手段，开展反恐怖主义工作。

国家反对一切形式的以歪曲宗教教义或者其他方法煽动仇恨、煽动歧视、鼓吹暴力等极端主义，消除恐怖主义的思想基础。

第五条　反恐怖主义工作坚持专门工作与群众路线相结合，防范为主、惩防结合和先发制敌、保持主动的原则。

第六条　反恐怖主义工作应当依法进行，尊重和保障人权，维护公民和组织的合法权益。

在反恐怖主义工作中，应当尊重公民的宗教信仰自由和民族风俗习惯，禁止任何基于地域、民族、宗教等理由的歧视性做法。

第七条　国家设立反恐怖主义工作领导机构，统一领导和指挥全国反恐怖主义工作。

设区的市级以上地方人民政府设立反恐怖主义工作领导机构，县级人民政府根据需要设立反恐怖主义工作领导机构，在上级反恐怖主义工作领导机构的领导和指挥下，负责本地区反恐怖主义工作。

第八条　公安机关、国家安全机关和人民检察院、人民法院、司法行政机关以及其他有关国家机关，应当根据分工，实行工作责任制，依法做好反恐怖主义工作。

中国人民解放军、中国人民武装警察部队和民兵组织依照本法和其他有关法律、行政法规、军事法规以及国务院、中央军事委员会的命令，并根据反恐怖主义工作领导机构的部署，防范和处置恐怖活动。

有关部门应当建立联动配合机制，依靠、动员村民委员会、居民委员会、企业事业单位、社会组织，共同开展反恐怖主义工作。

第九条　任何单位和个人都有协助、配合有关部门开展反恐怖主义工作的义务，发现恐怖活动嫌疑或者恐怖活动嫌疑人员的，应当及时向公安机关或者有关部门报告。

第十条　对举报恐怖活动或者协助防范、制止恐怖活动有突出贡献的单位和个人，以及在反恐怖主义工作中作出其他突出贡献的单位和个人，按照国家有关规定给予表彰、奖励。

第十一条　对在中华人民共和国领域外对中华人民共和国国家、公民或者机构实施的恐怖活动犯罪，或者实施的中华人民共和国缔结、参加的国际条约所规定的恐怖活动犯罪，中华人民共和国行使刑事管辖权，依法追究刑事责任。

第二章　恐怖活动组织和人员的认定

第十二条　国家反恐怖主义工作领导机构根据本法第三条的规定，认定恐怖活动组织和人员，由国家反恐怖主义工作领导机构的办事机构予以公告。

第十三条　国务院公安部门、国家安全部门、外交部门和省级反恐怖主义工作领

导机构对于需要认定恐怖活动组织和人员的，应当向国家反恐怖主义工作领导机构提出申请。

第十四条 金融机构和特定非金融机构对国家反恐怖主义工作领导机构的办事机构公告的恐怖活动组织和人员的资金或者其他资产，应当立即予以冻结，并按照规定及时向国务院公安部门、国家安全部门和反洗钱行政主管部门报告。

第十五条 被认定的恐怖活动组织和人员对认定不服的，可以通过国家反恐怖主义工作领导机构的办事机构申请复核。国家反恐怖主义工作领导机构应当及时进行复核，作出维持或者撤销认定的决定。复核决定为最终决定。

国家反恐怖主义工作领导机构作出撤销认定的决定的，由国家反恐怖主义工作领导机构的办事机构予以公告；资金、资产已被冻结的，应当解除冻结。

第十六条 根据刑事诉讼法的规定，有管辖权的中级以上人民法院在审判刑事案件的过程中，可以依法认定恐怖活动组织和人员。对于在判决生效后需要由国家反恐怖主义工作领导机构的办事机构予以公告的，适用本章的有关规定。

第三章 安 全 防 范

第十七条 各级人民政府和有关部门应当组织开展反恐怖主义宣传教育，提高公民的反恐怖主义意识。

教育、人力资源行政主管部门和学校、有关职业培训机构应当将恐怖活动预防、应急知识纳入教育、教学、培训的内容。

新闻、广播、电视、文化、宗教、互联网等有关单位，应当有针对性地面向社会进行反恐怖主义宣传教育。

村民委员会、居民委员会应当协助人民政府以及有关部门，加强反恐怖主义宣传教育。

第十八条 电信业务经营者、互联网服务提供者应当为公安机关、国家安全机关依法进行防范、调查恐怖活动提供技术接口和解密等技术支持和协助。

第十九条 电信业务经营者、互联网服务提供者应当依照法律、行政法规规定，落实网络安全、信息内容监督制度和安全技术防范措施，防止含有恐怖主义、极端主义内容的信息传播；发现含有恐怖主义、极端主义内容的信息的，应当立即停止传输，保存相关记录，删除相关信息，并向公安机关或者有关部门报告。

网信、电信、公安、国家安全等主管部门对含有恐怖主义、极端主义内容的信息，应当按照职责分工，及时责令有关单位停止传输、删除相关信息，或者关闭相关网站、关停相关服务。有关单位应当立即执行，并保存相关记录，协助进行调查。对互联网上跨境传输的含有恐怖主义、极端主义内容的信息，电信主管部门应当采取技术措施，阻断传播。

第二十条 铁路、公路、水上、航空的货运和邮政、快递等物流运营单位应当实行安全查验制度，对客户身份进行查验，依照规定对运输、寄递物品进行安全检查或者开封验视。对禁止运输、寄递，存在重大安全隐患，或者客户拒绝安全查验的物品，不得运输、寄递。

前款规定的物流运营单位，应当实行运输、寄递客户身份、物品信息登记制度。

第二十一条 电信、互联网、金融、住宿、长途客运、机动车租赁等业务经营者、服务提供者，应当对客户身份进行查验。对身份不明或者拒绝身份查验的，不得提供服务。

第二十二条 生产和进口单位应当依照规定对枪支等武器、弹药、管制器具、危

险化学品、民用爆炸物品、核与放射物品作出电子追踪标识，对民用爆炸物品添加安检示踪标识物。

运输单位应当依照规定对运营中的危险化学品、民用爆炸物品、核与放射物品的运输工具通过定位系统实行监控。

有关单位应当依照规定对传染病病原体等物质实行严格的监督管理，严密防范传染病病原体等物质扩散或者流入非法渠道。

对管制器具、危险化学品、民用爆炸物品，国务院有关主管部门或者省级人民政府根据需要，在特定区域、特定时间，可以决定对生产、进出口、运输、销售、使用、报废实施管制，可以禁止使用现金、实物进行交易或者对交易活动作出其他限制。

第二十三条 发生枪支等武器、弹药、危险化学品、民用爆炸物品、核与放射物品、传染病病原体等物质被盗、被抢、丢失或者其他流失的情形，案发单位应当立即采取必要的控制措施，并立即向公安机关报告，同时依照规定向有关主管部门报告。公安机关接到报告后，应当及时开展调查。有关主管部门应当配合公安机关开展工作。

任何单位和个人不得非法制作、生产、储存、运输、进出口、销售、提供、购买、使用、持有、报废、销毁前款规定的物品。公安机关发现的，应当予以扣押；其他主管部门发现的，应当予以扣押，并立即通报公安机关；其他单位、个人发现的，应当立即向公安机关报告。

第二十四条 国务院反洗钱行政主管部门、国务院有关部门、机构依法对金融机构和特定非金融机构履行反恐怖主义融资义务的情况进行监督管理。

国务院反洗钱行政主管部门发现涉嫌恐怖主义融资的，可以依法进行调查，采取临时冻结措施。

第二十五条 审计、财政、税务等部门在依照法律、行政法规的规定对有关单位实施监督检查的过程中，发现资金流入流出涉嫌恐怖主义融资的，应当及时通报公安机关。

第二十六条 海关在对进出境人员携带现金和无记名有价证券实施监管的过程中，发现涉嫌恐怖主义融资的，应当立即通报国务院反洗钱行政主管部门和有管辖权的公安机关。

第二十七条 地方各级人民政府制定、组织实施城乡规划，应当符合反恐怖主义工作的需要。

地方各级人民政府应当根据需要，组织、督促有关建设单位在主要道路、交通枢纽、城市公共区域的重点部位，配备、安装公共安全视频图像信息系统等防范恐怖袭击的技防、物防设备、设施。

第二十八条 公安机关和有关部门对宣扬极端主义，利用极端主义危害公共安全、扰乱公共秩序、侵犯人身财产、妨害社会管理的，应当及时予以制止，依法追究法律责任。

公安机关发现极端主义活动的，应当责令立即停止，将有关人员强行带离现场并登记身份信息，对有关物品、资料予以收缴，对非法活动场所予以查封。

任何单位和个人发现宣扬极端主义的物品、资料、信息的，应当立即向公安机关报告。

第二十九条 对被教唆、胁迫、引诱参与恐怖活动、极端主义活动，或者参与恐怖活动、极端主义活动情节轻微，尚不构成犯罪的人员，公安机关应当组织有关部门、村民委员会、居民委员会、所在单位、就读学校、家庭和监护人对其进行帮教。

法律适用

相关法律法规

监狱、看守所、社区矫正机构应当加强对服刑的恐怖活动罪犯和极端主义罪犯的管理、教育、矫正等工作。监狱、看守所对恐怖活动罪犯和极端主义罪犯，根据教育改造和维护监管秩序的需要，可以与普通刑事罪犯混合关押，也可以个别关押。

第三十条 对恐怖活动罪犯和极端主义罪犯被判处徒刑以上刑罚的，监狱、看守所应当在刑满释放前根据其犯罪性质、情节和社会危害程度，服刑期间的表现，释放后对所居住社区的影响等进行社会危险性评估。进行社会危险性评估，应当听取有关基层组织和原办案机关的意见。经评估具有社会危险性的，监狱、看守所应当向罪犯服刑地的中级人民法院提出安置教育建议，并将建议书副本抄送同级人民检察院。

罪犯服刑地的中级人民法院对于确有社会危险性的，应当在罪犯刑满释放前作出责令其在刑满释放后接受安置教育的决定。决定书副本应当抄送同级人民检察院。被决定安置教育的人员对决定不服的，可以向上一级人民法院申请复议。

安置教育由省级人民政府组织实施。安置教育机构应当每年对被安置教育人员进行评估，对于确有悔改表现，不致再危害社会的，应当及时提出解除安置教育的意见，报决定安置教育的中级人民法院作出决定。被安置教育人员有权申请解除安置教育。

人民检察院对安置教育的决定和执行实行监督。

第三十一条 公安机关应当会同有关部门，将遭受恐怖袭击的可能性较大以及遭受恐怖袭击可能造成重大的人身伤亡、财产损失或者社会影响的单位、场所、活动、设施等确定为防范恐怖袭击的重点目标，报本级反恐怖主义工作领导机构备案。

第三十二条 重点目标的管理单位应当履行下列职责：

（一）制定防范和应对处置恐怖活动的预案、措施，定期进行培训和演练；

（二）建立反恐怖主义工作专项经费保障制度，配备、更新防范和处置设备、设施；

（三）指定相关机构或者落实责任人员，明确岗位职责；

（四）实行风险评估，实时监测安全威胁，完善内部安全管理；

（五）定期向公安机关和有关部门报告防范措施落实情况。

重点目标的管理单位应当根据城乡规划、相关标准和实际需要，对重点目标同步设计、同步建设、同步运行符合本法第二十七条规定的技防、物防设备、设施。

重点目标的管理单位应当建立公共安全视频图像信息系统值班监看、信息保存使用、运行维护等管理制度，保障相关系统正常运行。采集的视频图像信息保存期限不得少于九十日。

对重点目标以外的涉及公共安全的其他单位、场所、活动、设施，其主管部门和管理单位应当依照法律、行政法规规定，建立健全安全管理制度，落实安全责任。

第三十三条 重点目标的管理单位应当对重要岗位人员进行安全背景审查。对有不适合情形的人员，应当调整工作岗位，并将有关情况通报公安机关。

第三十四条 大型活动承办单位以及重点目标的管理单位应当依照规定，对进入大型活动场所、机场、火车站、码头、城市轨道交通站、公路长途客运站、口岸等重点目标的人员、物品和交通工具进行安全检查。发现违禁品和管制物品，应当予以扣留并立即向公安机关报告；发现涉嫌违法犯罪人员，应当立即向公安机关报告。

第三十五条 对航空器、列车、船舶、城市轨道车辆、公共电汽车等公共交通运输工具，营运单位应当依照规定配备安保人员和相应设备、设施，加强安全检查和保卫工作。

第三十六条 公安机关和有关部门应当掌握重点目标的基础信息和重要动态，指导、监督重点目标的管理单位履行防范恐怖袭击的各项职责。

公安机关、中国人民武装警察部队应当依照有关规定对重点目标进行警戒、巡逻、检查。

第三十七条 飞行管制、民用航空、公安等主管部门应当按照职责分工，加强空域、航空器和飞行活动管理，严密防范针对航空器或者利用飞行活动实施的恐怖活动。

第三十八条 各级人民政府和军事机关应当在重点国（边）境地段和口岸设置拦阻隔离网、视频图像采集和防越境报警设施。

公安机关和中国人民解放军应当严密组织国（边）境巡逻，依照规定对抵离国（边）境前沿、进出国（边）境管理区和国（边）境通道、口岸的人员、交通运输工具、物品，以及沿海沿边地区的船舶进行查验。

第三十九条 出入境证件签发机关、出入境边防检查机关对恐怖活动人员和恐怖活动嫌疑人员，有权决定不准其出境入境、不予签发出境入境证件或者宣布其出境入境证件作废。

第四十条 海关、出入境边防检查机关发现恐怖活动嫌疑人员或者涉嫌恐怖活动物品的，应当依法扣留，并立即移送公安机关或者国家安全机关。

第四十一条 国务院外交、公安、国家安全、发展改革、工业和信息化、商务、旅游等主管部门应当建立境外投资合作、旅游等安全风险评估制度，对中国在境外的公民以及驻外机构、设施、财产加强安全保护，防范和应对恐怖袭击。

第四十二条 驻外机构应当建立健全安全防范制度和应对处置预案，加强对有关人员、设施、财产的安全保护。

第四章 情报信息

第四十三条 国家反恐怖主义工作领导机构建立国家反恐怖主义情报中心，实行跨部门、跨地区情报信息工作机制，统筹反恐怖主义情报信息工作。

有关部门应当加强反恐怖主义情报信息搜集工作，对搜集的有关线索、人员、行动类情报信息，应当依照规定及时统一归口报送国家反恐怖主义情报中心。

地方反恐怖主义工作领导机构应当建立跨部门情报信息工作机制，组织开展反恐怖主义情报信息工作，对重要的情报信息，应当及时向上级反恐怖主义工作领导机构报告，对涉及其他地方的紧急情报信息，应当及时通报相关地方。

第四十四条 公安机关、国家安全机关和有关部门应当依靠群众，加强基层基础工作，建立基层情报信息工作力量，提高反恐怖主义情报信息工作能力。

第四十五条 公安机关、国家安全机关、军事机关在其职责范围内，因反恐怖主义情报信息工作的需要，根据国家有关规定，经过严格的批准手续，可以采取技术侦察措施。

依照前款规定获取的材料，只能用于反恐怖主义应对处置和对恐怖活动犯罪、极端主义犯罪的侦查、起诉和审判，不得用于其他用途。

第四十六条 有关部门对于在本法第三章规定的安全防范工作中获取的信息，应当根据国家反恐怖主义情报中心的要求，及时提供。

第四十七条 国家反恐怖主义情报中心、地方反恐怖主义工作领导机构以及公安机关等有关部门应当对有关情报信息进行筛查、研判、核查、监控，认为有发生恐怖事件危险，需要采取相应的安全防范、应对处置措施的，应当及时通报有关部门和单位，并可以根据情况发出预警。有关部门和单位应根据通报做好安全防范、应对处置工作。

第四十八条 反恐怖主义工作领导机构、有关部门和单位、个人应当对履行反恐

怖主义工作职责、义务过程中知悉的国家秘密、商业秘密和个人隐私予以保密。

违反规定泄露国家秘密、商业秘密和个人隐私的，依法追究法律责任。

第五章 调 查

第四十九条 公安机关接到恐怖活动嫌疑的报告或者发现恐怖活动嫌疑，需要调查核实的，应当迅速进行调查。

第五十条 公安机关调查恐怖活动嫌疑，可以依照有关法律规定对嫌疑人员进行盘问、检查、传唤，可以提取或者采集肖像、指纹、虹膜图像等人体生物识别信息和血液、尿液、脱落细胞等生物样本，并留存其签名。

公安机关调查恐怖活动嫌疑，可以通知了解有关情况的人员到公安机关或者其他地点接受询问。

第五十一条 公安机关调查恐怖活动嫌疑，有权向有关单位和个人收集、调取相关信息和材料。有关单位和个人应当如实提供。

第五十二条 公安机关调查恐怖活动嫌疑，经县级以上公安机关负责人批准，可以查询嫌疑人员的存款、汇款、债券、股票、基金份额等财产，可以采取查封、扣押、冻结措施。查封、扣押、冻结的期限不得超过二个月，情况复杂的，可以经上一级公安机关负责人批准延长一个月。

第五十三条 公安机关调查恐怖活动嫌疑，经县级以上公安机关负责人批准，可以根据其危险程度，责令恐怖活动嫌疑人员遵守下列一项或者多项约束措施：

（一）未经公安机关批准不得离开所居住的市、县或者指定的处所；

（二）不得参加大型群众性活动或者从事特定的活动；

（三）未经公安机关批准不得乘坐公共交通工具或者进入特定的场所；

（四）不得与特定的人员会见或者通信；

（五）定期向公安机关报告活动情况；

（六）将护照等出入境证件、身份证件、驾驶证件交公安机关保存。

公安机关可以采取电子监控、不定期检查等方式对其遵守约束措施的情况进行监督。

采取前两款规定的约束措施的期限不得超过三个月。对不需要继续采取约束措施的，应当及时解除。

第五十四条 公安机关经调查，发现犯罪事实或者犯罪嫌疑人的，应当依照刑事诉讼法的规定立案侦查。本章规定的有关期限届满，公安机关未立案侦查的，应当解除有关措施。

第六章 应 对 处 置

第五十五条 国家建立健全恐怖事件应对处置预案体系。

国家反恐怖主义工作领导机构应当针对恐怖事件的规律、特点和可能造成的社会危害，分级、分类制定国家应对处置预案，具体规定恐怖事件应对处置的组织指挥体系和恐怖事件安全防范、应对处置程序以及事后社会秩序恢复等内容。

有关部门、地方反恐怖主义工作领导机构应当制定相应的应对处置预案。

第五十六条 应对处置恐怖事件，各级反恐怖主义工作领导机构应当成立由有关部门参加的指挥机构，实行指挥长负责制。反恐怖主义工作领导机构负责人可以担任指挥长，也可以确定公安机关负责人或者反恐怖主义工作领导机构的其他成员单位负责人担任指挥长。

跨省、自治区、直辖市发生的恐怖事件或者特别重大恐怖事件的应对处置，由国

家反恐怖主义工作领导机构负责指挥；在省、自治区、直辖市范围内发生的涉及多个行政区域的恐怖事件或者重大恐怖事件的应对处置，由省级反恐怖主义工作领导机构负责指挥。

第五十七条 恐怖事件发生后，发生地反恐怖主义工作领导机构应当立即启动恐怖事件应对处置预案，确定指挥长。有关部门和中国人民解放军、中国人民武装警察部队、民兵组织，按照反恐怖主义工作领导机构和指挥长的统一领导、指挥，协同开展打击、控制、救援、救护等现场应对处置工作。

上级反恐怖主义工作领导机构可以对应对处置工作进行指导，必要时调动有关反恐怖主义力量进行支援。

需要进入紧急状态的，由全国人民代表大会常务委员会或者国务院依照宪法和其他有关法律规定的权限和程序决定。

第五十八条 发现恐怖事件或者疑似恐怖事件后，公安机关应当立即进行处置，并向反恐怖主义工作领导机构报告；中国人民解放军、中国人民武装警察部队发现正在实施恐怖活动的，应当立即予以控制并将案件及时移交公安机关。

反恐怖主义工作领导机构尚未确定指挥长的，由在场处置的公安机关职级最高的人员担任现场指挥员。公安机关未能到达现场的，由在场处置的中国人民解放军或者中国人民武装警察部队职级最高的人员担任现场指挥员。现场应对处置人员无论是否属于同一单位、系统，均应当服从现场指挥员的指挥。

指挥长确定后，现场指挥员应当向其请示、报告工作或者有关情况。

第五十九条 中华人民共和国在境外的机构、人员、重要设施遭受或者可能遭受恐怖袭击的，国务院外交、公安、国家安全、商务、金融、国有资产监督管理、旅游、交通运输等主管部门应当及时启动应对处置预案。国务院外交部门应当协调有关国家采取相应措施。

中华人民共和国在境外的机构、人员、重要设施遭受严重恐怖袭击后，经与有关国家协商同意，国家反恐怖主义工作领导机构可以组织外交、公安、国家安全等部门派出工作人员赴境外开展应对处置工作。

第六十条 应对处置恐怖事件，应当优先保护直接受到恐怖活动危害、威胁人员的人身安全。

第六十一条 恐怖事件发生后，负责应对处置的反恐怖主义工作领导机构可以决定由有关部门和单位采取下列一项或者多项应对处置措施：

（一）组织营救和救治受害人员，疏散、撤离并妥善安置受到威胁的人员以及采取其他救助措施；

（二）封锁现场和周边道路，查验现场人员的身份证件，在有关场所附近设置临时警戒线；

（三）在特定区域内实施空域、海（水）域管制，对特定区域内的交通运输工具进行检查；

（四）在特定区域内实施互联网、无线电、通讯管制；

（五）在特定区域内或者针对特定人员实施出境入境管制；

（六）禁止或者限制使用有关设备、设施，关闭或者限制使用有关场所，中止人员密集的活动或者可能导致危害扩大的生产经营活动；

（七）抢修被损坏的交通、电信、互联网、广播电视、供水、排水、供电、供气、供热等公共设施；

（八）组织志愿人员参加反恐怖主义救援工作，要求具有特定专长的人员提供服务；

（九）其他必要的应对处置措施。

采取前款第三项至第五项规定的应对处置措施，由省级以上反恐怖主义工作领导机构决定或者批准；采取前款第六项规定的应对处置措施，由设区的市级以上反恐怖主义工作领导机构决定。应对处置措施应当明确适用的时间和空间范围，并向社会公布。

第六十二条 人民警察、人民武装警察以及其他依法配备、携带武器的应对处置人员，对在现场持枪支、刀具等凶器或者使用其他危险方法，正在或者准备实施暴力行为的人员，经警告无效的，可以使用武器；紧急情况下或者警告后可能导致更为严重危害后果的，可以直接使用武器。

第六十三条 恐怖事件发生、发展和应对处置信息，由恐怖事件发生地的省级反恐怖主义工作领导机构统一发布；跨省、自治区、直辖市发生的恐怖事件，由指定的省级反恐怖主义工作领导机构统一发布。

任何单位和个人不得编造、传播虚假恐怖事件信息；不得报道、传播可能引起模仿的恐怖活动的实施细节；不得发布恐怖事件中残忍、不人道的场景；在恐怖事件的应对处置过程中，除新闻媒体经负责发布信息的反恐怖主义工作领导机构批准外，不得报道、传播现场应对处置的工作人员、人质身份信息和应对处置行动情况。

第六十四条 恐怖事件应对处置结束后，各级人民政府应当组织有关部门帮助受影响的单位和个人尽快恢复生活、生产，稳定受影响地区的社会秩序和公众情绪。

第六十五条 当地人民政府应当及时给予恐怖事件受害人员及其近亲属适当的救助，并向失去基本生活条件的受害人员及其近亲属及时提供基本生活保障。卫生、医疗保障等主管部门应当为恐怖事件受害人员及其近亲属提供心理、医疗等方面的援助。

第六十六条 公安机关应当及时对恐怖事件立案侦查，查明事件发生的原因、经过和结果，依法追究恐怖活动组织、人员的刑事责任。

第六十七条 反恐怖主义工作领导机构应当对恐怖事件的发生和应对处置工作进行全面分析、总结评估，提出防范和应对处置改进措施，向上一级反恐怖主义工作领导机构报告。

第七章 国 际 合 作

第六十八条 中华人民共和国根据缔结或者参加的国际条约，或者按照平等互惠原则，与其他国家、地区、国际组织开展反恐怖主义合作。

第六十九条 国务院有关部门根据国务院授权，代表中国政府与外国政府和有关国际组织开展反恐怖主义政策对话、情报信息交流、执法合作和国际资金监管合作。

在不违背我国法律的前提下，边境地区的县级以上地方人民政府及其主管部门，经国务院或者中央有关部门批准，可以与相邻国家或者地区开展反恐怖主义情报信息交流、执法合作和国际资金监管合作。

第七十条 涉及恐怖活动犯罪的刑事司法协助、引渡和被判刑人移管，依照有关法律规定执行。

第七十一条 经与有关国家达成协议，并报国务院批准，国务院公安部门、国家安全部门可以派员出境执行反恐怖主义任务。

中国人民解放军、中国人民武装警察部队派员出境执行反恐怖主义任务，由中央军事委员会批准。

第七十二条 通过反恐怖主义国际合作取得的材料可以在行政处罚、刑事诉讼中作为证据使用，但我方承诺不作为证据使用的除外。

第八章 保障措施

第七十三条 国务院和县级以上地方各级人民政府应当按照事权划分，将反恐怖主义工作经费分别列入同级财政预算。

国家对反恐怖主义重点地区给予必要的经费支持，对应对处置大规模恐怖事件给予经费保障。

第七十四条 公安机关、国家安全机关和有关部门，以及中国人民解放军、中国人民武装警察部队，应当依照法律规定的职责，建立反恐怖主义专业力量，加强专业训练，配备必要的反恐怖主义专业设备、设施。

县级、乡级人民政府根据需要，指导有关单位、村民委员会、居民委员会建立反恐怖主义工作力量、志愿者队伍，协助、配合有关部门开展反恐怖主义工作。

第七十五条 对因履行反恐怖主义工作职责或者协助、配合有关部门开展反恐怖主义工作导致伤残或者死亡的人员，按照国家有关规定给予相应的待遇。

第七十六条 因报告和制止恐怖活动，在恐怖活动犯罪案件中作证，或者从事反恐怖主义工作，本人或者其近亲属的人身安全面临危险的，经本人或者其近亲属提出申请，公安机关、有关部门应当采取下列一项或者多项保护措施：

（一）不公开真实姓名、住址和工作单位等个人信息；

（二）禁止特定的人接触被保护人员；

（三）对人身和住宅采取专门性保护措施；

（四）变更被保护人员的姓名，重新安排住所和工作单位；

（五）其他必要的保护措施。

公安机关、有关部门应当依照前款规定，采取不公开被保护单位的真实名称、地址，禁止特定的人接近被保护单位，对被保护单位办公、经营场所采取专门性保护措施，以及其他必要的保护措施。

第七十七条 国家鼓励、支持反恐怖主义科学研究和技术创新，开发和推广使用先进的反恐怖主义技术、设备。

第七十八条 公安机关、国家安全机关、中国人民解放军、中国人民武装警察部队因履行反恐怖主义职责的紧急需要，根据国家有关规定，可以征用单位和个人的财产。任务完成后应当及时归还或者恢复原状，并依照规定支付相应费用；造成损失的，应当补偿。

因开展反恐怖主义工作对有关单位和个人的合法权益造成损害的，应当依法给予赔偿、补偿。有关单位和个人有权依法请求赔偿、补偿。

第九章 法律责任

第七十九条 组织、策划、准备实施、实施恐怖活动，宣扬恐怖主义，煽动实施恐怖活动，非法持有宣扬恐怖主义的物品，强制他人在公共场所穿戴宣扬恐怖主义的服饰、标志，组织、领导、参加恐怖活动组织，为恐怖活动组织、恐怖活动人员、实施恐怖活动或者恐怖活动培训提供帮助的，依法追究刑事责任。

第八十条 参与下列活动之一，情节轻微，尚不构成犯罪的，由公安机关处十日以上十五日以下拘留，可以并处一万元以下罚款：

（一）宣扬恐怖主义、极端主义或者煽动实施恐怖活动、极端主义活动的；

（二）制作、传播、非法持有宣扬恐怖主义、极端主义的物品的；

（三）强制他人在公共场所穿戴宣扬恐怖主义、极端主义的服饰、标志的；

（四）为宣扬恐怖主义、极端主义或者实施恐怖主义、极端主义活动提供信息、资金、物资、劳务、技术、场所等支持、协助、便利的。

法律适用

相关法律法规

法律适用

相关法律法规

第八十一条　利用极端主义，实施下列行为之一，情节轻微，尚不构成犯罪的，由公安机关处五日以上十五日以下拘留，可以并处一万元以下罚款：

（一）强迫他人参加宗教活动，或者强迫他人向宗教活动场所、宗教教职人员提供财物或者劳务的；

（二）以恐吓、骚扰等方式驱赶其他民族或者有其他信仰的人员离开居住地的；

（三）以恐吓、骚扰等方式干涉他人与其他民族或者有其他信仰的人员交往、共同生活的；

（四）以恐吓、骚扰等方式干涉他人生活习俗、方式和生产经营的；

（五）阻碍国家机关工作人员依法执行职务的；

（六）歪曲、诋毁国家政策、法律、行政法规，煽动、教唆抵制人民政府依法管理的；

（七）煽动、胁迫群众损毁或者故意损毁居民身份证、户口簿等国家法定证件以及人民币的；

（八）煽动、胁迫他人以宗教仪式取代结婚、离婚登记的；

（九）煽动、胁迫未成年人不接受义务教育的；

（十）其他利用极端主义破坏国家法律制度实施的。

第八十二条　明知他人有恐怖活动犯罪、极端主义犯罪行为，窝藏、包庇，情节轻微，尚不构成犯罪的，或者在司法机关向其调查有关情况、收集有关证据时，拒绝提供的，由公安机关处十日以上十五日以下拘留，可以并处一万元以下罚款。

第八十三条　金融机构和特定非金融机构对国家反恐怖主义工作领导机构的办事机构公告的恐怖活动组织及恐怖活动人员的资金或者其他资产，未立即予以冻结的，由公安机关处二十万元以上五十万元以下罚款，并对直接负责的董事、高级管理人员和其他直接责任人员处十万元以下罚款；情节严重的，处五十万元以上罚款，并对直接负责的董事、高级管理人员和其他直接责任人员，处十万元以上五十万元以下罚款，可以并处五日以上十五日以下拘留。

第八十四条　电信业务经营者、互联网服务提供者有下列情形之一的，由主管部门处二十万元以上五十万元以下罚款，并对其直接负责的主管人员和其他直接责任人员处十万元以下罚款；情节严重的，处五十万元以上罚款，并对其直接负责的主管人员和其他直接责任人员，处十万元以上五十万元以下罚款，可以由公安机关对其直接负责的主管人员和其他直接责任人员，处五日以上十五日以下拘留：

（一）未依照规定为公安机关、国家安全机关依法进行防范、调查恐怖活动提供技术接口和解密等技术支持和协助的；

（二）未按照主管部门的要求，停止传输、删除含有恐怖主义、极端主义内容的信息，保存相关记录，关闭相关网站或者关停相关服务的；

（三）未落实网络安全、信息内容监督制度和安全技术防范措施，造成含有恐怖主义、极端主义内容的信息传播，情节严重的。

第八十五条　铁路、公路、水上、航空的货运和邮政、快递等物流运营单位有下列情形之一的，由主管部门处十万元以上五十万元以下罚款，并对其直接负责的主管人员和其他直接责任人员处十万元以下罚款：

（一）未实行安全查验制度，对客户身份进行查验，或者未依照规定对运输、寄递物品进行安全检查或者开封验视的；

（二）对禁止运输、寄递，存在重大安全隐患，或者客户拒绝安全查验的物品予

以运输、寄递的；

（三）未实行运输、寄递客户身份、物品信息登记制度的。

第八十六条　电信、互联网、金融业务经营者、服务提供者未按规定对客户身份进行查验，或者对身份不明、拒绝身份查验的客户提供服务的，主管部门应当责令改正；拒不改正的，处二十万元以上五十万元以下罚款，并对其直接负责的主管人员和其他直接责任人员处十万元以下罚款；情节严重的，处五十万元以上罚款，并对其直接负责的主管人员和其他直接责任人员，处十万元以上五十万元以下罚款。

住宿、长途客运、机动车租赁等业务经营者、服务提供者有前款规定情形的，由主管部门处十万元以上五十万元以下罚款，并对其直接负责的主管人员和其他直接责任人员处十万元以下罚款。

第八十七条　违反本法规定，有下列情形之一的，由主管部门给予警告，并责令改正；拒不改正的，处十万元以下罚款，并对其直接负责的主管人员和其他直接责任人员处一万元以下罚款：

（一）未依照规定对枪支等武器、弹药、管制器具、危险化学品、民用爆炸物品、核与放射物品作出电子追踪标识，对民用爆炸物品添加安检示踪标识物的；

（二）未依照规定对运营中的危险化学品、民用爆炸物品、核与放射物品的运输工具通过定位系统实行监控的；

（三）未依照规定对传染病病原体等物质实行严格的监督管理，情节严重的；

（四）违反国务院有关主管部门或者省级人民政府对管制器具、危险化学品、民用爆炸物品决定的管制或者限制交易措施的。

第八十八条　防范恐怖袭击重点目标的管理、营运单位违反本法规定，有下列情形之一的，由公安机关给予警告，并责令改正；拒不改正的，处十万元以下罚款，并对其直接负责的主管人员和其他直接责任人员处一万元以下罚款：

（一）未制定防范和应对处置恐怖活动的预案、措施的；

（二）未建立反恐怖主义工作专项经费保障制度，或者未配备防范和处置设备、设施的；

（三）未落实工作机构或者责任人员的；

（四）未对重要岗位人员进行安全背景审查，或者未将有不适合情形的人员调整工作岗位的；

（五）对公共交通运输工具未依照规定配备安保人员和相应设备、设施的；

（六）未建立公共安全视频图像信息系统值班监看、信息保存使用、运行维护等管理制度的。

大型活动承办单位以及重点目标的管理单位未依照规定对进入大型活动场所、机场、火车站、码头、城市轨道交通站、公路长途客运站、口岸等重点目标的人员、物品和交通工具进行安全检查的，公安机关应当责令改正；拒不改正的，处十万元以下罚款，并对其直接负责的主管人员和其他直接责任人员处一万元以下罚款。

第八十九条　恐怖活动嫌疑人员违反公安机关责令其遵守的约束措施的，由公安机关给予警告，并责令改正；拒不改正的，处五日以上十五日以下拘留。

第九十条　新闻媒体等单位编造、传播虚假恐怖事件信息，报道、传播可能引起模仿的恐怖活动的实施细节，发布恐怖事件中残忍、不人道的场景，或者未经批准，报道、传播现场应对处置的工作人员、人质身份信息和应对处置行动情况的，由公安机关处二十万元以下罚款，并对其直接负责的主管人员和其他直接责任人员，处五日以上十五日以下拘留，可以并处五万元以下罚款。

个人有前款规定行为的，由公安机关处五日以上十五日以下拘留，可以并处一万元以下罚款。

第九十一条 拒不配合有关部门开展反恐怖主义安全防范、情报信息、调查、应对处置工作的，由主管部门处二千元以下罚款；造成严重后果的，处五日以上十五日以下拘留，可以并处一万元以下罚款。

单位有前款规定行为的，由主管部门处五万元以下罚款；造成严重后果的，处十万元以下罚款；并对其直接负责的主管人员和其他直接责任人员依照前款规定处罚。

第九十二条 阻碍有关部门开展反恐怖主义工作的，由公安机关处五日以上十五日以下拘留，可以并处五万元以下罚款。

单位有前款规定行为的，由公安机关处二十万元以下罚款，并对其直接负责的主管人员和其他直接责任人员依照前款规定处罚。

阻碍人民警察、人民解放军、人民武装警察依法执行职务的，从重处罚。

第九十三条 单位违反本法规定，情节严重的，由主管部门责令停止从事相关业务、提供相关服务或者责令停产停业；造成严重后果的，吊销有关证照或者撤销登记。

第九十四条 反恐怖主义工作领导机构、有关部门的工作人员在反恐怖主义工作中滥用职权、玩忽职守、徇私舞弊，或者有违反规定泄露国家秘密、商业秘密和个人隐私等行为，构成犯罪的，依法追究刑事责任；尚不构成犯罪的，依法给予处分。

反恐怖主义工作领导机构、有关部门及其工作人员在反恐怖主义工作中滥用职权、玩忽职守、徇私舞弊或者有其他违法违纪行为的，任何单位和个人有权向有关部门检举、控告。有关部门接到检举、控告后，应当及时处理并回复检举、控告人。

第九十五条 对依照本法规定查封、扣押、冻结、扣留、收缴的物品、资金等，经审查发现与恐怖主义无关的，应当及时解除有关措施，予以退还。

第九十六条 有关单位和个人对依照本法作出的行政处罚和行政强制措施决定不服的，可以依法申请行政复议或者提起行政诉讼。

第十章 附 则

第九十七条 本法自 2016 年 1 月 1 日起施行。2011 年 10 月 29 日第十一届全国人民代表大会常务委员会第二十三次会议通过的《全国人民代表大会常务委员会关于加强反恐怖工作有关问题的决定》同时废止。

三、《中华人民共和国国家安全法》（节录）（2015 年 7 月 1 日中华人民共和国主席令第 29 号公布 自公布之日起施行）

第二十七条 国家依法保护公民宗教信仰自由和正常宗教活动，坚持宗教独立自主自办的原则，防范、制止和依法惩治利用宗教名义进行危害国家安全的违法犯罪活动，反对境外势力干涉境内宗教事务，维护正常宗教活动秩序。

国家依法取缔邪教组织，防范、制止和依法惩治邪教违法犯罪活动。

第二十八条 国家反对一切形式的恐怖主义和极端主义，加强防范和处置恐怖主义的能力建设，依法开展情报、调查、防范、处置以及资金监管等工作，依法取缔恐怖活动组织和严厉惩治暴力恐怖活动。

法 律 适 用

相 关 法 律 法 规

32 帮助恐怖活动案

概念

本罪是指资助恐怖活动组织、实施恐怖活动的个人或者资助恐怖活动培训以及为恐怖活动组织、实施恐怖活动或者恐怖活动培训招募、运送人员的行为。

立案标准

具有下列情形之一的，以帮助恐怖活动罪定罪处罚：

(1) 以募捐、变卖房产、转移资金等方式为恐怖活动组织、实施恐怖活动的个人、恐怖活动培训筹集、提供经费，或者提供器材、设备、交通工具、武器装备等物资，或者提供其他物质便利的；

(2) 以宣传、招收、介绍、输送等方式为恐怖活动组织、实施恐怖活动、恐怖活动培训招募人员的；

(3) 以帮助非法出入境，或者为非法出入境提供中介服务、中转运送、停留住宿、伪造身份证明材料等便利，或者充当向导、帮助探查偷越国（边）境路线等方式，为恐怖活动组织、实施恐怖活动、恐怖活动培训运送人员的；

(4) 其他资助恐怖活动组织、实施恐怖活动的个人、恐怖活动培训，或者为恐怖活动组织、实施恐怖活动、恐怖活动培训招募、运送人员的情形。

实施恐怖活动的个人，包括已经实施恐怖活动的个人，也包括准备实施、正在实施恐怖活动的个人。包括在我国领域内实施恐怖活动的个人，也包括在我国领域外实施恐怖活动的个人。包括我国公民，也包括外国公民和无国籍人。

定罪标准

犯罪客体

本罪所侵害的客体为不特定多数人的生命、健康及不特定公私财产的公共安全。资助恐怖组织、实施恐怖活动的个人，或者资助恐怖活动培训的，其行为本身似与公共安全没有多大联系，但所资助的组织或个人，实施的是危害公共安全的恐怖活动。明知对方是恐怖组织或实施恐怖活动的个人仍予资助或者资助恐怖活动培训的，甚至在对方正在进行恐怖活动时提供资助，从而成为恐怖活动的帮凶，因此，指向的客体应当属于公共安全的范围。就资助行为的对象而言，包括恐怖组织、实施恐怖活动的个人，或者资助恐怖活动培训，是资助其中之一还是都予资助，不会影响本罪成立。

犯罪客观方面

本罪在客观方面表现为资助恐怖活动组织、实施恐怖活动的个人、恐怖活动培训，以及为恐怖活动组织、实施恐怖活动或者恐怖活动培训招募、运送人员的行为。

定罪标准

犯罪客观方面

一、必须具有资助的行为。所谓资助，是指为恐怖组织、实施恐怖活动的个人或者恐怖活动的培训提供各种形式的物质上的、经济上的帮助，包括提供各种有形或无形的资产、动产或不动产以及其他物质上的帮助，如提供经费、资金、贷款，提供训练基地、活动场所，提供各种通讯设备、设施、交通工具，提供食物、食品，提供枪支、弹药，等等。但不包括诸如精神、舆论方面的帮助与支持，仅有后者，不能构成本罪。至于资助，是在进行恐怖活动时提供还是在平时提供，是在被查获前提供还是在被查获后提供，是资助其进行恐怖犯罪活动还是为其逃跑提供资助，是完全无偿提供还是有偿提供，是主动提供还是被动提供，则均不影响本罪成立。

二、资助的必须是恐怖组织、实施恐怖活动的个人的，或者资助恐怖活动培训的。虽有资助行为，但资助的不是恐怖组织、实施恐怖活动的个人或者恐怖活动培训的，则也不能构成本罪。至于恐怖组织或实施恐怖活动的个人，是境外的恐怖组织或个人还是境内的恐怖组织或个人，则不影响本罪成立。

"实施恐怖活动的个人"，包括预谋实施、准备实施和实际实施恐怖活动的个人。

所谓恐怖组织，是指3人或者3人以上，基于政治或者报复社会等动机，为共同进行恐怖活动，以恐吓、威胁、要挟公众、社会或者政府而组成的较为固定的犯罪组织。资助恐怖组织，既包括资助刚刚成立尚未进行具体恐怖活动的恐怖组织，也包括资助正在或者已经进行恐怖活动的恐怖组织。资助了恐怖组织，恐怖组织怎样使用资助的经费、物质等，即是否用以直接进行恐怖活动，不影响本罪成立。另外，还应指出，资助恐怖组织，是向组织者提供还是向领导者乃至一般参加者提供，不会影响对资助恐怖组织的认定。

所谓恐怖活动，又称恐怖行为。恐怖主义，是指基于政治或者报复社会等动机，使用或威胁使用放火、爆炸、投放危险物质、劫持航空器、暗杀、绑架、自杀性攻击、破坏计算机信息系统等危险手段，制造恐怖气氛，以恐吓、威胁、要挟公众、社会、政府的行为。恐怖活动是基于恐吓、威胁、要挟公众、社会、政府的目的实施的一系列可以制造恐怖气氛、使公众产生极度恐惧心理的具有严重危害、残酷性的危险犯罪行为。这些危险犯罪行为，如杀人、重伤、绑架、放火、爆炸等，倘若不与制造恐怖气氛，以恐吓、威胁、要挟公众、社会或政府的恐怖目的联系在一起，则属一般性犯罪行为。对实施杀人、放火、爆炸等犯罪的人提供资助的，不构成本罪，构成犯罪的，应以他罪治罪科刑。至于实施恐怖活动的个人，既包括将要实施恐怖活动后来也实施了恐怖活动的个人，也包括正在或者已经实施恐怖活动的个人。值得注意的是，组织、领导、参加恐怖组织的行为，本身不属于恐怖活动。资助恐怖组织的组织者、领导者或者参加者，只要恐怖组织已经成立，则可认定为资助恐怖组织，而不认定为资助实施恐怖活动的个人。这样，由于领导、参加恐怖组织的行为必须以恐怖组织存在为前提，对于资助领导者、参加者的行为一定可以认定为资助恐怖组织的行为。但对资助恐怖组织者的行为，则要具体情况具体分析，即当恐怖组织实际成立时，资助恐怖组织组织者的行为可以认定为资助恐怖组织。否则，当组织者基于进行恐怖活动的意图组建恐怖组织但未成功而组织未遂，这时对于资助组织者的行为，如果构成犯罪，则可以以组织恐怖组织罪的帮助犯论处。

三、为恐怖活动组织、实施恐怖活动或者恐怖活动培训招募、运送人员的。《刑法修正案（九）》在本条中增加了招募、运送人员的行为。"招募"，是指组织面向特

定或者不特定的群体进行征兆募集人员，从而开展的一系列活动。"运送"，是指用各种形式的运输工具运输人员。这两种行为本质上属于对恐怖活动的一种无形资助。根据本款规定，只要为恐怖活动组织、实施恐怖活动或者恐怖活动培训招募、运送人员的，就构成本罪，处 5 年以下有期徒刑、拘役、管制或者剥夺政治权利，并处罚金；情节严重的，处 5 年以上有期徒刑，并处罚金或者没收财产。对于有多次招募、运送人员或者招募、运送人员众多的情形，可以认定为"情节严重"。

由上可知，本罪在客观方面表现为四种情形：（1）资助恐怖组织；（2）资助实施恐怖活动的个人；（3）资助恐怖活动培训的；（4）为恐怖活动组织、实施恐怖活动或者恐怖活动培训招募、运送人员的。只要具有其中情形之一的，即可构成本罪。四者皆备，自然也可构成本罪。但情节比仅仅具有一种情形的严重，应当依法承担更重的刑事责任。

本罪的行为仅限于资助、招募或者运送成员，如果行为人超出资助、招募或者运送成员的范围，直接参与组织、领导、参加恐怖活动行为的，应按组织、领导、参加恐怖活动组织罪处理。

定罪标准	**犯罪客观方面**	（上述正文内容）
	犯罪主体	本罪的主体为一般主体，无论是我国公民还是外国公民或无国籍人，只要年满 16 周岁、具有刑事责任能力的，均可成为本罪的主体。根据《刑法》第 120 条之一第 3 款规定，单位也可构成本罪。
	犯罪主观方面	本罪在主观方面必须出于故意，即明知对方为恐怖组织、实施恐怖活动的个人或者恐怖活动培训而仍决意提供资助以及明知是恐怖活动组织、恐怖活动或者恐怖活动培训，仍为其招募、运送人员。明知，既包括确知又包括可能知。前者即确实知道对方为恐怖组织、实施恐怖活动的个人或者恐怖活动培训，后者即对方是否为恐怖组织、实施恐怖活动的个人或者恐怖活动培训，不能完全肯定，但根据他人进行的活动、与之交往的程度等情况判断认为其有可能是恐怖组织、实施恐怖活动的个人或者恐怖活动培训，而仍为其提供资助，结果资助的是恐怖组织或者实施恐怖活动的个人或者恐怖活动培训的，亦可构成本罪。但过失不能构成本罪。确实不知道对方是恐怖组织或者实施恐怖活动的个人或者恐怖活动培训而提供了资助，构成犯罪的，应是他罪，如与走私罪犯通谋，为其提供贷款、资金的，应以走私罪的共犯论处；明知对方实施背叛国家，分裂国家，煽动分裂国家，武装叛乱、暴乱，颠覆国家政权，煽动颠覆国家政权等犯罪活动，而仍提供资助的，则构成资助危害国家安全犯罪活动罪等。至于其动机，可多种多样，如出于狭隘的民族主义，极端的宗教信仰，对政府、社会的不满，等等。
	罪与非罪	区分罪与非罪的界限，需要注意：资助恐怖组织、实施恐怖活动的个人或者恐怖活动培训，无论是主动资助还是受到威胁被迫资助，行为人都必须具有为恐怖组织、实施恐怖活动的个人或者恐怖活动培训提供物质上的、经济上的帮助的故意。如果没有这种故意，完全是因恐怖组织利用暴力、威胁等手段索取，如恐怖组织分子以各种名义索取保护费，他人被迫交纳，则他人为合法权益遭受侵害的受害者，自然不能以帮助恐怖活动罪论处。另外，本罪为行为犯。一般情况下，只要实施了资助恐怖组织、实施恐怖活动的个人或者恐怖活动培训的行为，就可构成本罪。但是，如果情节显著轻微，危害不大的，如资助的量很小，受胁迫资助，事后能投案自首、检举立功，未直接资助进行恐怖活动的，则应根据《刑法》第 13 条"但书"的规定，不认为是犯罪。

一、本罪与资助危害国家安全犯罪活动罪的界限。资助危害国家安全犯罪活动罪，是指境内外机构、组织或者个人资助境内组织或者个人实施背叛国家，分裂国家，煽动分裂国家，武装叛乱、暴乱，颠覆国家政权，煽动颠覆国家政权行为之一的危害国家安全的行为。本罪与资助危害国家安全犯罪活动罪之间，在犯罪主体、主观故意等方面有相同或类似之处，但两者明显存在以下本质区别：（1）客观方面的表现形式不同。本罪的客观方面表现为资助恐怖组织、实施恐怖活动的个人或者恐怖活动培训以及为恐怖活动组织、实施恐怖活动或者恐怖活动培训招募、运送人员的行为；后罪的客观方面表现为资助组织或者个人实施背叛国家，分裂国家，煽动分裂国家，武装叛乱、暴乱，颠覆国家政权，煽动颠覆国家政权行为之一的危害国家安全的行为。本罪要求只要资助恐怖组织、实施恐怖活动的个人或者恐怖活动培训以及为恐怖活动组织、实施恐怖活动或者恐怖活动培训招募、运送人员，即可构成本罪，并不要求行为人对具体的恐怖活动进行资助；后罪则要求对他人或组织的 6 种具体危害国家安全的行为进行资助。（2）行为的对象不同。本罪行为的对象为恐怖活动组织或实施恐怖活动的个人；后罪资助的对象为实施 6 种危害国家安全犯罪即背叛国家，分裂国家，煽动分裂国家，武装叛乱、暴乱，颠覆国家政权，煽动颠覆国家政权的境内外机构、组织或者个人。（3）侵害的客体不同。本罪所侵害的客体为不特定人的生命、健康或者不特定财产的公共安全；后罪所侵害的客体主要为国家安全。但是，在司法实践中，有的恐怖组织或者个人基于狭隘的民族主义观念，以分裂国家，煽动分裂国家，颠覆国家政权，煽动颠覆国家政权，武装叛乱、暴乱等为己任，或者实施上述危害国家安全的犯罪，行为人明知是上述恐怖组织或者在恐怖组织、分子实施上述犯罪行为时提供资助，则既触犯本罪，又触犯资助危害国家安全犯罪活动罪，属一个行为触犯两个罪名的想象竞合，对之应当择一重罪定罪处罚。

二、本罪与资敌罪的界限。资敌罪，是指在战时供给敌方武器装备、军用物资以帮助敌方的行为。两者的区别是：（1）资助的对象不同。本罪资助的是恐怖活动组织或实施恐怖活动的个人；资敌罪的对象顾名思义乃为我国的敌人。（2）资助的内容不同。本罪资助的为一切具有物质上的、经济上的帮助，包括金钱、贷款、训练基地、活动场所、交通工具、食物、食品以及武器装备，等等；后罪资助的则仅为武器、装备、军用物资。后者比前者狭窄得多。（3）资助的时间不同。本罪实施行为的时间没有任何限制，只要资助的是恐怖组织、实施恐怖活动的个人，不论什么时候提供资助，都可构成本罪；后罪提供资助的时间则必须在战时。不是在战时，即使有向敌人提供武器装备、军用物资的行为，也不能构成其罪，构成他罪如资助危害国家安全犯罪活动的，以他罪论处。所谓战时，是指国家宣布战争状态、部队受领作战任务或者遭受敌人的突然袭击时。部队执行戒严任务或者处置突发性暴力事件时，以战时论。当受到外来侵略或者正式宣布与某一国开战，国家即宣布进入战争状态。在我国，根据《宪法》规定，由全国人民代表大会宣布国家进入战争状态；全国人民代表大会闭会期间，则由全国人大常委会决定宣布。没有宣布战争状态即在非战争状态下，某一地区的部队如果受领了作战任务，该地区亦应属于战争状态。如果遭受国外的突然袭击，国家权力机关来不及宣布战争状态的，则自遭受突然袭击时，自然进入战争状态。（4）侵害的客体不同。本罪所侵害的客体为不特定人的生命、健康及不特定公私财产的公共安全；后罪所侵害的客体则为国家安全。

三、本罪与窝藏罪的界限。窝藏罪，是指明知是犯罪的人而为其提供隐藏处所、财物，帮助其逃匿的行为。两者的主要区别为：（1）对象的范围不同。本罪的对象为恐怖活动组织或实施恐怖活动的个人；后罪的对象为犯罪分子。犯罪分子，既包括恐

定罪标准

此罪与彼罪

<table>
<tr><td rowspan="2">定罪标准</td><td rowspan="2">此罪与彼罪</td><td>

怖犯罪分子，又包括非恐怖犯罪分子，但必须是自然人，不包括犯罪组织。（2）行为的内容不同。本罪行为的内容为资助恐怖组织、分子或者恐怖活动培训。资助，是向恐怖组织、分子或者恐怖活动的培训活动提供物质上的帮助；后罪行为的内容则是为犯罪分子提供隐藏处所、财物，帮助其逃匿。（3）行为的时间不同。本罪对资助的时间未作要求。只要资助了恐怖组织、分子，不论是在其进行恐怖活动前，还是事中及事后，都不影响其成立；后罪则必须在他人实施犯罪成为犯罪分子后。（4）侵害的客体不同。本罪所侵害的客体为公共安全；后罪所侵害的客体为司法机关正常的刑事诉讼活动。因此，本罪与窝藏罪在静态上并不难区分。但在司法实践中，在他人进行恐怖活动后，为帮助其逃匿而提供隐藏处所或财物的，则既触犯本罪又触犯窝藏罪，属想象竞合，应择一重罪即本罪定罪处罚。

四、本罪与非法买卖枪支、弹药、爆炸物、危险物质罪的界限。本罪的资助行为，既包括无偿提供物质上的、经济上的帮助，也包括有偿提供物质上的、经济上的帮助。对于后者，如果有偿提供的乃是国家禁止非法交易的物质如枪支、弹药、爆炸物、危险物质，则又触犯非法买卖枪支、弹药、爆炸物、危险物质罪，属牵连犯，亦应择一重罪以后罪定罪处罚。

五、本罪与组织、参加、领导恐怖组织罪的界限。本罪的行为人应不是恐怖组织的成员，即不能为恐怖组织的组织者、领导者或者参加者。如果是恐怖组织的成员，无论是组织者、领导者还是参加者，即使其为恐怖组织提供了金钱、财物，也不能构成本罪。行为人在成为恐怖组织的成员前，如果为恐怖组织提供了资助，则既构成本罪又构成组织、领导、参加恐怖组织罪，总之，应当实行数罪并罚。

</td></tr>
<tr><td></td></tr>
<tr><td rowspan="2">证据参考标准</td><td rowspan="2">主体方面的证据</td><td>

一、证明行为人刑事责任年龄、身份等自然情况的证据

包括身份证明、户籍证明、任职证明、工作经历证明、特定职责证明等，主要是证明行为人的姓名（曾用名）、性别、出生年月日、民族、籍贯、出生地、职业（或职务）、住所地（或居所地）等证据材料，如户口簿、居民身份证、工作证、出生证、专业或技术等级证、干部履历表、职工登记表、护照等。

对于户籍、出生证等材料内容不实的，应提供其他证据材料。外国人犯罪的案件，应有护照等身份证明材料。人大代表、政协委员犯罪的案件，应注明身份，并附身份证明材料。

二、证明行为人刑事责任能力的证据

证明行为人对自己的行为是否具有辨认能力与控制能力，如是否属于间歇性精神病人、尚未完全丧失辨认或者控制自己行为能力的精神病人的证明材料。

三、证明单位的证据

证明是否属于依法成立并有合法经营、管理范围的公司、企业、事业单位、机关、团体。

证明单位的名称、住所地、性质、法定代表人、单位负责人、业务范围、成立时间等证据材料，如企业营业执照、国有公司性质证明及非法人单位的身份证明等。

四、证明法定代表人、单位负责人或直接责任人员等的身份证据

法定代表人、直接负责的主管人员和其他直接责任人在单位的任职、职责、负责权限的证明材料等。包括身份证明、户籍证明、任职证明等，如户口簿、居民身份证、工作证、护照、专业或技术等级证、干部履历表、职工登记表、任命书、业务分工文件、委派文件、单位证明、单位规章制度等。

</td></tr>
<tr><td></td></tr>
</table>

证据参考标准	主观方面的证据	**证明行为人故意的证据** 1. 证明行为人明知的证据：证明行为人明知自己的行为会发生危害社会的结果； 2. 证明直接故意的证据：证明行为人希望危害结果发生。
	客观方面的证据	**证明行为人帮助恐怖活动犯罪行为的证据** 　　具体证据包括：1. 证明行为人秘密资助恐怖活动行为的证据；2. 证明行为人提供经费资助恐怖组织行为的证据；3. 证明行为人提供经费资助实施恐怖活动的个人行为的证据；4. 证明行为人提供经费资助恐怖活动培训的证据；5. 证明行为人为恐怖活动组织、实施恐怖活动或者恐怖活动培训招募、运送人员的证据；6. 证明单位提供经费资助恐怖活动组织行为、提供经费资助事实恐怖活动的个人以及资助恐怖活动培训的证据；7. 证明单位为恐怖活动组织、实施恐怖活动或者恐怖活动培训招募、运送人员的证据；8. 证明提供经费资助恐怖组织、提供经费资助实施恐怖活动的个人以及资助恐怖活动培训情节严重的证据。
	量刑方面的证据	**一、法定量刑情节证据** 　　1. 事实情节。2. 法定从重情节。3. 法定从轻减轻情节：（1）可以从轻；（2）可以从轻或减轻；（3）应当从轻或者减轻。4. 法定从轻减轻免除情节：（1）可以从轻、减轻或者免除处罚；（2）应当从轻、减轻或者免除处罚。5. 法定减轻免除情节：（1）可以减轻或者免除处罚；（2）应当减轻或者免除处罚；（3）可以免除处罚。 **二、酌定量刑情节证据** 　　1. 犯罪手段。2. 犯罪对象。3. 危害结果：（1）造成他人恐惧；（2）造成他人害怕；（3）造成他人惊慌。4. 动机。5. 平时表现。6. 认罪态度。7. 是否有前科。8. 其他证据。
量刑标准	犯本罪的	处五年以下有期徒刑、拘役、管制或者剥夺政治权利，并处罚金
	情节严重的	处五年以上有期徒刑，并处罚金或者没收财产
	单位犯本罪的	对单位判处罚金，并对其直接负责的主管人员和其他直接责任人员，依照上述规定按自然人犯本罪处罚
法律适用	刑法条文	**第一百二十条之一**　资助恐怖活动组织、实施恐怖活动的个人的，或者资助恐怖活动培训的，处五年以下有期徒刑、拘役、管制或者剥夺政治权利，并处罚金；情节严重的，处五年以上有期徒刑，并处罚金或者没收财产。 　　为恐怖活动组织、实施恐怖活动或者恐怖活动培训招募、运送人员的，依照前款的规定处罚。 　　单位犯前两款罪的，对单位判处罚金，并对其直接负责的主管人员和其他直接责任人员，依照第一款的规定处罚。

一、最高人民法院、最高人民检察院、公安部、司法部《关于办理恐怖活动和极端主义犯罪案件适用法律若干问题的意见》（节录）（2018 年 3 月 16 日最高人民法院、最高人民检察院、公安部、司法部公布 自公布之日起施行 高检会〔2018〕1 号）

一、准确认定犯罪

（二）具有下列情形之一的，依照刑法第一百二十条之一的规定，以帮助恐怖活动罪定罪处罚：

1. 以募捐、变卖房产、转移资金等方式为恐怖活动组织、实施恐怖活动的个人、恐怖活动培训筹集、提供经费，或者提供器材、设备、交通工具、武器装备等物资，或者提供其他物质便利的；

2. 以宣传、招收、介绍、输送等方式为恐怖活动组织、实施恐怖活动、恐怖活动培训招募人员的；

3. 以帮助非法出入境，或者为非法出入境提供中介服务、中转运送、停留住宿、伪造身份证明材料等便利，或者充当向导、帮助探查偷越国（边）境路线等方式，为恐怖活动组织、实施恐怖活动、恐怖活动培训运送人员的；

4. 其他资助恐怖活动组织、实施恐怖活动的个人、恐怖活动培训，或者为恐怖活动组织、实施恐怖活动、恐怖活动培训招募、运送人员的情形。

实施恐怖活动的个人，包括已经实施恐怖活动的个人，也包括准备实施、正在实施恐怖活动的个人。包括在我国领域内实施恐怖活动的个人，也包括在我国领域外实施恐怖活动的个人。包括我国公民，也包括外国公民和无国籍人。

帮助恐怖活动罪的主观故意，应当根据案件具体情况，结合行为人的具体行为、认知能力、一贯表现和职业等综合认定。

明知是恐怖活动犯罪所得及其产生的收益，为掩饰、隐瞒其来源和性质，而提供资金账户，协助将财产转换为现金、金融票据、有价证券，通过转账或者其他结算方式协助资金转移，协助将资金汇往境外的，以洗钱罪定罪处罚。事先通谋的，以相关恐怖活动犯罪的共同犯罪论处。

（八）犯刑法第一百二十条规定的犯罪，同时构成刑法第一百二十条之一至之六规定的犯罪的，依照处罚较重的规定定罪处罚。

犯刑法第一百二十条之一至之六规定的犯罪，同时构成其他犯罪的，依照处罚较重的规定定罪处罚。

二、最高人民法院、最高人民检察院《关于办理非法从事资金支付结算业务、非法买卖外汇刑事案件适用法律若干问题的解释》（节录）（2019 年 1 月 31 日最高人民法院、最高人民检察院公布 自 2019 年 2 月 1 日起施行 法释〔2019〕1 号）

第五条 非法从事资金支付结算业务或者非法买卖外汇，构成非法经营罪，同时又构成刑法第一百二十条之一规定的帮助恐怖活动罪或者第一百九十一条规定的洗钱罪的，依照处罚较重的规定定罪处罚。

三、《最高人民法院、最高人民检察院关于办理洗钱刑事案件适用法律若干问题的解释》（节录）（2024 年 8 月 19 日最高人民法院、最高人民检察院公布 自 2024 年 8 月 20 日起施行 法释〔2024〕10 号）

第六条 掩饰、隐瞒刑法第一百九十一条规定的上游犯罪的犯罪所得及其产生的收益，构成刑法第一百九十一条规定的洗钱罪，同时又构成刑法第三百一十二条规定的掩饰、隐瞒犯罪所得、犯罪所得收益罪的，依照刑法第一百九十一条的规定定罪处罚。

实施刑法第一百九十一条规定的洗钱行为，构成洗钱罪，同时又构成刑法第三百四十九条、第二百二十五条、第一百七十七条之一或者第一百二十条之一规定的犯罪的，依照处罚较重的规定定罪处罚。

法律适用

司法解释

一、《中华人民共和国香港特别行政区维护国家安全法》（节录）（2020 年 6 月 30 日中华人民共和国主席令第 49 号公布　自公布之日起施行）

第五条　防范、制止和惩治危害国家安全犯罪，应当坚持法治原则。法律规定为犯罪行为的，依照法律定罪处刑；法律没有规定为犯罪行为的，不得定罪处刑。

任何人未经司法机关判罪之前均假定无罪。保障犯罪嫌疑人、被告人和其他诉讼参与人依法享有的辩护权和其他诉讼权利。任何人已经司法程序被最终确定有罪或者宣告无罪的，不得就同一行为再予审判或者惩罚。

第六条　维护国家主权、统一和领土完整是包括香港同胞在内的全中国人民的共同义务。

在香港特别行政区的任何机构、组织和个人都应当遵守本法和香港特别行政区有关维护国家安全的其他法律，不得从事危害国家安全的行为和活动。

香港特别行政区居民在参选或者就任公职时应当依法签署文件确认或者宣誓拥护中华人民共和国香港特别行政区基本法，效忠中华人民共和国香港特别行政区。

第二十六条　为恐怖活动组织、恐怖活动人员、恐怖活动实施提供培训、武器、信息、资金、物资、劳务、运输、技术或者场所等支持、协助、便利，或者制造、非法管有爆炸性、毒害性、放射性、传染病病原体等物质以及以其他形式准备实施恐怖活动的，即属犯罪。情节严重的，处五年以上十年以下有期徒刑，并处罚金或者没收财产；其他情形，处五年以下有期徒刑、拘役或者管制，并处罚金。

有前款行为，同时构成其他犯罪的，依照处罚较重的规定定罪处罚。

第二十八条　本节规定不影响依据香港特别行政区法律对其他形式的恐怖活动犯罪追究刑事责任并采取冻结财产等措施。

第三十一条　公司、团体等法人或者非法人组织实施本法规定的犯罪的，对该组织判处罚金。

公司、团体等法人或者非法人组织因犯本法规定的罪行受到刑事处罚的，应责令其暂停运作或者吊销其执照或者营业许可证。

第三十二条　因实施本法规定的犯罪而获得的资助、收益、报酬等违法所得以及用于或者意图用于犯罪的资金和工具，应当予以追缴、没收。

第三十三条　有以下情形的，对有关犯罪行为人、犯罪嫌疑人、被告人可以从轻、减轻处罚；犯罪较轻的，可以免除处罚：

（一）在犯罪过程中，自动放弃犯罪或者自动有效地防止犯罪结果发生的；

（二）自动投案，如实供述自己的罪行的；

（三）揭发他人犯罪行为，查证属实，或者提供重要线索得以侦破其他案件的。

被采取强制措施的犯罪嫌疑人、被告人如实供述执法、司法机关未掌握的本人犯有本法规定的其他罪行的，按前款第二项规定处理。

第三十四条　不具有香港特别行政区永久性居民身份的人实施本法规定的犯罪的，可以独立适用或者附加适用驱逐出境。

不具有香港特别行政区永久性居民身份的人违反本法规定，因任何原因不对其追究刑事责任的，也可以驱逐出境。

第三十五条　任何人经法院判决犯危害国家安全罪行的，即丧失作为候选人参加香港特别行政区举行的立法会、区议会选举或者出任香港特别行政区任何公职或者行政长官选举委员会委员的资格；曾经宣誓或者声明拥护中华人民共和国香港特别行政区基本法、效忠中华人民共和国香港特别行政区的立法会议员、政府官员及公务人员、行政会议成员、法官及其他司法人员、区议员，即时丧失该等职务，并丧失参选或者出任上述职务的资格。

法律适用

相关法律法规

前款规定资格或者职务的丧失，由负责组织、管理有关选举或者公职任免的机构宣布。

第三十六条 任何人在香港特别行政区内实施本法规定的犯罪的，适用本法。犯罪的行为或者结果有一项发生在香港特别行政区内的，就认为是在香港特别行政区内犯罪。

在香港特别行政区注册的船舶或者航空器内实施本法规定的犯罪的，也适用本法。

第三十七条 香港特别行政区永久性居民或者在香港特别行政区成立的公司、团体等法人或者非法人组织在香港特别行政区以外实施本法规定的犯罪的，适用本法。

第三十八条 不具有香港特别行政区永久性居民身份的人在香港特别行政区以外针对香港特别行政区实施本法规定的犯罪的，适用本法。

第三十九条 本法施行以后的行为，适用本法定罪处刑。

二、《中华人民共和国反恐怖主义法》（节录）（2015 年 12 月 27 日中华人民共和国主席令第 36 号公布　自 2016 年 1 月 1 日起施行　2018 年 4 月 27 日修正）

第三条 本法所称恐怖主义，是指通过暴力、破坏、恐吓等手段，制造社会恐慌、危害公共安全、侵犯人身财产，或者胁迫国家机关、国际组织，以实现其政治、意识形态等目的的主张和行为。

本法所称恐怖活动，是指恐怖主义性质的下列行为：

（一）组织、策划、准备实施、实施造成或者意图造成人员伤亡、重大财产损失、公共设施损坏、社会秩序混乱等严重社会危害的活动的；

（二）宣扬恐怖主义，煽动实施恐怖活动，或者非法持有宣扬恐怖主义的物品，强制他人在公共场所穿戴宣扬恐怖主义的服饰、标志的；

（三）组织、领导、参加恐怖活动组织的；

（四）为恐怖活动组织、恐怖活动人员、实施恐怖活动或者恐怖活动培训提供信息、资金、物资、劳务、技术、场所等支持、协助、便利的；

（五）其他恐怖活动。

本法所称恐怖活动组织，是指三人以上为实施恐怖活动而组成的犯罪组织。

本法所称恐怖活动人员，是指实施恐怖活动的人和恐怖活动组织的成员。

本法所称恐怖事件，是指正在发生或者已经发生的造成或者可能造成重大社会危害的恐怖活动。

第七十九条 组织、策划、准备实施、实施恐怖活动，宣扬恐怖主义，煽动实施恐怖活动，非法持有宣扬恐怖主义的物品，强制他人在公共场所穿戴宣扬恐怖主义的服饰、标志，组织、领导、参加恐怖活动组织，为恐怖活动组织、恐怖活动人员、实施恐怖活动或者恐怖活动培训提供帮助的，依法追究刑事责任。

第八十条 参与下列活动之一，情节轻微，尚不构成犯罪的，由公安机关处十日以上十五日以下拘留，可以并处一万元以下罚款：

（一）宣扬恐怖主义、极端主义或者煽动实施恐怖活动、极端主义活动的；

（二）制作、传播、非法持有宣扬恐怖主义、极端主义的物品的；

（三）强制他人在公共场所穿戴宣扬恐怖主义、极端主义的服饰、标志的；

（四）为宣扬恐怖主义、极端主义或者实施恐怖主义、极端主义活动提供信息、资金、物资、劳务、技术、场所等支持、协助、便利的。

三、《中华人民共和国国家安全法》（节录）（2015 年 7 月 1 日中华人民共和国主席令第 29 号公布　自公布之日起施行）

第七十七条第二款 任何个人和组织不得有危害国家安全的行为，不得向危害国家安全的个人或者组织提供任何资助或者协助。

法律适用

规章及规范性文件

最高人民检察院、公安部《关于公安机关管辖的刑事案件立案追诉标准的规定（二）》（节录）（2022 年 4 月 6 日最高人民检察院、公安部公布　自 2022 年 5 月 15 日施行　公通字〔2022〕12 号）

第一条　〔帮助恐怖活动案（刑法第一百二十条之一第一款）〕资助恐怖活动组织、实施恐怖活动的个人的，或者资助恐怖活动培训的，应予立案追诉。

33 准备实施恐怖活动案

概念

本罪是指为实施恐怖活动准备凶器、危险物品或者其他工具，组织恐怖活动培训或者积极参加恐怖活动培训，为实施恐怖活动与境外恐怖活动组织或者人员联络的，为实施恐怖活动进行策划或者其他准备的行为。

立案标准

具有下列情形之一的，以准备实施恐怖活动罪定罪处罚：

（1）为实施恐怖活动制造、购买、储存、运输凶器，易燃易爆、易制爆品，腐蚀性、放射性、传染性、毒害性物品等危险物品，或者其他工具的；

（2）以当面传授、开办培训班、组建训练营、开办论坛、组织收听收看音频视频资料等方式，或者利用网站、网页、论坛、博客、微博客、网盘、即时通信、通讯群组、聊天室等网络平台、网络应用服务组织恐怖活动培训的，或者积极参加恐怖活动心理体能培训，传授、学习犯罪技能方法或者进行恐怖活动训练的；

（3）为实施恐怖活动，通过拨打电话、发送短信、电子邮件等方式，或者利用网站、网页、论坛、博客、微博客、网盘、即时通信、通讯群组、聊天室等网络平台、网络应用服务与境外恐怖活动组织、人员联络的；

（4）为实施恐怖活动出入境或者组织、策划、煽动、拉拢他人出入境的；

（5）为实施恐怖活动进行策划或者其他准备的情形。

定罪标准

犯罪客体

本罪侵犯的客体是公共安全，即不特定或者多数人的生命、身体的安全以及公众生活的平稳与安宁。

犯罪客观方面

本罪在客观方面表现为为实施恐怖活动准备凶器、危险物品或者其他工具，组织恐怖活动培训或者积极参加恐怖活动培训，为实施恐怖活动与境外恐怖活动组织或者人员联络，为实施恐怖活动进行策划或者其他准备的行为。

一、为实施恐怖活动准备凶器、危险物品或者其他工具的。根据《反恐怖主义法》相关规定，恐怖活动是指恐怖主义性质的下列行为：组织、策划、准备实施、实施造成或者意图造成人员伤亡、重大财产损失、公共设施损坏、社会秩序混乱等严重社会危害的活动的；宣扬恐怖主义，煽动实施恐怖活动，或者非法持有宣扬恐怖主义的物品，强制他人在公共场所穿戴宣扬恐怖主义的服饰、标志的；组织、领导、参加恐怖活动组织的；为恐怖活动组织、恐怖活动人员、实施恐怖活动或者恐怖活动培训提供信息、资金、物资、劳务、技术、场所等支持、协助、便利的；其他恐怖活动。恐怖活动组织，是指 3 人以上为实施恐怖活动而组成的犯罪组织。恐怖活动人员，是指实施恐怖活动的人和恐怖活动组织的成员。恐怖事件，是指正在发生或者已经发生的造成或者可能造成重大社会危害的恐怖活动。"凶器"是指用来实施犯罪行为所用的器具，如枪支、刀具、爆炸物等能够对人的身体健康和生命造成威胁的物品。"危险物品"是指能够用于实施恐怖活动的易燃易爆物品、危险化学品、放射性物品等

定 罪 标 准	**犯罪客观方面**	能够危及人身安全和财产安全的物品。"其他工具"是指能够用于实施恐怖活动的其他工具，如交通工具、通讯工具等。 二、组织恐怖活动培训或者积极参加恐怖活动培训的。恐怖活动培训，是指恐怖活动组织或个人通过多元化的形式对人们进行的一系列恐怖活动所需的方法和技能的传授，既包括恐怖主义思想的传授和巩固，也包括恐怖活动技能的实战训练等。恐怖培训的形式可以是多种多样的，既可以面授，也可以通过网络等平台进行远程授课，甚至可以通过境外网站在我国境内发展中国籍恐怖分子赴外国受训等。不论是组织恐怖活动培训或是积极参加恐怖活动培训的，都属于准备实施恐怖活动的行为。 三、为实施恐怖活动与境外恐怖活动组织或者人员联络的。当前，反恐怖主义斗争形势日益严峻，恐怖主义亦在通过各种形式对我国进行渗透，境内恐怖活动组织或个人与境外恐怖活动组织或个人的联络日益频繁，一旦形成勾结，将对我国的公共安全造成严重威胁，因此只要是为了实施恐怖活动而与境外恐怖活动组织或个人联络的，即构成本罪。"联络"是指互相之间取得联通关系，建立并保持相互了解。传统的联络形式包括电话、写信、电子邮件等，随着信息技术的不断发展及更新，联络的形式必将更加多样化，更具隐秘性。 四、为实施恐怖活动出入境或组织、策划、煽动、拉拢他人出入境的。 五、为实施恐怖活动进行策划或者其他准备的。这里的"策划"是指为实施恐怖活动设计规划或者密谋计划，包括选择实施恐怖活动的目标、时间、地点，以及为恐怖组织成员分配任务等一系列计划。
	犯罪主体	本罪的主体为一般主体，即凡年满 16 周岁具有刑事责任能力的自然人都可以成为本罪的主体。
	犯罪主观方面	本罪在主观方面表现为故意，即明知是恐怖活动而进行各种准备活动的。
	罪与非罪	本罪属于预备犯，在司法实践中处罚预备犯是极为例外的现象，即某种预备行为的发展必将或者极有可能造成重大法益侵害时，才作为犯罪处罚。恐怖主义组织实施的犯罪预备行为便具有这种特征，行为人的犯罪故意确定，且确实要继续实施特定的恐怖行为，一旦着手实施，往往会对公共安全造成极大破坏，引起严重的社会恐慌。此外，当下的恐怖活动形成组织的速度快，组织形式多样，有些并没有明确的组织形式，集团性不明显，很难认定为恐怖活动组织。对于这些组织所进行的准备、培训、策划等行为，很难按照组织、领导、参加恐怖活动组织犯罪进行处罚。因此，从形势政策的角度考虑，尽早对恐怖活动做好安全防范工作，将恐怖活动消灭在萌芽状态，才能更好地预防恐怖主义犯罪。反恐怖主义工作应当坚持防范为主、惩防结合，先发制敌、保持主动的原则，重在防范恐怖主义思想的形成和传播、恐怖活动组织的形成和扩大，力争将恐怖活动消灭在预谋阶段和行动之前。《刑法》将为实施恐怖活动进行的预备、培训、联络、策划等准备行为规定为独立的罪名，实现了刑法对恐怖主义的提前介入，对预防和威慑恐怖活动将产生积极的意义。

定罪标准	**此罪与彼罪**	本罪属于预备犯，是为了实施相关的恐怖犯罪准备工具、制造条件的预备行为类型化而形成的一类罪，如果既构成本罪，又实施了其他恐怖活动犯罪的实行行为，则属于想象竞合犯，应择一重罪论处。 一、本罪与帮助恐怖活动罪的界限。本罪与帮助恐怖活动罪中都有关于"恐怖活动培训"的规定，区别是，本罪是组织恐怖活动培训或者积极参加恐怖活动培训，主体是恐怖组织的成员，包括组织者、领导者或者参加者；而帮助恐怖活动罪是行为人对恐怖活动培训的资助行为，或者为恐怖活动培训招募、运送人员，两罪的行为方式不同，帮助恐怖活动罪的主体不能是恐怖组织的组织者、领导者或者参加者，如果行为人在成为恐怖活动组织的成员前，有资助恐怖活动培训，或者为恐怖活动培训招募、运送人员的行为，既构成本罪又构成帮助恐怖活动罪，应当实行数罪并罚。 二、本罪与传授犯罪方法罪的界限。传授犯罪方法罪，是指故意使用各种手段向他人传授实施犯罪的技术、步骤、方法的行为。传授犯罪方法的手段没有限制，可以是口头的，也可以是书面的，包括公开传授与秘密传授、直接传授与间接传授等多种方式。本罪中的组织恐怖培训的行为，既包括恐怖主义思想的传授和巩固，也包括恐怖活动技能的传授和具体的实战训练等。恐怖培训的形式可以是多种多样的，既可以面授，亦可以通过网络等平台进行远程授课，甚至可以通过境外网站在我国境内发展中国籍恐怖分子赴外国受训等。行为人对他人进行恐怖活动培训，内容一旦涉及实施具体犯罪的方法、步骤等内容的，就构成与传授犯罪方法罪的想象竞合犯，应当择一重罪论处。
证据参考标准	**主体方面的证据**	**一、证明行为人刑事责任年龄、身份等自然情况的证据** 包括身份证明、户籍证明、任职证明、工作经历证明、特定职责证明等，主要是证明行为人的姓名（曾用名）、性别、出生年月日、民族、籍贯、出生地、职业（或职务）、住所地（或居住地）等证据材料，如户口簿、居民身份证、工作证、出生证、专业或技术等级证、干部履历表、职工登记表、护照等。 对于户籍、出生证等材料内容不实的，应提供其他证据材料。外国人犯罪的案件，应有护照等身份证明材料。人大代表、政协委员犯罪的案件，应注明身份，并附身份证明材料。 **二、证明行为人刑事责任能力的证据** 证明行为人对自己的行为是否具有辨认能力与控制能力，如是否属于间歇性精神病人、尚未完全丧失辨认或者控制自己行为能力的精神病人的证明材料。
	主观方面的证据	**证明行为人故意的证据** 1. 证明行为人明知的证据：证明行为人明知自己的行为会发生危害社会的结果； 2. 证明直接故意的证据：证明行为人希望危害结果发生。
	客观方面的证据	**证明行为人准备实施恐怖活动的证据** 具体证据包括：1. 证明行为人为实施恐怖活动准备凶器、危险物品或者其他工具的证据；2. 证明行为人组织恐怖活动培训的证据；3. 证明行为人积极参加恐怖活动培训的证据；4. 证明行为人与境外恐怖活动组织或者人员联络的证据；5. 证明行为

证据参考标准	客观方面的证据	人为实施恐怖活动进行策划的证据；6. 证明行为人实施了其他犯罪的证据；7. 证明行为人为实施恐怖活动准备凶器、危险物品或者其他工具情节严重的证据；8. 证明行为人组织恐怖活动培训情节严重的证据；9. 证明行为人积极参加恐怖活动培训情节严重的证据；10. 证明行为人与境外恐怖活动组织或者人员联络情节严重的证据；11. 证明行为人为实施恐怖活动进行策划情节严重的证据。
	量刑方面的证据	**一、法定量刑情节证据** 1. 事实情节。2. 法定从重情节：情节严重。3. 法定从轻减轻情节：（1）可以从轻；（2）可以从轻或减轻；（3）应当从轻或者减轻。4. 法定从轻减轻免除情节：（1）可以从轻、减轻或者免除处罚；（2）应当从轻、减轻或者免除处罚。5. 法定减轻免除情节：（1）可以减轻或者免除处罚；（2）应当减轻或者免除处罚；（3）可以免除处罚。 **二、酌定量刑情节证据** 1. 犯罪手段；2. 犯罪对象；3. 危害结果；4. 动机；5. 平时表现；6. 认罪态度；7. 是否有前科；8. 其他证据。
量刑标准	犯本罪的	处五年以下有期徒刑、拘役、管制或者剥夺政治权利，并处罚金
	情节严重的	处五年以上有期徒刑，并处罚金或者没收财产
	犯本罪，同时构成其他犯罪的	依照处罚较重的规定定罪处罚
法律适用	刑法条文	**第一百二十条之二** 有下列情形之一的，处五年以下有期徒刑、拘役、管制或者剥夺政治权利，并处罚金；情节严重的，处五年以上有期徒刑，并处罚金或者没收财产： （一）为实施恐怖活动准备凶器、危险物品或者其他工具的； （二）组织恐怖活动培训或者积极参加恐怖活动培训的； （三）为实施恐怖活动与境外恐怖活动组织或者人员联络的； （四）为实施恐怖活动进行策划或者其他准备的。 有前款行为，同时构成其他犯罪的，依照处罚较重的规定定罪处罚。
	司法解释	**最高人民法院、最高人民检察院、公安部、司法部《关于办理恐怖活动和极端主义犯罪案件适用法律若干问题的意见》（节录）**（2018 年 3 月 16 日最高人民法院、最高人民检察院、公安部、司法部公布 自公布之日起施行 高检会〔2018〕1 号） **一、准确认定犯罪** （三）具有下列情形之一的，依照刑法第一百二十条之二的规定，以准备实施恐怖活动罪定罪处罚： 1. 为实施恐怖活动制造、购买、储存、运输凶器，易燃易爆、易制爆品，腐蚀性、放射性、传染性、毒害性物品等危险物品，或者其他工具的； 2. 以当面传授、开办培训班、组建训练营、开办论坛、组织收听收看音频视频资料等方式，或者利用网站、网页、论坛、博客、微博客、网盘、即时通信、通讯群组、聊天室等网络平台、网络应用服务组织恐怖活动培训的，或者积极参加恐怖活动

法律适用	**司法解释**	心理体能培训，传授、学习犯罪技能方法或者进行恐怖活动训练的； 3. 为实施恐怖活动，通过拨打电话、发送短信、电子邮件等方式，或者利用网站、网页、论坛、博客、微博客、网盘、即时通信、通讯群组、聊天室等网络平台、网络应用服务与境外恐怖活动组织、人员联络的； 4. 为实施恐怖活动出入境或者组织、策划、煽动、拉拢他人出入境的； 5. 为实施恐怖活动进行策划或者其他准备的情形。 （八）犯刑法第一百二十条规定的犯罪，同时构成刑法第一百二十条之一至之六规定的犯罪的，依照处罚较重的规定定罪处罚。 犯刑法第一百二十条之一至之六规定的犯罪，同时构成其他犯罪的，依照处罚较重的规定定罪处罚。
	相关法律法规	《中华人民共和国反恐怖主义法》（节录）（2015年12月27日中华人民共和国主席令第36号公布　自2016年1月1日起施行　2018年4月27日修正） 第七十九条　组织、策划、准备实施、实施恐怖活动，宣扬恐怖主义，煽动实施恐怖活动，非法持有宣扬恐怖主义的物品，强制他人在公共场所穿戴宣扬恐怖主义的服饰、标志，组织、领导、参加恐怖活动组织，为恐怖活动组织、恐怖活动人员、实施恐怖活动或者恐怖活动培训提供帮助的，依法追究刑事责任。

34 宣扬恐怖主义、极端主义、煽动实施恐怖活动案

概念　　本罪是指行为人以制作、散发宣扬恐怖主义、极端主义的图书、音频视频资料或者其他物品，或者通过讲授、发布信息等方式宣扬恐怖主义、极端主义的，或者煽动实施恐怖活动的行为。

立案标准　　实施下列行为之一，宣扬恐怖主义、极端主义或者煽动实施恐怖活动的，以宣扬恐怖主义、极端主义、煽动实施恐怖活动罪定罪处罚：

（1）编写、出版、印刷、复制、发行、散发、播放载有宣扬恐怖主义、极端主义内容的图书、报刊、文稿、图片或者音频视频资料的；

（2）设计、生产、制作、销售、租赁、运输、托运、寄递、散发、展示带有宣扬恐怖主义、极端主义内容的标识、标志、服饰、旗帜、徽章、器物、纪念品等物品的；

（3）利用网站、网页、论坛、博客、微博客、网盘、即时通信、通讯群组、聊天室等网络平台、网络应用服务等登载、张贴、复制、发送、播放、演示载有恐怖主义、极端主义内容的图书、报刊、文稿、图片或者音频视频资料的；

（4）网站、网页、论坛、博客、微博客、网盘、即时通信、通讯群组，聊天室等网络平台、网络应用服务的建立、开办、经营、管理者，明知他人利用网络平台、网络应用服务散布、宣扬恐怖主义、极端主义内容，经相关行政主管部门处罚后仍允许或者放任他人发布的；

（5）利用教经、讲经、解经、学经、婚礼、葬礼、纪念、聚会和文体活动等宣扬恐怖主义、极端主义、煽动实施恐怖活动的；

（6）其他宣扬恐怖主义、极端主义、煽动实施恐怖活动的行为。

定罪标准	**犯罪客体**	本罪侵犯的客体是公共安全，即不特定或者多数人的生命、身体的安全以及公众生活的平稳与安宁。
	犯罪客观方面	本罪在客观方面表现为以制作、散发宣扬恐怖主义、极端主义的图书、音频视频资料或者其他物品，或者通过讲授、发布信息等方式宣扬恐怖主义、极端主义的，或者煽动实施恐怖活动的行为。具体包括以下两种表现形式： 　　一、制作、散发宣扬恐怖主义、极端主义的图书、音频视频资料或者其他物品，或者通过讲授、发布信息等方式宣扬恐怖主义、极端主义。根据《反恐怖主义法》的规定，恐怖主义，是指通过暴力、破坏、恐吓等手段，制造社会恐慌、危害公共安全、侵犯人身财产，或者胁迫国家机关、国际组织，以实现其政治、意识形态等目的的主张和行为。恐怖主义具有动机性、恐怖性和暴力性的特征。当前我国恐怖主义的重要特征是，以极端主义为思想基础，以分裂主义为目的，以暴力恐怖袭击为表现形式。极端主义，是指歪曲宗教教义和宣扬宗教极端，以及其他崇尚暴力、仇视社会、反对人类等极端的思想、言论和行为。极端主义与宗教相关，是带有偏激思想、偏激

定罪标准	**犯罪客观方面**	主张，并以偏激手段实现其主张的行为活动。国家反对一切形式的极端主义，禁止实施下列极端主义行为：制作、传播、持有宣扬极端主义的物品，或者以其他方式宣扬极端主义的；诋毁、侮辱、歧视其他民族和宗教，以恐吓、骚扰等方式驱赶其他民族和信仰其他宗教的人员离开居住地，或者阻挠、干涉他人与其他民族和信仰其他宗教的人员交往、共同生活的；利用民族、宗教名义阻碍国家机关工作人员依法履行职责，或者干涉他人生活习俗、方式和生产经营的；强迫他人参加宗教活动，强迫他人展示宣扬极端主义的物品，强迫他人向宗教活动场所或者宗教教职人员捐献或者提供劳动的；歪曲、诋毁国家政策、法律、行政法规，公开抵制人民政府依法管理，宣扬、煽动损毁或者故意损毁居民身份证、户口簿等国家法定证件以及人民币，组织、教唆、强迫未成年人参加宗教活动或者不参加义务教育，强迫他人以宗教仪式取代结婚、离婚登记，以及其他破坏国家政策、法律、行政法规实施的；为宣扬、传播、实施极端主义提供信息、资金、物资设备或者技术、场所等支持、协助、便利的。这里的"制作"，是指编写、出版、印刷、复制载有恐怖主义、极端主义思想内容的图书、音频视频资料或者其他物品的行为。"散发"，是指为了达到使他人接触到恐怖主义、极端主义信息的目的，而对特定的、不特定的或者多数人传播恐怖主义思想的行为。这里的"讲授"，是指针对特定的或者不特定的对象讲解、传授恐怖主义、极端主义思想。"发布信息"是指，通过一定的方式如手机短信、实时聊天工具、电子邮件或通过各种可以达到使人知晓目的的网络平台等方式发布相关信息。此外，行为人明知图书、音频视频资料或者其他物品载有宣扬恐怖主义、极端主义思想，而予以出版、印刷、复制、发行、邮寄、出售的，也构成本罪。 二、煽动实施恐怖活动。这里的"煽动"，是指为了达到实施暴力恐怖活动的目的，而对不特定人或者多数人实施的，使其产生实施恐怖活动的犯罪决意，或者刺激、助长其已经产生的实施恐怖活动决意的行为。煽动的形式可以是口头，也可以是书面或者其他方式，如制作资料、散发信息，面授或者通过音频视频等形式进行的怂恿、鼓动。随着网络技术的不断发展，恐怖分子已经将网络作为其宣扬恐怖主义、极端主义的一个重要途径。恐怖分子利用互联网传播速度快、范围广、隐秘性强等特征，通过自建网站等手段专门发布涉及恐怖主义和极端主义思想的音频视频。不仅如此，近几年恐怖分子利用大型社交网站发布恐怖信息的现象屡见不鲜，不但引起了公众恐慌，甚至已经通过这种手段成功实施了恐怖事件。网络恐怖在很大程度上推动了全球恐怖活动的发展，加剧了地区恐怖的严重性。恐怖组织以互联网为平台，扩大了恐怖信息传播的范围，加快了恐怖思想的传播速度，使得恐怖活动主体日渐复杂化，组织形式也呈现多元化趋势。 本罪主要包括以上两种表现形式，但是在实践中，宣扬恐怖主义、极端主义或者煽动实施恐怖主义活动的方式还有很多，并不限于本罪所列举的方式，所以使用了"等方式"的表述。一方面，列举宣扬、煽动行为的常见方式，以指导司法实践；另一方面，鉴于传播途径的日益多样化和恐怖主义活动的严重性，设置兜底性条款，使刑法可以最大程度地发挥预防和惩治犯罪的作用。
	犯罪主体	本罪的主体为一般主体，即凡年满 16 周岁且具有刑事责任能力的自然人都可以成为本罪的主体。

定 罪 标 准	**犯罪 主观 方面**	本罪在主观方面表现为故意，即行为人明知自己的行为是在宣扬恐怖主义、极端主义的行为，或者煽动实施恐怖活动的行为会产生危害公共安全的结果，而希望或者放任这种结果的发生。
	罪与 非罪	区分罪与非罪的界限，需要注意：行为人只要实施了宣扬恐怖主义、极端主义或者煽动他人实施恐怖活动的行为，且行为人所采取的宣扬、煽动的手段在客观上有传达到他人的可能性，就构成本罪，而不论受众人数多寡，是否看到所宣扬的内容，是否受所宣扬内容的影响继而实施恐怖活动等因素的影响。如果行为人所采取的手段在客观上没有传播可能性的，则不成立本罪的既遂。
	此罪 与 彼罪	一、本罪与组织、领导、参加恐怖组织罪的界限。从犯罪主体的角度看，组织、领导、参加恐怖组织罪的行为人是恐怖组织的成员，包括组织者、领导者和参与者；而本罪的行为人可以是恐怖组织的内部成员，也可以不是，只要年满 16 周岁的自然人明知自己的行为会产生危害公共安全的后果，而故意实施了宣扬、煽动行为就构成本罪，不论其是否为恐怖组织内部成员。从共同犯罪的形式来看，本罪属于任意的共犯，即一人可以实行的犯罪由二人以上共同实行的情况；组织、领导、参加恐怖组织罪属于必要的共犯，即刑法分则所规定的，必须由二人以上共同实行的犯罪，如对象犯、聚众共同犯罪和集团共同犯罪。组织、领导、参加恐怖组织罪便属于集团共同犯罪，直接由刑法分则规定法定刑处罚各种参与人，认定集团犯罪的关键在于认定犯罪集团。 如果恐怖组织的成员同时实施了向他人宣扬恐怖主义、极端主义或煽动实施恐怖活动的行为，则应当与本罪并罚。 二、本罪与教唆型犯罪的界限。煽动型犯罪针对的是不特定或者多数人，本罪中的煽动行为不指向具体的恐怖活动，而仅仅是通过语言、文字、音频视频等方式对他人进行怂恿和鼓动，意图使他人参加恐怖活动组织、实施恐怖活动、资助或以其他方式为恐怖活动提供帮助；而教唆型犯罪针对的一般是特定对象，且教唆的内容是实施具体的犯罪，如怂恿他人参加恐怖活动组织，或者实施具体的恐怖活动。如果在煽动实施恐怖活动行为的同时有教唆行为，属于想象竞合犯，择一重罪论处。
证 据 参 考 标 准	**主体 方面 的 证据**	**一、证明行为人刑事责任年龄、身份等自然情况的证据** 包括身份证明、户籍证明、任职证明、工作经历证明、特定职责证明等，主要是证明行为人的姓名（曾用名）、性别、出生年月日、民族、籍贯、出生地、职业（或职务）、住所地（或居住地）等证据材料，如户口簿、居民身份证、工作证、出生证、专业或技术等级证、干部履历表、职工登记表、护照等。 对于户籍、出生证等材料内容不实的，应提供其他证据材料。外国人犯罪的案件，应有护照等身份证明材料。人大代表、政协委员犯罪的案件，应注明身份，并附身份证明材料。 **二、证明行为人刑事责任能力的证据** 证明行为人对自己的行为是否具有辨认能力与控制能力，如是否属于间歇性精神病人、尚未完全丧失辨认或者控制自己行为能力的精神病人的证明材料。

证据参考标准	**主观方面的证据**	**证明行为人故意的证据** 1. 证明行为人明知的证据：证明行为人明知自己的行为会发生危害社会的结果； 2. 证明直接故意的证据：证明行为人希望危害结果发生。
	客观方面的证据	**证明行为人宣扬恐怖主义、极端主义、煽动实施恐怖活动行为的证据** 具体证据包括：1. 证明行为人制作含有宣扬恐怖主义、极端主义内容的图书、音频视频资料或者其他物品的证据；2. 证明行为人散发含有宣扬恐怖主义、极端主义内容的图书、音频视频资料或者其他物品的证据；3. 证明行为人讲授涉及恐怖主义、极端主义思想、观念的证据；4. 证明行为人发布以恐怖主义、极端主义为内容的信息的证据；5. 证明行为人煽动他人实施恐怖活动行为的证据；6. 证明行为人宣扬恐怖主义、极端主义情节严重的证据；7. 证明行为人煽动实施恐怖活动情节严重的证据。
	量刑方面的证据	**一、法定量刑情节证据** 1. 事实情节。2. 法定从重情节：情节严重。3. 法定从轻减轻情节：（1）可以从轻；（2）可以从轻或减轻；（3）应当从轻或者减轻。4. 法定从轻减轻免除情节：（1）可以从轻、减轻或者免除处罚；（2）应当从轻、减轻或者免除处罚。5. 法定减轻免除情节：（1）可以减轻或者免除处罚；（2）应当减轻或者免除处罚；（3）可以免除处罚。 **二、酌定量刑情节证据** 1. 犯罪手段；2. 犯罪对象；3. 危害结果；4. 动机；5. 平时表现；6. 认罪态度；7. 是否有前科；8. 其他证据。
量刑标准	犯本罪的	处五年以下有期徒刑、拘役、管制或者剥夺政治权利，并处罚金
	情节严重的	处五年以上有期徒刑，并处罚金或者没收财产
法律适用	**刑法条文**	**第一百二十条之三** 以制作、散发宣扬恐怖主义、极端主义的图书、音频视频资料或者其他物品，或者通过讲授、发布信息等方式宣扬恐怖主义、极端主义的，或者煽动实施恐怖活动的，处五年以下有期徒刑、拘役、管制或者剥夺政治权利，并处罚金；情节严重的，处五年以上有期徒刑，并处罚金或者没收财产。
	司法解释	**最高人民法院、最高人民检察院、公安部、司法部《关于办理恐怖活动和极端主义犯罪案件适用法律若干问题的意见》（节录）**（2018年3月16日最高人民法院、最高人民检察院、公安部、司法部公布 自公布之日起施行 高检会〔2018〕1号） **一、准确认定犯罪** （四）实施下列行为之一，宣扬恐怖主义、极端主义或者煽动实施恐怖活动的，依照刑法第一百二十条之三的规定，以宣扬恐怖主义、极端主义、煽动实施恐怖活动罪定罪处罚： 1. 编写、出版、印刷、复制、发行、散发、播放载有宣扬恐怖主义、极端主义内容的图书、报刊、文稿、图片或者音频视频资料的；

司法解释

2. 设计、生产、制作、销售、租赁、运输、托运、寄递、散发、展示带有宣扬恐怖主义、极端主义内容的标识、标志、服饰、旗帜、徽章、器物、纪念品等物品的；

3. 利用网站、网页、论坛、博客、微博客、网盘、即时通信、通讯群组、聊天室等网络平台、网络应用服务等登载、张贴、复制、发送、播放、演示载有恐怖主义、极端主义内容的图书、报刊、文稿、图片或者音频视频资料的；

4. 网站、网页、论坛、博客、微博客、网盘、即时通信、通讯群组、聊天室等网络平台、网络应用服务的建立、开办、经营、管理者，明知他人利用网络平台、网络应用服务散布、宣扬恐怖主义、极端主义内容，经相关行政主管部门处罚后仍允许或者放任他人发布的；

5. 利用教经、讲经、解经、学经、婚礼、葬礼、纪念、聚会和文体活动等宣扬恐怖主义、极端主义、煽动实施恐怖活动的；

6. 其他宣扬恐怖主义、极端主义、煽动实施恐怖活动的行为。

（八）犯刑法第一百二十条规定的犯罪，同时构成刑法第一百二十条之一至之六规定的犯罪的，依照处罚较重的规定定罪处罚。

犯刑法第一百二十条之一至之六规定的犯罪，同时构成其他犯罪的，依照处罚较重的规定定罪处罚。

法律适用

相关法律法规

《中华人民共和国反恐怖主义法》（节录）（2015年12月27日中华人民共和国主席令第36号公布　自2016年1月1日起施行　2018年4月27日修正）

第二条　国家反对一切形式的恐怖主义，依法取缔恐怖活动组织，对任何组织、策划、准备实施、实施恐怖活动，宣扬恐怖主义，煽动实施恐怖活动，组织、领导、参加恐怖活动组织，为恐怖活动提供帮助的，依法追究法律责任。

国家不向任何恐怖活动组织和人员作出妥协，不向任何恐怖活动人员提供庇护或者给予难民地位。

第三条　本法所称恐怖主义，是指通过暴力、破坏、恐吓等手段，制造社会恐慌、危害公共安全、侵犯人身财产，或者胁迫国家机关、国际组织，以实现其政治、意识形态等目的的主张和行为。

本法所称恐怖活动，是指恐怖主义性质的下列行为：

（一）组织、策划、准备实施、实施造成或者意图造成人员伤亡、重大财产损失、公共设施损坏、社会秩序混乱等严重社会危害的活动的；

（二）宣扬恐怖主义，煽动实施恐怖活动，或者非法持有宣扬恐怖主义的物品，强制他人在公共场所穿戴宣扬恐怖主义的服饰、标志的；

（三）组织、领导、参加恐怖活动组织的；

（四）为恐怖活动组织、恐怖活动人员、实施恐怖活动或者恐怖活动培训提供信息、资金、物资、劳务、技术、场所等支持、协助、便利的；

（五）其他恐怖活动。

本法所称恐怖活动组织，是指三人以上为实施恐怖活动而组成的犯罪组织。

本法所称恐怖活动人员，是指实施恐怖活动的人和恐怖活动组织的成员。

本法所称恐怖事件，是指正在发生或者已经发生的造成或者可能造成重大社会危害的恐怖活动。

第四条　国家将反恐怖主义纳入国家安全战略，综合施策，标本兼治，加强反恐怖主义的能力建设，运用政治、经济、法律、文化、教育、外交、军事等手段，开展反恐怖主义工作。

国家反对一切形式的以歪曲宗教教义或者其他方法煽动仇恨、煽动歧视、鼓吹暴力等极端主义，消除恐怖主义的思想基础。

第十九条 电信业务经营者、互联网服务提供者应当依照法律、行政法规规定，落实网络安全、信息内容监督制度和安全技术防范措施，防止含有恐怖主义、极端主义内容的信息传播；发现含有恐怖主义、极端主义内容的信息的，应当立即停止传输，保存相关记录，删除相关信息，并向公安机关或者有关部门报告。

网信、电信、公安、国家安全等主管部门对含有恐怖主义、极端主义内容的信息，应当按照职责分工，及时责令有关单位停止传输、删除相关信息，或者关闭相关网站、关停相关服务。有关单位应当立即执行，并保存相关记录，协助进行调查。对互联网上跨境传输的含有恐怖主义、极端主义内容的信息，电信主管部门应当采取技术措施，阻断传播。

第二十八条 公安机关和有关部门对宣扬极端主义，利用极端主义危害公共安全、扰乱公共秩序、侵犯人身财产、妨害社会管理的，应当及时予以制止，依法追究法律责任。

公安机关发现极端主义活动的，应当责令立即停止，将有关人员强行带离现场并登记身份信息，对有关物品、资料予以收缴，对非法活动场所予以查封。

任何单位和个人发现宣扬极端主义的物品、资料、信息的，应当立即向公安机关报告。

第七十九条 组织、策划、准备实施、实施恐怖活动，宣扬恐怖主义，煽动实施恐怖活动，非法持有宣扬恐怖主义的物品，强制他人在公共场所穿戴宣扬恐怖主义的服饰、标志，组织、领导、参加恐怖活动组织，为恐怖活动组织、恐怖活动人员、实施恐怖活动或者恐怖活动培训提供帮助的，依法追究刑事责任。

第八十条 参与下列活动之一，情节轻微，尚不构成犯罪的，由公安机关处十日以上十五日以下拘留，可以并处一万元以下罚款：

（一）宣扬恐怖主义、极端主义或者煽动实施恐怖活动、极端主义活动的；

（二）制作、传播、非法持有宣扬恐怖主义、极端主义的物品的；

（三）强制他人在公共场所穿戴宣扬恐怖主义、极端主义的服饰、标志的；

（四）为宣扬恐怖主义、极端主义或者实施恐怖主义、极端主义活动提供信息、资金、物资、劳务、技术、场所等支持、协助、便利的。

第八十四条 电信业务经营者、互联网服务提供者有下列情形之一的，由主管部门处二十万元以上五十万元以下罚款，并对其直接负责的主管人员和其他直接责任人员处十万元以下罚款；情节严重的，处五十万元以上罚款，并对其直接负责的主管人员和其他直接责任人员，处十万元以上五十万元以下罚款，可以由公安机关对其直接负责的主管人员和其他直接责任人员，处五日以上十五日以下拘留：

（一）未依照规定为公安机关、国家安全机关依法进行防范、调查恐怖活动提供技术接口和解密等技术支持和协助的；

（二）未按照主管部门的要求，停止传输、删除含有恐怖主义、极端主义内容的信息，保存相关记录，关闭相关网站或者关停相关服务的；

（三）未落实网络安全、信息内容监督制度和安全技术防范措施，造成含有恐怖主义、极端主义内容的信息传播，情节严重的。

35 利用极端主义破坏法律实施案

| 概念 | 本罪是指行为人利用极端主义煽动、胁迫群众破坏国家法律确立的婚姻、司法、教育、社会管理等制度实施的行为。 |

立案标准

利用极端主义，实施下列行为之一的，以利用极端主义破坏法律实施罪定罪处罚：

(1) 煽动、胁迫群众以宗教仪式取代结婚、离婚登记，或者干涉婚姻自由的；

(2) 煽动、胁迫群众破坏国家法律确立的司法制度实施的；

(3) 煽动、胁迫群众干涉未成年人接受义务教育，或者破坏学校教育制度、国家教育考试制度等国家法律规定的教育制度的；

(4) 煽动、胁迫群众抵制人民政府依法管理，或者阻碍国家机关工作人员依法执行职务的；

(5) 煽动、胁迫群众损毁居民身份证、居民户口簿等国家法定证件以及人民币的；

(6) 煽动、胁迫群众驱赶其他民族、有其他信仰的人员离开居住地，或者干涉他人生活和生产经营的；

(7) 其他煽动、胁迫群众破坏国家法律制度实施的行为。

定罪标准

犯罪客体

本罪侵犯的客体是公共安全，即国家法律确立的婚姻、司法、教育、社会管理制度等各项制度下公众生活的平稳与安定。

国家法律确立的各项制度能否顺利有效实施，影响着人们的生活秩序。与一般的恐怖活动不同，本罪虽然不如纵火、爆炸、杀人等暴力恐怖活动所造成的死伤、财产损失严重，但是利用极端主义实施犯罪的危害是多方面的，除了会危及国家法律秩序和社会管理秩序，也会造成不同民族间、群体间的矛盾、对抗，甚至会引发宗教、民族冲突，为人们的正常生活和国家的长治久安埋下了隐患。

犯罪客观方面

本罪在客观方面表现为利用极端主义，通常是将宗教与极端主义捆绑在一起，通过煽动、胁迫手段，误导或者逼迫群众去破坏国家法律确立的婚姻、司法、教育、社会管理等制度的实施，干扰他人正常生产、生活，破坏国家对社会的管理，破坏法律制度的正常实施，从而使社会处于不安定状态。本罪在客观上的特点是，行为人本人并不直接实施破坏国家法律确立的婚姻、司法、教育、社会管理等制度实施的行为，而是利用极端主义煽动、胁迫群众去实施破坏行为。

构成本罪的前提是利用极端主义，所谓极端主义，是指建立在恐怖主义思想之上的、歪曲宗教教义和宣扬宗教极端，煽动仇恨、煽动歧视，以及其他崇尚暴力、仇视社会、反对人类等极端的思想、言论和行为。极端主义的表现形态有很多，大多打着"宗教权利高于一切"的旗号，蛊惑、利用群众，一般表现为对其他文化、观念、族群的歧视和排斥。这里的"煽动"，是指为了破坏国家法律确立的各项制度的正常实施，利用极端主义对不特定人或者多数人进行怂恿、鼓动，使其实施破坏国家法律确立的婚姻、司法、教育、社会管理等制度实施的行为。煽动的方式多种多样，可以是口头的，也可以通过书面、网络、音频视频等媒介实施的怂恿和鼓动。这里的"胁

定罪标准	**犯罪客观方面**	迫"，是指行为人利用极端主义，以恶害相通告，使被害人产生恐惧心理因而不敢反抗的行为，胁迫应当达到足以压制对方反抗的程度，即使被胁迫方产生恐惧心理因而不敢反抗的行为，从而不得已去实施行为人所胁迫的破坏法律实施的行为。本罪中胁迫的内容可以是对他人生命、人身、财产安全加以威胁，也可以是以孤立、排斥等方法施加压力，或阻止他人参加正常宗教活动等精神方面的威胁。 法律是维护人民权益、维护社会公平正义、维护国家安全稳定的重要依据，国家法律所确立的婚姻、司法、教育、社会管理等制度，涉及社会生活的各个方面，是国家对社会进行管理的基本形式和内容，每个公民都有义务遵守这些制度。行为人利用极端主义煽动、胁迫群众去破坏法律实施的表现主要有以下几方面：(1) 对婚姻制度的破坏，如煽动、胁迫群众不按法律的规定到政府机关进行婚姻登记，而是随意按照宗教仪式取代结婚或者离婚登记，或不遵守国家关于"一夫一妻"制度的规定；(2) 对司法制度的破坏，如煽动、胁迫群众不履行法定义务，或者以民族、宗教等名义干扰或者阻碍司法工作人员依法履行职责；(3) 对教育制度的破坏，如煽动、胁迫群众破坏教育制度，鼓动群众不让适龄子女接受九年义务教育，或者煽动、胁迫群众将子女送往极端主义者非法设置的"经文学校""读经班""讲经点"等场所，灌输恐怖主义、极端主义思想，阻挠、破坏国家教育制度的实施；(4) 对社会管理制度的破坏，如煽动、胁迫群众拒绝使用或者故意损毁居民身份证、户口簿、结婚证、驾驶证等国家法定证件以及人民币等。 "情节严重"和"情节特别严重"，可以根据行为人实施煽动、胁迫的次数、手段、涉及的人员多少和区域大小、社会危害性等角度认定，适用不同的量刑幅度进行处罚。例如，情节严重，一般表现为多次煽动、胁迫群众破坏国家法律确立的各项制度，煽动、胁迫行为在社会上造成恶劣影响，使公共财产遭受重大损失，不特定或者多数人的生命、健康受到严重威胁，或者因煽动、胁迫行为，造成社会秩序混乱等后果；情节特别严重，一般表现为行为人煽动、胁迫行为导致国家法律确立的各项制度受到严重抵制，丧失调节社会的功能，对我国法治国家建设造成严重破坏，或者造成社会秩序特别混乱，人们的正常生活受到特别严重影响，且短时间内难以恢复的。
	犯罪主体	本罪的主体为一般主体，即凡年满16周岁且具有刑事责任能力的自然人都可以成为本罪的主体。
	犯罪主观方面	本罪在主观方面表现为直接故意，即行为人明知自己的煽动、胁迫行为会产生危害公共安全的结果，而希望这种结果发生。 本罪属于行为犯，行为人只要实施了煽动、胁迫群众破坏国家法律确立的婚姻、司法、教育、社会管理等制度实施的行为，就构成犯罪既遂，而不论被煽动、胁迫的对象是否实施破坏活动，破坏活动是否危害公共安全。
	罪与非罪	区分罪与非罪的界限，需要注意：本罪属于行为犯，只要行为人利用极端主义实施了煽动、胁迫群众破坏国家法律确立的婚姻、司法、教育、社会管理等制度实施的行为，就构成犯罪既遂，不论被煽动、胁迫的对象是否接受煽动、胁迫实施破坏行为，也不论被煽动者破坏法律实施的行为是否得逞，是否造成严重后果，都构成本罪的既遂。构成本罪的前提是利用极端主义，对于没有利用极端主义煽动、胁迫他人破坏国家法律制度实施的，或者基于个人狭隘、愚昧思想，对宗教教义、民族风俗产生不正确理解，并进而破坏国家法律制度实施，构成犯罪的，依照刑法其他规定定罪处罚，不构成犯罪的，依法予以行政处罚或者进行批评、教育。

定罪标准	**此罪与彼罪**	一、本罪与组织、利用会门道、邪教组织或者利用迷信破坏法律实施罪的界限。同样是破坏法律实施的犯罪，组织、利用会门道、邪教组织或者利用迷信破坏法律实施罪，是指组织和利会门道、邪教组织或者利用迷信破坏国家法律实施的行为，本罪则是利用极端主义破坏法律实施。同样涉及宗教问题，邪教组织，是指冒用宗教、气功或者其他名义建立，神话首要分子，利用制造、散布迷信邪说等手段蛊惑、蒙骗他人，发展、控制成员，危害社会的非法组织；极端主义，则是指建立在恐怖主义思想之上的，歪曲宗教教义和宣扬宗教极端，煽动仇恨、煽动歧视，以及其他崇尚暴力、仇视社会、反对人类等极端的思想、言论和行为。二者针对的对象在实践中有所区别，极端主义所宣扬的宗教信仰多建立在恐怖主义思想之上，多针对少数民族群众；而邪教组织所宣扬的宗教信仰多建立在迷信邪说的思想之上，针对的对象也比较广泛。 二、本罪与煽动实施恐怖活动罪的界限。同样是煽动型犯罪，两罪煽动的内容却有所不同。本罪"煽动"的内容是破坏国家法律确立的婚姻、司法、教育、社会管理等制度的实施，煽动的内容比较具体，即破坏或者抵制国家法律确立的各项制度的实施；而煽动实施恐怖活动罪中，"煽动"内容不指向具体的恐怖活动，而仅仅是通过语言、文字、音频视频等方式对他人进行怂恿和鼓动，意图使他人参加恐怖活动组织、实施恐怖活动、资助或以其他方式为恐怖活动提供帮助。 此外，如果行为人在实施胁迫行为的过程中，故意造成被胁迫者重伤、死亡的，应当以本罪与故意伤害、故意杀人罪等实施数罪并罚。行为人利用极端主义煽动群众破坏法律实施的同时又煽动群众实施恐怖活动的，应当以本罪与煽动实施恐怖活动罪数罪并罚。
证据参考标准	**主体方面的证据**	**一、证明行为人刑事责任年龄、身份等自然情况的证据** 包括身份证明、户籍证明、任职证明、工作经历证明、特定职责证明等，主要是证明行为人的姓名（曾用名）、性别、出生年月日、民族、籍贯、出生地、职业（或职务）、住所地（或居住地）等证据材料，如户口簿、居民身份证、工作证、出生证、专业或技术等级证、干部履历表、职工登记表、护照等。 对于户籍、出生证等材料内容不实的，应提供其他证据材料。外国人犯罪的案件，应有护照等身份证明材料。人大代表、政协委员犯罪的案件，应注明身份，并附身份证明材料。 **二、证明行为人刑事责任能力的证据** 证明行为人对自己的行为是否具有辨认能力与控制能力，如是否属于间歇性精神病人、尚未完全丧失辨认或者控制自己行为能力的精神病人的证明材料。
	主观方面的证据	**证明行为人故意的证据** 1. 证明行为人明知的证据：证明行为人明知自己的行为会发生危害社会的结果； 2. 证明直接故意的证据：证明行为人希望危害结果发生。
	客观方面的证据	**证明行为人利用极端主义煽动、胁迫群众破坏国家法律确立的婚姻、司法、教育、社会管理等制度实施的证据** 具体证据包括：1. 证明行为人利用极端主义煽动群众破坏法律实施的证据；2. 证明行为人利用极端主义胁迫群众破坏法律实施的证据；3. 证明行为人针对的是国家确立的婚姻、司法、教育、社会管理等制度的证据；4. 证明行为人利用极端主义破坏法律实施情节严重的证据；5. 证明行为人利用极端主义破坏法律实施情节特别严重的证据等。

证据参考标准	**量刑方面的证据**	**一、法定量刑情节证据** 1. 事实情节。2. 法定从重情节：（1）情节严重；（2）情节特别严重。3. 法定从轻减轻情节：（1）可以从轻；（2）可以从轻或减轻；（3）应当从轻或者减轻。4. 法定从轻减轻免除情节：（1）可以从轻、减轻或者免除处罚；（2）应当从轻、减轻或者免除处罚。5. 法定减轻免除情节：（1）可以减轻或者免除处罚；（2）应当减轻或者免除处罚；（3）可以免除处罚。 **二、酌定量刑情节证据** 1. 犯罪手段；2. 犯罪对象；3. 危害结果；4. 动机；5. 平时表现；6. 认罪态度；7. 是否有前科；8. 其他证据。
量刑标准	犯本罪的	处三年以下有期徒刑、拘役或者管制，并处罚金
	情节严重的	处三年以上七年以下有期徒刑，并处罚金
	情节特别严重的	处七年以上有期徒刑，并处罚金或者没收财产
法律适用	**刑法条文**	**第一百二十条之四** 利用极端主义煽动、胁迫群众破坏国家法律确立的婚姻、司法、教育、社会管理等制度实施的，处三年以下有期徒刑、拘役或者管制，并处罚金；情节严重的，处三年以上七年以下有期徒刑，并处罚金；情节特别严重的，处七年以上有期徒刑，并处罚金或者没收财产。
	司法解释	**最高人民法院、最高人民检察院、公安部、司法部《关于办理恐怖活动和极端主义犯罪案件适用法律若干问题的意见》（节录）**（2018 年 3 月 16 日最高人民法院、最高人民检察院、公安部、司法部公布 自公布之日起施行 高检会〔2018〕1 号） **一、准确认定犯罪** （五）利用极端主义，实施下列行为之一的，依照刑法第一百二十条之四的规定，以利用极端主义破坏法律实施罪定罪处罚： 1. 煽动、胁迫群众以宗教仪式取代结婚、离婚登记，或者干涉婚姻自由的； 2. 煽动、胁迫群众破坏国家法律确立的司法制度实施的； 3. 煽动、胁迫群众干涉未成年人接受义务教育，或者破坏学校教育制度、国家教育考试制度等国家法律规定的教育制度的； 4. 煽动、胁迫群众抵制人民政府依法管理，或者阻碍国家机关工作人员依法执行职务的； 5. 煽动、胁迫群众损毁居民身份证、居民户口簿等国家法定证件以及人民币的； 6. 煽动、胁迫群众驱赶其他民族、有其他信仰的人员离开居住地，或者干涉他人生活和生产经营的； 7. 其他煽动、胁迫群众破坏国家法律制度实施的行为。 （八）犯刑法第一百二十条规定的犯罪，同时构成刑法第一百二十条之一至之六规定的犯罪的，依照处罚较重的规定定罪处罚。 犯刑法第一百二十条之一至之六规定的犯罪，同时构成其他犯罪的，依照处罚较重的规定定罪处罚。

法律适用

相关法律法规

《中华人民共和国反恐怖主义法》（节录）(2015 年 12 月 27 日中华人民共和国主席令第 36 号公布　自 2016 年 1 月 1 日起施行　2018 年 4 月 27 日修正)

第八十一条　利用极端主义，实施下列行为之一，情节轻微，尚不构成犯罪的，由公安机关处五日以上十五日以下拘留，可以并处一万元以下罚款：

（一）强迫他人参加宗教活动，或者强迫他人向宗教活动场所、宗教教职人员提供财物或者劳务的；

（二）以恐吓、骚扰等方式驱赶其他民族或者有其他信仰的人员离开居住地的；

（三）以恐吓、骚扰等方式干涉他人与其他民族或者有其他信仰的人员交往、共同生活的；

（四）以恐吓、骚扰等方式干涉他人生活习俗、方式和生产经营的；

（五）阻碍国家机关工作人员依法执行职务的；

（六）歪曲、诋毁国家政策、法律、行政法规，煽动、教唆抵制人民政府依法管理的；

（七）煽动、胁迫群众损毁或者故意损毁居民身份证、户口簿等国家法定证件以及人民币的；

（八）煽动、胁迫他人以宗教仪式取代结婚、离婚登记的；

（九）煽动、胁迫未成年人不接受义务教育的；

（十）其他利用极端主义破坏国家法律制度实施的。

36 强制穿戴宣扬恐怖主义、极端主义服饰、标志案

概念

　　本罪是指行为人以暴力、胁迫等方式强制他人在公共场所穿着、佩戴宣扬恐怖主义、极端主义服饰、标志的行为。

立案标准

　　具有下列情形之一的，以强制穿戴宣扬恐怖主义、极端主义服饰、标志罪定罪处罚：

　　(1) 以暴力、胁迫等方式强制他人在公共场所穿着、佩戴宣扬恐怖主义、极端主义服饰的；

　　(2) 以暴力、胁迫等方式强制他人在公共场所穿着、佩戴含有恐怖主义、极端主义的文字、符号、图形、口号、徽章的服饰、标志的；

　　(3) 其他强制他人穿戴宣扬恐怖主义、极端主义服饰、标志的情形。

定罪标准

犯罪客体

　　本罪侵犯的客体是公共安全，即不特定或者多数人的生命、身体的安全以及公众生活的平稳与安宁。同时也包括公民的人身权利、民主权利和按照民族风俗习惯生活的自由。

犯罪客观方面

　　本罪在客观方面表现为以暴力、胁迫等方式强制他人在公共场所穿着、佩戴宣扬恐怖主义、极端主义服饰、标志的行为。

　　"暴力"是指对他人的人身不法行使有形力，使其不能反抗的行为，如殴打、捆绑、伤害、禁闭等，危害他人的人身安全或者人身自由，使他人迫于外在的有形力而屈服。"胁迫"是指以恶害相通告，使他人产生恐惧心理因而不敢反抗的行为，这种胁迫也应当达到足以压制对方反抗的程度。这里的胁迫方式可以是口头的，也可以是书面的或者音频视频形式的。胁迫的内容既可以是"以当场实施暴力相威胁"，也可以是与宗教信仰相关的非暴力威胁，如以孤立、排斥等方法施加压力，或阻止他人参加正常宗教活动等精神方面的威胁等。只要被害人被迫在公共场所穿着、佩戴宣扬恐怖主义、极端主义服饰、标志的，都构成本罪。

　　穿着、佩戴宣扬恐怖主义、极端主义服饰或标志，是指穿着、佩戴的服饰、标志包含了恐怖主义、极端主义思想观念，能够被大众识别且具有象征意义的文字、符号、旗帜、标语、图案等，是一种极端政治的标识，是恐怖主义、极端主义身份的象征。具体而言，恐怖主义、极端主义服饰，是以恐怖主义、极端主义思想为设计理念，以服饰的款式、颜色或者在服饰上加印恐怖主义、极端主义的文字、符号、标志等内容来强化身份意识的服饰，与大众服饰有明显的区别。恐怖主义、极端主义标志，同样也是建立在恐怖主义、极端主义思想之上，能够被识别且具有象征意义的文字、图形或标语等，除了表示恐怖主义、极端主义以外，还具有表达恐怖主义、极端主义指令行动等作用。

　　强制他人穿着、佩戴这种具有象征性的服饰、标志，一方面渲染恐怖主义、极端

定罪标准	犯罪客观方面	主义氛围，宣扬恐怖主义、极端主义思想，滋生强烈的恐惧感，从而增强恐怖主义、极端主义的组织性和社会影响力；另一方面侵害了被害人的人身权利、民主权利和按照民族风俗习惯生活的自由，恐怖主义、极端主义强迫他人作为宣传恐怖主义、极端主义的工具，不仅侵犯了公民的上述权利，而且助长了恐怖主义、极端主义的嚣张气焰，破坏了公众生活的平稳与安宁。
	犯罪主体	本罪的主体为一般主体，即凡年满16周岁且具有刑事责任能力的自然人都可以成为本罪的主体。
	犯罪主观方面	本罪在主观方面表现为故意，即行为人明知自己以暴力、胁迫等方式强制他人在公共场所穿着、佩戴宣扬恐怖主义、极端主义服饰、标志会产生危害公共安全的结果，而希望或者放任这种结果的发生的主观心理态度。
	罪与非罪	区分罪与非罪的界限，需要注意：本罪是行为人以暴力、胁迫等方式强制他人在公共场所穿着、佩戴宣扬恐怖主义、极端主义服饰、标志的行为，如果行为人实施强制的程度相对较低，则不一定使被害人丧失自由意志，但是只要被害人原本不愿意作出该行为，而行为人通过一定方式强迫、诱使被害人作出该行为的即构成本罪既遂。强制他人穿着、佩戴宣扬恐怖主义、极端主义服饰、标志，如果不是公共场所，而是强制他人在相对隐秘的环境穿着、佩戴，则不构成本罪，实施暴力、胁迫手段构成其他犯罪的，依照相应的规定定罪处罚。公共场所的大小、规模在所不论，只要可能被不特定或者多数人知悉，即使现实上没有被知悉，也不影响本罪的成立。如果行为人以暴力、胁迫等方式强制他人在公共场所穿着、佩戴宣扬恐怖主义、极端主义服饰、标志，但被害人并没有穿着、佩戴，或者没有出现在公共场所，或者尚未到达公共场所即被抓获的，属于本罪的未遂。至于被害人人数的多少，在公共场所停留时间的长短等不影响本罪的成立，在量刑时可以酌情考虑。
证据参考标准	主体方面的证据	**一、证明行为人刑事责任年龄、身份等自然情况的证据** 包括身份证明、户籍证明、任职证明、工作经历证明、特定职责证明等，主要是证明行为人的姓名（曾用名）、性别、出生年月日、民族、籍贯、出生地、职业（或职务）、住所地（或居住地）等证据材料，如户口簿、居民身份证、工作证、出生证、专业或技术等级证、干部履历表、职工登记表、护照等。 对于户籍、出生证等材料内容不实的，应提供其他证据材料。外国人犯罪的案件，应有护照等身份证明材料。人大代表、政协委员犯罪的案件，应注明身份，并附身份证明材料。 **二、证明行为人刑事责任能力的证据** 证明行为人对自己的行为是否具有辨认能力与控制能力，如是否属于间歇性精神病人、尚未完全丧失辨认或者控制自己行为能力的精神病人的证明材料。

证据参考标准	主观方面的证据	**证明行为人故意的证据** 1. 证明行为人明知的证据：证明行为人明知自己的行为会发生危害社会的结果； 2. 证明故意的证据：证明行为人希望或者放任危害结果发生。
	客观方面的证据	**证明行为人以暴力、胁迫等方式强制他人在公共场所穿着、佩戴宣扬恐怖主义、极端主义服饰、标志的证据** 具体证据包括：1. 证明行为人以暴力手段强制他人穿着、佩戴宣扬恐怖主义、极端主义服饰、标志的证据；2. 证明行为人以胁迫手段强制他人穿着、佩戴宣扬恐怖主义、极端主义服饰、标志的证据；3. 证明行为人实施其他使被害人丧失自由意志从而穿着、佩戴宣扬恐怖主义、极端主义服饰、标志的证据；4. 证明被害人在公共场所穿着、佩戴宣扬恐怖主义、极端主义服饰、标志的证据；5. 证明被害人所穿着的服饰具有恐怖主义、极端主义象征意义的证据；6. 证明被害人所佩戴的标志是宣扬恐怖主义、极端主义的，能够被大众识别且具有象征意义的文字、符号、旗帜、标语、图案等的证据。
	量刑方面的证据	**一、法定量刑情节证据** 1. 事实情节。2. 法定从重情节。3. 法定从轻减轻情节：（1）可以从轻；（2）可以从轻或减轻；（3）应当从轻或者减轻。4. 法定从轻减轻免除情节：（1）可以从轻、减轻或者免除处罚；（2）应当从轻、减轻或者免除处罚。5. 法定减轻免除情节：（1）可以减轻或者免除处罚；（2）应当减轻或者免除处罚；（3）可以免除处罚。 **二、酌定量刑情节证据** 1. 犯罪手段；2. 犯罪对象；3. 危害结果；4. 动机；5. 平时表现；6. 认罪态度；7. 是否有前科；8. 其他证据。
量刑标准	犯本罪的	处三年以下有期徒刑、拘役或者管制，并处罚金
法律适用	刑法条文	**第一百二十条之五**　以暴力、胁迫等方式强制他人在公共场所穿着、佩戴宣扬恐怖主义、极端主义服饰、标志的，处三年以下有期徒刑、拘役或者管制，并处罚金。
	司法解释	**最高人民法院、最高人民检察院、公安部、司法部《关于办理恐怖活动和极端主义犯罪案件适用法律若干问题的意见》（节录）**（2018 年 3 月 16 日最高人民法院、最高人民检察院、公安部、司法部公布　自公布之日起施行　高检会〔2018〕1 号） **一、准确认定犯罪** （六）具有下列情形之一的，依照刑法第一百二十条之五的规定，以强制穿戴宣扬恐怖主义、极端主义服饰、标志罪定罪处罚： 1. 以暴力、胁迫等方式强制他人在公共场所穿着、佩戴宣扬恐怖主义、极端主义服饰的；

2. 以暴力、胁迫等方式强制他人在公共场所穿着、佩戴含有恐怖主义、极端主义的文字、符号、图形、口号、徽章的服饰、标志的；

3. 其他强制他人穿戴宣扬恐怖主义、极端主义服饰、标志的情形。

（八）犯刑法第一百二十条规定的犯罪，同时构成刑法第一百二十条之一至之六规定的犯罪的，依照处罚较重的规定定罪处罚。

犯刑法第一百二十条之一至之六规定的犯罪，同时构成其他犯罪的，依照处罚较重的规定定罪处罚。

《中华人民共和国反恐怖主义法》（节录）（2015 年 12 月 27 日中华人民共和国主席令第 36 号公布　自 2016 年 1 月 1 日起施行　2018 年 4 月 27 日修正）

第三条　本法所称恐怖主义，是指通过暴力、破坏、恐吓等手段，制造社会恐慌、危害公共安全、侵犯人身财产，或者胁迫国家机关、国际组织，以实现其政治、意识形态等目的的主张和行为。

本法所称恐怖活动，是指恐怖主义性质的下列行为：

（一）组织、策划、准备实施、实施造成或者意图造成人员伤亡、重大财产损失、公共设施损坏、社会秩序混乱等严重社会危害的活动的；

（二）宣扬恐怖主义，煽动实施恐怖活动，或者非法持有宣扬恐怖主义的物品，强制他人在公共场所穿戴宣扬恐怖主义的服饰、标志的；

（三）组织、领导、参加恐怖活动组织的；

（四）为恐怖活动组织、恐怖活动人员、实施恐怖活动或者恐怖活动培训提供信息、资金、物资、劳务、技术、场所等支持、协助、便利的；

（五）其他恐怖活动。

本法所称恐怖活动组织，是指三人以上为实施恐怖活动而组成的犯罪组织。

本法所称恐怖活动人员，是指实施恐怖活动的人和恐怖活动组织的成员。

本法所称恐怖事件，是指正在发生或者已经发生的造成或者可能造成重大社会危害的恐怖活动。

第七十九条　组织、策划、准备实施、实施恐怖活动，宣扬恐怖主义，煽动实施恐怖活动，非法持有宣扬恐怖主义的物品，强制他人在公共场所穿戴宣扬恐怖主义的服饰、标志，组织、领导、参加恐怖活动组织，为恐怖活动组织、恐怖活动人员、实施恐怖活动或者恐怖活动培训提供帮助的，依法追究刑事责任。

第八十条　参与下列活动之一，情节轻微，尚不构成犯罪的，由公安机关处十日以上十五日以下拘留，可以并处一万元以下罚款：

（一）宣扬恐怖主义、极端主义或者煽动实施恐怖活动、极端主义活动的；

（二）制作、传播、非法持有宣扬恐怖主义、极端主义的物品的；

（三）强制他人在公共场所穿戴宣扬恐怖主义、极端主义的服饰、标志的；

（四）为宣扬恐怖主义、极端主义或者实施恐怖主义、极端主义活动提供信息、资金、物资、劳务、技术、场所等支持、协助、便利的。

37 非法持有宣扬恐怖主义、极端主义物品案

概念　　本罪是指行为人明知是宣扬恐怖主义、极端主义的图书、音频视频资料或者其他物品而非法持有，情节严重的行为。

立案标准　　明知是载有宣扬恐怖主义、极端主义内容的图书、报刊、文稿、图片、音频视频资料、服饰、标志或者其他物品而非法持有，达到下列数量标准之一的，以非法持有宣扬恐怖主义、极端主义物品罪定罪处罚：

(1) 图书、刊物 20 册以上，或者电子图书、刊物 5 册以上的；

(2) 报纸 100 份（张）以上，或者电子报纸 20 份（张）以上的；

(3) 文稿、图片 100 篇（张）以上，或者电子文稿、图片 20 篇（张）以上，或者电子文档 50 万字符以上的；

(4) 录音带、录像带等音像制品 20 个以上，或者电子音频视频资料 5 个以上，或者电子音频视频资料 20 分钟以上的；

(5) 服饰、标志 20 件以上的。

非法持有宣扬恐怖主义、极端主义的物品，虽未达到上述数量标准，但具有多次持有，持有多类物品，造成严重后果或者恶劣社会影响，曾因实施恐怖活动、极端主义违法犯罪被追究刑事责任或者 2 年内受过行政处罚等情形之一的，也可以定罪处罚。

多次非法持有宣扬恐怖主义、极端主义的物品，未经处理的，数量应当累计计算。非法持有宣扬恐怖主义、极端主义的物品，涉及不同种类或者形式的，可以根据上述不同数量标准的相应比例折算后累计计算。

定罪标准	**犯罪客体**	本罪侵犯的客体是公共安全，即不特定或者多数人的生命、身体的安全以及公众生活的平稳与安宁。
	犯罪客观方面	本罪在客观方面表现为明知是宣扬恐怖主义、极端主义的图书、音频视频资料或者其他物品而非法持有，情节严重的行为。 宣扬恐怖主义、极端主义的图书、音频视频资料或者其他物品主要包含以下两类：一种是含有恐怖主义、极端主义的观念、主张和意识形态，是恐怖分子实施恐怖活动的思想基础；另一种是含有传授制造、使用枪支、炸药、爆炸装置等危险物品的方法、技能等内容的。这些宣传品在形式和内容上都比较多样化，但总体而言，这些用于宣扬恐怖主义、极端主义的物品，基本上都对宗教教义进行了歪曲，具有反社会、反人类的本质，一旦被传播，极易造成恐怖主义、极端主义的扩散和蔓延。"其他物品"，是指除了图书、音频视频资料以外，具有传播性，可供阅读、观看的图片、文稿等。 本罪的"持有"，是指行为人对宣扬恐怖主义、极端主义的图书、音频视频资料或者其他物品存在事实上的支配，是行为人对恐怖主义、极端主义宣传品处于占有、

定罪标准

犯罪客观方面

支配、控制的一种状态，具体表现为直接持有、拥有、私藏、携带或者以其他方法支配这些物品。对于其他可供支配的方式，实践中，行为人将含有宣扬恐怖主义、极端主义的内容存储于电脑、手机、U盘或者其他存储介质，本质上也属于持有的一种表现，且更容易造成大面积传播。

持有型犯罪，是指行为人违反《刑法》规定，故意支配或控制（包括持有、拥有、私藏、携带等）特定物品或财产的不法状态的行为。持有型犯罪的立法宗旨在于强化法益保护，它是以持有行为本身作为追究刑事责任客观基础的一类犯罪，而持有型犯罪对象的性质又对主体行为的评价至关重要。对持有犯罪，法律不关注如何取得，也不关注特定义务的履行，只是责难一种状态。《刑法修正案（九）》新增本罪之前，我国《刑法》中规定的持有型犯罪有：（1）第128条第1款规定的“非法持有、私藏枪支、弹药罪”；（2）第130条规定的“非法携带枪支、弹药、管制刀具、危险物品危及公共安全罪”；（3）第172条规定的“持有、使用假币罪”；（4）第282条第2款规定的“非法持有国家绝密、机密文件、资料、物品罪”；（5）第297条规定的“非法携带武器、管制刀具、爆炸物参加集会、游行、示威罪”；（6）第348条规定的“非法持有毒品罪”；（7）第352条规定的“非法买卖、运输、携带、持有毒品原植物种子、幼苗罪”；（8）第395条第1款规定的“巨额财产来源不明罪”。根据以上规定可知，我国刑法所规定的持有型犯罪有以下三方面特征：一是持有对象是特定物品。有的持有物本身不具有社会危害性，如巨额财产，绝密、机密文件等；有的则本身就是违禁品，如枪支、弹药、假币、毒品等，本罪所规定的宣扬恐怖主义、极端主义的图书、音频视频资料也应当属于违禁品。但无论是否属于违禁品，构成犯罪的前提都是非法持有这些特定物品。二是在特定场所持有。如第130条规定的非法携带枪支、弹药、管制刀具、危险物品危及公共安全罪限定必须是在公共场所或者公共交通工具上。三是由特定主体持有。如第395条第1款规定的“巨额财产来源不明罪”限定必须是国家工作人员方能成为本罪主体。需要说明的是，并非每一个持有型犯罪必须同时具备以上三个方面，但至少具备其中之一。

《刑法修正案（九）》新增本罪主要基于以下三点理由：（1）严密刑事法网，处罚介于作为和不作为之间的持有犯罪；（2）对于对社会公共安全有重大危害的危险物品，不等到用于危害社会时就予以处罚，可以提前控制犯罪，行为人持有宣扬恐怖主义、极端主义物品将会导致这些观念和意识形态继续向外传播，在这些极端思想的误导下，极易诱发暴力恐怖主义活动，事实上，这些宣传品的传播、蔓延，已经成为我国恐怖袭击多发的重要诱因，所以对于严重的持有行为，有必要用刑法予以规制；（3）实践中，经常有人非法大量持有宣扬恐怖主义、极端主义的物品，但难以查明这些人是否存在制作、散布等行为，实际执法中难以收集、固定相关证据，新增本罪后，只要行为人对所持有的图书、音频视频资料或者其他物品的内容、性质有所认识，且情节严重即可认定为犯罪，而无须证明这些物品的具体来源如何、用途如何，从而降低了证明标准，减轻公诉机关的证明责任。

犯罪主体

本罪的主体为一般主体，即年满16周岁且具有刑事责任能力的自然人都可以成为本罪的主体。

犯罪主观方面

本罪在主观方面表现为故意，即行为人明知自己持有宣扬恐怖主义、极端主义的图书、音频视频资料或者其他物品会产生危害公共安全的结果，而希望或者放任这种结果发生。过失不构成本罪。“明知”应当根据案件具体情况，以行为人实施的客观

定罪标准	**犯罪主观方面**	行为为基础，结合其一贯表现，具体行为、程度、手段、事后态度，以及年龄、认知和受教育程度、所从事的职业等综合审查判断。 具有下列情形之一，行为人不能做出合理解释的，可以认定其"明知"，但有证据证明确属被蒙骗的除外： （1）曾因实施恐怖活动、极端主义违法犯罪被追究刑事责任，或者2年内受过行政处罚，或者被责令改正后又实施的； （2）在执法人员检查时，有逃跑、丢弃携带物品或者逃避、抗拒检查等行为，在其携带、藏匿或者丢弃的物品中查获宣扬恐怖主义、极端主义的物品的； （3）采用伪装、隐匿、暗语、手势、代号等隐蔽方式制作、散发、持有宣扬恐怖主义、极端主义的物品的； （4）以虚假身份、地址或者其他虚假方式办理托运，寄递手续，在托运、寄递的物品中查获宣扬恐怖主义、极端主义的物品的； （5）有其他证据足以证明行为人应当知道的情形。
	罪与非罪	区分罪与非罪的界限，需要注意：行为人出于好奇、思想认识不清楚，或者一些信息相对闭塞地区的民众因辨别意识不强，非法持有少量宣扬恐怖主义、极端主义的物品，没有其他恐怖主义、极端主义违法行为，经发现后及时上交、销毁、删除的，不以犯罪论处。 实践中有一些合法持有的情形，如查办案件的人民警察查封、扣押宣扬恐怖主义、极端主义的图书、音频视频资料等物品因而持有的；研究反恐怖主义问题的专家学者为进行学术研究而持有少量恐怖主义、极端主义宣传品的，不能认定为犯罪。
	此罪与彼罪	对于持有人，如果经查证实其持有行为是为了通过各种传播途径进一步实施宣扬恐怖主义、极端主义、煽动实施恐怖活动的行为，或是为了进一步利用上述物品煽动群众破坏国家法律制度实施而非法持有的，则应当依照《刑法》第120条之三、第120条之四的规定定罪处罚。
证据参考标准	**主体方面的证据**	**一、证明行为人刑事责任年龄、身份等自然情况的证据** 包括身份证明、户籍证明、任职证明、工作经历证明、特定职责证明等，主要是证明行为人的姓名（曾用名）、性别、出生年月日、民族、籍贯、出生地、职业（或职务）、住所地（或居住地）等证据材料，如户口簿、居民身份证、工作证、出生证、专业或技术等级证、干部履历表、职工登记表、护照等。 对于户籍、出生证等材料内容不实的，应提供其他证据材料。外国人犯罪的案件，应有护照等身份证明材料。人大代表、政协委员犯罪的案件，应注明身份，并附身份证明材料。 **二、证明行为人刑事责任能力的证据** 证明行为人对自己的行为是否具有辨认能力与控制能力，如是否属于间歇性精神病人、尚未完全丧失辨认或者控制自己行为能力的精神病人的证明材料。
	主观方面的证据	**证明行为人故意的证据** 1. 证明行为人明知的证据：证明行为人明知自己的行为会发生危害社会的结果； 2. 证明故意的证据：证明行为人希望或者放任危害结果发生。

证据参考标准	客观方面的证据	**证明行为人明知是宣扬恐怖主义、极端主义的图书、音频视频资料或者其他物品而非法持有的证据** 具体证据包括：1. 证明行为人所持有的物品含有宣扬恐怖主义、极端主义的证据；2. 证明行为人对此类物品具有事实上的支配权的证据；3. 证明行为人所持有的此类物品数量较多的证据；4. 证明行为人所持有的此类物品内容严重程度较高的证据；5. 证明行为人曾因暴力恐怖活动、极端主义违法犯罪受过行政处罚甚至刑事处罚的证据。
	量刑方面的证据	**一、法定量刑情节证据** 1. 事实情节：情节严重。2. 法定从重情节。3. 法定从轻减轻情节：（1）可以从轻；（2）可以从轻或减轻；（3）应当从轻或者减轻。4. 法定从轻减轻免除情节：（1）可以从轻、减轻或者免除处罚；（2）应当从轻、减轻或者免除处罚。5. 法定减轻免除情节：（1）可以减轻或者免除处罚；（2）应当减轻或者免除处罚；（3）可以免除处罚。 **二、酌定量刑情节证据** 1. 犯罪手段；2. 犯罪对象；3. 危害结果；4. 动机；5. 平时表现；6. 认罪态度；7. 是否有前科；8. 其他证据。
量刑标准	犯本罪的	处三年以下有期徒刑、拘役或者管制，并处或者单处罚金
法律适用	刑法条文	**第一百二十条之六** 明知是宣扬恐怖主义、极端主义的图书、音频视频资料或者其他物品而非法持有，情节严重的，处三年以下有期徒刑、拘役或者管制，并处或者单处罚金。
	司法解释	**最高人民法院、最高人民检察院、公安部、司法部《关于办理恐怖活动和极端主义犯罪案件适用法律若干问题的意见》（节录）**（2018 年 3 月 16 日最高人民法院、最高人民检察院、公安部、司法部公布 自公布之日起施行 高检会〔2018〕1 号） **一、准确认定犯罪** （七）明知是载有宣扬恐怖主义、极端主义内容的图书、报刊、文稿、图片、音频视频资料、服饰、标志或者其他物品而非法持有，达到下列数量标准之一的，依照刑法第一百二十条之六的规定，以非法持有宣扬恐怖主义、极端主义物品罪定罪处罚： 1. 图书、刊物二十册以上，或者电子图书、刊物五册以上的； 2. 报纸一百份（张）以上，或者电子报纸二十份（张）以上的； 3. 文稿、图片一百篇（张）以上，或者电子文稿、图片二十篇（张）以上，或者电子文档五十万字符以上的； 4. 录音带、录像带等音像制品二十个以上，或者电子音频视频资料五个以上，或者电子音频视频资料二十分钟以上的； 5. 服饰、标志二十件以上的。

非法持有宣扬恐怖主义、极端主义的物品，虽未达到前款规定的数量标准，但具有多次持有，持有多类物品，造成严重后果或者恶劣社会影响，曾因实施恐怖活动、极端主义违法犯罪被追究刑事责任或者二年内受过行政处罚等情形之一的，也可以定罪处罚。

多次非法持有宣扬恐怖主义、极端主义的物品，未经处理的，数量应当累计计算。非法持有宣扬恐怖主义、极端主义的物品，涉及不同种类或者形式的，可以根据本条规定的不同数量标准的相应比例折算后累计计算。

非法持有宣扬恐怖主义、极端主义物品罪主观故意中的"明知"，应当根据案件具体情况，以行为人实施的客观行为为基础，结合其一贯表现、具体行为、程度、手段、事后态度，以及年龄、认知和受教育程度、所从事的职业等综合审查判断。

具有下列情形之一，行为人不能做出合理解释的，可以认定其"明知"，但有证据证明确属被蒙骗的除外：

1. 曾因实施恐怖活动、极端主义违法犯罪被追究刑事责任，或者二年内受过行政处罚，或者被责令改正后又实施的；

2. 在执法人员检查时，有逃跑、丢弃携带物品或者逃避、抗拒检查等行为，在其携带、藏匿或者丢弃的物品中查获宣扬恐怖主义、极端主义的物品的；

3. 采用伪装、隐匿、暗语、手势、代号等隐蔽方式制作、散发、持有宣扬恐怖主义、极端主义的物品的；

4. 以虚假身份、地址或者其他虚假方式办理托运，寄递手续，在托运、寄递的物品中查获宣扬恐怖主义、极端主义的物品的；

5. 有其他证据足以证明行为人应当知道的情形。

（八）犯刑法第一百二十条规定的犯罪，同时构成刑法第一百二十条之一至之六规定的犯罪的，依照处罚较重的规定定罪处罚。

犯刑法第一百二十条之一至之六规定的犯罪，同时构成其他犯罪的，依照处罚较重的规定定罪处罚。

《中华人民共和国反恐怖主义法》（节录）（2015 年 12 月 27 日中华人民共和国主席令第 36 号公布　自 2016 年 1 月 1 日起施行　2018 年 4 月 27 日修正）

第三条　本法所称恐怖主义，是指通过暴力、破坏、恐吓等手段，制造社会恐慌、危害公共安全、侵犯人身财产，或者胁迫国家机关、国际组织，以实现其政治、意识形态等目的的主张和行为。

本法所称恐怖活动，是指恐怖主义性质的下列行为：

（一）组织、策划、准备实施、实施造成或者意图造成人员伤亡、重大财产损失、公共设施损坏、社会秩序混乱等严重社会危害的活动的；

（二）宣扬恐怖主义，煽动实施恐怖活动，或者非法持有宣扬恐怖主义的物品，强制他人在公共场所穿戴宣扬恐怖主义的服饰、标志的；

（三）组织、领导、参加恐怖活动组织的；

（四）为恐怖活动组织、恐怖活动人员、实施恐怖活动或者恐怖活动培训提供信息、资金、物资、劳务、技术、场所等支持、协助、便利的；

（五）其他恐怖活动。

本法所称恐怖活动组织，是指三人以上为实施恐怖活动而组成的犯罪组织。

本法所称恐怖活动人员，是指实施恐怖活动的人和恐怖活动组织的成员。

法律适用

相关法律法规

本法所称恐怖事件，是指正在发生或者已经发生的造成或者可能造成重大社会危害的恐怖活动。

第二十八条 公安机关和有关部门对宣扬极端主义，利用极端主义危害公共安全、扰乱公共秩序、侵犯人身财产、妨害社会管理的，应当及时予以制止，依法追究法律责任。

公安机关发现极端主义活动的，应当责令立即停止，将有关人员强行带离现场并登记身份信息，对有关物品、资料予以收缴，对非法活动场所予以查封。

任何单位和个人发现宣扬极端主义的物品、资料、信息的，应当立即向公安机关报告。

第七十九条 组织、策划、准备实施、实施恐怖活动，宣扬恐怖主义，煽动实施恐怖活动，非法持有宣扬恐怖主义的物品，强制他人在公共场所穿戴宣扬恐怖主义的服饰、标志，组织、领导、参加恐怖活动组织，为恐怖活动组织、恐怖活动人员、实施恐怖活动或者恐怖活动培训提供帮助的，依法追究刑事责任。

第八十条 参与下列活动之一，情节轻微，尚不构成犯罪的，由公安机关处十日以上十五日以下拘留，可以并处一万元以下罚款：

（一）宣扬恐怖主义、极端主义或者煽动实施恐怖活动、极端主义活动的；

（二）制作、传播、非法持有宣扬恐怖主义、极端主义的物品的；

（三）强制他人在公共场所穿戴宣扬恐怖主义、极端主义的服饰、标志的；

（四）为宣扬恐怖主义、极端主义或者实施恐怖主义、极端主义活动提供信息、资金、物资、劳务、技术、场所等支持、协助、便利的。

38 劫持航空器案

概念

本罪是指以暴力、胁迫或者其他方法劫持航空器的行为。

立案标准

根据《刑法》第 121 条的规定，以暴力、胁迫或者其他方法劫持航空器，应当立案。

本罪是危险犯，《刑法》对此没有规定"情节"方面的要求，只要行为人实施了暴力、胁迫或者其他方法劫持航空器的行为，无论航空器是否真的被劫持，是否造成了人员伤亡或者航空器遭受破坏的严重后果，均构成犯罪，应当立案追究。

定罪标准	犯罪客体	本罪侵犯的客体是复杂客体，既危害了旅客人身、财产以及航空器的安全，也破坏了正常的航空运输秩序，但主要是前者，即航空运输的公共安全。
	犯罪客观方面	本罪在客观方面表现为以暴力、胁迫或者其他方法劫持航空器的行为。 一、犯罪对象是航空器。作为本罪对象的航空器既可以是民用航空器，也可以是国家航空器（用于军事、海关、警察部门的航空器）。虽然根据有关国际公约，劫持航空器犯罪中的航空器权限于民用航空器，但是不能完全根据国际公约来解释我国刑法；我国刑法没有对航空器作出任何限定，因此我国刑法在规定某种犯罪时完全可能超出国际公约规定的犯罪的外延；劫持供军事、海关、警察部门使用的国家航空器的犯罪行为也可能发生，必然危害公共安全，应依法惩治。但是，当外国人劫持外国的航空器进入我国领域后，我国行使刑事管辖权时，必须遵守国际公约的有关规定。换言之，对劫持民用航空器的行为可以行使普遍管辖权；对劫持国家航空器的行为，只能适用其他管辖原则。 二、必须以暴力、胁迫或者其他方法劫持航空器。暴力，是指直接对航空器实施暴力袭击或者对被害人采用危害人身安全和人身自由的行为，使其丧失反抗能力或者不能反抗的身体强制方法或者由其亲自驾驶、控制航空器的行为。如劫机分子携带匕首、枪支、炸药、雷管、引爆装置等对旅客和机组人员（包括驾驶员、副驾驶员、领航员、报务员、机械员、通讯员、乘务人员）进行捆绑、殴打、杀死、伤、爆炸等。胁迫，是指以暴力为内容进行精神胁迫，使被害人不敢反抗的精神强制方法。如劫机犯向机组人员或乘客喊谁动就打死谁、动就宰了你、动就马上引爆等。其他方法，是指除暴力、胁迫外的其他使被害人不能反抗或不敢反抗的强制方法。劫持，是指犯罪人按照自己的意志非法强行劫夺或控制航空器的行为。如改变航空器的飞行路线或着陆地点等。劫持航空器的行为，一经实施，即构成本罪。行为人是否实际控制了航空器，并不影响犯罪成立。
	犯罪主体	本罪的主体为一般主体，即凡年满 16 周岁且具备刑事责任能力的自然人均可成为本罪主体。既可以是中国人，也可以是外国人或无国籍人。例如，外国人劫持飞机进入中国境内，也构成劫持航空器罪。

犯罪主体		应当指出的是，根据有关国际公约的原则立场和基本精神以及《刑法》的规定，凡劫持我国的航空器进入他国的，我国仍对该犯罪分子具有追究刑事责任的管辖权，有关国家的司法当局应根据有关国际公约的引渡条款予以配合。
犯罪主观方面		本罪在主观方面表现为故意犯罪，但对犯罪目的没有要求，行为人劫持航空器，不论出于何种目的或动机，都不影响本罪的成立。这一点是有关国际公约确认并为包括我国在内的所有缔约国承诺的。因此，对于那些以政治避难为名而劫持飞机的，亦应依法追诉。
定罪标准	**罪与非罪**	一、区分罪与非罪的界限，需要注意：本罪是危险犯，也即只要满足构成要件行为即构成本罪。《刑法》对此没有规定"情节"方面的要求。情节轻重是依法惩治劫持航空器犯罪分子的重要依据，认定情节轻重，应从犯罪的动机和目的，劫持的具体行为方式，所造成的危害后果等方面进行全面的分析认定。 二、区分本罪的既遂与未遂，关键是合理确定区分标准。关于这个问题，刑法学界存在着以下不同意见：（1）着手说。认为劫持航空器的犯罪属于行为犯，只要行为人一开始着手实施劫持行为，无论该行为持续时间长短，无论把航空器劫持到哪里，均构成劫持航空器罪的既遂。只有在特殊情况下，如罪犯已将犯罪工具带入航空器内，在准备开始着手实施劫持行为就被抓获，因而未能实施劫持行为的，才构成该罪的未遂。（2）目的说。认为犯罪人劫持航空器的目的一般是要外逃，因此，行为人在着手实施劫持行为后，把航空器劫持到了他指定的地点，劫机外逃取得了成功，才算该罪的既遂；如果未能使航空器劫持到预定的降落地，就是该罪的未遂。（3）离境说。认为行为人着手实施劫持行为后，被劫持的航空器飞出了本国的领域以外，即飞出了国境线的，构成该罪的犯罪既遂，否则就是未遂。（4）控制说。认为行为人着手实施劫持行为后，已经实际控制了该航空器的，为该罪的既遂，未能控制该航空器的，为未遂。 控制说较为合理。首先，控制说的主张符合国际和国内立法的精神。《海牙公约》第1条明确规定，在飞行中的航空器内的任何人，如果用暴力或用暴力威胁，或采用任何其他恐吓方式，非法劫持或控制该航空器，或企图采取任何这种行为，或是犯有或企图犯有任何这种行为的人的从犯，都是犯了作为公约的对象的犯罪。依据公约规定，国际法是将劫持航空器的犯罪划分为罪犯和嫌疑犯两种的。而嫌疑犯是一种犯罪性质不确定的人犯，其中包括劫持航空器的预备犯和未遂犯，也包括在航空器内构成其他犯罪的罪犯，且不论是罪犯或嫌疑犯都存在着共同犯罪形式。显然，国际公约是以犯罪分子是否劫持或控制该航空器作为既遂与未遂标准的，而不是以犯罪分子的犯罪目的是否达到或被劫持的航空器是否飞出国境线作为标准的。本条也明确规定：以暴力、胁迫或其他方法劫持航空器的构成劫持航空器罪。因此，犯罪分子在着手实施劫持行为，并已达到非法劫持或控制该航空器的程度，就具备了犯罪构成的全部要件，应是劫持航空器罪的犯罪既遂；如果犯罪分子在着手实施劫持行为后，因其意志以外的原因未能达到非法劫持或控制该航空器的程度，就应认定为未完成犯罪而构成本罪的未遂。其次，采用控制说作为划分既遂与未遂的标准，更能反映劫持航空器罪的本质特征。国际公约中规定的危害民用航空安全的犯罪，不仅包括非法劫持航空器的犯罪，而且包括其他危害民用航空安全的犯罪。其他危害民用航空器安全的犯罪，虽然也危及了飞行的安全，但却不完全有其非法劫持的性质。而犯罪分子一旦实施了劫持行为，并实际控制了被劫持的航空器，就对该航空器以及旅客生命、财产安全

定罪标准	**罪与非罪**	以及公共安全造成了实际的威胁或破坏，这也正是劫持航空器罪的本质特征所在。因此，将犯罪人实际控制该航空器作为犯罪既遂的标准最为合适。至于着手说、目的说或离境说，作为划分本罪既遂与未遂的标准，不符合法律的规定和本罪的本质特征，因此是不可取的。
	此罪与彼罪	一、本罪与其他危害民用航空安全犯罪的界限。根据有关国际公约的规定，危害民用航空安全或秩序的犯罪包括三类：一是空中劫持罪，又称非法劫持航空器罪、劫机罪，与我国的劫持航空器罪相同。该罪是在 1963 年的《东京公约》规定的犯罪。二是危害国际民用航空安全罪，就一般意义而言，劫持本身也是一种危害民用航空安全的犯罪，但是鉴于空中劫持的严重性，1970 年的《海牙公约》已将其规定为一种独立的国际犯罪。所以，危害民用航空安全罪，实际上是除劫持航空器外的其他危害国际民用航空安全的行为。根据《蒙特利尔公约》及其议定书的规定，危害国际民用航空安全罪在客观上包括下列犯罪行为：（1）对飞行中的航空器内的人实施可能危及航空器安全的暴力行为；（2）破坏或损坏使用中的航空器而使其不能飞行或危及其飞行安全的行为；（3）在使用中的航空器内放置具有破坏或损坏该航空器而使其无法飞行或危及飞行安全的行为；（4）破坏或损坏航行设备或妨碍其操作以致危及飞行中的航空器安全的行为；（5）在国际机场上实施足以危害民用航空安全的暴力行为；（6）传送明知虚假的、可能危及飞行中的航空器安全的情报的行为；（7）上述行为的未遂行为；（8）教唆、共谋或帮助上述犯罪的行为。三是妨害国际航空罪，即指除前两类罪外的其他破坏国际航空秩序的犯罪行为，诸如在飞行中的航空器内实施还尚不致危及该航空器安全的暴力（谋杀、伤害、绑架、劫持人质）的行为，严重妨害机组人员正常活动的行为等。这类犯罪，虽然不直接危及航空器的安全，但是也直接破坏了国际民用航空的正常秩序，因而也是一种破坏国际民用航空秩序的犯罪。 我国的劫持航空器罪与上述第一种犯罪相同，不包括后两类犯罪。关于出现后两类犯罪行为后如何处理，对于不是出于劫持的目的，故意或过失损坏使用中的航空器或航行设备，以致航空器不能飞行或可能危及飞行安全的，应分别适用《刑法》第116 条、第 117 条的破坏交通工具罪和破坏交通设施罪，而不宜认定为劫持航空器罪。对于出于非法占有为目的，在飞行航空器内以暴力或以暴力相威胁手段抢劫财物的，不论是否致人重伤、死亡，因航空交通的特殊情形，都可能危及飞行安全，因此，应认定为抢劫罪，并适用《刑法》第 263 条第 2 项之规定从重处罚。 二、本罪与破坏交通工具罪的界限。交通工具中包括航空器，当行为对象均为航空器，并使航空器遭到破坏时，区分两罪主要看两个方面：一是犯罪目的。本罪的犯罪目的是按照自己的意志，强行控制航空器；而破坏交通工具罪的犯罪目的是要将航空器本身加以毁坏。二是行为的表现。本罪是使用暴力、胁迫或其他方法劫持航空器；而破坏交通工具罪则是用一定的方法将航空器毁坏。因此，在劫持航空器的过程中使航空器遭到破坏，即使具有使航空器倾覆、毁坏危险的，也只能以本罪论处，不能实行并罚。
证据参考标准	**主体方面的证据**	**一、证明行为人刑事责任年龄、身份等自然情况的证据** 包括身份证明、户籍证明、任职证明、工作经历证明、特定职责证明等，主要是证明行为人的姓名（曾用名）、性别、出生年月日、民族、籍贯、出生地、职业（或职务）、住所地（或居所地）等证据材料，如户口簿、居民身份证、工作证、出生证、专业或技术等级证、干部履历表、职工登记表、护照等。

证据参考标准	**主体方面的证据**	对于户籍、出生证等材料内容不实的，应提供其他证据材料。外国人犯罪的案件，应有护照等身份证明材料。人大代表、政协委员犯罪的案件，应注明身份，并附身份证明材料。 **二、证明行为人刑事责任能力的证据** 证明行为人对自己的行为是否具有辨认能力与控制能力，如是否属于间歇性精神病人、尚未完全丧失辨认或者控制自己行为能力的精神病人的证明材料。
	主观方面的证据	**证明行为人故意的证据** 1. 证明行为人明知的证据：证明行为人明知自己的行为会发生危害社会的结果。2. 证明直接故意的证据：证明行为人希望危害结果发生。3. 目的：（1）叛逃；（2）要挟当局；（3）要求释放人犯；（4）勒索钱财；（5）向政府示威。
	客观方面的证据	**证明行为人劫持航空器犯罪行为的证据** 具体证据包括：1. 证明行为人对航空器实施暴力袭击行为的证据；2. 证明行为人对驾驶人员实施捆绑、殴打、伤害、杀害、监禁、扣押等危害人身安全和人身自由行为的证据；3. 证明行为人对机组人员实施捆绑、殴打、伤害、杀害、监禁、扣押等危害人身安全和人身自由行为的证据；4. 证明行为人对机上人员实施捆绑、殴打、伤害、杀害、监禁、扣押等危害人身安全和人身自由行为的证据；5. 证明行为人在航空器内放置某种破坏装置的物质，破坏或损毁航行设备行为的证据；6. 证明行为人在航空器内放置某种破坏装置和物质，妨碍其正常工作行为的证据；7. 证明行为人以暴力威胁，对机上人员实行精神强制而不敢反抗行为的证据；8. 证明行为人使用其他危险方法使机上人员内心产生恐惧而不敢反抗行为的证据；9. 证明行为人致人重伤、死亡行为的证据；10. 证明被劫持航空器遭受严重破坏的证据。
	量刑方面的证据	**一、法定量刑情节证据** 1. 事实情节：（1）遭受严重破坏；（2）其他。2. 法定从重情节。3. 法定从轻减轻情节：（1）可以从轻；（2）可以从轻或减轻；（3）应当从轻或者减轻。4. 法定从轻减轻免除情节：（1）可以从轻、减轻或者免除处罚；（2）应当从轻、减轻或者免除处罚。5. 法定减轻免除情节：（1）可以减轻或者免除处罚；（2）应当减轻或者免除处罚；（3）可以免除处罚。 **二、酌定量刑情节证据** 1. 犯罪手段：（1）暴力：杀人、伤害、爆炸；（2）胁迫：威胁。2. 犯罪对象。3. 危害结果。4. 动机。5. 平时表现。6. 认罪态度。7. 是否有前科。8. 其他证据。
量刑标准	犯本罪的	处十年以上有期徒刑或者无期徒刑
	致人重伤、死亡或者使航空器遭受严重破坏的	处死刑

法律适用	刑法条文	第一百二十一条　以暴力、胁迫或者其他方法劫持航空器的，处十年以上有期徒刑或者无期徒刑；致人重伤、死亡或者使航空器遭受严重破坏的，处死刑。
	相关法律法规	《中华人民共和国民用航空法》（节录）（1995年10月30日中华人民共和国主席令第56号公布　自1996年3月1日起施行　2009年8月27日第一次修正　2015年4月24日第二次修正　2016年11月7日第三次修正　2017年11月4日第四次修正　2018年12月29日第五次修正　2021年4月29日第六次修正） 第一百九十一条　以暴力、胁迫或者其他方法劫持航空器的，依照刑法有关规定追究刑事责任。

39 劫持船只、汽车案

概念 | 本罪是指以暴力、胁迫或者其他方法劫持船只、汽车的行为。

立案标准

　　根据《刑法》第122条的规定，以暴力、胁迫或者其他方法劫持船只、汽车，应当立案。

　　本罪是危险犯，《刑法》对此没有规定"情节"方面的要求，只要行为人实施了暴力、胁迫或者其他方法劫持船只、汽车的行为，无论船只、汽车是否真的被劫持，是否造成了人员伤亡或者船只、汽车遭受破坏的严重后果，只要足以危及公共安全，就构成犯罪，应当立案追究。

定罪标准	犯罪客体	本罪侵犯的客体是公共安全，主要是指船只、汽车的交通运输安全和不特定多数旅客的生命、健康及财产安全。本罪的犯罪对象只能是正在使用中的船只、汽车。船只、汽车是大型的现代化交通运输工具，与公共安全联系密切。劫持这类交通工具，就有可能危害船只、汽车的交通运输安全和不特定多数旅客的生命、健康及财产安全，造成人员伤亡和财产毁损。因此，严厉惩治劫持船只、汽车的犯罪行为，对维护旅客的生命、财产安全和船只、汽车的正常运营安全，维护社会治安秩序，保障、促进改革开放和经济建设的顺利进行，具有十分重要的意义。 　　本罪侵犯的对象是正在使用中的船只、汽车。船有机动船和非机动船之分。这里所说的船只应理解为机动船，非机动的木帆船、牛皮划等小船遭受侵犯虽也可能造成损失，但一般不危害公共安全。劫持火车的，构成破坏交通工具罪。
	犯罪客观方面	本罪在客观方面表现为以暴力、胁迫或者其他方法劫持船只、汽车的行为。暴力，是指对船只、汽车上的人员，特别是驾驶人员、售票人员，实施捆绑、殴打、伤害等行为，迫使船只、汽车改变方向或自己亲自控制船只、汽车。胁迫，是指对乘务人员施以精神恐吓和强制，如以车、船相威胁，使驾驶、操纵人员不敢反抗，听凭其指挥或自己亲自操纵驾驶。其他方法，是指上述暴力、胁迫方法以外的任何其他劫持方法，如使用麻醉品将驾驶人员致醉、致昏等，使驾驶人员处于不能反抗或不知反抗的状态，从而达到劫持船只、汽车的目的。这里的劫持，是指犯罪分子以上述手段，按照自己的意志强行控制船只、汽车的行为。 　　本罪是行为犯。只要行为人实施了以暴力、胁迫或者其他方法劫持船只、汽车的行为，即构成本罪既遂，而不论其犯罪目的是否实现，也不要求造成严重后果。
	犯罪主体	本罪的主体为一般主体，即凡满16周岁且具备刑事责任能力的自然人均可成为本罪主体。既可以是中国人，也可以是外国人或无国籍人。例如，外国人劫持船只、汽车进入中国境内，也构成劫持船只、汽车罪。
	犯罪主观方面	本罪在主观方面表现为故意犯罪，但对犯罪目的没有要求，行为人劫持汽车、船只，不论出于何种目的，都不影响本罪的成立。

定 罪 标 准	**罪与非罪**	区分罪与非罪的界限。只要实施了劫持船只汽车的行为，就构成犯罪既遂，不要求造成严重后果。在司法实践中，在认定某种行为是否构成劫持船只、汽车罪时，主要应把握该行为是否具备本条规定的劫持船只、汽车罪的构成要件。如果行为人没有使用暴力、胁迫和其他方法，或者没有劫持船只、汽车，或者劫持的不是船只、汽车的，都不构成本罪。在司法实践中，特别要注意把劫持船只、汽车罪同正当的执行公务行为、紧急避险行为区别开来。劫持船只、汽车罪中的劫持应是非法的，而不是合法的。如果行为人出于合法目的强行使用船只、汽车的，不构成劫持船只、汽车罪。
	此罪与彼罪	一、本罪与破坏交通工具罪的界限。劫持船只、汽车罪与破坏交通工具罪都是故意犯罪，侵犯的客体都是交通运输安全，但有明显区别：(1) 犯罪客观方面不同。劫持船只、汽车罪的行为人通常采取暴力、胁迫或者其他方法劫持船只、汽车，且一般是在船只、汽车内公然实施的；破坏交通工具罪的行为人通常是采取盗窃、爆炸等手段破坏船只、汽车等交通工具，一般容易导致船只、汽车等交通工具的倾覆或者毁坏，且多是秘密实施的。(2) 犯罪对象不同。劫持船只、汽车罪的犯罪对象仅限于船只、汽车；破坏交通工具罪的犯罪对象则不限于船只、汽车，还包括火车、航空器等。(3) 犯罪主观方面不同。劫持船只、汽车罪的行为人也可能对船只、汽车进行破坏，但其犯罪目的不是使船只、汽车发生倾覆或毁坏危险，而是劫夺和控制船只、汽车；破坏交通工具罪的行为人是通过破坏船只、汽车等交通工具，而使船只、汽车等交通工具倾覆或毁坏。 　　二、本罪与抢劫罪的界限。两罪的主体都为一般主体，主观方面都是出于故意，客观方面都可表现为暴力、胁迫或者其他方法，但两者还是具有以下本质的区别：(1) 主观目的完全不同。本罪的行为意在通过暴力、胁迫或者其他方法控制船只、汽车按自己的意图行驶；而抢劫罪的目的在于非法占有财物。(2) 所侵犯的客体不同。本罪所侵害的客体为公共安全，包括交通运输安全和不特定乘客的生命健康安全；而抢劫罪的客体则是公私财物的所有权和特定公民的人身健康权利。(3) 所侵犯的对象不同。本罪的对象仅限于船只和汽车，而抢劫罪的对象则包括船只、汽车在内的一切有形的动产，对象比本罪广泛得多。(4) 在客观方面表现不完全相同。本罪由于意在控制船只、汽车，一旦达到其目的，往往会离船、离车而去，或者将所劫船只、汽车予以毁坏；而抢劫罪由于意在占有所劫之物，通常就会在一段时间继续使用或出卖所劫船只、汽车。如果行为人出于非法占有的目的，劫取正在使用中的船只、汽车，其行为同时触犯本罪，但无须数罪并罚。如果查不清行为人的具体目的，则可以本罪论处。
证据参考标准	**主体方面的证据**	**一、证明行为人刑事责任年龄、身份等自然情况的证据** 　　包括身份证明、户籍证明、任职证明、工作经历证明、特定职责证明等，主要是证明行为人的姓名（曾用名）、性别、出生年月日、民族、籍贯、出生地、职业（或职务）、住所地（或居所地）等证据材料，如户口簿、居民身份证、工作证、出生证、专业或技术等级证、干部履历表、职工登记表、护照等。 　　对于户籍、出生证等材料内容不实的，应提供其他证据材料。外国人犯罪的案件，应有护照等身份证明材料。人大代表、政协委员犯罪的案件，应注明身份，并附身份证明材料。

证据参考标准	主体方面的证据	**二、证明行为人刑事责任能力的证据** 证明行为人对自己的行为是否具有辨认能力与控制能力，如是否属于间歇性精神病人、尚未完全丧失辨认或者控制自己行为能力的精神病人的证明材料。
	主观方面的证据	**证明行为人故意的证据** 1. 证明行为人明知的证据：证明行为人明知自己的行为会发生危害社会的结果；2. 证明直接故意的证据：证明行为人希望危害结果发生；3. 证明间接故意的证据：证明行为人放任危害结果发生。
	客观方面的证据	**证明行为人劫持船只、汽车犯罪行为的证据** 具体证据包括：1. 证明行为人对驾驶员实施打击行为的证据；2. 证明行为人对驾驶员实施身体强制，使其不能反抗行为的证据；3. 证明行为人对操作人员实施打击行为的证据；4. 证明行为人对操作人员实施身体强制，使其不能反抗行为的证据；5. 证明行为人自己控制船只行为的证据；6. 证明行为人自己控制汽车行为的证据；7. 证明行为人将驾驶员致伤、致昏、致醉行为的证据；8. 证明行为人将操作人员致伤、致昏、致醉行为的证据；9. 证明行为人迫使船只按其指示的方向航行行为的证据；10. 证明行为人迫使汽车按其指示的方向行驶行为的证据；11. 证明行为人实施犯罪造成船只、汽车倾覆的证据；12. 证明行为人实施犯罪造成船只、汽车碰撞严重损害后果的证据；13. 证明行为人实施犯罪造成人员伤亡后果的证据；14. 证明行为人实施劫持船只、汽车造成严重后果行为的证据。
	量刑方面的证据	**一、法定量刑情节证据** 1. 事实情节：（1）造成严重后果；（2）其他。2. 法定从重情节。3. 法定从轻减轻情节：（1）可以从轻；（2）可以从轻或减轻；（3）应当从轻或者减轻。4. 法定从轻减轻免除情节：（1）可以从轻、减轻或者免除处罚；（2）应当从轻、减轻或者免除处罚。5. 法定减轻免除情节：（1）可以减轻或者免除处罚；（2）应当减轻或者免除处罚；（3）可以免除处罚。 **二、酌定量刑情节证据** 1. 犯罪手段：（1）暴力；（2）胁迫；（3）其他方法。2. 犯罪对象。3. 危害结果。4. 动机。5. 平时表现。6. 认罪态度。7. 是否有前科。8. 其他证据。
量刑标准	犯本罪的	处五年以上十年以下有期徒刑
	造成严重后果的	处十年以上有期徒刑或者无期徒刑
法律适用	刑法条文	**第一百二十二条** 以暴力、胁迫或者其他方法劫持船只、汽车的，处五年以上十年以下有期徒刑；造成严重后果的，处十年以上有期徒刑或者无期徒刑。

40 暴力危及飞行安全案

概念 | 本罪是指对飞行中的航空器上的人员使用暴力，危及飞行安全的行为。

立案标准

根据《刑法》第 123 条的规定，对飞行中的航空器上的人员使用暴力，危及飞行安全的，应当立案追究。

本罪是危险犯，《刑法》对此没有规定"情节"方面的要求，只要行为人对飞行中的航空器上的人员使用暴力，足以危及飞行安全的，无论是否造成了严重后果，都应当立案追究。

定罪标准

犯罪客体

本罪侵犯的客体是公共安全，即不特定多数人的生命、健康和重大公私财产安全。犯罪分子利用航空飞行的危险性和易受侵犯性，为达到犯罪目的，不惜以机组人员、乘客、重大公私财物的安全为代价。

航空器，作为一种现代化的交通运输工具，主要用于重要物资和旅客的运输。它在使用中能否正常进行，直接关系到所载乘客和物资能否安全到达目的地的问题。航空器在运行中一旦失去控制，就会给人们的生命、财产安全造成不可估量的损失。航空器与公共安全密切相关的特性，为一些犯罪分子达到自己的非法目的提供了可乘之机。他们往往出于种种卑劣的动机和目的，用暴力严重危害空中运输安全。

本罪侵犯的对象必须是飞行中的航空器上的人员，并不是航空器本身。而这里的人员既包括航空器的机组人员，也包括其他人员。《东京公约》《海牙公约》中规定的都是在飞行中的航空器。所谓"在飞行中"，是指航空器在装载结束，机舱外部各门均已关闭时起，直到打开任一机门以便卸载时为止的任何时间；而如果飞机是强迫降落的，则在主管当局接管该航空器及其所载人员和财产以前。

犯罪客观方面

本罪在客观方面表现为行为人对飞行中的航空器上的人员使用暴力，危及飞行安全的行为。犯罪对象是航空器上的人员，行为人必须是对正在飞行中的航空器上的人员使用暴力，危及飞行安全的，才构成犯罪。构成本罪，不以造成严重后果为要件，只要行为人实施了暴力行为，危及飞行安全就构成本罪。

构成本罪，行为人实施的暴力行为还必须是达到足以危及飞行安全的程度，如果只是一般推撞打架、口角争斗，而不足以危及飞行安全的，不构成本罪。只要行为人的行为使飞行中的航空器的安全处于危险状态，即构成犯罪（危险犯），并不要求有实际的严重后果发生，如果造成严重后果时，则应适用结果加重的刑罚处罚。

犯罪主体

本罪的主体为一般主体，即凡年满 16 周岁且具备刑事责任能力的自然人均可成为本罪主体。既可以由中国人构成，也可以由外国人或无国籍人构成。

定罪标准	**犯罪主观方面**	本罪在主观方面表现为故意，包括直接故意和间接故意，即明知自己对飞行中的航空器上的人员使用暴力，会危及飞行安全，而希望或放任这种结果发生的心理态度。在航空器运行期间，对航空器上的人员使用暴力，对机上人员的生命、财产和航空器飞行安全会造成极大的危险，稍有不慎，就会发生机毁人亡的惨剧，这是任何一个稍有航空常识的人都能认识到的。因此，构成本罪，只要行为人认识到自己的暴力行为可能危及飞行安全，并希望或放任这种结果发生就行了，而至于其暴力行为事实上是否造成机毁人亡的严重后果，则不要求有认识。在司法实践中，行为人对危及飞行安全的结果在主观上大多是出于间接故意。如乘客甲、乙在航空器飞行中，为小事而互相谩骂，直到发展到在机舱内大打出手，引起机舱内乘客恐慌。甲、乙出于相互侵害的目的，实施暴力行为，直接追求的是对方伤亡结果的发生，而对危及飞行安全则是持放任态度。至于行为人的犯罪动机，是多种多样的，有的是为了泄愤报复，有的是为了勒索钱财等。无论行为人出于何种犯罪动机，均不影响本罪的成立。
	罪与非罪	区分罪与非罪的界限。本罪属于危险犯，实施的暴力行为只要危及飞行安全，即使没有造成严重后果，也构成本罪的既遂。在司法实践中，在认定某种行为是否构成暴力危及飞行安全罪时，主要是把握该行为是否具有相当严重的社会危害性，是否具有本罪的构成要件，是否危害或足以危害飞行安全。如果行为人对正在飞行中的航空器上的人员使用的不是暴力行为，而是胁迫或其他行为；或者行为人不是对航空器上的人员使用暴力，而是对航空器以外的人员或航空器本身使用暴力或强力；或者行为人不是对正在飞行中的航空器上的人员使用暴力，而是对停机待用的航空器上的人员使用暴力；或者行为人是对正在飞行中的航空器上的人员使用暴力，但不足以危及飞行安全的，则均不构成本罪。为了制止飞行中的航空器上正在进行的不法侵害行为，如劫持航空器的犯罪行为等，行使正当防卫权利的，即使是对不法侵害行为人使用暴力，且有可能危及飞行安全的，也不构成本罪。因为正当防卫行为不仅不具有社会危害性，而且是对社会有益的行为。
	此罪与彼罪	一、本罪与破坏交通工具罪的界限。两者都是故意犯罪，并且都有可能危及飞行安全，但区别是明显的：(1) 犯罪对象不同。本罪的犯罪对象为航空器上的人员，包括机组人员、乘客和其他任何人员；破坏交通工具罪的犯罪对象为交通工具本身，如破坏航空器的发动机等。(2) 犯罪客观方面不同。本罪是对正在飞行中的航空器上的人员使用暴力；破坏交通工具罪在时间上为正在使用中的航空器，包括航空器停机待用的，且手段也不限于暴力。 二、本罪与劫持航空器罪的界限。暴力危及飞行安全罪和劫持航空器罪侵犯的都是航空器的飞行安全，且一般都是在飞行中的航空器内实施的。两者的主要区别是：(1) 主观方面不同。劫持航空器罪的犯罪行为人对航空器上的人员使用暴力，其目的在于劫持航空器；本罪的犯罪行为人对正在飞行中的航空器上的人员使用暴力，只有危及民用航空器飞行安全的故意，而无劫持航空器的故意和目的。(2) 客观方面表现不同。暴力危及飞行安全罪的犯罪行为人是对正在飞行中的航空器上的人员使用暴力，其犯罪行为只能发生在正在飞行中的航空器内，犯罪对象是航空器上的人员，犯罪手段仅限于暴力；而劫持航空器罪的犯罪行为人是对正在使用中或正在飞行中的航空器本身和机上人员使用暴力、胁迫或其他方法，其包括正在使用中如停机待用的

定罪标准	**此罪与彼罪**	航空器，犯罪对象包括对航空器本身和机上人员，犯罪手段也不限于暴力。(3) 构成犯罪的要求不同。暴力危及飞行安全罪的犯罪行为人对正在飞行中的航空器上的人员使用暴力，必须危及飞行安全；劫持航空器罪的犯罪行为人只要实施了劫持行为即构成犯罪。当然，如果行为人出于劫持航空器的目的，对正在飞行中的航空器上的人员如驾驶员使用暴力，危及飞行安全的，则是一行为同时触犯两个罪名，既触犯了暴力危及飞行安全罪的罪名，又触犯了劫持航空器罪的罪名，属于想象竞合，应从一重罪即劫持航空器罪论处。 　　三、本罪与重大飞行事故罪的界限。重大飞行事故罪是指航空人员违反规章制度，致使发生重大飞行事故，造成严重后果的行为。两者的区别是：(1) 犯罪主体不同。暴力危及飞行安全罪的犯罪主体是一般主体，任何处于正在飞行中的航空器上的人员包括机组人员和乘客都可以成为该罪的犯罪主体；重大飞行事故罪的犯罪主体是特殊主体，即只能是航空人员包括从事航空活动的空勤人员和地面人员。(2) 主观方面不同。暴力危及飞行安全罪只能由故意构成；重大飞行事故罪行为人在主观上只能是过失。(3) 客观方面不同。暴力危及飞行安全罪表现为行为人对正在飞行中的航空器上的人员使用暴力，危及飞行安全的行为；重大飞行事故罪则表现为航空人员违反规章制度，因而发生重大飞行事故，造成严重后果的行为。(4) 对严重后果的要求不同。构成重大飞行事故罪必须造成严重后果；暴力危及飞行安全罪并不以发生严重后果为构成要件。
证据参考标准	**主体方面的证据**	**一、证明行为人刑事责任年龄、身份等自然情况的证据** 　　包括身份证明、户籍证明、任职证明、工作经历证明、特定职责证明等，主要是证明行为人的姓名（曾用名）、性别、出生年月日、民族、籍贯、出生地、职业（或职务）、住所地（或居所地）等证据材料，如户口簿、居民身份证、工作证、出生证、专业或技术等级证、干部履历表、职工登记表、护照等。 　　对于户籍、出生证等材料内容不实的，应提供其他证据材料。外国人犯罪的案件，应有护照等身份证明材料。人大代表、政协委员犯罪的案件，应注明身份，并附身份证明材料。 **二、证明行为人刑事责任能力的证据** 　　证明行为人对自己的行为是否具有辨认能力与控制能力，如是否属于间歇性精神病人、尚未完全丧失辨认或者控制自己行为能力的精神病人的证明材料。
	主观方面的证据	**证明行为人故意的证据** 　　1. 证明行为人明知的证据：证明行为人明知自己的行为会产生危害社会的结果；2. 证明直接故意的证据：证明行为人希望危害结果发生；3. 证明间接故意的证据：证明行为人放任危害结果的发生。
	客观方面的证据	**证明行为人危害飞行安全犯罪行为的证据** 　　具体证据包括：1. 证明行为人对航空器上的人员进行殴打行为的证据；2. 证明行为人对航空器的人员进行捆绑行为的证据；3. 证明行为人对航空器上的人员进行伤害行为的证据；4. 证明行为人实施暴力危及飞行安全行为的证据；5. 证明行为人实施暴力危及飞行安全尚未造成严重后果行为的证据；6. 证明行为人实施暴力危及飞行安全造成严重后果行为的证据。

证据参考标准	**量刑方面的证据**	**一、法定量刑情节证据** 1. 事实情节：（1）尚未造成严重后果；（2）造成严重后果。2. 法定从重情节。3. 法定从轻减轻情节：（1）可以从轻；（2）可以从轻或减轻；（3）应当从轻或者减轻。4. 法定从轻减轻免除情节：（1）可以从轻、减轻或者免除处罚；（2）应当从轻、减轻或者免除处罚。5. 法定减轻免除情节：（1）可以减轻或者免除处罚；（2）应当减轻或者免除处罚；（3）可以免除处罚。 **二、酌定量刑情节证据** 1. 犯罪手段：（1）武器弹药；（2）钝器；（3）锐器。2. 犯罪对象。3. 危害结果。4. 动机。5. 平时表现。6. 认罪态度。7. 是否有前科。8. 其他证据。
量刑标准	犯本罪，尚未造成严重后果的	处五年以下有期徒刑或者拘役
	造成严重后果的	处五年以上有期徒刑
法律适用	**刑法条文**	第一百二十三条　对飞行中的航空器上的人员使用暴力，危及飞行安全，尚未造成严重后果的，处五年以下有期徒刑或者拘役；造成严重后果的，处五年以上有期徒刑。
	相关法律法规	**《中华人民共和国民用航空法》（节录）** (1995年10月30日中华人民共和国主席令第56号公布　自1996年3月1日起施行　2009年8月27日第一次修正　2015年4月24日第二次修正　2016年11月7日第三次修正　2017年11月4日第四次修正　2018年12月29日第五次修正　2021年4月29日第六次修正) 第一百九十二条　对飞行中的民用航空器上的人员使用暴力，危及飞行安全的，依照刑法有关规定追究刑事责任。

41 破坏广播电视设施、公用电信设施案

概念

本罪是指故意破坏正在使用中的广播电视设施、公用电信设施，危害公共安全的行为。这是一种以广播电视设施、公用电信设施为特定破坏对象的危害公共安全罪。

立案标准

采用截断通信线路、损毁通信设备或者删除、修改、增加电信网计算机信息系统中存储、处理或者传输的数据和应用程序等手段，破坏正在使用的公用电信设施，具有下列情况的，应当以破坏公用电信设施罪立案追究：（1）造成火警、匪警、医疗急救、交通事故报警、救灾、抢险、防汛等通信中断或者严重障碍，并因此贻误救助、救治、救灾、抢险等，致使人员死亡 1 人、重伤 3 人以上或者造成财产损失 30 万元以上的；（2）造成 2000 以上不满 10000 用户通信中断 1 小时以上，或者 10000 以上用户通信中断不满 1 小时的；（3）在一个本地网范围内，网间通信全阻、关口局至某一局向全部中断或网间某一业务全部中断不满 2 小时或者直接影响范围不满 50000（用户×小时）的；（4）造成网间通信严重障碍，1 日内累计 2 小时以上不满 12 小时的；（5）其他危害公共安全的情形。

采取拆卸、毁坏设备，剪割缆线，删除、修改、增加广播电视设备系统中存储、处理、传输的数据和应用程序，非法占用频率等手段，破坏正在使用的广播电视设施，具有下列情形之一的，以破坏广播电视设施罪立案追究：（1）造成救灾、抢险、防汛和灾害预警等重大公共信息无法发布的；（2）造成县级、地市（设区的市）级广播电视台中直接关系节目播出的设施无法使用，信号无法播出的；（3）造成省级以上广播电视传输网内的设施无法使用，地市（设区的市）级广播电视传输网内的设施无法使用 3 小时以上，县级广播电视传输网内的设施无法使用 12 小时以上，信号无法传输的；（4）其他危害公共安全的情形。

定罪标准

犯罪客体

本罪所侵犯的客体是传播、通讯方面的公共安全。犯罪对象是正在使用中的广播电视、公用电信等通讯设施，包括广播电台的发射电波的设施，如铁塔发射台、发射机房、电源室等；电视台的发射与接收电视图像的设备以及有线广播电视传播覆盖设施；邮电部门的收发电报的机器设备；公用电话的交换设施、通讯线路如架空线路、埋设线路、无线线路等；卫星通讯的发射与接收电讯号的设施；微波、监测、传真通讯设施；国家重要部门如铁路、军队、航空中的电话交换台、无线电通信网络；在航空、航海交通工具以及交通设施中的无线电通信、导航设施，等等。如行为人破坏的是广播电视、电信部门的非直接用于通讯的设施，如行政办公设施、日常生活设施或者虽属广播电视、电信设施，仅属于一般性的服务设施，如宾馆、单位内部的闭路电视网络，城市中的公用电话亭以及一般的民用家庭电话等，都不属于本罪对象。对之进行破坏的，不能构成本罪，构成犯罪的，应以他罪如故意毁坏财物罪等论处。此外，必须是正在使用中的通讯设施才能成为本罪对象。倘若不是正在使用，如正在制造或虽已制造完毕但未安装交付使用的，对之进行破坏，亦不构成本罪。这是因为，只有对正在使用中的通讯设施进行破坏，才能给公共安全带来危害，而危害公共安全，则是构成本罪的一个重要条件。

定罪标准	犯罪客观方面	本罪在客观方面表现为破坏广播电视设施、公用电信设施，足以危害公共安全的行为。破坏方法多种多样，如拆卸或毁坏广播电视设施、公用电信设施重要机件，砸毁机器设备，偷割电线，截断电缆，挖走电线杆，故意违反操作规程，使机器设备损坏，使广播、电视、电信通讯无法进行等。如果用放火、爆炸等危险方法破坏广播电视设施、公用电信设施，危害公共安全，则同时触犯本罪和放火罪（或爆炸罪）两个罪名，属于想象竞合犯。根据对想象竞合"从一重罪处断"的处理原则，应以放火罪或爆炸罪论处。 构成本罪，只需在客观上实施破坏广播电视设施、公用电信设施的行为，并足以危害公共安全，无论是否造成严重后果，即可成立本罪。危害公共安全，一般是指通讯设备因遭受破坏，失去原有功能，以致造成公共广播电视、通讯不能正常进行，使不特定多数的单位和个人无法正常收听、收看广播电视，或者进行其他通讯联络活动，并且由此可能引起其他严重后果。如果行为人破坏通讯设备并不影响正常通讯的部件，或者仅将一户的电话机盗走，并不危害通讯方面的公共安全，不能以本罪认定，视情节可作故意毁坏财物罪或盗窃罪处理。 根据最高人民法院《关于审理破坏公用电信设施刑事案件具体应用法律若干问题的解释》第 2 条规定，具有下列情形之一的属于《刑法》第 124 条第 1 款规定的"严重后果"以破坏公用电信设施罪处 7 年以上有期徒刑：（1）造成火警、匪警、医疗急救、交通事故报警、救灾、抢险、防汛等通信中断或者严重障碍，并因此贻误救助、救治、救灾、抢险等，致使人员死亡 2 人、重伤 6 人以上或者造成财产损失 60 万元以上的；（2）造成 1 万以上用户通信中断一小时以上的；（3）在一个本地网范围内，网间通信全阻、关口局至某一局向全部中断或网间某一业务全部中断 2 小时以上或者直接影响范围五万（用户×小时）以上的；（4）造成网间通信严重障碍，1 日内累计 12 小时以上的；（5）造成其他严重后果的。 根据最高人民法院《关于审理破坏广播电视设施等刑事案件具体应用法律若干问题的解释》第 2 条规定，具有下列情形之一的，应当认定为《刑法》第 124 条第 1 款规定的"造成严重后果"，以破坏广播电视设施罪处 7 年以上有期徒刑：（1）造成救灾、抢险、防汛和灾害预警等重大公共信息无法发布，因此贻误排除险情或者疏导群众，致使 1 人以上死亡、3 人以上重伤或者财产损失 50 万元以上，或者引起严重社会恐慌、社会秩序混乱的；（2）造成省级以上广播电视台中直接关系节目播出的设施无法使用，信号无法播出的；（3）造成省级以上广播电视传输网内的设施无法使用 3 小时以上，地市（设区的市）级广播电视传输网内的设施无法使用 12 小时以上，县级广播电视传输网内的设施无法使用 48 小时以上，信号无法传输的；（4）造成其他严重后果的。
	犯罪主体	本罪主体是一般主体，即凡年满 16 周岁且具备刑事责任能力的自然人均可成为本罪主体。既可以是普通公民，也可以是从事广播电视、通讯业务的人员。
	犯罪主观方面	本罪在主观方面表现为故意，包括直接故意和间接故意。故意的内容表现为：行为人明知其破坏广播电视、电信设施的行为会危害通讯的公共安全，并且希望或者放任这种危害结果的发生。 实施本罪的动机可以是多种多样，如出于报复泄愤、嫉妒陷害、贪财图利等。动机如何不影响本罪的成立。

定罪标准	**罪与非罪**	区分罪与非罪的界限，关键看是否达到危害通讯的公共安全的程度。
	此罪与彼罪	一、本罪与盗窃罪的界限。实践中，以非法占有为目的，盗窃通讯器材的案件（如偷割电话线、通讯电缆等）时有发生。如果窃取的是库存的或者正在生产、维修中的通讯器材，只侵害财产所有权，并不危害通讯方面的公共安全，因此应以盗窃罪论处。如果窃取的是正在使用中的通讯设备，如偷割正在使用中的电话线、电缆线，偷砍电线杆等，势必会使不特定多数单位或个人的广播电视通讯受阻。这种行为不仅侵害财产所有权，而且危害通讯方面的公共安全，这样就触犯了破坏广播电视、公用电信设施罪和盗窃罪的罪名。根据司法解释的规定，此种情况依照处罚较重的规定定罪处罚。 二、本罪与放火罪、爆炸罪的界限。本罪的破坏方法除拆毁通讯设施等一般方法外，还包括放火、爆炸等危害公共安全的危险方法。以放火、爆炸等危害公共安全的危险方法，破坏广播电视、公用电信设施的，属于手段牵连。根据牵连犯的处罚原则，应当择一重罪处罚。即应按放火罪、爆炸罪处罚。当然，放火、爆炸的方法本身没有达到犯罪的程度，破坏广播电视设施、公用电信设施罪能够成立的，只以本罪一罪处罚。 三、本罪与破坏交通工具罪、破坏交通设施罪的界限。现代化的交通工具如航海、航空交通工具以及交通设施中，往往会使用一些无线电通信、导航设施。铁路部门为保障铁路交通运输安全，具有自己的专用通讯设施。对交通工具、交通设施中的通讯设施进行破坏，不仅会危及通讯方面的公共安全，更主要的是还会危及交通运输方面的安全。如因破坏交通工具或交通设施中的通讯设施，足以发生火车、船只、航空器等倾覆或毁坏的，又触犯破坏交通工具罪、破坏交通设施罪。对之，应当择重罪即破坏交通工具罪或破坏交通设施罪处罚。倘若破坏交通工具、交通设施中的通讯设施，不足以危及交通运输安全，但足以危害通讯公共安全的，则就应认定为本罪。
证据参考标准	**主体方面的证据**	**一、证明行为人刑事责任年龄、身份等自然情况的证据** 包括身份证明、户籍证明、任职证明、工作经历证明、特定职责证明等，主要是证明行为人的姓名（曾用名）、性别、出生年月日、民族、籍贯、出生地、职业（或职务）、住所地（或居所地）等证据材料，如户口簿、居民身份证、工作证、出生证、专业或技术等级证、干部履历表、职工登记表、护照等。 对于户籍、出生证等材料内容不实的，应提供其他证据材料。外国人犯罪的案件，应有护照等身份证明材料。人大代表、政协委员犯罪的案件，应注明身份，并附身份证明材料。 **二、证明行为人刑事责任能力的证据** 证明行为人对自己的行为是否具有辨认能力与控制能力，如是否属于间歇性精神病人、尚未完全丧失辨认或者控制自己行为能力的精神病人的证明材料。
	主观方面的证据	**证明行为人故意的证据** 1. 证明行为人明知的证据：证明行为人明知自己的行为会发生危害社会的结果。2. 证明直接故意的证据：证明行为人希望危害结果发生。3. 证明间接故意的证据：证明行为人放任危害结果发生。4. 目的：（1）贪利；（2）发泄愤恨和不满；（3）嫁祸于人。

证据参考标准	客观方面的证据	**证明行为人破坏广播电视设施、公用电信设施犯罪行为的证据** 具体证据包括：1. 证明行为人拆卸广播电视、电话、电报等通讯设施的重要机件行为的证据；2. 证明行为人损毁广播电视、电话、电报等通讯设施重要机件行为的证据；3. 证明行为人砸毁广播电视、电话、电报机器设备行为的证据；4. 证明行为人割断电话线路、有线电视线路行为的证据；5. 证明行为人拔走电话电线杆、有线电视电线杆行为的证据；6. 证明行为人利用技术手段损毁广播电视信号行为的证据；7. 证明行为人利用技术手段干扰广播电视信号行为的证据；8. 证明行为人利用技术手段损毁电信设施部件、附件行为的证据；9. 证明行为人实施破坏广播电视设施、公用电信设施犯罪造成严重后果的证据；10. 证明行为人实施破坏广播电视设施、公用电信设施犯罪造成间接损失的证据。
	量刑方面的证据	**一、法定量刑情节证据** 1. 事实情节：（1）造成严重后果；（2）其他。2. 法定从重情节。3. 法定从轻减轻情节：（1）可以从轻；（2）可以从轻或减轻；（3）应当从轻或者减轻。4. 法定从轻减轻免除情节：（1）可以从轻、减轻或者免除处罚；（2）应当从轻、减轻或者免除处罚。5. 法定减轻免除情节：（1）可以减轻或者免除处罚；（2）应当减轻或者免除处罚；（3）可以免除处罚。 **二、酌定量刑情节证据** 1. 犯罪手段：（1）偷割、割断电线；（2）截断电缆；（3）挖、毁、盗电线杆；（4）拆毁机件；（5）炸毁设备。2. 犯罪对象。3. 危害结果：（1）毁坏程度；（2）经济损失。4. 动机。5. 平时表现。6. 认罪态度。7. 是否有前科。8. 其他证据。

量刑标准		
	犯本罪的	处三年以上七年以下有期徒刑
	造成严重后果的	处七年以上有期徒刑

法律适用	刑法条文	**第一百二十四条第一款** 破坏广播电视设施、公用电信设施，危害公共安全的，处三年以上七年以下有期徒刑；造成严重后果的，处七年以上有期徒刑。
	司法解释	**一、最高人民法院《关于审理破坏广播电视设施等刑事案件具体应用法律若干问题的解释》（节录）**(2011 年 6 月 7 日最高人民法院公布　自 2011 年 6 月 13 日起施行 法释〔2011〕13 号) **第一条** 采取拆卸、毁坏设备，剪割缆线，删除、修改、增加广播电视设备系统中存储、处理、传输的数据和应用程序，非法占用频率等手段，破坏正在使用的广播电视设施，具有下列情形之一的，依照刑法第一百二十四条第一款的规定，以破坏广播电视设施罪处三年以上七年以下有期徒刑： （一）造成救灾、抢险、防汛和灾害预警等重大公共信息无法发布的； （二）造成县级、地市（设区的市）级广播电视台中直接关系节目播出的设施无法使用，信号无法播出的；

（三）造成省级以上广播电视传输网内的设施无法使用，地市（设区的市）级广播电视传输网内的设施无法使用三小时以上，县级广播电视传输网内的设施无法使用十二小时以上，信号无法传输的；

（四）其他危害公共安全的情形。

第二条　实施本解释第一条规定的行为，具有下列情形之一的，应当认定为刑法第一百二十四条第一款规定的"造成严重后果"，以破坏广播电视设施罪处七年以上有期徒刑：

（一）造成救灾、抢险、防汛和灾害预警等重大公共信息无法发布，因此贻误排除险情或者疏导群众，致使一人以上死亡、三人以上重伤或者财产损失五十万元以上，或者引起严重社会恐慌、社会秩序混乱的；

（二）造成省级以上广播电视台中直接关系节目播出的设施无法使用，信号无法播出的；

（三）造成省级以上广播电视传输网内的设施无法使用三小时以上，地市（设区的市）级广播电视传输网内的设施无法使用十二小时以上，县级广播电视传输网内的设施无法使用四十八小时以上，信号无法传输的；

（四）造成其他严重后果的。

第四条　建设、施工单位的管理人员、施工人员，在建设、施工过程中，违反广播电视设施保护规定，故意或者过失损毁正在使用的广播电视设施，构成犯罪的，以破坏广播电视设施罪或者过失损坏广播电视设施罪定罪处罚。其定罪量刑标准适用本解释第一至三条的规定。

第五条　盗窃正在使用的广播电视设施，尚未构成盗窃罪，但具有本解释第一条、第二条规定情形的，以破坏广播电视设施罪定罪处罚；同时构成盗窃罪和破坏广播电视设施罪的，依照处罚较重的规定定罪处罚。

第六条　破坏正在使用的广播电视设施未危及公共安全，或者故意毁坏尚未投入使用的广播电视设施，造成财物损失数额较大或者有其他严重情节的，以故意毁坏财物罪定罪处罚。

第七条　实施破坏广播电视设施犯罪，并利用广播电视设施实施煽动分裂国家、煽动颠覆国家政权、煽动民族仇恨、民族歧视或者宣扬邪教等行为，同时构成其他犯罪的，依照处罚较重的规定定罪处罚。

第八条　本解释所称广播电视台中直接关系节目播出的设施、广播电视传输网内的设施，参照国家广播电视行政主管部门和其他相关部门的有关规定确定。

二、最高人民法院《关于审理破坏公用电信设施刑事案件具体应用法律若干问题的解释》（2004年12月30日最高人民法院公布　自2005年1月11日起施行　法释〔2004〕21号）

为维护公用电信设施的安全和通讯管理秩序，依法惩治破坏公用电信设施犯罪活动，根据刑法有关规定，现就审理这类刑事案件具体应用法律的若干问题解释如下：

第一条　采用截断通信线路、损毁通信设备或者删除、修改、增加电信网计算机信息系统中存储、处理或者传输的数据和应用程序等手段，故意破坏正在使用的公用电信设施，具有下列情形之一的，属于刑法第一百二十四条规定的"危害公共安全"，依照刑法第一百二十四条第一款规定，以破坏公用电信设施罪处三年以上七年以下有期徒刑：

（一）造成火警、匪警、医疗急救、交通事故报警、救灾、抢险、防汛等通信中断或者严重障碍，并因此贻误救助、救治、救灾、抢险等，致使人员死亡一人、重伤三人以上或者造成财产损失三十万元以上的；

（二）造成二千以上不满一万用户通信中断一小时以上，或者一万以上用户通信中断不满一小时的；

（三）在一个本地网范围内，网间通信全阻、关口局至某一局向全部中断或网间某一业务全部中断不满二小时或者直接影响范围不满五万（用户×小时）的；

（四）造成网间通信严重障碍，一日内累计二小时以上不满十二小时的；

（五）其他危害公共安全的情形。

第二条 实施本解释第一条规定的行为，具有下列情形之一的，属于刑法第一百二十四条第一款规定的"严重后果"，以破坏公用电信设施罪处七年以上有期徒刑：

（一）造成火警、匪警、医疗急救、交通事故报警、救灾、抢险、防汛等通信中断或者严重障碍，并因此贻误救助、救治、救灾、抢险等，致使人员死亡二人以上、重伤六人以上或者造成财产损失六十万元以上的；

（二）造成一万以上用户通信中断一小时以上的；

（三）在一个本地网范围内，网间通信全阻、关口局至某一局向全部中断或网间某一业务全部中断二小时以上或者直接影响范围五万（用户×小时）以上的；

（四）造成网间通信严重障碍，一日内累计十二小时以上的；

（五）造成其他严重后果的。

第三条 故意破坏正在使用的公用电信设施尚未危害公共安全，或者故意毁坏尚未投入使用的公用电信设施，造成财物损失，构成犯罪的，依照刑法第二百七十五条规定，以故意毁坏财物罪定罪处罚。

盗窃公用电信设施价值数额不大，但是构成危害公共安全犯罪的，依照刑法第一百二十四条的规定定罪处罚；盗窃公用电信设施同时构成盗窃罪和破坏公用电信设施罪的，依照处罚较重的规定定罪处罚。

第四条 指使、组织、教唆他人实施本解释规定的故意犯罪行为的，按照共犯定罪处罚。

第五条 本解释中规定的公用电信设施的范围、用户数、通信中断和严重障碍的标准和时间长度，依据国家电信行业主管部门的有关规定确定。

三、最高人民法院《关于审理危害军事通信刑事案件具体应用法律若干问题的解释》（节录）（2007年6月26日最高人民法院公布 自2007年6月29日起施行 法释〔2007〕13号）

第六条 破坏、过失损坏军事通信，并造成公用电信设施损毁，危害公共安全，同时构成刑法第一百二十四条和第三百六十九条规定的犯罪的，依照处罚较重的规定定罪处罚。

盗窃军事通信线路、设备，不构成盗窃罪，但破坏军事通信的，依照刑法第三百六十九条第一款的规定定罪处罚；同时构成刑法第一百二十四条、第二百六十四条和第三百六十九条第一款规定的犯罪的，依照处罚较重的规定定罪处罚。

违反国家规定，侵入国防建设、尖端科学技术领域的军事通信计算机信息系统，尚未对军事通信造成破坏的，依照刑法第二百八十五条的规定定罪处罚；对军事通信造成破坏，同时构成刑法第二百八十五条、第二百八十六条、第三百六十九条第一款规定的犯罪的，依照处罚较重的规定定罪处罚。

违反国家规定，擅自设置、使用无线电台、站，或者擅自占用频率，经责令停止使用后拒不停止使用，干扰无线电通讯正常进行，构成犯罪的，依照刑法第二百八十八条的规定定罪处罚；造成军事通信中断或者严重障碍，同时构成刑法第二百八十八条、第三百六十九条第一款规定的犯罪的，依照处罚较重的规定定罪处罚。

第七条　本解释所称"重要军事通信"，是指军事首脑机关及重要指挥中心的通信，部队作战中的通信，等级战备通信，飞行航行训练、抢险救灾、军事演习或者处置突发性事件中的通信，以及执行试飞试航、武器装备科研试验或者远洋航行等重要军事任务中的通信。

本解释所称军事通信的具体范围、通信中断和严重障碍的标准，参照中国人民解放军通信主管部门的有关规定确定。

四、最高人民法院、最高人民检察院《关于办理盗窃刑事案件适用法律若干问题的解释》（节录）（2013 年 4 月 2 日最高人民法院、最高人民检察院公布　自 2013 年 4 月 4 日起施行　法释〔2013〕8 号）

第十一条　盗窃公私财物并造成财物损毁的，按照下列规定处理：

（一）采用破坏性手段盗窃公私财物，造成其他财物损毁的，以盗窃罪从重处罚；同时构成盗窃罪和其他犯罪的，择一重罪从重处罚；

（二）实施盗窃犯罪后，为掩盖罪行或者报复等，故意毁坏其他财物构成犯罪的，以盗窃罪和构成的其他犯罪数罪并罚；

（三）盗窃行为未构成犯罪，但损毁财物构成其他犯罪的，以其他犯罪定罪处罚。

一、《广播电视管理条例》（节录）（1997 年 8 月 11 日中华人民共和国国务院令第 228 号公布　自 1997 年 9 月 1 日起施行　2013 年 12 月 7 日第一次修订　2017 年 3 月 1 日第二次修订　2020 年 11 月 29 日第三次修订）

第五十二条　违反本条例规定，危害广播电台、电视台安全播出的，破坏广播电视设施的，由县级以上人民政府广播电视行政部门责令停止违法活动；情节严重的，处 2 万元以上 5 万元以下的罚款；造成损害的，侵害人应当依法赔偿损失；构成犯罪的，依法追究刑事责任。

二、《广播电视设施保护条例》（节录）（2000 年 11 月 5 日中华人民共和国国务院令第 295 号公布　自公布之日起施行）

第二条　在中华人民共和国境内依法设立的广播电视台、站（包括有线广播电视台、站，下同）和广播电视传输网的下列设施的保护，适用本条例：

（一）广播电视信号发射设施，包括天线、馈线、塔桅（杆）、地网、卫星发射天线及其附属设备等；

（二）广播电视信号专用传输设施，包括电缆线路、光缆线路（以下统称传输线路）、塔桅（杆）、微波等空中专用传输通路、微波站、卫星地面接收设施、转播设备及其附属设备等；

（三）广播电视信号监测设施，包括监测接收天线、馈线、塔桅（杆）、测向场强室及其附属设备等。

传输广播电视信号所利用的公用通信等网络设施的保护和管理，依照有关法律、行政法规的规定执行。

第五条　广播电视设施管理单位负责广播电视设施的维护和保养，保证其正常运行。

广播电视设施管理单位应当在广播电视设施周围设立保护标志，标明保护要求。

第六条　禁止危及广播电视信号发射设施的安全和损害其使用效能的下列行为：

（一）拆除或者损坏天线、馈线、地网以及天线场地的围墙、围网及其附属设备、标志物；

（二）在中波天线周围 250 米范围内建筑施工，或者以天线外 250 米为计算起点兴建高度超过仰角 3 度的高大建筑；

（三）在短波天线前方 500 米范围内种植成林树木、堆放金属物品、穿越架空电力线路、建筑施工，或者以天线外 500 米为计算起点兴建高度超过仰角 3 度的高大建筑；

（四）在功率 300 千瓦以上的定向天线前方 1000 米范围内建筑施工，或者以天线外 1000 米为计算起点兴建高度超过仰角 3 度的高大建筑；

（五）在馈线两侧各 3 米范围内建筑施工，或者在馈线两侧各 5 米范围内种植树木、种植高杆作物；

（六）在天线、塔桅（杆）周围 5 米或者可能危及拉锚安全的范围内挖沙、取土、钻探、打桩、倾倒腐蚀性物品。

第七条 禁止危及广播电视信号专用传输设施的安全和损害其使用效能的下列行为：

（一）在标志埋设地下传输线路两侧各 5 米和水下传输线路两侧各 50 米范围内进行铺设易燃易爆液（气）体主管道、抛锚、拖锚、挖沙等施工作业；

（二）移动、损坏传输线路、终端杆、塔桅（杆）及其附属设备、标志物；

（三）在标志埋设地下传输线路的地面周围 1 米范围内种植根茎可能缠绕传输线路的植物、倾倒腐蚀性物品；

（四）树木的顶端与架空传输线路的间距小于 2 米；

（五）在传输线路塔桅（杆）、拉线周围 1 米范围内挖沙、取土，或者在其周围 5 米范围内倾倒腐蚀性物品、堆放易燃易爆物品；

（六）在传输线路塔桅（杆）、拉线上拴系牲畜、悬挂物品、攀附农作物。

第八条 禁止危及广播电视信号监测设施的安全和损害其使用效能的下列行为：

（一）移动、损坏监测接收天线、塔桅（杆）及其附属设备、标志物；

（二）在监测台、站周围违反国家标准架设架空电力线路，兴建电气化铁路、公路等产生电磁辐射的设施或者设置金属构件；

（三）在监测台、站测向场强室周围 150 米范围内种植树木、高杆作物、进行对土地平坦有影响的挖掘、施工；

（四）在监测天线周围 1000 米范围内建筑施工，或者以天线外 1000 米为计算起点修建高度超过仰角 3 度的建筑物、构筑物或者堆放超高的物品。

第九条 禁止危及广播电视设施安全和损害其使用效能的下列行为：

（一）在广播电视设施周围 500 米范围内进行爆破作业；

（二）在天线、馈线、传输线路及其塔桅（杆）、拉线周围 500 米范围内进行烧荒；

（三）在卫星天线前方 50 米范围内建筑施工，或者以天线前方 50 米为计算起点修建高度超过仰角 5 度的建筑物、构筑物或者堆放超高的物品；

（四）在发射、监测台、站周围 1500 米范围内兴建有严重粉尘污染、严重腐蚀性化学气体溢出或者产生放射性物质的设施；

（五）在发射、监测台、站周围 500 米范围内兴建油库、加油站、液化气站、煤气站等易燃易爆设施。

第十条 新建、扩建广播电视设施，应当遵守城乡建设总体规划，按照国家有关规定选址，避开各种干扰源。

第十一条 广播电视信号发射设施的建设，应当符合国家有关电磁波防护和卫生标准；在已有发射设施的场强区内，兴建机关、工厂、学校、商店、居民住宅等设施的，除应当遵守本条例有关规定外，还应当符合国家有关电磁波防护和卫生标准。

第十二条 在标志埋设广播电视传输线路两侧 2 米范围内堆放笨重物品、种植树木及平整土地的，应当事先征得广播电视设施管理单位的同意，并采取有效防范措施后，方可进行。

第十三条 在天线、馈线周围 500 米范围外进行烧荒等活动，可能危及广播电视设施安全的，应当事先通知广播电视设施管理单位，并采取有效防范措施后，方可进行。

第十四条 在天线、馈线周围种植树木或者农作物的，应当确保巡视、维修车辆的通行；巡视、维修车辆通行，对树木或者农作物造成损失的，由广播电视设施管理单位按照国家有关规定给予补偿。

对高度超越架空传输线路保护间距要求的树木，广播电视设施管理单位有权剪除其超越部分。

第十五条 在广播电视传输线路上接挂收听、收视设备，调整、安装有线广播电视的光分配器、分支放大器等设备，或者在有线广播电视设备上插接分支分配器、其他线路的，应当经广播电视设施管理单位同意，并由专业人员安装。

第十六条 在天线场地敷设电力、通讯线路或者在架空传输线路上附挂电力、通讯线路的，应当事先征得广播电视设施管理单位同意，并在专业人员的指导下进行施工。

第十七条 广播电视设施管理单位的专用供电、供水、通信等，有关部门或者单位应当予以保障。

广播电视设施管理单位应当按照有关广播电视行政管理部门的要求，对重要的广播电视设施配备备用电源、水源等设施。

第十八条 进行工程建设，应当尽量避开广播电视设施；重大工程项目确实无法避开而需要搬迁广播电视设施的，城市规划行政主管部门在审批前，应当征得有关广播电视行政管理部门同意。

迁建工作应当坚持先建设后拆除的原则。迁建所需费用由造成广播电视设施迁建的单位承担。迁建新址的技术参数应当按照国家有关规定报批。

第十九条 确需在已有广播电视信号空中专用传输通路内兴建建设工程的，城市规划行政主管部门在审批前，应当征得有关广播电视行政管理部门同意。

因建设工程阻挡空中专用传输通路，需要建立广播电视空中信号中继站的，建设单位应当承担所需费用并给予相应的经济补偿。

第二十条 违反本条例规定，在广播电视设施保护范围内进行建筑施工，兴建设施或者爆破作业、烧荒等活动的，由县级以上人民政府广播电视行政管理部门或者其授权的广播电视设施管理单位责令改正，限期拆除违章建筑、设施，对个人处 1000 元以上 1 万元以下的罚款，对单位处 2 万元以上 10 万元以下的罚款；对其直接负责的主管人员及其他直接责任人员依法给予行政处分；违反治安管理规定的，由公安机关依法给予治安管理处罚；构成犯罪的，依法追究刑事责任。

第二十一条 违反本条例规定，损坏广播电视设施的，由县级以上人民政府广播电视行政管理部门或者其授权的广播电视设施管理单位责令改正，对个人处 1000 元以上 1 万元以下的罚款，对单位处 2 万元以上 10 万元以下的罚款；对其直接负责的主管人员及其他直接责任人员依法给予行政处分；违反治安管理规定的，由公安机关依法给予治安管理处罚；构成犯罪的，依法追究刑事责任。

第二十二条 违反本条例规定，在广播电视设施保护范围内有下列行为之一的，由县级以上人民政府广播电视行政管理部门或者其授权的广播电视设施管理单位责令改正，给予警告，对个人可处以 2000 元以下的罚款，对单位可处以 2 万元以下的罚款：

（一）种植树木、农作物的；

（二）堆放金属物品、易燃易爆物品或者设置金属构件、倾倒腐蚀性物品的；

（三）钻探、打桩、抛锚、拖锚、挖沙、取土的；

（四）拴系牲畜、悬挂物品、攀附农作物的。

三、《中华人民共和国治安管理处罚法》（节录）（2005 年 8 月 28 日中华人民共和国主席令第 38 号公布　自 2006 年 3 月 1 日起施行　2012 年 10 月 26 日修正）

第三十三条　有下列行为之一的，处十日以上十五日以下拘留：

（一）盗窃、损毁油气管道设施、电力电信设施、广播电视设施、水利防汛工程设施或者水文监测、测量、气象测报、环境监测、地质监测、地震监测等公共设施的；

（二）移动、损毁国家边境的界碑、界桩以及其他边境标志、边境设施或者领土、领海标志设施的；

（三）非法进行影响国（边）界线走向的活动或者修建有碍国（边）境管理的设施的。

一、最高人民法院、最高人民检察院、工业和信息化部、公安部《公用电信设施损坏经济损失计算方法》（2014 年 8 月 28 日最高人民法院、最高人民检察院、工业和信息化部、公安部公布　自公布之日起施行　工信部联电管〔2014〕372 号）

第一条　为保障公用电信设施安全稳定运行，规范公用电信设施损坏经济损失计算，制定本方法。

第二条　中华人民共和国境内由于盗窃、破坏等因素造成公用电信设施损坏所带来的经济损失，根据本方法计算。

第三条　本方法中公用电信设施主要包括：

（一）通信线路类：包括光（电）缆、电力电缆等；交接箱、分（配）线盒等；管道、槽道、人井（手孔）；电杆、拉线、吊线、挂钩等支撑加固和保护装置；标石、标志标牌、井盖等附属配套设施。

（二）通信设备类：包括基站、中继站、微波站、直放站、室内分布系统、无线局域网（WLAN）系统、有线接入设备、公用电话终端等。

（三）其他配套设备类：包括通信铁塔、收发信天（馈）线；公用电话亭；用于维系通信设备正常运转的通信机房、空调、蓄电池、开关电源、不间断电源（UPS）、太阳能电池板、油机、变压器、接地铜排、消防设备、安防设备、动力环境设备等附属配套设施。

（四）电信主管部门认定的其他电信设施。

第四条　公用电信设施损坏经济损失，主要包括公用电信设施修复损失、阻断通信业务损失和阻断通信其他损失。

公用电信设施修复损失，是指公用电信设施损坏后临时抢修、正式恢复所需各种修复费用总和，包括人工费、机具使用费、仪表使用费、调遣费、赔补费、更换设施设备费用等。

阻断通信业务损失，是指公用电信设施损坏造成通信中断所带来的业务损失的总和，包括干线光传送网阻断通信损失、城域/本地光传送网阻断通信损失和接入网阻断通信损失。

阻断通信其他损失，是指公用电信设施损坏造成通信中断所带来的除通信业务损失以外的其他损失的总和，包括基础电信企业依法向电信用户支付的赔偿费用等损失。

第五条 公用电信设施修复损失计算

公用电信设施损坏后临时抢修、正式修复所需费用按照《关于发布〈通信建设工程概算、预算编制办法及相关定额〉的通知》（工信部规〔2008〕75号）核实确定。

公用电信设施损坏后通过设置应急通信设备、使用备份设备或迂回路由等方式临时抢修产生的费用，可由当地通信管理局确定。

第六条 阻断通信业务损失计算

阻断通信业务损失＝阻断通信时间×单位时间通信业务价值。

阻断通信时间，是指自该类业务通信阻断发生时始，至该类业务修复后经测试验证后通信可用时止的时间长度。

单位时间通信业务价值，是指阻断通信时间段前三十天对应时段内的平均业务量与业务单价的乘积。

类业务单价可在该类业务标价和套餐折合最低价之间取值，具体由当地通信管理局根据当地实际情况确定。

（一）干线光传送网阻断通信损失

干线光传送网，按照阻断通信的使用带宽进行计算，即：

干线光传送网阻断通信损失＝阻断通信时间（分钟）×前三十天对应时段内平均使用带宽（Mbps）×单位带宽价格（元/Mbps/分钟）。

单位带宽价格按基础电信企业向当地通信管理局资费备案的互联网100Mb–ps专线接入（当地静态路由接入方式）价格的百分之一计算。

（二）城域/本地光传送网阻断通信损失

城域/本地光传送网阻断通信损失参照干线光传送网阻断通信损失计算。

（三）接入网阻断通信损失

接入网可明确区分不同业务类型，应分别计算该网络内不同业务实际阻断通信时间内的损失，并将不同业务类型损失进行叠加。

接入网阻断通信损失包括固定和移动语音业务损失、固定数据业务损失、移动数据业务损失、固定和移动专线出租电路损失、短信业务损失和增值电信业务损失。

固定和移动语音业务损失包括国际长途、国内长途和本地通话三类业务损失，每类业务损失计算公式为：固定和移动语音业务损失＝前三十天对应时段内平均通话时长（分钟）×单价（元/分钟）。

固定数据业务损失计算公式为：固定数据业务损失＝阻断通信时间（分钟）×月均固定数据业务资费/当月分钟数（元/分钟）。

移动数据业务损失计算公式为：移动数据业务损失＝前三十天对应时段内平均数据流量（MB/秒）×阻断时长（秒）×单价（元/MB）。

固定和移动专线出租电路损失根据基础电信企业和党、政、军机关、事业单位、企业等签订的专线电路租用合同相关条款进行计算。

短信业务损失计算公式为：短信业务阻断损失＝前三十天对应时段内平均短信量（条）×单价（元/条）。

增值电信业务损失可由当地通信管理局确定。

第七条 专用电信设施损坏经济损失计算可参照本方法执行。

第八条 各省、自治区、直辖市通信管理局可根据本规定，结合具体情况制定适合本行政区域内的公用电信设施损坏经济损失计算方法。

第九条 本方法由工业和信息化部负责解释。

第十条 本规定自印发之日起实施。

法律适用

规章及规范性文件

二、最高人民法院、最高人民检察院、公安部、国家安全部《关于依法办理非法生产销售使用"伪基站"设备案件的意见》（节录） （2014 年 3 月 14 日最高人民法院、最高人民检察院、公安部、国家安全部公布　自公布之日起施行　公通字〔2014〕13 号）

一、准确认定行为性质

（二）非法使用"伪基站"设备干扰公用电信网络信号，危害公共安全的，依照《刑法》第一百二十四条第一款的规定，以破坏公用电信设施罪追究刑事责任；同时构成虚假广告罪、非法获取公民个人信息罪、破坏计算机信息系统罪、扰乱无线电通讯管理秩序罪的，依照处罚较重的规定追究刑事责任。

除法律、司法解释另有规定外，利用"伪基站"设备实施诈骗等其他犯罪行为，同时构成破坏公用电信设施罪的，依照处罚较重的规定追究刑事责任。

42 过失损坏广播电视设施、公用电信设施案

概念		本罪是指过失损坏广播电视设施、公用电信设施，造成严重后果，危害公共安全的行为。
立案标准		根据《刑法》第 124 条第 2 款的规定，过失损坏广播电视设施、公用电信设施，造成严重后果的，应当立案追究。 本罪是结果犯，行为人损坏广播电视设施、公用电信设施的行为是出于过失，并且已经造成了人员伤亡或者重大公私财产损失等严重后果，才构成本罪。
定罪标准	**犯罪客体**	本罪侵犯的客体是传播、通讯方面的公共安全。其破坏的对象是广播电视设施、公用电信设施，即广播电台、电视、电报、电话或其他通讯设备。如广播电台发射和接收电波的机器设备、电话交换设备、通讯线路、收发电报的设备、电视收发设备等。这些设备必须是正在使用中，并且是直接用于广播电视、电信的设备，因为只有这些设备遭受破坏，才可能造成广播电视和电信联络的中断，严重危害公共安全。如果损坏或盗窃库存的广播电视、电信器材，或非直接用于广播电视、电信的设备，如办公设备、生活设施等，只能造成一定财产的损失，不直接影响广播电视、电信正常进行，则不构成本罪。其情节严重的，应以故意毁坏财物罪或盗窃罪论处。
	犯罪客观方面	本罪在客观方面表现为过失损坏广播电视设施、公用电信设施，造成严重后果，危害公共安全的行为。 过失损坏广播电视设施、公用电信设施的行为分为尚未造成严重后果和已经造成严重后果两种情况。根据《刑法》的规定，过失行为只有造成严重后果，危害公共安全的才负刑事责任。因此，《刑法》第 124 条第 2 款规定的过失犯前款罪，仅指过失犯前款罪中造成严重后果的犯罪。也就是说，构成过失损坏广播电视设施、公用电信设施罪，过失行为必须造成严重后果。如果仅有过失行为，并未造成严重后果，或者后果不严重的，则不构成过失损坏广播电视设施、公用电信设施罪。这也是本罪具有较大社会危害性的根本原因。因此，有无后果，后果是否严重，是衡量过失损坏广播电视设施、公共电信设施的行为是否构成犯罪的重要标志。
	犯罪主体	本罪主体是一般主体，即凡年满 16 周岁且具备刑事责任能力的自然人均可成为本罪主体。既可以是普通公民，也可以是从事广播电视、通信业务的人员。
	犯罪主观方面	本罪在主观方面表现为过失，即行为人对其损坏广播电视设施、公用电信设施的行为可能引起的严重后果应当预见，因为疏忽大意而未预见；或者虽然已经预见，而轻信能够避免，以致发生了严重后果。如果行为人对其行为造成的严重后果，既非出于故意，也不存在过失，属于意外事件，不构成犯罪。

定罪标准	**罪与非罪**	区分罪与非罪的界限，关键看是否造成严重后果，达到危害公共安全的程度。
	此罪与彼罪	一、本罪与破坏广播电视设施、公用电信设施罪的界限。两罪侵犯的对象都是正在使用中的广播电视设施、公用电信设施，在客观方面都实施了毁坏行为，并且侵犯的客体都是公共安全。两罪的区别是：(1) 主观方面不同。破坏广播电视设施、公用电信设施罪是故意，即行为人积极追求或放任上述设施被破坏的危害结果；过失损坏广播电视设施、公用电信设施罪是过失，即行为人既不希望也不放任上述设施被损坏的危害结果的发生，而是由于疏忽大意或过于自信的过失以致发生这种危害结果。(2) 对犯罪构成的要求不同。破坏广播电视设施、公用电信设施罪不以造成严重后果为构成要件；过失损坏广播电视设施、公用电信设施罪则以造成严重后果，危害公共安全为构成要件。 二、本罪与广播电视、公用电信部门职工在作业中违反规章制度，因而发生上述设施被毁的重大事故，引起信息中断、通讯阻断，造成严重后果的重大责任事故罪的界限。两者侵犯的对象相同，都是正在使用中的广播电视设施、公用电信设施，在主观上都是出于过失，并且都以造成严重后果为构成犯罪的必备条件。但是，两者存在明显区别：(1) 主体不同。前者的主体是一般主体；后者的主体为特殊主体，即广播电视、公用电信部门的职工。(2) 客体不同。前者侵犯的是传播、通讯方面的公共安全；后者侵犯的是广播电视、公用电信部门的作业安全。(3) 客观方面不同。前者是过失损坏广播电视设施、公用电信设施，与从事传播、通讯作业活动无关；后者是在传播、通讯作业活动过程中，由于不服管理、违反规章制度，因而发生重大事故。因此，由于上述部门的职工在作业过程中的业务过失而造成严重后果的，应定重大责任事故罪，而不能以过失损坏广播电视设施、公用电信设施罪论处。
证据参考标准	**主体方面的证据**	**一、证明行为人刑事责任年龄、身份等自然情况的证据** 包括身份证明、户籍证明、任职证明、工作经历证明、特定职责证明等，主要是证明行为人的姓名（曾用名）、性别、出生年月日、民族、籍贯、出生地、职业（或职务）、住所地（或居所地）等证据材料，如户口簿、居民身份证、工作证、出生证、专业或技术等级证、干部履历表、职工登记表、护照等。 对于户籍、出生证等材料内容不实的，应提供其他证据材料。外国人犯罪的案件，应有护照等身份证明材料。人大代表、政协委员犯罪的案件，应注明身份，并附身份证明材料。 **二、证明行为人刑事责任能力的证据** 证明行为人对自己的行为是否具有辨认能力与控制能力，如是否属于间歇性精神病人、尚未完全丧失辨认或者控制自己行为能力的精神病人的证明材料。
	主观方面的证据	**证明行为人过失的证据** 1. 证明行为人应当预见自己的行为可能发生危害社会的结果的证据；2. 证明疏忽大意的过失的证据；3. 证明过于自信的过失的证据。

证据参考标准	**客观方面的证据**	**证明行为人过失损坏广播电视设施、公用电信设施犯罪行为的证据** 具体证据包括：1. 证明行为人因疏忽大意而损坏广播设施行为的证据；2. 证明行为人因疏忽大意而损坏电视设施行为的证据；3. 证明行为人因疏忽大意而损坏电话设施行为的证据；4. 证明行为人因疏忽大意而损坏电信设施行为的证据；5. 证明行为人因过于自信而损坏广播设施行为的证据；6. 证明行为人因过于自信而损坏电视设施行为的证据；7. 证明行为人因过于自信而损坏电话设施行为的证据；8. 证明行为人因过于自信而损坏电信设施行为的证据；9. 证明行为人危害公共安全行为的证据；10. 证明行为人因过失损坏广播电视设施、公用电信设施犯罪造成严重后果的证据；11. 证明行为人因过失损坏广播电视设施、公用电信设施犯罪造成间接损失的证据。
	量刑方面的证据	**一、法定量刑情节证据** 1. 事实情节：（1）造成严重后果；（2）情节较轻。2. 法定从重情节。3. 法定从轻减轻情节：（1）可以从轻；（2）可以从轻或减轻；（3）应当从轻或者减轻。4. 法定从轻减轻免除情节：（1）可以从轻、减轻或者免除处罚；（2）应当从轻、减轻或者免除处罚。5. 法定减轻免除情节：（1）可以减轻或者免除处罚；（2）应当减轻或者免除处罚；（3）可以免除处罚。 **二、酌定量刑情节证据** 1. 犯罪手段。2. 犯罪对象。3. 危害结果：（1）毁坏程度；（2）经济损失。4. 动机。5. 平时表现。6. 认罪态度。7. 是否有前科。8. 其他证据。

量刑标准		
	犯本罪的	处三年以上七年以下有期徒刑
	情节较轻的	处三年以下有期徒刑或者拘役

法律适用	**刑法条文**	**第一百二十四条** 破坏广播电视设施、公用电信设施，危害公共安全的，处三年以上七年以下有期徒刑；造成严重后果的，处七年以上有期徒刑。 过失犯前款罪的，处三年以上七年以下有期徒刑；情节较轻的，处三年以下有期徒刑或者拘役。
	司法解释	**最高人民法院《关于审理破坏广播电视设施等刑事案件具体应用法律若干问题的解释》（节录）**（2011年6月7日最高人民法院公布　自2011年6月13日起施行　法释〔2011〕13号） 　　**第一条** 采取拆卸、毁坏设备，剪割缆线，删除、修改、增加广播电视设备系统中存储、处理、传输的数据和应用程序，非法占用频率等手段，破坏正在使用的广播电视设施，具有下列情形之一的，依照刑法第一百二十四条第一款的规定，以破坏广播电视设施罪处三年以上七年以下有期徒刑： 　　（一）造成救灾、抢险、防汛和灾害预警等重大公共信息无法发布的； 　　（二）造成县级、地市（设区的市）级广播电视台中直接关系节目播出的设施无法使用，信号无法播出的； 　　（三）造成省级以上广播电视传输网内的设施无法使用，地市（设区的市）级广播电视传输网内的设施无法使用三小时以上，县级广播电视传输网内的设施无法使用十二小时以上，信号无法传输的；

（四）其他危害公共安全的情形。

第二条 实施本解释第一条规定的行为，具有下列情形之一的，应当认定为刑法第一百二十四条第一款规定的"造成严重后果"，以破坏广播电视设施罪处七年以上有期徒刑：

（一）造成救灾、抢险、防汛和灾害预警等重大公共信息无法发布，因此贻误排除险情或者疏导群众，致使一人以上死亡、三人以上重伤或者财产损失五十万元以上，或者引起严重社会恐慌、社会秩序混乱的；

（二）造成省级以上广播电视台中直接关系节目播出的设施无法使用，信号无法播出的；

（三）造成省级以上广播电视传输网内的设施无法使用三小时以上，地市（设区的市）级广播电视传输网内的设施无法使用十二小时以上，县级广播电视传输网内的设施无法使用四十八小时以上，信号无法传输的；

（四）造成其他严重后果的。

第三条 过失损坏正在使用的广播电视设施，造成本解释第二条规定的严重后果的，依照刑法第一百二十四条第二款的规定，以过失损坏广播电视设施罪处三年以上七年以下有期徒刑；情节较轻的，处三年以下有期徒刑或者拘役。

过失损坏广播电视设施构成犯罪，但能主动向有关部门报告，积极赔偿损失或者修复被损坏设施的，可以酌情从宽处罚。

第四条 建设、施工单位的管理人员、施工人员，在建设、施工过程中，违反广播电视设施保护规定，故意或者过失毁正在使用的广播电视设施，构成犯罪的，以破坏广播电视设施罪或者过失损坏广播电视设施罪定罪处罚。其定罪量刑标准适用本解释第一至三条的规定。

最高人民法院、最高人民检察院、工业和信息化部、公安部《公用电信设施损坏经济损失计算方法》（节录）（2014 年 8 月 28 日最高人民法院、最高人民检察院、工业和信息化部、公安部公布　自公布之日起施行　工信部联电管〔2014〕372 号）

第三条 本方法中公用电信设施主要包括：

（一）通信线路类：包括光（电）缆、电力电缆等；交接箱、分（配）线盒等；管道、槽道、人井（手孔）；电杆、拉线、吊线、挂钩等支撑加固和保护装置；标石、标志标牌、井盖等附属配套设施。

（二）通信设备类：包括基站、中继站、微波站、直放站、室内分布系统、无线局域网（WLAN）系统、有线接入设备、公用电话终端等。

（三）其他配套设备类：包括通信铁塔、收发信天（馈）线；公用电话亭；用于维系通信设备正常运转的通信机房、空调、蓄电池、开关电源、不间断电源（UPS）、太阳能电池板、油机、变压器、接地铜排、消防设备、安防设备、动力环境设备等附属配套设施。

（四）电信主管部门认定的其他电信设施。

第四条 公用电信设施损坏经济损失，主要包括公用电信设施修复损失、阻断通信业务损失和阻断通信其他损失。

公用电信设施修复损失，是指公用电信设施损坏后临时抢修、正式恢复所需各种修复费用总和，包括人工费、机具使用费、仪表使用费、调遣费、赔补费、更换设备设备费用等。

阻断通信业务损失，是指公用电信设施损坏造成通信中断所带来的业务损失的总和，包括干线光传送网阻断通信损失、城域/本地光传送网阻断通信损失和接入网阻断通信损失。

阻断通信其他损失，是指公用电信设施损坏造成通信中断所带来的除通信业务损失以外的其他损失的总和，包括基础电信企业依法向电信用户支付的赔偿费用等损失。

第五条 公用电信设施修复损失计算

公用电信设施损坏后临时抢修、正式修复所需费用按照《关于发布〈通信建设工程概算、预算编制办法及相关定额〉的通知》（工信部规〔2008〕75号）核实确定。

公用电信设施损坏后通过设置应急通信设备、使用备份设备或迂回路由等方式临时抢修产生的费用，可由当地通信管理局确定。

第六条 阻断通信业务损失计算

阻断通信业务损失 = 阻断通信时间 × 单位时间通信业务价值。

阻断通信时间，是指自该类业务通信阻断发生时始，至该类业务修复后经测试验证后通信可用时止的时间长度。

单位时间通信业务价值，是指阻断通信时间段前三十天对应时段内的平均业务量与业务单价的乘积。

类业务单价可在该类业务标价和套餐折合最低价之间取值，具体由当地通信管理局根据当地实际情况确定。

（一）干线光传送网阻断通信损失

干线光传送网，按照阻断通信的使用带宽进行计算，即：

干线光传送网阻断通信损失 = 阻断通信时间（分钟）× 前三十天对应时段内平均使用带宽（Mbps）× 单位带宽价格（元/Mbps/分钟）。

单位带宽价格按基础电信企业向当地通信管理局资费备案的互联网100Mb－ps专线接入（当地静态路由接入方式）价格的百分之一计算。

（二）城域/本地光传送网阻断通信损失

城域/本地光传送网阻断通信损失参照干线光传送网阻断通信损失计算。

（三）接入网阻断通信损失

接入网可明确区分不同业务类型，应分别计算该网络内不同业务实际阻断通信时间内的损失，并将不同业务类型损失进行叠加。

接入网阻断通信损失包括固定和移动语音业务损失、固定数据业务损失、移动数据业务损失、固定和移动专线出租电路损失、短信业务损失和增值电信业务损失。

固定和移动语音业务损失包括国际长途、国内长途和本地通话三类业务损失，每类业务损失计算公式为：固定和移动语音业务损失 = 前三十天对应时段内平均通话时长（分钟）× 单价（元/分钟）。

固定数据业务损失计算公式为：固定数据业务损失 = 阻断通信时间（分钟）× 月均固定数据业务资费/当月分钟数（元/分钟）。

移动数据业务损失计算公式为：移动数据业务损失 = 前三十天对应时段内平均数据流量（MB/秒）× 阻断时长（秒）× 单价（元/MB）。

固定和移动专线出租电路损失根据基础电信企业和党、政、军机关、事业单位、企业等签订的专线电路租用合同相关条款进行计算。

短信业务损失计算公式为：短信业务阻断损失 = 前三十天对应时段内平均短信量（条）× 单价（元/条）。

增值电信业务损失可由当地通信管理局确定。

第七条 专用电信设施损坏经济损失计算可参照本方法执行。

43 非法制造、买卖、运输、邮寄、储存枪支、弹药、爆炸物案

概念

本罪是指违反法律规定，未经国家有关部门批准，非法制造、买卖、运输、邮寄、储存枪支、弹药、爆炸物的行为。本罪为选择性罪名。

立案标准

根据《刑法》第 125 条和最高人民法院《关于审理非法制造、买卖、运输枪支、弹药、爆炸物等刑事案件具体应用法律若干问题的解释》第 1 条的规定，违反国家有关枪支、弹药、爆炸物的管理法规，个人或者单位非法制造、买卖、运输、邮寄、储存枪支、弹药、爆炸物，具有下列情形之一的，应当立案追究：(1) 非法制造、买卖、运输、邮寄、储存军用枪支 1 支以上的；(2) 非法制造、买卖、运输、邮寄、储存以火药为动力发射枪弹的非军用枪支 1 支以上或者以压缩气体等为动力的其他非军用枪支 2 支以上的；(3) 非法制造、买卖、运输、邮寄、储存军用子弹 10 发以上、气枪铅弹 500 发以上或者其他非军用子弹 100 发以上的；(4) 非法制造、买卖、运输、邮寄、储存手榴弹 1 枚以上的；(5) 非法制造、买卖、运输、邮寄、储存爆炸装置的；(6) 非法制造、买卖、运输、邮寄、储存炸药、发射药、黑火药 1000 克以上或者烟火药 3000 克以上、雷管 30 枚以上或者导火索、导爆索 30 米以上的；(7) 具有生产爆炸物品资格的单位不按照规定的品种制造，或者具有销售、使用爆炸物品资格的单位超过限额买卖炸药、发射药、黑火药 10000 克以上或者烟火药 30000 克以上、雷管 300 枚以上或者导火索、导爆索 300 米以上的；(8) 多次非法制造、买卖、运输、邮寄、储存弹药、爆炸物的；(9) 虽未达到上述最低数量标准，但具有造成严重后果等其他恶劣情节的。

本罪是行为犯，只要行为人实施了非法制造、买卖、运输枪支、弹药、爆炸物的行为，无论是否造成严重后果，都构成犯罪，应当立案。上述司法解释从"数量"和"情节"两个方面对构成犯罪的标准作了具体规定。其第 1 条第 1 项至第 7 项，从"数量"上对非法制造、买卖、运输枪支、弹药、爆炸物的行为作了具体规定。只要达到上述数量标准的，就应当立案追究。第 1 条第 8 项从次数上作了规定，即"多次非法制造、买卖、运输、邮寄、储存弹药、爆炸物的"，应当立案。这里"多次"，应当是指 3 次以上。第 1 条第 9 项规定，"虽未达到上述最低数量标准，但具有造成严重后果等其他恶劣情节的"，应当立案。这主要是指非法制造、买卖、运输、邮寄、储存枪支、弹药、爆炸物未达到第 1 条第 1 项至第 7 项的数量标准，但是造成了人员伤亡或者重大公私财产损失，或者被他人利用实施违法犯罪活动等情形。

根据上述司法解释第 7 条规定，非法制造、买卖、运输、邮寄、储存、盗窃、抢夺、持有、私藏、携带成套枪支散件的，以相应数量的枪支计；非成套枪支散件以每 30 件为一成套枪支散件计。

本罪侵犯的客体是公共安全，即不特定多数人的生命、健康或者重大公私财产的安全，和国家对枪支、弹药、爆炸物的管理制度。本罪是涉及危险对象的犯罪，但并不表现为对这种对象的破坏，也不具有放火、爆炸等罪一经实施即会同时造成多人死伤或公私财产广泛破坏的特点。将其归入危害公共安全罪中，就在于枪支、弹药、爆炸物这种危险物品，易被犯罪分子控制，有可能危及广大人民群众的生命安全、国家财产的安全，给社会治安留下极大隐患。我国政府非常重视对枪支、弹药和爆炸物的管理，《民用爆炸物品安全管理条例》以及《枪支管理法》等有关法规，对枪支、弹药、爆炸物实行国家管制，从而形成了对枪支、弹药、爆炸物的制造、买卖、运输、使用等完整的管理制度和体制。因此，本罪不仅违反了枪支、弹药、爆炸物的管理规定，而且由于枪支、弹药、爆炸物的巨大破坏性和杀伤力，同时还侵犯了公共安全。

犯罪对象包括枪支、弹药及爆炸物。所谓枪支，根据《枪支管理法》的规定，是指以火药、压缩气体等为动力，利用管状器具发射子弹、金属弹丸或者其他物质，足以致人伤亡、丧失知觉的各种枪支。其不仅指整枪，也指枪支的主要零部件。具体包括各种军用枪支、公务用枪与民用枪支，如手枪、步枪、冲锋枪、机枪等；民用狩猎用枪，如有膛线猎枪、霰弹枪、火药枪等；体育射击运动用枪，如小口径步枪、手枪、气步枪、气手枪等，麻醉动物用的注射枪以及其他各种对人身具有较大杀伤力的土枪、砂枪、钢珠枪、电击枪、特种防暴枪等。所谓弹药，是指能为上述各种枪支使用的子弹、金属弹丸、催泪弹或其他物质。所谓爆炸物，是指具有爆破性，一旦爆炸即对人身、财产能造成较大杀伤力或破坏力的物品，包括军用的地雷、手雷、炸弹、爆破筒以及民用各类炸药，如硝基化合物类炸药、硝基胺类炸药、高能混合炸药等；雷管，如火雷管、瞬发电雷管、继爆管等；导火索、导爆索；非电导破装置，如非电导破管、各种非电雷管等；起爆药，如雷管、雷银等；岩石、混凝土爆破剂；黑色火药、烟火剂等。如果行为人非法制造、买卖、运输、邮寄、储存的不是上述枪支、弹药或爆炸物，而是其他诸如游艺运动气枪、制作影视戏剧用的道具枪以及烟花爆竹等娱乐性物品，则不宜以本罪论处。

本罪客观方面表现为非法制造、买卖、运输、邮寄、储存枪支、弹药、爆炸物的行为。

所谓非法制造，是指违反国家有关法规，未经有关部门批准，私自制造枪支、弹药、爆炸物的行为。制造包括制作、加工、组装、改装、拼装、修理等具体方式，无论采取哪一种方式进行制造，也无论是否制造成功，抑或自用还是出售，只要实施了制造的行为，即构成本罪。

所谓非法买卖，是指违反法律规定，未经有关部门批准许可，私自购买或者出售枪支、弹药、爆炸物的行为。买卖，即包括以金钱货币作价的各种非法经营的交易行为，亦包括以物换取枪支、弹药、爆炸物的以物易物的交换行为，以及赊购等行为方式。无论其方式如何，只要属于买卖行为，即构成本罪。

所谓非法运输，是指违反法律规定，未经批准许可，私自在国境内从一个地方运到另一个地方的行为。其既可以通过陆运、水运或空运，也可以是随身携带，其方式的不同不影响行为的性质。

所谓非法邮寄，是指违反法律规定，私自通过邮局邮寄枪支、弹药、爆炸物的行为。既可以成批邮寄，亦可以夹在其他邮寄的仿品中邮寄。但运输、邮寄的空间范围仅限于国内。无论方式如何，只要属于非法，即可构成本罪。

犯罪客体

定罪标准

犯罪客观方面

定罪标准	**犯罪客观方面**	所谓非法储存，是指明知他人非法制造、买卖、运输、邮寄的枪支、弹药而为其存放的行为，或者非法存放爆炸物的行为。既可以藏在家中，又可以存在他处，如山洞中、他人家里等。不论地点如何，只要属于非法，就不影响本罪成立。 所谓非法，在本罪中是指违反有关法律规定，未经有关部门批准，私自进行的有关行为。如果经过有关部门许可，但是由于行为人采用欺骗、贿赂等非法手段而得以批准的，此时尽管形式合法，其实质仍属非法，一经查获的，亦应当以本罪的非法论处。 本罪属于选择性罪名。行为人只要实施非法制造、买卖、运输、邮寄、储存枪支、弹药、爆炸物行为之一的，即可构成犯罪。如果非法制造枪支、弹药、爆炸物以后，又自己运输和贩卖的，只构成非法制造、买卖、运输枪支、弹药、爆炸物罪一罪，不实行数罪并罚。
	犯罪主体	本罪主体为一般主体，即凡年满 16 周岁且具备刑事责任能力的自然人都可以构成本罪。根据《刑法》第 125 条第 3 款的规定，单位也可成为本罪主体。单位非法从事制造、买卖、运输、邮寄、储存枪支、弹药、爆炸物的活动，其直接负责的主管人员和其他直接责任人员，应按本罪论处。
	犯罪主观方面	本罪主观方面表现为故意，即明知是枪支、弹药、爆炸物而非法制造、买卖、运输、邮寄、储存。其动机则可能多种多样，有的为了营利，有的为了实施其他犯罪。不同的动机一般不影响定罪。如果被蒙骗、利用，不知是枪支、弹药、爆炸物品而实施了上述行为，不能构成本罪。
	罪与非罪	区分罪与非罪的界限，关键是看是否符合司法解释规定的情形。根据最高人民法院《关于审理非法制造、买卖、运输枪支、弹药、爆炸物等刑事案件具体应用法律若干问题的解释》（以下简称《解释》）相关规定，因筑路、建房、打井、整修宅基地和土地等正常生产、生活需要，或者因从事合法的生产经营活动而非法制造、买卖、运输、邮寄、储存爆炸物，数量达到《解释》第 1 条规定标准，没有造成严重社会危害，并确有悔改表现的，可依法从轻处罚；情节轻微的，可以免除处罚。具有上述情形，数量虽达到《解释》第 2 条规定标准的，也可以不认定为《刑法》第 125 条第 1 款规定的"情节严重"。但在公共场所、居民区等人员集中区域非法制造、买卖、运输、邮寄、储存爆炸物，或者因非法制造、买卖、运输、邮寄、储存爆炸物 3 年内受到 2 次以上行政处罚又实施上述行为，数量达到《解释》规定标准的，不适用上述量刑的规定。
	此罪与彼罪	一、本罪与其他有关枪支、弹药、爆炸物犯罪的界限。本罪与其他有关枪支、弹药、爆炸物犯罪如盗窃、抢夺、抢劫枪支、弹药、爆炸物罪的主要区别在于犯罪客观方面不同。如果是违反国家有关枪支、弹药、爆炸物的管理规定，擅自制造、买卖、运输、邮寄、储存上述物品的，则构成非法制造、买卖、运输、邮寄、储存枪支、弹药、爆炸物罪；如果行为人以非法占有为目的，秘密窃取枪支、弹药、爆炸物的，则构成盗窃枪支、弹药、爆炸物罪；如果行为人以非法占有为目的，乘人不备，公然夺取枪支、弹药、爆炸物的，则构成抢夺枪支、弹药、爆炸物罪；如果行为人以非法占有为目的，以暴力、胁迫或其他方法强行劫取枪支、弹药、爆炸物，则构成抢劫枪支、弹药、爆炸物罪。 二、本罪与走私武器、弹药罪的界限。走私武器、弹药罪，是指违反海关法规，逃避海关监管，非法运输、携带、邮寄武器、弹药进出国（边）境的行为。两者在客观行为方式及行为对象上有相似之处，但也有明显区别：（1）侵犯的客体不同。本罪

定罪标准

此罪与彼罪

侵犯的客体是公共安全和国家对枪支、弹药、爆炸物的管理制度；走私武器、弹药罪侵犯的客体是国家对武器、弹药的对外贸易管制。(2) 客观方面不同。本罪表现为非法制造、买卖、运输、邮寄、储存枪支、弹药、爆炸物的行为，其中的买卖、运输、邮寄必须是在境内非法买卖、运输、邮寄上述物品；走私武器、弹药罪在客观方面表现为违反海关法规，逃避海关监管，运输、携带、邮寄武器、弹药进出国（边）境的行为。(3) 犯罪对象不尽相同。本罪的犯罪对象是枪支、弹药、爆炸物；走私武器、弹药罪的犯罪对象是武器、弹药。

三、本罪与非法持有、私藏枪支、弹药罪的界限。非法持有、私藏枪支、弹药罪，是指违反国家有关枪支、弹药的管理规定，非法持有、私藏枪支、弹药，危害公共安全的行为。一般情况下，本罪与非法持有、私藏枪支、弹药罪易于区分，但如果行为人非法储存枪支、弹药、爆炸物时，就很容易与非法持有、私藏枪支、弹药罪相混淆。两者的不同之处在于：(1) 犯罪对象不尽相同。非法储存枪支、弹药、爆炸物罪的犯罪对象包括枪支、弹药、爆炸物；而非法持有、私藏枪支、弹药罪的犯罪对象仅指枪支、弹药。(2) 犯罪主体不同。非法储存枪支、弹药、爆炸物罪的犯罪主体既可以是自然人，也可以是单位；非法持有、私藏枪支、弹药罪的犯罪主体只能是自然人，单位不能成为该罪的犯罪主体。(3) 社会危害程度不同。非法储存枪支、弹药、爆炸物罪，储存的枪支、弹药、爆炸物数量较大，通常有专门的储存地点，因而社会危害性大；非法持有、私藏枪支、弹药罪，行为人持有、私藏的枪支、弹药通常数量较小，因而其社会危害性比非法储存枪支、弹药、爆炸物罪小。(4) 法定刑不同。正因为非法储存枪支、弹药、爆炸物罪的社会危害性比非法持有、私藏枪支、弹药罪的社会危害性大，所以非法储存枪支、弹药、爆炸物的法定刑比非法持有、私藏枪支、弹药罪的法定刑要高。二者区分的关键在于，非法持有、私藏的枪支、弹药应是证据表明不是因非法制造、买卖、运输枪支、弹药等犯罪活动而持有、私藏枪支、弹药。如果是因非法制造、买卖、运输等犯罪活动而持有、私藏枪支、弹药的，则应当构成本罪，不构成非法持有、私藏枪支、弹药罪。

证据参考标准

主体方面的证据

一、证明行为人刑事责任年龄、身份等自然情况的证据

包括身份证明、户籍证明、任职证明、工作经历证明、特定职责证明等，主要是证明行为人的姓名（曾用名）、性别、出生年月日、民族、籍贯、出生地、职业（或职务）、住所地（或居所地）等证据材料，如户口簿、居民身份证、工作证、出生证、专业或技术等级证、干部履历表、职工登记表、护照等。

对于户籍、出生证等材料内容不实的，应提供其他证据材料。外国人犯罪的案件，应有护照等身份证明材料。人大代表、政协委员犯罪的案件，应注明身份，并附身份证明材料。

二、证明行为人刑事责任能力的证据

证明行为人对自己的行为是否具有辨认能力与控制能力，如是否属于间歇性精神病人、尚未完全丧失辨认或者控制自己行为能力的精神病人的证明材料。

三、证明单位的证据

证明是否属于依法成立并有合法经营、管理范围的公司、企业、事业单位、机关、团体。

证明单位的名称、住所地、性质、法定代表人、单位负责人、业务范围、成立时间等证据材料，如企业营业执照、国有公司性质证明及非法人单位的身份证明等。

证据参考标准	主体方面的证据	**四、证明法定代表人、单位负责人或直接责任人员等的身份证据** 法定代表人、直接负责的主管人员和其他直接责任人在单位的任职、职责、负责权限的证明材料等。包括身份证明、户籍证明、任职证明等，如户口簿、居民身份证、工作证、护照、专业或技术等级证、干部履历表、职工登记表、任命书、业务分工文件、委派文件、单位证明、单位规章制度等。
	主观方面的证据	**证明行为人故意的证据** 1. 证明行为人明知的证据：证明行为人明知自己的行为会发生危害社会的结果； 2. 证明直接故意的证据：证明行为人希望危害结果发生。
	客观方面的证据	**证明行为人非法制造、买卖、运输、邮寄、储存枪支、弹药、爆炸物犯罪行为的证据** 具体证据包括：1. 证明行为人非法制造枪支、弹药、爆炸物，未经国家有关部门许可行为的证据；2. 证明行为人非法买卖枪支、弹药、爆炸物行为的证据；3. 证明行为人非法运输枪支、弹药、爆炸物行为的证据；4. 证明行为人非法邮寄枪支、弹药、爆炸物行为的证据；5. 证明行为人非法储存枪支、弹药、爆炸物行为的证据；6. 证明行为人非法制造枪支的主要零部件及装配、变造枪支行为的证据；7. 证明单位非法制造枪支、弹药、爆炸物，未经国家有关部门许可行为的证据；8. 证明单位非法买卖枪支、弹药、爆炸物行为的证据；9. 证明单位非法运输枪支、弹药、爆炸物行为的证据；10. 证明单位非法邮寄枪支、弹药、爆炸物行为的证据；11. 证明单位非法储存枪支、弹药、爆炸物行为的证据；12. 证明单位非法制造枪支的主要零部件及装配、变造枪支行为的证据；13. 证明行为人情节严重行为的证据。
	量刑方面的证据	**一、法定量刑情节证据** 1. 事实情节：（1）情节严重；（2）其他。2. 法定从重情节。3. 法定从轻减轻情节：（1）可以从轻；（2）可以从轻或减轻；（3）应当从轻或者减轻。4. 法定从轻减轻免除情节：（1）可以从轻、减轻或者免除处罚；（2）应当从轻、减轻或者免除处罚。5. 法定减轻免除情节：（1）可以减轻或者免除处罚；（2）应当减轻或者免除处罚；（3）可以免除处罚。 **二、酌定量刑情节证据** 1. 犯罪手段：（1）非法制造；（2）非法买卖；（3）非法运输；（4）非法邮寄；（5）非法储存。2. 犯罪对象。3. 危害结果。4. 动机。5. 平时表现。6. 认罪态度。7. 是否有前科。8. 其他证据。
量刑标准	犯本罪的	处三年以上十年以下有期徒刑
	情节严重的	处十年以上有期徒刑、无期徒刑或者死刑
	单位犯本罪的	对单位判处罚金，并对其直接负责的主管人员和其他直接责任人员，依照上述的规定处罚

刑法条文

第一百二十五条第一款 非法制造、买卖、运输、邮寄、储存枪支、弹药、爆炸物的，处三年以上十年以下有期徒刑；情节严重的，处十年以上有期徒刑、无期徒刑或者死刑。

第一百二十五条第三款 单位犯前两款罪的，对单位判处罚金，并对其直接负责的主管人员和其他直接责任人员，依照第一款的规定处罚。

法律适用

司法解释

一、最高人民法院、最高人民检察院《关于涉以压缩气体为动力的枪支、气枪铅弹刑事案件定罪量刑问题的批复》（2018年3月8日最高人民法院、最高人民检察院公布 自2018年3月30日起施行 法释〔2018〕8号）

各省、自治区、直辖市高级人民法院、人民检察院，解放军军事法院、军事检察院，新疆维吾尔自治区高级人民法院生产建设兵团分院、新疆生产建设兵团人民检察院：

近来，部分高级人民法院、省级人民检察院就如何对非法制造、买卖、运输、邮寄、储存、持有、私藏、走私以压缩气体为动力的枪支、气枪铅弹（用铅、铅合金或者其他金属加工的气枪弹）行为定罪量刑的问题提出请示。经研究，批复如下：

一、对于非法制造、买卖、运输、邮寄、储存、持有、私藏、走私以压缩气体为动力且枪口比动能较低的枪支的行为，在决定是否追究刑事责任以及如何裁量刑罚时，不仅应当考虑涉案枪支的数量，而且应当充分考虑涉案枪支的外观、材质、发射物、购买场所和渠道、价格、用途、致伤力大小、是否易于通过改制提升致伤力，以及行为人的主观认知、动机目的、一贯表现、违法所得、是否规避调查等情节，综合评估社会危害性，坚持主客观相统一，确保罪责刑相适应。

二、对于非法制造、买卖、运输、邮寄、储存、持有、私藏、走私气枪铅弹的行为，在决定是否追究刑事责任以及如何裁量刑罚时，应当综合考虑气枪铅弹的数量、用途以及行为人的动机目的、一贯表现、违法所得、是否规避调查等情节，综合评估社会危害性，确保罪责刑相适应。

此复。

二、最高人民法院《关于审理非法制造、买卖、运输枪支、弹药、爆炸物等刑事案件具体应用法律若干问题的解释》（2001年5月15日最高人民法院公布 自2001年5月16日起施行 法释〔2001〕15号 2009年11月16日修订）

为依法严惩非法制造、买卖、运输枪支、弹药、爆炸物等犯罪活动，根据刑法有关规定，现就审理这类案件具体应用法律的若干问题解释如下：

第一条 个人或者单位非法制造、买卖、运输、邮寄、储存枪支、弹药、爆炸物，具有下列情形之一的，依照刑法第一百二十五条第一款的规定，以非法制造、买卖、运输、邮寄、储存枪支、弹药、爆炸物罪定罪处罚：

（一）非法制造、买卖、运输、邮寄、储存军用枪支一支以上的；

（二）非法制造、买卖、运输、邮寄、储存以火药为动力发射枪弹的非军用枪支一支以上或者以压缩气体等为动力的其他非军用枪支二支以上的；

（三）非法制造、买卖、运输、邮寄、储存军用子弹十发以上、气枪铅弹五百发以上或者其他非军用子弹一百发以上的；

（四）非法制造、买卖、运输、邮寄、储存手榴弹一枚以上的；

（五）非法制造、买卖、运输、邮寄、储存爆炸装置的；

（六）非法制造、买卖、运输、邮寄、储存炸药、发射药、黑火药一千克以上或者烟火药三千克以上、雷管三十枚以上或者导火索、导爆索三十米以上的；

（七）具有生产爆炸物品资格的单位不按照规定的品种制造，或者具有销售、使用爆炸物品资格的单位超过限额买卖炸药、发射药、黑火药十千克以上或者烟火药三十千克以上、雷管三百枚以上或者导火索、导爆索三百米以上的；

（八）多次非法制造、买卖、运输、邮寄、储存弹药、爆炸物的；

（九）虽未达到上述最低数量标准，但具有造成严重后果等其他恶劣情节的。

介绍买卖枪支、弹药、爆炸物的，以买卖枪支、弹药、爆炸物罪的共犯论处。

第二条 非法制造、买卖、运输、邮寄、储存枪支、弹药、爆炸物，具有下列情形之一的，属于刑法第一百二十五条第一款规定的"情节严重"：

（一）非法制造、买卖、运输、邮寄、储存枪支、弹药、爆炸物的数量达到本解释第一条第（一）、（二）、（三）、（六）、（七）项规定的最低数量标准五倍以上的；

（二）非法制造、买卖、运输、邮寄、储存手榴弹三枚以上的；

（三）非法制造、买卖、运输、邮寄、储存爆炸装置，危害严重的；

（四）达到本解释第一条规定的最低数量标准，并具有造成严重后果等其他恶劣情节的。

第三条 依法被指定或者确定的枪支制造、销售企业，实施刑法第一百二十六条规定的行为，具有下列情形之一的，以违规制造、销售枪支罪定罪处罚：

（一）违规制造枪支五支以上的；

（二）违规销售枪支二支以上的；

（三）虽未达到上述最低数量标准，但具有造成严重后果等其他恶劣情节的。

具有下列情形之一的，属于刑法第一百二十六条规定的"情节严重"：

（一）违规制造枪支二十支以上的；

（二）违规销售枪支十支以上的；

（三）达到本条第一款规定的最低数量标准，并具有造成严重后果等其他恶劣情节的。

具有下列情形之一的，属于刑法第一百二十六条规定的"情节特别严重"：

（一）违规制造枪支五十支以上的；

（二）违规销售枪支三十支以上的；

（三）达到本条第二款规定的最低数量标准，并具有造成严重后果等其他恶劣情节的。

第四条 盗窃、抢夺枪支、弹药、爆炸物，具有下列情形之一的，依照刑法第一百二十七条第一款的规定，以盗窃、抢夺枪支、弹药、爆炸物罪定罪处罚：

（一）盗窃、抢夺以火药为动力的发射枪弹非军用枪支一支以上或者以压缩气体等为动力的其他非军用枪支二支以上的；

（二）盗窃、抢夺军用子弹十发以上、气枪铅弹五百发以上或者其他非军用子弹一百发以上的；

（三）盗窃、抢夺爆炸装置的；

（四）盗窃、抢夺炸药、发射药、黑火药一千克以上或者烟火药三千克以上、雷管三十枚以上或者导火索、导爆索三十米以上的；

（五）虽未达到上述最低数量标准，但具有造成严重后果等其他恶劣情节的。

具有下列情形之一的，属于刑法第一百二十七条第一款规定的"情节严重"：

（一）盗窃、抢夺枪支、弹药、爆炸物的数量达到本条第一款规定的最低数量标准五倍以上的；

（二）盗窃、抢夺军用枪支的；

（三）盗窃、抢夺手榴弹的；

（四）盗窃、抢夺爆炸装置，危害严重的；

（五）达到本条第一款规定的最低数量标准，并具有造成严重后果等其他恶劣情节的。

第五条 具有下列情形之一的，依照刑法第一百二十八条第一款的规定，以非法持有、私藏枪支、弹药罪定罪处罚：

（一）非法持有、私藏军用枪支一支的；

（二）非法持有、私藏以火药为动力发射枪弹的非军用枪支一支或者以压缩气体等为动力的其他非军用枪支二支以上的；

（三）非法持有、私藏军用子弹二十发以上，气枪铅弹一千发以上或者其他非军用子弹二百发以上的；

（四）非法持有、私藏手榴弹一枚以上的；

（五）非法持有、私藏的弹药造成人员伤亡、财产损失的。

具有下列情形之一的，属于刑法第一百二十八条第一款规定的"情节严重"：

（一）非法持有、私藏军用枪支二支以上的；

（二）非法持有、私藏以火药为动力发射枪弹的非军用枪支二支以上或者以压缩气体等为动力的其他非军用枪支五支以上的；

（三）非法持有、私藏军用子弹一百发以上，气枪铅弹五千发以上或者其他非军用子弹一千发以上的；

（四）非法持有、私藏手榴弹三枚以上的；

（五）达到本条第一款规定的最低数量标准，并具有造成严重后果等其他恶劣情节的。

第六条 非法携带枪支、弹药、爆炸物进入公共场所或者公共交通工具，危及公共安全，具有下列情形之一的，属于刑法第一百三十条规定的"情节严重"：

（一）携带枪支或者手榴弹的；

（二）携带爆炸装置的；

（三）携带炸药、发射药、黑火药五百克以上或者烟火药一千克以上、雷管二十枚以上或者导火索、导爆索二十米以上的；

（四）携带的弹药、爆炸物在公共场所或者公共交通工具上发生爆炸或者燃烧，尚未造成严重后果的；

（五）具有其他严重情节的。

行为人非法携带本条第一款第（三）项规定的爆炸物进入公共场所或者公共交通工具，虽未达到上述数量标准，但拒不交出的，依照刑法第一百三十条的规定定罪处罚；携带的数量达到最低数量标准，能够主动、全部交出的，可不以犯罪论处。

第七条　非法制造、买卖、运输、邮寄、储存、盗窃、抢夺、持有、私藏、携带成套枪支散件的，以相应数量的枪支计；非成套枪支散件以每三十件为一成套枪支散件计。

第八条　刑法第一百二十五条第一款规定的"非法储存"，是指明知是他人非法制造、买卖、运输、邮寄的枪支、弹药而为其存放的行为，或者非法存放爆炸物的行为。

刑法第一百二十八条第一款规定的"非法持有"，是指不符合配备、配置枪支、弹药条件的人员，违反枪支管理法律、法规的规定，擅自持有枪支、弹药的行为。

刑法第一百二十八条第一款规定的"私藏"，是指依法配备、配置枪支、弹药的人员，在配备、配置枪支、弹药的条件消除后，违反枪支管理法律、法规的规定，私自藏匿所配备、配置的枪支、弹药且拒不交出的行为。

第九条　因筑路、建房、打井、整修宅基地和土地等正常生产、生活需要，以及因从事合法的生产经营活动而非法制造、买卖、运输、邮寄、储存爆炸物，数量达到本解释第一条规定标准，没有造成严重社会危害，并确有悔改表现的，可依法从轻处罚；情节轻微的，可以免除处罚。

具有前款情形，数量虽达到本解释第二条规定标准的，也可以不认定为刑法第一百二十五条第一款规定的"情节严重"。

在公共场所、居民区等人员集中区域非法制造、买卖、运输、邮寄、储存爆炸物，或者因非法制造、买卖、运输、邮寄、储存爆炸物三年内受到两次以上行政处罚又实施上述行为，数量达到本解释规定标准的，不适用前两款量刑的规定。

第十条　实施非法制造、买卖、运输、邮寄、储存、盗窃、抢夺、持有、私藏其他弹药、爆炸物品等行为，参照本解释有关条文规定的定罪量刑标准处罚。

三、最高人民法院、最高人民检察院、公安部、工业和信息化部、住房和城乡建设部、交通运输部、应急管理部、国家铁路局、中国民用航空局、国家邮政局《关于依法惩治涉枪支、弹药、爆炸物、易燃易爆危险物品犯罪的意见》（2021 年 12 月 28 日最高人民法院、最高人民检察院、公安部、工业和信息化部、住房和城乡建设部、交通运输部、应急管理部、国家铁路局、中国民用航空局、国家邮政局公布　自 2021 年 12 月 31 日起施行　法发〔2021〕35 号）

为依法惩治涉枪支、弹药、爆炸物、易燃易爆危险物品犯罪，维护公共安全，保护人民群众生命财产安全，根据《中华人民共和国刑法》《中华人民共和国刑事诉讼法》《中华人民共和国安全生产法》《行政执法机关移送涉嫌犯罪案件的规定》等法律、行政法规和相关司法解释的规定，结合工作实际，制定本意见。

一、总体要求

1. 严禁非法制造、买卖、运输、邮寄、储存、持有、私藏、走私枪支、弹药、爆炸物；严禁未经批准和许可擅自生产、储存、使用、经营、运输易燃易爆危险物品；严禁违反安全管理规定生产、储存、使用、经营、运输易燃易爆危险物品。依法严厉打击涉枪支、弹药、爆炸物、易燃易爆危险物品违法犯罪。

2. 人民法院、人民检察院、公安机关、有关行政执法机关应当充分认识涉枪支、弹药、爆炸物、易燃易爆危险物品违法犯罪的社会危害性，坚持人民至上、生命至上，

统筹发展和安全，充分发挥工作职能，依法严惩涉枪支、弹药、爆炸物、易燃易爆危险物品违法犯罪，为经济社会发展提供坚实安全保障，不断增强人民群众获得感、幸福感、安全感。

3. 人民法院、人民检察院、公安机关、有关行政执法机关应当按照法定职责分工负责、配合协作，加强沟通协调，在履行职责过程中发现涉嫌枪支、弹药、爆炸物、易燃易爆危险物品犯罪的，应当及时相互通报情况，共同进行防范和惩治，维护社会治安大局稳定。

二、正确认定犯罪

4. 非法制造、买卖、运输、邮寄、储存、盗窃、抢夺、抢劫、持有、私藏、走私枪支、弹药、爆炸物，并利用该枪支、弹药、爆炸物实施故意杀人、故意伤害、抢劫、绑架等犯罪的，依照数罪并罚的规定处罚。

5. 违反危险化学品安全管理规定，未经依法批准或者许可擅自从事易燃易爆危险物品道路运输活动，或者实施其他违反危险化学品安全管理规定通过道路运输易燃易爆危险物品的行为，危及公共安全的，依照刑法第一百三十三条之一第一款第四项的规定，以危险驾驶罪定罪处罚。

在易燃易爆危险物品生产、经营、储存等高度危险的生产作业活动中违反有关安全管理的规定，有下列情形之一，具有发生重大伤亡事故或者其他严重后果的现实危险的，依照刑法第一百三十四条之一第三项的规定，以危险作业罪定罪处罚：

(1) 委托无资质企业或者个人储存易燃易爆危险物品的；

(2) 在储存的普通货物中夹带易燃易爆危险物品的；

(3) 将易燃易爆危险物品谎报或者匿报为普通货物申报、储存的；

(4) 其他涉及安全生产的事项未经依法批准或者许可，擅自从事易燃易爆危险物品生产、经营、储存等活动的情形。

实施前两款行为，同时构成刑法第一百三十条规定之罪等其他犯罪的，依照处罚较重的规定定罪处罚；导致发生重大伤亡事故或者其他严重后果，符合刑法第一百三十四条、第一百三十五条、第一百三十六条等规定的，依照各该条的规定定罪从重处罚。

6. 在易燃易爆危险物品生产、储存、运输、使用中违反有关安全管理的规定，实施本意见第5条前两款规定以外的其他行为，导致发生重大事故，造成严重后果，符合刑法第一百三十六条等规定的，以危险物品肇事罪等罪名定罪处罚。

7. 实施刑法第一百三十六条规定等行为，向负有安全生产监督管理职责的部门不报、谎报或者迟报相关情况的，从重处罚；同时构成刑法第一百三十九条之一规定之罪的，依照数罪并罚的规定处罚。

8. 在水路、铁路、航空易燃易爆危险物品运输生产作业活动中违反有关安全管理的规定，有下列情形之一，明知存在重大事故隐患而不排除，足以危害公共安全的，依照刑法第一百一十四条的规定，以以危险方法危害公共安全罪定罪处罚；致人重伤、死亡或者使公私财产遭受重大损失的，依照刑法第一百一十五条第一款的规定处罚：

(1) 未经依法批准或者许可，擅自从事易燃易爆危险物品运输的；

(2) 委托无资质企业或者个人承运易燃易爆危险物品的；

(3) 在托运的普通货物中夹带易燃易爆危险物品的；

（4）将易燃易爆危险物品谎报或者匿报为普通货物托运的；

（5）其他在水路、铁路、航空易燃易爆危险物品运输活动中违反有关安全管理规定的情形。

非法携带易燃易爆危险物品进入水路、铁路、航空公共交通工具或者有关公共场所，危及公共安全，情节严重的，依照刑法第一百三十条的规定，以非法携带危险物品危及公共安全罪定罪处罚。

9. 通过邮件、快件夹带易燃易爆危险物品，或者将易燃易爆危险物品谎报为普通物品交寄，符合本意见第5条至第8条规定的，依照各该条的规定定罪处罚。

三、准确把握刑事政策

10. 对于非法制造、买卖、运输、邮寄、储存、持有、私藏、走私枪支、弹药，以及非法制造、买卖、运输、邮寄、储存爆炸物的行为，应当依照刑法和《最高人民法院关于审理非法制造、买卖、运输枪支、弹药、爆炸物等刑事案件具体应用法律若干问题的解释》《最高人民法院、最高人民检察院关于办理走私刑事案件适用法律若干问题的解释》等规定，从严追究刑事责任。

11. 对于非法制造、买卖、运输、邮寄、储存、持有、私藏、走私以压缩气体为动力且枪口比动能较低的枪支以及气枪铅弹的行为，应当依照刑法和《最高人民法院、最高人民检察院关于涉以压缩气体为动力的枪支、气枪铅弹刑事案件定罪量刑问题的批复》的规定，综合考虑案件情节，综合评估社会危害性，坚持主客观相统一，决定是否追究刑事责任以及如何裁量刑罚，确保罪责刑相适应。

12. 利用信息网络非法买卖枪支、弹药、爆炸物、易燃易爆危险物品，或者利用寄递渠道非法运输枪支、弹药、爆炸物、易燃易爆危险物品，依法构成犯罪的，从严追究刑事责任。

13. 确因正常生产、生活需要，以及因从事合法的生产经营活动而非法生产、储存、使用、经营、运输易燃易爆危险物品，依法构成犯罪，没有造成严重社会危害，并确有悔改表现的，可以从轻处罚。

14. 将非法枪支、弹药、爆炸物主动上交公安机关，或者将未经依法批准或者许可生产、储存、使用、经营、运输的易燃易爆危险物品主动上交行政执法机关处置的，可以从轻处罚；未造成实际危害后果，犯罪情节轻微不需要判处刑罚的，可以依法不起诉或者免予刑事处罚；成立自首的，可以依法从轻、减轻或者免除处罚。

有揭发他人涉枪支、弹药、爆炸物、易燃易爆危险物品犯罪行为，查证属实的，或者提供重要线索，从而得以侦破其他涉枪支、弹药、爆炸物、易燃易爆危险物品案件等立功表现的，可以依法从轻或者减轻处罚；有重大立功表现的，可以依法减轻或者免除处罚。

四、加强行政执法与刑事司法衔接

15. 有关行政执法机关在查处违法行为过程中发现涉嫌枪支、弹药、爆炸物、易燃易爆危险物品犯罪的，应当立即指定2名或者2名以上行政执法人员组成专案组专门负责，核实情况后提出移送涉嫌犯罪案件的书面报告，报本机关正职负责人或者主持工作的负责人审批。

有关行政执法机关正职负责人或者主持工作的负责人应当自接到报告之日起 3 日内作出批准移送或者不批准移送的决定。决定批准移送的，应当在 24 小时内向同级公安机关移送，并将案件移送书抄送同级人民检察院；决定不批准移送的，应当将不予批准的理由记录在案。

16. 有关行政执法机关向公安机关移送涉嫌枪支、弹药、爆炸物、易燃易爆危险物品犯罪案件，应当附下列材料：

(1) 涉嫌犯罪案件移送书，载明移送案件的行政执法机关名称、涉嫌犯罪的罪名、案件主办人和联系电话，并应当附移送材料清单和回执，加盖公章；

(2) 涉嫌犯罪案件情况的调查报告，载明案件来源、查获枪支、弹药、爆炸物、易燃易爆危险物品情况、犯罪嫌疑人基本情况、涉嫌犯罪的主要事实、证据和法律依据、处理建议等；

(3) 涉案物品清单，载明涉案枪支、弹药、爆炸物、易燃易爆危险物品的具体类别和名称、数量、特征、存放地点等，并附采取行政强制措施、现场笔录等表明涉案枪支、弹药、爆炸物、易燃易爆危险物品来源的材料；

(4) 有关检验报告或者鉴定意见，并附鉴定机构和鉴定人资质证明；没有资质证明的，应当附其他证明文件；

(5) 现场照片、询问笔录、视听资料、电子数据、责令整改通知书等其他与案件有关的证据材料。

有关行政执法机关对违法行为已经作出行政处罚决定的，还应当附行政处罚决定书及执行情况说明。

17. 公安机关对有关行政执法机关移送的涉嫌枪支、弹药、爆炸物、易燃易爆危险物品犯罪案件，应当在案件移送书的回执上签字或者出具接受案件回执，并依照有关规定及时进行审查处理。不得以材料不全为由不接受移送案件。

18. 人民检察院应当依照《行政执法机关移送涉嫌犯罪案件的规定》《最高人民检察院关于推进行政执法与刑事司法衔接工作的规定》《安全生产行政执法与刑事司法衔接工作办法》等规定，对有关行政执法机关移送涉嫌枪支、弹药、爆炸物、易燃易爆危险物品犯罪案件，以及公安机关的立案活动，依法进行法律监督。

有关行政执法机关对公安机关的不予立案决定有异议的，可以建议人民检察院进行立案监督。

19. 公安机关、有关行政执法机关在办理涉枪支、弹药、爆炸物、易燃易爆危险物品违法犯罪案件过程中，发现公职人员有贪污贿赂、失职渎职或者利用职权侵犯公民人身权利和民主权利等违法行为，涉嫌构成职务犯罪的，应当依法及时移送监察机关或者人民检察院处理。

20. 有关行政执法机关在行政执法和查办涉枪支、弹药、爆炸物、易燃易爆危险物品案件过程中收集的物证、书证、视听资料、电子数据以及对事故进行调查形成的报告，在刑事诉讼中可以作为证据使用。

21. 有关行政执法机关对应当向公安机关移送的涉嫌枪支、弹药、爆炸物、易燃易爆危险物品犯罪案件，不得以行政处罚代替案件移送。

有关行政执法机关向公安机关移送涉嫌枪支、弹药、爆炸物、易燃易爆危险物品犯罪案件的，已经作出的警告、责令停产停业、暂扣或者吊销许可证、暂扣或者吊销执照的行政处罚决定，不停止执行。

22. 人民法院对涉枪支、弹药、爆炸物、易燃易爆危险物品犯罪案件被告人判处罚金、有期徒刑或者拘役的，有关行政执法机关已经依法给予的罚款、行政拘留，应当依法折抵相应罚金或者刑期。有关行政执法机关尚未给予罚款的，不再给予罚款。

对于人民检察院依法决定不起诉或者人民法院依法免予刑事处罚的案件，需要给予行政处罚的，由有关行政执法机关依法给予行政处罚。

五、其他问题

23. 本意见所称易燃易爆危险物品，是指具有爆炸、易燃性质的危险化学品、危险货物等，具体范围依照相关法律、行政法规、部门规章和国家标准确定。依照有关规定属于爆炸物的除外。

24. 本意见所称有关行政执法机关，包括民用爆炸物品行业主管部门、燃气管理部门、交通运输主管部门、应急管理部门、铁路监管部门、民用航空主管部门和邮政管理部门等。

25. 本意见自 2021 年 12 月 31 日起施行。

一、《中华人民共和国枪支管理法》（1996 年 7 月 5 日中华人民共和国主席令第 72 号公布　自 1996 年 10 月 1 日起施行　2009 年 8 月 27 日第一次修正　2015 年 4 月 24 日第二次修正）

第一章　总　　则

第一条　为了加强枪支管理，维护社会治安秩序，保障公共安全，制定本法。

第二条　中华人民共和国境内的枪支管理，适用本法。

对中国人民解放军、中国人民武装警察部队和民兵装备枪支的管理，国务院、中央军事委员会另有规定的，适用有关规定。

第三条　国家严格管制枪支。禁止任何单位或者个人违反法律规定持有、制造（包括变造、装配）、买卖、运输、出租、出借枪支。

国家严厉惩处违反枪支管理的违法犯罪行为。任何单位和个人对违反枪支管理的行为有检举的义务。国家对检举人给予保护，对检举违反枪支管理犯罪活动有功的人员，给予奖励。

第四条　国务院公安部门主管全国的枪支管理工作。县级以上地方各级人民政府公安机关主管本行政区域内的枪支管理工作。上级人民政府公安机关监督下级人民政府公安机关的枪支管理工作。

第二章　枪支的配备和配置

第五条　公安机关、国家安全机关、监狱、劳动教养机关的人民警察，人民法院的司法警察，人民检察院的司法警察和担负案件侦查任务的检察人员，海关的缉私人员，在依法履行职责时确有必要使用枪支的，可以配备公务用枪。

国家重要的军工、金融、仓储、科研等单位的专职守护、押运人员在执行守护、押运任务时确有必要使用枪支的，可以配备公务用枪。

配备公务用枪的具体办法，由国务院公安部门会同其他有关国家机关按照严格控制的原则制定，报国务院批准后施行。

第六条　下列单位可以配置民用枪支：

（一）经省级人民政府体育行政主管部门批准专门从事射击竞技体育运动的单位、经省级人民政府公安机关批准的营业性射击场，可以配置射击运动枪支；

（二）经省级以上人民政府林业行政主管部门批准的狩猎场，可以配置猎枪；

（三）野生动物保护、饲养、科研单位因业务需要，可以配置猎枪、麻醉注射枪。

猎民在猎区、牧民在牧区，可以申请配置猎枪。猎区和牧区的区域由省级人民政府划定。

配置民用枪支的具体办法，由国务院公安部门按照严格控制的原则制定，报国务院批准后施行。

第七条　配备公务用枪，由国务院公安部门或者省级人民政府公安机关审批。

配备公务用枪时，由国务院公安部门或者省级人民政府公安机关发给公务用枪持枪证件。

第八条　专门从事射击竞技体育运动的单位配置射击运动枪支，由国务院体育行政主管部门提出，由国务院公安部门审批。营业性射击场配置射击运动枪支，由省级人民政府公安机关报国务院公安部门批准。

配置射击运动枪支时，由省级人民政府公安机关发给民用枪支持枪证件。

第九条　狩猎场配置猎枪，凭省级以上人民政府林业行政主管部门的批准文件，报省级以上人民政府公安机关审批，由设区的市级人民政府公安机关核发民用枪支配购证件。

第十条　野生动物保护、饲养、科研单位申请配置猎枪、麻醉注射枪的，应当凭其所在地的县级人民政府野生动物行政主管部门核发的狩猎证或者特许猎捕证和单位营业执照，向所在地的县级人民政府公安机关提出；猎民申请配置猎枪的，应当凭其所在地的县级人民政府野生动物行政主管部门核发的狩猎证和个人身份证件，向所在地的县级人民政府公安机关提出；牧民申请配置猎枪的，应当凭个人身份证件，向所在地的县级人民政府公安机关提出。

受理申请的公安机关审查批准后，应当报请设区的市级人民政府公安机关核发民用枪支配购证件。

第十一条　配购猎枪、麻醉注射枪的单位和个人，必须在配购枪支后三十日内向核发民用枪支配购证件的公安机关申请领取民用枪支持枪证件。

第十二条　营业性射击场、狩猎场配置的民用枪支不得携带出营业性射击场、狩猎场。

猎民、牧民配置的猎枪不得携带出猎区、牧区。

第三章　枪支的制造和民用枪支的配售

第十三条　国家对枪支的制造、配售实行特别许可制度。未经许可，任何单位或者个人不得制造、买卖枪支。

第十四条　公务用枪，由国家指定的企业制造。

第十五条　制造民用枪支的企业，由国务院有关主管部门提出，由国务院公安部门确定。

配售民用枪支的企业，由省级人民政府公安机关确定。

制造民用枪支的企业，由国务院公安部门核发民用枪支制造许可证件。配售民用枪支的企业，由省级人民政府公安机关核发民用枪支配售许可证件。

民用枪支制造许可证件、配售许可证件的有效期为三年；有效期届满，需要继续制造、配售民用枪支的，应当重新申请领取许可证件。

第十六条　国家对制造、配售民用枪支的数量，实行限额管理。

制造民用枪支的年度限额，由国务院林业、体育等有关主管部门、省级人民政府

公安机关提出，由国务院公安部门确定并统一编制民用枪支序号，下达到民用枪支制造企业。

配售民用枪支的年度限额，由国务院林业、体育等有关主管部门、省级人民政府公安机关提出，由国务院公安部门确定并下达到民用枪支配售企业。

第十七条 制造民用枪支的企业不得超过限额制造民用枪支，所制造的民用枪支必须全部交由指定的民用枪支配售企业配售，不得自行销售。配售民用枪支的企业应当在配售限额内，配售指定的企业制造的民用枪支。

第十八条 制造民用枪支的企业，必须严格按照国家规定的技术标准制造民用枪支，不得改变民用枪支的性能和结构；必须在民用枪支指定部位铸印制造厂的厂名、枪种代码和国务院公安部门统一编制的枪支序号，不得制造无号、重号、假号的民用枪支。

制造民用枪支的企业必须实行封闭式管理，采取必要的安全保卫措施，防止民用枪支以及民用枪支零部件丢失。

第十九条 配售民用枪支，必须核对配购证件，严格按照配购证件载明的品种、型号和数量配售；配售弹药，必须核对持枪证件。民用枪支配售企业必须按照国务院公安部门的规定建立配售帐册，长期保管备查。

第二十条 公安机关对制造、配售民用枪支的企业制造、配售、储存和帐册登记等情况，必须进行定期检查；必要时，可以派专人驻厂对制造企业进行监督、检查。

第二十一条 民用枪支的研制和定型，由国务院有关业务主管部门会同国务院公安部门组织实施。

第二十二条 禁止制造、销售仿真枪。

第四章 枪支的日常管理

第二十三条 配备、配置枪支的单位和个人必须妥善保管枪支，确保枪支安全。

配备、配置枪支的单位，必须明确枪支管理责任，指定专人负责，应当有牢固的专用保管设施，枪支、弹药应当分开存放。对交由个人使用的枪支，必须建立严格的枪支登记、交接、检查、保养等管理制度，使用完毕，及时收回。

配备、配置给个人使用的枪支，必须采取有效措施，严防被盗、被抢、丢失或者发生其他事故。

第二十四条 使用枪支的人员，必须掌握枪支的性能，遵守使用枪支的有关规定，保证枪支的合法、安全使用。使用公务用枪的人员，必须经过专门培训。

第二十五条 配备、配置枪支的单位和个人必须遵守下列规定：

（一）携带枪支必须同时携带持枪证件，未携带持枪证件的，由公安机关扣留枪支；

（二）不得在禁止携带枪支的区域、场所携带枪支；

（三）枪支被盗、被抢或者丢失的，立即报告公安机关。

第二十六条 配备公务用枪的人员不再符合持枪条件时，由所在单位收回枪支和持枪证件。

配置民用枪支的单位和个人不再符合持枪条件时，必须及时将枪支连同持枪证件上缴核发持枪证件的公安机关；未及时上缴的，由公安机关收缴。

第二十七条 不符合国家技术标准、不能安全使用的枪支，应当报废。配备、持有枪支的单位和个人应当将报废的枪支连同持枪证件上缴核发持枪证件的公安机关；未及时上缴的，由公安机关收缴。报废的枪支应当及时销毁。

销毁枪支，由省级人民政府公安机关负责组织实施。

第二十八条 国家对枪支实行查验制度。持有枪支的单位和个人，应当在公安机关指定的时间、地点接受查验。公安机关在查验时，必须严格审查持枪单位和个人是否符合本法规定的条件，检查枪支状况及使用情况；对违法使用枪支、不符合持枪条件或者枪支应当报废的，必须收缴枪支和持枪证件。拒不接受查验的，枪支和持枪证件由公安机关收缴。

第二十九条 为了维护社会治安秩序的特殊需要，经国务院公安部门批准，县级以上地方各级人民政府公安机关可以对局部地区合法配备、配置的枪支采取集中保管等特别管制措施。

第五章 枪支的运输

第三十条 任何单位或者个人未经许可，不得运输枪支。需要运输枪支的，必须向公安机关如实申报运输枪支的品种、数量和运输的路线、方式，领取枪支运输许可证件。在本省、自治区、直辖市内运输的，向运往地设区的市级人民政府公安机关申请领取枪支运输许可证件；跨省、自治区、直辖市运输的，向运往地省级人民政府公安机关申请领取枪支运输许可证件。

没有枪支运输许可证件的，任何单位和个人都不得承运，并应当立即报告所在地公安机关。

公安机关对没有枪支运输许可证件或者没有按照枪支运输许可证件的规定运输枪支的，应当扣留运输的枪支。

第三十一条 运输枪支必须依照规定使用安全可靠的封闭式运输设备，由专人押运；途中停留住宿的，必须报告当地公安机关。

运输枪支、弹药必须依照规定分开运输。

第三十二条 严禁邮寄枪支，或者在邮寄的物品中夹带枪支。

第六章 枪支的入境和出境

第三十三条 国家严格管理枪支的入境和出境。任何单位或者个人未经许可，不得私自携带枪支入境、出境。

第三十四条 外国驻华外交代表机构、领事机构的人员携带枪支入境，必须事先报经中华人民共和国外交部批准；携带枪支出境，应当事先照会中华人民共和国外交部，办理有关手续。

依照前款规定携带入境的枪支，不得携带出所在的驻华机构。

第三十五条 外国体育代表团入境参加射击竞技体育活动，或者中国体育代表团出境参加射击竞技体育活动，需要携带射击运动枪支入境、出境的，必须经国务院体育行政主管部门批准。

第三十六条 本法第三十四条、第三十五条规定以外的其他人员携带枪支入境、出境，应当事先经国务院公安部门批准。

第三十七条 经批准携带枪支入境的，入境时，应当凭批准文件在入境地边防检查站办理枪支登记，申请领取枪支携运许可证件，向海关申报，海关凭枪支携运许可证件放行；到达目的地后，凭枪支携运许可证件向设区的市级人民政府公安机关申请换发持枪证件。

经批准携带枪支出境的，出境时，应当凭批准文件向出境地海关申报，边防检查站凭批准文件放行。

第三十八条 外国交通运输工具携带枪支入境或者过境的，交通运输工具负责人必须向边防检查站申报，由边防检查站加封，交通运输工具出境时予以启封。

第七章　法　律　责　任

第三十九条 违反本法规定，未经许可制造、买卖或者运输枪支的，依照刑法有关规定追究刑事责任。

单位有前款行为的，对单位判处罚金，并对其直接负责的主管人员和其他直接责任人员依照刑法有关规定追究刑事责任。

第四十条 依法被指定、确定的枪支制造企业、销售企业，违反本法规定，有下列行为之一的，对单位判处罚金，并对其直接负责的主管人员和其他直接责任人员依照刑法有关规定追究刑事责任；公安机关可以责令其停业整顿或者吊销其枪支制造许可证件、枪支配售许可证件：

（一）超过限额或者不按照规定的品种制造、配售枪支的；

（二）制造无号、重号、假号的枪支的；

（三）私自销售枪支或者在境内销售为出口制造的枪支的。

第四十一条 违反本法规定，非法持有、私藏枪支的，非法运输、携带枪支入境、出境的，依照刑法有关规定追究刑事责任。

第四十二条 违反本法规定，运输枪支未使用安全可靠的运输设备、不设专人押运、枪支弹药未分开运输或者运输途中停留住宿不报告公安机关，情节严重的，依照刑法有关规定追究刑事责任；未构成犯罪的，由公安机关对直接责任人员处十五日以下拘留。

第四十三条 违反枪支管理规定，出租、出借公务用枪的，依照刑法有关规定处罚。

单位有前款行为的，对其直接负责的主管人员和其他直接责任人员依照前款规定处罚。

配置民用枪支的单位，违反枪支管理规定，出租、出借枪支，造成严重后果或者有其他严重情节的，对其直接负责的主管人员和其他直接责任人员依照刑法有关规定处罚。

配置民用枪支的个人，违反枪支管理规定，出租、出借枪支，造成严重后果的，依照刑法有关规定处罚。

违反枪支管理规定，出租、出借枪支，情节轻微未构成犯罪的，由公安机关对个人或者单位负有直接责任的主管人员和其他直接责任人员处十五日以下拘留，可以并处五千元以下罚款；对出租、出借的枪支，应当予以没收。

第四十四条 违反本法规定，有下列行为之一的，由公安机关对个人或者单位负有直接责任的主管人员和其他直接责任人员处警告或者十五日以下拘留；构成犯罪的，依法追究刑事责任：

（一）未按照规定的技术标准制造民用枪支的；

（二）在禁止携带枪支的区域、场所携带枪支的；

（三）不上缴报废枪支的；

（四）枪支被盗、被抢或者丢失，不及时报告的；

（五）制造、销售仿真枪的。

有前款第（一）项至第（三）项所列行为的，没收其枪支，可以并处五千元以下罚款；有前款第（五）项所列行为的，由公安机关、工商行政管理部门按照各自职

责范围没收其仿真枪，可以并处制造、销售金额五倍以下的罚款，情节严重的，由工商行政管理部门吊销营业执照。

第四十五条 公安机关工作人员有下列行为之一的，依法追究刑事责任；未构成犯罪的，依法给予行政处分：

（一）向本法第五条、第六条规定以外的单位和个人配备、配置枪支的；

（二）违法发给枪支管理证件的；

（三）将没收的枪支据为己有的；

（四）不履行枪支管理职责，造成后果的。

第八章 附 则

第四十六条 本法所称枪支，是指以火药或者压缩气体等为动力，利用管状器具发射金属弹丸或者其他物质，足以致人伤亡或者丧失知觉的各种枪支。

第四十七条 单位和个人为开展游艺活动，可以配置口径不超过4.5毫米的气步枪。具体管理办法由国务院公安部门制定。

制作影视剧使用的道具枪支的管理办法，由国务院公安部门会同国务院广播电影电视行政主管部门制定。

博物馆、纪念馆、展览馆保存或者展览枪支的管理办法，由国务院公安部门会同国务院有关行政主管部门制定。

第四十八条 制造、配售、运输枪支的主要零部件和用于枪支的弹药，适用本法的有关规定。

第四十九条 枪支管理证件由国务院公安部门制定。

第五十条 本法自1996年10月1日起施行。

二、《中华人民共和国治安管理处罚法》（节录）（2005年8月28日中华人民共和国主席令第38号公布 自2006年3月1日起施行 2012年10月26日修正）

第三十条 违反国家规定，制造、买卖、储存、运输、邮寄、携带、使用、提供、处置爆炸性、毒害性、放射性、腐蚀性物质或者传染病病原体等危险物质的，处十日以上十五日以下拘留；情节较轻的，处五日以上十日以下拘留。

第三十一条 爆炸性、毒害性、放射性、腐蚀性物质或者传染病病原体等危险物质被盗、被抢或者丢失，未按规定报告的，处五日以下拘留；故意隐瞒不报的，处五日以上十日以下拘留。

第三十二条 非法携带枪支、弹药或者弩、匕首等国家规定的管制器具的，处五日以下拘留，可以并处五百元以下罚款；情节较轻的，处警告或者二百元以下罚款。

非法携带枪支、弹药或者弩、匕首等国家规定的管制器具进入公共场所或者公共交通工具的，处五日以上十日以下拘留，可以并处五百元以下罚款。

第三十三条 有下列行为之一的，处十日以上十五日以下拘留：

（一）盗窃、损毁油气管道设施、电力电信设施、广播电视设施、水利防汛工程设施或者水文监测、测量、气象测报、环境监测、地质监测、地震监测等公共设施的；

（二）移动、损毁国家边境的界碑、界桩以及其他边境标志、边境设施或者领土、领海标志设施的；

（三）非法进行影响国（边）界线走向的活动或者修建有碍国（边）境管理的设施的。

第三十四条 盗窃、损坏、擅自移动使用中的航空设施，或者强行进入航空器驾驶舱的，处十日以上十五日以下拘留。

在使用中的航空器上使用可能影响导航系统正常功能的器具、工具，不听劝阻的，处五日以下拘留或者五百元以下罚款。

第三十五条 有下列行为之一的，处五日以上十日以下拘留，可以并处五百元以下罚款；情节较轻的，处五日以下拘留或者五百元以下罚款：

（一）盗窃、损毁或者擅自移动铁路设施、设备、机车车辆配件或者安全标志的；

（二）在铁路线路上放置障碍物，或者故意向列车投掷物品的；

（三）在铁路线路、桥梁、涵洞处挖掘坑穴、采石取沙的；

（四）在铁路线路上私设道口或者平交过道的。

第三十六条 擅自进入铁路防护网或者火车来临时在铁路线路上行走坐卧、抢越铁路，影响行车安全的，处警告或者二百元以下罚款。

第三十七条 有下列行为之一的，处五日以下拘留或者五百元以下罚款；情节严重的，处五日以上十日以下拘留，可以并处五百元以下罚款：

（一）未经批准，安装、使用电网的，或者安装、使用电网不符合安全规定的；

（二）在车辆、行人通行的地方施工，对沟井坎穴不设覆盖物、防围和警示标志的，或者故意损毁、移动覆盖物、防围和警示标志的；

（三）盗窃、损毁路面井盖、照明等公共设施的。

第三十八条 举办文化、体育等大型群众性活动，违反有关规定，有发生安全事故危险的，责令停止活动，立即疏散；对组织者处五日以上十日以下拘留，并处二百元以上五百元以下罚款；情节较轻的，处五日以下拘留或者五百元以下罚款。

第三十九条 旅馆、饭店、影剧院、娱乐场、运动场、展览馆或者其他供社会公众活动的场所的经营管理人员，违反安全规定，致使该场所有发生安全事故危险，经公安机关责令改正，拒不改正的，处五日以下拘留。

三、《民用爆炸物品安全管理条例》（节录）（2006 年 5 月 10 日中华人民共和国国务院令第 466 号公布　自 2006 年 9 月 1 日起施行　2014 年 7 月 29 日修订）

第四十四条 非法制造、买卖、运输、储存民用爆炸物品，构成犯罪的，依法追究刑事责任；尚不构成犯罪，有违反治安管理行为的，依法给予治安管理处罚。

违反本条例规定，在生产、储存、运输、使用民用爆炸物品中发生重大事故，造成严重后果或者后果特别严重，构成犯罪的，依法追究刑事责任。

违反本条例规定，未经许可生产、销售民用爆炸物品的，由民用爆炸物品行业主管部门责令停止非法生产、销售活动，处 10 万元以上 50 万元以下的罚款，并没收非法生产、销售的民用爆炸物品及其违法所得。

违反本条例规定，未经许可购买、运输民用爆炸物品或者从事爆破作业的，由公安机关责令停止非法购买、运输、爆破作业活动，处 5 万元以上 20 万元以下的罚款，并没收非法购买、运输以及从事爆破作业使用的民用爆炸物品及其违法所得。

民用爆炸物品行业主管部门、公安机关对没收的非法民用爆炸物品，应当组织销毁。

第四十五条 违反本条例规定，生产、销售民用爆炸物品的企业有下列行为之一的，由民用爆炸物品行业主管部门责令限期改正，处 10 万元以上 50 万元以下的罚款；逾期不改正的，责令停产停业整顿；情节严重的，吊销《民用爆炸物品生产许可证》或者《民用爆炸物品销售许可证》：

（一）超出生产许可的品种、产量进行生产、销售的；

（二）违反安全技术规程生产作业的；

（三）民用爆炸物品的质量不符合相关标准的；

（四）民用爆炸物品的包装不符合法律、行政法规的规定以及相关标准的；

（五）超出购买许可的品种、数量销售民用爆炸物品的；

（六）向没有《民用爆炸物品生产许可证》、《民用爆炸物品销售许可证》、《民用爆炸物品购买许可证》的单位销售民用爆炸物品的；

（七）民用爆炸物品生产企业销售本企业生产的民用爆炸物品未按照规定向民用爆炸物品行业主管部门备案的；

（八）未经审批进出口民用爆炸物品的。

第四十六条 违反本条例规定，有下列情形之一的，由公安机关责令限期改正，处5万元以上20万元以下的罚款；逾期不改正的，责令停产停业整顿：

（一）未按照规定对民用爆炸物品做出警示标识、登记标识或者未对雷管编码打号的；

（二）超出购买许可的品种、数量购买民用爆炸物品的；

（三）使用现金或者实物进行民用爆炸物品交易的；

（四）未按照规定保存购买单位的许可证、银行账户转账凭证、经办人的身份证明复印件的；

（五）销售、购买、进出口民用爆炸物品，未按照规定向公安机关备案的；

（六）未按照规定建立民用爆炸物品登记制度，如实将本单位生产、销售、购买、运输、储存、使用民用爆炸物品的品种、数量和流向信息输入计算机系统的；

（七）未按照规定将《民用爆炸物品运输许可证》交回发证机关核销的。

第四十七条 违反本条例规定，经由道路运输民用爆炸物品，有下列情形之一的，由公安机关责令改正，处5万元以上20万元以下的罚款：

（一）违反运输许可事项的；

（二）未携带《民用爆炸物品运输许可证》的；

（三）违反有关标准和规范混装民用爆炸物品的；

（四）运输车辆未按照规定悬挂或者安装符合国家标准的易燃易爆危险物品警示标志的；

（五）未按照规定的路线行驶，途中经停没有专人看守或者在许可以外的地点经停的；

（六）装载民用爆炸物品的车厢载人的；

（七）出现危险情况未立即采取必要的应急处置措施、报告当地公安机关的。

第四十八条 违反本条例规定，从事爆破作业的单位有下列情形之一的，由公安机关责令停止违法行为或者限期改正，处10万元以上50万元以下的罚款；逾期不改正的，责令停产停业整顿；情节严重的，吊销《爆破作业单位许可证》：

（一）爆破作业单位未按照其资质等级从事爆破作业的；

（二）营业性爆破作业单位跨省、自治区、直辖市行政区域实施爆破作业，未按照规定事先向爆破作业所在地的县级人民政府公安机关报告的；

（三）爆破作业单位未按照规定建立民用爆炸物品领取登记制度、保存领取登记记录的；

（四）违反国家有关标准和规范实施爆破作业的。

爆破作业人员违反国家有关标准和规范的规定实施爆破作业的，由公安机关责令限期改正，情节严重的，吊销《爆破作业人员许可证》。

法律适用

相关法律法规

第四十九条　违反本条例规定，有下列情形之一的，由民用爆炸物品行业主管部门、公安机关按照职责责令限期改正，可以并处 5 万元以上 20 万元以下的罚款；逾期不改正的，责令停产停业整顿；情节严重的，吊销许可证：

（一）未按照规定在专用仓库设置技术防范设施的；

（二）未按照规定建立出入库检查、登记制度或者收存和发放民用爆炸物品，致使账物不符的；

（三）超量储存、在非专用仓库储存或者违反储存标准和规范储存民用爆炸物品的；

（四）有本条例规定的其他违反民用爆炸物品储存管理规定行为的。

第五十条　违反本条例规定，民用爆炸物品从业单位有下列情形之一的，由公安机关处 2 万元以上 10 万元以下的罚款；情节严重的，吊销其许可证；有违反治安管理行为的，依法给予治安管理处罚：

（一）违反安全管理制度，致使民用爆炸物品丢失、被盗、被抢的；

（二）民用爆炸物品丢失、被盗、被抢，未按照规定向当地公安机关报告或者故意隐瞒不报的；

（三）转让、出借、转借、抵押、赠送民用爆炸物品的。

第五十一条　违反本条例规定，携带民用爆炸物品搭乘公共交通工具或者进入公共场所，邮寄或者在托运的货物、行李、包裹、邮件中夹带民用爆炸物品，构成犯罪的，依法追究刑事责任；尚不构成犯罪的，由公安机关依法给予治安管理处罚，没收非法的民用爆炸物品，处 1000 元以上 1 万元以下的罚款。

第五十二条　民用爆炸物品从业单位的主要负责人未履行本条例规定的安全管理责任，导致发生重大伤亡事故或者造成其他严重后果，构成犯罪的，依法追究刑事责任；尚不构成犯罪的，对主要负责人给予撤职处分，对个人经营的投资人处 2 万元以上 20 万元以下的罚款。

第五十三条　民用爆炸物品行业主管部门、公安机关、工商行政管理部门的工作人员，在民用爆炸物品安全监督管理工作中滥用职权、玩忽职守或者徇私舞弊，构成犯罪的，依法追究刑事责任；尚不构成犯罪的，依法给予行政处分。

四、《民兵武器装备管理条例》（节录）（1995 年 6 月 3 日中华人民共和国国务院、中华人民共和国中央军事委员会令第 178 号公布　自公布之日起施行　2011 年 1 月 8 日修订）

第二条　本条例所称民兵武器装备，是指配备给民兵使用和储存的武器、弹药和军事技术器材。

第三条　民兵武器装备管理工作的基本任务是保证民兵武器装备经常处于良好的技术状态，防止发生丢失、被盗等事故，确保安全，保障民兵能随时用于执行任务。

第十六条　民兵武器装备的保管，应当符合技术和战备、安全的要求，建立健全值班、交接、登记、检查、保养等制度，做到无丢失、无损坏、无锈蚀、无霉烂变质。

武器、弹药应当分开存放。

第十七条　民兵武器装备，应当集中在县以上民兵武器装备仓库保管；因战备、值勤的需要，经省军区批准，可以由乡人民武装部、企业事业单位或者民兵值勤点保管。

配备给乡、企业事业单位的高射机枪和火炮，由乡人民武装部、企业事业单位保管。

第十八条 省军区、军分区民兵武器装备仓库的管理，除依照本条例执行外，并应当执行中国人民解放军军械仓库业务管理的有关规定；县以下民兵武器装备仓库的管理，除依照本条例执行外，并应当执行上级军事机关的有关规定。

第十九条 保管民兵武器装备的乡人民武装部、企业事业单位必须有牢固的库房、枪柜（箱、架）和可靠的安全设施，配备专职看管人员。

第二十条 民兵武器装备仓库是国家的军事设施，地方各级人民政府和军事机关应当依照《中华人民共和国军事设施保护法》做好保护工作。

第二十一条 掌握武器装备的民兵和民兵武器装备仓库的看管人员，应当由人民武装部门按照有关规定审查批准，并报上一级军事机关备案。

第二十二条 省军区、军分区和县、乡人民武装部民兵武器装备仓库的新建、扩建和改建，应当纳入地方基本建设计划统筹安排，所需经费由同级人民政府解决。企业事业单位民兵武器装备仓库的修建和改建所需的经费，按照国家有关规定解决。

省军区、军分区民兵武器装备仓库的职工工资、公务事业费和福利费等，从国防费中开支；县民兵武器装备仓库的维修费、业务费和职工工资等，按照国家的有关规定执行。

第二十三条 平时启用封存的民兵武器装备，应当经过批准。启用简易封存的民兵武器装备，由军分区以上军事机关批准；启用新品和长期封存的民兵武器装备，由省军区以上军事机关批准。

第二十四条 高等院校学生军事训练用的教练枪，应当按照规定经过批准，由当地县人民武装部提供，由院校负责保管。

学生军事训练用的教练枪，必须经过技术处理，使其不能用于实弹射击。

第二十五条 高等院校、高级中学和相当于高级中学的学校学生军事训练所需的实弹射击用枪，由当地县人民武装部提供并负责管理。

第二十六条 民兵配合部队执行任务或者配合公安机关维护社会治安，需要动用民兵武器装备时，应当按照有关规定执行。

第二十七条 民兵武器装备，不得擅自借出。因执勤、训练需要借用配发给民兵或者民兵组织的武器装备的，必须报经县人民武装部批准。借用县以上民兵武器装备仓库保管的民兵武器装备，必须报上一级军事机关批准。

第二十八条 保管与使用民兵武器、弹药的，必须遵守下列规定：

（一）不准随意射击、投掷；

（二）不准用与武器非配用的弹药射击；

（三）不准持武器、弹药打闹；

（四）不准随意拆卸武器、弹药和改变其性能；

（五）不准擅自借出武器、弹药；

（六）不准擅自动用武器、弹药打猎；

（七）不准擅自携带武器、弹药；

（八）不准动用武器、弹药参加械斗和参与处理民间纠纷。

第二十九条 因执行任务需要，按照规定配发给个人的民兵武器、弹药，实行持枪证和持枪通行证制度。持枪证和持枪通行证式样及使用办法，由总参谋部规定。

第三十条 民兵弹药的使用，应当执行用旧存新、用零存整的原则。军事训练、武器修理、试验等剩余的弹药，必须交回县以上民兵武器装备仓库保管，列入本年度装备实力统计，任何单位或者个人不得私自留存。

第三十一条 民兵、学生军事训练所需弹药，由总参谋部规定标准和下达指标，逐级进行分配。

第三十二条 经中央军事委员会或者总参谋部批准，民兵为外国人进行军事表演所需弹药，由省军区拨给。

第三十三条 修理、试验民兵武器和进行试验、化验所需要的弹药，按照中国人民解放军有关标准执行，由省军区装备技术部批准拨给；未设装备技术部的，由司令部批准拨给。

第三十四条 严禁挪用、出租、交换民兵武器装备。

未经中央军事委员会或者总参谋部批准，不得馈赠、出售民兵武器装备。

第三十五条 未经总参谋部批准，不得动用民兵武器装备从事生产经营活动。

第三十六条 发生民兵武器装备丢失、被盗等事故时，应当立即向当地军事机关和人民政府报告，并迅速处理。

军事机关必须及时逐级上报总参谋部。

第四十三条 有下列行为之一的，依法给予行政处分；属于违反治安管理行为的，依照治安管理处罚法的有关规定处罚；构成犯罪的，依法追究刑事责任：

（一）私藏、盗窃、抢劫、破坏民兵武器装备，或者利用民兵武器装备进行违法活动的；

（二）擅自制造、装配、接收、购置民兵武器装备或者擅自挪用、出租、交换、馈赠、出售、携带、留存、动用、借出民兵武器装备的；

（三）挪用民兵装备管理维修费、武器装备维修材料或者备件的；

（四）玩忽职守，致使民兵武器装备丢失、被盗或者损坏、锈蚀、霉烂变质，影响使用的；

（五）违反民兵武器装备操作规程和使用规定，造成后果的；

（六）在民兵武器装备受到抢劫、盗窃、破坏时，不采取制止和保护措施，致使武器装备遭受损失的；

（七）对民兵武器装备事故隐瞒不报的；

（八）有违反本条例的其他行为的。

第四十四条 有本条例第四十三条所列行为之一的单位，除对主管负责人员和直接责任人员给予行政处分、行政处罚或者依法追究刑事责任外，应当对该单位给予通报批评，并限期改正。

五、《娱乐场所管理条例》（节录）（2006年1月29日中华人民共和国国务院令第458号公布 自2006年3月1日起施行 2016年2月6日第一次修订 2020年11月29日第二次修订）

第二条 本条例所称娱乐场所，是指以营利为目的，并向公众开放、消费者自娱自乐的歌舞、游艺等场所。

第二十二条 任何人不得非法携带枪支、弹药、管制器具或者携带爆炸性、易燃性、毒害性、放射性、腐蚀性等危险物品和传染病病原体进入娱乐场所。

迪斯科舞厅应当配备安全检查设备，对进入营业场所的人员进行安全检查。

二、最高人民法院、最高人民检察院、公安部、国家安全监管总局（已撤销）《关于依法加强对涉嫌犯罪的非法生产经营烟花爆竹行为刑事责任追究的通知》（节录）

（2012年9月6日最高人民法院、最高人民检察院、公安部、国家安全监管总局（已撤销）公布 自公布之日起施行 安监总管三〔2012〕116号）

一、非法生产、经营烟花爆竹及相关行为涉及非法制造、买卖、运输、邮寄、储存黑火药、烟火药，构成非法制造、买卖、运输、邮寄、储存爆炸物罪的，应当依照刑法第一百二十五条的规定定罪处罚；非法生产、经营烟花爆竹及相关行为涉及生产、销售伪劣产品或不符合安全标准产品，构成生产、销售伪劣产品罪或生产、销售不符合安全标准产品罪的，应当依照刑法第一百四十条、第一百四十六条的规定定罪处罚；非法生产、经营烟花爆竹及相关行为构成非法经营罪的，应当依照刑法第二百二十五条的规定定罪处罚。上述非法生产经营烟花爆竹行为的定罪量刑和立案追诉标准，分别按照《最高人民法院关于审理非法制造、买卖、运输枪支、弹药、爆炸物等刑事案件具体应用法律若干问题的解释》（法释〔2009〕18号）、《最高人民法院最高人民检察院关于办理生产、销售伪劣商品刑事案件具体应用法律若干问题的解释》（法释〔2001〕10号）、《最高人民检察院、公安部关于公安机关管辖的刑事案件立案追诉标准的规定（一）》（公通字〔2008〕36号）、《最高人民检察院、公安部关于公安机关管辖的刑事案件立案追诉标准的规定（二）》（公通字〔2010〕23号）等有关规定执行。

二、《仿真枪认定标准》（2008年2月22日公安部公布 自公布之日起施行）

一、凡符合以下条件之一的，可以认定为仿真枪：

1. 符合《中华人民共和国枪支管理法》规定的枪支构成要件，所发射金属弹丸或其他物质的枪口比动能小于1.8焦耳/平方厘米（不含本数）、大于0.16焦耳/平方厘米（不含本数）的；

2. 具备枪支外形特征，并且具有与制式枪支材质和功能相似的枪管、枪机、机匣或者击发等机构之一的；

3. 外形、颜色与制式枪支相同或者近似，并且外形长度尺寸介于相应制式枪支全枪长度尺寸的二分之一与一倍之间的。

二、枪口比动能的计算，按照《枪支致伤力的法庭科学鉴定判据》规定的计算方法执行。

三、术语解释

1. 制式枪支：国内制造的制式枪支是指已完成定型试验，并且经军队或国家有关主管部门批准投入装备、使用（含外贸出口）的各类枪支。国外制造的制式枪支是指制造商已完成定型试验，并且装备、使用或投入市场销售的各类枪支。

2. 全枪长：是指从枪管口部至枪托或枪机框（适用于无枪托的枪支）底部的长度。

三、国防科学技术工业委员会（已撤销）、公安部《民用爆炸物品品名表》（2006年11月9日公安部、国防科工委（已撤销）2006年第1号公布 自公布之日起施行 2022年5月23日修订）

民用爆炸物品品名表

序号	名　称	英文名称	备　注
一、	工业炸药		
1	硝化甘油炸药	Nitroglycerine，NG	甘油三硝酸酯类混合炸药

序号	名　称	英文名称	备　注
2	铵梯类炸药	Ammonite	含铵梯油炸药
3	多孔粒状铵油炸药		
4	改性铵油炸药		
5	膨化硝铵炸药	Expanded AN explosive	
6	其他铵油类炸药		含粉状铵油、铵松蜡、铵沥蜡炸药等
7	水胶炸药	Water gel explosive	
8	乳化炸药（胶状）	Emulsion	
9	粉状乳化炸药	Powdery emulsive	
10	乳化粒状铵油炸药		重铵油炸药
11	粘性炸药		
12	含退役火药炸药		含退役火药的乳化、浆状、粉状炸药
13	其他工业炸药		
14	震源药柱	Seismic charge	
15	震源弹		
16	人工影响天气用燃爆器材		含炮弹、火箭弹等、限生产、购买、销售、运输管理
17	矿岩破碎器材		
18	中继起爆具	Primer	
19	爆炸加工器材		
20	油气井用起爆器		
21	聚能射孔弹	Perforating charge	
22	复合射孔器	Perforator	
23	聚能切割弹		
24	高能气体压裂弹		
25	点火药盒		
26	其它油气井用爆破器材		
27	其它炸药制品		
二、	工业雷管		
28	工业火雷管	Flash detonator	

法律适用

规章及规范性文件

法律适用

规章及规范性文件

序号	名 称	英文名称	备 注
29	工业电雷管	Electric detonator	含普通电雷管和煤矿许用电雷管
30	导爆管雷管	Detonator with shock – conducting tube	
31	半导体桥电雷管		
32	电子雷管	Electron – delay detonator	
33	磁电雷管	Magnetoelectric detonator	
34	油气井用电雷管		
35	地震勘探电雷管		
36	继爆管		
37	其它工业雷管		
三、	工业索类火工品		
38	工业导火索	Industrial blasting fuse	
39	工业导爆索	Industrial Detonating fuse	
40	切割索	Linear shaped charge	
41	塑料导爆管	Shock – conducting tube	
42	引火线		
四、	其它民用爆炸物品		
43	安全气囊用点火具		
44	其它特殊用途点火具		
45	特殊用途烟火制品		
46	其它点火器材		
47	海上救生烟火信号		
五、	原材料		
48	黑梯炸药（含退役、拆解回收）		限于购买、销售、运输管理
49	单基/双基发射药（含退役、拆解回收）		用于生产烟花爆竹除外，限于购买、销售、运输管理
50	梯恩梯（TNT）/2,4,6 – 三硝基甲苯（含退役、拆解回收）	Trinitrotoluene，TNT	限于购买、销售、运输管理

序号	名　称	英文名称	备　注
51	工业黑索今（RDX）/环三亚甲基三硝胺（含退役、拆解回收）	Hexogen，RDX	限于购买、销售、运输管理
50	苦味酸/2，4，6－三硝基苯酚	Picric acib	限于购买、销售、运输管理
53	民用推进剂（含退役、拆解回收）		限于购买、销售、运输管理
54	太安（PETN）/季戊四醇四硝酸酯	Pentaerythritol tetranitrate，PETN	限于购买、销售、运输管理
55	奥克托今（HMX）	Octogen，HMX	限于购买、销售、运输管理
56	其它单质猛炸药	Explosive compound	限于购买、销售、运输管理
57	黑火药	Black power	用于生产烟花爆竹的黑火药除外，限于购买、销售、运输管理
58	起爆药	Initiating explosive	
59	延期器材		
60	硝酸铵	Ammonium nitrate，AN	限于购买、销售审批管理
61	国防科工委、公安部认为需要管理的其他民用爆炸物品		

四、公安部《关于对以气体等为动力发射金属弹丸或者其他物质的仿真枪认定问题的批复》（2006 年 10 月 11 日公安部公布　公复字〔2006〕5 号）

天津市公安局：

你局《关于将以气体为动力发射金属弹丸仿真枪纳入制式枪支管理的请示》（津公治〔2006〕382 号）收悉。现批复如下：

依据《中华人民共和国枪支管理法》第四十六条的规定，利用气瓶、弹簧、电机等形成压缩气体为动力、发射金属弹丸或者其他物质并具有杀伤力的"仿真枪"，具备制式气枪的本质特征，应认定为枪支，并按气枪进行管制处理。对非法制造、买卖、运输、储存、邮寄、持有、携带和走私此类枪支的，应当依照《中华人民共和国枪支管理法》、《中华人民共和国刑法》、《中华人民共和国治安管理处罚法》的有关规定。追究当事人的法律责任。对不具有杀伤力但符合仿真枪认定规定的，应认定为仿真枪；对非法制造、销售此类仿真枪的，应当依照《中华人民共和国枪支管理法》的有关规定，予以处罚。

44 非法制造、买卖、运输、储存危险物质案

概念

本罪是指违反法律规定，未经国家有关部门批准，非法制造、买卖、运输、储存毒害性、放射性、传染病病原体等物质的行为。本罪为选择性罪名。根据行为方式的不同，具体可以分解为 4 个独立的选择性罪名，即非法制造危险物质罪、非法买卖危险物质罪、非法运输危险物质罪和非法储存危险物质罪。实施非法制造、非法买卖、非法运输、非法储存危险物质行为之一的，即可构成本罪；实施两种或两种以上行为的，也只构成本罪一罪，不实行数罪并罚。具体根据行为方式选择适用罪名，如既非法制造又非法买卖危险物质的，则以非法制造、买卖危险物质罪定罪处罚。

立案标准

非法制造、买卖、运输、储存毒害性、放射性、传染病病原体等物质，危害公共安全，涉嫌下列情形之一的，应予立案追诉：

（1）造成人员重伤或者死亡的；

（2）造成直接经济损失 10 万元以上的；

（3）非法制造、买卖、运输、储存毒鼠强、氟乙酰胺、氟乙酸钠、毒鼠硅、甘氟原粉、原液、制剂 50 克以上，或者饵料 2000 克以上的；

（4）造成急性中毒、放射性疾病或者造成传染病流行、暴发的；

（5）造成严重环境污染的；

（6）造成毒害性、放射性、传染病病原体等危险物质丢失、被盗、被抢或者被他人利用进行违法犯罪活动的；

（7）其他危害公共安全的情形。

定罪标准

犯罪客体

本罪所侵害的客体为公共安全和国家有关危险物质的制造、买卖、运输、储存的管理制度。本罪行为之所以指向公共安全，是由本罪行为的对象即危险物质的性质决定的。危险物质具有极大的危害性，为了既充分发挥其作用，又有效保障人民的生命、财产安全，必须严格控制其制造、买卖、运输、储存，不能随意让之流入社会。否则，让其在社会上放任自流或者为不法分子加以利用，就会给人民的生命、财产安全带来严重威胁，从而危及公共安全。本罪的对象是具有毒害性、放射性，传染病病原体等的危险物质。

犯罪客观方面

本罪在客观方面表现为非法制造、买卖、运输、储存危险物质的行为。

一、必须有制造、买卖、运输、储存的行为。所谓制造，是指采取设计、生产、加工、改造、提炼、配制、还原、合成、培植等手段，利用某些工艺技术将原材料变成另外一种新的物质的行为。制造可以单独制造，即从设计到完成都由自己完成，也可以分工合作制造，某人或者单位只负责制造工序中的某个环节、某道工序。既包括大规模的批量制造，又包括小规模的小批量制造，只要制造的是危险物质且属非法，不论方式如何，均可构成本罪。

所谓买卖，包括购买和出售两种行为。无论是购买还是出售，只要针对的是危险物质且为非法，即可构成本罪。就方式而言，则多种多样，既包括以金钱货币作价的各种非法交易行为，又包括以物换取毒害性、放射性、传染病病原体等危险物质的行为；既包括大规模的批量出售和购买，又包括小规模的少量出售和购买；既包括当场交纳现金的现购现卖，又包括不当场交纳现金的赊购赊卖；既包括自制自售，又包括转手倒卖，等等。

所谓运输，是指采取随身携带、托带、邮寄等方法或利用火车、汽车、飞机、轮船等交通工具，在国内将危险物质从一个地方运移到另一个地方的行为，不包括走私、贩卖危险物质中的运输行为。如果运输危险物质不限于国内，而是逃避海关监管，出入国（边）境，或者与走私、贩卖危险物质的犯罪分子共谋走私、贩卖危险物质而提供运输的，其运输行为则被走私、贩卖行为所吸收，不再单独成立运输危险物质的行为，而应以共同犯罪或犯罪集团的行为定罪。在司法实践中，主要表现为下列方式：(1) 自身携带；(2) 伪装后交由交通运输部门承运或邮政部门邮寄，如混在大米、面粉中，置入茶叶筒、罐头内等；(3) 利用未成年人、老年人、妇女携运危险物质；(4) 以运货为名，雇人雇车分段转运；(5) 以金钱、女色勾引收买公安、部队中的人员合伙贩运；(6) 伪造冒充军人、警察人员等身份掩护运输，等等。

所谓储存，是指将危险物质予以保管、存放、储藏在某一地方的行为。考虑到《刑法》第 125 条第 2 款将非法储存危险物质与非法制造、买卖、运输危险物质的行为并列，并规定了相同的法定刑，因此，非法储存危险物质，主要是指明知他人非法制造、买卖、运输毒害性、放射性、传染病病原体等危险物质而仍为其存放的行为。既可以储存于家中，又可以存放在仓库中，还可以存放在他处，如山洞中、他人家里，等等。不论地点如何，只要属于非法，即可成立本罪。

二、制造、买卖、运输、储存的必须是危险物质。虽有制造、买卖、运输、储存的行为，但若不是毒害性、放射性、传染病病原体等危险物质，也不能构成本罪，构成犯罪的，应是他罪，如非法制造、买卖、运输、邮寄、储存枪支、弹药、爆炸物罪，贩卖、运输、制造毒品罪等。危险物质，是指毒害性、放射性、传染病病原体等物质。具体包括的类型见 "16. 投放危险物质案" 中犯罪客观方面的论述。

三、制造、买卖、运输、储存危险物质的行为属于非法。所谓非法，是指违反有关法律、法规规定，未经有关部门批准，擅自制造、买卖、运输、储存危险物质，即不具有制造、买卖、运输、储存危险物质的主体资格，而制造、买卖、运输、储存危险物质。

危险物质，具有高度的危害性、危险性，在制造、买卖、运输、储存、使用的过程中，稍有不慎，就可能引发重大事故，造成重大人身伤亡或重大公私财产损失。为此，国家颁行了许多有关危险物质的安全管理法规，就危险物质的制造、买卖、运输、储存作了详尽规定，如《危险化学品安全管理条例》。

对于有关放射性物质的工作，《放射性同位素与射线装置安全和防护条例》规定，放射性同位素包括放射源和非密封放射性物质。国务院环境保护主管部门对全国放射性同位素、射线装置的安全和防护工作实施统一监督管理。国务院公安等部门按照职责分工和本条例规定，对有关放射性同位素、射线装置的安全和防护工作实施监督管理。县级以上地方人民政府环境保护主管部门和其他有关部门，按照职责分工和本条例的规定，对本行政区域内放射性同位素、射线装置的安全和防护工作实施监督管理。

定罪标准

犯罪客观方面

国家对放射源和射线装置实行分类管理。根据放射源、射线装置对人体健康和环境的潜在危害程度，从高到低将放射源分为Ⅰ类、Ⅱ类、Ⅲ类、Ⅳ类、Ⅴ类，具体分类办法由国务院环境保护主管部门制定；将射线装置分为Ⅰ类、Ⅱ类、Ⅲ类，具体分类办法由国务院环境保护主管部门商国务院卫生主管部门制定。生产、销售、使用放射性同位素和射线装置的单位，应当依照本章规定取得许可证。

对于传染病病原体的有关工作，《传染病防治法实施办法》规定，国家对传染病菌（毒）种的保藏、携带、运输实行严格管理：（1）菌（毒）种的保藏由国务院卫生行政部门指定的单位负责。（2）一、二类菌（毒）种的供应由国务院卫生行政部门指定的保藏单位供应。三类菌（毒）种由设有专业实验室的单位或者国务院卫生行政部门指定的保藏管理单位供应。（3）使用一类菌（毒）种的单位，必须经国务院卫生行政部门批准；使用二类菌（毒）种的单位必须经省级政府卫生行政部门批准；使用三类菌（毒）种的单位，应当经县级政府卫生行政部门批准。（4）一、二类菌（毒）种，应派专人向供应单位领取，不得邮寄；三类菌（毒）种的邮寄必须持有邮寄单位的证明，并按照菌（毒）种邮寄与包装的有关规定办理，等等。

综上，对于毒害性、放射性、传染病病原体等危险物质的制造、买卖、运输、储存等工作，国家管理非常严格。未经国家有关部门依法批准，从而依照国家规定不具有制造、买卖、运输、储存危险物质的自然人或单位，擅自制造、买卖、运输、储存的，不管是否发生实际危害后果，都可构成本罪。下列情形应以未经国家有关部门批准，擅自制造、买卖、运输、储存危险物质的行为论：（1）行为人未根据有关法律、法规向国家相关部门提交制造、买卖、运输、储存危险物质的申请，就擅自制造、买卖、运输、储存的。（2）行为人向国家有关部门提出了申请，但经过审查认为不符合条件而未批准，仍然擅自制造、买卖、运输、储存的。（3）行为人向国家有关部门提出了申请，在国家有关部门作出批准的决定前，擅自制造、买卖、运输、储存的。如果符合条件，也严格按照有关规定制造、买卖、运输、储存，事后有关部门作出了批准决定的，也可作为情节显著轻微危害不大，而不认为是犯罪。但是，如果因此造成了严重后果的，则仍可构成本罪。（4）制造、买卖、运输、储存的危险物质，既要经过批准，又要获取生产、经营、运输许可证的，应以最后获得生产、经营、运输许可证为准。未取得许可证，即使获得了批准，仍然不能从事生产、经营活动，即仍不具有进行有关活动的主体资格，实施了制造、买卖、运输、储存危险物质的，仍可构成本罪。（5）行为人根本不具备制造、买卖、运输、储存危险物质的条件，为了牟取利益或达到其他目的，采取行贿、欺骗、威胁、色相诱惑等不法手段而获取批准的，可以构成本罪。当然，如果条件具备或基本具备，为了快些办好手续或者因为有关人员刁难、索贿，而被迫作出了不正当行为的，则不应认定为非法获取。（6）先有制造、买卖、运输、储存资格，后因为不符合条件被国家有关部门责令转产、停产、关闭、搬迁的，或者生产、经营许可证到期未依法重新办理的，则不再具有主体资格，后来的制造、买卖、运输、储存危险物质的行为，应以非法制造、买卖、运输、储存论。（7）国家明令禁止生产、使用、运输、储存的危险物品，如国家禁止收购、销售无农药登记证或无农药临时登记证、无农药生产许可证或者农药生产批准文件、无产品质量标准和产品质量合格证和检验不合格的农药，等等，既然如此，任何单位与个人都不可能依法获得此类危险物品的买卖资格。因此，对其实施买卖行为的，可以构成本罪。

定罪标准

犯罪客观方面

定罪标准	**犯罪主体**	本罪的主体为一般主体，无论是中国公民还是外国人或无国籍人，只要是年满16周岁且具有刑事责任能力的自然人均可构成本罪。根据《刑法》第125条第3款规定，单位亦可构成本罪。实际构成本罪主体的应是那些依照国家规定，不具有制造、买卖、运输、储存毒害性、放射性、传染病病原体等危险物质资格的自然人或单位。依法经过批准，具有制造、买卖、运输、储存危险物质资格的自然人和单位，如医疗、科研单位、生产厂家等，在制造、买卖、运输、储存毒害性、放射性、传染病病原体等危险物质的过程中，如果违反管理规定，造成人员伤亡或者公私财产遭受重大损失，构成犯罪的，应当依法以危险物品肇事罪，传染病菌种、毒种扩散罪等追究行为人的刑事责任。
	犯罪主观方面	本罪在主观方面必须出于故意，即明知自己在非法制造、买卖、运输、储存毒害性、放射性、传染病病原体等危险物质而仍决意为之。本罪的"明知"并不要求是"确知"，认识到可能性的，就符合明知的故意因素。如果行为人确实不知的，不构成本罪。过失不能构成本罪。如果确实不知自己制造、买卖、运输、储存的是危险物质，则不能构成本罪。至于其动机，有的是为了用于进行杀人、投放危险物质等其他犯罪，有的是为了牟取不法利益，等等，多种多样，但动机如何，并不影响本罪成立。
	罪与非罪	一、本罪为行为犯，一般情况下只要实施了非法制造、买卖、运输、储存危险物质之一的行为，不论数量多少，是否造成实际后果，原则上构成本罪。但是对于制造、买卖、运输、储存危险物质数量很少，未造成实际后果，一经发现经过批评教育立即改正，如未经批准制造少量灭鼠药，虽属违法，但未造成任何后果，情节显著轻微危害不大的，就应根据《刑法》第13条的规定，不以犯罪论处。 　　二、本罪既遂与否应当区分行为的不同方式加以认定。对于制造危险物质的行为，开始了制造行为，但未制造成功，则属于未遂。但若是分工合作利用流水线制造，则只要完成了分工负责的这一道工序，即应认定为本罪既遂。对于买卖行为，应以交易成功或达成买卖协议，交付了危险物质为既遂。交付了危险物质，即使尚未付款，也应以既遂论处。未完成交易，如在协商过程中就被查获，则应以买卖未遂论处。对于运输、储存行为，只要行为人开始实施，即构成本罪且为既遂，无所谓未遂。
	此罪与彼罪	本罪与危险物品肇事罪的界限。危险物品肇事罪，是指违反爆炸性、易燃性、放射性、毒害性、腐蚀性物品的管理规定，在生产、储存、运输、使用中发生重大事故，造成严重后果的行为。两者的区别是明显的：(1) 主观方面表现不同。本罪出于故意，而后罪则出于过失。(2) 客观方面表现不同。本罪客观方面表现为违反有关法律、法规，未经批准，擅自制造、买卖、运输、储存毒害性、放射性、传染病病原体等危险物质的行为；而后罪客观行为表现为违反爆炸性、易燃性、放射性、毒害性、腐蚀性物品的管理规定，在生产、储存、运输、使用中发生重大事故的行为。单就违反法律、法规规定来讲，两者的内涵也不相同。本罪违反法律、法规规定，在于行为人没有制造、买卖、运输、储存危险物质的资格，不依法经过有关部门批准，就擅自制造、买卖、运输、储存危险物质；后罪的违反有关法律、法规规定，则是在具有制造、买卖、运输、储存、使用爆炸性、易燃性、放射性、毒害性、腐蚀性物品资格的情况下，违反有关具体的安全规定，如《危险化学品安全管理条例》规定，生产、储存危险化学品的单位，应当根据其生产、储存的危险化学品的种类和危险特性，在作

业场所设置相应的监测、监控、通风、防晒、调温、防火、灭火、防爆、泄压、防毒、中和、防潮、防雷、防静电、防腐、防泄漏以及防护围堤或者隔离操作等安全设施、设备，并按照国家标准、行业标准或者国家有关规定对安全设施、设备进行经常性维护、保养，保证安全设施、设备的正常使用。运输危险化学品，应当根据危险化学品的危险特性采取相应的安全防护措施，并配备必要的防护用品和应急救援器材。用于运输危险化学品的槽罐以及其他容器应当封口严密，能够防止危险化学品在运输过程中因温度、湿度或者压力的变化发生渗漏、洒漏；槽罐以及其他容器的溢流和泄压装置应当设置准确、起闭灵活。运输危险化学品的驾驶人员、船员、装卸管理人员、押运人员、申报人员、集装箱装箱现场检查员，应当了解所运输的危险化学品的危险特性及其包装物、容器的使用要求和出现危险情况时的应急处置方法。通过道路运输危险化学品的，托运人应当委托依法取得危险货物道路运输许可的企业承运。通过道路运输危险化学品的，应当按照运输车辆的核定载质量装载危险化学品，不得超载。危险化学品运输车辆应当符合国家标准要求的安全技术条件，并按照国家有关规定定期进行安全技术检验。（3）对后果的要求不同。危险物品肇事罪以造成严重后果为必要；而本罪为行为犯，不论行为是否造成实际危害后果，均可构成本罪，造成严重后果乃是本罪的重罪情节，应当在更重的刑罚幅度内裁量刑罚。

一、证明行为人刑事责任年龄、身份等自然情况的证据

包括身份证明、户籍证明、任职证明、工作经历证明、特定职责证明等，主要是证明行为人的姓名（曾用名）、性别、出生年月日、民族、籍贯、出生地、职业（或职务）、住所地（或居所地）等证据材料，如户口簿、居民身份证、工作证、出生证、专业或技术等级证、干部履历表、职工登记表、护照等。

对于户籍、出生证等材料内容不实的，应提供其他证据材料。外国人犯罪的案件，应有护照等身份证明材料。人大代表、政协委员犯罪的案件，应注明身份，并附身份证明材料。

二、证明行为人刑事责任能力的证据

证明行为人对自己的行为是否具有辨认能力与控制能力，如是否属于间歇性精神病人、尚未完全丧失辨认或者控制自己行为能力的精神病人的证明材料。

三、证明单位的证据

证明是否属于依法成立并有合法经营、管理范围的公司、企业、事业单位、机关、团体。

证明单位的名称、住所地、性质、法定代表人、单位负责人、业务范围、成立时间等证据材料，如企业营业执照、国有公司性质证明及非法人单位的身份证明等。

四、证明法定代表人、单位负责人或直接责任人员等的身份证据

法定代表人、直接负责的主管人员和其他直接责任人在单位的任职、职责、负责权限的证明材料。包括身份证明、户籍证明、任职证明等，如户口簿、居民身份证、工作证、护照、专业或技术等级证、干部履历表、职工登记表、任命书、业务分工文件、委派文件、单位证明、单位规章制度等。

定罪标准 — 此罪与彼罪

证据参考标准 — 主体方面的证据

证据参考标准	主观方面的证据	**证明行为人故意的证据** 1. 证明行为人明知的证据：证明行为人明知自己的行为会发生危害社会的结果； 2. 证明直接故意的证据：证明行为人希望危害结果发生。
	客观方面的证据	**证明行为人非法制造、买卖、运输、储存危险物质犯罪行为的证据** 具体证据包括：1. 证明行为人非法购买危险物质行为的证据。2. 证明行为人非法销售危险物质行为的证据。3. 证明行为人非法运输危险物质行为的证据：（1）使用轿车运输危险物质；（2）使用客车运输危险物质；（3）使用其他车辆运输危险物质。4. 证明单位非法购买危险物质行为的证据。5. 证明单位非法销售危险物质行为的证据。6. 证明单位非法运输危险物质行为的证据：（1）使用轿车运输危险物质；（2）使用客车运输危险物质；（3）使用其他车辆运输危险物质。7. 证明行为人情节严重行为的证据。8. 证明行为人非法制造、买卖、运输、储存危险物质其他行为的证据。
	量刑方面的证据	**一、法定量刑情节证据** 1. 事实情节：（1）情节严重；（2）其他。2. 法定从重情节。3. 法定从轻减轻情节：（1）可以从轻；（2）可以从轻或减轻；（3）应当从轻或者减轻。4. 法定从轻减轻免除情节：（1）可以从轻、减轻或者免除处罚；（2）应当从轻、减轻或者免除处罚。5. 法定减轻免除情节：（1）可以减轻或者免除处罚；（2）应当减轻或者免除处罚；（3）可以免除处罚。 **二、酌定量刑情节证据** 1. 犯罪手段：（1）非法制造；（2）非法买卖；（3）非法运输；（4）非法储存。2. 犯罪对象。3. 危害结果。4. 动机。5. 平时表现。6. 认罪态度。7. 是否有前科。8. 其他证据。
量刑标准	犯本罪的	处三年以上十年以下有期徒刑
	情节严重的	处十年以上有期徒刑、无期徒刑或者死刑
	单位犯本罪的	对单位判处罚金，并对其直接负责的主管人员和其他直接责任人员，依以上规定处罚
法律适用	刑法条文	**第一百二十五条第二款** 非法制造、买卖、运输、储存毒害性、放射性、传染病病原体等物质，危害公共安全的，依照前款的规定处罚。 **第一百二十五条第三款** 单位犯前两款罪的，对单位判处罚金，并对其直接负责的主管人员和其他直接责任人员，依照第一款的规定处罚。

最高人民法院、最高人民检察院《关于办理非法制造、买卖、运输、储存毒鼠强等禁用剧毒化学品刑事案件具体应用法律若干问题的解释》（2003 年 9 月 4 日最高人民法院、最高人民检察院公布　自 2003 年 10 月 1 日起施行　法释〔2003〕14 号）

为依法惩治非法制造、买卖、运输、储存毒鼠强等禁用剧毒化学品的犯罪活动，维护公共安全，根据刑法有关规定，现就办理这类刑事案件具体应用法律的若干问题解释如下：

第一条　非法制造、买卖、运输、储存毒鼠强等禁用剧毒化学品，危害公共安全，具有下列情形之一的，依照刑法第一百二十五条的规定，以非法制造、买卖、运输、储存危险物质罪，处三年以上十年以下有期徒刑：

（一）非法制造、买卖、运输、储存原粉、原液、制剂 50 克以上，或者饵料 2 千克以上的；

（二）在非法制造、买卖、运输、储存过程中致人重伤、死亡或者造成公私财产损失 10 万元以上的。

第二条　非法制造、买卖、运输、储存毒鼠强等禁用剧毒化学品，具有下列情形之一的，属于刑法第一百二十五条规定的"情节严重"，处十年以上有期徒刑、无期徒刑或者死刑：

（一）非法制造、买卖、运输、储存原粉、原液、制剂 500 克以上，或者饵料 20 千克以上的；

（二）在非法制造、买卖、运输、储存过程中致 3 人以上重伤、死亡，或者造成公私财产损失 20 万元以上的；

（三）非法制造、买卖、运输、储存原粉、原药、制剂 50 克以上不满 500 克，或者饵料 2 千克以上不满 20 千克，并具有其他严重情节的。

第三条　单位非法制造、买卖、运输、储存毒鼠强等禁用剧毒化学品的，依照本解释第一条、第二条规定的定罪量刑标准执行。

第四条　对非法制造、买卖、运输、储存毒鼠强等禁用剧毒化学品行为负有查处职责的国家机关工作人员，滥用职权或者玩忽职守，致使公共财产、国家和人民利益遭受重大损失的，依照刑法第三百九十七条的规定，以滥用职权罪或者玩忽职守罪追究刑事责任。

第五条　本解释施行以前，确因生产、生活需要而非法制造、买卖、运输、储存毒鼠强等禁用剧毒化学品饵料自用，没有造成严重社会危害的，可以依照刑法第十三条的规定，不作为犯罪处理。

本解释施行以后，确因生产、生活需要而非法制造、买卖、运输、储存毒鼠强等禁用剧毒化学品饵料自用，构成犯罪，但没有造成严重社会危害，经教育确有悔改表现的，可以依法从轻、减轻或者免除处罚。

第六条　本解释所称"毒鼠强等禁用剧毒化学品"，是指国家明令禁止的毒鼠强、氟乙酰胺、氟乙酸钠、毒鼠硅、甘氟。

一、《中华人民共和国传染病防治法》（节录）（1989 年 2 月 21 日中华人民共和国主席令第 15 号公布　自 1989 年 9 月 1 日起施行　2004 年 8 月 28 日修订　2013 年 6 月 29 日修正）

第一条　为了预防、控制和消除传染病的发生与流行，保障人体健康和公共卫生，制定本法。

第二条 国家对传染病防治实行预防为主的方针，防治结合、分类管理、依靠科学、依靠群众。

第三条 本法规定的传染病分为甲类、乙类和丙类。

甲类传染病是指：鼠疫、霍乱。

乙类传染病是指：传染性非典型肺炎、艾滋病、病毒性肝炎、脊髓灰质炎、人感染高致病性禽流感、麻疹、流行性出血热、狂犬病、流行性乙型脑炎、登革热、炭疽、细菌性和阿米巴性痢疾、肺结核、伤寒和副伤寒、流行性脑脊髓膜炎、百日咳、白喉、新生儿破伤风、猩红热、布鲁氏菌病、淋病、梅毒、钩端螺旋体病、血吸虫病、疟疾。

丙类传染病是指：流行性感冒、流行性腮腺炎、风疹、急性出血性结膜炎、麻风病、流行性和地方性斑疹伤寒、黑热病、包虫病、丝虫病，除霍乱、细菌性和阿米巴性痢疾、伤寒和副伤寒以外的感染性腹泻病。

国务院卫生行政部门根据传染病暴发、流行情况和危害程度，可以决定增加、减少或者调整乙类、丙类传染病病种并予以公布。

第四条 对乙类传染病中传染性非典型肺炎、炭疽中的肺炭疽和人感染高致病性禽流感，采取本法所称甲类传染病的预防、控制措施。其他乙类传染病和突发原因不明的传染病需要采取本法所称甲类传染病的预防、控制措施的，由国务院卫生行政部门及时报经国务院批准后予以公布、实施。

需要解除依照前款规定采取的甲类传染病预防、控制措施的，由国务院卫生行政部门报经国务院批准后予以公布。

省、自治区、直辖市人民政府对本行政区域内常见、多发的其他地方性传染病，可以根据情况决定按照乙类或者丙类传染病管理并予以公布，报国务院卫生行政部门备案。

第五条 各级人民政府领导传染病防治工作。

县级以上人民政府制定传染病防治规划并组织实施，建立健全传染病防治的疾病预防控制、医疗救治和监督管理体系。

第六条 国务院卫生行政部门主管全国传染病防治及其监督管理工作。县级以上地方人民政府卫生行政部门负责本行政区域内的传染病防治及其监督管理工作。

县级以上人民政府其他部门在各自的职责范围内负责传染病防治工作。

军队的传染病防治工作，依照本法和国家有关规定办理，由中国人民解放军卫生主管部门实施监督管理。

第七条 各级疾病预防控制机构承担传染病监测、预测、流行病学调查、疫情报告以及其他预防、控制工作。

医疗机构承担与医疗救治有关的传染病防治工作和责任区域内的传染病预防工作。城市社区和农村基层医疗机构在疾病预防控制机构的指导下，承担城市社区、农村基层相应的传染病防治工作。

第八条 国家发展现代医学和中医药等传统医学，支持和鼓励开展传染病防治的科学研究，提高传染病防治的科学技术水平。

国家支持和鼓励开展传染病防治的国际合作。

第九条 国家支持和鼓励单位和个人参与传染病防治工作。各级人民政府应当完善有关制度，方便单位和个人参与防治传染病的宣传教育、疫情报告、志愿服务和捐赠活动。

居民委员会、村民委员会应当组织居民、村民参与社区、农村的传染病预防与控制活动。

第十条 国家开展预防传染病的健康教育。新闻媒体应当无偿开展传染病防治和公共卫生教育的公益宣传。

各级各类学校应当对学生进行健康知识和传染病预防知识的教育。

医学院校应当加强预防医学教育和科学研究，对在校学生以及其他与传染病防治相关人员进行预防医学教育和培训，为传染病防治工作提供技术支持。

疾病预防控制机构、医疗机构应当定期对其工作人员进行传染病防治知识、技能的培训。

第十一条 对在传染病防治工作中做出显著成绩和贡献的单位和个人，给予表彰和奖励。

对因参与传染病防治工作致病、致残、死亡的人员，按照有关规定给予补助、抚恤。

第十二条 在中华人民共和国领域内的一切单位和个人，必须接受疾病预防控制机构、医疗机构有关传染病的调查、检验、采集样本、隔离治疗等预防、控制措施，如实提供有关情况。疾病预防控制机构、医疗机构不得泄露涉及个人隐私的有关信息、资料。

卫生行政部门以及其他有关部门、疾病预防控制机构和医疗机构因违法实施行政管理或者预防、控制措施，侵犯单位和个人合法权益的，有关单位和个人可以依法申请行政复议或者提起诉讼。

第七十八条 本法中下列用语的含义：

（一）传染病病人、疑似传染病病人：指根据国务院卫生行政部门发布的《中华人民共和国传染病防治法规定管理的传染病诊断标准》，符合传染病病人和疑似传染病病人诊断标准的人。

（二）病原携带者：指感染病原体无临床症状但能排出病原体的人。

（三）流行病学调查：指对人群中疾病或者健康状况的分布及其决定因素进行调查研究，提出疾病预防控制措施及保健对策。

（四）疫点：指病原体从传染源向周围播散的范围较小或者单个疫源地。

（五）疫区：指传染病在人群中暴发、流行，其病原体向周围播散时所能波及的地区。

（六）人畜共患传染病：指人与脊椎动物共同罹患的传染病，如鼠疫、狂犬病、血吸虫病等。

（七）自然疫源地：指某些可引起人类传染病的病原体在自然界的野生动物中长期存在和循环的地区。

（八）病媒生物：指能够将病原体从人或者其他动物传播给人的生物，如蚊、蝇、蚤类等。

（九）医源性感染：指在医学服务中，因病原体传播引起的感染。

（十）医院感染：指住院病人在医院内获得的感染，包括在住院期间发生的感染和在医院内获得出院后发生的感染，但不包括入院前已开始或者入院时已处于潜伏期的感染。医院工作人员在医院内获得的感染也属医院感染。

（十一）实验室感染：指从事实验室工作时，因接触病原体所致的感染。

（十二）菌种、毒种：指可能引起本法规定的传染病发生的细菌菌种、病毒毒种。

（十三）消毒：指用化学、物理、生物的方法杀灭或者消除环境中的病原微生物。

（十四）疾病预防控制机构：指从事疾病预防控制活动的疾病预防控制中心以及与上述机构业务活动相同的单位。

（十五）医疗机构：指按照《医疗机构管理条例》取得医疗机构执业许可证，从事疾病诊断、治疗活动的机构。

二、《中华人民共和国传染病防治法实施办法》（节录） （1991 年 12 月 6 日中华人民共和国卫生部令第 17 号公布　自公布之日起施行）

第十六条　传染病的菌（毒）种分为下列三类：

一类：鼠疫耶尔森氏菌、霍乱弧菌；天花病毒、艾滋病病毒；

二类：布氏菌、炭疽菌、麻风杆菌；肝炎病毒、狂犬病毒、出血热病毒、登革热病毒；斑疹伤寒立克次体；

三类：脑膜炎双球菌、链球菌、淋病双球菌、结核杆菌、百日咳嗜血杆菌、白喉棒状杆菌、沙门氏菌、志贺氏菌、破伤风梭状杆菌；钩端螺旋体、梅毒螺旋体；乙型脑炎病毒、脊髓灰质炎病毒、流感病毒、流行性腮腺炎病毒、麻疹病毒、风疹病毒。

国务院卫生行政部门可以根据情况增加或者减少菌（毒）种的种类。

第十七条　国家对传染病菌（毒）种的保藏、携带、运输实行严格管理：

（一）菌（毒）种的保藏由国务院卫生行政部门指定的单位负责。

（二）一、二类菌（毒）种的供应由国务院卫生行政部门指定的保藏管理单位供应。三类菌（毒）种由设有专业实验室的单位或者国务院卫生行政部门指定的保藏管理单位供应。

（三）使用一类菌（毒）种的单位，必须经国务院卫生行政部门批准；使用二类菌（毒）种的单位必须经省级政府卫生行政部门批准；使用三类菌（毒）种的单位，应当经县级政府卫生行政部门批准。

（四）一、二类菌（毒）种，应派专人向供应单位领取，不得邮寄；三类菌（毒）种的邮寄必须持有邮寄单位的证明，并按照菌（毒）种邮寄与包装的有关规定办理。

三、《危险化学品安全管理条例》（节录） （2002 年 1 月 26 日中华人民共和国国务院令第 344 号公布　自 2002 年 3 月 15 日起施行　2011 年 2 月 16 日第一次修订　2013 年 12 月 7 日第二次修订）

第三条　本条例所称危险化学品，是指具有毒害、腐蚀、爆炸、燃烧、助燃等性质，对人体、设施、环境具有危害的剧毒化学品和其他化学品。

危险化学品目录，由国务院安全生产监督管理部门会同国务院工业和信息化、公安、环境保护、卫生、质量监督检验检疫、交通运输、铁路、民用航空、农业主管部门，根据化学品危险特性的鉴别和分类标准确定、公布，并适时调整。

第十九条　危险化学品生产装置或者储存数量构成重大危险源的危险化学品储存设施（运输工具加油站、加气站除外），与下列场所、设施、区域的距离应当符合国家有关规定：

（一）居住区以及商业中心、公园等人员密集场所；

（二）学校、医院、影剧院、体育场（馆）等公共设施；

（三）饮用水源、水厂以及水源保护区；

（四）车站、码头（依法经许可从事危险化学品装卸作业的除外）、机场以及通信干线、通信枢纽、铁路线路、道路交通干线、水路交通干线、地铁风亭以及地铁站出入口；

（五）基本农田保护区、基本草原、畜禽遗传资源保护区、畜禽规模化养殖场（养殖小区）、渔业水域以及种子、种畜禽、水产苗种生产基地；

（六）河流、湖泊、风景名胜区、自然保护区；

（七）军事禁区、军事管理区；

（八）法律、行政法规规定的其他场所、设施、区域。

已建的危险化学品生产装置或者储存数量构成重大危险源的危险化学品储存设施不符合前款规定的，由所在地设区的市级人民政府安全生产监督管理部门会同有关部门监督其所属单位在规定期限内进行整改；需要转产、停产、搬迁、关闭的，由本级人民政府决定并组织实施。

储存数量构成重大危险源的危险化学品储存设施的选址，应当避开地震活动断层和容易发生洪灾、地质灾害的区域。

本条例所称重大危险源，是指生产、储存、使用或者搬运危险化学品，且危险化学品的数量等于或者超过临界量的单元（包括场所和设施）。

第二十条　生产、储存危险化学品的单位，应当根据其生产、储存的危险化学品的种类和危险特性，在作业场所设置相应的监测、监控、通风、防晒、调温、防火、灭火、防爆、泄压、防毒、中和、防潮、防雷、防静电、防腐、防泄漏以及防护围堤或者隔离操作等安全设施、设备，并按照国家标准、行业标准或者国家有关规定对安全设施、设备进行经常性维护、保养，保证安全设施、设备的正常使用。

生产、储存危险化学品的单位，应当在其作业场所和安全设施、设备上设置明显的安全警示标志。

第二十一条　生产、储存危险化学品的单位，应当在其作业场所设置通信、报警装置，并保证处于适用状态。

第二十二条　生产、储存危险化学品的企业，应当委托具备国家规定的资质条件的机构，对本企业的安全生产条件每 3 年进行一次安全评价，提出安全评价报告。安全评价报告的内容应当包括对安全生产条件存在的问题进行整改的方案。

生产、储存危险化学品的企业，应当将安全评价报告以及整改方案的落实情况报所在地县级人民政府安全生产监督管理部门备案。在港区内储存危险化学品的企业，应当将安全评价报告以及整改方案的落实情况报港口行政管理部门备案。

第二十三条　生产、储存剧毒化学品或者国务院公安部门规定的可用于制造爆炸物品的危险化学品（以下简称易制爆危险化学品）的单位，应当如实记录其生产、储存的剧毒化学品、易制爆危险化学品的数量、流向，并采取必要的安全防范措施，防止剧毒化学品、易制爆危险化学品丢失或者被盗；发现剧毒化学品、易制爆危险化学品丢失或者被盗的，应当立即向当地公安机关报告。

生产、储存剧毒化学品、易制爆危险化学品的单位，应当设置治安保卫机构，配备专职治安保卫人员。

第二十四条　危险化学品应当储存在专用仓库、专用场地或者专用储存室（以下统称专用仓库）内，并由专人负责管理；剧毒化学品以及储存数量构成重大危险源的其他危险化学品，应当在专用仓库内单独存放，并实行双人收发、双人保管制度。

危险化学品的储存方式、方法以及储存数量应当符合国家标准或者国家有关规定。

第二十五条　储存危险化学品的单位应当建立危险化学品出入库核查、登记制度。

对剧毒化学品以及储存数量构成重大危险源的其他危险化学品，储存单位应当将其储存数量、储存地点以及管理人员的情况，报所在地县级人民政府安全生产监督管理部门（在港区内储存的，报港口行政管理部门）和公安机关备案。

第二十六条 危险化学品专用仓库应当符合国家标准、行业标准的要求，并设置明显的标志。储存剧毒化学品、易制爆危险化学品的专用仓库，应当按照国家有关规定设置相应的技术防范设施。

储存危险化学品的单位应当对其危险化学品专用仓库的安全设施、设备定期进行检测、检验。

第二十七条 生产、储存危险化学品的单位转产、停产、停业或者解散的，应当采取有效措施，及时、妥善处置其危险化学品生产装置、储存设施以及库存的危险化学品，不得丢弃危险化学品；处置方案应当报所在地县级人民政府安全生产监督管理部门、工业和信息化主管部门、环境保护主管部门和公安机关备案。安全生产监督管理部门应当会同环境保护主管部门和公安机关对处置情况进行监督检查，发现未依照规定处置的，应当责令其立即处置。

第四十五条 运输危险化学品，应当根据危险化学品的危险特性采取相应的安全防护措施，并配备必要的防护用品和应急救援器材。

用于运输危险化学品的槽罐以及其他容器应当封口严密，能够防止危险化学品在运输过程中因温度、湿度或者压力的变化发生渗漏、洒漏；槽罐以及其他容器的溢流和泄压装置应当设置准确、起闭灵活。

运输危险化学品的驾驶人员、船员、装卸管理人员、押运人员、申报人员、集装箱装箱现场检查员，应当了解所运输的危险化学品的危险特性及其包装物、容器的使用要求和出现危险情况时的应急处置方法。

第四十六条 通过道路运输危险化学品的，托运人应当委托依法取得危险货物道路运输许可的企业承运。

第四十七条 通过道路运输危险化学品的，应当按照运输车辆的核定载质量装载危险化学品，不得超载。

危险化学品运输车辆应当符合国家标准要求的安全技术条件，并按照国家有关规定定期进行安全技术检验。

危险化学品运输车辆应当悬挂或者喷涂符合国家标准要求的警示标志。

第四十八条 通过道路运输危险化学品的，应配备押运人员，并保证所运输的危险化学品处于押运人员的监控之下。

运输危险化学品途中因住宿或者发生影响正常运输的情况，需要较长时间停车的，驾驶人员、押运人员应当采取相应的安全防范措施；运输剧毒化学品或者易制爆危险化学品的，还应当向当地公安机关报告。

第四十九条 未经公安机关批准，运输危险化学品的车辆不得进入危险化学品运输车辆限制通行的区域。危险化学品运输车辆限制通行的区域由县级人民政府公安机关划定，并设置明显的标志。

第五十条 通过道路运输剧毒化学品的，托运人应当向运输始发地或者目的地县级人民政府公安机关申请剧毒化学品道路运输通行证。

申请剧毒化学品道路运输通行证，托运人应当向县级人民政府公安机关提交下列材料：

（一）拟运输的剧毒化学品品种、数量的说明；

（二）运输始发地、目的地、运输时间和运输路线的说明；

（三）承运人取得危险货物道路运输许可、运输车辆取得营运证以及驾驶人员、押运人员取得上岗资格的证明文件；

（四）本条例第三十八条第一款、第二款规定的购买剧毒化学品的相关许可证件，或者海关出具的进出口证明文件。

县级人民政府公安机关应当自收到前款规定的材料之日起 7 日内，作出批准或者不予批准的决定。予以批准的，颁发剧毒化学品道路运输通行证；不予批准的，书面通知申请人并说明理由。

剧毒化学品道路运输通行证管理办法由国务院公安部门制定。

第五十一条 剧毒化学品、易制爆危险化学品在道路运输途中丢失、被盗、被抢或者出现流散、泄漏等情况的，驾驶人员、押运人员应当立即采取相应的警示措施和安全措施，并向当地公安机关报告。公安机关接到报告后，应当根据实际情况立即向安全生产监督管理部门、环境保护主管部门、卫生主管部门通报。有关部门应当采取必要的应急处置措施。

四、《中华人民共和国治安管理处罚法》（节录）（2005 年 8 月 28 日中华人民共和国主席令第 38 号公布 自 2006 年 3 月 1 日起施行 2012 年 10 月 26 日修正）

第三十条 违反国家规定，制造、买卖、储存、运输、邮寄、携带、使用、提供、处置爆炸性、毒害性、放射性、腐蚀性物质或者传染病病原体等危险物质的，处十日以上十五日以下拘留；情节较轻的，处五日以上十日以下拘留。

第三十一条 爆炸性、毒害性、放射性、腐蚀性物质或者传染病病原体等危险物质被盗、被抢或者丢失，未按规定报告的，处五日以下拘留；故意隐瞒不报的，处五日以上十日以下拘留。

五、《中华人民共和国安全生产法》（节录）（2002 年 6 月 29 日中华人民共和国主席令第 70 号公布 自 2002 年 11 月 1 日起施行 2009 年 8 月 27 日第一次修正 2014 年 8 月 31 日第二次修正 2021 年 6 月 10 日第三次修正）

第一百条 未经依法批准，擅自生产、经营、运输、储存、使用危险物品或者处置废弃危险物品的，依照有关危险物品安全管理的法律、行政法规的规定予以处罚；构成犯罪的，依照刑法有关规定追究刑事责任。

最高人民检察院、公安部《关于公安机关管辖的刑事案件立案追诉标准的规定（一）》（节录）（2008 年 6 月 25 日最高人民检察院、公安部公布 自公布之日起施行 公通字〔2008〕36 号 2017 年 4 月 27 日修订）

第二条 〔非法制造、买卖、运输、储存危险物质案（刑法第一百二十五条第二款）〕非法制造、买卖、运输、储存毒害性、放射性、传染病病原体等物质，危害公共安全，涉嫌下列情形之一的，应予立案追诉：

（一）造成人员重伤或者死亡的；

（二）造成直接经济损失十万元以上的；

（三）非法制造、买卖、运输、储存毒鼠强、氟乙酰胺、氟乙酸钠、毒鼠硅、甘氟原粉、原液、制剂五十克以上，或者饵料二千克以上的；

（四）造成急性中毒、放射性疾病或者造成传染病流行、暴发的；

（五）造成严重环境污染的；

（六）造成毒害性、放射性、传染病病原体等危险物质丢失、被盗、被抢或者被他人利用进行违法犯罪活动的；

（七）其他危害公共安全的情形。

法律适用 相关法律法规 规章及规范性文件

45 违规制造、销售枪支案

概念

本罪是指依法被指定、确定的枪支制造企业、销售企业，违反枪支管理规定，以非法销售为目的，超过限额或者不按规定的品种制造、销售枪支或者制造无号、重号、假号的枪支，或者非法销售枪支，或者在境内销售为出口制造的枪支，危害公共安全的行为。

立案标准

依法被指定或者确定的枪支制造、销售企业，涉嫌下列情形之一者，应当立案：

(1) 违规制造枪支 5 支以上的；

(2) 违规销售枪支 2 支以上的；

(3) 虽未达到上述最低数量标准，但具有造成严重后果等其他恶劣情节的。

定罪标准		
	犯罪客体	本罪侵犯的客体是公共安全和国家对枪支制造、销售的管理制度。《枪支管理法》对枪支的制造和配售作了明确的规定。国家对枪支的制造、配售实行特别许可制度。未经许可，任何单位或者个人不得制造、买卖枪支。公务用枪，由国家指定的企业制造。制造民用枪支的企业，由国务院有关主管部门提出，由国务院公安部门确定。国家对制造、配售民用枪支的数量，实行限额管理，不得自行销售。因此，企业违法擅自制造、销售枪支的行为，依法构成犯罪。
	犯罪客观方面	本罪在客观方面表现为依法被指定、确定的枪支制造、销售企业，违反枪支管理规定，制造、销售枪支，危害公共安全的行为。主要包括：(1) 以非法销售为目的，超过限额或者不按照规定的品种制造、配售枪支的；(2) 以非法销售为目的，制造无号、重号、假号的枪支的；(3) 非法销售枪支或者在境内销售为出口制造的枪支。
	犯罪主体	本罪主体是特殊主体，只能是单位，即必须是依法被指定、确定的枪支制造企业、销售企业才能构成本罪。如果个人或非指定的企业制造、销售枪支，构成《刑法》第 125 条规定的非法制造、买卖、储存枪支、弹药罪，不构成本罪。
	犯罪主观方面	本罪在主观方面只能是直接故意，并且必须具有非法销售的目的，即行为人明知是违反国家有关枪支管理的规定，而仍实施制造、销售，谋取非法利益的行为。
	罪与非罪	本罪属于行为犯，只要枪支制造企业或销售企业实施了违法制造、销售枪支的行为，即构成本罪。适用本罪时，应当参考《枪支管理法》及其有关枪支制造、销售的规定，正确把握罪与非罪的界限。首先，应当从非法制造枪支的品种、规格数量、影响、目的等来区分。构成本罪，从枪支制造企业方面来看，必须是超过限额制造枪支，不按规定的品种制造枪支，制造无号、重号、假号枪支，并且这些制造行为是为了非法销售获利。如果行为人的制造行为不具备这些主客观要件，就不构成犯罪。其次，

定罪标准	**罪与非罪**	应当从非法销售的品种、数量、目的、获利大小等来区分。构成本罪，从枪支销售企业方面来看，必须是超过限额配售枪支，不按规定的品种配售枪支，非法销售枪支，非法在境内销售为出口制造的枪支，并且一般是以营利为目的。如果销售企业没有超过限额销售枪支，或者虽然超过限额销售，但销售的数量极少；不按照规定的品种配售枪支，情节轻微；非法销售的枪支数量较少；非法销售枪支获利不大等，不应当以犯罪论处。最后，应当从枪支的用途来区分。非法制造、销售民用枪支的危害性相对较小，因而两者在法院的定罪量刑环节中应当有所区别。
	此罪与彼罪	本罪与非法制造、买卖、运输、邮寄、储存枪支、弹药、爆炸物罪的界限。二者的主要区别是：(1) 客观方面表现不同。前者是依法授权制造、销售枪支的企业，不按规定数量、品种、型号等制造、销售枪支；后者是未经国家许可，私自制造、非法出售或者购买枪支。(2) 主体不同。前者只能是依法被指定、确定的制造、销售枪支的企业；后者则是一般的单位或者自然人。(3) 主观故意内容不同。前者主观上必须具备非法销售的目的；后者则没有这种要求。
证据参考标准	**主体方面的证据**	**一、证明单位的证据** 证明是否属于依法成立并有合法经营、管理范围的公司、企业、事业单位、机关、团体。 证明单位的名称、住所地、性质、法定代表人、单位负责人、业务范围、成立时间等证据材料，如企业营业执照、国有公司性质证明及非法人单位的身份证明等。 **二、证明法定代表人、单位负责人或直接责任人员等的身份证据** 法定代表人、直接负责的主管人员和其他直接责任人在单位的任职、职责、负责权限的证明材料等。包括身份证明、户籍证明、任职证明等，如户口簿、居民身份证、工作证、护照、专业或技术等级证、干部履历表、职工登记表、任命书、业务分工文件、委派文件、单位证明、单位规章制度等。
	主观方面的证据	**证明行为人故意的证据** 1. 证明行为人明知的证据：证明行为人明知自己的行为会发生危害社会的结果；2. 证明直接故意的证据：证明行为人希望危害结果发生。
	客观方面的证据	**证明单位违规制造、销售枪支犯罪行为的证据** 具体证据包括：1. 证明单位以非法销售为目的，超过规定限额制造、配售枪支行为的证据；2. 证明单位以非法销售为目的，不按规定的品种制造、配售枪支行为的证据；3. 证明单位以非法销售为目的，制造无号枪支行为的证据；4. 证明单位以非法销售为目的，制造重号枪支行为的证据；5. 证明单位以非法销售为目的，制造假号枪支行为的证据；6. 证明单位非法销售枪支行为的证据；7. 证明单位在境内销售为出口制造的枪支行为的证据；8. 证明单位非法制造、销售枪支情节严重行为的证据；9. 证明单位非法制造、销售枪支情节特别严重行为的证据；10. 证明单位直接负责的主管人员的证据；11. 证明单位直接责任人员的证据。

证据参考标准	量刑方面的证据	**一、法定量刑情节证据** 　　1. 事实情节：（1）情节严重；（2）其他证据。2. 法定从重情节。3. 法定从轻减轻情节：（1）可以从轻；（2）可以从轻或减轻；（3）应当从轻或者减轻。4. 法定从轻减轻免除情节：（1）可以从轻、减轻或者免除处罚；（2）应当从轻、减轻或者免除处罚。5. 法定减轻免除情节：（1）可以减轻或者免除处罚；（2）应当减轻或者免除处罚；（3）可以免除处罚。 　　**二、酌定量刑情节证据** 　　1. 犯罪手段：（1）非法制造；（2）非法销售。2. 犯罪对象。3. 危害结果。4. 动机。5. 平时表现。6. 认罪态度。7. 是否有前科。8. 其他证据。
量刑标准	犯本罪的	对单位判处罚金，并对其直接负责的主管人员和其他直接责任人员，处五年以下有期徒刑
	情节严重的	对其直接负责的主管人员和其他直接责任人员，处五年以上十年以下有期徒刑
	情节特别严重的	对其直接负责的主管人员和其他直接责任人员，处十年以上有期徒刑或者无期徒刑
法律适用	刑法条文	**第一百二十六条**　依法被指定、确定的枪支制造企业、销售企业，违反枪支管理规定，有下列行为之一的，对单位判处罚金，并对其直接负责的主管人员和其他直接责任人员，处五年以下有期徒刑；情节严重的，处五年以上十年以下有期徒刑；情节特别严重的，处十年以上有期徒刑或者无期徒刑： 　　（一）以非法销售为目的，超过限额或者不按照规定的品种制造、配售枪支的； 　　（二）以非法销售为目的，制造无号、重号、假号的枪支的； 　　（三）非法销售枪支或者在境内销售为出口制造的枪支的。
	司法解释	**最高人民法院《关于审理非法制造、买卖、运输枪支、弹药、爆炸物等刑事案件具体应用法律若干问题的解释》（节录）**（2001 年 5 月 15 日最高人民法院公布　自 2001 年 5 月 16 日起施行　法释〔2001〕15 号　2009 年 11 月 16 日修订） 　　**第三条**　依法被指定或者确定的枪支制造、销售企业，实施刑法第一百二十六条规定的行为，具有下列情形之一的，以违规制造、销售枪支罪定罪处罚： 　　（一）违规制造枪支五支以上的； 　　（二）违规销售枪支二支以上的； 　　（三）虽未达到上述最低数量标准，但具有造成严重后果等其他恶劣情节的。 　　具有下列情形之一的，属于刑法第一百二十六条规定的"情节严重"： 　　（一）违规制造枪支二十支以上的； 　　（二）违规销售枪支十支以上的； 　　（三）达到本条第一款规定的最低数量标准，并具有造成严重后果等其他恶劣情节的。 　　具有下列情形之一的，属于刑法第一百二十六条规定的"情节特别严重"： 　　（一）违规制造枪支五十支以上的；

司法解释

（二）违规销售枪支三十支以上的；

（三）达到本条第二款规定的最低数量标准，并具有造成严重后果等其他恶劣情节的。

法律适用

相关法律法规

《中华人民共和国枪支管理法》（节录）（1996 年 7 月 5 日中华人民共和国主席令第 72 号公布　自 1996 年 10 月 1 日起施行　2009 年 8 月 27 日第一次修正　2015 年 4 月 24 日第二次修正）

第十六条　国家对制造、配售民用枪支的数量，实行限额管理。

制造民用枪支的年度限额，由国务院林业、体育等有关主管部门、省级人民政府公安机关提出，由国务院公安部门确定并统一编制民用枪支序号，下达到民用枪支制造企业。

配售民用枪支的年度限额，由国务院林业、体育等有关主管部门、省级人民政府公安机关提出，由国务院公安部门确定并下达到民用枪支配售企业。

第十七条　制造民用枪支的企业不得超过限额制造民用枪支，所制造的民用枪支必须全部交由指定的民用枪支配售企业配售，不得自行销售。配售民用枪支的企业应当在配售限额内，配售指定的企业制造的民用枪支。

第十八条　制造民用枪支的企业，必须严格按照国家规定的技术标准制造民用枪支，不得改变民用枪支的性能和结构；必须在民用枪支指定部位铸印制造厂的厂名、枪种代码和国务院公安部门统一编制的枪支序号，不得制造无号、重号、假号的民用枪支。

制造民用枪支的企业必须实行封闭式管理，采取必要的安全保卫措施，防止民用枪支以及民用枪支零部件丢失。

第十九条　配售民用枪支，必须核对配购证件，严格按照配购证件载明的品种、型号和数量配售；配售弹药，必须核对持枪证件。民用枪支配售企业必须按照国务院公安部门的规定建立配售帐册，长期保管备查。

第四十条　依法被指定、确定的枪支制造企业、销售企业，违反本法规定，有下列行为之一的，对单位判处罚金，并对其直接负责的主管人员和其他直接责任人员依照刑法有关规定追究刑事责任；公安机关可以责令其停业整顿或者吊销其枪支制造许可证件、枪支配售许可证件：

（一）超过限额或者不按照规定的品种制造、配售枪支的；

（二）制造无号、重号、假号的枪支的；

（三）私自销售枪支或者在境内销售为出口制造的枪支的。

第四十四条　违反本法规定，有下列行为之一的，由公安机关对个人或者单位负有直接责任的主管人员和其他直接责任人员处警告或者十五日以下拘留；构成犯罪的，依法追究刑事责任：

（一）未按照规定的技术标准制造民用枪支的；

（二）在禁止携带枪支的区域、场所携带枪支的；

（三）不上缴报废枪支的；

（四）枪支被盗、被抢或者丢失，不及时报告的；

（五）制造、销售仿真枪的。

有前款第（一）项至第（三）项所列行为的，没收其枪支，可以并处五千元以下罚款；有前款第（五）项所列行为的，由公安机关、工商行政管理部门按照各自职责范围没收其仿真枪，可以并处制造、销售金额五倍以下的罚款，情节严重的，由工商行政管理部门吊销营业执照。

法 律 适 用

规 章 及 规 范 性 文 件

最高人民检察院、公安部《关于公安机关管辖的刑事案件立案追诉标准的规定（一）》（节录）（2008 年 6 月 25 日最高人民检察院、公安部公布　自公布之日起施行　公通字〔2008〕36 号　2017 年 4 月 27 日修订）

　　第三条　〔违规制造、销售枪支案（刑法第一百二十六条）〕依法被指定、确定的枪支制造企业、销售企业，违反枪支管理规定，以非法销售为目的，超过限额或者不按照规定的品种制造、配售枪支，或者以非法销售为目的，制造无号、重号、假号的枪支，或者非法销售枪支或者在境内销售为出口制造的枪支，涉嫌下列情形之一的，应予立案追诉：

　　（一）违规制造枪支五支以上的；

　　（二）违规销售枪支二支以上的；

　　（三）虽未达到上述数量标准，但具有造成严重后果等其他恶劣情节的。

　　本条和本规定第四条、第七条规定的"枪支"，包括枪支散件。成套枪支散件，以相应数量的枪支计；非成套枪支散件，以每三十件为一成套枪支散件计。

46 盗窃、抢夺枪支、弹药、爆炸物、危险物质案

概念 | 本罪是指以非法占有为目的，秘密窃取或者公然夺取枪支、弹药、爆炸物、危险物质的行为。

立案标准

盗窃、抢夺枪支、弹药、爆炸物，具有下列情形之一的，以盗窃、抢夺枪支、弹药、爆炸物罪定罪处罚：

（1）盗窃、抢夺以火药为动力的发射枪弹非军用枪支1支以上或者以压缩气体等为动力的其他非军用枪支2支以上的；

（2）盗窃、抢夺军用子弹10发以上、气枪铅弹500发以上或者其他非军用子弹100发以上的；

（3）盗窃、抢夺爆炸装置的；

（4）盗窃、抢夺炸药、发射药、黑火药1千克以上或者烟火药3千克以上、雷管30枚以上或者导火索、导爆索30米以上的；

（5）虽未达到上述最低数量标准，但具有造成严重后果等其他恶劣情节的。

对于具有上述情形之一的，应当立案追究。

定罪标准

犯罪客体

本罪侵犯的客体是公共安全，即不特定多数人的生命、健康或者重大公私财产安全。本罪的犯罪对象为枪支、弹药、爆炸物和危险物质。我国《枪支管理法》规定，枪支，是指以火药或者压缩气体等为动力，利用管状器具发射金属弹丸或者其他物质，足以致人伤亡或者丧失知觉的各种枪支。弹药，是指上述枪支所用的弹药。

关于爆炸物的范围，法律无明文规定。一般认为包括军用爆炸物和民用爆炸物。前者包括各种手榴弹、地雷、炸弹、爆破筒等，后者主要指炸药和雷管等。根据《民用爆炸物品安全管理条例》第2条的规定，民用爆炸物品的范围相当广泛。具体分为三类：一是爆破器材，包括各类炸药、雷管、导火索、导爆索、非电导爆系统、起爆药和爆破剂；二是黑火药、烟火剂、民用信号弹和烟花爆竹；三是公安部门认为需要管理的其他爆炸物品。上述爆炸物品的爆破、杀伤力有大小不同。至于烟花、爆竹等一般娱乐用品，不应包括在本罪对象范围之内。

犯罪客观方面

本罪在客观方面表现为盗窃、抢夺枪支、弹药、爆炸物和危险物质的行为。

盗窃枪支、弹药、爆炸物、危险物质，是指秘密窃取各种枪支、弹药、爆炸物及危险物质的行为，即行为人采取自认为不使枪支、弹药、爆炸物、危险物质的所有者、保管者发觉的方法，暗中将枪支、弹药、爆炸物、危险物质取走。其具有以下特征：（1）行为人取得枪支、弹药、爆炸物、危险物质为暗中进行。（2）行为人秘密窃取枪支、弹药、爆炸物、危险物质是不被前述物品的所有者、保管者发现的，即秘密是针对枪支、弹药、爆炸物、危险物质的所有者、保管者而言的。因此，即使窃取枪支、弹药、爆炸物、危险物质时，已被他人发现或暗中注视，也不影响本罪的成立。

定罪标准	**犯罪客观方面**	（3）行为人自认为窃取行为不被枪支、弹药、爆炸物、危险物质的所有者、保管者发觉。实施秘密窃取行为的手段、方法是多种多样的，如撬门扭锁、翻墙越窗、顺手牵羊等。行为人只要盗窃上述对象物之一的，即可构成本罪。如果同时盗窃两种或两种以上的，如行为人既盗窃枪支，又盗窃弹药的，也只构成一罪，不适用数罪并罚。而且，由于本罪所指向的犯罪对象是枪支、弹药、爆炸物、危险物质，而非一般公私财物，因而成立本罪并不要求数额较大或者多次盗窃等。 抢夺枪支、弹药、爆炸物、危险物质，是指乘人不备公然夺取枪支、弹药、爆炸物、危险物质的行为，即在枪支、弹药、爆炸物、危险物质的所有者或保管者在场的情况下，突然公开将枪支、弹药、爆炸物、危险物质夺走。抢夺枪支、弹药、爆炸物、危险物质的行为一般是乘人不备、出其不意，将枪支、弹药、爆炸物、危险物质抢走，也有的表现为当着枪支、弹药、爆炸物、危险物质所有者、保管者的面，在其防卫能力减弱如患病、醉酒的情况下，公开取走枪支、弹药、爆炸物、危险物质。抢夺行为的特点是发生时间短暂，其所有者、保管者可立刻意识到上述物品的丧失，有时还可将上述物品当场追回并抓获罪犯。行为人只要抢夺了上述对象物之一的，即可构成本罪。如果同时抢夺两种或两种以上的，如行为人既抢夺了枪支又抢夺了弹药的，也只构成一罪，不适用数罪并罚。而且，由于本罪犯罪对象的特定性即枪支、弹药、爆炸物、危险物质，而非一般公私财物，故而成立本罪不要求被抢夺的枪支、弹药、爆炸物、危险物质数额较大。 本罪尽管是选择性罪名，但是对于同一主体分别实施盗窃、抢夺枪支、弹药、爆炸物质行为的，应当实行数罪并罚。
	犯罪主体	本罪主体是一般主体，即凡年满16周岁且具备刑事责任能力的自然人，都可以构成本罪。
	犯罪主观方面	本罪在主观方面表现为故意，即明知是枪支、弹药、爆炸物、危险物质而故意窃取、夺取。如果不知是枪支、弹药、爆炸物、危险物质而窃取、夺取的，如出于非法占有财物的目的行窃，盗窃了枪支、弹药、爆炸物、危险物质的，不构成本罪。行为人如果将无意中窃取的枪支、弹药、爆炸物、危险物质隐匿不交，则构成非法持有、私藏枪支、弹药罪。至于行为人出于何种动机窃取、抢夺枪支、弹药、爆炸物、危险物质，一般不影响犯罪的成立，只是可能影响行为人的刑事责任。
	罪与非罪	区分罪与非罪的界限，关键是看是否符合司法解释规定的情形。同时要注意：盗窃、抢夺枪支、弹药、爆炸物、危险物质罪与违反治安管理的一般偷窃少量弹药、爆炸物行为是有原则区别的，偷窃少量公私财物的行为，是尚不够刑事处罚的违反治安管理行为，应按《治安管理处罚法》进行处罚。对于个人窃取少量弹药、雷管、导火索等爆炸物，情节显著轻微的，可不认为是犯罪。
	此罪与彼罪	本罪与盗窃罪的界限。盗窃罪，是指以非法占有为目的，秘密窃取数额较大的公私财物或者多次盗窃、入户盗窃、携带凶器盗窃、扒窃的行为。盗窃爆炸物罪与盗窃罪的相同点是：（1）犯罪的主体相同，都是一般主体。（2）犯罪的主观要件相同，都只能由故意而不能由过失构成。（3）犯罪的行为方式相同，都是秘密窃取。

定罪标准	此罪与彼罪	盗窃爆炸物罪与盗窃罪的区别是：（1）犯罪客体不同。前者侵犯的主要是公共安全；后者侵犯的主要是财产所有权。（2）犯罪对象不同。作为前者犯罪对象的爆炸物是国家严格控制管理的危险物品，不是一般商品、财物；而后者的犯罪对象泛指一切公私财物。因此，从广义上说，后者犯罪对象包括前者的犯罪对象，但是立法者强调前者的特殊性质，一旦被他人非法取得，就会威胁广大人民群众的人身安全，需要加以特殊保护，因而把它从一般盗窃罪中分离出来，单独规定罪名和法定刑，予以特殊保护。
证据参考标准	主体方面的证据	**一、证明行为人刑事责任年龄、身份等自然情况的证据** 包括身份证明、户籍证明、任职证明、工作经历证明、特定职责证明等，主要是证明行为人的姓名（曾用名）、性别、出生年月日、民族、籍贯、出生地、职业（或职务）、住所地（或居所地）等证据材料，如户口簿、居民身份证、工作证、出生证、专业或技术等级证、干部履历表、职工登记表、护照等。 对于户籍、出生证等材料内容不实的，应提供其他证据材料。外国人犯罪的案件，应有护照等身份证明材料。人大代表、政协委员犯罪的案件，应注明身份，并附身份证明材料。 **二、证明行为人刑事责任能力的证据** 证明行为人对自己的行为是否具有辨认能力与控制能力，如是否属于间歇性精神病人、尚未完全丧失辨认或者控制自己行为能力的精神病人的证明材料。
	主观方面的证据	**证明行为人故意的证据** 1. 证明行为人明知的证据：证明行为人明知自己的行为会发生危害社会的结果。2. 证明直接故意的证据：证明行为人希望危害结果发生。3. 目的：（1）非法占有；（2）牟利。
	客观方面的证据	**证明行为人盗窃、抢夺枪支、弹药、爆炸物、危险物质犯罪行为的证据** 具体证据包括：1. 证明行为人企图非法占有枪支、弹药、爆炸物、危险物质行为的证据；2. 证明行为人实施撬门手段盗窃或乘人不备公然抢夺枪支、弹药、爆炸物、危险物质行为的证据；3. 证明行为人实施撬窗手段盗窃或乘人不备公然抢夺枪支、弹药、爆炸物、危险物质行为的证据；4. 证明行为人实施乘人不备手段盗窃或乘人不备公然抢夺枪支、弹药、爆炸物、危险物质行为的证据；5. 证明行为人利用职务上的便利条件盗窃或乘人不备公然抢夺枪支、弹药、爆炸物、危险物质行为的证据；6. 证明行为人盗窃或乘人不备公然抢夺国家机关的枪支、弹药、爆炸物、危险物质行为的证据；7. 证明行为人盗窃或乘人不备公然抢夺军警人员的枪支、弹药、爆炸物、危险物质行为的证据；8. 证明行为人盗窃或乘人不备公然抢夺民兵的枪支、弹药、爆炸物、危险物质行为的证据；9. 证明行为人实施犯罪情节严重行为的证据。
	量刑方面的证据	**一、法定量刑情节证据** 1. 事实情节：（1）情节严重；（2）其他。2. 法定从重情节。3. 法定从轻减轻情节：（1）可以从轻；（2）可以从轻或减轻；（3）应当从轻或者减轻。4. 法定从轻减轻免除情节：（1）可以从轻、减轻或者免除处罚；（2）应当从轻、减轻或者免除处罚。5. 法定减轻免除情节：（1）可以减轻或者免除处罚；（2）应当减轻或者免除处罚；

证据参考标准	量刑方面的证据	（3）可以免除处罚。 　　**二、酌定量刑情节证据** 　　1. 犯罪手段：（1）内盗；（2）外盗；（3）乘人不备；（4）公然抢夺；（5）内联外盗。2. 犯罪对象。3. 危害结果。4. 动机。5. 平时表现。6. 认罪态度。7. 是否有前科。8. 其他证据。
量刑标准	犯本罪的	处三年以上十年以下有期徒刑
	情节严重的	处十年以上有期徒刑、无期徒刑或者死刑
法律适用	刑法条文	**第一百二十七条**　盗窃、抢夺枪支、弹药、爆炸物的，或者盗窃、抢夺毒害性、放射性、传染病病原体等物质，危害公共安全的，处三年以上十年以下有期徒刑；情节严重的，处十年以上有期徒刑、无期徒刑或者死刑。 　　抢劫枪支、弹药、爆炸物的，或者抢劫毒害性、放射性、传染病病原体等物质，危害公共安全的，或者盗窃、抢夺国家机关、军警人员、民兵的枪支、弹药、爆炸物的，处十年以上有期徒刑、无期徒刑或者死刑。
	司法解释	**最高人民法院《关于审理非法制造、买卖、运输枪支、弹药、爆炸物等刑事案件具体应用法律若干问题的解释》（节录）**（2001 年 5 月 15 日最高人民法院公布　自 2001 年 5 月 16 日起施行　法释〔2001〕15 号　2009 年 11 月 16 日修订） 　　**第四条**　盗窃、抢夺枪支、弹药、爆炸物，具有下列情形之一的，依照刑法第一百二十七条第一款的规定，以盗窃、抢夺枪支、弹药、爆炸物罪定罪处罚： 　　（一）盗窃、抢夺以火药为动力的发射枪弹非军用枪支一支以上或者以压缩气体等为动力的其他非军用枪支二支以上的； 　　（二）盗窃、抢夺军用子弹十发以上、气枪铅弹五百发以上或者其他非军用子弹一百发以上的； 　　（三）盗窃、抢夺爆炸装置的； 　　（四）盗窃、抢夺炸药、发射药、黑火药一千克以上或者烟火药三千克以上、雷管三十枚以上或者导火索、导爆索三十米以上的； 　　（五）虽未达到上述最低数量标准，但具有造成严重后果等其他恶劣情节的。 　　具有下列情形之一的，属于刑法第一百二十七条第一款规定的"情节严重"： 　　（一）盗窃、抢夺枪支、弹药、爆炸物的数量达到本条第一款规定的最低数量标准五倍以上的； 　　（二）盗窃、抢夺军用枪支的； 　　（三）盗窃、抢夺手榴弹的； 　　（四）盗窃、抢夺爆炸装置，危害严重的； 　　（五）达到本条第一款规定的最低数量标准，并具有造成严重后果等其他恶劣情节的。 　　**第七条**　非法制造、买卖、运输、邮寄、储存、盗窃、抢夺、持有、私藏、携带成套枪支散件的，以相应数量的枪支计；非成套枪支散件以每三十件为一成套枪支散件计。

法律适用	规章及规范性文件	**最高人民法院、最高人民检察院、公安部《关于依法惩治袭警违法犯罪行为的指导意见》（节录）**（2020年1月10日最高人民法院、最高人民检察院、公安部公布 自公布之日起施行） **四、**抢劫、抢夺民警枪支，符合刑法第一百二十七条第二款规定的，应当以抢劫枪支罪、抢夺枪支罪定罪。 **五、**民警在非工作时间，依照《中华人民共和国人民警察法》等法律履行职责的，应当视为执行职务。

47 抢劫枪支、弹药、爆炸物、危险物质案

概念	本罪是指用暴力、胁迫或其他方法抢劫枪支、弹药、爆炸物、危险物质，危害公共安全的行为。
立案标准	根据《刑法》第 127 条第 2 款的规定，用暴力、胁迫或者其他方法抢劫枪支、弹药、爆炸物、危险物质，危害公共安全的，应当立案追究。 本罪是行为犯，只要行为人实施了以暴力、胁迫或者其他方法抢劫枪支、弹药、爆炸物、毒害性、放射性、传染病病原体等物质的行为，就构成犯罪，应当立案。

定罪标准	**犯罪客体**	本罪侵犯的客体是复杂客体，即公共安全和公民的人身权利。本罪的犯罪对象是枪支、弹药、爆炸物、危险物质。根据《枪支管理法》的规定，枪支是指以火药或者压缩气体等为动力，利用管状器具发射金属弹丸或者其他物质，足以致人伤亡或者丧失知觉的各种枪支，包括军用枪支、民用枪支和公务用枪；弹药是指供上述枪支所用的各种弹药；爆炸物是指军用的或者民用的各种爆炸品，如雷管、炸药、雷汞等。与复杂客体相对应，本罪对象包括：一是枪支、弹药、爆炸物、危险物质；二是枪支、弹药、爆炸物、危险物质所有者、持有者、保管者。
	犯罪客观方面	本罪在客观方面表现为对枪支、弹药、爆炸物、危险物质的所有者、持有者或保管者，当场使用暴力、胁迫或者其他方法，强行将枪支、弹药、爆炸物、危险物质抢走的行为。 抢劫，是指采用暴力、胁迫或者其他方法进行强行夺取的行为。其他方法，是指行为人采用暴力、胁迫以外的方法，使被害人失去反抗或者不知反抗而当场抢走枪支、弹药、爆炸物、危险物质的行为。 暴力，是指对枪支、弹药、爆炸物、危险物质的所有人、持有人或保管人实行身体强制，如殴打、捆绑、伤害、禁闭等强暴行为，使其反抗能力受到一定程度的限制，危害其人身安全的手段。暴力必须是针对枪支、弹药、爆炸物、危险物质的所有者、持有者或保管者的人身当场采取的打击或强制。 胁迫，是指行为人以立即实施暴力相威胁，对枪支、弹药、爆炸物、危险物质的所有者、持有者或保管者实行精神强制，使其产生恐怖，不敢反抗，被迫当场交出枪支、弹药、爆炸物、危险物质，或者放任枪支、弹药、爆炸物当场被抢走的手段。胁迫的方式是多种多样的，有语言的、动作的等。行为人当面向枪支、弹药、爆炸物、危险物质的所有者、持有者或保管者发出胁迫，胁迫的内容是以立即实施暴力相威胁。胁迫的内容是现实的，即如遇反抗会立即将暴力付诸实现。胁迫的目的是劫取枪支、弹药、爆炸物、危险物质。 其他方法，是指采取暴力、胁迫之外的，与暴力、胁迫方法相当的，使枪支、弹药、爆炸物、危险物质的所有者、持有者或保管者不知反抗、不能反抗或者不敢反抗

定罪标准	犯罪客观方面	的方法。从司法实践中看，其他方法如用酒灌醉、用药物麻醉、使用催眠术、电击或用石灰迷眼等。应当指出的是，使被害人处于不知反抗、不能反抗、不敢反抗的状态，必须是由犯罪分子实施了其他方法而直接造成的。如果不是由犯罪分子的行为所致，则是由于被害人自己或与犯罪分子无共同故意的第三者的原因，使被害人处于不知反抗、不能反抗或者不敢反抗的状态，犯罪分子利用被害人的这种状态，趁机将枪支、弹药、爆炸物、危险物质拿走，只能构成盗窃枪支、弹药、爆炸物、危险物质罪，而不能以本罪论处。 行为人无论采用上述哪种手段，都不影响本罪的成立。不过，抢劫枪支、弹药、爆炸物、危险物质罪犯罪客观方面的认定，应以行为人实施犯罪时实际采取的手段为准，而不能以行为人事先预备的手段为准。实践中，行为人事先做了盗窃枪支、弹药、爆炸物与抢劫枪支、弹药、爆炸物、危险物质两种准备，携带凶器潜入作案地点，发现无人或值班人员熟睡，于是偷走枪支、弹药、爆炸物、危险物质的，以盗窃枪支、弹药、爆炸物、危险物质罪论处。同理，如果行为人事先只是做盗窃枪支、弹药、爆炸物、危险物质准备，在进入现场实施盗窃的过程中，惊醒值班人员并迫其反抗，行为人则当场使用暴力、胁迫或其他手段，将枪支、弹药、爆炸物、危险物质劫走，则构成抢劫枪支、弹药、爆炸物、危险物质罪。至于抢劫枪支、弹药、爆炸物、危险物质罪的作案场所，无论是公共场所、荒郊野外、拦路抢劫、入室抢劫，还是空中、海上，都不影响本罪的成立。
	犯罪主体	本罪的主体是一般主体，即凡年满16周岁且具备刑事责任能力的自然人即可构成本罪的主体。
	犯罪主观方面	本罪在主观方面表现为故意犯罪，即明知是枪支、弹药、爆炸物、危险物质而抢劫，并具备非法占有的目的。如果行为人不知是枪支、弹药、爆炸物、危险物质而加以抢劫的，不构成本罪。例如，出于抢劫财物的目的，而抢劫的却是枪支、弹药、爆炸物、危险物质，仍构成抢劫罪。关于行为人抢劫枪支、弹药、爆炸物、危险物质的动机，可能是各种各样的，如有的是为了实施违法犯罪活动，有的则是为了收藏防身，还有的可能是出于好奇。不同的动机对定罪没有影响。
	罪与非罪	区分罪与非罪的界限，关键看是否实施了以暴力、胁迫或者其他方法，夺取枪支、弹药、爆炸物、毒害性、放射性、传染病病原体等危险物质的行为。
	此罪与彼罪	一、本罪与盗窃、抢夺枪支、弹药、爆炸物、危险物质罪的界限。在《刑法》规定抢劫枪支、弹药、爆炸物、危险物质罪之前，司法实践中常常碰到抢劫枪支、弹药、爆炸物、危险物质是按抢劫罪还是按抢夺枪支、弹药、爆炸物、危险物质罪定罪处罚的分歧意见。抢劫和抢夺是不同的概念，一方面，二者在犯罪的客观方面表现不同，前者是以暴力、胁迫或其他方法强行劫取枪支、弹药、爆炸物、危险物质，后者是行为人乘人不备，公然夺取枪支、弹药、爆炸物、危险物质；另一方面，二者的法定刑不同。前者最低刑是10年有期徒刑，最高刑是死刑，而后者最低刑是3年有期徒刑，只有情节严重的，才可判处死刑。 二、本罪与故意杀人罪的界限。抢劫枪支、弹药、爆炸物、危险物质罪与故意杀人罪，是两个性质不同的犯罪。但它们之间有一定的联系，主要表现在：（1）抢劫枪支、弹药、爆炸物、危险物质罪虽然主要侵犯的是公共安全，但同时又侵犯了财产所有权和公民的人身权利，而公民的人身权利包括公民的生命权利。因此，抢劫枪支、

定 罪 标 准	**此罪 与 彼罪**	弹药、爆炸物、危险物质罪的犯罪客体与故意杀人罪的犯罪客体间存在包容关系。(2) 抢劫枪支、弹药、爆炸物、危险物质罪的行为方式是暴力、胁迫或者其他方法，故意杀人罪的行为方式，可以是暴力的，也可以是非暴力的，因此，在犯罪的行为方式上，二者之间也存在交叉关系。(3) 抢劫枪支、弹药、爆炸物、危险物质罪一般是先使用暴力、胁迫或者其他方法，而后取得枪支、弹药、爆炸物、危险物质，使用暴力，劫取枪支、弹药、爆炸物、危险物质都是故意的；故意杀人罪，行为人杀人后，劫走被害人的财物（包括枪支、弹药、爆炸物、危险物质）的情况也是很常见的，其杀人、劫物也都是故意的。它们的区别在于：(1) 犯罪客体不同。前者的客体是复杂客体，既侵犯了公共安全，又侵害了公民的人身权利和财产所有权；后者的客体是单一客体，即只侵害了公民的生命权利。(2) 犯罪目的不同。前者是为了非法劫取枪支、弹药、爆炸物、危险物质，侵犯公民的人身权利，是非法劫取枪支、弹药、爆炸物、危险物质的一种手段，二者之间存在目的与手段的内在联系；后者的犯罪目的，是非法剥夺他人的生命权利。
证 据 参 考 标 准	**主体 方面 的 证据**	**一、证明行为人刑事责任年龄、身份等自然情况的证据** 包括身份证明、户籍证明、任职证明、工作经历证明、特定职责证明等，主要是证明行为人的姓名（曾用名）、性别、出生年月日、民族、籍贯、出生地、职业（或职务）、住所地（或居所地）等证据材料，如户口簿、居民身份证、工作证、出生证、专业或技术等级证、干部履历表、职工登记表、护照等。 对于户籍、出生证等材料内容不实的，应提供其他证据材料。外国人犯罪的案件，应有护照等身份证明材料。人大代表、政协委员犯罪的案件，应注明身份，并附身份证明材料。 **二、证明行为人刑事责任能力的证据** 证明行为人对自己的行为是否具有辨认能力与控制能力，如是否属于间歇性精神病人、尚未完全丧失辨认或者控制自己行为能力的精神病人的证明材料。
	主观 方面 的 证据	**证明行为人故意的证据** 1. 证明行为人明知的证据：证明行为人明知自己的行为会发生危害社会的结果。2. 证明直接故意的证据：证明行为人希望危害结果发生。3. 目的：(1) 非法占有枪支、弹药、爆炸物、危险物质；(2) 谋取利益。
	客观 方面 的 证据	**证明行为人抢劫枪支、弹药、爆炸物、危险物质犯罪行为的证据** 具体证据包括：1. 证明行为人采取暴力手段抢劫枪支、弹药、爆炸物、危险物质行为的证据：(1) 采取捆绑被害人手段；(2) 采取殴打被害人手段；(3) 采取伤害被害人手段；(4) 采取禁闭被害人手段；(5) 采取其他暴力手段。2. 证明行为人采取胁迫手段抢劫枪支、弹药、爆炸物、危险物质行为的证据：(1) 采取暴力威胁被害人手段；(2) 采取精神强制被害人手段；(3) 采取其他胁迫被害人手段。3. 证明行为人采取其他方法抢劫枪支、弹药、爆炸物、危险物质行为的证据：(1) 采取用酒灌醉被害人手段；(2) 采取用药物麻醉被害人手段；(3) 采取其他手段。4. 证明行为人抢劫枪支、弹药、爆炸物、危险物质对象的证据：(1) 国家机关：①公；②检；③法；④司。(2) 解放军。(3) 武装警察。(4) 民兵。

证据参考标准	量刑方面的证据	**一、法定量刑情节证据** 1. 事实情节：（1）情节严重；（2）其他。2. 法定从重情节。3. 法定从轻减轻情节：（1）可以从轻；（2）可以从轻或减轻；（3）应当从轻或者减轻。4. 法定从轻减轻免除情节：（1）可以从轻、减轻或者免除处罚；（2）应当从轻、减轻或者免除处罚。5. 法定减轻免除情节：（1）可以减轻或者免除处罚；（2）应当减轻或者免除处罚；（3）可以免除处罚。 **二、酌定量刑情节证据** 1. 犯罪手段：（1）暴力；（2）胁迫。2. 犯罪对象。3. 危害结果。4. 动机。5. 平时表现。6. 认罪态度。7. 是否有前科。8. 其他证据。
量刑标准	犯本罪的	处十年以上有期徒刑、无期徒刑或者死刑
法律适用	刑法条文	**第一百二十七条第二款** 抢劫枪支、弹药、爆炸物的，或者抢劫毒害性、放射性、传染病病原体等物质，危害公共安全的，或者盗窃、抢夺国家机关、军警人员、民兵的枪支、弹药、爆炸物的，处十年以上有期徒刑、无期徒刑或者死刑。
	司法解释	**最高人民法院、最高人民检察院、公安部、工业和信息化部、住房和城乡建设部、交通运输部、应急管理部、国家铁路局、中国民用航空局、国家邮政局《关于依法惩治涉枪支、弹药、爆炸物、易燃易爆危险物品犯罪的意见》（节录）**（2021 年 12 月 28 日最高人民法院、最高人民检察院、公安部、工业和信息化部、住房和城乡建设部、交通运输部、应急管理部、国家铁路局、中国民用航空局、国家邮政局联合公布 2021 年 12 月 31 日施行 法发〔2021〕35 号） **二、正确认定犯罪** 4. 非法制造、买卖、运输、邮寄、储存、盗窃、抢夺、抢劫、持有、私藏、走私枪支、弹药、爆炸物，并利用该枪支、弹药、爆炸物实施故意杀人、故意伤害、抢劫、绑架等犯罪的，依照数罪并罚的规定处罚。 **三、准确把握刑事政策** 14. 将非法枪支、弹药、爆炸物主动上交公安机关，或者将未经依法批准或者许可生产、储存、使用、经营、运输的易燃易爆危险物品主动上交行政执法机关处置的，可以从轻处罚；未造成实际危害后果，犯罪情节轻微不需要判处刑罚的，可以依法不起诉或者免予刑事处罚；成立自首的，可以依法从轻、减轻或者免除处罚。 有揭发他人涉枪支、弹药、爆炸物、易燃易爆危险物品犯罪行为，查证属实的，或者提供重要线索，从而得以侦破其他涉枪支、弹药、爆炸物、易燃易爆危险物品案件等立功表现的，可以依法从轻或者减轻处罚；有重大立功表现的，可以依法减轻或者免除处罚。
	规章及规范性文件	**最高人民法院、最高人民检察院、公安部《关于依法惩治袭警违法犯罪行为的指导意见》（节录）**（2020 年 1 月 10 日最高人民法院、最高人民检察院、公安部公布 自公布之日起施行） 四、抢劫、抢夺民警枪支，符合刑法第一百二十七条第二款规定的，应当以抢劫枪支罪、抢夺枪支罪定罪。 五、民警在非工作时间，依照《中华人民共和国人民警察法》等法律履行职责的，应当视为执行职务。

48 非法持有、私藏枪支、弹药案

概念

本罪是指违反枪支管理的规定，非法持有、私藏枪支、弹药，危害公共安全的行为。

立案标准

行为涉嫌下列情形之一的，应当立案：

(1) 非法持有、私藏军用枪支 1 支的；

(2) 非法持有、私藏以火药为动力发射枪弹的非军用枪支 1 支或者以压缩气体等为动力的其他非军用枪支 2 支以上的；

(3) 非法持有、私藏军用子弹 20 发以上，气枪铅弹 1000 发以上或者其他非军用子弹 200 发以上的；

(4) 非法持有、私藏手榴弹 1 枚以上的；

(5) 非法持有、私藏的弹药造成人员伤亡、财产损失的。

定罪标准

犯罪客体

本罪侵犯的客体是公共安全和国家对枪支、弹药的管理制度。本罪侵犯的对象是法律规定的特定对象，即枪支、弹药。1979 年《刑法》只在妨害社会管理秩序罪中规定了私藏枪支、弹药罪，没有规定非法持有枪支、弹药罪。由于非法持有、私藏枪支、弹药的行为不仅侵犯了国家对枪支、弹药的管理制度，而且还严重危害到公共安全，因此，现行《刑法》把本罪规定在危害公共安全罪一章中。

犯罪客观方面

本罪在客观方面表现为行为人违反枪支管理的规定，非法持有、私藏枪支、弹药，危害公共安全的行为。"非法持有"是指不符合配备、配置枪支、弹药条件的人员，违反枪支管理法律、法规的规定，擅自持有枪支、弹药的行为。"私藏"是指依法配备、配置枪支、弹药的人员，在配备、配置枪支、弹药的条件消除后，违反枪支管理法律、法规的规定，私自藏匿所配备、配置的枪支、弹药且拒不交出的行为。行为人只要实施了非法持有、私藏枪支、弹药的行为之一，即可构成本罪。如果行为人同时实施了其中两种行为，如既非法持有枪支、弹药又私藏枪支、弹药的行为，也只构成一罪，不适用数罪并罚。

根据司法解释，本罪中的"情节严重"是指下列情形之一：

(1) 非法持有、私藏军用枪支 2 支以上的；

(2) 非法持有、私藏以火药为动力发射枪弹的非军用枪支 2 支以上或者以压缩气体等为动力的其他非军用枪支 5 支以上的；

(3) 非法持有、私藏军用子弹 100 发以上，气枪铅弹 5000 发以上或者其他非军用子弹 1000 发以上的；

(4) 非法持有、私藏手榴弹 3 枚以上的；

(5) 达到最高人民法院《关于审理非法制造、买卖、运输枪支、弹药、爆炸物等刑事案件具体应用法律若干问题的解释》第 5 条第 1 款规定的最低数量标准，并具有造成严重后果等其他恶劣情节的。

认定本罪的"非法持有"和"私藏"应根据证据尚不能认定为是非法制造、买卖、运输、邮寄、盗窃、抢夺、抢劫的枪支、弹药而"持有"和"私藏"，否则应以相应犯罪论处，不构成本罪。

定罪标准	犯罪主体		本罪的主体是一般主体，即凡年满 16 周岁且具备刑事责任能力的自然人，均可成为本罪主体。
	犯罪主观方面		本罪在主观方面只能是直接故意，即行为人明知是枪支、弹药而非法持有、私藏的行为。如果行为人不知是枪支、弹药而进行藏匿的，则不以本罪论处。如某甲把抢劫来的枪支用提包装好交给某乙窝藏，某乙不知包内有枪支，只认为有钱财等赃物而实施的藏匿行为，不应以本罪论处；构成犯罪的，可以掩饰、隐瞒犯罪所得、犯罪所得收益罪定罪量刑。
	罪与非罪		本罪属于行为犯，为选择性罪名，行为人只要实施了《刑法》第 128 条第 1 款的行为之一，就可构成本罪。但是，对于情节显著轻微，危害不大的非法持有、私藏枪支、弹药的行为，不宜按犯罪论处。例如，牧区的牧民没有按照有关规定及时领取配备猎枪许可证。经指明，补领了许可证，此种情况就不宜按犯罪处理，可视情节给予必要的治安处罚。
	此罪与彼罪		一、本罪与非法制造、买卖、运输、邮寄、储存枪支、弹药、爆炸物罪的界限。二者的主要区别在于：(1) 侵害的对象不同。前者不包括爆炸物；后者除枪支、弹药外还包括爆炸物。(2) 客观方面表现不同。前者表现为对枪支、弹药的非法持有、私藏行为；后者则表现为非法制造、买卖、运输、邮寄、储存枪支、弹药、爆炸物的行为。如果行为人对自己非法制造、买卖的枪支、弹药而非法持有或者私藏，应当根据吸收原则以非法制造、买卖、运输、邮寄、储存枪支、弹药、爆炸物罪论处。 二、本罪与盗窃、抢夺枪支、弹药、爆炸物、危险物质罪的界限。二者的主要区别在于：(1) 犯罪对象不同。前者不包括爆炸物、危险物质；后者则包括爆炸物、危险物质。(2) 实施犯罪的方式不同。前者表现为对枪支、弹药的非法持有或者私自藏匿的行为；后者表现为对枪支、弹药、爆炸物的盗窃或者抢夺行为。如果行为人将自己盗窃、抢夺来的枪支、弹药加以藏匿，一般也应当根据吸收原则，不实行数罪并罚。
证据参考标准	主体方面的证据		**一、证明行为人刑事责任年龄、身份等自然情况的证据** 包括身份证明、户籍证明、任职证明、工作经历证明、特定职责证明等，主要是证明行为人的姓名（曾用名）、性别、出生年月日、民族、籍贯、出生地、职业（或职务）、住所地（或居所地）等证据材料，如户口簿、居民身份证、工作证、出生证、专业或技术等级证、干部履历表、职工登记表、护照等。 对于户籍、出生证等材料内容不实的，应提供其他证据材料。外国人犯罪的案件，应有护照等身份证明材料。人大代表、政协委员犯罪的案件，应注明身份，并附身份证明材料。 **二、证明行为人刑事责任能力的证据** 证明行为人对自己的行为是否具有辨认能力与控制能力，如是否属于间歇性精神病人、尚未完全丧失辨认或者控制自己行为能力的精神病人的证明材料。 **三、证明单位的证据** 证明是否属于依法成立并有合法经营、管理范围的公司、企业、事业单位、机关、团体。

证据参考标准	**主体方面的证据**	证明单位的名称、住所地、性质、法定代表人、单位负责人、业务范围、成立时间等证据材料，如企业营业执照、国有公司性质证明及非法人单位的身份证明等。 **四、证明法定代表人、单位负责人或直接责任人员等的身份证据** 法定代表人、直接负责的主管人员和其他直接责任人在单位的任职、职责、负责权限的证明材料等。包括身份证明、户籍证明、任职证明等，如户口簿、居民身份证、工作证、护照、专业或技术等级证、干部履历表、职工登记表、任命书、业务分工文件、委派文件、单位证明、单位规章制度等。
	主观方面的证据	**证明行为人故意的证据** 1. 证明行为人明知的证据：证明行为人明知自己的行为会发生危害社会的结果。2. 证明直接故意的证据：证明行为人希望危害结果发生。3. 目的：（1）非法持有；（2）故意私藏。
	客观方面的证据	**证明行为人非法持有、私藏枪支、弹药犯罪行为的证据** 具体证据包括：1. 证明行为人违反枪支、弹药管理规定，未依法取得持枪证件而持有枪支、弹药行为的证据；2. 证明行为虽有持枪证件，但将枪支、弹药携带依法禁止出入的场所行为的证据；3. 证明行为人虽有持枪证件，在禁止携带枪支、弹药的区域、场所携带枪支行为的证据；4. 证明行为人违反枪支、弹药管理规定，不将依法应当上缴的枪支、弹药交出，而予以藏匿行为的证据；5. 证明行为人非法持有、私藏枪支弹药情节严重行为的证据。
	量刑方面的证据	**一、法定量刑情节证据** 1. 事实情节：（1）情节严重；（2）其他。2. 法定从重情节。3. 法定从轻减轻情节：（1）可以从轻；（2）可以从轻或减轻；（3）应当从轻或者减轻。4. 法定从轻减轻免除情节：（1）可以从轻、减轻或者免除处罚；（2）应当从轻、减轻或者免除处罚。5. 法定减轻免除情节：（1）可以减轻或者免除处罚；（2）应当减轻或者免除处罚；（3）可以免除处罚。 **二、酌定量刑情节证据** 1. 犯罪手段：（1）非法持有；（2）违规私藏。2. 犯罪对象。3. 危害结果。4. 动机。5. 平时表现。6. 认罪态度。7. 是否有前科。8. 其他证据。
量刑标准	犯本罪的	处三年以下有期徒刑、拘役或者管制
	情节严重的	处三年以上七年以下有期徒刑
法律适用	**刑法条文**	**第一百二十八条第一款** 违反枪支管理规定，非法持有、私藏枪支、弹药的，处三年以下有期徒刑、拘役或者管制；情节严重的，处三年以上七年以下有期徒刑。

一、最高人民法院、最高人民检察院《关于涉以压缩气体为动力的枪支、气枪铅弹刑事案件定罪量刑问题的批复》（2018 年 3 月 8 日最高人民法院、最高人民检察院公布 自 2018 年 3 月 30 日起施行 法释〔2018〕8 号）

各省、自治区、直辖市高级人民法院、人民检察院，解放军军事法院、军事检察院，新疆维吾尔自治区高级人民法院生产建设兵团分院、新疆生产建设兵团人民检察院：

近来，部分高级人民法院、省级人民检察院就如何对非法制造、买卖、运输、邮寄、储存、持有、私藏、走私以压缩气体为动力的枪支、气枪铅弹（用铅、铅合金或者其他金属加工的气枪弹）行为定罪量刑的问题提出请示。经研究，批复如下：

一、对于非法制造、买卖、运输、邮寄、储存、持有、私藏、走私以压缩气体为动力且枪口比动能较低的枪支的行为，在决定是否追究刑事责任以及如何裁量刑罚时，不仅应当考虑涉案枪支的数量，而且应当充分考虑涉案枪支的外观、材质、发射物、购买场所和渠道、价格、用途、致伤力大小、是否易于通过改制提升致伤力，以及行为人的主观认知、动机目的、一贯表现、违法所得、是否规避调查等情节，综合评估社会危害性，坚持主客观相统一，确保罪责刑相适应。

二、对于非法制造、买卖、运输、邮寄、储存、持有、私藏、走私气枪铅弹的行为，在决定是否追究刑事责任以及如何裁量刑罚时，应当综合考虑气枪铅弹的数量、用途以及行为人的动机目的、一贯表现、违法所得、是否规避调查等情节，综合评估社会危害性，确保罪责刑相适应。

此复。

二、最高人民检察院《关于将公务用枪用作借债质押的行为如何适用法律问题的批复》（1998 年 11 月 3 日最高人民检察院公布 自公布之日起施行 高检发释字〔1998〕4 号）

重庆市人民检察院：

你院渝检（研）〔1998〕8 号《关于将公务用枪用作借债抵押的行为是否构成犯罪及适用法律的请示》收悉。经研究，批复如下：

依法配备公务用枪的人员，违反法律规定，将公务用枪用作借债质押物，使枪支处于非依法持枪人的控制、使用之下，严重危害公共安全，是刑法第一百二十八条第二款所规定的非法出借枪支行为的一种形式，应以非法出借枪支罪追究刑事责任；对接受枪支质押的人员，构成犯罪的，根据刑法第一百二十八条第一款的规定，应以非法持有枪支罪追究其刑事责任。

三、最高人民法院《关于审理非法制造、买卖、运输枪支、弹药、爆炸物等刑事案件具体应用法律若干问题的解释》（节录）（2001 年 5 月 15 日最高人民法院公布 自 2001 年 5 月 16 日起施行 法释〔2001〕15 号 2009 年 11 月 16 日修订）

第五条 具有下列情形之一的，依照刑法第一百二十八条第一款的规定，以非法持有、私藏枪支、弹药罪定罪处罚：

（一）非法持有、私藏军用枪支一支的；

（二）非法持有、私藏以火药为动力发射枪弹的非军用枪支一支或者以压缩气体等为动力的其他非军用枪支二支以上的；

（三）非法持有、私藏军用子弹二十发以上，气枪铅弹一千发以上或者其他非军用子弹二百发以上的；

法律适用 司法解释

（四）非法持有、私藏手榴弹一枚以上的；

（五）非法持有、私藏的弹药造成人员伤亡、财产损失的。

具有下列情形之一的，属于刑法第一百二十八条第一款规定的"情节严重"：

（一）非法持有、私藏军用枪支二支以上的；

（二）非法持有、私藏以火药为动力发射枪弹的非军用枪支二支以上或者以压缩气体等为动力的其他非军用枪支五支以上的；

（三）非法持有、私藏军用子弹一百发以上，气枪铅弹五千发以上或者其他非军用子弹一千发以上的；

（四）非法持有、私藏手榴弹三枚以上的；

（五）达到本条第一款规定的最低数量标准，并具有造成严重后果等其他恶劣情节的。

第七条 非法制造、买卖、运输、邮寄、储存、盗窃、抢夺、持有、私藏、携带成套枪支散件的，以相应数量的枪支计；非成套枪支散件以每三十件为一成套枪支散件计。

第八条 刑法第一百二十五条第一款规定的"非法储存"，是指明知是他人非法制造、买卖、运输、邮寄的枪支、弹药而为其存放的行为，或者非法存放爆炸物的行为。

刑法第一百二十八条第一款规定的"非法持有"，是指不符合配备、配置枪支、弹药条件的人员，违反枪支管理法律、法规的规定，擅自持有枪支、弹药的行为。

刑法第一百二十八条第一款规定的"私藏"，是指依法配备、配置枪支、弹药的人员，在配备、配置枪支、弹药的条件消除后，违反枪支管理法律、法规的规定，私自藏匿所配备、配置的枪支、弹药且拒不交出的行为。

第十条 实施非法制造、买卖、运输、邮寄、储存、盗窃、抢夺、持有、私藏其他弹药、爆炸物品等行为，参照本解释有关条文规定的定罪量刑标准处罚。

一、《中华人民共和国枪支管理法》（节录）（1996 年 7 月 5 日中华人民共和国主席令第 72 号公布　自 1996 年 10 月 1 日起施行　2009 年 8 月 27 日第一次修正　2015 年 4 月 24 日第二次修正）

第五条 公安机关、国家安全机关、监狱、劳动教养机关的人民警察，人民法院的司法警察，人民检察院的司法警察和担负案件侦查任务的检察人员，海关的缉私人员，在依法履行职责时确有必要使用枪支的，可以配备公务用枪。

国家重要的军工、金融、仓储、科研等单位的专职守护、押运人员在执行守护、押运任务时确有必要使用枪支的，可以配备公务用枪。

配备公务用枪的具体办法，由国务院公安部门会同其他有关国家机关按照严格控制的原则制定，报国务院批准后施行。

第六条 下列单位可以配置民用枪支：

（一）经省级人民政府体育行政主管部门批准专门从事射击竞技体育运动的单位、经省级人民政府公安机关批准的营业性射击场，可以配置射击运动枪支；

（二）经省级以上人民政府林业行政主管部门批准的狩猎场，可以配置猎枪；

（三）野生动物保护、饲养、科研单位因业务需要，可以配置猎枪、麻醉注射枪。

猎民在猎区、牧民在牧区，可以申请配置猎枪。猎区和牧区的区域由省级人民政府划定。

配置民用枪支的具体办法，由国务院公安部门按照严格控制的原则制定，报国务院批准后施行。

第七条 配备公务用枪，由国务院公安部门或者省级人民政府公安机关审批。

法律适用

司法解释

相关法律法规

配备公务用枪时，由国务院公安部门或者省级人民政府公安机关发给公务用枪持枪证件。

第八条 专门从事射击竞技体育运动的单位配置射击运动枪支，由国务院体育行政主管部门提出，由国务院公安部门审批。营业性射击场配置射击运动枪支，由省级人民政府公安机关报国务院公安部门批准。

配置射击运动枪支时，由省级人民政府公安机关发给民用枪支持枪证件。

第九条 狩猎场配置猎枪，凭省级以上人民政府林业行政主管部门的批准文件，报省级以上人民政府公安机关审批，由设区的市级人民政府公安机关核发民用枪支配购证件。

第十条 野生动物保护、饲养、科研单位申请配置猎枪、麻醉注射枪的，应当凭其所在地的县级人民政府野生动物行政主管部门核发的狩猎证或者特许猎捕证和单位营业执照，向所在地的县级人民政府公安机关提出；猎民申请配置猎枪的，应当凭其所在地的县级人民政府野生动物行政主管部门核发的狩猎证和个人身份证件，向所在地的县级人民政府公安机关提出；牧民申请配置猎枪的，应当凭个人身份证件，向所在地的县级人民政府公安机关提出。

受理申请的公安机关审查批准后，应当报请设区的市级人民政府公安机关核发民用枪支配购证件。

第十一条 配购猎枪、麻醉注射枪的单位和个人，必须在配购枪支后三十日内向核发民用枪支配购证件的公安机关申请领取民用枪支持枪证件。

第十二条 营业性射击场、狩猎场配置的民用枪支不得携带出营业性射击场、狩猎场。

猎民、牧民配置的猎枪不得携带出猎区、牧区。

第二十三条 配备、配置枪支的单位和个人必须妥善保管枪支，确保枪支安全。

配备、配置枪支的单位，必须明确枪支管理责任，指定专人负责，应当有牢固的专用保管设施，枪支、弹药应当分开存放。对交由个人使用的枪支，必须建立严格的枪支登记、交接、检查、保养等管理制度，使用完毕，及时收回。

配备、配置给个人使用的枪支，必须采取有效措施，严防被盗、被抢、丢失或者发生其他事故。

第二十四条 使用枪支的人员，必须掌握枪支的性能，遵守使用枪支的有关规定，保证枪支的合法、安全使用。使用公务用枪的人员，必须经过专门培训。

第二十五条 配备、配置枪支的单位和个人必须遵守下列规定：

（一）携带枪支必须同时携带持枪证件，未携带持枪证件的，由公安机关扣留枪支；

（二）不得在禁止携带枪支的区域、场所携带枪支；

（三）枪支被盗、被抢或者丢失的，立即报告公安机关。

第二十六条 配备公务用枪的人员不再符合持枪条件时，由所在单位收回枪支和持枪证件。

配置民用枪支的单位和个人不再符合持枪条件时，必须及时将枪支连同持枪证件上缴核发持枪证件的公安机关；未及时上缴的，由公安机关收缴。

第二十七条 不符合国家技术标准、不能安全使用的枪支，应当报废。配备、持有枪支的单位和个人应当将报废的枪支连同持枪证件上缴核发持枪证件的公安机关；未及时上缴的，由公安机关收缴。报废的枪支应当及时销毁。

销毁枪支，由省级人民政府公安机关负责组织实施。

第二十八条 国家对枪支实行查验制度。持有枪支的单位和个人，应当在公安机关指定的时间、地点接受查验。公安机关在查验时，必须严格审查持枪单位和个人是否符合本法规定的条件，检查枪支状况及使用情况；对违法使用枪支、不符合持枪条件或者枪支应当报废的，必须收缴枪支和持枪证件。拒不接受查验的，枪支和持枪证件由公安机关收缴。

第二十九条 为了维护社会治安秩序的特殊需要，经国务院公安部门批准，县级以上地方各级人民政府公安机关可以对局部地区合法配备、配置的枪支采取集中保管等特别管制措施。

第四十一条 违反本法规定，非法持有、私藏枪支的，非法运输、携带枪支入境、出境的，依照刑法有关规定追究刑事责任。

二、《中华人民共和国野生动物保护法》（节录）（1988 年 11 月 8 日中华人民共和国主席令第 9 号公布 自 1989 年 3 月 1 日起施行 2004 年 8 月 28 日第一次修正 2009 年 8 月 27 日第二次修正 2016 年 7 月 2 日第一次修订 2018 年 10 月 26 日第三次修正 2022 年 12 月 30 日第二次修订）

第二十三条 猎捕者应当严格按照特许猎捕证、狩猎证规定的种类、数量或者限额、地点、工具、方法和期限进行猎捕。猎捕作业完成后，应当将猎捕情况向核发特许猎捕证、狩猎证的野生动物保护主管部门备案。具体办法由国务院野生动物保护主管部门制定。猎捕国家重点保护野生动物应当由专业机构和人员承担；猎捕有重要生态、科学、社会价值的陆生野生动物，有条件的地方可以由专业机构有组织开展。

持枪猎捕的，应当依法取得公安机关核发的持枪证。

第四十九条 违反本法第二十条、第二十二条、第二十三条第一款、第二十四条第一款规定，有下列行为之一的，由县级以上地方人民政府野生动物保护主管部门和有关自然保护地管理机构按照职责分工没收猎获物、猎捕工具和违法所得，吊销狩猎证，并处猎获物价值一倍以上十倍以下罚款；没有猎获物或者猎获物价值不足二千元的，并处二千元以上二万元以下罚款；构成犯罪的，依法追究刑事责任：

（一）在自然保护地、禁猎（渔）区、禁猎（渔）期猎捕有重要生态、科学、社会价值的陆生野生动物或者地方重点保护野生动物；

（二）未取得狩猎证、未按照狩猎证规定猎捕有重要生态、科学、社会价值的陆生野生动物或者地方重点保护野生动物；

（三）使用禁用的工具、方法猎捕有重要生态、科学、社会价值的陆生野生动物或者地方重点保护野生动物。

违反本法第二十条、第二十四条第一款规定，在自然保护地、禁猎区、禁猎期或者使用禁用的工具、方法猎捕其他陆生野生动物，破坏生态的，由县级以上地方人民政府野生动物保护主管部门和有关自然保护地管理机构按照职责分工没收猎获物、猎捕工具和违法所得，并处猎获物价值一倍以上三倍以下罚款；没有猎获物或者猎获物价值不足一千元的，并处一千元以上三千元以下罚款；构成犯罪的，依法追究刑事责任。

违反本法第二十三条第二款规定，未取得持枪证持枪猎捕野生动物，构成违反治安管理行为的，还应当由公安机关依法给予治安管理处罚；构成犯罪的，依法追究刑事责任。

法律适用

规章及规范性文件

最高人民检察院、公安部《关于公安机关管辖的刑事案件立案追诉标准的规定（一）》（节录）（2008 年 6 月 25 日最高人民检察院、公安部公布　自公布之日起施行　公通字〔2008〕36 号　2017 年 4 月 27 日修订）

第四条　〔非法持有、私藏枪支、弹药案（刑法第一百二十八条第一款）〕违反枪支管理规定，非法持有、私藏枪支、弹药，涉嫌下列情形之一的，应予立案追诉：

（一）非法持有、私藏军用枪支一支以上的；

（二）非法持有、私藏以火药为动力发射枪弹的非军用枪支一支以上，或者以压缩气体等为动力的其他非军用枪支二支以上的；

（三）非法持有、私藏军用子弹二十发以上、气枪铅弹一千发以上或者其他非军用子弹二百发以上的；

（四）非法持有、私藏手榴弹、炸弹、地雷、手雷等具有杀伤性弹药一枚以上的；

（五）非法持有、私藏的弹药造成人员伤亡、财产损失的。

本条规定的"非法持有"，是指不符合配备、配置枪支、弹药条件的人员，擅自持有枪支、弹药的行为；"私藏"，是指依法配备、配置枪支、弹药的人员，在配备、配置枪支、弹药的条件消除后，私自藏匿所配备、配置的枪支、弹药且拒不交出的行为。

49 非法出租、出借枪支案

概念

本罪是指依法配备公务用枪的人员，违反枪支管理的规定，私自出租、出借枪支，危害公共安全的行为，或者依法配置枪支的人员，违反枪支管理的规定出租、出借枪支，造成严重后果的行为。

立案标准

依法配备公务用枪的人员或单位，非法将枪支出租、出借给未取得公务用枪配备资格的人员或单位，或者将公务用枪用作借债质押物的，应予立案追诉。

依法配备公务用枪的人员或单位，非法将枪支出租、出借给具有公务用枪配备资格的人员或单位，以及依法配置民用枪支的人员或单位，非法出租、出借民用枪支，涉嫌下列情形之一的，应予立案追诉：

(1) 造成人员轻伤以上伤亡事故的；

(2) 造成枪支丢失、被盗、被抢的；

(3) 枪支被他人利用进行违法犯罪活动的；

(4) 其他造成严重后果的情形。

定罪标准

犯罪客体

本罪侵犯的客体是公共安全和国家对枪支的管理制度。本罪侵犯的对象，是法律规定的特定对象，即枪支，包括公务用枪和民用枪支。根据《枪支管理法》第46条的规定，枪支是指以火药或者压缩气体等为动力，利用管状器具发射金属弹丸或者其他物质，足以致人死亡或者丧失知觉的各种枪支。它既包括依法配置的军警用枪，也包括依法配备的民用枪支。由于非法出租、出借枪支的行为不仅侵犯了国家对枪支的管理制度，而且严重危害到公共安全，因此，现行《刑法》专门规定了这类犯罪。

犯罪客观方面

本罪在客观方面表现可分为两种情况：(1) 依法配备公务用枪的人员，违反枪支管理规定，出租、出借枪支的行为。只要行为人将配备的公务用枪出租、出借，即构成本罪。(2) 依法配置枪支的人员，违反枪支管理的规定，非法出租、出借枪支，造成严重后果，危害公共安全的行为。后者只有因出租、出借造成严重后果才构成本罪。本罪具体表现为非法出租或出借枪支的行为。出租是指将依法配置的枪支有偿租借给他人使用，并从中营利。出借是指将依法配置的枪支无偿地借给他人使用。公务用枪，主要是指各种军用枪支，包括手枪、机枪、冲锋枪等。《枪支管理法》对枪支的制造和配售作了明确的规定，国家对枪支的制造、配售实行特别许可制度。未经许可，任何单位或者个人不得制造、买卖枪支。对公务用枪和民用枪支实行依法配售，禁止任何个人和单位非法出租、出借依法配售的枪支。依法配备、配置枪支的人员，由于其职责、权限不同，要求也不一样，依法配备公务用枪的人员非法出租、出借枪支的，无论是否造成严重后果，均构成本罪；依法配置枪支的人员非法出租、出借枪支，只有造成严重后果的，才构成本罪。所谓严重后果，是指行为人将其配置的枪支非法出租、出借给他人使用，造成了人身伤亡结果或者严重危及了公共安全的。

定罪标准	**犯罪主体**	本罪的主体是特殊主体，即依法配备公务用枪的人员、依法配置枪支的人员和单位。根据《枪支管理法》第5条、第6条的规定，依法配备公务用枪的人员，是指公安机关、国家安全机关、监狱的人民警察，人民法院的司法警察，人民检察院的司法警察和担负案件侦查任务的检察人员，海关的缉私人员，在依法履行职责时确有必要使用枪支的，可以配备公务用枪。国家重要的军工、金融、仓储、科研等单位的专职守护、押运人员在执行守护、押运任务时确有必要使用枪支的，可以配备公务用枪。可以依法配备民用枪支的包括：经省级人民政府体育行政主管部门批准专门从事射击竞技体育运动的单位、经省级人民政府公安机关批准的营业性射击场，可以配备射击运动枪支；经省级以上人民政府林业行政主管部门批准的狩猎场，可以配置猎枪；野生动物保护、饲养、科研单位因业务需要，可以配置猎枪、麻醉注射枪；猎民在猎区、牧民在牧区，可以申请配置猎枪。只有以上人员和单位，才能成为本罪主体。
	犯罪主观方面	本罪在主观方面只能是故意，即明知是依法配备、配置的枪支不能出租、出借，而进行出租、出借的。出租、出借的动机可以是多种多样的，无论动机如何，均不影响本罪的构成。同时，非法出租枪支，主观上具有以此牟利的目的，但实际上是否牟取到利益，不影响本罪的成立；非法出借枪支的，则无论出于什么目的，都不影响本罪的成立。
	罪与非罪	区分罪与非罪的界限，应注意：依法配备公务用枪的人员，只要实施了非法出租、出借枪支的行为，就构成本罪；而依法配置枪支的人员，只是实施了非法出租、出借枪支的行为，尚不构成犯罪，只有因此造成了严重后果才构成本罪。具体认定中，主要应当注意如下几点：一是从主体上区分。构成本罪的主体只能是依法配备公务用枪和依法配置民用枪支的个人和单位，非依法配备、配置枪支的单位和个人非法出租、出借枪支的，不构成本罪。二是从主观方面区分。构成本罪必须是故意所为，如果是过失所为，则不构成本罪。三是从情节上区分。如将枪支出租、出借给不法分子则属于情节严重，如将民用枪支出租、出借他人临时使用并未造成严重后果的，一般不应以犯罪论处。四是从枪支的种类上区分。一般来说，出租、出借公务用枪的行为危害较大，而出租、出借民用枪支的行为危害较小，对前者一般应以犯罪论处，对后者只要没有造成严重后果的，不宜以犯罪论处。
	此罪与彼罪	一、本罪与非法制造、买卖、运输、邮寄、储存枪支、弹药、爆炸物罪的界限。二者的主要区别在于：（1）客观方面表现不同。前者表现为行为人非法将配备、配置的枪支租借给他人一定时间内暂时使用；后者则是非法出售枪支给他人。前者表现为租或者借；后者表现为出卖。（2）主体不同。前者是特殊主体；后者是一般主体。 二、本罪与他罪的界限。如果行为人在出租、出借枪支时，明知租用人、借用人将使用租用、借用的枪支进行犯罪活动而仍出租、出借的，对行为人则以租用人、借用人使用租用、借用的枪支所实施的犯罪的共犯追究刑事责任，而不能以非法出租、出借枪支罪处罚。
证据参考标准	**主体方面的证据**	**一、证明行为人刑事责任年龄、身份等自然情况的证据** 　　包括身份证明、户籍证明、任职证明、工作经历证明、特定职责证明等，主要是证明行为人的姓名（曾用名）、性别、出生年月日、民族、籍贯、出生地、职业（或职务）、住所地（或居所地）等证据材料，如户口簿、居民身份证、工作证、出生证、专业或技术等级证、干部履历表、职工登记表、护照等。

对于户籍、出生证等材料内容不实的，应提供其他证据材料。外国人犯罪的案件，应有护照等身份证明材料。人大代表、政协委员犯罪的案件，应注明身份，并附身份证明材料。

二、证明行为人刑事责任能力的证据

证明行为人对自己的行为是否具有辨认能力与控制能力，如是否属于间歇性精神病人、尚未完全丧失辨认或者控制自己行为能力的精神病人的证明材料。

三、证明单位的证据

证明是否属于依法成立并有合法经营、管理范围的公司、企业、事业单位、机关、团体。

证明单位的名称、住所地、性质、法定代表人、单位负责人、业务范围、成立时间等证据材料，如企业营业执照、国有公司性质证明及非法人单位的身份证明等。

四、证明法定代表人、单位负责人或直接责任人员等的身份证据

法定代表人、直接负责的主管人员和其他直接责任人在单位的任职、职责、负责权限的证明材料等。包括身份证明、户籍证明、任职证明等，如户口簿、居民身份证、工作证、护照、专业或技术等级证、干部履历表、职工登记表、任命书、业务分工文件、委派文件、单位证明、单位规章制度等。

证明行为人故意的证据

1. 证明行为人明知的证据：证明行为人明知自己的行为会发生危害社会的结果。2. 证明直接故意的证据：证明行为人希望危害结果发生。3. 目的：（1）出租；（2）出借。

证明行为人非法出租、出借枪支犯罪行为的证据

具体证据包括：1. 证明国家依法配备给公安机关、国家安全机关、监狱的人民警察非法将配备的枪支出租、出借他人行为的证据；2. 证明人民法院的司法警察非法将配备的枪支出租、出借他人行为的证据；3. 证明人民法院的审判人员非法将配备的枪支出租、出借他人行为的证据；4. 证明人民检察院的司法警察非法将配备的枪支出租、出借他人行为的证据；5. 证明人民检察院的检察人员非法将配备的枪支出租、出借他人行为的证据；6. 证明海关的缉私人员将依法履行职责时使用的枪支非法出租、出借他人行为的证据；7. 证明国家重要的军工、金融、仓储、科研等单位的专职守护、押运人员非法将在执行守护、押运任务时使用的枪支出租、出借他人行为的证据；8. 证明国家依法配备给枪支的单位，非法将其枪支出租、出借给他人行为的证据；9. 证明体育运动单位或者运动员将配备的射击运动枪出租、出借他人行为的证据；10. 证明持有民用枪支的行为人非法将枪支出租、出借他人行为的证据；11. 证明行为人使用非法租、借的民用枪支造成严重后果行为的证据。

一、法定量刑情节证据

1. 事实情节：（1）情节严重的；（2）造成严重后果的；（3）其他。2. 法定从重情节。3. 法定从轻减轻情节：（1）可以从轻；（2）可以从轻或减轻；（3）应当从轻或者减轻。4. 法定从轻减轻免除情节：（1）可以从轻、减轻或者免除处罚；（2）应当从轻、减轻或者免除处罚。5. 法定减轻免除情节：（1）可以减轻或者免除处罚；（2）应当减轻或者免除处罚；（3）可以免除处罚。

左侧栏：证据参考标准 | 主体方面的证据 | 主观方面的证据 | 客观方面的证据 | 量刑方面的证据

证据参考标准	量刑方面的证据	二、酌定量刑情节证据 1. 犯罪手段：（1）非法出租；（2）非法出借。2. 犯罪对象。3. 危害结果。4. 动机。5. 平时表现。6. 认罪态度。7. 是否有前科。8. 其他证据。	
量刑标准		犯本罪的	处三年以下有期徒刑、拘役或者管制
		情节严重的	处三年以上七年以下有期徒刑
		单位犯本罪的	对单位判处罚金，并对其直接负责的主管人员和其他直接责任人员依上述规定处罚
法律适用	刑法条文	第一百二十八条　违反枪支管理规定，非法持有、私藏枪支、弹药的，处三年以下有期徒刑、拘役或者管制；情节严重的，处三年以上七年以下有期徒刑。 依法配备公务用枪的人员，非法出租、出借枪支的，依照前款的规定处罚。 依法配置枪支的人员，非法出租、出借枪支，造成严重后果的，依照第一款的规定处罚。 单位犯第二款、第三款罪的，对单位判处罚金，并对其直接负责的主管人员和其他直接责任人员，依照第一款的规定处罚。	
	司法解释	**最高人民检察院《关于将公务用枪用作借债质押的行为如何适用法律问题的批复》**（1998年11月3日最高人民检察院公布　自公布之日起施行　高检发释字〔1998〕4号） 重庆市人民检察院： 　　你院渝检（研）〔1998〕8号《关于将公务用枪用作借债抵押的行为是否构成犯罪及适用法律的请示》收悉。经研究，批复如下： 　　依法配备公务用枪的人员，违反法律规定，将公务用枪用作借债质押物，使枪支处于非依法持枪人的控制、使用之下，严重危害公共安全，是刑法第一百二十八条第二款所规定的非法出借枪支行为的一种形式，应以非法出借枪支罪追究刑事责任；对接受枪支质押的人员，构成犯罪的，根据刑法第一百二十八条第一款的规定，应以非法持有枪支罪追究其刑事责任。	
	相关法律法规	**一、《中华人民共和国枪支管理法》（节录）**（1996年7月5日中华人民共和国主席令第72号公布　自1996年10月1日起施行　2009年8月27日第一次修正　2015年4月24日第二次修正） 　　**第三条**　国家严格管制枪支。禁止任何单位或者个人违反法律规定持有、制造（包括变造、装配）、买卖、运输、出租、出借枪支。 　　国家严厉惩处违反枪支管理的违法犯罪行为。任何单位和个人对违反枪支管理的行为有检举的义务。国家对检举人给予保护，对检举违反枪支管理犯罪活动有功的人员，给予奖励。 　　**第五条**　公安机关、国家安全机关、监狱、劳动教养机关的人民警察，人民法院的司法警察，人民检察院的司法警察和担负案件侦查任务的检察人员，海关的缉私人员，	

法 律 适 用

相 关 法 律 法 规

在依法履行职责时确有必要使用枪支的，可以配备公务用枪。

国家重要的军工、金融、仓储、科研等单位的专职守护、押运人员在执行守护、押运任务时确有必要使用枪支的，可以配备公务用枪。

配备公务用枪的具体办法，由国务院公安部门会同其他有关国家机关按照严格控制的原则制定，报国务院批准后施行。

第六条　下列单位可以配置民用枪支：

（一）经省级人民政府体育行政主管部门批准专门从事射击竞技体育运动的单位、经省级人民政府公安机关批准的营业性射击场，可以配置射击运动枪支；

（二）经省级以上人民政府林业行政主管部门批准的狩猎场，可以配置猎枪；

（三）野生动物保护、饲养、科研单位因业务需要，可以配置猎枪、麻醉注射枪。

猎民在猎区、牧民在牧区，可以申请配置猎枪。猎区和牧区的区域由省级人民政府划定。

配置民用枪支的具体办法，由国务院公安部门按照严格控制的原则制定，报国务院批准后施行。

第七条　配备公务用枪，由国务院公安部门或者省级人民政府公安机关审批。

配备公务用枪时，由国务院公安部门或者省级人民政府公安机关发给公务用枪持枪证件。

第四十三条　违反枪支管理规定，出租、出借公务用枪的，依照刑法有关规定处罚。

单位有前款行为的，对其直接负责的主管人员和其他直接责任人员依照前款规定处罚。

配置民用枪支的单位，违反枪支管理规定，出租、出借枪支，造成严重后果或者有其他严重情节的，对其直接负责的主管人员和其他直接责任人员依照刑法有关规定处罚。

配置民用枪支的个人，违反枪支管理规定，出租、出借枪支，造成严重后果的，依照刑法有关规定处罚。

违反枪支管理规定，出租、出借枪支，情节轻微未构成犯罪的，由公安机关对个人或者单位负有直接责任的主管人员和其他直接责任人员处十五日以下拘留，可以并处五千元以下罚款；对出租、出借的枪支，应当予以没收。

第四十五条　公安机关工作人员有下列行为之一的，依法追究刑事责任；未构成犯罪的，依法给予行政处分：

（一）向本法第五条、第六条规定以外的单位和个人配备、配置枪支的；

（二）违法发给枪支管理证件的；

（三）将没收的枪支据为己有的；

（四）不履行枪支管理职责，造成后果的。

第四十六条　本法所称枪支，是指以火药或者压缩气体等为动力，利用管状器具发射金属弹丸或者其他物质，足以致人伤亡或者丧失知觉的各种枪支。

二、《专职守护押运人员枪支使用管理条例》（节录）（2002 年 7 月 27 日中华人民共和国国务院令第 356 号公布　自公布之日起施行）

第二条　本条例所称专职守护、押运人员，是指依法配备公务用枪的军工、金融、国家重要仓储、大型水利、电力、通讯工程、机要交通系统的专职守护、押运人员以及经省、自治区、直辖市人民政府公安机关批准从事武装守护、押运服务的保安服务公司的专职守护、押运人员。

法律适用

相关法律法规

第十四条　专职守护、押运人员有下列情形之一的，所在单位应当停止其执行武装守护、押运任务，收回其持枪证件，并及时将持枪证件上缴公安机关：

（一）拟调离专职守护、押运工作岗位的；

（二）理论和实弹射击考核不合格的；

（三）因刑事案件或者其他违法违纪案件被立案侦查、调查的；

（四）擅自改动枪支、更换枪支零部件的；

（五）违反规定携带、使用枪支或者将枪支交给他人，对枪支失去控制的；

（六）丢失枪支或者在枪支被盗、被抢事故中负有责任的。

专职守护、押运人员有前款第（四）项、第（五）项、第（六）项行为，造成严重后果的，依照刑法关于非法持有私藏枪支弹药罪、非法携带枪支弹药危及公共安全罪、非法出租出借枪支罪或者丢失枪支不报罪的规定，依法追究刑事责任；尚不够刑事处罚的，依照枪支管理法的规定，给予行政处罚。

规章及规范性文件

最高人民检察院、公安部《关于公安机关管辖的刑事案件立案追诉标准的规定（一）》（节录）（2008 年 6 月 25 日最高人民检察院、公安部公布　自公布之日起施行　公通字〔2008〕6 号　2017 年 4 月 27 日修订）

第五条　〔非法出租、出借枪支案（刑法第一百二十八条第二、三、四款）〕依法配备公务用枪的人员或单位，非法将枪支出租、出借给未取得公务用枪配备资格的人员或单位，或者将公务用枪用作借债质押物的，应予立案追诉。

依法配备公务用枪的人员或单位，非法将枪支出租、出借给具有公务用枪配备资格的人员或单位，以及依法配置民用枪支的人员或单位，非法出租、出借民用枪支，涉嫌下列情形之一的，应予立案追诉：

（一）造成人员轻伤以上伤亡事故的；

（二）造成枪支丢失、被盗、被抢的；

（三）枪支被他人利用进行违法犯罪活动的；

（四）其他造成严重后果的情形。

50 丢失枪支不报案

概念   本罪是指依法配备公务用枪的人员，丢失枪支不及时报告，造成严重后果，危害公共安全的行为。

立案标准   依法配备公务用枪的人员，丢失枪支不及时报告，涉嫌下列情形之一的，应予立案追诉：

(1) 丢失的枪支被他人使用造成人员轻伤以上伤亡事故的；

(2) 丢失的枪支被他人利用进行违法犯罪活动的；

(3) 其他造成严重后果的情形。

定罪标准

犯罪客体

    本罪侵犯的客体是公共安全和国家对枪支的管理制度。根据《枪支管理法》的规定，配备、配置枪支的单位或者个人必须妥善保管枪支，确保枪支安全；配备、配置枪支的单位，必须明确枪支的管理责任，指定专人负责，应当有牢固的专用保管设施；对交给个人使用的枪支，必须建立严格的枪支登记、交接、检查、保养等管理制度，使用完毕，及时收回；配备、配置给个人使用的枪支，必须采取有效的措施，严防被盗、被抢、丢失或者发生其他事故；枪支被盗、被抢或者丢失的，应当立即报告公安机关。由于丢失枪支不及时报告，不仅侵犯了国家对枪支的管理制度，而且因为枪支流失到社会上，会严重危害到公共安全。因此，现行《刑法》专门规定了这类犯罪，并把它列入危害公共安全罪一章中。本罪的对象是配备的公务用枪。

犯罪客观方面

    本罪在客观方面表现为行为人违反枪支管理的规定，丢失枪支不及时报告，因而造成严重后果，危害公共安全的行为。本罪的构成要求造成严重后果，如果只是丢失枪支没有及时报告，但尚未造成严重后果的，不构成本罪。此处所指"枪支"为公务用枪。"丢失枪支"主要是指枪支被盗、被抢或者遗失等情形。"及时报告"是指发现前述丢失枪支情况后，立即向有关部门如实报告。"严重后果"主要是指丢失的枪支被犯罪分子利用酿成刑事案件或者造成了恶劣的社会影响等情形。

犯罪主体

    本罪的主体是特殊主体，即只有依法配备公务用枪的人员才能成为本罪的主体。依法配置民用枪支的人员丢失枪支的，不构成本罪。

犯罪主观方面

    本罪在主观方面行为人是出于故意，即明知依法配备的公务用枪已经丢失而故意隐瞒不报。行为人对丢失枪支的行为一般是因为过失，如因未妥善保管而丢失枪支。但是，无论什么原因丢失枪支，行为人都有责任及时报告，行为人对不及时报告枪支已经丢失的行为则是故意的，并且大多表现为间接故意。

定罪标准	罪与非罪	区分罪与非罪的界限，主要应当注意： 一、从主体上区分罪与非罪。构成本罪的主体只能是依法配备公务用枪的个人，如果是依法配置民用枪支的个人丢失枪支不报的，就不构成本罪。同时，单位所为的行为，也不以本罪论处。 二、从罪过上区分。构成本罪应当是故意，即行为人明知其丢枪行为应当及时报告而故意不及时报告。如果行为人是因为过失而造成危害结果，则不构成犯罪。 三、从报告与否以及及时报告的时间上区分。构成本罪必须是行为人未及时报告。如果行为人在丢枪后及时向公安机关报告的，即使其丢枪行为已造成严重后果，也不构成犯罪。 四、从危害结果的有无及轻重上区分。构成本罪必须造成严重后果。如果行为人丢枪后不及时报告并未造成直接的、现实的严重后果，也不构成犯罪。 五、从因果关系上区分。构成本罪必须是行为人的不报告行为造成了严重后果，不报告行为和严重后果之间是因与果的关系。如果结果的发生与行为人的不报告行为无关，就不应以本罪论处。 六、本罪的客观方面是由三个相互联系、不可分割的因素组成的。一是必须有丢失公务用枪的行为，二是行为人在丢枪后不及时报告，三是造成了严重的后果。所谓严重后果，即丢失的枪支被犯罪分子所利用而实施犯罪活动的或者造成了重伤、死亡或者重大公私财产损失等。
证据参考标准	主体方面的证据	**一、证明行为人刑事责任年龄、身份等自然情况的证据** 包括身份证明、户籍证明、任职证明、工作经历证明、特定职责证明等，主要是证明行为人的姓名（曾用名）、性别、出生年月日、民族、籍贯、出生地、职业（或职务）、住所地（或居所地）等证据材料，如户口簿、居民身份证、工作证、出生证、专业或技术等级证、干部履历表、职工登记表、护照等。 对于户籍、出生证等材料内容不实的，应提供其他证据材料。外国人犯罪的案件，应有护照等身份证明材料。人大代表、政协委员犯罪的案件，应注明身份，并附身份证明材料。 **二、证明行为人刑事责任能力的证据** 证明行为人对自己的行为是否具有辨认能力与控制能力，如是否属于间歇性精神病人、尚未完全丧失辨认或者控制自己行为能力的精神病人的证明材料。
	主观方面的证据	**一、证明行为人故意的证据** 1. 证明行为人明知的证据：证明行为人明知自己的行为会发生危害社会的结果；2. 证明直接故意的证据：证明行为人希望危害结果发生；3. 证明间接故意的证据：证明行为人放任危害结果发生。 **二、证明行为人过失的证据** 1. 证明行为人应当预见自己的行为可能发生危害社会的结果的证据；2. 证明疏忽大意的过失的证据；3. 证明过于自信的过失的证据。
	客观方面的证据	**证明行为人丢失枪支犯罪行为的证据** 具体证据包括：1. 证明行为人丢失枪支行为的证据。2. 证明行为人丢失枪支后不及时报告行为的证据。3. 证明行为人枪支被盗、被抢后不及时报告行为的证据。4. 证明造成严重后果的证据：（1）证明枪支被犯罪分子控制、掌握、使用的证据；

证据参考标准	**客观方面的证据**	（2）证明犯罪分子用该枪支进行杀人行为的证据；（3）证明犯罪分子用该枪支进行抢劫行为的证据；（4）证明犯罪分子用该枪支进行其他暴力犯罪行为的证据；（5）证明枪支拾得者因不懂枪支使用方法而造成误伤、误杀行为的证据。5. 证明行为人丢失枪支其他行为的证据。
	量刑方面的证据	**一、法定量刑情节证据** 1. 事实情节：（1）造成严重后果；（2）其他。2. 法定从重情节。3. 法定从轻减轻情节：（1）可以从轻；（2）可以从轻或减轻；（3）应当从轻或者减轻。4. 法定从轻减轻免除情节：（1）可以从轻、减轻或者免除处罚；（2）应当从轻、减轻或者免除处罚。5. 法定减轻免除情节：（1）可以减轻或者免除处罚；（2）应当减轻或者免除处罚；（3）可以免除处罚。 **二、酌定量刑情节证据** 1. 犯罪手段；2. 犯罪对象；3. 危害结果；4. 动机；5. 平时表现；6. 认罪态度；7. 是否有前科；8. 其他证据。

量刑标准	犯本罪的	处三年以下有期徒刑或者拘役

刑法条文	**第一百二十九条** 依法配备公务用枪的人员，丢失枪支不及时报告，造成严重后果的，处三年以下有期徒刑或者拘役。

法律适用	**相关法律法规**	**一、《中华人民共和国枪支管理法》（节录）**（1996 年 7 月 5 日中华人民共和国主席令第 72 号公布 自 1996 年 10 月 1 日起施行 2009 年 8 月 27 日第一次修正 2015 年 4 月 24 日第二次修正） **第四十四条** 违反本法规定，有下列行为之一的，由公安机关对个人或者单位负有直接责任的主管人员和其他直接责任人员处警告或者十五日以下拘留；构成犯罪的，依法追究刑事责任： （一）未按照规定的技术标准制造民用枪支的； （二）在禁止携带枪支的区域、场所携带枪支的； （三）不上缴报废枪支的； （四）枪支被盗、被抢或者丢失，不及时报告的； （五）制造、销售仿真枪的。 有前款第（一）项至第（三）项所列行为的，没收其枪支，可以并处五千元以下罚款；有前款第（五）项所列行为的，由公安机关、工商行政管理部门按照各自职责范围没收其仿真枪，可以并处制造、销售金额五倍以下的罚款，情节严重的，由工商行政管理部门吊销营业执照。 **第四十六条** 本法所称枪支，是指以火药或者压缩气体等为动力，利用管状器具发射金属弹丸或者其他物质，足以致人伤亡或者丧失知觉的各种枪支。

二、《专职守护押运人员枪支使用管理条例》（节录）（2002 年 7 月 27 日中华人民共和国国务院令第 356 号公布　自公布之日起施行）

第二条　本条例所称专职守护、押运人员，是指依法配备公务用枪的军工、金融、国家重要仓储、大型水利、电力、通讯工程、机要交通系统的专职守护、押运人员以及经省、自治区、直辖市人民政府公安机关批准从事武装守护、押运服务的保安服务公司的专职守护、押运人员。

第十四条　专职守护、押运人员有下列情形之一的，所在单位应当停止其执行武装守护、押运任务，收回其持枪证件，并及时将持枪证件上缴公安机关：

（一）拟调离专职守护、押运工作岗位的；

（二）理论和实弹射击考核不合格的；

（三）因刑事案件或者其他违法违纪案件被立案侦查、调查的；

（四）擅自改动枪支、更换枪支零部件的；

（五）违反规定携带、使用枪支或者将枪支交给他人，对枪支失去控制的；

（六）丢失枪支或者在枪支被盗、被抢事故中负有责任的。

专职守护、押运人员有前款第（四）项、第（五）项、第（六）项行为，造成严重后果的，依照刑法关于非法持有私藏枪支弹药罪、非法携带枪支弹药危及公共安全罪、非法出租出借枪支罪或者丢失枪支不报罪的规定，依法追究刑事责任；尚不够刑事处罚的，依照枪支管理法的规定，给予行政处罚。

第十五条　依法配备守护、押运公务用枪的单位违反枪支管理规定，有下列情形之一的，对直接负责的主管人员和其他直接责任人员依法给予记大过、降级或者撤职的行政处分或者相应的纪律处分；造成严重后果的，依照刑法关于玩忽职守罪、滥用职权罪、丢失枪支不报罪或者其他罪的规定，依法追究刑事责任：

（一）未建立或者未能有效执行持枪人员管理责任制度的；

（二）将不符合法定条件的专职守护、押运人员报送公安机关审批或者允许没有持枪证件的人员携带、使用枪支的；

（三）使用枪支后，不报告公安机关的；

（四）未建立或者未能有效执行枪支、弹药管理制度，造成枪支、弹药被盗、被抢或者丢失的；

（五）枪支、弹药被盗、被抢或者丢失，未及时报告公安机关的；

（六）不按照规定审验枪支的；

（七）不上缴报废枪支的；

（八）发生其他涉枪违法违纪案件的。

最高人民检察院、公安部《关于公安机关管辖的刑事案件立案追诉标准的规定（一）》（节录）（2008 年 6 月 25 日最高人民检察院、公安部公布　自公布之日起施行　公通字〔2008〕36 号　2017 年 4 月 27 日修正）

第六条　〔丢失枪支不报案（刑法第一百二十九条）〕依法配备公务用枪的人员，丢失枪支不及时报告，涉嫌下列情形之一的，应予立案追诉：

（一）丢失的枪支被他人使用造成人员轻伤以上伤亡事故的；

（二）丢失的枪支被他人利用进行违法犯罪活动的；

（三）其他造成严重后果的情形。

法律适用

相关法律法规

规章及规范性文件

51 非法携带枪支、弹药、管制刀具、危险物品危及公共安全案

概念　　本罪是指违反法律法规，非法携带枪支、弹药、管制刀具或者爆炸性、易燃性、放射性、毒害性、腐蚀性物品，进入公共场所或者公共交通工具，危及公共安全，情节严重的行为。

立案标准　　非法携带枪支、弹药、管制刀具或者爆炸性、易燃性、放射性、毒害性、腐蚀性物品，进入公共场所或者公共交通工具，危及公共安全，涉嫌下列情形之一的，应予立案追诉：

（1）携带枪支 1 支以上或者手榴弹、炸弹、地雷、手雷等具有杀伤性弹药 1 枚以上的；

（2）携带爆炸装置 1 套以上的；

（3）携带炸药、发射药、黑火药 500 克以上或者烟火药 1000 克以上、雷管 20 枚以上或者导火索、导爆索 20 米以上，或者虽未达到上述数量标准，但拒不交出的；

（4）携带的弹药、爆炸物在公共场所或者公共交通工具上发生爆炸或者燃烧，尚未造成严重后果的；

（5）携带管制刀具 20 把以上，或者虽未达到上述数量标准，但拒不交出，或者用来进行违法活动尚未构成其他犯罪的；

（6）携带的爆炸性、易燃性、放射性、毒害性、腐蚀性物品在公共场所或者公共交通工具上发生泄漏、遗洒，尚未造成严重后果的；

（7）其他情节严重的情形。

定罪标准

犯罪客体　　本罪侵犯的客体是不特定多数人的生命健康及重大公私财物的安全和国家对枪支、弹药、管制刀具或者危险物品进入公共场所或者公共交通工具的管理制度。本罪侵犯的对象是法律规定的特定对象，即枪支、弹药、管制刀具或者爆炸性、易燃性、放射性、毒害性、腐蚀性物品。

犯罪客观方面　　本罪在客观方面表现为非法携带枪支、弹药、管制刀具或者爆炸性、易燃性、放射性、毒害性、腐蚀性物品，进入公共场所或者公共交通工具，危及公共安全，情节严重的行为。"公共场所"是指车站、码头、机场、医院、商场、公园、影剧院、展览会、运动场或者其他公共场所。"公共交通工具"是指航空器、火车、公共汽车、电车和轮船等用于公共交通运输的交通工具。"管制刀具"是指国家依法进行管制，只能由特定人员持有、使用，禁止私自生产、买卖、持有的刀具，如匕首、弹簧刀、三棱刮刀等。"爆炸性物品"即具有爆炸性能的物品，如雷管、炸药、爆破剂等。"易燃性物品"是指汽油、煤油、酒精等物品。"放射性物品"是指铀、镭等各种具有放射性的物品。"毒害性物品"是指各种能够对人体造成毒害的物品，如毒药、农药等。"腐蚀性物品"是指各种对人体具有腐蚀作用的硫酸、盐酸等物品。所谓非法携带，是指未经国家有关部门许可，私自携带枪支、弹药、管制刀具或者危险物品进

定 罪 标 准	**犯罪 客观 方面**	入公共场所或者公共交通工具的行为。携带的方式包括随身佩带、手中握持或者夹带在其他物品中等多种方式。构成本罪必须是情节严重的行为，如一次携带大量的管制刀具或者造成严重后果的行为。构成本罪并不要求造成严重后果，只要是情节严重的行为，即构成本罪。
	犯罪 主体	本罪的主体是一般主体，即凡年满 16 周岁且具备刑事责任能力的自然人，均可成为本罪主体。
	犯罪 主观 方面	本罪在主观方面只能是故意，即行为人明知是枪支、弹药、管制刀具或者危险物品，而故意携带进入公共场所或者公共交通工具。至于行为人的动机如何，不影响本罪构成。但是应根据尚不能认定为是劫持航空器、船只、汽车、抢劫、绑架等犯罪而非法携带，否则，应以相应的犯罪论处，不构成本罪。如果行为人不知是枪支、弹药、管制刀具或者危险物品而携带进入公共场所或者公共交通工具的，则不以本罪论处。如某甲托某乙带一个装有管制刀具和危险物品的提包，某乙与某甲是熟人关系，不知包内有管制刀具和危险物品，只认为是一般物品而携带进入公共场所的行为，就不应以本罪论处。
	罪与 非罪	非法携带枪支、弹药、管制刀具、危险物品危及公共安全，必须是情节严重才构成犯罪。所谓情节严重，根据最高人民法院《关于审理非法制造、买卖、运输枪支、弹药、爆炸物等刑事案件具体应用法律若干问题的解释》的规定，非法携带枪支、弹药、爆炸物进入公共场所或者公共交通工具，危及公共安全，具有下列情形之一的，属于"情节严重"：携带枪支或者手榴弹的；携带爆炸装置的；携带炸药、发射药、黑火药 500 克以上或者烟火药 1000 克以上、雷管 20 枚以上或者导火索、导爆索 20 米以上的；携带的弹药、爆炸物在公共场所或者公共交通工具上发生爆炸或者燃烧，尚未造成严重后果的；具有其他严重情节的。行为人非法携带本条第 1 款第 3 项规定的爆炸物进入公共场所或者公共交通工具，虽未达到上述数量标准，但拒不交出的，依照《刑法》第 130 条的规定定罪处罚；携带的数量达到最低数量标准，能够主动、全部交出的，可不以犯罪论处。如果非法携带情节轻微尚不构成犯罪的，可由公安机关给予治安处罚。
	此罪 与 彼罪	本罪与危险物品肇事罪的界限。主要区别在于：(1) 发生的地点不同。前罪发生在公共场所或者公共交通工具上，后罪发生在生产、储存、运输等多个环节上。(2) 犯罪主体不同。前罪是一般主体，后罪只能是与生产、储存、运输、使用这些危险物品有关的人员，因而是特殊主体。(3) 犯罪的主观方面不同。前者是故意犯罪，后者是过失犯罪。(4) 前者是行为犯，即只需要实施了犯罪构成中所规定的行为，不必出现犯罪结果就可以构成本罪的既遂；后者是结果犯，即不仅要实施犯罪构成中所规定的行为，还要出现实际的危害结果，才能构成犯罪既遂。
证 据 参 考 标 准	**主体 方面 的 证据**	**一、证明行为人刑事责任年龄、身份等自然情况的证据** 包括身份证明、户籍证明、任职证明、工作经历证明、特定职责证明等，主要是证明行为人的姓名（曾用名）、性别、出生年月日、民族、籍贯、出生地、职业（或职务）、住所地（或居所地）等证据材料，如户口簿、居民身份证、工作证、出生证、专业或技术等级证、干部履历表、职工登记表、护照等。 对于户籍、出生证等材料内容不实的，应提供其他证据材料。外国人犯罪的案件，应有护照等身份证明材料。人大代表、政协委员犯罪的案件，应注明身份，并附身份证明材料。

证据参考标准	**主体方面的证据**	**二、证明行为人刑事责任能力的证据** 证明行为人对自己的行为是否具有辨认能力与控制能力，如是否属于间歇性精神病人、尚未完全丧失辨认或者控制自己行为能力的精神病人的证明材料。
	主观方面的证据	**证明行为人故意的证据** 1. 证明行为人明知的证据：证明行为人明知自己的行为会发生危害社会的结果；2. 证明直接故意的证据：证明行为人希望危害结果发生。
	客观方面的证据	**证明行为人非法携带枪支、弹药、管制刀具、危险物品危及公共安全犯罪行为的证据** 具体证据包括：1. 证明行为人携带枪支、弹药、管制刀具或者爆炸性、易燃性、放射性、毒害性、腐蚀性物品进入公共场所行为的证据：（1）公共活动的中心场所：①中心广场；②会堂。（2）商业服务场所：①商店；②市场。（3）文化娱乐场所：①剧场；②歌厅；③舞厅。（4）风景游览场所：①公园；②名胜古迹。（5）体育场所：①体育馆；②运动场。（6）交通场所：①车站；②码头；③机场。2. 证明行为人携带枪支、弹药、管制刀具或者爆炸性、易燃性、放射性、毒害性、腐蚀性物品进入公共交通工具行为的证据：（1）火车；（2）电车；（3）汽车；（4）船舶；（5）航空器；（6）其他证据。3. 证明行为人携带枪支、弹药、管制刀具进入公共场所、公共交通工具造成人员伤亡，后果严重的行为证据。4. 证明行为人携带爆炸性、易燃性、放射性、毒害性、腐蚀性物品进入公共场所、公共交通工具危及公共安全，情节严重行为的证据。
	量刑方面的证据	**一、法定量刑情节证据** 1. 事实情节：（1）情节严重；（2）其他。2. 法定从重情节。3. 法定从轻减轻情节：（1）可以从轻；（2）可以从轻或减轻；（3）应当从轻或者减轻。4. 法定从轻减轻免除情节：（1）可以从轻、减轻或者免除处罚；（2）应当从轻、减轻或者免除处罚。5. 法定减轻免除情节：（1）可以减轻或者免除处罚；（2）应当减轻或者免除处罚；（3）可以免除处罚。 **二、酌定量刑情节证据** 1. 犯罪手段：（1）非法携带；（2）其他。2. 犯罪对象。3. 危害结果。4. 动机。5. 平时表现。6. 认罪态度。7. 是否有前科。8. 其他证据。
量刑标准	犯本罪的	处三年以下有期徒刑、拘役或者管制
法律适用	**刑法条文**	**第一百三十条** 非法携带枪支、弹药、管制刀具或者爆炸性、易燃性、放射性、毒害性、腐蚀性物品，进入公共场所或者公共交通工具，危及公共安全，情节严重的，处三年以下有期徒刑、拘役或者管制。

一、最高人民法院《关于审理非法制造、买卖、运输枪支、弹药、爆炸物等刑事案件具体应用法律若干问题的解释》（节录）（2001年5月15日最高人民法院公布　自2001年5月16日起施行　法释〔2001〕15号　2009年11月16日修订）

第六条　非法携带枪支、弹药、爆炸物进入公共场所或者公共交通工具，危及公共安全，具有下列情形之一的，属于刑法第一百三十条规定的"情节严重"：

（一）携带枪支或者手榴弹的；

（二）携带爆炸装置的；

（三）携带炸药、发射药、黑火药五百克以上或者烟火药一千克以上、雷管二十枚以上或者导火索、导爆索二十米以上的；

（四）携带的弹药、爆炸物在公共场所或者公共交通工具上发生爆炸或者燃烧，尚未造成严重后果的；

（五）具有其他严重情节的。

行为人非法携带本条第一款第（三）项规定的爆炸物进入公共场所或者公共交通工具，虽未达到上述数量标准，但拒不交出的，依照刑法第一百三十条的规定定罪处罚；携带的数量达到最低数量标准，能够主动、全部交出的，可不以犯罪论处。

二、最高人民法院、最高人民检察院、公安部、工业和信息化部、住房和城乡建设部、交通运输部、应急管理部、国家铁路局、中国民用航空局、国家邮政局《关于依法惩治涉枪支、弹药、爆炸物、易燃易爆危险物品犯罪的意见》（节录）（2021年12月28日最高人民法院、最高人民检察院、公安部、工业和信息化部、住房和城乡建设部、交通运输部、应急管理部、国家铁路局、中国民用航空局、国家邮政局公布　自2021年12月31日起施行　法发〔2021〕35号）

8. 在水路、铁路、航空易燃易爆危险物品运输生产作业活动中违反有关安全管理的规定，有下列情形之一，明知存在重大事故隐患而不排除，足以危害公共安全的，依照刑法第一百一十四条的规定，以以危险方法危害公共安全罪定罪处罚；致人重伤、死亡或者使公私财产遭受重大损失的，依照刑法第一百一十五条第一款的规定处罚：

（1）未经依法批准或者许可，擅自从事易燃易爆危险物品运输的；

（2）委托无资质企业或者个人承运易燃易爆危险物品的；

（3）在托运的普通货物中夹带易燃易爆危险物品的；

（4）将易燃易爆危险物品谎报或者匿报为普通货物托运的；

（5）其他在水路、铁路、航空易燃易爆危险物品运输活动中违反有关安全管理规定的情形。

非法携带易燃易爆危险物品进入水路、铁路、航空公共交通工具或者有关公共场所，危及公共安全，情节严重的，依照刑法第一百三十条的规定，以非法携带危险物品危及公共安全罪定罪处罚。

9. 通过邮件、快件夹带易燃易爆危险物品，或者将易燃易爆危险物品谎报为普通物品交寄，符合本意见第5条至第8条规定的，依照各该条的规定定罪处罚。

三、最高人民法院、最高人民检察院、公安部、司法部、国家卫生和计划生育委员会（已撤销）《关于依法惩处涉医违法犯罪维护正常医疗秩序的意见》（节录）（2014年4月22日最高人民法院、最高人民检察院、公安部、司法部、国家卫生和计划生育委员会（已撤销）公布　自公布之日起施行　法发〔2014〕5号）

二、严格依法惩处涉医违法犯罪

（五）非法携带枪支、弹药、管制器具或者爆炸性、放射性、毒害性、腐蚀性物品进入医疗机构的，依照治安管理处罚法第三十条、第三十二条的规定处罚；危及公共安全情节严重，构成非法携带枪支、弹药、管制刀具、危险物品危及公共安全罪的，依照刑法的有关规定定罪处罚。

一、《中华人民共和国铁路法》（节录） (1990 年 9 月 7 日中华人民共和国主席令第 32 号公布　自 1991 年 5 月 1 日起施行　2009 年 8 月 27 日第一次修正　2015 年 4 月 24 日第二次修正)

第六十条第二款　携带炸药、雷管或者非法携带枪支子弹、管制刀具进站上车的，依照刑法有关规定追究刑事责任。

二、《中华人民共和国民用航空法》（节录） (1995 年 10 月 30 日中华人民共和国主席令第 56 号公布　1996 年 3 月 1 日起施行　2009 年 8 月 27 日第一次修正　2015 年 4 月 24 日第二次修正　2016 年 11 月 7 日第三次修正　2017 年 11 月 4 日第四次修正　2018 年 12 月 29 日第五次修正　2021 年 4 月 29 日第六次修正)

第一百九十三条　违反本法规定，隐匿携带炸药、雷管或者其他危险品乘坐民用航空器，或者以非危险品品名托运危险品的，依照刑法有关规定追究刑事责任。

企业事业单位犯前款罪的，判处罚金，并对直接负责的主管人员和其他直接责任人员依照前款规定追究刑事责任。

隐匿携带枪支子弹、管制刀具乘坐民用航空器的，依照刑法有关规定追究刑事责任。

三、《中华人民共和国枪支管理法》（节录） (1996 年 7 月 5 日中华人民共和国主席令第 72 号公布　自 1996 年 10 月 1 日起施行　2009 年 8 月 27 日第一次修正　2015 年 4 月 24 日第二次修正)

第四十四条　违反本法规定，有下列行为之一的，由公安机关对个人或者单位负有直接责任的主管人员和其他直接责任人员处警告或者十五日以下拘留；构成犯罪的，依法追究刑事责任：

（一）未按照规定的技术标准制造民用枪支的；

（二）在禁止携带枪支的区域、场所携带枪支的；

（三）不上缴报废枪支的；

（四）枪支被盗、被抢或者丢失，不及时报告的；

（五）制造、销售仿真枪的。

有前款第（一）项至第（三）项所列行为的，没收其枪支，可以并处五千元以下罚款；有前款第（五）项所列行为的，由公安机关、工商行政管理部门按照各自职责范围没收其仿真枪，可以并处制造、销售金额五倍以下的罚款，情节严重的，由工商行政管理部门吊销营业执照。

第四十六条　本法所称枪支，是指以火药或者压缩气体等为动力，利用管状器具发射金属弹丸或者其他物质，足以致人伤亡或者丧失知觉的各种枪支。

四、《娱乐场所管理条例》（节录） (2006 年 1 月 29 日中华人民共和国国务院令第 458 号公布　自 2006 年 3 月 1 日起施行　2016 年 2 月 6 日第一次修订　2020 年 11 月 29 日第二次修订)

第五十四条　娱乐场所违反有关治安管理或者消防管理法律、行政法规规定的，由公安部门依法予以处罚；构成犯罪的，依法追究刑事责任。

娱乐场所违反有关卫生、环境保护、价格、劳动等法律、行政法规规定的，由有关部门依法予以处罚；构成犯罪的，依法追究刑事责任。

娱乐场所及其从业人员与消费者发生争议的，应当依照消费者权益保护的法律规定解决；造成消费者人身、财产损害的，由娱乐场所依法予以赔偿。

法律适用

规章及规范性文件

一、最高人民检察院、公安部《关于公安机关管辖的刑事案件立案追诉标准的规定（一）》（节录）（2008年6月25日最高人民检察院、公安部公布　自公布之日起施行　公通字〔2008〕36号　2017年4月27日修订）

第七条　〔非法携带枪支、弹药、管制刀具、危险物品危及公共安全案（刑法第一百三十条）〕非法携带枪支、弹药、管制刀具或者爆炸性、易燃性、放射性、毒害性、腐蚀性物品，进入公共场所或者公共交通工具，危及公共安全，涉嫌下列情形之一的，应予立案追诉：

（一）携带枪支一支以上或者手榴弹、炸弹、地雷、手雷等具有杀伤性弹药一枚以上的；

（二）携带爆炸装置一套以上的；

（三）携带炸药、发射药、黑火药五百克以上或者烟火药一千克以上、雷管二十枚以上或者导火索、导爆索二十米以上，或者虽未达到上述数量标准，但拒不交出的；

（四）携带的弹药、爆炸物在公共场所或者公共交通工具上发生爆炸或者燃烧，尚未造成严重后果的；

（五）携带管制刀具二十把以上，或者虽未达到上述数量标准，但拒不交出，或者用来进行违法活动尚未构成其他犯罪的；

（六）携带的爆炸性、易燃性、放射性、毒害性、腐蚀性物品在公共场所或者公共交通工具上发生泄漏、遗洒，尚未造成严重后果的；

（七）其他情节严重的情形。

二、《管制刀具认定标准》（2007年1月14日公安部公布　自公布之日起施行公通字〔2007〕2号）

一、凡符合下列标准之一的，可以认定为管制刀具：

1. 匕首：带有刀柄、刀格和血槽，刀尖角度小于60度的单刃、双刃或多刃尖刀（见图一）。

图一

2. 三棱刮刀：具有三个刀刃的机械加工用刀具（见图二）。

图二

3. 带有自锁装置的弹簧刀（跳刀）：刀身展开或弹出后，可被刀柄内的弹簧或卡锁固定自锁的折叠刀具（见图三）。

图三

4. 其他相类似的单刃、双刃、三棱尖刀：刀尖角度小于60度，刀身长度超过150毫米的各类单刃、双刃和多刃刀具（见图四）。

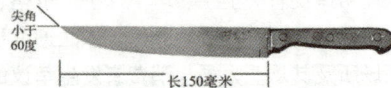

图四

5. 其他刀尖角度大于 60 度，刀身长度超过 220 毫米的各类单刃、双刃和多刃刀具（见图五）。

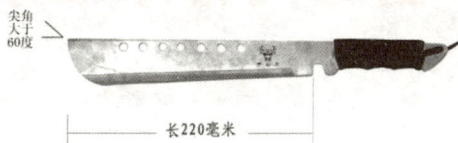

图五

二、未开刀刃且刀尖倒角半径 R 大于 2.5 毫米的各类武术、工艺、礼品等刀具不属于管制刀具范畴。

三、少数民族使用的藏刀、腰刀、靴刀、马刀等刀具的管制范围认定标准，由少数民族自治区（自治州、自治县）人民政府公安机关参照本标准制定。

四、述语说明：

1. 刀柄：是指刀上被用来握持的部分（见图六）。

2. 刀格（挡手）：是指刀上用来隔离刀柄与刀身的部分（见图六）。

3. 刀身：是指刀上用来完成切、削、刺等功能的部分（见图六）。

4. 血槽：是指刀身上的专用刻槽（见图六）。

5. 刀尖角度：是指刀刃与刀背（或另一侧刀刃）上距离刀尖顶点 10 毫米的点与刀尖顶点形成的角度（见图六）。

6. 刀刃（刃口）：是指刀身上用来切、削、砍的一边，一般情况下刃口厚度小于 0.5 毫米（见图六）。

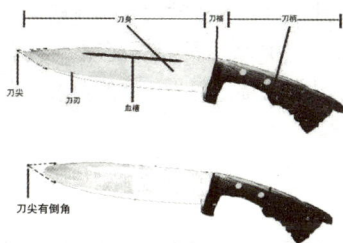

图六

7. 刀尖倒角：是指刀尖部所具有的圆弧度（见图七）。

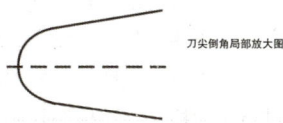

图七

三、公安部《关于将陶瓷类刀具纳入管制刀具管理问题的批复》（2010 年 4 月 7 日公安部公布　自公布之日起施行　公复字〔2010〕1 号）

北京市公安局：

你局《关于将陶瓷类刀具纳入管制刀具管理范围的请示》（京公治字〔2010〕282 号）收悉。现批复如下：

陶瓷类刀具具有超高硬度、超高耐磨、刃口锋利等特点，其技术特性已达到或超过了部分金属刀具的性能，对符合《管制刀具认定标准》（公通字〔2007〕2 号）规定的刀具类型、刀刃长度和刀尖角度等条件的陶瓷类刀具，应当作为管制刀具管理。

52 重大飞行事故案

概念　　本罪是指航空人员违反规章制度，因而发生重大飞行事故，危及公共安全，造成严重后果的行为。

立案标准　　根据《刑法》第 131 条的规定，航空人员违反规章制度，致使发生重大飞行事故，造成严重后果的，应当立案。

　　本罪是过失犯罪，必须"致使发生重大飞行事故，造成严重后果"的，才构成犯罪，予以立案。

定罪标准

犯罪客体

　　本罪侵犯的客体是空中运输的正常秩序和空中运输的安全。这些交通运输活动一旦发生重大事故，就会危及公共安全，使人民生命财产遭受重大损失。

　　飞机等航空器不同于火车、汽车、轮船等交通工具，其运行速度是其他交通工具所无法比拟的。随着市场经济的发展和人民生活水平的提高，它已被越来越多的人作为重要的远距离交通工具，同时，各种物资的航空运输也日益繁忙。适应这一需要，我国的民航事业在改革开放后有了飞速发展，航班、航线不断增多，航空公司大量出现，航运业务的扩大，需要大批合格的具有高度责任心的航空人员。同时，对于航空人员也应从法律上提出更为严格的要求。鉴于航空器的特殊性，《刑法》单设了重大飞行事故罪。

犯罪客观方面

　　本罪在客观方面表现为在空中运输活动中违反规章制度，因而发生重大事故，致人重伤、死亡或者使公私财产遭受重大损失的行为。具体而言，由以下三个因素组成：

　　一、航空人员必须有违反规章制度，致使发生重大飞行事故，造成严重后果的行为。违反规章制度是指违反与飞行安全有关的规章制度，例如，航空维修人员不认真检查、维修航空器，未及时发现航空器的故障；领航员领航不正确，飞机起飞前，机长不对航空器进行全面检查，飞机遇险时机长未采取必要的挽救措施；机组人员未经机长批准擅自离开航空器等。

　　二、必须造成发生重大飞行事故，致人重伤、死亡或者使公私财产遭受重大损失的严重后果。改为根据《生产安全事故报告和调查处理条例》的规定，重大飞行事故是指造成 10 人以上 30 人以下死亡，或者 50 人以上 100 人以下重伤，或者 5000 万元以上 1 亿元以下直接经济损失的事故。重大飞行事故应根据《民用航空器事件调查规定》确定。所谓严重后果，一般是指飞机等航空器或者其他航空设施受到严重损坏，航空器上人员遭受重伤，公私财产受到严重损失等。如果造成了飞机坠毁或者人员死亡的，应适用《刑法》第 131 条规定给予刑事处罚。如果只有航空人员的违章行为，没有实际发生重大飞行事故，则对行为人予以行政处分，不追究其刑事责任。

定罪标准	犯罪客观方面	三、严重后果必须是违章行为引起的，二者之间存在因果关系。违反规章制度，致人重伤、死亡或者使公私财产遭受重大损失的行为，必须发生在从始发机场准备载人装货至终点机场旅客离去、货物卸完的整个交通运输活动过程中。 以上三个因素是相互联系、相互制约，不可分割、缺一不可。
	犯罪主体	本罪的主体为特殊主体，主体必须是航空人员。根据《民用航空法》的规定，航空人员，是指从事民用航空活动的空勤人员和地勤人员。空勤人员包括驾驶员、领航员、飞行通信员、机械员、乘务员；地勤人员包括民用航空维护人员、空中交通管制员、飞行签派员、航空台通信员。因为他们担负的职责同交通运输安全有直接关系，一旦不正确履行自己的职责，都可能造成重大事故。
	犯罪主观方面	本罪在主观方面表现为过失，包括疏忽大意的过失和过于自信的过失。这种过失主要是指行为人对危害后果的态度而言。行为人在违反规章制度上可能出于故意，但他对于发生飞行事故的严重后果则是过失的，即他应当预见而未预见到可能发生严重后果，或者虽然预见，但轻信可以避免，以致发生了严重的后果。如果出于故意，就不构成本罪，而属于其他犯罪了。至于违反规章制度，则可以表现为有意的。
	罪与非罪	区分罪与非罪的界限，要注意以下四点：一看行为人的行为是否违反规章制度。如果行为人的行为是照章行事的，不违反规章制度，即使发生重大事故，致人重伤、死亡或者使公私财产遭受重大损失，也不构成犯罪。二看是否造成了严重后果。行为人虽然违反了规章制度，但未造成严重后果的，不构成犯罪。三看违章行为与严重后果之间是否有因果关系。即使在行为人的违章行为之后，发生了重大事故，但不是行为人的违章行为引起的，二者之间没有因果关系，不构成犯罪。四看行为人主观上有无过失。如果行为人主观上既无故意，又无过失，严重后果是由于不能预见或者不可抗拒的原因引起的，属于意外事件。
	此罪与彼罪	一、本罪与暴力危及飞行安全罪的界限。两者都是与飞行安全有关的犯罪，其主要区别在于：（1）犯罪主体不同。重大飞行事故罪的犯罪主体是特殊主体，仅限于航空人员；暴力危及飞行安全罪的犯罪主体是一般主体，而且实践中一般为航空人员以外的人。（2）犯罪客观方面不同。重大飞行事故罪表现为航空人员违反规章制度，发生重大飞行事故，造成严重后果的行为；暴力危及飞行安全罪则表现为对飞行中的航空器上的人员使用暴力，危及飞行安全的行为。（3）构成犯罪的要求不同。重大飞行事故罪要求行为人实施违章行为之外，还必须发生特定的重大飞行事故和严重后果，方可构成犯罪；暴力危及飞行安全罪是危险犯，犯罪的成立并不要求出现实际的严重后果，只要对飞行中的航空器上的人员使用暴力，危及飞行安全的，即可构成犯罪，如果出现了实际的严重后果，则构成结果加重犯，在较重的量刑档次内裁量刑罚。（4）犯罪主观方面不同。重大飞行事故罪是过失犯罪，在主观方面表现为过失；暴力危及飞行安全罪是故意犯罪，在主观方面表现为故意。 二、本罪与过失损坏交通工具罪、过失损坏交通设施罪的界限。它们都是过失犯罪，都会造成一定的严重后果并以此作为构成犯罪的必备要件，它们的主要区别在于：（1）犯罪主体不同。前者的犯罪主体是特殊主体，仅限于航空人员；后者的犯罪

定罪标准	**此罪与彼罪**	主体是一般主体。（2）发生严重后果的原因不同。前者发生的原因是由于航空人员违反规章制度，实施了违章行为；后者发生的原因则是由于行为人实施了对交通工具、交通设施的损坏行为。在司法实践中，航空人员在工作中过失损坏航空器的重要部件或机场重要设施，从而发生重大飞行事故，造成严重后果的，应看行为人的过失损坏行为是否违反规章制度而定。如果违反了规章制度，则应是重大飞行事故罪；如果没有违反规章制度，则应定为过失损坏交通工具罪或过失损坏交通设施罪。 三、本罪与重大责任事故罪的界限。两者都是过失犯罪，都实施了违反规章制度的行为，并且以发生重大事故，造成严重后果作为构成犯罪的必备条件。两者的主要区别在于：（1）犯罪主体不同。重大飞行事故罪的犯罪主体仅限于航空人员；重大责任事故罪的犯罪主体则是直接从事生产、科研作业的人员和负责指挥、领导生产、科研、作业活动的管理人员。（2）发生的场合不同。重大飞行事故罪发生在航空器的飞行过程中；而重大责任事故罪则发生在生产、作业过程中。
证据参考标准	**主体方面的证据**	**一、证明行为人刑事责任年龄、身份等自然情况的证据** 包括身份证明、户籍证明、任职证明、工作经历证明、特定职责证明等，主要是证明行为人的姓名（曾用名）、性别、出生年月日、民族、籍贯、出生地、职业（或职务）、住所地（或居所地）等证据材料，如户口簿、居民身份证、工作证、出生证、专业或技术等级证、干部履历表、职工登记表、护照等。 对于户籍、出生证等材料内容不实的，应提供其他证据材料。外国人犯罪的案件，应有护照等身份证明材料。人大代表、政协委员犯罪的案件，应注明身份，并附身份证明材料。 **二、证明行为人刑事责任能力的证据** 证明行为人对自己的行为是否具有辨认能力与控制能力，如是否属于间歇性精神病人、尚未完全丧失辨认或者控制自己行为能力的精神病人的证明材料。
	主观方面的证据	**证明行为人过失的证据** 1. 证明行为人应当预见自己的行为可能发生危害社会的结果的证据；2. 证明疏忽大意的过失的证据；3. 证明过于自信的过失的证据。
	客观方面的证据	**证明行为人重大飞行事故犯罪行为的证据** 具体证据包括：1. 证明行为人违反保障航空安全规章制度行为的证据：（1）飞行规程；（2）安全规程；（3）操作规程；（4）其他。2. 证明起飞前，不对航空器实施必要检查行为的证据。3. 证明行为人受到酒类饮料的影响，损及工作能力而执行飞行任务行为的证据。4. 证明行为人受到麻醉剂或者其他药物影响，损及工作能力而执行飞行任务行为的证据。5. 证明航空人员违反规章制度而造成飞行事故的证据：（1）驾驶员；（2）领航员；（3）飞行机械员；（4）飞行通信员；（5）乘务员；（6）飞行签派员；（7）航空站飞行调度员；（8）其他。6. 证明航空器遭受重大损害的证据。7. 证明人员重伤或者使公私财物遭受重大损失的证据。8. 证明造成飞机坠毁或者人员死亡的证据。

证据参考标准	量刑方面的证据	一、法定量刑情节证据 　　1. 事实情节：（1）造成严重后果；（2）其他。2. 法定从重情节。3. 法定从轻减轻情节：（1）可以从轻；（2）可以从轻或减轻；（3）应当从轻或者减轻。4. 法定从轻减轻免除情节：（1）可以从轻、减轻或者免除处罚；（2）应当从轻、减轻或者免除处罚。5. 法定减轻免除情节：（1）可以减轻或者免除处罚；（2）应当减轻或者免除处罚；（3）可以免除处罚。 二、酌定量刑情节证据 　　1. 犯罪手段：（1）违章飞行；（2）酒后飞行；（3）其他。2. 犯罪对象。3. 危害结果。4. 动机。5. 平时表现。6. 认罪态度。7. 是否有前科。8. 其他证据。

量刑标准	犯本罪的	处三年以下有期徒刑或者拘役
	造成飞机坠毁或者人员死亡的	处三年以上七年以下有期徒刑

	刑法条文	**第一百三十一条**　航空人员违反规章制度，致使发生重大飞行事故，造成严重后果的，处三年以下有期徒刑或者拘役；造成飞机坠毁或者人员死亡的，处三年以上七年以下有期徒刑。
法律适用	相关法律法规	**一、《中华人民共和国民用航空法》（节录）**（1995 年 10 月 30 日中华人民共和国主席令第 56 号公布　自 1996 年 3 月 1 日起施行　2009 年 8 月 27 日第一次修正　2015 年 4 月 24 日第二次修正　2016 年 11 月 7 日第三次修正　2017 年 11 月 4 日第四次修正　2018 年 12 月 29 日第五次修正　2021 年 4 月 29 日第六次修正） 　　**第一百九十九条**　航空人员玩忽职守，或者违反规章制度，导致发生重大飞行事故，造成严重后果的，依照刑法有关规定追究刑事责任。 　　**二、《通用航空飞行管制条例》（节录）**（2003 年 1 月 10 日中华人民共和国国务院、中华人民共和国中央军事委员会令第 371 号公布　自 2003 年 5 月 1 日起施行） 　　**第三条**　本条例所称通用航空，是指除军事、警务、海关缉私飞行和公共航空运输飞行以外的航空活动，包括从事工业、农业、林业、渔业、矿业、建筑业的作业飞行和医疗卫生、抢险救灾、气象探测、海洋监测、科学实验、遥感测绘、教育训练、文化体育、旅游观光等方面的飞行活动。 　　**第四条**　从事通用航空飞行活动的单位、个人，必须按照《中华人民共和国民用航空法》的规定取得从事通用航空活动的资格，并遵守国家有关法律、行政法规的规定。 　　**第五条**　飞行管制部门按照职责分工，负责对通用航空飞行活动实施管理，提供空中交通管制服务。相关飞行保障单位应当积极协调配合，做好有关服务保障工作，为通用航空飞行活动创造便利条件。 　　**第四十条**　违反本条例规定，《中华人民共和国民用航空法》、《中华人民共和国飞行基本规则》及有关行政法规对其处罚有规定的，从其规定；没有规定的，适用本章规定。 　　**第四十一条**　从事通用航空飞行活动的单位、个人违反本条例规定，有下列情形之一的，由有关部门按照职责分工责令改正，给予警告；情节严重的，处 2 万元以上 10 万元以下罚款，并可给予责令停飞 1 个月至 3 个月、暂扣直至吊销经营许可证、飞行执照的处罚；造成重大事故或者严重后果的，依照刑法关于重大飞行事故罪或者其

他罪的规定，依法追究刑事责任：

（一）未经批准擅自飞行的；

（二）未按批准的飞行计划飞行的；

（三）不及时报告或者漏报飞行动态的；

（四）未经批准飞入空中限制区、空中危险区的。

第四十二条　违反本条例规定，未经批准飞入空中禁区的，由有关部门按照国家有关规定处置。

三、《生产安全事故报告和调查处理条例》（节录）（2007年4月9日中华人民共和国国务院令第493号公布　自2007年6月1日起施行）

第三条　根据生产安全事故（以下简称事故）造成的人员伤亡或者直接经济损失，事故一般分为以下等级：

（一）特别重大事故，是指造成30人以上死亡，或者100人以上重伤（包括急性工业中毒，下同），或者1亿元以上直接经济损失的事故；

（二）重大事故，是指造成10人以上30人以下死亡，或者50人以上100人以下重伤，或者5000万元以上1亿元以下直接经济损失的事故；

（三）较大事故，是指造成3人以上10人以下死亡，或者10人以上50人以下重伤，或者1000万元以上5000万元以下直接经济损失的事故；

（四）一般事故，是指造成3人以下死亡，或者10人以下重伤，或者1000万元以下直接经济损失的事故。

国务院安全生产监督管理部门可以会同国务院有关部门，制定事故等级划分的补充性规定。本条第一款所称的"以上"包括本数，所称的"以下"不包括本数。

《民用航空器事件技术调查规定》（节录）（2020年1月3日中华人民共和国交通运输部令第2号公布　自2020年4月1日起施行　2022年11月1日修正）

第三条　本规定所称民用航空器事件（以下简称事件），包括民用航空器事故（以下简称事故）、民用航空器征候（以下简称征候）以及民用航空器一般事件（以下简称一般事件）。

本规定所称事故，是指对于有人驾驶航空器而言，从任何人登上航空器准备飞行直至所有这类人员下了航空器为止的时间内，或者对于获得民航局设计或者运行批准的无人驾驶航空器而言，从航空器为飞行目的准备移动直至飞行结束停止移动且主要推进系统停车的时间内，或者其他在机场活动区内发生的与民用航空器有关的下列事件：

（一）人员死亡或者重伤。但是，由于自然、自身或者他人原因造成的人员伤亡，以及由于偷乘航空器藏匿在供旅客和机组使用区域外造成的人员伤亡除外。

（二）航空器损毁无法修复或者严重损坏。

（三）航空器失踪或者处于无法接近的地方。

本规定所称征候，是指在民用航空器运行阶段或者在机场活动区内发生的与航空器有关的，未构成事故但影响或者可能影响安全的事件。

本规定所称一般事件，是指在民用航空器运行阶段或者在机场活动区内发生的与航空器有关的航空器损伤、人员受伤或者其他影响安全的情况，但其严重程度未构成征候的事件。

第四条　事故等级分为特别重大事故、重大事故、较大事故和一般事故，具体划分按照有关规定执行。

征候分类及等级的具体划分按照民航局有关规定执行。

53 铁路运营安全事故案

概念	本罪是指铁路职工违反规章制度，致使发生铁路运营安全事故，造成严重后果的行为。
立案标准	根据《刑法》第 132 条的规定，铁路职工违反规章制度，致使发生铁路运营安全事故，造成严重后果的，应当立案。 本罪是过失犯罪，必须"致使发生铁路运营安全事故，造成严重后果"的，才构成犯罪，予以立案。所谓"造成严重后果"，根据最高人民法院、最高人民检察院《关于办理危害生产安全刑事案件适用法律若干问题的解释》第 6 条之规定，具有下列情形之一的，应当认定为"造成严重后果"： （1）造成死亡 1 人以上，或者重伤 3 人以上的； （2）造成直接经济损失 100 万元以上的； （3）其他造成严重后果或者重大安全事故的情形。

定罪标准	**犯罪客体**	本罪侵犯的客体是铁路运输的正常秩序和铁路运输的安全。 铁路是国民经济的大动脉，担负着全国最大比重的旅客和货物运输任务。铁路运输联结各行各业、千家万户。这些交通运输活动一旦发生重大事故，就会危及公共安全，使人民生命财产遭受重大损失。
	犯罪客观方面	本罪在客观方面表现为在铁路运输活动中违反规章制度，因而发生运营事故，情节严重的行为。 一、行为必须违反同保障铁路运输安全有直接关系的各种规章制度。"违反规章制度"是构成本罪的前提，同时，由于这种违反规章制度的行为，导致了铁路运营事故的发生。如果运营事故不是由违反规章制度的行为所引起，则行为人不受处罚。铁路职工违反规章制度的行为可以是作为，如超速行驶、错扳道岔、错发信号等，也可以是不作为，如过道口未鸣笛示警、扳道员不按时扳道岔、岔道口不减速等。 二、必须造成重大事故，致人重伤、死亡或者使公私财产遭受重大损失的严重后果。本条所称"严重后果"，根据最高人民法院、最高人民检察院《关于办理危害生产安全刑事案件适用法律若干问题的解释》第 6 条之规定，包括下列情形：（1）造成死亡 1 人以上，或者重伤 3 人以上的；（2）造成直接经济损失 100 万元以上的；（3）其他造成严重后果或者重大安全事故的情形。"特别严重后果"，包括下列情形：（1）造成死亡 3 人以上或者重伤 10 人以上，负事故主要责任的；（2）造成直接经济损失 500 万元以上，负事故主要责任的；（3）其他造成特别严重后果、情节特别恶劣或者后果特别严重的情形。 三、严重后果必须是违章行为引起的，二者之间存在因果关系。违反规章制度，致人重伤、死亡或者使公私财产遭受重大损失的行为，必须发生在从始发车站准备载人装货至终点车站旅客离去、货物卸完的整个交通运输活动过程中。

定罪标准	**犯罪主体**	本罪的主体为特殊主体。只有铁路职工才能成为本罪主体。这里所称的铁路职工，是指具体从事铁路运营业务，与保证列车运营安全有直接关系的人员。包括具体操纵机车的司机；铁路运营设备的其他操纵人员，如扳道员、挂钩员；列车运营活动的直接领导和指挥人员，如调度员；列车安全的管理人员，如信号员，等等。如果是铁路部门的非运营第一线职工，则不能成为本罪主体。
	犯罪主观方面	本罪在主观方面表现为过失，包括疏忽大意的过失和过于自信的过失。这种过失主要是指行为人对危害后果的态度而言。行为人在违反规章制度上可能出于故意，但对于发生运营事故的严重后果则是过失的，即应当预见而未预见到可能发生严重后果，或者虽然预见，但轻信可以避免，以致发生了严重后果。如果出于故意，就不属于铁路运营安全事故罪，而属于其他犯罪了。
	罪与非罪	区别罪与非罪的界限要注意：一看行为人的行为是否违反规章制度。如果行为人的行为是照章行事的，不违反规章制度，即使发生重大事故，致人重伤、死亡或者使公私财产遭受重大损失，也不构成犯罪。二看是否造成了严重后果。行为人虽然违反了规章制度，但未造成严重后果的，不构成犯罪。三看违章行为与严重后果之间是否有因果关系。即使在行为人的违章行为之后，发生了重大事故，但不是行为人的违章行为引起的，二者之间没有因果关系，不构成犯罪。四看行为人主观上有无过失。如果行为人主观上既无故意，又无过失，严重后果是由于不能预见或者不可抗拒的原因引起的，属于意外事件，不构成犯罪。至于在实践中违反规章制度，则可以表现为有意的。
	此罪与彼罪	一、本罪与交通肇事罪的界限。两罪都是过失犯罪，行为人都实施了违反规章制度的行为，都造成了重大事故，并且都是属于交通方面的重大事故。但是，两者有明显区别：(1) 犯罪主体不同。铁路运营安全事故罪的犯罪主体是特殊主体，仅限于铁路职工；交通肇事罪的犯罪主体是一般主体，包括交通运输人员和非交通运输人员。(2) 违反的规章制度不同。铁路运营安全事故罪违反的是铁路等部门制定的有关运输管理、维修管理、操作规程、安全管理等方面的规章制度；交通肇事罪违反的是同保证交通运输安全有直接关系的各种法律、法规与制度，其范围较广。(3) 犯罪客体稍有不同。铁路运营安全事故罪侵犯的客体是铁路运营的安全；交通肇事罪侵犯的客体主要是陆路和水路交通运输的安全。 二、本罪与重大责任事故罪的界限。两者都是过失犯罪，行为人都有违反规章制度的行为，并且都发生了重大事故，造成了严重后果。两者的区别主要有：(1) 犯罪主体不同。铁路运营安全事故罪的犯罪主体只能是铁路职工；重大责任事故罪的主体为对生产、作业负有组织、指挥或者管理职责的负责人、管理人员、实际控制人、投资人等人员，以及直接从事生产、作用的人员。(2) 发生的场合不同。铁路运营安全事故罪发生在列车运营过程中；重大责任事故罪则发生在生产、作业过程中。
证据参考标准	**主体方面的证据**	**一、证明行为人刑事责任年龄、身份等自然情况的证据** 包括身份证明、户籍证明、任职证明、工作经历证明、特定职责证明等，主要是证明铁路职工的姓名（曾用名）、性别、出生年月日、民族、籍贯、出生地、职业（或职务）、住所地（或居所地）等证据材料，如户口簿、居民身份证、工作证、出生证、专业或技术等级证、干部履历表、职工登记表、护照等。

证据参考标准	**主体方面的证据**	对于户籍、出生证等材料内容不实的，应提供其他证据材料。外国人犯罪的案件，应有护照等身份证明材料。人大代表、政协委员犯罪的案件，应注明身份，并附身份证明材料。 **二、证明行为人刑事责任能力的证据** 证明铁路职工对自己的行为是否具有辨认能力与控制能力，如是否属于间歇性精神病人、尚未完全丧失辨认或者控制自己行为能力的精神病人的证明材料。
	主观方面的证据	**证明铁路职工过失的证据** 1. 证明铁路职工过失的证据：证明行为人应当预见自己的行为可能发生危害社会的结果；2. 证明疏忽大意的过失的证据；3. 证明过于自信的过失的证据。
	客观方面的证据	**证明铁路职工铁路运营安全事故犯罪行为的证据** 具体证据包括：1. 证明铁路职工违反保证铁路运营安全的规章制度的行为的证据：（1）证明铁路职工擅离工作岗位行为的证据；（2）证明铁路职工不按程序实行标准作业行为的证据；（3）证明铁路职工不定期对铁路设施进行检查、维修行为的证据。2. 证明铁路职工疏忽大意、过于自信、工作不认真负责任行为的证据：（1）证明火车司机驾车行驶不认真行为的证据；（2）证明道口不鸣笛示警行为的证据；（3）证明扳道员扳道不及时、信号员信号不准确、道口看守员不负责任行为的证据；（4）证明调度员调度线路不对行为的证据。3. 证明铁路职工造成严重后果的证据：（1）死亡1人以上；（2）致人重伤3人以上；（3）造成直接经济损失100万元以上。4. 证明铁路职工造成特别严重后果的证据。
	量刑方面的证据	**一、法定量刑情节证据** 1. 事实情节：（1）严重后果；（2）特别严重后果。2. 法定从重情节。3. 法定从轻减轻情节：（1）可以从轻；（2）可以从轻或减轻；（3）应当从轻或者减轻。4. 法定从轻减轻免除情节：（1）可以从轻、减轻或者免除处罚；（2）应当从轻、减轻或者免除处罚。5. 法定减轻免除情节：（1）可以减轻或者免除处罚；（2）应当减轻或者免除处罚；（3）可以免除处罚。 **二、酌定量刑情节证据** 1. 犯罪手段：（1）违章运行；（2）指挥调度失误。2. 犯罪对象。3. 危害结果：（1）人员伤亡；（2）经济损失。4. 动机。5. 平时表现。6. 认罪态度。7. 是否有前科。8. 其他证据。
量刑标准	犯本罪的	处三年以下有期徒刑或者拘役
	造成特别严重后果的	处三年以上七年以下有期徒刑
法律适用	**刑法条文**	**第一百三十二条** 铁路职工违反规章制度，致使发生铁路运营安全事故，造成严重后果的，处三年以下有期徒刑或者拘役；造成特别严重后果的，处三年以上七年以下有期徒刑。

最高人民法院、最高人民检察院《关于办理危害生产安全刑事案件适用法律若干问题的解释》（节录）（2015 年 12 月 14 日最高人民法院、最高人民检察院公布　自 2015 年 12 月 16 日起施行　法释〔2015〕22 号）

第六条　实施刑法第一百三十二条、第一百三十四条第一款、第一百三十五条、第一百三十五条之一、第一百三十六条、第一百三十九条规定的行为，因而发生安全事故，具有下列情形之一的，应当认定为"造成严重后果"或者"发生重大伤亡事故或者造成其他严重后果"，对相关责任人员，处三年以下有期徒刑或者拘役：

（一）造成死亡一人以上，或者重伤三人以上的；

（二）造成直接经济损失一百万元以上的；

（三）其他造成严重后果或者重大安全事故的情形。

实施刑法第一百三十四条第二款规定的行为，因而发生安全事故，具有本条第一款规定情形的，应当认定为"发生重大伤亡事故或者造成其他严重后果"，对相关责任人员，处五年以下有期徒刑或者拘役。

实施刑法第一百三十七条规定的行为，因而发生安全事故，具有本条第一款规定情形的，应当认定为"造成重大安全事故"，对直接责任人员，处五年以下有期徒刑或者拘役，并处罚金。

实施刑法第一百三十八条规定的行为，因而发生安全事故，具有本条第一款第一项规定情形的，应当认定为"发生重大伤亡事故"，对直接责任人员，处三年以下有期徒刑或者拘役。

第七条　实施刑法第一百三十二条、第一百三十四条第一款、第一百三十五条、第一百三十五条之一、第一百三十六条、第一百三十九条规定的行为，因而发生安全事故，具有下列情形之一的，对相关责任人员，处三年以上七年以下有期徒刑：

（一）造成死亡三人以上或者重伤十人以上，负事故主要责任的；

（二）造成直接经济损失五百万元以上，负事故主要责任的；

（三）其他造成特别严重后果、情节特别恶劣或者后果特别严重的情形。

实施刑法第一百三十四条第二款规定的行为，因而发生安全事故，具有本条第一款规定情形的，对相关责任人员，处五年以上有期徒刑。

实施刑法第一百三十七条规定的行为，因而发生安全事故，具有本条第一款规定情形的，对直接责任人员，处五年以上十年以下有期徒刑，并处罚金。

实施刑法第一百三十八条规定的行为，因而发生安全事故，具有下列情形之一的，对直接责任人员，处三年以上七年以下有期徒刑：

（一）造成死亡三人以上或者重伤十人以上，负事故主要责任的；

（二）具有本解释第六条第一款第一项规定情形，同时造成直接经济损失五百万元以上并负事故主要责任的，或者同时造成恶劣社会影响的。

第十条　在安全事故发生后，直接负责的主管人员和其他直接责任人员故意阻挠开展抢救，导致人员死亡或者重伤，或者为了逃避法律追究，对被害人进行隐藏、遗弃，致使被害人因无法得到救助而死亡或者重度残疾的，分别依照刑法第二百三十二条、第二百三十四条的规定，以故意杀人罪或者故意伤害罪定罪处罚。

第十一条　生产不符合保障人身、财产安全的国家标准、行业标准的安全设备，或者明知安全设备不符合保障人身、财产安全的国家标准、行业标准而进行销售，致使发生安全事故，造成严重后果的，依照刑法第一百四十六条的规定，以生产、销售不符合安全标准的产品罪定罪处罚。

法律适用　司法解释

司法解释

第十二条 实施刑法第一百三十二条、第一百三十四条至第一百三十九条之一规定的犯罪行为，具有下列情形之一的，从重处罚：

（一）未依法取得安全许可证件或者安全许可证件过期、被暂扣、吊销、注销后从事生产经营活动的；

（二）关闭、破坏必要的安全监控和报警设备的；

（三）已经发现事故隐患，经有关部门或者个人提出后，仍不采取措施的；

（四）一年内曾因危害生产安全违法犯罪活动受过行政处罚或者刑事处罚的；

（五）采取弄虚作假、行贿等手段，故意逃避、阻挠负有安全监督管理职责的部门实施监督检查的；

（六）安全事故发生后转移财产意图逃避承担责任的；

（七）其他从重处罚的情形。

实施前款第五项规定的行为，同时构成刑法第三百八十九条规定的犯罪的，依照数罪并罚的规定处罚。

第十三条 实施刑法第一百三十二条、第一百三十四条至第一百三十九条之一规定的犯罪行为，在安全事故发生后积极组织、参与事故抢救，或者积极配合调查、主动赔偿损失的，可以酌情从轻处罚。

第十六条 对于实施危害生产安全犯罪适用缓刑的犯罪分子，可以根据犯罪情况，禁止其在缓刑考验期限内从事与安全生产相关联的特定活动；对于被判处刑罚的犯罪分子，可以根据犯罪情况和预防再犯罪的需要，禁止其自刑罚执行完毕之日或者假释之日起三年至五年内从事与安全生产相关的职业。

相关法律法规

《中华人民共和国铁路法》（节录）（1990 年 9 月 7 日中华人民共和国主席令第 32 号公布　自 1991 年 5 月 1 日起施行　2009 年 8 月 27 日第一次修正　2015 年 4 月 24 日第二次修正）

第七十一条 铁路职工玩忽职守、违反规章制度造成铁路运营事故的，滥用职权、利用办理运输业务之便谋取私利的，给予行政处分；情节严重、构成犯罪的，依照刑法有关规定追究刑事责任。

规章及规范性文件

铁道部（已撤销）《铁路交通事故调查处理规则》（节录）（2007 年 8 月 28 日中华人民共和国铁道部令第 30 号公布　自 2007 年 9 月 1 日起施行）

第八条 有下列情形之一的，为特别重大事故：

（一）造成 30 人以上死亡。

（二）造成 100 人以上重伤（包括急性工业中毒，下同）。

（三）造成 1 亿元以上直接经济损失。

（四）繁忙干线客运列车脱轨 18 辆以上并中断铁路行车 48 小时以上。

（五）繁忙干线货运列车脱轨 60 辆以上并中断铁路行车 48 小时以上。

第九条 有下列情形之一的，为重大事故：

（一）造成 10 人以上 30 人以下死亡。

（二）造成 50 人以上 100 人以下重伤。

（三）造成 5000 万元以上 1 亿元以下直接经济损失。

（四）客运列车脱轨 18 辆以上。

（五）货运列车脱轨 60 辆以上。

（六）客运列车脱轨 2 辆以上 18 辆以下，并中断繁忙干线铁路行车 24 小时以上或者中断其他线路铁路行车 48 小时以上。

（七）货运列车脱轨 6 辆以上 60 辆以下，并中断繁忙干线铁路行车 24 小时以上或者中断其他线路铁路行车 48 小时以上。

第十条　有下列情形之一的，为较大事故：

（一）造成 3 人以上 10 人以下死亡。

（二）造成 10 人以上 50 人以下重伤。

（三）造成 1000 万元以上 5000 万元以下直接经济损失。

（四）客运列车脱轨 2 辆以上 18 辆以下。

（五）货运列车脱轨 6 辆以上 60 辆以下。

（六）中断繁忙干线铁路行车 6 小时以上。

（七）中断其他线路铁路行车 10 小时以上。

第十一条　一般事故分为：一般 A 类事故、一般 B 类事故、一般 C 类事故、一般 D 类事故。

第十二条　有下列情形之一，未构成较大以上事故的，为一般 A 类事故：

A1. 造成 2 人死亡。

A2. 造成 5 人以上 10 人以下重伤。

A3. 造成 500 万元以上 1000 万元以下直接经济损失。

A4. 列车及调车作业中发生冲突、脱轨、火灾、爆炸、相撞，造成下列后果之一的：

A4.1 繁忙干线双线之一线或单线行车中断 3 小时以上 6 小时以下，双线行车中断 2 小时以上 6 小时以下。

A4.2 其他线路双线之一线或单线行车中断 6 小时以上 10 小时以下，双线行车中断 3 小时以上 10 小时以下。

A4.3 客运列车耽误本列 4 小时以上。

A4.4 客运列车脱轨 1 辆。

A4.5 客运列车中途摘车 2 辆以上。

A4.6 客车报废 1 辆或大破 2 辆以上。

A4.7 机车大破 1 台以上。

A4.8 动车组中破 1 辆以上。

A4.9 货运列车脱轨 4 辆以上 6 辆以下。

第十三条　有下列情形之一，未构成一般 A 类以上事故的，为一般 B 类事故：

B1. 造成 1 人死亡。

B2. 造成 5 人以下重伤。

B3. 造成 100 万元以上 500 万元以下直接经济损失。

B4. 列车及调车作业中发生冲突、脱轨、火灾、爆炸、相撞，造成下列后果之一的：

B4.1 繁忙干线行车中断 1 小时以上。

B4.2 其他线路行车中断 2 小时以上。

B4.3 客运列车耽误本列 1 小时以上。

B4.4 客运列车中途摘车 1 辆。

法律适用

规章及规范性文件

B4.5 客车大破 1 辆。

B4.6 机车中破 1 台。

B4.7 货运列车脱轨 2 辆以上 4 辆以下。

第十四条 有下列情形之一，未构成一般 B 类以上事故的，为一般 C 类事故：

C1. 列车冲突。

C2. 货运列车脱轨。

C3. 列车火灾。

C4. 列车爆炸。

C5. 列车相撞。

C6. 向占用区间发出列车。

C7. 向占用线接入列车。

C8. 未准备好进路接、发列车。

C9. 未办或错办闭塞发出列车。

C10. 列车冒进信号或越过警冲标。

C11. 机车车辆溜入区间或站内。

C12. 列车中机车车辆断轴，车轮崩裂，制动梁、下拉杆、交叉杆等部件脱落。

C13. 列车运行中碰撞轻型车辆、小车、施工机械、机具、防护栅栏等设备设施或路料、坍体、落石。

C14. 接触网接触线断线、倒杆或塌网。

C15. 关闭折角塞门发出列车或运行中关闭折角塞门。

C16. 列车运行中刮坏行车设备设施。

C17. 列车运行中设备设施、装载货物（包括行包、邮件）、装载加固材料（或装置）超限（含按超限货物办理超过电报批准尺寸的）或坠落。

C18. 装载超限货物的车辆按装载普通货物的车辆编入列车。

C19. 电力机车、动车组带电进入停电区。

C20. 错误向停电区段的接触网供电。

C21. 电气化区段攀爬车顶耽误列车。

C22. 客运列车分离。

C23. 发生冲突、脱轨的机车车辆未按规定检查鉴定编入列车。

C24. 无调度命令施工，超范围施工，超范围维修作业。

C25. 漏发、错发、漏传、错传调度命令导致列车超速运行。

第十五条 有下列情形之一，未构成一般 C 类以上事故的，为一般 D 类事故：

D1. 调车冲突。

D2. 调车脱轨。

D3. 挤道岔。

D4. 调车相撞。

D5. 错办或未及时办理信号致使列车停车。

D6. 错办行车凭证发车或耽误列车。

D7. 调车作业碰轧脱轨器、防护信号，或未撤防护信号动车。

D8. 货运列车分离。

D9. 施工、检修、清扫设备耽误列车。

D10. 作业人员违反劳动纪律、作业纪律耽误列车。

法 律 适 用

规 章 及 规 范 性 文 件

法律适用	**规章及规范性文件**	D11. 滥用紧急制动阀耽误列车。 D12. 擅自发车、开车、停车、错办通过或在区间乘降所错误通过。 D13. 列车拉铁鞋开车。 D14. 漏发、错发、漏传、错传调度命令耽误列车。 D15. 错误操纵、使用行车设备耽误列车。 D16. 使用轻型车辆、小车及施工机械耽误列车。 D17. 应安装列尾装置而未安装发出列车。 D18. 行包、邮件装卸作业耽误列车。 D19. 电力机车、动车组错误进入无接触网线路。 D20. 列车上工作人员往外抛掷物体造成人员伤害或设备损坏。 D21. 行车设备故障耽误本列客运列车 1 小时以上，或耽误本列货运列车 2 小时以上；固定设备故障延时影响正常行车 2 小时以上（仅指正线）。 **第十六条** 铁道部可对影响行车安全的其他情形，列入一般事故。 **第十七条** 因事故死亡、重伤人数 7 日内发生变化，导致事故等级变化的，相应改变事故等级。

54 交通肇事案

概念

本罪是指违反交通运输管理法规，因而发生重大事故，致人重伤、死亡或者使公私财产遭受重大损失的行为。

立案标准

根据《刑法》第133条的规定，违反交通运输管理法规，因而发生重大事故，致人重伤、死亡或者使公私财产遭受重大损失的，应当立案追究。

根据最高人民法院《关于审理交通肇事刑事案件具体应用法律若干问题的解释》第2条第1款的规定，交通肇事具有下列情形之一的，处3年以下有期徒刑或者拘役：

(1) 死亡1人或者重伤3人以上，负事故全部或者主要责任的；

(2) 死亡3人以上，负事故同等责任的；

(3) 造成公共财产或者他人财产直接损失，负事故全部或者主要责任，无能力赔偿数额在30万元以上的。

根据最高人民法院《关于审理交通肇事刑事案件具体应用法律若干问题的解释》第2条第2款规定，交通肇事致1人以上重伤，负事故全部或者主要责任，并具有下列情形之一的，以交通肇事罪定罪处罚：

(1) 酒后、吸食毒品后驾驶机动车辆的；

(2) 无驾驶资格驾驶机动车辆的；

(3) 明知是安全装置不全或者安全机件失灵的机动车辆而驾驶的；

(4) 明知是无牌证或者已报废的机动车辆而驾驶的；

(5) 严重超载驾驶的；

(6) 为逃避法律追究逃离事故现场的。

符合上述情形之一的，公安机关应当立案追究。应当注意，对于交通肇事案件是否决定立案，一是要分清事故责任，二是要看是否符合上述司法解释的具体标准。如果行为人只有违章行为，并未造成严重后果的，则不以犯罪论处，不予立案。

定罪标准	犯罪客体	本罪侵犯的客体是交通运输的安全。交通运输，是指与一定的交通工具、交通设备相联系的铁路、公路、水上及空中交通运输，这类交通运输的特点是与广大人民群众的生命财产安全紧密相连，一旦发生事故，就会危害到不特定多数人的生命安全，造成公私财产的广泛破坏，所以，其行为本质上是危害公共安全犯罪。本罪发生的范围，主要是指发生在航空运输和铁路运输以外的陆路交通运输和水路交通运输中的重大交通事故，对特定主体在航空运输和铁路运营中发生重大交通责任事故，应按刑法有关条款定罪。
	犯罪客观方面	本罪客观方面表现为在交通运输活动中违反交通运输管理法规，因而发生重大事故，致人重伤、死亡或者使公私财产遭受重大损失的行为。据此，本罪的客观方面由以下4个相互不可分割的因素组成： 一、必须有违反交通运输管理法规的行为。在交通运输活动中实施了违反交通运输管理法规的行为，这是发生交通事故的原因，也是承担处罚的法律基础。所谓交通运输法规，是指保证交通运输正常进行和交通运输安全的规章制度，包括水上、海上、空中、公路、铁路等各个交通运输系统的安全规则、章程以及从事交通运输工作必须遵守

定罪标准

犯罪客观方面

的纪律、制度等。如《道路交通安全法》《内河避碰规则》《海上交通安全法》等。

违反上述规则就可能造成重大交通事故。在实践中，违反交通运输管理法规行为主要表现为违反劳动纪律或操作规程，玩忽职守或擅离职守、违章指挥、违章作业，或者违章行驶等。例如，公路违章的有：无证驾驶、强行超车、超速行驶、酒后开车；航运违章的有：船只强行横越，不按避让规章避让，超速抢档，在有碍航行处锚泊或停靠；航空违章的有：违反空中交通管理擅自起飞，偏离飞行航线，无故不与地面联络，等等。上述违章行为的种种表现形式，可以归纳为作为与不作为两种基本形式，不论哪种形式，只要是违章，就具备构成本罪的条件。

二、必须发生重大事故，致人重伤、死亡或者使公私财产遭受重大损失的严重后果。这是构成交通肇事罪的必要条件之一。行为人虽然违反了交通运输管理法规，但未造成上述法定严重后果的，不构成本罪。

三、严重后果必须由违章行为引起，二者之间存在因果关系。虽然行为人有违章行为，造成严重后果，但是在时间上不存在先行后续关系，则不构成本罪；虽有违章行为，但未造成上述严重后果的，或虽有违反交通运输管理法规的行为，但未造成任何后果，或虽发生了严重后果，但不是由违章行为引起的，均不构成本罪。

四、违反规章制度，致人重伤、死亡或使公私财产遭受重大损失的行为，必须发生在从始发车站、码头准备载人装货至终点车站、码头、货物卸完的整个交通运输活动过程中。从空间上说，必须发生在铁路、公路、城镇道路上；从时间上说，必须发生在正在进行的交通运输活动中。如果不是发生在上述空间、时间中，而是在工厂、矿山、林场、建筑工地、企业事业单位、院落内作业，或者进行其他非交通运输活动，如检修、冲洗车辆等，一般不构成本罪。对于利用非机动车，如自行车、三轮车等，从事交通运输活动，违章肇事，致人重伤、死亡，是否构成交通肇事罪，存在不同的看法。一种意见认为，交通肇事罪属于危害公共安全的犯罪，即能够同时造成不特定的多人伤亡或者公私财产的广泛损害，而驾驶非机动车从事交通运输活动，违章肇事，一般只能给特定的个别人造成伤亡或者数量有限的财产损失，不具有危害公共安全的性质，因此，不应定交通肇事罪，而应根据具体情况，确定其犯罪的性质，造成他人死亡的，定过失致人死亡罪；造成重伤的，定过失致人重伤罪。另一种意见认为，它虽一般只能造成特定的个别人的伤亡或者有限的损失，但不能因此而否认其具有危害公共安全的性质，况且许多城镇交通事故都直接或间接与非机动车违章行车有关。因此，上述人员违章肇事，应当以交通肇事罪论处。如果因其撞死人而按过失致人死亡罪论处，因其撞伤人而按过失致人重伤罪论处，是不合理的。目前司法实践中，一般按后一种意见定罪判刑，即以交通肇事罪论处。

犯罪主体

本罪的主体为一般主体，即凡年满 16 周岁且具备刑事责任能力的自然人均可构成。主体不能理解为在上述交通运输部门工作的一切人员，也不能理解为仅指火车、汽车、电车、船只、航空器等交通工具的驾车人员，而应理解为一切直接从事交通运输业务和保证交通运输安全的人员以及非交通运输人员。交通运输人员具体地说，包括以下 4 种从事交通运输的人员：(1) 交通运输工具的驾驶人员，如火车、汽车、电车司机等；(2) 交通设备的操纵人员，如扳道员、巡道员、道口看守员等；(3) 交通运输活动的直接领导、指挥人员，如船长、机长、领航员、调度员等；(4) 交通运输安全的管理人员，如交通监理员、交通警察等。他们担负的职责同交通运输有直接关系，一旦不正确履行自己的职责，都可能造成重大交通事故。

非交通运输人员违反规章制度，如非司机违章开车，在交通运输中发生重大事故，造成严重后果的，也构成本罪的主体。

定罪标准	犯罪主观方面	本罪主观方面表现为过失，包括疏忽大意的过失和过于自信的过失。这种过失是指行为人对自己的违章行为可能造成的严重后果的心理态度而言。行为人在违反规章制度上可能是明知故犯，如酒后驾车、强行超车、超速行驶等，但对自己的违章行为可能发生重大事故，造成严重后果，应当预见而因疏忽大意没有预见，或者虽已预见，但轻信能够避免，以致造成了严重后果。
	罪与非罪	区分罪与非罪的界限，关键要查清行为人是否有主观罪过，是否实施了违反交通运输管理法规的行为与重大交通事故是否具有因果关系等。倘若没有违法行为或者虽有违法行为但没有因果关系，如事故发生纯属被害人不遵守交通规则，乱穿马路等造成，或由自然因素，如山崩、地裂、风暴、洪水等造成，则就不应以本罪论处。当然，事故发生并不排除可能存在多种原因或有其他介入因素，这里就更应该认真分析原因及其介入行为对交通事故发生的作用。只有查清确实与行为人的违章行为具有因果关系，则才可能以本罪论处，否则，就不应以该罪治罪而追究刑事责任。例如，行为人高速超车后突然发现前方几十米处有人穿越马路，便打方向盘试图避开行人，但出于车速过快，致使车冲入人行道而将他人压成重伤。此时，行人穿越马路作为介入因素仅是发生本案的条件，肇事的真正原因则是违章超速行车，因此应当认定行为与结果具有因果关系，从而可以构成本罪。 本罪与一般交通事故的区别关键在于发生的事故是否重大，本罪以发生重大事故为构成要件，因此，对有违章行为但未造成重大事故的，不能以本罪论处。
	此罪与彼罪	一、本罪与过失损坏交通工具罪、过失损坏交通设施罪的界限。交通肇事罪与过失损坏交通工具罪、过失损坏交通设施罪，在主观方面都出于过失；在客观方面都造成了致人重伤、死亡或者使公私财产遭受重大损失的严重后果，危害了公共安全。但它们是不同性质的犯罪，应严格划清它们之间的界限。它们之间的主要区别是：（1）前者的主体主要是从事交通运输的人员，虽然非交通运输人员也可构成该罪主体，但他们也必须是在操纵交通工具、交通设备，与交通运输人员不同的仅是他们不具有交通运输人员身份；后者的主体为一般主体。（2）前者发生在交通运输活动过程中，严重后果是由于在交通运输活动过程中违反规章制度引起的；后者的发生与交通运输活动无关，严重后果是由于行为人在交通运输活动以外的日常生产、生活中马虎草率、粗枝大叶引起的。 二、本罪与利用交通工具故意杀人、故意伤害的界限。两者都会出现致人重伤、死亡的危害后果，但交通肇事罪中行为人对于致人重伤、死亡的危害结果的发生，表现为过失的心理态度；而利用交通工具故意杀人或者故意伤害，则表现为故意的心理态度，这是区分两者的关键所在。 三、本罪与以驾车撞人的危险方法危害公共安全罪的界限。两者都是危害公共安全的犯罪，都可能发生致人重伤、死亡或者使公私财产遭受重大损失的严重后果，但两者存在明显区别：（1）主观方面不同。交通肇事罪在主观方面表现为过失；以驾车撞人的危害方法危害公共安全罪在主观上表现为故意。（2）客观方面的要求不同。交通肇事罪在客观方面要求行为人的违章行为必须造成法定的严重后果才构成犯罪。 四、本罪与重大飞行事故罪、铁路运营安全事故罪的界限。交通肇事罪与重大飞行事故罪、铁路运营安全事故罪的不同之处在于：（1）侵犯交通运输安全的侧重点不同。交通肇事罪侵犯的主要是公路、水上交通运输的安全；重大飞行事故罪侵犯的是航空交通运输的安全；铁路运营安全事故罪侵犯的是铁路交通运输安全。（2）在客观方面造成的严重后果的内容略有不同。（3）犯罪主体不同。交通肇事罪的犯罪主体是

定罪标准	此罪与彼罪	一般主体，包括交通运输人员和非交通运输人员；重大飞行事故罪的犯罪主体只能是航空人员，包括空勤人员与地面人员；铁路运营安全事故罪的犯罪主体必须是铁路职工。
证据参考标准	主体方面的证据	**一、证明行为人刑事责任年龄、身份等自然情况的证据** 包括身份证明、户籍证明、任职证明、工作经历证明、特定职责证明等，主要是证明行为人的姓名（曾用名）、性别、出生年月日、民族、籍贯、出生地、职业（或职务）、住所地（或居所地）等证据材料，如户口簿、居民身份证、工作证、出生证、专业或技术等级证、干部履历表、职工登记表、护照等。 对于户籍、出生证等材料内容不实的，应提供其他证据材料。外国人犯罪的案件，应有护照等身份证明材料。人大代表、政协委员犯罪的案件，应注明身份，并附身份证明材料。 **二、证明行为人刑事责任能力的证据** 证明行为人对自己的行为是否具有辨认能力与控制能力，如是否属于间歇性精神病人、尚未完全丧失辨认或者控制自己行为能力的精神病人的证明材料。
	主观方面的证据	**证明行为人过失的证据** 1. 证明行为人应当预见自己的行为可能发生危害社会的结果的证据；2. 证明疏忽大意的过失的证据；3. 证明过于自信的过失的证据。
	客观方面的证据	**证明行为人交通肇事犯罪行为的证据** 具体证据包括：1. 证明行为人违反交通运输管理法规驾驶汽车肇事行为的证据：（1）酒后开车行为的证据；（2）开自卸汽车载人行为的证据；（3）超速行驶行为的证据；（4）超宽、超高、超载行驶行为的证据；（5）驾驶病车行为的证据；（6）疲劳驾车行为的证据。2. 证明行为人违反交通运输管理法规驾驶船只肇事行为的证据：（1）船长擅离职守、疏忽大意行为的证据；（2）舵手操作不正确，偏离航向行为的证据。3. 证明行为人明知交通工具关键部件失灵仍然驾驶行为的证据。4. 证明行为人违章驾车肇事致人重伤、死亡行为的证据。5. 证明行为人违章驾车肇事使公私财产遭受重大损失的证据。6. 证明行为人违章驾车肇事后逃逸行为的证据。7. 证明行为人违章驾车肇事有其他特别恶劣情节的证据。8. 证明行为人违章驾车肇事后逃逸致人死亡的证据。
	量刑方面的证据	**一、法定量刑情节证据** 1. 事实情节：（1）遭受重大损失；（2）特别恶劣情节。2. 法定从重情节。3. 法定从轻减轻情节：（1）可以从轻；（2）可以从轻或减轻；（3）应当从轻或者减轻。4. 法定从轻减轻免除情节：（1）可以从轻、减轻或者免除处罚；（2）应当从轻、减轻或者免除处罚。5. 法定减轻免除情节：（1）可以减轻或者免除处罚；（2）应当减轻或者免除处罚；（3）可以免除处罚。 **二、酌定量刑情节证据** 1. 犯罪手段：（1）人员伤亡；（2）经济损失。2. 犯罪对象。3. 危害结果。4. 动机。5. 平时表现。6. 认罪态度。7. 是否有前科。8. 其他证据。

量刑标准	犯本罪的	处三年以下有期徒刑或者拘役
	交通运输肇事后逃逸或者有其他特别恶劣情节的	处三年以上七年以下有期徒刑
	因逃逸致人死亡的	处七年以上有期徒刑

刑法条文

第一百三十三条 违反交通运输管理法规，因而发生重大事故，致人重伤、死亡或者使公私财产遭受重大损失的，处三年以下有期徒刑或者拘役；交通运输肇事后逃逸或者有其他特别恶劣情节的，处三年以上七年以下有期徒刑；因逃逸致人死亡的，处七年以上有期徒刑。

法律适用

司法解释

一、最高人民法院《关于审理交通肇事刑事案件具体应用法律若干问题的解释》

（2000年11月15日最高人民法院公布　自2000年11月21日起施行　法释〔2000〕33号）

为依法惩处交通肇事犯罪活动，根据刑法有关规定，现将审理交通肇事刑事案件具体应用法律的若干问题解释如下：

第一条 从事交通运输人员或者非交通运输人员，违反交通运输管理法规发生重大交通事故，在分清事故责任的基础上，对于构成犯罪的，依照刑法第一百三十三条的规定定罪处罚。

第二条 交通肇事具有下列情形之一的，处三年以下有期徒刑或者拘役：

（一）死亡一人或者重伤三人以上，负事故全部或者主要责任的；

（二）死亡三人以上，负事故同等责任的；

（三）造成公共财产或者他人财产直接损失，负事故全部或者主要责任，无能力赔偿数额在三十万元以上的。

交通肇事致一人以上重伤，负事故全部或者主要责任，并具有下列情形之一的，以交通肇事罪定罪处罚：

（一）酒后、吸食毒品后驾驶机动车辆的；

（二）无驾驶资格驾驶机动车辆的；

（三）明知是安全装置不全或者安全机件失灵的机动车辆而驾驶的；

（四）明知是无牌证或者已报废的机动车辆而驾驶的；

（五）严重超载驾驶的；

（六）为逃避法律追究逃离事故现场的。

第三条 "交通运输肇事后逃逸"，是指行为人具有本解释第二条第一款规定和第二款第（一）至（五）项规定的情形之一，在发生交通事故后，为逃避法律追究而逃跑的行为。

第四条 交通肇事具有下列情形之一的，属于"有其他特别恶劣情节"，处三年以上七年以下有期徒刑：

（一）死亡二人以上或者重伤五人以上，负事故全部或者主要责任的；

（二）死亡六人以上，负事故同等责任的；

（三）造成公共财产或者他人财产直接损失，负事故全部或者主要责任，无能力赔偿数额在六十万元以上的。

第五条 "因逃逸致人死亡",是指行为人在交通肇事后为逃避法律追究而逃跑,致使被害人因得不到救助而死亡的情形。

交通肇事后,单位主管人员、机动车辆所有人、承包人或者乘车人指使肇事人逃逸,致使被害人因得不到救助而死亡的,以交通肇事罪的共犯论处。

第六条 行为人在交通肇事后为逃避法律追究,将被害人带离事故现场后隐藏或者遗弃,致使被害人无法得到救助而死亡或者严重残疾的,应当分别依照刑法第二百三十二条、第二百三十四条第二款的规定,以故意杀人罪或者故意伤害罪定罪处罚。

第七条 单位主管人员、机动车辆所有人或者机动车辆承包人指使、强令他人违章驾驶造成重大交通事故,具有本解释第二条规定情形之一的,以交通肇事罪定罪处罚。

第八条 在实行公共交通管理的范围内发生重大交通事故的,依照刑法第一百三十三条和本解释的有关规定办理。

在公共交通管理的范围外,驾驶机动车辆或者使用其他交通工具致人伤亡或者致使公共财产或者他人财产遭受重大损失,构成犯罪的,分别依照刑法第一百三十四条、第一百三十五条、第二百三十三条等规定定罪处罚。

第九条 各省、自治区、直辖市高级人民法院可以根据本地实际情况,在三十万元至六十万元、六十万元至一百万元的幅度内,确定本地区执行本解释第二条第一款第(三)项、第四条第(三)项的起点数额标准,并报最高人民法院备案。

二、最高人民法院《关于处理自首和立功若干具体问题的意见》(节录)(2010 年12 月 22 日最高人民法院公布　自公布之日起施行　法发〔2010〕60 号)

一、关于"自动投案"的具体认定

《解释》第一条第(一)项规定七种应当视为自动投案的情形,体现了犯罪嫌疑人投案的主动性和自愿性。根据《解释》第一条第(一)项的规定,犯罪嫌疑人具有以下情形之一的,也应当视为自动投案:1. 犯罪后主动报案,虽未表明自己是作案人,但没有逃离现场,在司法机关询问时交代自己罪行的;2. 明知他人报案而在现场等待,抓捕时无拒捕行为,供认犯罪事实的;3. 在司法机关未确定犯罪嫌疑人,尚在一般性排查询问时主动交代自己罪行的;4. 因特定违法行为被采取劳动教养、行政拘留、司法拘留、强制隔离戒毒等行政、司法强制措施期间,主动向执行机关交代尚未被掌握的犯罪行为的;5. 其他符合立法本意,应当视为自动投案的情形。

罪行未被有关部门、司法机关发觉,仅因形迹可疑被盘问、教育后,主动交代了犯罪事实的,应当视为自动投案,但有关部门、司法机关在其身上、随身携带的物品、驾乘的交通工具等处发现与犯罪有关的物品的,不能认定为自动投案。

交通肇事后保护现场、抢救伤者,并向公安机关报告的,应认定为自动投案,构成自首的,因上述行为同时系犯罪嫌疑人的法定义务,对其是否从宽、从宽幅度要适当从严掌握。交通肇事逃逸后自动投案,如实供述自己罪行的,应认定为自首,但应依法以较重法定刑为基准,视情决定对其是否从宽处罚以及从宽处罚的幅度。

犯罪嫌疑人被亲友采用捆绑等手段送到司法机关,或者在亲友带领侦查人员前来抓捕时无拒捕行为,并如实供认犯罪事实的,虽然不能认定为自动投案,但可以参照法律对自首的有关规定酌情从轻处罚。

一、《中华人民共和国道路交通安全法》（节录）（2003 年 10 月 28 日中华人民共和国主席令第 8 号公布　2007 年 12 月 29 日第一次修正　2011 年 4 月 22 日第二次修正　2021 年 4 月 29 日第三次修正）

第八十七条　公安机关交通管理部门及其交通警察对道路交通安全违法行为，应当及时纠正。

公安机关交通管理部门及其交通警察应当依据事实和本法的有关规定对道路交通安全违法行为予以处罚。对于情节轻微，未影响道路通行的，指出违法行为，给予口头警告后放行。

第八十八条　对道路交通安全违法行为的处罚种类包括：警告、罚款、暂扣或者吊销机动车驾驶证、拘留。

第九十条　机动车驾驶人违反道路交通安全法律、法规关于道路通行规定的，处警告或者二十元以上二百元以下罚款。本法另有规定的，依照规定处罚。

第九十四条　机动车安全技术检验机构实施机动车安全技术检验超过国务院价格主管部门核定的收费标准收取费用的，退还多收取的费用，并由价格主管部门依照《中华人民共和国价格法》的有关规定给予处罚。

机动车安全技术检验机构不按照机动车国家安全技术标准进行检验，出具虚假检验结果的，由公安机关交通管理部门处所收检验费用五倍以上十倍以下罚款，并依法撤销其检验资格；构成犯罪的，依法追究刑事责任。

第九十五条　上道路行驶的机动车未悬挂机动车号牌，未放置检验合格标志、保险标志，或者未随车携带行驶证、驾驶证的，公安机关交通管理部门应当扣留机动车，通知当事人提供相应的牌证、标志或者补办相应手续，并可以依照本法第九十条的规定予以处罚。当事人提供相应的牌证、标志或者补办相应手续的，应当及时退还机动车。

故意遮挡、污损或者不按规定安装机动车号牌的，依照本法第九十条的规定予以处罚。

第九十七条　非法安装警报器、标志灯具的，由公安机关交通管理部门强制拆除，予以收缴，并处二百元以上二千元以下罚款。

第九十八条　机动车所有人、管理人未按照国家规定投保机动车第三者责任强制保险的，由公安机关交通管理部门扣留车辆至依照规定投保后，并处依照规定投保最低责任限额应缴纳的保险费的二倍罚款。

依照前款缴纳的罚款全部纳入道路交通事故社会救助基金。具体办法由国务院规定。

第一百条　驾驶拼装的机动车或者已达到报废标准的机动车上道路行驶的，公安机关交通管理部门应当予以收缴，强制报废。

对驾驶前款所列机动车上道路行驶的驾驶人，处二百元以上二千元以下罚款，并吊销机动车驾驶证。

出售已达到报废标准的机动车的，没收违法所得，处销售金额等额的罚款，对该机动车依照本条第一款的规定处理。

第一百零一条　违反道路交通安全法律、法规的规定，发生重大交通事故，构成犯罪的，依法追究刑事责任，并由公安机关交通管理部门吊销机动车驾驶证。

造成交通事故后逃逸的，由公安机关交通管理部门吊销机动车驾驶证，且终生不得重新取得机动车驾驶证。

第一百零二条 对六个月内发生二次以上特大交通事故负有主要责任或者全部责任的专业运输单位，由公安机关交通管理部门责令消除安全隐患，未消除安全隐患的机动车，禁止上道路行驶。

第一百零三条 国家机动车产品主管部门未按照机动车国家安全技术标准严格审查，许可不合格机动车型投入生产的，对负有责任的主管人员和其他直接责任人员给予降级或者撤职的行政处分。

机动车生产企业经国家机动车产品主管部门许可生产的机动车型，不执行机动车国家安全技术标准或者不严格进行机动车成品质量检验，致使质量不合格的机动车出厂销售的，由质量技术监督部门依照《中华人民共和国产品质量法》的有关规定给予处罚。

擅自生产、销售未经国家机动车产品主管部门许可生产的机动车型的，没收非法生产、销售的机动车成品及配件，可以并处非法产品价值三倍以上五倍以下罚款；有营业执照的，由工商行政管理部门吊销营业执照，没有营业执照的，予以查封。

生产、销售拼装的机动车或者生产、销售擅自改装的机动车的，依照本条第三款的规定处罚。

有本条第二款、第三款、第四款所列违法行为，生产或者销售不符合机动车国家安全技术标准的机动车，构成犯罪的，依法追究刑事责任。

第一百零五条 道路施工作业或者道路出现损毁，未及时设置警示标志、未采取防护措施，或者应当设置交通信号灯、交通标志、交通标线而没有设置或者应当及时变更交通信号灯、交通标志、交通标线而没有及时变更，致使通行的人员、车辆及其他财产遭受损失的，负有相关职责的单位应当依法承担赔偿责任。

第一百零七条 对道路交通违法行为人予以警告、二百元以下罚款，交通警察可以当场作出行政处罚决定，并出具行政处罚决定书。

行政处罚决定书应当载明当事人的违法事实、行政处罚的依据、处罚内容、时间、地点以及处罚机关名称，并由执法人员签名或者盖章。

第一百零八条 当事人应当自收到罚款的行政处罚决定书之日起十五日内，到指定的银行缴纳罚款。

对行人、乘车人和非机动车驾驶人的罚款，当事人无异议的，可以当场予以收缴罚款。

罚款应当开具省、自治区、直辖市财政部门统一制发的罚款收据；不出具财政部门统一制发的罚款收据的，当事人有权拒绝缴纳罚款。

第一百一十条 执行职务的交通警察认为应当对道路交通违法行为人给予暂扣或者吊销机动车驾驶证处罚的，可以先予扣留机动车驾驶证，并在二十四小时内将案件移交公安机关交通管理部门处理。

道路交通违法行为人应当在十五日内到公安机关交通管理部门接受处理。无正当理由逾期未接受处理的，吊销机动车驾驶证。

公安机关交通管理部门暂扣或者吊销机动车驾驶证的，应当出具行政处罚决定书。

第一百一十一条 对违反本法规定予以拘留的行政处罚，由县、市公安局、公安分局或者相当于县一级的公安机关裁决。

第一百一十二条 公安机关交通管理部门扣留机动车、非机动车，应当当场出具凭证，并告知当事人在规定期限内到公安机关交通管理部门接受处理。

公安机关交通管理部门对被扣留的车辆应当妥善保管，不得使用。

逾期不来接受处理，并且经公告三个月仍不来接受处理的，对扣留的车辆依法处理。

第一百一十三条 暂扣机动车驾驶证的期限从处罚决定生效之日起计算；处罚决定生效前先予扣留机动车驾驶证的，扣留一日折抵暂扣期限一日。

吊销机动车驾驶证后重新申请领取机动车驾驶证的期限，按照机动车驾驶证管理规定办理。

第一百一十四条 公安机关交通管理部门根据交通技术监控记录资料，可以对违法的机动车所有人或者管理人依法予以处罚。对能够确定驾驶人的，可以依照本法的规定依法予以处罚。

第一百一十六条 依照本法第一百一十五条的规定，给予交通警察行政处分的，在作出行政处分决定前，可以停止其执行职务；必要时，可以予以禁闭。

依照本法第一百一十五条的规定，交通警察受到降级或者撤职行政处分的，可以予以辞退。

交通警察受到开除处分或者被辞退的，应当取消警衔；受到撤职以下行政处分的交通警察，应当降低警衔。

第一百一十七条 交通警察利用职权非法占有公共财物，索取、收受贿赂，或者滥用职权、玩忽职守，构成犯罪的，依法追究刑事责任。

第一百一十八条 公安机关交通管理部门及其交通警察有本法第一百一十五条所列行为之一，给当事人造成损失的，应当依法承担赔偿责任。

第一百一十九条 本法中下列用语的含义：

（一）"道路"，是指公路、城市道路和虽在单位管辖范围但允许社会机动车通行的地方，包括广场、公共停车场等用于公众通行的场所。

（二）"车辆"，是指机动车和非机动车。

（三）"机动车"，是指以动力装置驱动或者牵引，上道路行驶的供人员乘用或者用于运送物品以及进行工程专项作业的轮式车辆。

（四）"非机动车"，是指以人力或者畜力驱动，上道路行驶的交通工具，以及虽有动力装置驱动但设计最高时速、空车质量、外形尺寸符合有关国家标准的残疾人机动轮椅车、电动自行车等交通工具。

（五）"交通事故"，是指车辆在道路上因过错或者意外造成的人身伤亡或者财产损失的事件。

二、《中华人民共和国道路交通安全法实施条例》（节录）（2004 年 4 月 30 日中华人民共和国国务院令第 405 号公布 自 2004 年 5 月 1 日起施行 2017 年 10 月 7 日修订）

第一百零二条 违反本条例规定的行为，依照道路交通安全法和本条例的规定处罚。

第一百零三条 以欺骗、贿赂等不正当手段取得机动车登记或者驾驶许可的，收缴机动车登记证书、号牌、行驶证或者机动车驾驶证，撤销机动车登记或者机动车驾驶许可；申请人在 3 年内不得申请机动车登记或者机动车驾驶许可。

第一百零四条 机动车驾驶人有下列行为之一，又无其他机动车驾驶人即时替代驾驶的，公安机关交通管理部门除依法给予处罚外，可以将其驾驶的机动车移至不妨碍交通的地点或者有关部门指定的地点停放：

（一）不能出示本人有效驾驶证的；

（二）驾驶的机动车与驾驶证载明的准驾车型不符的；

（三）饮酒、服用国家管制的精神药品或者麻醉药品、患有妨碍安全驾驶的疾病，或者过度疲劳仍继续驾驶的；

（四）学习驾驶人员没有教练人员随车指导单独驾驶的。

第一百零五条 机动车驾驶人有饮酒、醉酒、服用国家管制的精神药品或者麻醉药品嫌疑的，应当接受测试、检验。

第一百零六条 公路客运载客汽车超过核定乘员、载货汽车超过核定载质量的，公安机关交通管理部门依法扣留机动车后，驾驶人应当将超载的乘车人转运、将超载的货物卸载，费用由超载机动车的驾驶人或者所有人承担。

第一百零七条 依照道路交通安全法第九十二条、第九十五条、第九十六条、第九十八条的规定被扣留的机动车，驾驶人或者所有人、管理人30日内没有提供被扣留机动车的合法证明，没有补办相应手续，或者不前来接受处理，经公安机关交通管理部门通知并且经公告3个月仍不前来接受处理的，由公安机关交通管理部门将该机动车送交有资格的拍卖机构拍卖，所得价款上缴国库；非法拼装的机动车予以拆除；达到报废标准的机动车予以报废；机动车涉及其他违法犯罪行为的，移交有关部门处理。

第一百零八条 交通警察按照简易程序当场作出行政处罚的，应当告知当事人道路交通安全违法行为的事实、处罚的理由和依据，并将行政处罚决定书当场交付被处罚人。

第一百零九条 对道路交通安全违法行为人处以罚款或者暂扣驾驶证处罚的，由违法行为发生地的县级以上人民政府公安机关交通管理部门或者相当于同级的公安机关交通管理部门作出决定；对处以吊销机动车驾驶证处罚的，由设区的市人民政府公安机关交通管理部门或者相当于同级的公安机关交通管理部门作出决定。

公安机关交通管理部门对非本辖区机动车的道路交通安全违法行为没有当场处罚的，可以由机动车登记地的公安机关交通管理部门处罚。

第一百一十条 当事人对公安机关交通管理部门及其交通警察的处罚有权进行陈述和申辩，交通警察应当充分听取当事人的陈述和申辩，不得因当事人陈述、申辩而加重其处罚。

55 危险驾驶案

概念

本罪是指在道路上驾驶机动车追逐竞驶，情节恶劣，或者在道路上醉酒驾驶机动车，或者在公路上从事客运业务，严重超过额定乘员载客，或者严重超过规定时速行驶的，或者违反危险化学品安全管理规定运输危险化学品的行为。

立案标准

根据《刑法》第 133 条之一的规定，有下列情形之一的，应当以危险驾驶罪立案追究：

（1）在道路上驾驶机动车追逐竞驶，情节恶劣的；

（2）在道路上醉酒驾驶机动车的（血液酒精含量达到 80 毫克/100 毫升以上的，属于醉酒驾驶机动车）；

（3）从事校车业务或者旅客运输，严重超过额定乘员载客，或严重超过规定时速行驶的；

（4）违反危险化学品安全管理规定运输危险化学品，危及公共安全的。

定罪标准	**犯罪客体**

本罪所侵害的客体是交通运输的安全，在客观上对不特定多数人的生命、健康及公私财产安全造成了威胁，其行为实质是对公共安全的侵害，因此，《刑法》将其归入危害公共安全罪一章。

犯罪客观方面

本罪在客观方面表现为危险驾驶的行为。"机动车"，根据我国《道路交通安全法》第 119 条第 3 项规定，是指以动力装置驱动或者牵引，上道路行驶的供人员乘用或者用于运送物品以及进行工程专项作业的轮式车辆。根据《刑法》第 133 条之一的规定，主要有四种行为方式：

一、在道路上驾驶机动车追逐竞驶，情节恶劣的。首先，在道路上追逐竞驶，而并未使用"公路"，证明追逐竞驶行为不一定局限于通常的街道、公路、高速路等，还包括许多单位道路、社区道路、景区道路、农村道路等。只要是供不特定人、车等使用的可通行路段均可纳入"道路"范畴。其次，追逐竞驶要求有一个以上的追逐竞驶对象，至于驾驶者之间有无事先的意思联络在所不问。我们认为只要驾驶者意图使自己的车辆超过其他车辆或者行人，而采用违反相关交通管理法规的方法实施且情节恶劣的即可构成"追逐竞驶"。最后，须"情节恶劣"。并非所有的追逐竞驶行为都以犯罪论处，还必须考虑行为人所处的环境、潜在的危险性、行为人心态等情况，不应一概以犯罪论。

二、在道路上醉酒驾驶机动车的。在道路上驾驶机动车，经呼气酒精含量检测，显示血液酒精含量达到 80 毫克/100 毫升以上的，公安机关应当依照《刑事诉讼法》和最高人民法院、最高人民检察院、公安部、司法部《关于办理醉酒危险驾驶刑事案件的意见》的规定决定是否立案。对情节显著轻微、危害不大，不认为是犯罪的，不予立案。公安机关应当及时提取犯罪嫌疑人血液样本送检。认定犯罪嫌疑人是否醉酒，主要以血液酒精含量鉴定意见作为依据。犯罪嫌疑人经呼气酒精含量检测，显示血液酒精含量达到 80 毫克/100 毫升以上，在提取血液样本前脱逃或者找人顶替的，可以以呼气酒精含量检测结果作为认定其醉酒的依据。犯罪嫌疑人在公安机关依法检查时或者发生道路交通事故后，为逃避法律追究，在呼气酒精含量检测或者提取血液样本前故意饮酒的，可以以查获后血液酒精含量鉴定意见作为认定其醉酒的依据。

三、从事校车业务或者旅客运输，严重超过额定乘员载客，或者严重超过规定时速行驶的。"从事校车业务"，根据《校车安全管理条例》的规定，校车是指依照该条例取得使用许可，用于接送接受义务教育的学生上下学的 7 座以上的载客汽车，从事校车业务应当取得许可。校车载人不得超过核定的人数，不得以任何理由超员。学校和校车服务提供者不得要求校车驾驶人超员、超速驾驶校车。载有学生的校车在高速公路上行驶的最高时速不得超过 80 公里，在其他道路上行驶的最高时速不得超过 60 公里。

这里规定的从事旅客运输的车辆，包括需要具备营运资格的公路客运、公交客运、出租客运、旅游客运以及其他从事旅客运输的微型面包车等非营运客车。

四、违反危险化学品安全管理规定运输危险化学品，危及公共安全的。根据《危险化学品安全管理条例》的规定，危险化学品，是指具有毒害、腐蚀、爆炸、燃烧、助燃等性质，对人体、设施、环境具有危害的剧毒化学品和其他化学品。首先，危险化学品的道路运输必须取得道路危险货物运输许可，并配备专职安全管理人员。运输危险化学品应当根据危险化学品的危险特性采取相应的安全防护措施、配备必要的防护用品和应急救援器材，危险化学品运输车辆应当符合国家标准要求的安全技术条件。通过道路运输危险化学品的，应当按照运输车辆的核定载质量装载危险化学品，不得超载。通过道路运输剧毒化学品的，托运人应当向运输始发地或者目的地县级人民政府公安机关申请剧毒化学品道路运输通行证。其次，未经公安机关批准，运输危险化学品的车辆不得进入危险化学品运输车辆限制通行的区域。最后，运输危险化学品的行为须"危及公共安全"，即危及不特定多数人的生命、健康或者重大公私财产的安全才构成本罪，要结合运输危险化学品的时间、地点、环境等方面综合考察。如果行为人虽然违反了化学品安全管理规定运输危险化学品，但不具有危害公共安全危险的，不能以本罪论处。

犯罪主体 本罪主体为一般主体，即凡年满 16 周岁且具备刑事责任能力的自然人均能成为本罪主体。

犯罪主观方面 本罪的主观方面为故意，包括直接故意和间接故意。过失不能构成本罪。

		区分罪与非罪，要注意以下几点：
定罪标准	**罪与非罪**	一、在道路上驾驶机动车追逐竞驶，情节恶劣的才成立犯罪。并非所有的追逐竞驶行为都以犯罪论处，还必须考虑行为人所处的环境、潜在的危险性、行为人心态等情况。另外，由于车辆运送紧急病人、处理特殊紧急事务等情况也需要综合考虑行为人的各种因素，不应一概以犯罪论。 二、在道路上驾驶机动车，经呼气酒精含量检测，显示血液酒精含量达到80毫克/100毫升以上的，公安机关应当依照《刑事诉讼法》和最高人民法院、最高人民检察院、公安部、司法部《关于办理醉酒危险驾驶刑事案件的意见》的规定决定是否立案。对情节显著轻微、危害不大，不认为是犯罪的，不予立案。 三、从事校车业务或者旅客运输必须达到"严重超载"或者"严重超速"的程度才能认定为危险驾驶罪。校车载人超过核定人数的，未达到"严重超载"程度的，由公安机关交通管理部门扣留车辆至违法状态消除，并依照道路交通安全法律法规的规定从重处罚。机动车所有人、管理人不依法履行校车安全、道路旅客运输管理职责对"严重超载"或者"严重超速"负有直接责任的，认定为危险驾驶罪。 四、违反危险化学品安全管理规定运输危险化学品必须达到"危及公共安全"的程度才能认定为危险驾驶罪，即危险化学品的运输危及不特定多数人的生命、健康或者重大公私财产的安全。例如，未取得危险货物道路运输许可或者未按规定擅自进入危险化学品运输车辆限制通行的区域从而危及公共安全的行为。是否危及公共安全还要结合危险化学品运输的时间、地点和环境等因素。机动车所有人、管理人不依法履行职责，对上述危险行为负有直接责任的，认定为危险驾驶罪。 五、有危险驾驶行为，同时构成其他犯罪的，依照处罚较重的规定定罪处罚。醉酒驾驶机动车，以暴力、威胁方法阻碍公安机关依法检查，又构成妨害公务罪等其他犯罪的，依照数罪并罚的规定处罚。
	此罪与彼罪	本罪和交通肇事罪的界限。两罪在主体要件、客体方面都有相同之处。但两者在犯罪主观方面不同：交通肇事罪的主观方面为过失，即行为人应当预见自己的行为可能发生重大交通事故的危险，但由于疏忽大意而没有预见，或者虽然已经预见但轻信能够避免，以致造成了严重后果。而危险驾驶罪的主观方面为故意，可以是直接故意也可以是间接故意，即明知自己危险驾驶的行为会对交通运输安全造成威胁而积极追求或者放任。另外，醉酒驾驶行为入罪与酒后驾驶机动车肇事入罪不同，前者是法律上认定行为人已经丧失了驾驶能力的情况下驾驶机动车行为，对行为可能危及公共安全在驾驶前是明知的，即对可能造成的严重后果持放任的心理态度，所以是故意的犯罪行为；后者在饮酒后驾驶机动车发生交通事故而入罪的，并不意味着已经处于醉酒状态，只系违章肇事，仍然可能只构成交通肇事罪。在认定中应区别二者的界限。 本罪并不以交通事故的发生为必要条件。而交通肇事罪的客观方面表现为行为人违反交通运输法律法规，因而发生重大交通事故，致人重伤、死亡或者使公私财产遭受重大损失的行为，以实际发生了重大事故的严重后果为要件。
证据参考标准	**主体方面的证据**	**一、证明行为人刑事责任年龄、身份等自然情况的证据** 包括身份证明、户籍证明、任职证明、工作经历证明、特定职责证明等，主要是证明行为人的姓名（曾用名）、性别、出生年月日、民族、籍贯、出生地、职业（或职务）、住所地（或居住地）等证据材料，如户口簿、居民身份证、工作证、出生证、专业或技术等级证、干部履历表、职工登记表、护照等。

证据参考标准	**主体方面的证据**	对于户籍、出生证等材料内容不实的，应提供其他证据材料。外国人犯罪的案件，应有护照等身份证明材料。人大代表、政协委员犯罪的案件，应注明身份，并附身份证明材料。 **二、证明行为人刑事责任能力的证据** 证明行为人对自己的行为是否具有辨认能力与控制能力，如是否属于间歇性精神病人、尚未完全丧失辨认或者控制自己行为能力的精神病人的证明材料。
	主观方面的证据	**证明行为人故意的证据** 1. 证明行为人明知的证据：证明行为人明知自己的行为会发生危害社会的结果；2. 证明直接故意的证据：证明行为人希望危害结果发生。
	客观方面的证据	**证明行为人危险驾驶行为的证据** 具体证据包括：1. 证明行为人在道路上追逐竞驶，并且情节恶劣的证据；2. 证明行为人醉酒驾驶机动车的证据；3. 证明从事校车业务或者旅客运输的行为人事严重超载或者严重超速行驶的证据；4. 证明行为人有违反危险化学品安全管理规定运输危险化学品危及公共安全的证据。
	量刑方面的证据	**一、法定量刑情节证据** 1. 事实情节。2. 法定从重情节。3. 法定从轻情节：（1）可以从轻；（2）可以从轻或减轻；（3）应当从轻或者减轻。4. 法定从轻减轻免除情节：（1）可以从轻、减轻或者免除处罚；（2）应当从轻、减轻或者免除处罚。5. 法定减轻免除情节：（1）可以减轻或者免除处罚；（2）应当减轻或者免除处罚；（3）可以免除处罚。 **二、酌定量刑情节证据** 1. 犯罪手段：（1）追逐竞驶；（2）醉酒驾驶机动车；（3）从事校车业务或者旅客运输，严重超过额定乘员载客，或者严重超过规定时速行驶；（4）违反危险化学品安全管理规定运输危险化学品。2. 犯罪对象。3. 危害结果。4. 动机。5. 平时表现。6. 认罪态度。7. 是否有前科。8. 其他证据。
量刑标准	犯本罪的	处拘役，并处罚金
	有前款行为，同时构成其他罪的	依照处罚较重的规定定罪处罚
法律适用	**刑法条文**	**第一百三十三条之一** 在道路上驾驶机动车，有下列情形之一的，处拘役，并处罚金： （一）追逐竞驶，情节恶劣的； （二）醉酒驾驶机动车的； （三）从事校车业务或者旅客运输，严重超过额定乘员载客，或者严重超过规定时速行驶的； （四）违反危险化学品安全管理规定运输危险化学品，危及公共安全的。 机动车所有人、管理人对前款第三项、第四项行为负有直接责任的，依照前款的规定处罚。 有前两款行为，同时构成其他犯罪的，依照处罚较重的规定定罪处罚。

一、最高人民法院、最高人民检察院、公安部、司法部《关于办理醉酒危险驾驶刑事案件的意见》（2023 年 12 月 13 日最高人民法院、最高人民检察院、公安部、司法部公布　自 2023 年 12 月 28 日起施行　高检发办字〔2023〕187 号）

为维护人民群众生命财产安全和道路交通安全，依法惩治醉酒危险驾驶（以下简称醉驾）违法犯罪，根据刑法、刑事诉讼法等有关规定，结合执法司法实践，制定本意见。

一、总 体 要 求

第一条　人民法院、人民检察院、公安机关办理醉驾案件，应当坚持分工负责，互相配合，互相制约，坚持正确适用法律，坚持证据裁判原则，严格执法，公正司法，提高办案效率，实现政治效果、法律效果和社会效果的有机统一。人民检察院依法对醉驾案件办理活动实行法律监督。

第二条　人民法院、人民检察院、公安机关办理醉驾案件，应当全面准确贯彻宽严相济刑事政策，根据案件的具体情节，实行区别对待，做到该宽则宽，当严则严，罚当其罪。

第三条　人民法院、人民检察院、公安机关和司法行政机关应当坚持惩治与预防相结合，采取多种方式强化综合治理、诉源治理，从源头上预防和减少酒后驾驶行为发生。

二、立 案 与 侦 查

第四条　在道路上驾驶机动车，经呼气酒精含量检测，显示血液酒精含量达到 80 毫克/100 毫升以上的，公安机关应当依照刑事诉讼法和本意见的规定决定是否立案。对情节显著轻微、危害不大，不认为是犯罪的，不予立案。

公安机关应当及时提取犯罪嫌疑人血液样本送检。认定犯罪嫌疑人是否醉酒，主要以血液酒精含量鉴定意见作为依据。

犯罪嫌疑人经呼气酒精含量检测，显示血液酒精含量达到 80 毫克/100 毫升以上，在提取血液样本前脱逃或者找人顶替的，可以以呼气酒精含量检测结果作为认定其醉酒的依据。

犯罪嫌疑人在公安机关依法检查时或者发生道路交通事故后，为逃避法律追究，在呼气酒精含量检测或者提取血液样本前故意饮酒的，可以以查获后血液酒精含量鉴定意见作为认定其醉酒的依据。

第五条　醉驾案件中"道路""机动车"的认定适用道路交通安全法有关"道路""机动车"的规定。

对机关、企事业单位、厂矿、校园、居民小区等单位管辖范围内的路段是否认定为"道路"，应当以其是否具有"公共性"，是否"允许社会机动车通行"作为判断标准。只允许单位内部机动车、特定来访机动车通行的，可以不认定为"道路"。

第六条　对醉驾犯罪嫌疑人、被告人，根据案件具体情况，可以依法予以拘留或者取保候审。具有下列情形之一的，一般予以取保候审：

（一）因本人受伤需要救治的；

（二）患有严重疾病，不适宜羁押的；

（三）系怀孕或者正在哺乳自己婴儿的妇女；

（四）系生活不能自理的人的唯一扶养人；

（五）其他需要取保候审的情形。

对符合取保候审条件，但犯罪嫌疑人、被告人不能提出保证人，也不交纳保证金的，可以监视居住。对违反取保候审、监视居住规定的犯罪嫌疑人、被告人，情节严重的，可以予以逮捕。

第七条　办理醉驾案件，应当收集以下证据：

（一）证明犯罪嫌疑人情况的证据材料，主要包括人口信息查询记录或者户籍证明等身份证明；驾驶证、驾驶人信息查询记录；犯罪前科记录、曾因饮酒后驾驶机动车被查获或者行政处罚记录、本次交通违法行政处罚决定书等；

（二）证明醉酒检测鉴定情况的证据材料，主要包括呼气酒精含量检测结果、呼气酒精含量检测仪标定证书、血液样本提取笔录、鉴定委托书或者鉴定机构接收检材登记材料、血液酒精含量鉴定意见、鉴定意见通知书等；

（三）证明机动车情况的证据材料，主要包括机动车行驶证、机动车信息查询记录、机动车照片等；

（四）证明现场执法情况的照片，主要包括现场检查机动车、呼气酒精含量检测、提取与封装血液样本等环节的照片，并应当保存相关环节的录音录像资料；

（五）犯罪嫌疑人供述和辩解。

根据案件具体情况，还应当收集以下证据：

（一）犯罪嫌疑人是否饮酒、驾驶机动车有争议的，应当收集同车人员、现场目击证人或者共同饮酒人员等证人证言、饮酒场所及行驶路段监控记录等；

（二）道路属性有争议的，应当收集相关管理人员、业主等知情人员证言、管理单位或者有关部门出具的证明等；

（三）发生交通事故的，应当收集交通事故认定书、事故路段监控记录、人体损伤程度等鉴定意见、被害人陈述等；

（四）可能构成自首的，应当收集犯罪嫌疑人到案经过等材料；

（五）其他确有必要收集的证据材料。

第八条　对犯罪嫌疑人血液样本提取、封装、保管、送检、鉴定等程序，按照公安部、司法部有关道路交通安全违法行为处理程序、鉴定规则等规定执行。

公安机关提取、封装血液样本过程应当全程录音录像。血液样本提取、封装应当做好标记和编号，由提取人、封装人、犯罪嫌疑人在血液样本提取笔录上签字。犯罪嫌疑人拒绝签字的，应当注明。提取的血液样本应当及时送往鉴定机构进行血液酒精含量鉴定。因特殊原因不能及时送检的，应当按照有关规范和技术标准保管检材并在五个工作日内送检。

鉴定机构应当对血液样品制备和仪器检测过程进行录音录像。鉴定机构应当在收到送检血液样本后三个工作日内，按照有关规范和技术标准进行鉴定并出具血液酒精含量鉴定意见，通知或者送交委托单位。

血液酒精含量鉴定意见作为证据使用的，办案单位应当自收到血液酒精含量鉴定意见之日起五个工作日内，书面通知犯罪嫌疑人、被告人、被害人或者其法定代理人。

第九条　具有下列情形之一，经补正或者作出合理解释的，血液酒精含量鉴定意见可以作为定案的依据；不能补正或者作出合理解释的，应当予以排除：

（一）血液样本提取、封装、保管不规范的；

（二）未按规定的时间和程序送检、出具鉴定意见的；

（三）鉴定过程未按规定同步录音录像的；

（四）存在其他瑕疵或者不规范的取证行为的。

三、刑事追究

第十条　醉驾具有下列情形之一，尚不构成其他犯罪的，从重处理：

（一）造成交通事故且负事故全部或者主要责任的；

（二）造成交通事故后逃逸的；

（三）未取得机动车驾驶证驾驶汽车的；

（四）严重超员、超载、超速驾驶的；

（五）服用国家规定管制的精神药品或者麻醉药品后驾驶的；

（六）驾驶机动车从事客运活动且载有乘客的；

（七）驾驶机动车从事校车业务且载有师生的；

（八）在高速公路上驾驶的；

（九）驾驶重型载货汽车的；

（十）运输危险化学品、危险货物的；

（十一）逃避、阻碍公安机关依法检查的；

（十二）实施威胁、打击报复、引诱、贿买证人、鉴定人等人员或者毁灭、伪造证据等妨害司法行为的；

（十三）二年内曾因饮酒后驾驶机动车被查获或者受过行政处罚的；

（十四）五年内曾因危险驾驶行为被判决有罪或者作相对不起诉的；

（十五）其他需要从重处理的情形。

第十一条 醉驾具有下列情形之一的，从宽处理：

（一）自首、坦白、立功的；

（二）自愿认罪认罚的；

（三）造成交通事故，赔偿损失或者取得谅解的；

（四）其他需要从宽处理的情形。

第十二条 醉驾具有下列情形之一，且不具有本意见第十条规定情形的，可以认定为情节显著轻微、危害不大，依照刑法第十三条、刑事诉讼法第十六条的规定处理：

（一）血液酒精含量不满 150 毫克/100 毫升的；

（二）出于急救伤病人员等紧急情况驾驶机动车，且不构成紧急避险的；

（三）在居民小区、停车场等场所因挪车、停车入位等短距离驾驶机动车的；

（四）由他人驾驶至居民小区、停车场等场所短距离接替驾驶停放机动车的，或者为了交由他人驾驶，自居民小区、停车场等场所短距离驶出的；

（五）其他情节显著轻微的情形。

醉酒后出于急救伤病人员等紧急情况，不得已驾驶机动车，构成紧急避险的，依照刑法第二十一条的规定处理。

第十三条 对公安机关移送审查起诉的醉驾案件，人民检察院综合考虑犯罪嫌疑人驾驶的动机和目的、醉酒程度、机动车类型、道路情况、行驶时间、速度、距离以及认罪悔罪表现等因素，认为属于犯罪情节轻微的，依照刑法第三十七条、刑事诉讼法第一百七十七条第二款的规定处理。

第十四条 对符合刑法第七十二条规定的醉驾被告人，依法宣告缓刑。具有下列情形之一的，一般不适用缓刑：

（一）造成交通事故致他人轻微伤或者轻伤，且负事故全部或者主要责任的；

（二）造成交通事故且负事故全部或者主要责任，未赔偿损失的；

（三）造成交通事故后逃逸的；

（四）未取得机动车驾驶证驾驶汽车的；

（五）血液酒精含量超过 180 毫克/100 毫升的；

（六）　服用国家规定管制的精神药品或者麻醉药品后驾驶的；

（七）　采取暴力手段抗拒公安机关依法检查，或者实施妨害司法行为的；

（八）　五年内曾因饮酒后驾驶机动车被查获或者受过行政处罚的；

（九）　曾因危险驾驶行为被判决有罪或者作相对不起诉的；

（十）　其他情节恶劣的情形。

第十五条　对被告人判处罚金，应当根据醉驾行为、实际损害后果等犯罪情节，综合考虑被告人缴纳罚金的能力，确定与主刑相适应的罚金数额。起刑点一般不应低于道路交通安全法规定的饮酒后驾驶机动车相应情形的罚款数额；每增加一个月拘役，增加一千元至五千元罚金。

第十六条　醉驾同时构成交通肇事罪、过失以危险方法危害公共安全罪、以危险方法危害公共安全罪等其他犯罪的，依照处罚较重的规定定罪，依法从严追究刑事责任。

醉酒驾驶机动车，以暴力、威胁方法阻碍公安机关依法检查，又构成妨害公务罪、袭警罪等其他犯罪的，依照数罪并罚的规定处罚。

第十七条　犯罪嫌疑人醉驾被现场查获后，经允许离开，再经公安机关通知到案或者主动到案，不认定为自动投案；造成交通事故后保护现场、抢救伤者，向公安机关报告并配合调查的，应当认定为自动投案。

第十八条　根据本意见第十二条第一款、第十三条、第十四条处理的案件，可以将犯罪嫌疑人、被告人自愿接受安全驾驶教育、从事交通志愿服务、社区公益服务等情况作为作出相关处理的考量因素。

第十九条　对犯罪嫌疑人、被告人决定不起诉或者免予刑事处罚的，可以根据案件的不同情况，予以训诫或者责令具结悔过、赔礼道歉、赔偿损失，需要给予行政处罚、处分的，移送有关主管机关处理。

第二十条　醉驾属于严重的饮酒后驾驶机动车行为。血液酒精含量达到80毫克/100毫升以上，公安机关应当在决定不予立案、撤销案件或者移送审查起诉前，给予行为人吊销机动车驾驶证行政处罚。根据本意见第十二条第一款处理的案件，公安机关还应当按照道路交通安全法规定的饮酒后驾驶机动车相应情形，给予行为人罚款、行政拘留的行政处罚。

人民法院、人民检察院依据本意见第十二条第一款、第十三条处理的案件，对被不起诉人、被告人需要予以行政处罚的，应当提出检察意见或者司法建议，移送公安机关依照前款规定处理。公安机关应当将处理情况通报人民法院、人民检察院。

四、快速办理

第二十一条　人民法院、人民检察院、公安机关和司法行政机关应当加强协作配合，在遵循法定程序、保障当事人权利的前提下，因地制宜建立健全醉驾案件快速办理机制，简化办案流程，缩短办案期限，实现醉驾案件优质高效办理。

第二十二条　符合下列条件的醉驾案件，一般应当适用快速办理机制：

（一）　现场查获，未造成交通事故的；

（二）　事实清楚，证据确实、充分，法律适用没有争议的；

（三）　犯罪嫌疑人、被告人自愿认罪认罚的；

（四）　不具有刑事诉讼法第二百二十三条规定情形的。

第二十三条　适用快速办理机制办理的醉驾案件，人民法院、人民检察院、公安机关一般应当在立案侦查之日起三十日内完成侦查、起诉、审判工作。

法律适用

司法解释

第二十四条 在侦查或者审查起诉阶段采取取保候审措施的，案件移送至审查起诉或者审判阶段时，取保候审期限尚未届满且符合取保候审条件的，受案机关可以不再重新作出取保候审决定，由公安机关继续执行原取保候审措施。

第二十五条 对醉驾被告人拟提出缓刑量刑建议或者宣告缓刑的，一般可以不进行调查评估。确有必要的，应当及时委托社区矫正机构或者有关社会组织进行调查评估。受委托方应当及时向委托机关提供调查评估结果。

第二十六条 适用简易程序、速裁程序的醉驾案件，人民法院、人民检察院、公安机关和司法行政机关可以采取合并式、要素式、表格式等方式简化文书。

具备条件的地区，可以通过一体化的网上办案平台流转、送达电子卷宗、法律文书等，实现案件线上办理。

五、综合治理

第二十七条 人民法院、人民检察院、公安机关和司法行政机关应当积极落实普法责任制，加强道路交通安全法治宣传教育，广泛开展普法进机关、进乡村、进社区、进学校、进企业、进单位、进网络工作，引导社会公众培养规则意识，养成守法习惯。

第二十八条 人民法院、人民检察院、公安机关和司法行政机关应当充分运用司法建议、检察建议、提示函等机制，督促有关部门、企事业单位，加强本单位人员教育管理，加大驾驶培训环节安全驾驶教育，规范代驾行业发展，加强餐饮、娱乐等涉酒场所管理，加大警示提醒力度。

第二十九条 公安机关、司法行政机关应当根据醉驾服刑人员、社区矫正对象的具体情况，制定有针对性的教育改造、矫正方案，实现分类管理、个别化教育，增强其悔罪意识、法治观念，帮助其成为守法公民。

六、附 则

第三十条 本意见自 2023 年 12 月 28 日起施行。《最高人民法院 最高人民检察院 公安部关于办理醉酒驾驶机动车刑事案件适用法律若干问题的意见》（法发〔2013〕15 号）同时废止。

二、最高人民法院、最高人民检察院、公安部、工业和信息化部、住房和城乡建设部、交通运输部、应急管理部、国家铁路局、中国民用航空局、国家邮政局《关于依法惩治涉枪支、弹药、爆炸物、易燃易爆危险物品犯罪的意见》（节录）（2021 年 12 月 28 日最高人民法院、最高人民检察院、公安部、工业和信息化部、住房和城乡建设部、交通运输部、应急管理部、国家铁路局、中国民用航空局、国家邮政局公布 自 2021 年 12 月 31 日起施行 法发〔2021〕35 号）

5. 违反危险化学品安全管理规定，未经依法批准或者许可擅自从事易燃易爆危险物品道路运输活动，或者实施其他违反危险化学品安全管理规定通过道路运输易燃易爆危险物品的行为，危及公共安全的，依照刑法第一百三十三条之一第一款第四项的规定，以危险驾驶罪定罪处罚。

在易燃易爆危险物品生产、经营、储存等高度危险的生产作业活动中违反有关安全管理的规定，有下列情形之一，具有发生重大伤亡事故或者其他严重后果的现实危险的，依照刑法第一百三十四条之一第三项的规定，以危险作业罪定罪处罚：

(1) 委托无资质企业或者个人储存易燃易爆危险物品的；

(2) 在储存的普通货物中夹带易燃易爆危险物品的；

(3) 将易燃易爆危险物品谎报或者匿报为普通货物申报、储存的；

法律适用

司法解释

（4）其他涉及安全生产的事项未经依法批准或者许可，擅自从事易燃易爆危险物品生产、经营、储存等活动的情形。

实施前两款行为，同时构成刑法第一百三十条规定之罪等其他犯罪的，依照处罚较重的规定定罪处罚；导致发生重大伤亡事故或者其他严重后果，符合刑法第一百三十四条、第一百三十五条、第一百三十六条等规定的，依照各该条的规定定罪从重处罚。

9. 通过邮件、快件夹带易燃易爆危险物品，或者将易燃易爆危险物品谎报为普通物品交寄，符合本意见第 5 条至第 8 条规定的，依照各该条的规定定罪处罚。

法律适用

相关法律法规

一、《校车安全管理条例》（节录）（2012 年 4 月 5 日中华人民共和国国务院令第 617 号公布　自公布之日起施行）

第二条　本条例所称校车，是指依照本条例取得使用许可，用于接送接受义务教育的学生上下学的 7 座以上的载客汽车。

接送小学生的校车应当是按照专用校车国家标准设计和制造的小学生专用校车。

第二十五条　机动车驾驶人未取得校车驾驶资格，不得驾驶校车。禁止聘用未取得校车驾驶资格的机动车驾驶人驾驶校车。

第三十四条　校车载人不得超过核定的人数，不得以任何理由超员。

学校和校车服务提供者不得要求校车驾驶人超员、超速驾驶校车。

第三十五条　载有学生的校车在高速公路上行驶的最高时速不得超过 80 公里，在其他道路上行驶的最高时速不得超过 60 公里。

道路交通安全法律法规规定或者道路上限速标志、标线标明的最高时速低于前款规定的，从其规定。

载有学生的校车在急弯、陡坡、窄路、窄桥以及冰雪、泥泞的道路上行驶，或者遇有雾、雨、雪、沙尘、冰雹等低能见度气象条件时，最高时速不得超过 20 公里。

第五十条　校车载人超过核定人数的，由公安机关交通管理部门扣留车辆至违法状态消除，并依照道路交通安全法律法规的规定从重处罚。

二、《危险化学品安全管理条例》（节录）（2002 年 1 月 26 日中华人民共和国国务院令第 344 号公布　自 2002 年 3 月 15 日起施行　2011 年 3 月 2 日第一次修订 2013 年 12 月 7 日第二次修订）

第六条　对危险化学品的生产、储存、使用、经营、运输实施安全监督管理的有关部门（以下统称负有危险化学品安全监督管理职责的部门），依照下列规定履行职责：

（一）安全生产监督管理部门负责危险化学品安全监督管理综合工作，组织确定、公布、调整危险化学品目录，对新建、改建、扩建生产、储存危险化学品（包括使用长输管道输送危险化学品，下同）的建设项目进行安全条件审查，核发危险化学品安全生产许可证、危险化学品安全使用许可证和危险化学品经营许可证，并负责危险化学品登记工作。

（二）公安机关负责危险化学品的公共安全管理，核发剧毒化学品购买许可证、剧毒化学品道路运输通行证，并负责危险化学品运输车辆的道路交通安全管理。

法

律

适

用

相

关

法

律

法

规

（三）质量监督检验检疫部门负责核发危险化学品及其包装物、容器（不包括储存危险化学品的固定式大型储罐，下同）生产企业的工业产品生产许可证，并依法对其产品质量实施监督，负责对进出口危险化学品及其包装实施检验。

（四）环境保护主管部门负责废弃危险化学品处置的监督管理，组织危险化学品的环境危害性鉴定和环境风险程度评估，确定实施重点环境管理的危险化学品，负责危险化学品环境管理登记和新化学物质环境管理登记；依照职责分工调查相关危险化学品环境污染事故和生态破坏事件，负责危险化学品事故现场的应急环境监测。

（五）交通运输主管部门负责危险化学品道路运输、水路运输的许可以及运输工具的安全管理，对危险化学品水路运输安全实施监督，负责危险化学品道路运输企业、水路运输企业驾驶人员、船员、装卸管理人员、押运人员、申报人员、集装箱装箱现场检查员的资格认定。铁路监管部门负责危险化学品铁路运输及其运输工具的安全管理。民用航空主管部门负责危险化学品航空运输以及航空运输企业及其运输工具的安全管理。

（六）卫生主管部门负责危险化学品毒性鉴定的管理，负责组织、协调危险化学品事故受伤人员的医疗卫生救援工作。

（七）工商行政管理部门依据有关部门的许可证件，核发危险化学品生产、储存、经营、运输企业营业执照，查处危险化学品经营企业违法采购危险化学品的行为。

（八）邮政管理部门负责依法查处寄递危险化学品的行为。

第四十三条　从事危险化学品道路运输、水路运输的，应当分别依照有关道路运输、水路运输的法律、行政法规的规定，取得危险货物道路运输许可、危险货物水路运输许可，并向工商行政管理部门办理登记手续。

危险化学品道路运输企业、水路运输企业应当配备专职安全管理人员。

第四十四条　危险化学品道路运输企业、水路运输企业的驾驶人员、船员、装卸管理人员、押运人员、申报人员、集装箱装箱现场检查员应当经交通运输主管部门考核合格，取得从业资格。具体办法由国务院交通运输主管部门制定。

危险化学品的装卸作业应当遵守安全作业标准、规程和制度，并在装卸管理人员的现场指挥或者监控下进行。水路运输危险化学品的集装箱装箱作业应当在集装箱装箱现场检查员的指挥或者监控下进行，并符合积载、隔离的规范和要求；装箱作业完毕后，集装箱装箱现场检查员应当签署装箱证明书。

第四十五条　运输危险化学品，应当根据危险化学品的危险特性采取相应的安全防护措施，并配备必要的防护用品和应急救援器材。

用于运输危险化学品的槽罐以及其他容器应当封口严密，能够防止危险化学品在运输过程中因温度、湿度或者压力的变化发生渗漏、洒漏；槽罐以及其他容器的溢流和泄压装置应当设置准确、起闭灵活。

运输危险化学品的驾驶人员、船员、装卸管理人员、押运人员、申报人员、集装箱装箱现场检查员，应当了解所运输的危险化学品的危险特性及其包装物、容器的使用要求和出现危险情况时的应急处置方法。

第四十六条　通过道路运输危险化学品的，托运人应当委托依法取得危险货物道路运输许可的企业承运。

第四十七条　通过道路运输危险化学品的，应当按照运输车辆的核定载质量装载危险化学品，不得超载。

危险化学品运输车辆应当符合国家标准要求的安全技术条件，并按照国家有关规定定期进行安全技术检验。

危险化学品运输车辆应当悬挂或者喷涂符合国家标准要求的警示标志。

第四十八条 通过道路运输危险化学品的，应当配备押运人员，并保证所运输的危险化学品处于押运人员的监控之下。

运输危险化学品途中因住宿或者发生影响正常运输的情况，需要较长时间停车的，驾驶人员、押运人员应当采取相应的安全防范措施；运输剧毒化学品或者易制爆危险化学品的，还应当向当地公安机关报告。

第四十九条 未经公安机关批准，运输危险化学品的车辆不得进入危险化学品运输车辆限制通行的区域。危险化学品运输车辆限制通行的区域由县级人民政府公安机关划定，并设置明显的标志。

第五十条 通过道路运输剧毒化学品的，托运人应当向运输始发地或者目的地县级人民政府公安机关申请剧毒化学品道路运输通行证。

申请剧毒化学品道路运输通行证，托运人应当向县级人民政府公安机关提交下列材料：

（一）拟运输的剧毒化学品品种、数量的说明；

（二）运输始发地、目的地、运输时间和运输路线的说明；

（三）承运人取得危险货物道路运输许可、运输车辆取得营运证以及驾驶人员、押运人员取得上岗资格的证明文件；

（四）本条例第三十八条第一款、第二款规定的购买剧毒化学品的相关许可证件，或者海关出具的进出口证明文件。

县级人民政府公安机关应当自收到前款规定的材料之日起 7 日内，作出批准或者不予批准的决定。予以批准的，颁发剧毒化学品道路运输通行证；不予批准的，书面通知申请人并说明理由。

剧毒化学品道路运输通行证管理办法由国务院公安部门制定。

第五十一条 剧毒化学品、易制爆危险化学品在道路运输途中丢失、被盗、被抢或者出现流散、泄漏等情况的，驾驶人员、押运人员应当立即采取相应的警示措施和安全措施，并向当地公安机关报告。公安机关接到报告后，应当根据实际情况立即向安全生产监督管理部门、环境保护主管部门、卫生主管部门通报。有关部门应当采取必要的应急处置措施。

第八十五条 未依法取得危险货物道路运输许可、危险货物水路运输许可，从事危险化学品道路运输、水路运输的，分别依照有关道路运输、水路运输的法律、行政法规的规定处罚。

第八十八条 有下列情形之一的，由公安机关责令改正，处 5 万元以上 10 万元以下的罚款；构成违反治安管理行为的，依法给予治安管理处罚；构成犯罪的，依法追究刑事责任：

（一）超过运输车辆的核定载质量装载危险化学品的；

（二）使用安全技术条件不符合国家标准要求的车辆运输危险化学品的；

（三）运输危险化学品的车辆未经公安机关批准进入危险化学品运输车辆限制通行的区域的；

（四）未取得剧毒化学品道路运输通行证，通过道路运输剧毒化学品的。

法律适用

相关法律法规

三、《中华人民共和国道路交通安全法》（节录）（2003 年 10 月 28 日中华人民共和国主席令第 8 号公布　2007 年 12 月 29 日第一次修正　2011 年 4 月 22 日第二次修正　2021 年 4 月 29 日第三次修正）

第四十二条　机动车上道路行驶，不得超过限速标志标明的最高时速。在没有限速标志的路段，应当保持安全车速。

夜间行驶或者在容易发生危险的路段行驶，以及遇有沙尘、冰雹、雨、雪、雾、结冰等气象条件时，应当降低行驶速度。

第四十九条　机动车载人不得超过核定的人数，客运机动车不得违反规定载货。

第九十一条　饮酒后驾驶机动车的，处暂扣六个月机动车驾驶证，并处一千元以上二千元以下罚款。因饮酒后驾驶机动车被处罚，再次饮酒后驾驶机动车的，处十日以下拘留，并处一千元以上二千元以下罚款，吊销机动车驾驶证。

醉酒驾驶机动车的，由公安机关交通管理部门约束至酒醒，吊销机动车驾驶证，依法追究刑事责任；五年内不得重新取得机动车驾驶证。

饮酒后驾驶营运机动车的，处十五日拘留，并处五千元罚款，吊销机动车驾驶证，五年内不得重新取得机动车驾驶证。

醉酒驾驶营运机动车的，由公安机关交通管理部门约束至酒醒，吊销机动车驾驶证，依法追究刑事责任；十年内不得重新取得机动车驾驶证，重新取得机动车驾驶证后，不得驾驶营运机动车。

饮酒后或者醉酒驾驶机动车发生重大交通事故，构成犯罪的，依法追究刑事责任，并由公安机关交通管理部门吊销机动车驾驶证，终生不得重新取得机动车驾驶证。

第九十二条第一款　公路客运车辆载客超过额定乘员的，处二百元以上五百元以下罚款；超过额定乘员百分之二十或者违反规定载货的，处五百元以上二千元以下罚款。

第一百一十九条　本法中下列用语的含义：

（一）"道路"，是指公路、城市道路和虽在单位管辖范围但允许社会机动车通行的地方，包括广场、公共停车场等用于公众通行的场所。

（二）"车辆"，是指机动车和非机动车。

（三）"机动车"，是指以动力装置驱动或者牵引，上道路行驶的供人员乘用或者用于运送物品以及进行工程专项作业的轮式车辆。

（四）"非机动车"，是指以人力或者畜力驱动，上道路行驶的交通工具，以及虽有动力装置驱动但设计最高时速、空车质量、外形尺寸符合有关国家标准的残疾人机动轮椅车、电动自行车等交通工具。

（五）"交通事故"，是指车辆在道路上因过错或者意外造成的人身伤亡或者财产损失的事件。

法律适用

相关法律法规

56 妨害安全驾驶案

概念

本罪是指对行驶中的公共交通工具的驾驶人员使用暴力或者抢控驾驶操纵装置，干扰公共交通工具正常行驶，危及公共安全的；或者公共交通工具的驾驶人员在行驶的公共交通工具上擅离职守，与他人互殴或者殴打他人，危及公共安全的行为。

立案标准

根据《刑法》第 133 条之二的规定，本罪是具体危险犯。无论是行为人对正在行驶中的交通工具驾驶人员使用暴力或抢控驾驶操纵装置，还是正在行使中的公共交通工具驾驶人员在行驶的公共交通工具上擅离职守，与他人互殴或者殴打他人，客观上形成了危及公共安全的具体危险，都应当以妨害安全驾驶罪立案追究。

定罪标准	犯罪客体	本罪侵犯的客体是公共安全，具体来说，是在交通运输中不特定多数人的生命、健康以及财产安全。本罪对象为公共交通工具的驾驶人员，不包括乘客以及公共交通工具的管理人员。
	犯罪客观方面	本罪的客观方面表现为对行驶中的公共交通工具的驾驶人员使用暴力或者抢控驾驶操纵装置，干扰公共交通工具正常行驶以及公共交通工具的驾驶人员在行驶的公共交通工具上擅离职守，与他人互殴或者殴打他人的行为。 一、行为。(1) 对行驶中的公共交通工具的驾驶人员使用暴力或者抢控驾驶操纵装置，干扰公共交通工具正常行驶；(2) 公共交通工具的驾驶人员在行驶的公共交通工具上擅离职守，与他人互殴或者殴打他人。 二、具体危险。构成本罪需要客观上产生了危害公共安全的具体危险。具体而言，可考虑但不限于从以下几个方面判断行为是否形成了具体危险：(1) 行驶路段及时间；(2) 乘客数量；(3) 天气路况；(4) 行驶速度。 三、因果关系。行为人妨害安全驾驶的行为与具体危险发生之间存在因果关系。 四、本罪的时空要件。本罪要求在行驶中的交通工具中，如果是公共交通工具到站停驶状态实施妨碍行驶行为的，不构成本罪，可能构成故意伤害罪、寻衅滋事罪等罪。
	犯罪主体	本罪的主体为一般主体，即凡年满 16 周岁且具备刑事责任能力的自然人均能成为本罪主体。
	犯罪主观方面	本罪的主观方面是过失。行为人对于妨害安全驾驶可能造成的具体危险的主观心态是过失，既可以是"应当预见而没有预见"，也可以是"已经预见，但轻信可以避免"。

定罪标准	**罪与非罪**	本罪是具体危险犯，因此，无论是行为人对正在行驶中的交通工具驾驶人员使用暴力或抢控驾驶操纵装置，还是公共交通工具的驾驶人员在行驶的公共交通工具上擅离职守，与他人互殴或者殴打他人，都需要客观上形成了危及公共安全的具体危险，才能认定构成本罪。
	此罪与彼罪	本罪与以危险方法危害公共安全罪的关系。本条与《刑法》第114条是一般法条和特别法条的关系。具体来说，本罪与《刑法》第114条以危险方法危害公共安全罪都是规制危害公共安全，尚未造成严重后果的行为，均是具体危险犯，但在危险的程度上有所区分。考虑到本条的罪刑配置，本条实际上是《刑法》第114条的堵截性罪名。故而，因使用暴力或者抢控驾驶操纵装置，干扰公共交通工具正常行驶，造成重大交通事故，同时构成交通肇事罪、以危险方法危害公共安全罪的，为想象竞合犯，应根据行为的危害程度，适用处罚较重的罪名定罪处罚。
证据参考标准	**主体方面的证据**	**一、证明行为人刑事责任年龄、身份等事实情况的证据** 包括但不限于身份证明、户籍证明、任职证明、工作经历证明、特定职责证明等，主要用于证明行为人的姓名（曾用名）、性别、出生年月日、民族、籍贯、出生地、职业（职务）、住所地（居住地）等的证据材料，如居民身份证、户口簿、工作证、出生证、专业或技术等级证、干部履历表、职工登记表、护照等。 对于户籍、身份证等材料内容不实的，应提供其他证据材料。外国人犯罪的案件，需要有护照等身份证明材料。人大代表、政协委员犯罪的案件，应当注明身份并附上身份证明材料。 **二、证明行为人刑事责任能力的证据** 证明行为人对自己的行为具有辨认、控制能力，如是否属于间歇性精神病人、尚未完全丧失辨认或者控制自己行为能力的精神病人的证明材料。
	主观方面的证据	**证明行为人过失的证据** 1. 证明行为人应当预见自己的行为可能发生危害结果的证据；2. 证明行为人疏忽大意的过失的证据；3. 证明行为人过于自信的过失的证据。
	客观方面的证据	**证明行为人妨害安全驾驶的证据** 具体证据包括：1. 证明行为人对行驶中的公共交通工具的驾驶人员使用暴力或者抢控驾驶操纵装置的证据；2. 证明行为人在行驶的公共交通工具上擅离职守，与他人互殴或者殴打他人的证据；3. 证明行为人行为干扰公共交通工具正常行驶的证据；4. 证明行为人行为危及公共安全的证据；5. 证明行为人的行为与上述具体危险的发生之间存在因果关系的证据。
	量刑方面的证据	**一、法定量刑情节证据** 1. 事实情节。2. 法定从重情节。3. 法定从轻情节：（1）可以从轻；（2）可以从轻或减轻；（3）应当从轻或者减轻。4. 法定从轻减轻免除情节：（1）可以从轻、减轻或者免除处罚；（2）应当从轻、减轻或者免除处罚。5. 法定减轻免除情节：（1）可以减轻或者免除处罚；（2）应当减轻或者免除处罚；（3）可以免除处罚。 **二、酌定量刑情节证据** 1. 犯罪手段：（1）对驾驶人员使用暴力；（2）抢控驾驶操控装置；（3）驾驶人员擅离职守与他人互殴或者殴打他人。2. 犯罪对象。3. 危害。4. 动机。5. 平时表现。6. 认罪态度。7. 是否有前科。8. 其他证据。

量刑标准	犯本罪的	处一年以下有期徒刑、拘役或者管制，并处或者单处罚金
	同时构成其他犯罪的	依照处罚较重的规定定罪处罚

| 法律适用 | 刑法条文 | **第一百三十三条之二** 对行驶中的公共交通工具的驾驶人员使用暴力或者抢控驾驶操纵装置，干扰公共交通工具正常行驶，危及公共安全的，处一年以下有期徒刑、拘役或者管制，并处或者单处罚金。

前款规定的驾驶人员在行驶的公共交通工具上擅离职守，与他人互殴或者殴打他人，危及公共安全的，依照前款的规定处罚。

有前两款行为，同时构成其他犯罪的，依照处罚较重的规定定罪处罚。 |
| | 规章及规范性文件 | **最高人民法院、最高人民检察院、公安部《关于依法惩治妨害公共交通工具安全驾驶违法犯罪行为的指导意见》**① （2019年1月8日最高人民法院、最高人民检察院、公安部公布　自公布之日起施行　公通字〔2019〕1号）
各省、自治区、直辖市高级人民法院、人民检察院、公安厅（局），新疆维吾尔自治区高级人民法院生产建设兵团分院，新疆生产建设兵团人民检察院、公安局：
　　近期，一些地方接连发生在公共交通工具上妨害安全驾驶的行为。有的乘客仅因琐事纷争，对正在驾驶公共交通工具的驾驶人员实施暴力干扰行为，造成重大人员伤亡、财产损失，严重危害公共安全，社会反响强烈。为依法惩治妨害公共交通工具安全驾驶违法犯罪行为，维护公共交通安全秩序，保护人民群众生命财产安全，根据有关法律规定，制定本意见。
　　一、准确认定行为性质，依法从严惩处妨害安全驾驶犯罪
　　（一）乘客在公共交通工具行驶过程中，抢夺方向盘、变速杆等操纵装置，殴打、拉拽驾驶人员，或者有其他妨害安全驾驶行为，危害公共安全，尚未造成严重后果的，依照刑法第一百一十四条的规定，以以危险方法危害公共安全罪定罪处罚；致人重伤、死亡或者使公私财产遭受重大损失的，依照刑法第一百一十五条第一款的规定，以以危险方法危害公共安全罪定罪处罚。
　　实施前款规定的行为，具有以下情形之一的，从重处罚：
　　1. 在夜间行驶或者恶劣天气条件下行驶的公共交通工具上实施的；
　　2. 在临水、临崖、急弯、陡坡、高速公路、高架道路、桥隧路段及其他易发生危险的路段实施的；
　　3. 在人员、车辆密集路段实施的；
　　4. 在实际载客10人以上或者时速60公里以上的公共交通工具上实施的；
　　5. 经他人劝告、阻拦后仍然继续实施的；
　　6. 持械袭击驾驶人员的； |

---

① 2020年12月26日公布的《刑法修正案（十一）》规定了妨害安全驾驶罪，此司法解释可参照适用。

7. 其他严重妨害安全驾驶的行为。

实施上述行为，即使尚未造成严重后果，一般也不得适用缓刑。

（二）乘客在公共交通工具行驶过程中，随意殴打其他乘客，追逐、辱骂他人，或者起哄闹事，妨害公共交通工具运营秩序，符合刑法第二百九十三条规定的，以寻衅滋事罪定罪处罚；妨害公共交通工具安全行驶，危害公共安全的，依照刑法第一百一十四条、第一百一十五条第一款的规定，以以危险方法危害公共安全罪定罪处罚。

（三）驾驶人员在公共交通工具行驶过程中，与乘客发生纷争后违规操作或者擅离职守，与乘客厮打、互殴，危害公共安全，尚未造成严重后果的，依照刑法第一百一十四条的规定，以以危险方法危害公共安全罪定罪处罚；致人重伤、死亡或者使公私财产遭受重大损失的，依照刑法第一百一十五条第一款的规定，以以危险方法危害公共安全罪定罪处罚。

（四）对正在进行的妨害安全驾驶的违法犯罪行为，乘客等人员有权采取措施予以制止。制止行为造成违法犯罪行为人损害，符合法定条件的，应当认定为正当防卫。

（五）正在驾驶公共交通工具的驾驶人员遭到妨害安全驾驶行为侵害时，为避免公共交通工具倾覆或者人员伤亡等危害后果发生，采取紧急制动或者躲避措施，造成公共交通工具、交通设施损坏或者人身损害，符合法定条件的，应当认定为紧急避险。

（六）以暴力、威胁方法阻碍国家机关工作人员依法处置妨害安全驾驶违法犯罪行为、维护公共交通秩序的，依照刑法第二百七十七条的规定，以妨害公务罪定罪处罚；暴力袭击正在依法执行职务的人民警察的，从重处罚。

（七）本意见所称公共交通工具，是指公共汽车、公路客运车，大、中型出租车等车辆。

二、加强协作配合，有效维护公共交通安全秩序

妨害公共交通工具安全驾驶行为具有高度危险性，极易诱发重大交通事故，造成重大人身伤亡、财产损失，严重威胁公共安全。各级人民法院、人民检察院和公安机关要高度重视妨害安全驾驶行为的现实危害，深刻认识维护公共交通秩序对于保障人民群众生命财产安全与社会和谐稳定的重大意义，准确认定行为性质，依法从严惩处，充分发挥刑罚的震慑、教育作用，预防、减少妨害安全驾驶不法行为发生。

公安机关接到妨害安全驾驶相关警情后要及时处警，采取果断措施予以处置；要妥善保护事发现场，全面收集、提取证据，特别是注意收集行车记录仪、道路监控等视听资料。人民检察院应当对公安机关的立案、侦查活动进行监督；对于公安机关提请批准逮捕、移送审查起诉的案件，符合逮捕、起诉条件的，应当依法予以批捕、起诉。人民法院应当及时公开、公正审判。对于妨害安全驾驶行为构成犯罪的，严格依法追究刑事责任；尚不构成犯罪但构成违反治安管理行为的，依法给予治安管理处罚。

在办理案件过程中，人民法院、人民检察院和公安机关要综合考虑公共交通工具行驶速度、通行路段情况、载客情况、妨害安全驾驶行为的严重程度及对公共交通安全的危害大小、行为人认罪悔罪表现等因素，全面准确评判，充分彰显强化保障公共交通安全的价值导向。

法律适用

规章及规范性文件

法律适用

规章及规范性文件

三、强化宣传警示教育，提升公众交通安全意识

人民法院、人民检察院、公安机关要积极回应人民群众关切，对于社会影响大、舆论关注度高的重大案件，在依法办案的同时要视情向社会公众发布案件进展情况。要广泛拓展传播渠道，尤其是充分运用微信公众号、微博等网络新媒体，及时通报案件信息、澄清事实真相，借助焦点案事件向全社会传递公安和司法机关坚决惩治妨害安全驾驶违法犯罪的坚定决心，提升公众的安全意识、规则意识和法治意识。

办案单位要切实贯彻"谁执法、谁普法"的普法责任制，以各种有效形式开展以案释法，选择妨害安全驾驶犯罪的典型案例进行庭审直播，或者邀请专家学者、办案人员进行解读，阐明妨害安全驾驶行为的违法性、危害性。要坚持弘扬社会正气，选择及时制止妨害安全驾驶行为的见义勇为事例进行褒扬，向全社会广泛宣传制止妨害安全驾驶行为的正当性、必要性。

各地各相关部门要认真贯彻执行。执行中遇有问题，请及时上报。

57 重大责任事故案

概念　本罪是指在生产、作业中违反有关安全管理的规定，因而发生重大伤亡事故或者造成其他严重后果的行为。

立案标准　根据最高人民法院、最高人民检察院《关于办理危害生产安全刑事案件适用法律若干问题的解释》第 6 条之规定，具有下列情形之一的，应当认定为"发生重大伤亡事故或者造成其他严重后果"：

(1) 造成死亡 1 人以上，或者重伤 3 人以上的；

(2) 造成直接经济损失 100 万元以上的；

(3) 其他造成严重后果或者重大安全事故的情形。

定罪标准

犯罪客体

本罪侵犯的客体是企业、事业单位的生产安全。由于现代化生产分工精细、工艺复杂，要求各个生产部门的职工和领导人员，都必须严格遵守劳动纪律和生产制度，坚持安全第一的方针，以确保生产活动的安全。如果在生产过程中，不遵守有关规章制度，不服从管理，就必然会威胁到生产安全，给广大职工和国家的利益带来较大的损失。因此，造成严重后果的，应依法追究刑事责任。

犯罪客观方面

本罪的客观方面表现为违反有关安全管理的规定，造成重大伤亡事故或者造成其他严重后果的行为。

一、行为。构成本罪的行为是在生产、作业中违反有关安全管理的规定。所谓在生产、作业中违反有关安全管理的规定，是指从事生产、科研活动的人员在生产、作业过程中，违反安全管理法律、行政法规、部门规章以及为保障安全生产、科研而制定的安全操作规程的情形。安全管理的相关规定主要分为三种情形：一是国家法定机关颁行的有关安全生产的各种规范性文件，目前主要有《安全生产法》《建设工程安全生产管理条例》《关于进一步加强安全生产工作的决定》等；二是生产、科研单位以及上级管理机关制定的保障安全生产的各种规章制度，主要包括生产操作、技术监督、安全管理方面的规程、章程、标准、办法等；三是在生产、科研等专门性活动中逐步形成的安全操作惯例、习惯。

二、结果。构成本罪的结果是重大伤亡事故或者其他严重后果。对"重大伤亡事故或者其他严重后果"的认定，应当根据最高人民法院、最高人民检察院《关于办理危害生产安全刑事案件适用法律若干问题的解释》第 6 条之规定：(1) 造成死亡 1 人以上，或者重伤 3 人以上的；(2) 造成直接经济损失 100 万元以上的；(3) 其他造成严重后果或者重大安全事故的情形。这里的"情节特别恶劣"，包括下列情形：(1) 造成死亡 3 人以上或者重伤 10 人以上，负事故主要责任的；(2) 造成直接经济损失 500 万元以上，负事故主要责任的；(3) 其他造成特别严重后果、情节特别恶劣或者后果特别严重的情形。

三、因果关系。违反规章制度与严重后果之间存在因果关系，即严重后果是由于

定罪标准	**犯罪客观方面**	从业人员的违反安全管理规定的生产、作业活动的行为所引起的。 　　四、重大伤亡事故或者其他严重后果必须发生在生产、作业活动过程中，并同从业人员或管理人员的生产、作业活动有直接的、不可分离的联系，这是本罪在客观方面的重要特征之一，也是区别于发生在其他领域中的过失犯罪的重要标志。
	犯罪主体	修正后的重大责任事故罪的主体范围有所扩张，但仍然属于特殊主体：一类是直接从事生产、科研、作业的人员，另一类是负责指挥、领导生产、科研、作业活动的管理人员。根据最高人民法院、最高人民检察院《关于办理危害生产安全刑事案件适用法律若干问题的解释》第 1 条之规定，本罪的犯罪主体包括对生产、作业负有组织、指挥或者管理职责的负责人、管理人员、实际控制人、投资人等人员，以及直接从事生产、作业的人员。一般而言，与生产、作业以及对生产、作业管理无关的行政人员、后勤人员以及党团工会人员等，均不能成为本罪的主体，如果这类人员在行使相关职能的过程中出现重大过失造成严重后果的，可按《刑法》分则中规定的其他犯罪处理，但是这些非生产性人员因故直接从事生产、作业以及对生产、作业的领导、指挥活动，违反有关规章制度，并由此引起重大事故的，也能够成为重大责任事故罪的主体。单位不能成为本罪的主体。
	犯罪主观方面	主观方面只能是过失，即应当知道自己违反安全管理规定的生产、作业行为可能会造成重大伤亡事故或者其他严重后果，因为疏忽大意而没有预见；或者虽然已经预见，但轻信能够避免，因而造成重大伤亡事故或其他严重后果。至于违反有关安全管理规定，则可能是明知故犯。
	罪与非罪	一、本罪与一般责任事故的界限。两者之间区别的关键在于违反安全管理规定的行为是否造成了重大伤亡事故或者其他严重后果，如果造成了上述严重后果，以重大责任事故罪论处，否则以一般责任事故处理。 　　二、本罪与自然事故、技术事故的界限。自然事故是由于不可预见、不可控制的自然力作用而引发的人员伤亡或公私财产的重大损失；技术事故是由于现有科学技术条件的限制而引发的不可抗力的事故。重大责任事故与自然事故、技术事故的区别在于，前者行为人主观上存在过失，客观上没有履行正常的注意义务；后者则是由外在的不可抗力因素所致，行为人已经履行了正常的注意义务，仍然没有避免重大事故的发生，在此情形下，既缺乏客观上的过失行为，也缺乏主观上的过失心理。 　　三、关于允许的危险。在认定重大责任事故罪的时候，存在一个如何正确认识风险业务的问题。某些业务不可避免地带有一定风险，此为风险业务。在当前高科技的情况下，风险业务也随之增加。根据传统的过失理论，当行为人认识到自己的行为可能发生危害结果时，应立即停止这一行为。否则，便为违反注意义务的行为，即违反回避危害结果的义务。所以，对这类业务活动应当禁止。否则，发生损害结果的，就会以过失犯罪论处。显然，这种做法虽然能够回避风险，但却不能促进社会生产的发展，不利于科学技术的进步。在这种情况下，在刑法理论上提出允许的危险的理论，在一定程度上限制过失犯罪的成立范围。这里所谓允许的危险，是指某种具有危害倾向的行为，因有益于社会而允许其实施的合法行为。允许的危险的意义在于：一是一定程度上免除开办风险业务的组织者、管理者的过失责任；二是一定程度上免除从事风险业务的业务人员的过失责任。由于重大责任事故罪一般均发生在风险业务领域，因此在认定本罪的时候，应当正确地适用允许的危险这一理论，区分罪与非罪的界限。

定罪标准	**此罪与彼罪**	一、本罪与失火罪、过失决水罪、过失爆炸罪以及交通肇事罪等犯罪的界限。本罪与失火罪、过失决水罪、过失爆炸罪相似之处在于主观上都是出于过失，客观上都侵害了社会的公共安全，区别在于：前者是特殊主体，即从事生产、作业的人员和对生产、作业有领导、指挥职责的管理人员，后者是一般主体；前者主要是违反了生产、作业中的规章制度下的注意义务，后者违反的是日常生活中的一般规则所赋予的注意义务。 本罪与交通肇事罪的界限，一般情况下比较容易把握，困难在于对厂（矿）区内机动车作业期间发生的伤亡事故案件如何认定。对此问题的认定可参考最高人民法院2000年11月10日发布的《关于审理交通肇事刑事案件具体应用法律若干问题的解释》，根据发生的情形不同区别对待：在公共交通管理范围内，因违反交通运输管理法规，造成重大伤亡事故的，应认定为交通肇事罪；在公共交通管理的范围外，驾驶机动车辆或者使用其他交通工具致人伤亡或者致使公共财产或者他人财产遭受重大损失，构成犯罪的，分别依照《刑法》第134条、第135条、第233条等规定处罚，符合《刑法》第134条规定的诸犯罪成立要件的，以重大责任事故罪定罪处罚。 二、本罪与重大劳动安全事故罪、工程重大安全事故罪、教育设施重大安全事故罪、消防责任事故罪、危险物品肇事罪等犯罪的界限。前述这些犯罪都是从重大责任事故罪中分离出去的，分别涉及劳动保护、建筑工程质量、教育设施及消防设施等生产、作业中的安全，都造成了重大事故或其他严重后果，是特殊形式的重大责任事故的独立成罪，与重大责任事故罪法条是特殊法条与一般法条的关系，属于刑法理论中法条竞合之独立竞合的情形，在一行为既符合上述特殊责任事故犯罪的规定，也符合重大责任事故罪的规定时，根据特殊法条优于一般法条的原则，以重大劳动安全事故罪、工程重大安全事故罪等特殊责任事故犯罪定性处罚，但是如果在不能适用这些具体罪名的情况下，才能对那些违反规章制度造成重大伤亡或者其他严重后果的行为，以重大责任事故罪论处。 三、本罪与危险物品肇事罪的界限。两罪都是过失犯罪，在客观上都因违反有关规定、制度而导致严重后果。区别主要有两点：一是主体范围不同。本罪为从事生产、作业的人员；危险物品肇事罪则是从事生产、储存、运输、使用爆炸性、易燃性、放射性、毒害性、腐蚀性、危险物品工作的人员或者一般主体。二是行为发生的场合不同。本罪发生在生产、作业过程中；危险物品肇事罪则只能发生在生产、储存、运输、使用危险物品的过程中。
证据参考标准	**主体方面的证据**	**一、证明行为人刑事责任年龄、身份等自然情况的证据** 包括身份证明、户籍证明、任职证明、工作经历证明、特定职责证明等，主要是证明行为人的姓名（曾用名）、性别、出生年月日、民族、籍贯、出生地、职业（或职务）、住所地（或居所地）等证据材料，如户口簿、居民身份证、工作证、出生证、专业或技术等级证、干部履历表、职工登记表、护照等。 对于户籍、出生证等材料内容不实的，应提供其他证据材料。外国人犯罪的案件，应有护照等身份证明材料。人大代表、政协委员犯罪的案件，应注明身份，并附身份证明材料。 **二、证明行为人刑事责任能力的证据** 证明行为人对自己的行为是否具有辨认能力与控制能力，如是否属于间歇性精神病人、尚未完全丧失辨认或者控制自己行为能力的精神病人的证明材料。
	主观方面的证据	**证明行为人过失的证据** 1. 证明行为人应当预见自己的行为可能发生危害社会的结果的证据；2. 证明疏忽大意的过失的证据；3. 证明过于自信的过失的证据。

证据参考标准	客观方面的证据	**证明行为人重大责任事故犯罪行为的证据** 具体证据包括：1. 证明行为人忽视有关安全管理规定的证据：（1）违反国家法定机关颁行的有关安全生产的各种规范性文件的证据，这些文件目前主要有《安全生产法》《建设工程安全生产管理条例》、国务院《关于进一步加强安全生产工作的决定》等；（2）违反生产、科研单位以及上级管理机关制定的保障安全生产的各种规章制度的证据，这些规章制度主要包括生产操作、技术监督、安全管理方面的规程、章程、标准、办法等；（3）违反在生产、科研等专门性活动中逐步形成但尚未成文化的安全操作惯例、习惯的证据。2. 证明发生了重大伤亡事故或其他严重后果的证据。3. 证明行为人的行为与上述危害结果的发生存在因果联系的证据。
	量刑方面的证据	**一、法定量刑情节证据** 1. 事实情节：（1）造成重大伤亡事故；（2）其他严重后果。2. 法定从重情节：情节特别恶劣。3. 法定从轻减轻情节：（1）可以从轻；（2）可以从轻或减轻；（3）应当从轻或者减轻。4. 法定从轻减轻免除情节：（1）可以从轻、减轻或者免除处罚；（2）应当从轻、减轻或者免除处罚。5. 法定减轻免除情节：（1）可以减轻或者免除处罚；（2）应当减轻或者免除处罚；（3）可以免除处罚。 **二、酌定量刑情节证据** 1. 犯罪手段。2. 犯罪对象。3. 危害结果：（1）经济损失；（2）人员伤亡。4. 动机。5. 平时表现。6. 认罪态度。7. 是否有前科。8. 其他证据。

量刑标准	犯本罪的	处三年以下有期徒刑或者拘役
	情节特别恶劣的	处三年以上七年以下有期徒刑

刑法条文	**第一百三十四条第一款** 在生产、作业中违反有关安全管理的规定，因而发生重大伤亡事故或者造成其他严重后果的，处三年以下有期徒刑或者拘役；情节特别恶劣的，处三年以上七年以下有期徒刑。

法律适用	司法解释	**一、最高人民法院、最高人民检察院《关于办理危害生产安全刑事案件适用法律若干问题的解释》（节录）**（2015 年 12 月 14 日最高人民法院、最高人民检察院公布 自 2015 年 12 月 16 日起施行 法释〔2015〕22 号） **第一条** 刑法第一百三十四条第一款规定的犯罪主体，包括对生产、作业负有组织、指挥或者管理职责的负责人、管理人员、实际控制人、投资人等人员，以及直接从事生产、作业的人员。 **第六条** 实施刑法第一百三十二条、第一百三十四条第一款、第一百三十五条、第一百三十五条之一、第一百三十六条、第一百三十九条规定的行为，因而发生安全事故，具有下列情形之一的，应当认定为"造成严重后果"或者"发生重大伤亡事故或者造成其他严重后果"，对相关责任人员，处三年以下有期徒刑或者拘役： （一）造成死亡一人以上，或者重伤三人以上的； （二）造成直接经济损失一百万元以上的；

（三）其他造成严重后果或者重大安全事故的情形。

实施刑法第一百三十四条第二款规定的行为，因而发生安全事故，具有本条第一款规定情形的，应当认定为"发生重大伤亡事故或者造成其他严重后果"，对相关责任人员，处五年以下有期徒刑或者拘役。

实施刑法第一百三十七条规定的行为，因而发生安全事故，具有本条第一款规定情形的，应当认定为"造成重大安全事故"，对直接责任人员，处五年以下有期徒刑或者拘役，并处罚金。

实施刑法第一百三十八条规定的行为，因而发生安全事故，具有本条第一款第一项规定情形的，应当认定为"发生重大伤亡事故"，对直接责任人员，处三年以下有期徒刑或者拘役。

第七条　实施刑法第一百三十二条、第一百三十四条第一款、第一百三十五条、第一百三十五条之一、第一百三十六条、第一百三十九条规定的行为，因而发生安全事故，具有下列情形之一的，对相关责任人员，处三年以上七年以下有期徒刑：

（一）造成死亡三人以上或者重伤十人以上，负事故主要责任的；

（二）造成直接经济损失五百万元以上，负事故主要责任的；

（三）其他造成特别严重后果、情节特别恶劣或者后果特别严重的情形。

实施刑法第一百三十四条第二款规定的行为，因而发生安全事故，具有本条第一款规定情形的，对相关责任人员，处五年以上有期徒刑。

实施刑法第一百三十七条规定的行为，因而发生安全事故，具有本条第一款规定情形的，对直接责任人员，处五年以上十年以下有期徒刑，并处罚金。

实施刑法第一百三十八条规定的行为，因而发生安全事故，具有下列情形之一的，对直接责任人员，处三年以上七年以下有期徒刑：

（一）造成死亡三人以上或者重伤十人以上，负事故主要责任的；

（二）具有本解释第六条第一款第一项规定情形，同时造成直接经济损失五百万元以上并负事故主要责任的，或者同时造成恶劣社会影响的。

第十条　在安全事故发生后，直接负责的主管人员和其他直接责任人员故意阻挠开展抢救，导致人员死亡或者重伤，或者为了逃避法律追究，对被害人进行隐藏、遗弃，致使被害人因无法得到救助而死亡或者重度残疾的，分别依照刑法第二百三十二条、第二百三十四条的规定，以故意杀人罪或者故意伤害罪定罪处罚。

第十一条　生产不符合保障人身、财产安全的国家标准、行业标准的安全设备，或者明知安全设备不符合保障人身、财产安全的国家标准、行业标准而进行销售，致使发生安全事故，造成严重后果的，依照刑法第一百四十六条的规定，以生产、销售不符合安全标准的产品罪定罪处罚。

第十二条　实施刑法第一百三十二条、第一百三十四条至第一百三十九条之一规定的犯罪行为，具有下列情形之一的，从重处罚：

（一）未依法取得安全许可证件或者安全许可证件过期、被暂扣、吊销、注销后从事生产经营活动的；

（二）关闭、破坏必要的安全监控和报警设备的；

（三）已经发现事故隐患，经有关部门或者个人提出后，仍不采取措施的；

（四）一年内曾因危害生产安全违法犯罪活动受过行政处罚或者刑事处罚的；

（五）采取弄虚作假、行贿等手段，故意逃避、阻挠负有安全监督管理职责的部门实施监督检查的；

（六）安全事故发生后转移财产意图逃避承担责任的；

（七）其他从重处罚的情形。

实施前款第五项规定的行为，同时构成刑法第三百八十九条规定的犯罪的，依照数罪并罚的规定处罚。

第十三条 实施刑法第一百三十二条、第一百三十四条至第一百三十九条之一规定的犯罪行为，在安全事故发生后积极组织、参与事故抢救，或者积极配合调查、主动赔偿损失的，可以酌情从轻处罚。

第十六条 对于实施危害生产安全犯罪适用缓刑的犯罪分子，可以根据犯罪情况，禁止其在缓刑考验期限内从事与安全生产相关联的特定活动；对于被判处刑罚的犯罪分子，可以根据犯罪情况和预防再犯罪的需要，禁止其自刑罚执行完毕之日或者假释之日起三年至五年内从事与安全生产相关的职业。

二、最高人民法院、最高人民检察院、公安部《关于办理涉窨井盖相关刑事案件的指导意见》（节录）（2020 年 3 月 16 日最高人民法院、最高人民检察院、公安部公布　自公布之日起施行　高检发〔2020〕3 号）

五、在生产、作业中违反有关安全管理的规定，擅自移动窨井盖或者未做好安全防护措施等，发生重大伤亡事故或者造成其他严重后果的，依照刑法第一百三十四条第一款的规定，以重大责任事故罪定罪处罚。

窨井盖建设、设计、施工、工程监理单位违反国家规定，降低工程质量标准，造成重大安全事故的，依照刑法第一百三十七条的规定，以工程重大安全事故罪定罪处罚。

十二、本意见所称的"窨井盖"，包括城市、城乡结合部和乡村等地的窨井盖以及其他井盖。

三、最高人民法院《关于依法妥善审理高空抛物、坠物案件的意见》（节录）（2019 年 10 月 21 日最高人民法院公布　自公布之日起施行　法发〔2019〕25 号）

7. 准确认定高空坠物犯罪。过失导致物品从高空坠落，致人死亡、重伤，符合刑法第二百三十三条、第二百三十五条规定的，依照过失致人死亡罪、过失致人重伤罪定罪处罚。在生产、作业中违反有关安全管理规定，从高空坠落物品，发生重大伤亡事故或者造成其他严重后果的，依照刑法第一百三十四条第一款的规定，以重大责任事故罪定罪处罚。

四、最高人民法院《关于审理交通肇事刑事案件具体应用法律若干问题的解释》（节录）（2000 年 11 月 15 日最高人民法院公布　自 2000 年 11 月 21 日起施行　法释〔2000〕33 号）

第八条第二款 在公共交通管理的范围外，驾驶机动车辆或者使用其他交通工具致人伤亡或者致使公共财产或者他人财产遭受重大损失，构成犯罪的，分别依照刑法第一百三十四条、第一百三十五条、第二百三十三条等规定定罪处罚。

五、最高人民法院《关于进一步加强危害生产安全刑事案件审判工作的意见》（2011 年 12 月 30 日最高人民法院公布　自公布之日起施行　法发〔2011〕20 号）

为依法惩治危害生产安全犯罪，促进全国安全生产形势持续稳定好转，保护人民群众生命财产安全，现就进一步加强危害生产安全刑事案件审判工作，制定如下意见。

一、高度重视危害生产安全刑事案件审判工作

1. 充分发挥刑事审判职能作用，依法惩治危害生产安全犯罪，是人民法院为大局服务、为人民司法的必然要求。安全生产关系到人民群众生命财产安全，事关改革、

法律适用　司法解释

发展和稳定的大局。当前，全国安全生产状况呈现总体稳定、持续好转的发展态势，但形势依然严峻，企业安全生产基础依然薄弱；非法、违法生产，忽视生产安全的现象仍然十分突出；重特大生产安全责任事故时有发生，个别地方和行业重特大责任事故上升。一些重特大生产安全责任事故举国关注，相关案件处理不好，不仅起不到应有的警示作用，不利于生产安全责任事故的防范，也损害党和国家形象，影响社会和谐稳定。各级人民法院要从政治和全局的高度，充分认识审理好危害生产安全刑事案件的重要意义，切实增强工作责任感，严格依法、积极稳妥地审理相关案件，进一步发挥刑事审判工作在创造良好安全生产环境、促进经济平稳较快发展方面的积极作用。

2. 采取有力措施解决存在的问题，切实加强危害生产安全刑事案件审判工作。近年来，各级人民法院依法审理危害生产安全刑事案件，一批严重危害生产安全的犯罪分子及相关职务犯罪分子受到法律制裁，对全国安全生产形势持续稳定好转发挥了积极促进作用。2010 年，监察部、国家安全生产监督管理总局会同最高人民法院等部门对部分省市重特大生产安全事故责任追究落实情况开展了专项检查。从检查的情况来看，审判工作总体情况是好的，但仍有个别案件在法律适用或者宽严相济刑事政策具体把握上存在问题，需要切实加强指导。各级人民法院要高度重视，确保相关案件审判工作取得良好的法律效果和社会效果。

二、危害生产安全刑事案件审判工作的原则

3. 严格依法，从严惩处。对严重危害生产安全犯罪，尤其是相关职务犯罪，必须始终坚持严格依法、从严惩处。对于人民群众广泛关注、社会反映强烈的案件要及时审结，回应人民群众关切，维护社会和谐稳定。

4. 区分责任，均衡量刑。危害生产安全犯罪，往往涉案人员较多，犯罪主体复杂，既包括直接从事生产、作业的人员，也包括对生产、作业负有组织、指挥或者管理职责的负责人、管理人员、实际控制人、投资人等，有的还涉及国家机关工作人员渎职犯罪。对相关责任人的处理，要根据事故原因、危害后果、主体职责、过错大小等因素，综合考虑全案，正确划分责任，做到罪责刑相适应。

5. 主体平等，确保公正。审理危害生产安全刑事案件，对于所有责任主体，都必须严格落实法律面前人人平等的刑法原则，确保刑罚适用公正，确保裁判效果良好。

三、正确确定责任

6. 审理危害生产安全刑事案件，政府或相关职能部门依法对事故原因、损失大小、责任划分作出的调查认定，经庭审质证后，结合其他证据，可作为责任认定的依据。

7. 认定相关人员是否违反有关安全管理规定，应当根据相关法律、行政法规，参照地方性法规、规章及国家标准、行业标准，必要时可参考公认的惯例和生产经营单位制定的安全生产规章制度、操作规程。

8. 多个原因行为导致生产安全事故发生的，在区分直接原因与间接原因的同时，应当根据原因行为在引发事故中所具作用的大小，分清主要原因与次要原因，确认主要责任和次要责任，合理确定罪责。

一般情况下，对生产、作业负有组织、指挥或者管理职责的负责人、管理人员、实际控制人、投资人，违反有关安全生产管理规定，对重大生产安全事故的发生起决定性、关键性作用的，应当承担主要责任。

对于直接从事生产、作业的人员违反安全管理规定，发生重大生产安全事故的，要综合考虑行为人的从业资格、从业时间、接受安全生产教育培训情况、现场条件、是否受到他人强令作业、生产经营单位执行安全生产规章制度的情况等因素认定责任，不能将直接责任简单等同于主要责任。

对于负有安全生产管理、监督职责的工作人员，应根据其岗位职责、履职依据、履职时间等，综合考察工作职责、监管条件、履职能力、履职情况等，合理确定罪责。

四、准确适用法律

9. 严格把握危害生产安全犯罪与以其他危险方法危害公共安全罪的界限，不应将生产经营中违章违规的故意不加区别地视为对危害后果发生的故意。

10. 以行贿方式逃避安全生产监督管理，或者非法、违法生产、作业，导致发生重大生产安全事故，构成数罪的，依照数罪并罚的规定处罚。

违反安全生产管理规定，非法采矿、破坏性采矿或排放、倾倒、处置有害物质严重污染环境，造成重大伤亡事故或者其他严重后果，同时构成危害生产安全犯罪和破坏环境资源保护犯罪的，依照数罪并罚的规定处罚。

11. 安全事故发生后，负有报告职责的国家工作人员不报或者谎报事故情况，贻误事故抢救，情节严重，构成不报、谎报安全事故罪，同时构成职务犯罪或其他危害生产安全犯罪的，依照数罪并罚的规定处罚。

12. 非矿山生产安全事故中，认定"直接负责的主管人员和其他直接责任人员"、"负有报告职责的人员"的主体资格，认定构成"重大伤亡事故或者其他严重后果"、"情节特别恶劣"，不报、谎报事故情况，贻误事故抢救，"情节严重"、"情节特别严重"等，可参照最高人民法院、最高人民检察院《关于办理危害矿山生产安全刑事案件具体应用法律若干问题的解释》的相关规定。

五、准确把握宽严相济刑事政策

13. 审理危害生产安全刑事案件，应综合考虑生产安全事故所造成的伤亡人数、经济损失、环境污染、社会影响、事故原因与被告人职责的关联程度、被告人主观过错大小、事故发生后被告人的施救表现、履行赔偿责任情况等，正确适用刑罚，确保裁判法律效果和社会效果相统一。

14. 造成《关于办理危害矿山生产安全刑事案件具体应用法律若干问题的解释》第四条规定的"重大伤亡事故或者其他严重后果"，同时具有下列情形之一的，也可以认定为刑法第一百三十四条、第一百三十五条规定的"情节特别恶劣"：

（一）非法、违法生产的；

（二）无基本劳动安全设施或未向生产、作业人员提供必要的劳动防护用品，生产、作业人员劳动安全无保障的；

（三）曾因安全生产设施或者安全生产条件不符合国家规定，被监督管理部门处罚或责令改正，一年内再次违规生产致使发生重大生产安全事故的；

（四）关闭、故意破坏必要安全警示设备的；

（五）已发现事故隐患，未采取有效措施，导致发生重大事故的；

（六）事故发生后不积极抢救人员，或者毁灭、伪造、隐藏影响事故调查的证据，或者转移财产逃避责任的；

（七）其他特别恶劣的情节。

15. 相关犯罪中，具有以下情形之一的，依法从重处罚：

（一）国家工作人员违反规定投资入股生产经营企业，构成危害生产安全犯罪的；

（二）贪污贿赂行为与事故发生存在关联性的；

（三）国家工作人员的职务犯罪与事故存在直接因果关系的；

（四）以行贿方式逃避安全生产监督管理，或者非法、违法生产、作业的；

（五）生产安全事故发生后，负有报告职责的国家工作人员不报或者谎报事故情况，贻误事故抢救，尚未构成不报、谎报安全事故罪的；

（六）事故发生后，采取转移、藏匿、毁灭遇难人员尸体，或者毁灭、伪造、隐藏影响事故调查的证据，或者转移财产，逃避责任的；

（七）曾因安全生产设施或者安全生产条件不符合国家规定，被监督管理部门处罚或责令改正，一年内再次违规生产致使发生重大生产安全事故的。

16. 对于事故发生后，积极施救，努力挽回事故损失，有效避免损失扩大；积极配合调查，赔偿受害人损失的，可依法从宽处罚。

六、依法正确适用缓刑和减刑、假释

17. 对于危害后果较轻，在责任事故中不负主要责任，符合法律有关缓刑适用条件的，可以依法适用缓刑，但应注意根据案件具体情况，区别对待，严格控制，避免适用不当造成的负面影响。

18. 对于具有下列情形的被告人，原则上不适用缓刑：

（一）具有本意见第14条、第15条所规定的情形的；

（二）数罪并罚的。

19. 宣告缓刑，可以根据犯罪情况，同时禁止犯罪分子在缓刑考验期限内从事与安全生产有关的特定活动。

20. 办理与危害生产安全犯罪相关的减刑、假释案件，要严格执行刑法、刑事诉讼法和有关司法解释规定。是否决定减刑、假释，既要看罪犯服刑期间的悔改表现，还要充分考虑原判认定的犯罪事实、性质、情节、社会危害程度等情况。

七、加强组织领导，注意协调配合

21. 对于重大、敏感案件，合议庭成员要充分做好庭审前期准备工作，全面、客观掌握案情，确保案件开庭审理稳妥顺利、依法公正。

22. 审理危害生产安全刑事案件，涉及专业技术问题的，应有相关权威部门出具的咨询意见或者司法鉴定意见；可以依法邀请具有相关专业知识的人民陪审员参加合议庭。

23. 对于审判工作中发现的安全生产事故背后的渎职、贪污贿赂等违法犯罪线索，应当依法移送有关部门处理。对于情节轻微，免予刑事处罚的被告人，人民法院可建议有关部门依法给予行政处罚或纪律处分。

24. 被告人具有国家工作人员身份的，案件审结后，人民法院应当及时将生效的裁判文书送达行政监察机关和其他相关部门。

25. 对于造成重大伤亡后果的案件，要充分运用财产保全等法定措施，切实维护被害人依法获得赔偿的权利。对于被告人没有赔偿能力的案件，应当依靠地方党委和政府做好善后安抚工作。

26. 积极参与安全生产综合治理工作。对于审判中发现的安全生产管理方面的突出问题，应当发出司法建议，促使有关部门强化安全生产意识和制度建设，完善事故预防机制，杜绝同类事故发生。

27. 重视做好宣传工作。对于社会关注的典型案件，要重视做好审判情况的宣传报道，规范裁判信息发布，及时回应社会的关切，充分发挥重大、典型案件的教育警示作用。

28. 各级人民法院要在依法履行审判职责的同时，及时总结审判经验，深入开展调查研究，推动审判工作水平不断提高。上级法院要以辖区内发生的重大生产安全责任事故案件为重点，加强对下级法院危害生产安全刑事案件审判工作的监督和指导，适时检查此类案件的审判情况，提出有针对性的指导意见。

一、《中华人民共和国矿山安全法》（节录）（1992 年 11 月 7 日中华人民共和国主席令第 65 号公布　自 1993 年 5 月 1 日起施行　2009 年 8 月 27 日修正）

第十三条　矿山开采必须具备保障安全生产的条件，执行开采不同矿种的矿山安全规程和行业技术规范。

第十四条　矿山设计规定保留的矿柱、岩柱，在规定的期限内，应当予以保护，不得开采或者毁坏。

第十五条　矿山使用的有特殊安全要求的设备、器材、防护用品和安全检测仪器，必须符合国家安全标准或者行业安全标准；不符合国家安全标准或者行业安全标准的，不得使用。

第十六条　矿山企业必须对机电设备及其防护装置、安全检测仪器，定期检查、维修，保证使用安全。

第十七条　矿山企业必须对作业场所中的有害有毒物质和井下空气含氧量进行检测，保证符合安全要求。

第十八条　矿山企业必须对下列危害安全的事故隐患采取预防措施：

（一）冒顶、片帮、边坡滑落和地表塌陷；

（二）瓦斯爆炸、煤尘爆炸；

（三）冲击地压、瓦斯突出、井喷；

（四）地面和井下的火灾、水害；

（五）爆破器材和爆破作业发生的危害；

（六）粉尘、有毒有害气体、放射性物质和其他有害物质引起的危害；

（七）其他危害。

第十九条　矿山企业对使用机械、电气设备、排土场、矸石山、尾矿库和矿山闭坑后可能引起的危害，应当采取预防措施。

第四十六条　矿山企业主管人员违章指挥、强令工人冒险作业，因而发生重大伤亡事故的，依照刑法有关规定追究刑事责任。

第四十七条　矿山企业主管人员对矿山事故隐患不采取措施，因而发生重大伤亡事故的，依照刑法有关规定追究刑事责任。

二、《中华人民共和国劳动法》（节录）（1994 年 7 月 5 日中华人民共和国主席令第 28 号公布　自 1995 年 1 月 1 日起施行　2009 年 8 月 27 日第一次修正　2018 年 12 月 29 日第二次修正）

第九十三条　用人单位强令劳动者违章冒险作业，发生重大伤亡事故，造成严重后果的，对责任人员依法追究刑事责任。

三、《中华人民共和国电力法》（节录）（1995 年 12 月 28 日中华人民共和国主席令第 60 号公布　自 1996 年 4 月 1 日起施行　2009 年 8 月 27 日第一次修正　2015 年 4 月 24 日第二次修正　2018 年 12 月 29 日第三次修正）

第七十四条第一款　电力企业职工违反规章制度、违章调度或者不服从调度指令，造成重大事故的，依照刑法有关规定追究刑事责任。

四、《中华人民共和国煤炭法》（节录）（1996 年 8 月 29 日中华人民共和国主席令第 75 号公布　自 1996 年 12 月 1 日起施行　2009 年 8 月 27 日第一次修正　2011 年 4 月 22 日第二次修正　2013 年 6 月 29 日第三次修正　2016 年 11 月 7 日第四次修正）

第六十四条　煤矿企业的管理人员违章指挥、强令职工冒险作业，发生重大伤亡事故的，依照刑法有关规定追究刑事责任。

法律适用　相关法律法规

第六十五条　煤矿企业的管理人员对煤矿事故隐患不采取措施予以消除，发生重大伤亡事故的，依照刑法有关规定追究刑事责任。

五、《中华人民共和国建筑法》（节录）（1997 年 11 月 1 日中华人民共和国主席令第 91 号公布　自 1998 年 3 月 1 日起施行　2011 年 4 月 22 日第一次修正　2019 年 4 月 23 日第二次修正）

第三十六条　建筑工程安全生产管理必须坚持安全第一、预防为主的方针，建立健全安全生产的责任制度和群防群治制度。

第三十七条　建筑工程设计应当符合按照国家规定制定的建筑安全规程和技术规范，保证工程的安全性能。

第三十八条　建筑施工企业在编制施工组织设计时，应当根据建筑工程的特点制定相应的安全技术措施；对专业性较强的工程项目，应当编制专项安全施工组织设计，并采取安全技术措施。

第三十九条　建筑施工企业应当在施工现场采取维护安全、防范危险、预防火灾等措施；有条件的，应当对施工现场实行封闭管理。

施工现场对毗邻的建筑物、构筑物和特殊作业环境可能造成损害的，建筑施工企业应当采取安全防护措施。

第四十三条　建设行政主管部门负责建筑安全生产的管理，并依法接受劳动行政主管部门对建筑安全生产的指导和监督。

第四十四条　建筑施工企业必须依法加强对建筑安全生产的管理，执行安全生产责任制度，采取有效措施，防止伤亡和其他安全生产事故的发生。

建筑施工企业的法定代表人对本企业的安全生产负责。

第四十五条　施工现场安全由建筑施工企业负责。实行施工总承包的，由总承包单位负责。分包单位向总承包单位负责，服从总承包单位对施工现场的安全生产管理。

第四十六条　建筑施工企业应当建立健全劳动安全生产教育培训制度，加强对职工安全生产的教育培训；未经安全生产教育培训的人员，不得上岗作业。

第四十七条　建筑施工企业和作业人员在施工过程中，应当遵守有关安全生产的法律、法规和建筑行业安全规章、规程，不得违章指挥或者违章作业。作业人员有权对影响人身健康的作业程序和作业条件提出改进意见，有权获得安全生产所需的防护用品。作业人员对危及生命安全和人身健康的行为有权提出批评、检举和控告。

第四十八条　建筑施工企业应当依法为职工参加工伤保险缴纳工伤保险费。鼓励企业为从事危险作业的职工办理意外伤害保险，支付保险费。

第四十九条　涉及建筑主体和承重结构变动的装修工程，建设单位应当在施工前委托原设计单位或者具有相应资质条件的设计单位提出设计方案；没有设计方案的，不得施工。

第五十条　房屋拆除应当由具备保证安全条件的建筑施工单位承担，由建筑施工单位负责人对安全负责。

第五十一条　施工中发生事故时，建筑施工企业应当采取紧急措施减少人员伤亡和事故损失，并按照国家有关规定及时向有关部门报告。

第七十一条　建筑施工企业违反本法规定，对建筑安全事故隐患不采取措施予以消除的，责令改正，可以处以罚款；情节严重的，责令停业整顿，降低资质等级或者吊销资质证书；构成犯罪的，依法追究刑事责任。

法律适用

相关法律法规

建筑施工企业的管理人员违章指挥、强令职工冒险作业，因而发生重大伤亡事故或者造成其他严重后果的，依法追究刑事责任。

六、《中华人民共和国港口法》（节录）（2003 年 6 月 28 日中华人民共和国主席令第 5 号公布　自 2004 年 1 月 1 日起施行　2015 年 4 月 24 日第一次修正　2017 年 11 月 4 日第二次修正　2018 年 12 月 29 日第三次修正）

第五十二条　港口经营人违反本法第三十二条关于安全生产的规定的，由港口行政管理部门或者其他依法负有安全生产监督管理职责的部门依法给予处罚；情节严重的，由港口行政管理部门吊销港口经营许可证，并对其主要负责人依法给予处分；构成犯罪的，依法追究刑事责任。

七、《中华人民共和国农业机械化促进法》（节录）（2004 年 6 月 25 日中华人民共和国主席令第 16 号公布　自 2004 年 11 月 1 日起施行　2018 年 10 月 26 日修正）

第三十一条　农业机械驾驶、操作人员违反国家规定的安全操作规程，违章作业的，责令改正，依照有关法律、行政法规的规定予以处罚；构成犯罪的，依法追究刑事责任。

八、《中华人民共和国石油天然气管道保护法》（节录）（2010 年 6 月 25 日中华人民共和国主席令第 30 号公布　自 2010 年 10 月 1 日起施行）

第五十条　管道企业有下列行为之一的，由县级以上地方人民政府主管管道保护工作的部门责令限期改正；逾期不改正的，处二万元以上十万元以下的罚款；对直接负责的主管人员和其他直接责任人员给予处分：

（一）未依照本法规定对管道进行巡护、检测和维修的；

（二）对不符合安全使用条件的管道未及时更新、改造或者停止使用的；

（三）未依照本法规定设置、修复或者更新有关管道标志的；

（四）未依照本法规定将管道竣工测量图报人民政府主管管道保护工作的部门备案的；

（五）未制定本企业管道事故应急预案，或者未将本企业管道事故应急预案报人民政府主管管道保护工作的部门备案的；

（六）发生管道事故，未采取有效措施消除或者减轻事故危害的；

（七）未对停止运行、封存、报废的管道采取必要的安全防护措施的。

管道企业违反本法规定的行为同时违反建设工程质量管理、安全生产、消防等其他法律的，依照其他法律的规定处罚。

管道企业给他人合法权益造成损害的，依法承担民事责任。

第五十七条　违反本法规定，构成犯罪的，依法追究刑事责任。

九、《中华人民共和国特种设备安全法》（节录）（2013 年 6 月 29 日中华人民共和国主席令第 4 号公布　自 2014 年 1 月 1 日起施行）

第八十条　违反本法规定，电梯制造单位有下列情形之一的，责令限期改正；逾期未改正的，处一万元以上十万元以下罚款：

（一）未按照安全技术规范的要求对电梯进行校验、调试的；

（二）对电梯的安全运行情况进行跟踪调查和了解时，发现存在严重事故隐患，未及时告知电梯使用单位并向负责特种设备安全监督管理的部门报告的。

第八十四条　违反本法规定，特种设备使用单位有下列行为之一的，责令停止使用有关特种设备，处三万元以上三十万元以下罚款：

法律适用

相关法律法规

（一）使用未取得许可生产，未经检验或者检验不合格的特种设备，或者国家明令淘汰、已经报废的特种设备的；

（二）特种设备出现故障或者发生异常情况，未对其进行全面检查、消除事故隐患，继续使用的；

（三）特种设备存在严重事故隐患，无改造、修理价值，或者达到安全技术规范规定的其他报废条件，未依法履行报废义务，并办理使用登记证书注销手续的。

第八十五条 违反本法规定，移动式压力容器、气瓶充装单位有下列行为之一的，责令改正，处二万元以上二十万元以下罚款；情节严重的，吊销充装许可证：

（一）未按照规定实施充装前后的检查、记录制度的；

（二）对不符合安全技术规范要求的移动式压力容器和气瓶进行充装的。

违反本法规定，未经许可，擅自从事移动式压力容器或者气瓶充装活动的，予以取缔，没收违法充装的气瓶，处十万元以上五十万元以下罚款；有违法所得的，没收违法所得。

第八十六条 违反本法规定，特种设备生产、经营、使用单位有下列情形之一的，责令限期改正；逾期未改正的，责令停止使用有关特种设备或者停产停业整顿，处一万元以上五万元以下罚款：

（一）未配备具有相应资格的特种设备安全管理人员、检测人员和作业人员的；

（二）使用未取得相应资格的人员从事特种设备安全管理、检测和作业的；

（三）未对特种设备安全管理人员、检测人员和作业人员进行安全教育和技能培训的。

第八十七条 违反本法规定，电梯、客运索道、大型游乐设施的运营使用单位有下列情形之一的，责令限期改正；逾期未改正的，责令停止使用有关特种设备或者停产停业整顿，处二万元以上十万元以下罚款：

（一）未设置特种设备安全管理机构或者配备专职的特种设备安全管理人员的；

（二）客运索道、大型游乐设施每日投入使用前，未进行试运行和例行安全检查，未对安全附件和安全保护装置进行检查确认的；

（三）未将电梯、客运索道、大型游乐设施的安全使用说明、安全注意事项和警示标志置于易于为乘客注意的显著位置的。

第九十二条 违反本法规定，特种设备安全管理人员、检测人员和作业人员不履行岗位职责，违反操作规程和有关安全规章制度，造成事故的，吊销相关人员的资格。

第九十三条 违反本法规定，特种设备检验、检测机构及其检验、检测人员有下列行为之一的，责令改正，对机构处五万元以上二十万元以下罚款，对直接负责的主管人员和其他直接责任人员处五千元以上五万元以下罚款；情节严重的，吊销机构资质和有关人员的资格：

（一）未经核准或者超出核准范围、使用未取得相应资格的人员从事检验、检测的；

（二）未按照安全技术规范的要求进行检验、检测的；

（三）出具虚假的检验、检测结果和鉴定结论或者检验、检测结果和鉴定结论严重失实的；

（四）发现特种设备存在严重事故隐患，未及时告知相关单位，并立即向负责特种设备安全监督管理的部门报告的；

（五）泄露检验、检测过程中知悉的商业秘密的；

（六）从事有关特种设备的生产、经营活动的；

（七）推荐或者监制、监销特种设备的；

（八）利用检验工作故意刁难相关单位的。

违反本法规定，特种设备检验、检测机构的检验、检测人员同时在两个以上检验、检测机构中执业的，处五千元以上五万元以下罚款；情节严重的，吊销其资格。

第九十五条 违反本法规定，特种设备生产、经营、使用单位或者检验、检测机构拒不接受负责特种设备安全监督管理的部门依法实施的监督检查的，责令限期改正；逾期未改正的，责令停产停业整顿，处二万元以上二十万元以下罚款。

特种设备生产、经营、使用单位擅自动用、调换、转移、损毁被查封、扣押的特种设备或者其主要部件的，责令改正，处五万元以上二十万元以下罚款；情节严重的，吊销生产许可证，注销特种设备使用登记证书。

第九十八条 违反本法规定，构成违反治安管理行为的，依法给予治安管理处罚；构成犯罪的，依法追究刑事责任。

十、《中华人民共和国消防法》（节录）（1998 年 4 月 29 日中华人民共和国主席令第 4 号公布 自 1998 年 9 月 1 日起施行 2008 年 10 月 28 日修订 2019 年 4 月 23 日第一次修正 2021 年 4 月 29 日第二次修正）

第五十八条 违反本法规定，有下列行为之一的，由住房和城乡建设主管部门、消防救援机构按照各自职权责令停止施工、停止使用或者停产停业，并处三万元以上三十万元以下罚款：

（一）依法应当进行消防设计审查的建设工程，未经依法审查或者审查不合格，擅自施工的；

（二）依法应当进行消防验收的建设工程，未经消防验收或者消防验收不合格，擅自投入使用的；

（三）本法第十三条规定的其他建设工程验收后经依法抽查不合格，不停止使用的；

（四）公众聚集场所未经消防救援机构许可，擅自投入使用、营业的，或者经核查发现场所使用、营业情况与承诺内容不符的。

核查发现公众聚集场所使用、营业情况与承诺内容不符，经责令限期改正，逾期不整改或者整改后仍达不到要求的，依法撤销相应许可。

建设单位未依照本法规定在验收后报住房和城乡建设主管部门备案的，由住房和城乡建设主管部门责令改正，处五千元以下罚款。

第六十一条 生产、储存、经营易燃易爆危险品的场所与居住场所设置在同一建筑物内，或者未与居住场所保持安全距离的，责令停产停业，并处五千元以上五万元以下罚款。

生产、储存、经营其他物品的场所与居住场所设置在同一建筑物内，不符合消防技术标准的，依照前款规定处罚。

第六十二条 有下列行为之一的，依照《中华人民共和国治安管理处罚法》的规定处罚：

（一）违反有关消防技术标准和管理规定生产、储存、运输、销售、使用、销毁易燃易爆危险品的；

（二）非法携带易燃易爆危险品进入公共场所或者乘坐公共交通工具的；

（三）谎报火警的；

（四）阻碍消防车、消防艇执行任务的；

法律适用

相关法律法规

（五）阻碍消防救援机构的工作人员依法执行职务的。

第六十三条 违反本法规定，有下列行为之一的，处警告或者五百元以下罚款；情节严重的，处五日以下拘留：

（一）违反消防安全规定进入生产、储存易燃易爆危险品场所的；

（二）违反规定使用明火作业或者在具有火灾、爆炸危险的场所吸烟、使用明火的。

第六十四条 违反本法规定，有下列行为之一，尚不构成犯罪的，处十日以上十五日以下拘留，可以并处五百元以下罚款；情节较轻的，处警告或者五百元以下罚款：

（一）指使或者强令他人违反消防安全规定，冒险作业的；

（二）过失引起火灾的；

（三）在火灾发生后阻拦报警，或者负有报告职责的人员不及时报警的；

（四）扰乱火灾现场秩序，或者拒不执行火灾现场指挥员指挥，影响灭火救援的；

（五）故意破坏或者伪造火灾现场的；

（六）擅自拆封或者使用被消防救援机构查封的场所、部位的。

第七十二条 违反本法规定，构成犯罪的，依法追究刑事责任。

十一、《中华人民共和国安全生产法》（节录）（2002 年 6 月 29 日中华人民共和国主席令第 70 号公布　自 2002 年 11 月 1 日起施行　2009 年 8 月 27 日第一次修正　2014 年 8 月 31 日第二次修正　2021 年 6 月 10 日第三次修正）

第九十三条 生产经营单位的决策机构、主要负责人或者个人经营的投资人不依照本法规定保证安全生产所必需的资金投入，致使生产经营单位不具备安全生产条件的，责令限期改正，提供必需的资金；逾期未改正的，责令生产经营单位停产停业整顿。

有前款违法行为，导致发生生产安全事故的，对生产经营单位的主要负责人给予撤职处分，对个人经营的投资人处二万元以上二十万元以下的罚款；构成犯罪的，依照刑法有关规定追究刑事责任。

第九十四条 生产经营单位的主要负责人未履行本法规定的安全生产管理职责的，责令限期改正，处二万元以上五万元以下的罚款；逾期未改正的，处五万元以上十万元以下的罚款，责令生产经营单位停产停业整顿。

生产经营单位的主要负责人有前款违法行为，导致发生生产安全事故的，给予撤职处分；构成犯罪的，依照刑法有关规定追究刑事责任。

生产经营单位的主要负责人依照前款规定受刑事处罚或者撤职处分的，自刑罚执行完毕或者受处分之日起，五年内不得担任任何生产经营单位的主要负责人；对重大、特别重大生产安全事故负有责任的，终身不得担任本行业生产经营单位的主要负责人。

第九十五条 生产经营单位的主要负责人未履行本法规定的安全生产管理职责，导致发生生产安全事故的，由应急管理部门依照下列规定处以罚款：

（一）发生一般事故的，处上一年年收入百分之四十的罚款；

（二）发生较大事故的，处上一年年收入百分之六十的罚款；

（三）发生重大事故的，处上一年年收入百分之八十的罚款；

（四）发生特别重大事故的，处上一年年收入百分之一百的罚款。

第九十六条 生产经营单位的其他负责人和安全生产管理人员未履行本法规定的安全生产管理职责的，责令限期改正，处一万元以上三万元以下的罚款；导致发生生产安全事故的，暂停或者吊销其与安全生产有关的资格，并处上一年年收入百分之二十以上百分之五十以下的罚款；构成犯罪的，依照刑法有关规定追究刑事责任。

第九十七条 生产经营单位有下列行为之一的，责令限期改正，处十万元以下的罚款；逾期未改正的，责令停产停业整顿，并处十万元以上二十万元以下的罚款，对其直接负责的主管人员和其他直接责任人员处二万元以上五万元以下的罚款：

（一）未按照规定设置安全生产管理机构或者配备安全生产管理人员、注册安全工程师的；

（二）危险物品的生产、经营、储存、装卸单位以及矿山、金属冶炼、建筑施工、运输单位的主要负责人和安全生产管理人员未按照规定经考核合格的；

（三）未按照规定对从业人员、被派遣劳动者、实习学生进行安全生产教育和培训，或者未按照规定如实告知有关的安全生产事项的；

（四）未如实记录安全生产教育和培训情况的；

（五）未将事故隐患排查治理情况如实记录或者未向从业人员通报的；

（六）未按照规定制定生产安全事故应急救援预案或者未定期组织演练的；

（七）特种作业人员未按照规定经专门的安全作业培训并取得相应资格，上岗作业的。

第九十八条 生产经营单位有下列行为之一的，责令停止建设或者停产停业整顿，限期改正，并处十万元以上五十万元以下的罚款，对其直接负责的主管人员和其他直接责任人员处二万元以上五万元以下的罚款；逾期未改正的，处五十万元以上一百万元以下的罚款，对其直接负责的主管人员和其他直接责任人员处五万元以上十万元以下的罚款；构成犯罪的，依照刑法有关规定追究刑事责任：

（一）未按照规定对矿山、金属冶炼建设项目或者用于生产、储存、装卸危险物品的建设项目进行安全评价的；

（二）矿山、金属冶炼建设项目或者用于生产、储存、装卸危险物品的建设项目没有安全设施设计或者安全设施设计未按照规定报经有关部门审查同意的；

（三）矿山、金属冶炼建设项目或者用于生产、储存、装卸危险物品的建设项目的施工单位未按照批准的安全设施设计施工的；

（四）矿山、金属冶炼建设项目或者用于生产、储存、装卸危险物品的建设项目竣工投入生产或者使用前，安全设施未经验收合格的。

第九十九条 生产经营单位有下列行为之一的，责令限期改正，处五万元以下的罚款；逾期未改正的，处五万元以上二十万元以下的罚款，对其直接负责的主管人员和其他直接责任人员处一万元以上二万元以下的罚款；情节严重的，责令停产停业整顿；构成犯罪的，依照刑法有关规定追究刑事责任：

（一）未在有较大危险因素的生产经营场所和有关设施、设备上设置明显的安全警示标志的；

（二）安全设备的安装、使用、检测、改造和报废不符合国家标准或者行业标准的；

（三）未对安全设备进行经常性维护、保养和定期检测的；

（四）关闭、破坏直接关系生产安全的监控、报警、防护、救生设备、设施，或者篡改、隐瞒、销毁其相关数据、信息的；

（五）未为从业人员提供符合国家标准或者行业标准的劳动防护用品的；

（六）危险物品的容器、运输工具，以及涉及人身安全、危险性较大的海洋石油开采特种设备和矿山井下特种设备未经具有专业资质的机构检测、检验合格，取得安全使用证或者安全标志，投入使用的；

（七）使用应当淘汰的危及生产安全的工艺、设备的；

（八）餐饮等行业的生产经营单位使用燃气未安装可燃气体报警装置的。

十二、《煤矿安全生产条例》（节录）（2024 年 1 月 24 日中华人民共和国国务院令第 774 号公布　自 2024 年 5 月 1 日起施行）

第六十一条　未依法取得安全生产许可证等擅自进行煤矿生产的，应当责令立即停止生产，没收违法所得和开采出的煤炭以及采掘设备；违法所得在 10 万元以上的，并处违法所得 2 倍以上 5 倍以下的罚款；没有违法所得或者违法所得不足 10 万元的，并处 10 万元以上 20 万元以下的罚款。

关闭的煤矿企业擅自恢复生产的，依照前款规定予以处罚。

第六十二条　煤矿企业有下列行为之一的，依照《中华人民共和国安全生产法》有关规定予以处罚：

（一）未按照规定设置安全生产管理机构并配备安全生产管理人员的；

（二）主要负责人和安全生产管理人员未按照规定经考核合格并持续保持相应水平和能力的；

（三）未按照规定进行安全生产教育和培训，未按照规定如实告知有关的安全生产事项，或者未如实记录安全生产教育和培训情况的；

（四）特种作业人员未按照规定经专门的安全作业培训并取得相应资格，上岗作业的；

（五）进行危险作业，未采取专门安全技术措施并安排专门人员进行现场安全管理的；

（六）未按照规定建立并落实安全风险分级管控制度和事故隐患排查治理制度的，或者重大事故隐患排查治理情况未按照规定报告的；

（七）未按照规定制定生产安全事故应急救援预案或者未定期组织演练的。

第六十三条　煤矿企业有下列行为之一的，责令限期改正，处 10 万元以上 20 万元以下的罚款；逾期未改正的，责令停产整顿，并处 20 万元以上 50 万元以下的罚款，对其直接负责的主管人员和其他直接责任人员处 3 万元以上 5 万元以下的罚款：

（一）未按照规定制定并落实全员安全生产责任制和领导带班等安全生产规章制度的；

（二）未按照规定为煤矿配备矿长等人员和机构，或者未按照规定设立救护队的；

（三）煤矿的主要生产系统、安全设施不符合煤矿安全规程和国家标准或者行业标准规定的；

（四）未按照规定编制专项设计的；

（五）井工煤矿未按照规定进行瓦斯等级、冲击地压、煤层自燃倾向性和煤尘爆炸性鉴定的；

（六）露天煤矿的采场及排土场边坡与重要建筑物、构筑物之间安全距离不符合规定的，或者未按照规定保持露天煤矿边坡稳定的；

（七）违章指挥或者强令冒险作业、违反规程的。

第六十四条　对存在重大事故隐患仍然进行生产的煤矿企业，责令停产整顿，明确整顿的内容、时间等具体要求，并处 50 万元以上 200 万元以下的罚款；对煤矿企业主要负责人处 3 万元以上 15 万元以下的罚款。

第六十五条　煤矿企业超越依法确定的开采范围采矿的，依照有关法律法规的规定予以处理。

擅自开采保安煤柱或者采用可能危及相邻煤矿生产安全的决水、爆破、贯通巷道等危险方法进行采矿作业的，责令立即停止作业，没收违法所得；违法所得在 10 万元以上的，并处违法所得 2 倍以上 5 倍以下的罚款；没有违法所得或者违法所得不足 10 万元的，并处 10 万元以上 20 万元以下的罚款；造成损失的，依法承担赔偿责任。

第六十六条 煤矿企业有下列行为之一的，责令改正；拒不改正的，处 10 万元以上 20 万元以下的罚款；对其直接负责的主管人员和其他直接责任人员处 1 万元以上 2 万元以下的罚款：

（一）违反本条例第三十七条第一款规定，隐瞒存在的事故隐患以及其他安全问题的；

（二）违反本条例第四十四条第一款规定，擅自启封或者使用被查封、扣押的设施、设备、器材的；

（三）有其他拒绝、阻碍监督检查行为的。

第六十七条 发生煤矿生产安全事故，对负有责任的煤矿企业除要求其依法承担相应的赔偿等责任外，依照下列规定处以罚款：

（一）发生一般事故的，处 50 万元以上 100 万元以下的罚款；

（二）发生较大事故的，处 150 万元以上 200 万元以下的罚款；

（三）发生重大事故的，处 500 万元以上 1000 万元以下的罚款；

（四）发生特别重大事故的，处 1000 万元以上 2000 万元以下的罚款。

发生煤矿生产安全事故，情节特别严重、影响特别恶劣的，可以按照前款罚款数额的 2 倍以上 5 倍以下对负有责任的煤矿企业处以罚款。

第六十八条 煤矿企业的决策机构、主要负责人、其他负责人和安全生产管理人员未依法履行安全生产管理职责的，依照《中华人民共和国安全生产法》有关规定处罚并承担相应责任。

煤矿企业主要负责人未依法履行安全生产管理职责，导致发生煤矿生产安全事故的，依照下列规定处以罚款：

（一）发生一般事故的，处上一年年收入 40% 的罚款；

（二）发生较大事故的，处上一年年收入 60% 的罚款；

（三）发生重大事故的，处上一年年收入 80% 的罚款；

（四）发生特别重大事故的，处上一年年收入 100% 的罚款。

第七十五条 违反本条例规定，构成犯罪的，依法追究刑事责任。

十三、《使用有毒物品作业场所劳动保护条例》（节录）（2002 年 5 月 12 日中华人民共和国国务院令第 352 号公布　自公布之日起施行）

第六十条 用人单位违反本条例的规定，有下列情形之一的，由卫生行政部门给予警告，责令限期改正，处 5 万元以上 30 万元以下的罚款；逾期不改正的，提请有关人民政府按照国务院规定的权限予以关闭；造成严重职业中毒危害或者导致职业中毒事故发生的，对负有责任的主管人员和其他直接责任人员依照刑法关于重大责任事故罪、重大劳动安全事故罪或者其他罪的规定，依法追究刑事责任：

（一）使用有毒物品作业场所未设置有效通风装置的，或者可能突然泄漏大量有毒物品或者易造成急性中毒的作业场所未设置自动报警装置或者事故通风设施的；

（二）职业卫生防护设备、应急救援设施、通讯报警装置处于不正常状态而不停止作业，或者擅自拆除或者停止运行职业卫生防护设备、应急救援设施、通讯报警装置的。

法律适用　相关法律法规

第六十一条 从事使用高毒物品作业的用人单位违反本条例的规定，有下列行为之一的，由卫生行政部门给予警告，责令限期改正，处 5 万元以上 20 万元以下的罚款；逾期不改正的，提请有关人民政府按照国务院规定的权限予以关闭；造成严重职业中毒危害或者导致职业中毒事故发生的，对负有责任的主管人员和其他直接责任人员依照刑法关于重大责任事故罪或者其他罪的规定，依法追究刑事责任：

（一）作业场所职业中毒危害因素不符合国家职业卫生标准和卫生要求而不立即停止高毒作业并采取相应的治理措施的，或者职业中毒危害因素治理不符合国家职业卫生标准和卫生要求重新作业的；

（二）未依照本条例的规定维护、检修存在高毒物品的生产装置的；

（三）未采取本条例规定的措施，安排劳动者进入存在高毒物品的设备、容器或者狭窄封闭场所作业的。

第六十三条 用人单位违反本条例的规定，有下列行为之一的，由卫生行政部门给予警告，责令限期改正；逾期不改正的，处 5 万元以上 30 万元以下的罚款；造成严重职业中毒危害或者导致职业中毒事故发生的，对负有责任的主管人员和其他直接责任人员依照刑法关于重大责任事故罪或者其他罪的规定，依法追究刑事责任：

（一）使用未经培训考核合格的劳动者从事高毒作业的；

（二）安排有职业禁忌的劳动者从事所禁忌的作业的；

（三）发现有职业禁忌或者有与所从事职业相关的健康损害的劳动者，未及时调离原工作岗位，并妥善安置的；

（四）安排未成年人或者孕期、哺乳期的女职工从事使用有毒物品作业的；

（五）使用童工的。

十四、《人工影响天气管理条例》（节录） （2002 年 3 月 19 日中华人民共和国国务院令第 348 号公布　自 2002 年 5 月 1 日起施行　2020 年 3 月 27 日修订）

第十九条 违反本条例规定，有下列行为之一，造成严重后果的，依照刑法关于危险物品肇事罪、重大责任事故罪或者其他罪的规定，依法追究刑事责任；尚不够刑事处罚的，由有关气象主管机构按照管理权限责令改正，给予警告；情节严重的，禁止从事人工影响天气作业；造成损失的，依法承担赔偿责任：

（一）违反人工影响天气作业规范或者操作规程的；

（二）未按照批准的空域和作业时限实施人工影响天气作业的；

（三）将人工影响天气作业设备转让给非人工影响天气作业单位或者个人的；

（四）人工影响天气作业单位之间转让人工影响天气作业设备，未按照规定备案的；

（五）将人工影响天气作业设备用于与人工影响天气无关的活动的。

第二十条 违反本条例规定，组织实施人工影响天气作业，造成特大安全事故的，对有关主管机构的负责人、直接负责的主管人员和其他直接责任人员，依照《国务院关于特大安全事故行政责任追究的规定》处理。

十五、《安全生产许可证条例》（节录） （2004 年 1 月 13 日中华人民共和国国务院令第 397 号公布　自公布之日起施行　2013 年 7 月 18 日第一次修订　2014 年 7 月 29 日第二次修订）

第十九条 违反本条例规定，未取得安全生产许可证擅自进行生产的，责令停止生产，没收违法所得，并处 10 万元以上 50 万元以下的罚款；造成重大事故或者其他严重后果，构成犯罪的，依法追究刑事责任。

第二十条 违反本条例规定，安全生产许可证有效期满未办理延期手续，继续进行生产的，责令停止生产，限期补办延期手续，没收违法所得，并处 5 万元以上 10 万元以下的罚款；逾期仍不办理延期手续，继续进行生产的，依照本条例第十九条的规定处罚。

第二十一条 违反本条例规定，转让安全生产许可证的，没收违法所得，处 10 万元以上 50 万元以下的罚款，并吊销其安全生产许可证；构成犯罪的，依法追究刑事责任；接受转让的，依照本条例第十九条的规定处罚。

冒用安全生产许可证或者使用伪造的安全生产许可证的，依照本条例第十九条的规定处罚。

十六、《建设工程安全生产管理条例》（节录）（2003 年 11 月 24 日中华人民共和国国务院令第 393 号公布　自 2004 年 2 月 1 日起施行）

第五十三条 违反本条例的规定，县级以上人民政府建设行政主管部门或者其他有关行政管理部门的工作人员，有下列行为之一的，给予降级或者撤职的行政处分；构成犯罪的，依照刑法有关规定追究刑事责任：

（一）对不具备安全生产条件的施工单位颁发资质证书的；

（二）对没有安全施工措施的建设工程颁发施工许可证的；

（三）发现违法行为不予查处的；

（四）不依法履行监督管理职责的其他行为。

第五十四条 违反本条例的规定，建设单位未提供建设工程安全生产作业环境及安全施工措施所需费用的，责令限期改正；逾期未改正的，责令该建设工程停止施工。

建设单位未将保证安全施工的措施或者拆除工程的有关资料报送有关部门备案的，责令限期改正，给予警告。

第五十五条 违反本条例的规定，建设单位有下列行为之一的，责令限期改正，处 20 万元以上 50 万元以下的罚款；造成重大安全事故，构成犯罪的，对直接责任人员，依照刑法有关规定追究刑事责任；造成损失的，依法承担赔偿责任：

（一）对勘察、设计、施工、工程监理等单位提出不符合安全生产法律、法规和强制性标准规定的要求的；

（二）要求施工单位压缩合同约定的工期的；

（三）将拆除工程发包给不具有相应资质等级的施工单位的。

第五十六条 违反本条例的规定，勘察单位、设计单位有下列行为之一的，责令限期改正，处 10 万元以上 30 万元以下的罚款；情节严重的，责令停业整顿，降低资质等级，直至吊销资质证书；造成重大安全事故，构成犯罪的，对直接责任人员，依照刑法有关规定追究刑事责任；造成损失的，依法承担赔偿责任：

（一）未按照法律、法规和工程建设强制性标准进行勘察、设计的；

（二）采用新结构、新材料、新工艺的建设工程和特殊结构的建设工程，设计单位未在设计中提出保障施工作业人员安全和预防生产安全事故的措施建议的。

第五十七条 违反本条例的规定，工程监理单位有下列行为之一的，责令限期改正；逾期未改正的，责令停业整顿，并处 10 万元以上 30 万元以下的罚款；情节严重的，降低资质等级，直至吊销资质证书；造成重大安全事故，构成犯罪的，对直接责任人员，依照刑法有关规定追究刑事责任；造成损失的，依法承担赔偿责任：

（一）未对施工组织设计中的安全技术措施或者专项施工方案进行审查的；

（二）发现安全事故隐患未及时要求施工单位整改或者暂时停止施工的；

（三）施工单位拒不整改或者不停止施工，未及时向有关主管部门报告的；

（四）未依照法律、法规和工程建设强制性标准实施监理的。

第五十八条 注册执业人员未执行法律、法规和工程建设强制性标准的，责令停止执业 3 个月以上 1 年以下；情节严重的，吊销执业资格证书，5 年内不予注册；造成重大安全事故的，终身不予注册；构成犯罪的，依照刑法有关规定追究刑事责任。

第五十九条 违反本条例的规定，为建设工程提供机械设备和配件的单位，未按照安全施工的要求配备齐全有效的保险、限位等安全设施和装置的，责令限期改正，处合同价款 1 倍以上 3 倍以下的罚款；造成损失的，依法承担赔偿责任。

第六十条 违反本条例的规定，出租单位出租未经安全性能检测或者经检测不合格的机械设备和施工机具及配件的，责令停业整顿，并处 5 万元以上 10 万元以下的罚款；造成损失的，依法承担赔偿责任。

第六十一条 违反本条例的规定，施工起重机械和整体提升脚手架、模板等自升式架设设施安装、拆卸单位有下列行为之一的，责令限期改正，处 5 万元以上 10 万元以下的罚款；情节严重的，责令停业整顿，降低资质等级，直至吊销资质证书；造成损失的，依法承担赔偿责任：

（一）未编制拆装方案、制定安全施工措施的；

（二）未由专业技术人员现场监督的；

（三）未出具自检合格证明或者出具虚假证明的；

（四）未向施工单位进行安全使用说明，办理移交手续的。

施工起重机械和整体提升脚手架、模板等自升式架设设施安装、拆卸单位有前款规定的第（一）项、第（三）项行为，经有关部门或者单位职工提出后，对事故隐患仍不采取措施，因而发生重大伤亡事故或者造成其他严重后果，构成犯罪的，对直接责任人员，依照刑法有关规定追究刑事责任。

第六十二条 违反本条例的规定，施工单位有下列行为之一的，责令限期改正；逾期未改正的，责令停业整顿，依照《中华人民共和国安全生产法》的有关规定处以罚款；造成重大安全事故，构成犯罪的，对直接责任人员，依照刑法有关规定追究刑事责任：

（一）未设立安全生产管理机构、配备专职安全生产管理人员或者分部分项工程施工时无专职安全生产管理人员现场监督的；

（二）施工单位的主要负责人、项目负责人、专职安全生产管理人员、作业人员或者特种作业人员，未经安全教育培训或者经考核不合格即从事相关工作的；

（三）未在施工现场的危险部位设置明显的安全警示标志，或者未按照国家有关规定在施工现场设置消防通道、消防水源、配备消防设施和灭火器材的；

（四）未向作业人员提供安全防护用具和安全防护服装的；

（五）未按照规定在施工起重机械和整体提升脚手架、模板等自升式架设设施验收合格后登记的；

（六）使用国家明令淘汰、禁止使用的危及施工安全的工艺、设备、材料的。

第六十三条 违反本条例的规定，施工单位挪用列入建设工程概算的安全生产作业环境及安全施工措施所需费用的，责令限期改正，处挪用费用 20% 以上 50% 以下的罚款；造成损失的，依法承担赔偿责任。

第六十四条 违反本条例的规定，施工单位有下列行为之一的，责令限期改正；逾期未改正的，责令停业整顿，并处 5 万元以上 10 万元以下的罚款；造成重大安全事故，构成犯罪的，对直接责任人员，依照刑法有关规定追究刑事责任：

（一）施工前未对有关安全施工的技术要求作出详细说明的；

（二）未根据不同施工阶段和周围环境及季节、气候的变化，在施工现场采取相应的安全施工措施，或者在城市市区内的建设工程的施工现场未实行封闭围挡的；

（三）在尚未竣工的建筑物内设置员工集体宿舍的；

（四）施工现场临时搭建的建筑物不符合安全使用要求的；

（五）未对因建设工程施工可能造成损害的毗邻建筑物、构筑物和地下管线等采取专项防护措施的。

施工单位有前款规定第（四）项、第（五）项行为，造成损失的，依法承担赔偿责任。

第六十五条　违反本条例的规定，施工单位有下列行为之一的，责令限期改正；逾期未改正的，责令停业整顿，并处 10 万元以上 30 万元以下的罚款；情节严重的，降低资质等级，直至吊销资质证书；造成重大安全事故，构成犯罪的，对直接责任人员，依照刑法有关规定追究刑事责任；造成损失的，依法承担赔偿责任：

（一）安全防护用具、机械设备、施工机具及配件在进入施工现场前未经查验或者查验不合格即投入使用的；

（二）使用未经验收或者验收不合格的施工起重机械和整体提升脚手架、模板等自升式架设设施的；

（三）委托不具有相应资质的单位承担施工现场安装、拆卸施工起重机械和整体提升脚手架、模板等自升式架设设施的；

（四）在施工组织设计中未编制安全技术措施、施工现场临时用电方案或者专项施工方案的。

第六十六条　违反本条例的规定，施工单位的主要负责人、项目负责人未履行安全生产管理职责的，责令限期改正；逾期未改正的，责令施工单位停业整顿；造成重大安全事故、重大伤亡事故或者其他严重后果，构成犯罪的，依照刑法有关规定追究刑事责任。

作业人员不服管理、违反规章制度和操作规程冒险作业造成重大伤亡事故或者其他严重后果，构成犯罪的，依照刑法有关规定追究刑事责任。

施工单位的主要负责人、项目负责人有前款违法行为，尚不够刑事处罚的，处 2 万元以上 20 万元以下的罚款或者按照管理权限给予撤职处分；自刑罚执行完毕或者受处分之日起，5 年内不得担任任何施工单位的主要负责人、项目负责人。

第六十七条　施工单位取得资质证书后，降低安全生产条件的，责令限期改正；经整改仍未达到与其资质等级相适应的安全生产条件的，责令停业整顿，降低其资质等级直至吊销资质证书。

58 强令、组织他人违章冒险作业案

概念

本罪是指在生产、作业中强令他人违章冒险作业，或者明知存在重大事故隐患而不排除，仍冒险组织作业，因而发生重大伤亡事故或者造成其他严重后果的行为。

立案标准

强令他人违章冒险作业，涉嫌下列情形之一的，应予立案追诉：

(1) 造成死亡 1 人以上，或者重伤 3 人以上；

(2) 造成直接经济损失 100 万元以上的；

(3) 其他造成严重后果的情形。

定罪标准	犯罪客体	本罪侵犯的客体是生产安全，即在生产作业中不特定多数人的生命、健康安全和经济设备的财产安全。
	犯罪客观方面	本罪的客观方面表现为在生产、作业中强令他人违章冒险作业或者明知存在重大事故隐患而不排除，仍冒险组织作业，因而发生伤亡后果的行为。 一、行为。(1) 在生产、作业、施工、科研等工作中负有指挥、领导职责的管理人员，迫使被管理者违反规章制度进行违章作业；(2) 在生产、作业、施工、科研等工作中负有指挥、领导职责的管理人员，明知存在重大事故隐患而不排除，仍然冒险组织被管理者进行作业。"组织"是指生产、作业是具有一定规模，有组织性，而并非要求必须是组织 3 人以上生产、作业。 根据最高人民法院、最高人民检察院《关于办理危害生产安全刑事案件适用法律若干问题的解释》第 5 条之规定，明知存在事故隐患、继续作业存在危险，仍然违反有关安全管理的规定，实施下列行为之一的，应当认定为"强令他人违章冒险作业"： (1) 利用组织、指挥、管理职权，强制他人违章作业的； (2) 采取威逼、胁迫、恐吓等手段，强制他人违章作业的； (3) 故意掩盖事故隐患，组织他人违章作业的； (4) 其他强令他人违章作业的行为。 二、结果。构成本罪的结果是重大伤亡事故或者其他严重后果。 三、因果关系。违反规章制度、明知重大事故隐患而不排除仍冒险组织作业与严重后果发生之间存在因果关系。 四、重大伤亡事故或者其他严重后果的认定。根据最高人民法院、最高人民检察院《关于办理危害生产安全刑事案件适用法律若干问题的解释》第 6 条之规定，具有下列情形的，应当认定为"发生重大伤亡事故或者造成其他严重后果"： (1) 造成死亡 1 人以上，或者重伤 3 人以上的； (2) 造成直接经济损失 100 万元以上的； (3) 其他造成严重后果或者重大安全事故的情形。

定罪标准	**犯罪客观方面**	五、情节特别恶劣的认定。根据最高人民法院、最高人民检察院《关于办理危害生产安全刑事案件适用法律若干问题的解释》第 7 条之规定，具有下列情形的，应当认定为"情节特别恶劣"： （1）造成死亡 3 人以上或者重伤 10 人以上，负事故主要责任的； （2）造成直接经济损失 500 万元以上，负事故主要责任的； （3）其他造成特别严重后果、情节特别恶劣或者后果特别严重的情形。
	犯罪主体	本罪的主体包括对生产、作业负有组织、指挥或者管理职责的负责人、管理人员、实际控制人、投资人等人员。 本罪主体所从事的生产经营活动并无特别限制，既包括合法的生产经营活动，也包括违法的生产经营活动。
	犯罪主观方面	本罪的主观方面是过失。行为人对于强令他人违章冒险作业、明知存在重大事故隐患而不排除，仍冒险组织作业会发生的重大伤亡事故或者其他严重后果的主观心态是过失，既可以是"应当预见而没有预见"，也可以是"已经预见，但轻信可以避免"。
	罪与非罪	本罪与一般责任事故的界限。两者之间的区别在于是否由于行为人强令他人违章冒险作业或者明知存在重大事故隐患而不排除，仍冒险组织作业，从而导致重大伤亡事故或者其他严重后果的发生。如果造成了严重后果，则以强令组织他人违章冒险作业罪论处，反之以一般责任事故处理。"组织"是指生产、作业是具有一定规模，有组织性，而并非要求必须是组织 3 人以上生产、作业。
	此罪与彼罪	本罪与过失致人死亡罪的关系。本罪和过失致人死亡罪存在法条竞合。行为人强令他人违章冒险作业或者明知存在重大事故隐患而不排除，仍冒险组织作业造成人员伤亡时，依据特别法优于一般法的原则，以本罪论处。
证据参考标准	**主体方面的证据**	**一、证明行为人刑事责任年龄、身份等事实情况的证据** 包括但不限于身份证明、户籍证明、任职证明、工作经历证明、特定职责证明等，主要用于证明行为人的姓名（曾用名）、性别、出生年月日、民族、籍贯、出生地、职业（职务）、住所地（居住地）等的证据材料，具体如居民身份证、户口簿、工作证、出生证、专业或技术等级证、干部履历表、职工登记表、护照等。 对于户籍、身份证等材料内容不实的，应提供其他证据材料。外国人犯罪的案件，需要有护照等身份证明材料。人大代表、政协委员犯罪的案件，应当注明身份并附上身份证明材料。 **二、证明行为人刑事责任能力的证据** 证明行为人对自己的行为具有辨认、控制能力，如是否属于间歇性精神病人、尚未完全丧失辨认或者控制自己行为能力的精神病人的证明材料。
	主观方面的证据	**证明行为人过失的证据** 1. 证明行为人应当预见自己的行为可能发生危害结果的证据；2. 证明行为人疏忽大意的过失的证据；3. 证明行为人过于自信的过失的证据。

证据参考标准	客观方面的证据	**一、证明行为人强令他人违章冒险作业行为的证据** 1. 证明行为人忽视有关安全管理规定的证据；2. 证明行为人强令他人违章冒险作业的证据；3. 证明发生了重大伤亡事故或者其他严重后果的证据；4. 证明行为人的行为与上述危害结果的发生存在因果关系的证据。 **二、证明行为人明知存在重大事故隐患而不排除，仍冒险组织作业行为的证据** 1. 证明行为人明知存有重大事故隐患的证据；2. 证明行为人未排除重大事故隐患的证据；3. 证明行为人冒险组织作业的证据；4. 证明发生了重大伤亡事故或者其他严重后果的证据；5. 证明行为人的行为与上述危害结果的发生之间存在因果关系的证据。
	量刑方面的证据	**一、法定量刑情节证据** 1. 事实情节：（1）造成重大伤亡事故；（2）其他严重后果。2. 法定从重情节：情节特别恶劣。3. 法定从轻减轻情节：（1）可以从轻；（2）可以从轻或减轻；（3）应当从轻或减轻。4. 法定从轻减轻免除情节：（1）可以从轻、减轻或者免除处罚；（2）应当从轻、减轻或者免除处罚；（3）可以免除处罚。 **二、酌定量刑情节证据** 1. 犯罪手段。2. 犯罪对象。3. 危害结果：（1）经济损失；（2）人员伤亡。4. 动机。5. 平时表现。6. 认罪态度。7. 是否有前科。8. 其他证据。

量刑标准	犯本罪的	处五年以下有期徒刑或者拘役
	情节特别恶劣的	处五年以上有期徒刑

法律适用	刑法条文	**第一百三十四条第二款** 强令他人违章冒险作业，或者明知存在重大事故隐患而不排除，仍冒险组织作业，因而发生重大伤亡事故或者造成其他严重后果的，处五年以下有期徒刑或者拘役；情节特别恶劣的，处五年以上有期徒刑。
	司法解释	**一、最高人民法院、最高人民检察院《关于办理危害生产安全刑事案件适用法律若干问题的解释（二）》（节录）**（2022 年 10 月 25 日最高人民法院、最高人民检察院公布　自 2022 年 12 月 19 日起施行　法释〔2022〕19 号） **第一条** 明知存在事故隐患，继续作业存在危险，仍然违反有关安全管理的规定，有下列情形之一的，属于刑法第一百三十四条第二款规定的"强令他人违章冒险作业"： （一）以威逼、胁迫、恐吓等手段，强制他人违章作业的； （二）利用组织、指挥、管理职权，强制他人违章作业的； （三）其他强令他人违章冒险作业的情形。 明知存在重大事故隐患，仍然违反有关安全管理的规定，不排除或者故意掩盖重大事故隐患，组织他人作业的，属于刑法第一百三十四条第二款规定的"冒险组织作业"。 **第四条** 刑法第一百三十四条第二款和第一百三十四条之一第二项规定的"重大事故隐患"，依照法律、行政法规、部门规章、强制性标准以及有关行政规范性文件进行认定。

刑法第一百三十四条之一第三项规定的"危险物品"，依照安全生产法第一百一十七条的规定确定。

对于是否属于"重大事故隐患"或者"危险物品"难以确定的，可以依据司法鉴定机构出具的鉴定意见、地市级以上负有安全生产监督管理职责的部门或者其指定的机构出具的意见，结合其他证据综合审查，依法作出认定。

二、最高人民法院、最高人民检察院《关于办理危害生产安全刑事案件适用法律若干问题的解释》（节录）（2015年12月14日最高人民法院、最高人民检察院公告公布　自2015年12月16日起施行　法释〔2015〕22号）

第二条　刑法第一百三十四条第二款规定的犯罪主体，包括对生产、作业负有组织、指挥或者管理职责的负责人、管理人员、实际控制人、投资人等人员。

第六条　实施刑法第一百三十二条、第一百三十四条第一款、第一百三十五条、第一百三十五条之一、第一百三十六条、第一百三十九条规定的行为，因而发生安全事故，具有下列情形之一的，应当认定为"造成严重后果"或者"发生重大伤亡事故或者造成其他严重后果"，对相关责任人员，处三年以下有期徒刑或者拘役：

（一）造成死亡一人以上，或者重伤三人以上的；

（二）造成直接经济损失一百万元以上的；

（三）其他造成严重后果或者重大安全事故的情形。

实施刑法第一百三十四条第二款规定的行为，因而发生安全事故，具有本条第一款规定情形的，应当认定为"发生重大伤亡事故或者造成其他严重后果"，对相关责任人员，处五年以下有期徒刑或者拘役。

实施刑法第一百三十七条规定的行为，因而发生安全事故，具有本条第一款规定情形的，应当认定为"造成重大安全事故"，对直接责任人员，处五年以下有期徒刑或者拘役，并处罚金。

实施刑法第一百三十八条规定的行为，因而发生安全事故，具有本条第一款第一项规定情形的，应当认定为"发生重大伤亡事故"，对直接责任人员，处三年以下有期徒刑或者拘役。

第七条　实施刑法第一百三十二条、第一百三十四条第一款、第一百三十五条、第一百三十五条之一、第一百三十六条、第一百三十九条规定的行为，因而发生安全事故，具有下列情形之一的，对相关责任人员，处三年以上七年以下有期徒刑：

（一）造成死亡三人以上或者重伤十人以上，负事故主要责任的；

（二）造成直接经济损失五百万元以上，负事故主要责任的；

（三）其他造成特别严重后果、情节特别恶劣或者后果特别严重的情形。

实施刑法第一百三十四条第二款规定的行为，因而发生安全事故，具有本条第一款规定情形的，对相关责任人员，处五年以上有期徒刑。

实施刑法第一百三十七条规定的行为，因而发生安全事故，具有本条第一款规定情形的，对直接责任人员，处五年以上十年以下有期徒刑，并处罚金。

实施刑法第一百三十八条规定的行为，因而发生安全事故，具有下列情形之一的，对直接责任人员，处三年以上七年以下有期徒刑：

（一）造成死亡三人以上或者重伤十人以上，负事故主要责任的；

（二）具有本解释第六条第一款第一项规定情形，同时造成直接经济损失五百万元以上并负事故主要责任的，或者同时造成恶劣社会影响的。

第十条 在安全事故发生后，直接负责的主管人员和其他直接责任人员故意阻挠开展抢救，导致人员死亡或者重伤，或者为了逃避法律追究，对被害人进行隐藏、遗弃，致使被害人因无法得到救助而死亡或者重度残疾的，分别依照刑法第二百三十二条、第二百三十四条的规定，以故意杀人罪或者故意伤害罪定罪处罚。

第十一条 生产不符合保障人身、财产安全的国家标准、行业标准的安全设备，或者明知安全设备不符合保障人身、财产安全的国家标准、行业标准而进行销售，致使发生安全事故，造成严重后果的，依照刑法第一百四十六条的规定，以生产、销售不符合安全标准的产品罪定罪处罚。

第十二条 实施刑法第一百三十二条、第一百三十四条至第一百三十九条之一规定的犯罪行为，具有下列情形之一的，从重处罚：

（一）未依法取得安全许可证件或者安全许可证件过期、被暂扣、吊销、注销后从事生产经营活动的；

（二）关闭、破坏必要的安全监控和报警设备的；

（三）已经发现事故隐患，经有关部门或者个人提出后，仍不采取措施的；

（四）一年内曾因危害生产安全违法犯罪活动受过行政处罚或者刑事处罚的；

（五）采取弄虚作假、行贿等手段，故意逃避、阻挠负有安全监督管理职责的部门实施监督检查的；

（六）安全事故发生后转移财产意图逃避承担责任的；

（七）其他从重处罚的情形。

实施前款第五项规定的行为，同时构成刑法第三百八十九条规定的犯罪的，依照数罪并罚的规定处罚。

第十三条 实施刑法第一百三十二条、第一百三十四条至第一百三十九条之一规定的犯罪行为，在安全事故发生后积极组织、参与事故抢救，或者积极配合调查、主动赔偿损失的，可以酌情从轻处罚。

第十六条 对于实施危害生产安全犯罪适用缓刑的犯罪分子，可以根据犯罪情况，禁止其在缓刑考验期限内从事与安全生产相关联的特定活动；对于被判处刑罚的犯罪分子，可以根据犯罪情况和预防再犯罪的需要，禁止其自刑罚执行完毕之日或者假释之日起三年至五年内从事与安全生产相关的职业。

三、最高人民法院《关于充分发挥审判职能作用切实维护公共安全的若干意见》（节录）（2015 年 9 月 16 日最高人民法院公布　自公布之日起施行　法发〔2015〕12 号）

三、依法惩治危害生产安全犯罪，促进安全生产形势根本好转

6. 加大对危害安全生产犯罪的惩治力度。坚持发展是第一要务，安全是第一保障。针对近年来非法、违法生产，忽视生产安全的现象十分突出，造成群死群伤的重特大生产安全责任事故屡有发生的严峻形势，充分发挥刑罚的惩罚和预防功能，加大对各类危害安全生产犯罪的惩治力度，用严肃、严格、严厉的责任追究和法律惩罚，推动安全生产责任制的有效落实，促进安全生产形势根本好转，确保人民生命财产安全。

7. 准确把握打击重点。结合当前形势并针对犯罪原因，既要重点惩治发生在危险化学品、民爆器材、烟花爆竹、电梯、煤矿、非煤矿山、油气运送管道、建筑施工、消防、粉尘涉爆等重点行业领域企业，以及港口、码头、人员密集场所等重点部位的危害安全生产犯罪，更要从严惩治发生在这些犯罪背后的国家机关工作人员贪污贿赂和渎职犯罪。既要依法追究直接造成损害的从事生产、作业的责任人员，更要依法从严惩治对生产、作业负有组织、指挥或者管理职责的负责人、管理人、实际控制人、投资人。既要加大对各类安全生产犯罪的惩治力度，更要从严惩治因安全生产条件不

司法解释

符合国家规定被处罚而又违规生产，关闭或者故意破坏安全警示设备，事故发生后不积极抢救人员或者毁灭、伪造、隐藏影响事故调查证据，通过行贿非法获取相关生产经营资质等情节的危害安全生产的犯罪。

8. 依法妥善审理与重大责任事故有关的赔偿案件。对当事人因重大责任事故遭受人身、财产损失而提起诉讼要求赔偿的，应当依法及时受理，保障当事人诉权。对两人以上实施危及他人人身、财产安全的行为，其中一人或者数人的行为造成他人损害，能够确定具体责任人的，由责任人承担赔偿责任，不能确定具体责任人的，由行为人承担连带责任。被告人因重大责任事故既承担刑事、行政责任，又承担民事责任的，其财产应当优先承担民事责任。原告因重大责任事故遭受损失而无法及时履行赡养、抚养等义务，申请先予执行的，应当依法支持。

法律适用

相关法律法规

一、《中华人民共和国劳动法》（节录）（1994年7月5日中华人民共和国主席令第28号公布　自1995年1月1日起施行　2009年8月27日第一次修正　2018年12月29日第二次修正）

第九十三条　用人单位强令劳动者违章冒险作业，发生重大伤亡事故，造成严重后果的，对责任人员依法追究刑事责任。

二、《中华人民共和国电力法》（节录）（1995年12月28日中华人民共和国主席令第60号公布　自1996年4月1日起施行　2009年8月27日第一次修正　2015年4月24日第二次修正　2018年12月29日第三次修正）

第七十四条第一款　电力企业职工违反规章制度、违章调度或者不服从调度指令，造成重大事故的，依照刑法有关规定追究刑事责任。

三、《中华人民共和国煤炭法》（节录）（1996年8月29日中华人民共和国主席令第75号公布　自1996年12月1日起施行　2009年8月27日第一次修正　2011年4月22日第二次修正　2013年6月29日第三次修正　2016年11月7日第四次修正）

第六十四条　煤矿企业的管理人员违章指挥、强令职工冒险作业，发生重大伤亡事故的，依照刑法有关规定追究刑事责任。

四、《中华人民共和国建筑法》（节录）（1997年11月1日中华人民共和国主席令第91号公布　自1998年3月1日起施行　2011年4月22日第一次修正　2019年4月23日第二次修正）

第七十一条第二款　建筑施工企业的管理人员违章指挥、强令职工冒险作业，因而发生重大伤亡事故或者造成其他严重后果的，依法追究刑事责任。

五、《中华人民共和国安全生产法》（节录）（2002年6月29日中华人民共和国主席令第70号公布　自2002年11月1日起施行　2009年8月27日第一次修正　2014年8月31日第二次修正　2021年6月10日第三次修正）

第五十二条　生产经营单位与从业人员订立的劳动合同，应当载明有关保障从业人员劳动安全、防止职业危害的事项，以及依法为从业人员办理工伤保险的事项。

生产经营单位不得以任何形式与从业人员订立协议，免除或者减轻其对从业人员因生产安全事故伤亡依法应承担的责任。

第五十三条　生产经营单位的从业人员有权了解其作业场所和工作岗位存在的危险因素、防范措施及事故应急措施，有权对本单位的安全生产工作提出建议。

第五十四条　从业人员有权对本单位安全生产工作中存在的问题提出批评、检举、控告；有权拒绝违章指挥和强令冒险作业。

生产经营单位不得因从业人员对本单位安全生产工作提出批评、检举、控告或者拒绝违章指挥、强令冒险作业而降低其工资、福利等待遇或者解除与其订立的劳动合同。

第五十五条 从业人员发现直接危及人身安全的紧急情况时，有权停止作业或者在采取可能的应急措施后撤离作业场所。

生产经营单位不得因从业人员在前款紧急情况下停止作业或者采取紧急撤离措施而降低其工资、福利等待遇或者解除与其订立的劳动合同。

第五十六条 生产经营单位发生生产安全事故后，应当及时采取措施救治有关人员。

因生产安全事故受到损害的从业人员，除依法享有工伤保险外，依照有关民事法律尚有获得赔偿的权利的，有权提出赔偿要求。

第五十七条 从业人员在作业过程中，应当严格落实岗位安全责任，遵守本单位的安全生产规章制度和操作规程，服从管理，正确佩戴和使用劳动防护用品。

第五十八条 从业人员应当接受安全生产教育和培训，掌握本职工作所需的安全生产知识，提高安全生产技能，增强事故预防和应急处理能力。

第五十九条 从业人员发现事故隐患或者其他不安全因素，应当立即向现场安全生产管理人员或者本单位负责人报告；接到报告的人员应当及时予以处理。

第六十条 工会有权对建设项目的安全设施与主体工程同时设计、同时施工、同时投入生产和使用进行监督，提出意见。

工会对生产经营单位违反安全生产法律、法规，侵犯从业人员合法权益的行为，有权要求纠正；发现生产经营单位违章指挥、强令冒险作业或者发现事故隐患时，有权提出解决的建议，生产经营单位应当及时研究答复；发现危及从业人员生命安全的情况时，有权向生产经营单位建议组织从业人员撤离危险场所，生产经营单位必须立即作出处理。

工会有权依法参加事故调查，向有关部门提出处理意见，并要求追究有关人员的责任。

第六十一条 生产经营单位使用被派遣劳动者的，被派遣劳动者享有本法规定的从业人员的权利，并应当履行本法规定的从业人员的义务。

六、《煤矿安全生产条例》（节录）（2024 年 1 月 24 日中华人民共和国国务院令第 774 号公布 自 2024 年 5 月 1 日起施行）

第六十三条 煤矿企业有下列行为之一的，责令限期改正，处 10 万元以上 20 万元以下的罚款；逾期未改正的，责令停产整顿，并处 20 万元以上 50 万元以下的罚款，对其直接负责的主管人员和其他直接责任人员处 3 万元以上 5 万元以下的罚款：

（一）未按照规定制定并落实全员安全生产责任制和领导带班等安全生产规章制度的；

（二）未按照规定为煤矿配备矿长等人员和机构，或者未按照规定设立救护队的；

（三）煤矿的主要生产系统、安全设施不符合煤矿安全规程和国家标准或者行业标准规定的；

（四）未按照规定编制专项设计的；

（五）井工煤矿未按照规定进行瓦斯等级、冲击地压、煤层自燃倾向性和煤尘爆炸性鉴定的；

（六）露天煤矿的采场及排土场边坡与重要建筑物、构筑物之间安全距离不符合规定的，或者未按照规定保持露天煤矿边坡稳定的；

（七）违章指挥或者强令冒险作业、违反规程的。

第七十五条 违反本条例规定，构成犯罪的，依法追究刑事责任。

法律适用

相关法律法规

59 危险作业案

概念

　　本罪是指在生产、作业中违反有关安全管理的规定，具有发生重大伤亡事故或者其他严重后果的现实危险的行为。

立案标准

　　根据《刑法》第 134 条之一的规定，在生产、作业中违反有关安全管理的规定，有下列情形之一，具有发生重大伤亡事故或者其他严重后果的现实危险的，应当追究刑事责任：

　　(1) 关闭、破坏直接关系生产安全的监控、报警、防护、救生设备、设施，或者篡改、隐瞒、销毁其相关数据、信息的；

　　(2) 因存在重大事故隐患被依法责令停产停业、停止施工、停止使用有关设备、设施、场所或者立即采取排除危险的整改措施，而拒不执行的；

　　(3) 涉及安全生产的事项未经依法批准或者许可，擅自从事矿山开采、金属冶炼、建筑施工，以及危险物品生产、经营、储存等高度危险的生产作业活动的。

定罪标准	**犯罪客体**	本罪侵犯的客体是生产安全，即在生产作业中不特定多数人的生命、健康安全和经济设备的财产安全。
	犯罪客观方面	本罪的客观方面表现为在生产、作业中违反有关安全管理的规定，具有发生重大伤亡事故或者其他严重后果的现实危险的行为。 　　一、行为。(1) 关闭、破坏直接关系生产安全的监控、报警、防护、救生设备、设施，或者篡改、隐瞒、销毁其相关数据、信息的；(2) 因存在重大事故隐患被依法责令停产停业、停止施工、停止使用有关设备、设施、场所或者立即采取排除危险的整改措施，而拒不执行的；(3) 涉及安全生产的事项未经依法批准或者许可，擅自从事矿山开采、金属冶炼、建筑施工，以及危险物品生产、经营、储存等高度危险的生产作业活动的。 　　二、具体危险。行为人违反有关安全管理的规定，有上述情形，造成"发生重大伤亡事故或者其他严重后果的现实危险"。现实危险的判断必要时应由专业人员出具意见。 　　三、因果关系。行为人违反有关安全管理的规定，有上述情形，与造成"发生重大伤亡事故或者其他严重后果的现实危险"之间存在因果关系。 　　四、重大伤亡事故或者其他严重后果的认定。根据最高人民法院、最高人民检察院《关于办理危害生产安全刑事案件适用法律若干问题的解释》第 6 条之规定，具有下列情形的，应当认定为"发生重大伤亡事故或者造成其他严重后果"： 　　(1) 造成死亡 1 人以上，或者重伤 3 人以上的； 　　(2) 造成直接经济损失 100 万元以上的； 　　(3) 其他造成严重后果或者重大安全事故的情形
	犯罪主体	本罪的主体包括对生产、作业负有组织、指挥或者管理职责的负责人、管理人员、实际控制人、投资人等人员。

定罪标准	犯罪主观方面	本罪的主观方面是过失。行为人对于违反有关安全管理的规定，具有发生重大伤亡事故或者其他严重后果的现实危险是过失，既可以是"应当预见而没有预见"，也可以是"已经预见，但轻信可以避免"。
	罪与非罪	在实践中，需区分自然事故、技术事故与责任事故。(1) 自然事故，是指不以人的主观意志为转移的自然原因造成的事故，如因雷暴造成电路故障而引发的人员伤亡或财产损失。(2) 技术事故，是指受限于当时的技术手段或设备条件而不可避免的人员伤亡或经济损失。由于客观生产力水平等限制性因素而不可避免的事故，不可一概认定为责任事故。 在实践中，还需区分重大严重后果没有发生的具体原因。究竟是因为及时制止，还是救援有效，或是完全偶然的客观原因？只有当发生重大严重后果的危险"千钧一发"，无限接近现实化时，才构成本罪。
	此罪与彼罪	本罪第（三）项所涉行为，可能与非法采矿罪，非法运输、储存危险物质罪等其他犯罪产生竞合，实践中应根据具体案情，分别按照想象竞合从一重罪处罚或数罪并罚。 本罪与重大责任事故罪的界限。重大责任事故罪要求发生严重后果才能构成犯罪，而本罪只要求危害行为引发危害生产、作业安全的现实危险，即构成犯罪。本罪可以视为重大责任事故罪的前置罪名。
证据参考标准	主体方面的证据	**一、证明行为人刑事责任年龄、身份等事实情况的证据** 包括但不限于身份证明、户籍证明、任职证明、工作经历证明、特定职责证明等，主要用于证明行为人的姓名（曾用名）、性别、出生年月日、民族、籍贯、出生地、职业（职务）、住所地（居住地）等的证据材料，具体如居民身份证、户口簿、工作证、出生证、专业或技术等级证、干部履历表、职工登记表、护照等。 对于户籍、身份证等材料内容不实的，应提供其他证据材料。外国人犯罪的案件，需要有护照等身份证明材料。人大代表、政协委员犯罪的案件，应当注明身份并附上身份证明材料。 **二、证明行为人刑事责任能力的证据** 证明行为人对自己的行为具有辨认、控制能力，如是否属于间歇性精神病人、尚未完全丧失辨认或者控制自己行为能力的精神病人的证明材料。
	主观方面的证据	**证明行为人过失的证据** 1. 证明行为人应当预见自己的行为可能发生危害结果的证据；2. 证明行为人疏忽大意的过失的证据；3. 证明行为人过于自信的过失的证据。
	客观方面的证据	**证明行为人危险作业的证据** 1. 证明行为人违反有关安全管理的规定，有危险作业行为的证据；2. 证明有发生重大伤亡事故或者其他严重后果的现实危险的证据；3. 证明行为人的行为与上述危险的发生之间存在因果关系的证据。
	量刑方面的证据	**一、法定量刑情节证据** 1. 事实情节：（1）造成重大伤亡事故；（2）其他严重后果。2. 法定从重情节：情节特别恶劣。3. 法定从轻减轻情节：（1）可以从轻；（2）可以从轻或减轻；（3）应当从轻或减轻。4. 法定从轻减轻免除情节：（1）可以从轻、减轻或者免除处罚；（2）应

证据参考标准	量刑方面的证据	当从轻、减轻或者免除处罚；（3）可以免除处罚。 **二、酌定量刑情节证据** 1. 犯罪手段。2. 犯罪对象。3. 危害结果：（1）经济损失；（2）人员伤亡。4. 动机。5. 平时表现。6. 认罪态度。7. 是否有前科。8. 其他证据。	
量刑标准	犯本罪的		处一年以下有期徒刑、拘役或者管制

法律适用	刑法条文	**第一百三十四条之一** 在生产、作业中违反有关安全管理的规定，有下列情形之一，具有发生重大伤亡事故或者其他严重后果的现实危险的，处一年以下有期徒刑、拘役或者管制： （一）关闭、破坏直接关系生产安全的监控、报警、防护、救生设备、设施，或者篡改、隐瞒、销毁其相关数据、信息的； （二）因存在重大事故隐患被依法责令停产停业、停止施工、停止使用有关设备、设施、场所或者立即采取排除危险的整改措施，而拒不执行的； （三）涉及安全生产的事项未经依法批准或者许可，擅自从事矿山开采、金属冶炼、建筑施工，以及危险物品生产、经营、储存等高度危险的生产作业活动的。
	司法解释	**一、最高人民法院、最高人民检察院《关于办理危害生产安全刑事案件适用法律若干问题的解释（二）》（节录）**（2022年10月25日最高人民法院、最高人民检察院公布 自2022年12月19日起施行 法释〔2022〕19号） **第二条** 刑法第一百三十四条之一规定的犯罪主体，包括对生产、作业负有组织、指挥或者管理职责的负责人、管理人员、实际控制人、投资人等人员，以及直接从事生产、作业的人员。 **第三条** 因存在重大事故隐患被依法责令停产停业、停止施工、停止使用有关设备、设施、场所或者立即采取排除危险的整改措施，有下列情形之一的，属于刑法第一百三十四条之一第二项规定的"拒不执行"： （一）无正当理由故意不执行各级人民政府或者负有安全生产监督管理职责的部门依法作出的上述行政决定、命令的； （二）虚构重大事故隐患已经排除的事实，规避、干扰执行各级人民政府或者负有安全生产监督管理职责的部门依法作出的上述行政决定、命令的； （三）以行贿等不正当手段，规避、干扰执行各级人民政府或者负有安全生产监督管理职责的部门依法作出的上述行政决定、命令的。 有前款第三项行为，同时构成刑法第三百八十九条行贿罪、第三百九十三条单位行贿罪等犯罪的，依照数罪并罚的规定处罚。 认定是否属于"拒不执行"，应当综合考虑行政决定、命令是否具有法律、行政法规等依据，行政决定、命令的内容和期限要求是否明确、合理，行为人是否具有按照要求执行的能力等因素进行判断。

第四条 刑法第一百三十四条第二款和第一百三十四条之一第二项规定的"重大事故隐患",依照法律、行政法规、部门规章、强制性标准以及有关行政规范性文件进行认定。

刑法第一百三十四条之一第三项规定的"危险物品",依照安全生产法第一百一十七条的规定确定。

对于是否属于"重大事故隐患"或者"危险物品"难以确定的,可以依据司法鉴定机构出具的鉴定意见、地市级以上负有安全生产监督管理职责的部门或者其指定的机构出具的意见,结合其他证据综合审查,依法作出认定。

第五条 在生产、作业中违反有关安全管理的规定,有刑法第一百三十四条之一规定情形之一,因而发生重大伤亡事故或者造成其他严重后果,构成刑法第一百三十四条、第一百三十五条至第一百三十九条等规定的重大责任事故罪、重大劳动安全事故罪、危险物品肇事罪、工程重大安全事故罪等犯罪的,依照该规定定罪处罚。

第十条 有刑法第一百三十四条之一行为,积极配合公安机关或者负有安全生产监督管理职责的部门采取措施排除事故隐患,确有悔改表现,认罪认罚的,可以依法从宽处罚;犯罪情节轻微不需要判处刑罚的,可以不起诉或者免予刑事处罚;情节显著轻微危害不大的,不作为犯罪处理。

第十一条 有本解释规定的行为,被不起诉或者免予刑事处罚,需要给予行政处罚、政务处分或者其他处分的,依法移送有关主管机关处理。

二、最高人民法院、最高人民检察院、公安部、工业和信息化部、住房和城乡建设部、交通运输部、应急管理部、国家铁路局、中国民用航空局、国家邮政局《关于依法惩治涉枪支、弹药、爆炸物、易燃易爆危险物品犯罪的意见》(节录) (2021 年 12 月 28 日最高人民法院、最高人民检察院、公安部、工业和信息化部、住房和城乡建设部、交通运输部、应急管理部、国家铁路局、中国民用航空局、国家邮政局公布 自 2021 年 12 月 31 日起施行 法发〔2021〕35 号)

5. 违反危险化学品安全管理规定,未经依法批准或者许可擅自从事易燃易爆危险物品道路运输活动,或者实施其他违反危险化学品安全管理规定通过道路运输易燃易爆危险物品的行为,危及公共安全的,依照刑法第一百三十三条之一第一款第四项的规定,以危险驾驶罪定罪处罚。

在易燃易爆危险物品生产、经营、储存等高度危险的生产作业活动中违反有关安全管理的规定,有下列情形之一,具有发生重大伤亡事故或者其他严重后果的现实危险的,依照刑法第一百三十四条之一第三项的规定,以危险作业罪定罪处罚:

(1) 委托无资质企业或者个人储存易燃易爆危险物品的;

(2) 在储存的普通货物中夹带易燃易爆危险物品的;

(3) 将易燃易爆危险物品谎报或者匿报为普通货物申报、储存的;

(4) 其他涉及安全生产的事项未经依法批准或者许可,擅自从事易燃易爆危险物品生产、经营、储存等活动的情形。

实施前两款行为,同时构成刑法第一百三十条规定之罪等其他犯罪的,依照处罚较重的规定定罪处罚;导致发生重大伤亡事故或者其他严重后果,符合刑法第一百三十四条、第一百三十五条、第一百三十六条等规定的,依照各该条的规定定罪从重处罚。

9. 通过邮件、快件夹带易燃易爆危险物品,或者将易燃易爆危险物品谎报为普通物品交寄,符合本意见第 5 条至第 8 条规定的,依照各该条的规定定罪处罚。

一、《中华人民共和国安全生产法》（节录）（2002 年 6 月 29 日中华人民共和国主席令第 70 号公布　自 2002 年 11 月 1 日起施行　2009 年 8 月 27 日第一次修正　2014 年 8 月 31 日第二次修正　2021 年 6 月 10 日第三次修正）

第九十八条　生产经营单位有下列行为之一的，责令停止建设或者停产停业整顿，限期改正，并处十万元以上五十万元以下的罚款，对其直接负责的主管人员和其他直接责任人员处二万元以上五万元以下的罚款；逾期未改正的，处五十万元以上一百万元以下的罚款，对其直接负责的主管人员和其他直接责任人员处五万元以上十万元以下的罚款；构成犯罪的，依照刑法有关规定追究刑事责任：

（一）未按照规定对矿山、金属冶炼建设项目或者用于生产、储存、装卸危险物品的建设项目进行安全评价的；

（二）矿山、金属冶炼建设项目或者用于生产、储存、装卸危险物品的建设项目没有安全设施设计或者安全设施设计未按照规定报经有关部门审查同意的；

（三）矿山、金属冶炼建设项目或者用于生产、储存、装卸危险物品的建设项目的施工单位未按照批准的安全设施设计施工的；

（四）矿山、金属冶炼建设项目或者用于生产、储存、装卸危险物品的建设项目竣工投入生产或者使用前，安全设施未经验收合格的。

第九十九条　生产经营单位有下列行为之一的，责令限期改正，处五万元以下的罚款；逾期未改正的，处五万元以上二十万元以下的罚款，对其直接负责的主管人员和其他直接责任人员处一万元以上二万元以下的罚款；情节严重的，责令停产停业整顿；构成犯罪的，依照刑法有关规定追究刑事责任：

（一）未在有较大危险因素的生产经营场所和有关设施、设备上设置明显的安全警示标志的；

（二）安全设备的安装、使用、检测、改造和报废不符合国家标准或者行业标准的；

（三）未对安全设备进行经常性维护、保养和定期检测的；

（四）关闭、破坏直接关系生产安全的监控、报警、防护、救生设备、设施，或者篡改、隐瞒、销毁其相关数据、信息的；

（五）未为从业人员提供符合国家标准或者行业标准的劳动防护用品的；

（六）危险物品的容器、运输工具，以及涉及人身安全、危险性较大的海洋石油开采特种设备和矿山井下特种设备未经具有专业资质的机构检测、检验合格，取得安全使用证或者安全标志，投入使用的；

（七）使用应当淘汰的危及生产安全的工艺、设备的；

（八）餐饮等行业的生产经营单位使用燃气未安装可燃气体报警装置的。

二、《煤矿安全生产条例》（节录）（2024 年 1 月 24 日中华人民共和国国务院令第 774 号公布　自 2024 年 5 月 1 日起施行）

第六十四条　对存在重大事故隐患仍然进行生产的煤矿企业，责令停产整顿，明确整顿的内容、时间等具体要求，并处 50 万元以上 200 万元以下的罚款；对煤矿企业主要负责人处 3 万元以上 15 万元以下的罚款。

第六十五条　煤矿企业超越依法确定的开采范围采矿的，依照有关法律法规的规定予以处理。

擅自开采保安煤柱或者采用可能危及相邻煤矿生产安全的决水、爆破、贯通巷道等危险方法进行采矿作业的，责令立即停止作业，没收违法所得；违法所得在 10 万元以上的，并处违法所得 2 倍以上 5 倍以下的罚款；没有违法所得或者违法所得不足 10 万元的，并处 10 万元以上 20 万元以下的罚款；造成损失的，依法承担赔偿责任。

第七十五条　违反本条例规定，构成犯罪的，依法追究刑事责任。

法律适用　相关法律法规

60 重大劳动安全事故案

概念

本罪是指安全生产设施或者安全生产条件不符合国家规定，因而发生重大伤亡事故或者造成其他严重后果的行为。

立案标准

根据最高人民法院、最高人民检察院《关于办理危害生产安全刑事案件适用法律若干问题的解释》第 6 条之规定，具有下列情形之一的，应当认定为"发生重大伤亡事故或者造成其他严重后果"：

(1) 造成死亡 1 人以上，或者重伤 3 人以上的；

(2) 造成直接经济损失 100 万元以上的；

(3) 其他造成严重后果或者重大安全事故的情形。

定罪标准	犯罪客体	本罪侵犯的客体是生产经营单位的劳动安全，即生产经营单位的不特定或多数人的生命、健康或重大公私财产的安全。
	犯罪客观方面	本罪在客观方面表现为生产、科研单位中的安全生产设施或者安全生产条件不符合国家规定，因而发生重大伤亡事故或者造成其他严重后果的行为。 一、本罪的前提是安全生产设施或者安全生产条件不符合国家规定。所谓的不符合国家规定，是指用人单位的劳动安全设施或安全生产条件没有达到国家规定的标准，根据《安全生产法》第 97 条之规定，主要指下列情形：未按照规定设置安全生产管理机构或者配备安全生产管理人员、注册安全工程师的；危险物品的生产、经营、储存、装卸单位以及矿山、金属冶炼、建筑施工、道路运输单位的主要负责人和安全生产管理人员未按照规定经考核合格的；未按照规定对从业人员、被派遣劳动者、实习学生进行安全生产教育和培训，或者未按照规定如实告知有关的安全生产事项的；未如实记录安全生产教育和培训情况的；未将事故隐患排查治理情况如实记录或者未向从业人员通报的；未按照规定制定生产安全事故应急救援预案或者未定期组织演练的；特种作业人员未按照规定经专门的安全作业培训并取得相应资格，上岗作业的。当然上述是总括性的规定，具体的安全生产标准都在《矿山安全法》《危险化学品安全管理条例》《建筑法》等相应的法律、法规、规章、制度等规范性文件中作了具体的规定。如果劳动安全设施和安全生产条件符合国家规定的标准，由于其他原因导致了重大事故的发生，不成立本罪。 二、行为。本罪是不作为犯罪，客观方面的行为表现为没有履行国家法律、规章等规范性法律文件规定的提供劳动安全设施和安全生产条件的义务或者已经着手履行该义务，但没有达到国家法定要求。根据《安全生产法》第 21 条的规定，生产经营单位的主要负责人对本单位安全生产工作负有下列职责：建立健全并落实本单位全员安全生产责任制，加强安全生产标准化建设；组织制定并实施本单位安全生产规章制度和操作规程；组织制定并实施本单位安全生产教育和培训计划；保证本单位安全生产投入的有效实施；组织建立并落实安全风险分级管控和隐患排查治理双重预防工作

定罪标准	**犯罪客观方面**	机制，督促、检查本单位的安全生产工作，及时消除生产安全事故隐患；组织制定并实施本单位的生产安全事故应急救援预案；及时、如实报告生产安全事故。生产经营单位的直接负责的主管人员和其他直接责任人员能够履行上述义务及其他规范性法律文件规定的同类义务，但拒不履行，对安全隐患没有采取针对性的合理及可行的措施加以消除；或者尽管着手采取措施，但不具有针对性，对消除隐患没有决定性作用，并导致严重后果发生的，都成立本罪。 三、结果。必须发生了重大伤亡事故或者造成其他严重后果。对"重大伤亡事故或者其他严重后果"的认定，应当根据最高人民法院、最高人民检察院《关于办理危害生产安全刑事案件适用法律若干问题的解释》第 6 条之规定：(1) 造成死亡 1 人以上，或者重伤 3 人以上的；(2) 造成直接经济损失 100 万元以上的；(3) 其他造成严重后果或者重大安全事故的情形。这里的"情节特别恶劣"，包括下列情形：(1) 造成死亡 3 人以上或者重伤 10 人以上，负事故主要责任的；(2) 造成直接经济损失 500 万元以上，负事故主要责任的；(3) 其他造成特别严重后果、情节特别恶劣或者后果特别严重的情形。
	犯罪主体	本罪主体是特殊主体。根据最高人民法院、最高人民检察院《关于办理危害生产安全刑事案件适用法律若干问题的解释》第 3 条之规定，"直接负责的主管人员和其他直接责任人员"，是指对安全生产设施或者安全生产条件不符合国家规定负有直接责任的生产经营单位负责人、管理人员、实际控制人、投资人，以及其他对安全生产设施或者安全生产条件负有管理、维护职责的人员。
	犯罪主观方面	本罪的主观方面特征相对较为复杂，在《刑法》修正前由于法条规定了劳动安全设施不符合国家规定，经有关部门或者单位职工提出后，对事故隐患仍不采取措施，意味着行为人对安全隐患有明确的认知，以至于引发了学者对该罪行为人对发生的重大伤亡事故或其他严重后果的心理态度的争议。即只能是过失还是另外仍存在间接故意的争议。 对本罪的心理的判断应立足于以下两种情形：一是指行为人应当知道劳动安全设施或安全生产条件不符合国家规定，并可能导致重大伤亡事故或者其他严重后果，但由于疏忽大意没有预见，在这种情况下，行为人对危害结果的心理只能是过失，即疏忽大意的过失。二是行为人明知劳动安全设施或安全生产条件不符合国家规定，已经预见到自己不消除安全隐患的不作为可能会发生重大伤亡事故或其他严重后果，仍然没有履行法定义务，采取措施消除安全隐患。作为对生产安全直接负责的主管人员或其他直接责任人员而言，明知劳动安全生产设施或安全生产条件不符合国家规定，仍没有预见到严重后果发生的情况是不多见的。在此情形下行为人要么是已经预见到自己的不作为会产生严重后果，但轻信其能够避免，要么是认识到可能会发生严重后果，并且放任了该结果的发生，即第二种情形下，行为人的罪过形态既可以表现为过于自信的过失，也可以表现为间接故意，属于复合罪过。
	罪与非罪	一、本罪与劳动安全事故的界限。二者的区别在于是否造成了重大伤亡事故或其他严重后果，即致人死亡的，或者致多人重伤的；或者是造成重大经济损失，使生产、工作受到重大损害的。虽然劳动安全生产设施或安全生产条件不符合国家规定，

定罪标准	**罪与非罪**	其负有直接责任的主管人员或其他直接责任人员没有采取消除隐患的措施，但是没有造成严重后果的，不构成本罪，属于行政违法的，可根据相关规定对其处以行政处罚或行政处分。 　　二、本罪与自然事故的界限。二者的区别在于引起重大劳动安全事故的原因不同，前者是由于不履行职业中的注意义务，造成劳动安全生产设施或安全生产条件不符合国家规定，从而引发重大事故；后者是由于无法预见或无法抗拒的自然现象，如暴风雨、雷电、地震、泥石流等，使劳动安全生产设施或安全生产条件无法满足保障劳动者人身安全或生产正常进行的需要，从而引发了重大事故。但是司法实践中比较复杂的、难以准确认定的情形是，自然现象和行为人不履行保障劳动生产设施或生产条件安全的义务共同造成了重大劳动事故的发生，行为人是否构成重大劳动安全事故罪。在这种情形下要看行为人的不作为对引发重大事故的影响程度，如果自然现象影响大，主要引发重大劳动安全事故，则不构成本罪；如果行为人的不作为是导致发生重大劳动安全事故的主要原因，则构成本罪。
	此罪与彼罪	一、本罪与重大责任事故罪的界限。二者的主要区别是：（1）主体不同。本罪的主体是安全生产设施、安全生产条件的主管人员或其他直接责任人员；重大责任事故罪的主体是生产、作业单位的普通从业人员和在生产、作业中直接从事领导、指挥的人员。（2）客观方面的行为不同。本罪的行为是不采取有效措施排除劳动设施或者安全生产中的事故隐患，属于不作为；而重大责任事故罪是在生产、作业中违反有关安全生产管理的规定，一般是以作为的方式实施的。 　　二、本罪与玩忽职守罪的界限。玩忽职守罪，从广义上讲以造成重大损失为要件，亦属于一种责任事故型犯罪，与重大劳动安全事故罪不同之处在于它是公务型责任事故。两者之间的主要区别是：（1）主体不同。本罪主体为生产、作业单位的负责安全的主管人员及其他从业人员；玩忽职守罪的主体是国家机关工作人员，即在国家机关中从事公务的人员。（2）侵犯的法益不同。本罪侵犯的是生产经营单位的劳动安全；玩忽职守罪侵犯的是国家机关正常的管理活动。（3）发生的场合不同。本罪主要发生在生产、作业等生产经营活动中；玩忽职守罪主要发生在公务职责的履行过程中。 　　三、本罪与过失致人重伤罪、过失致人死亡罪的界限。主要区别是：（1）过失的形态不同。本罪是业务过失；过失致人重伤罪、过失致人死亡罪是普通过失。（2）违反的注意义务不同。本罪违反的是职业领域的专门规则所要求的注意义务；后者违反的是日常生活中一般安全规则所要求的义务。但是应当注意的是本罪构成要件的内容，涵盖了过失致人重伤罪、过失致人死亡罪构成要件的内容，两者之间是整体法条与部分法条的竞合关系，即包容竞合，故而当安全生产设施或者安全生产条件不符合国家规定，因而发生重大伤亡事故时，对行为人直接以本罪论处，过失带来的重大人员伤亡不再适用过失致人重伤罪、过失致人死亡罪的构成要件另行评价。
证据参考标准	**主体方面的证据**	**　　一、证明行为人刑事责任年龄、身份等自然情况的证据** 　　包括身份证明、户籍证明、任职证明、工作经历证明、特定职责证明等，主要是证明行为人的姓名（曾用名）、性别、出生年月日、民族、籍贯、出生地、职业（或职务）、住所地（或居所地）等证据材料，如户口簿、居民身份证、工作证、出生证、

证据参考标准	**主体方面的证据**	专业或技术等级证、干部履历表、职工登记表、护照等。 　　对于户籍、出生证等材料内容不实的，应提供其他证据材料。外国人犯罪的案件，应有护照等身份证明材料。人大代表、政协委员犯罪的案件，应注明身份，并附身份证明材料。 　　**二、证明行为人刑事责任能力的证据** 　　证明行为人对自己的行为是否具有辨认能力与控制能力，如是否属于间歇性精神病人、尚未完全丧失辨认或者控制自己行为能力的精神病人的证明材料。
	主观方面的证据	**证明行为人过失的证据** 　　1. 证明行为人应当预见到自己的行为可能发生危害社会的结果的证据；2. 证明疏忽大意的过失的证据；3. 证明过于自信的过失的证据。 　　**证明行为人间接故意的证据** 　　1. 证明行为人明知的证据：证明行为人明知自己的行为会发生危害社会的结果；2. 证明间接故意的证据：证明行为人放任危害结果发生。
	客观方面的证据	**证明单位主管人员及直接责任人员重大安全事故犯罪行为的证据** 　　具体证据包括：1. 证明安全生产设施或者安全生产条件不符合国家规定的证据。2. 证明行为人没有履行国家法律、规章等规范性法律文件规定的提供劳动安全生产设施或者安全生产条件的义务或者已经着手履行该义务，但没有达到国家法定要求的证据。3. 证明发生了重大伤亡事故或者造成其他严重后果的证据。4. 证明重大伤亡事故或其他严重后果是由于未采取消除事故隐患的不作为引起的，二者之间具有因果关系的证据。
	量刑方面的证据	**一、法定量刑情节证据** 　　1. 事实情节：(1) 造成重大伤亡事故；(2) 其他严重后果。2. 法定从重情节：情节特别恶劣。3. 法定从轻减轻情节：(1) 可以从轻；(2) 可以从轻或减轻；(3) 应当从轻或者减轻。4. 法定从轻减轻免除情节：(1) 可以从轻、减轻或者免除处罚；(2) 应当从轻、减轻或者免除处罚。5. 法定减轻免除情节：(1) 可以减轻或者免除处罚；(2) 应当减轻或者免除处罚；(3) 可以免除处罚。 　　**二、酌定量刑情节证据** 　　1. 犯罪手段。2. 犯罪对象。3. 危害结果：(1) 经济损失；(2) 人员伤亡。4. 动机。5. 平时表现。6. 认罪态度。7. 是否有前科。8. 其他证据。
量刑标准	犯本罪的	处三年以下有期徒刑或者拘役
	情节特别恶劣的	处三年以上七年以下有期徒刑
法律适用	**刑法条文**	**第一百三十五条**　安全生产设施或者安全生产条件不符合国家规定，因而发生重大伤亡事故或者造成其他严重后果的，对直接负责的主管人员和其他直接责任人员，处三年以下有期徒刑或者拘役；情节特别恶劣的，处三年以上七年以下有期徒刑。

最高人民法院、最高人民检察院《关于办理危害生产安全刑事案件适用法律若干问题的解释》（节录） （2015 年 12 月 14 日最高人民法院、最高人民检察院公布　自 2015 年 12 月 16 日起施行　法释〔2015〕22 号）

第三条　刑法第一百三十五条规定的"直接负责的主管人员和其他直接责任人员"，是指对安全生产设施或者安全生产条件不符合国家规定负有直接责任的生产经营单位负责人、管理人员、实际控制人、投资人，以及其他对安全生产设施或者安全生产条件负有管理、维护职责的人员。

第六条　实施刑法第一百三十二条、第一百三十四条第一款、第一百三十五条、第一百三十五条之一、第一百三十六条、第一百三十九条规定的行为，因而发生安全事故，具有下列情形之一的，应当认定为"造成严重后果"或者"发生重大伤亡事故或者造成其他严重后果"，对相关责任人员，处三年以下有期徒刑或者拘役：

（一）造成死亡一人以上，或者重伤三人以上的；

（二）造成直接经济损失一百万元以上的；

（三）其他造成严重后果或者重大安全事故的情形。

实施刑法第一百三十四条第二款规定的行为，因而发生安全事故，具有本条第一款规定情形的，应当认定为"发生重大伤亡事故或者造成其他严重后果"，对相关责任人员，处五年以下有期徒刑或者拘役。

实施刑法第一百三十七条规定的行为，因而发生安全事故，具有本条第一款规定情形的，应当认定为"造成重大安全事故"，对直接责任人员，处五年以下有期徒刑或者拘役，并处罚金。

实施刑法第一百三十八条规定的行为，因而发生安全事故，具有本条第一款第一项规定情形的，应当认定为"发生重大伤亡事故"，对直接责任人员，处三年以下有期徒刑或者拘役。

第七条　实施刑法第一百三十二条、第一百三十四条第一款、第一百三十五条、第一百三十五条之一、第一百三十六条、第一百三十九条规定的行为，因而发生安全事故，具有下列情形之一的，对相关责任人员，处三年以上七年以下有期徒刑：

（一）造成死亡三人以上或者重伤十人以上，负事故主要责任的；

（二）造成直接经济损失五百万元以上，负事故主要责任的；

（三）其他造成特别严重后果、情节特别恶劣或者后果特别严重的情形。

实施刑法第一百三十四条第二款规定的行为，因而发生安全事故，具有本条第一款规定情形的，对相关责任人员，处五年以上有期徒刑。

实施刑法第一百三十七条规定的行为，因而发生安全事故，具有本条第一款规定情形的，对直接责任人员，处五年以上十年以下有期徒刑，并处罚金。

实施刑法第一百三十八条规定的行为，因而发生安全事故，具有下列情形之一的，对直接责任人员，处三年以上七年以下有期徒刑：

（一）造成死亡三人以上或者重伤十人以上，负事故主要责任的；

（二）具有本解释第六条第一款第一项规定情形，同时造成直接经济损失五百万元以上并负事故主要责任的，或者同时造成恶劣社会影响的。

第十条　在安全事故发生后，直接负责的主管人员和其他直接责任人员故意阻挠开展抢救，导致人员死亡或者重伤，或者为了逃避法律追究，对被害人进行隐藏、遗弃，致使被害人因无法得到救助而死亡或者重度残疾的，分别依照刑法第二百三十二条、第二百三十四条的规定，以故意杀人罪或者故意伤害罪定罪处罚。

法律适用　司法解释

法律适用

司法解释

第十一条 生产不符合保障人身、财产安全的国家标准、行业标准的安全设备，或者明知安全设备不符合保障人身、财产安全的国家标准、行业标准而进行销售，致使发生安全事故，造成严重后果的，依照刑法第一百四十六条的规定，以生产、销售不符合安全标准的产品罪定罪处罚。

第十二条 实施刑法第一百三十二条、第一百三十四条至第一百三十九条之一规定的犯罪行为，具有下列情形之一的，从重处罚：

（一）未依法取得安全许可证件或者安全许可证件过期、被暂扣、吊销、注销后从事生产经营活动的；

（二）关闭、破坏必要的安全监控和报警设备的；

（三）已经发现事故隐患，经有关部门或者个人提出后，仍不采取措施的；

（四）一年内曾因危害生产安全违法犯罪活动受过行政处罚或者刑事处罚的；

（五）采取弄虚作假、行贿等手段，故意逃避、阻挠负有安全监督管理职责的部门实施监督检查的；

（六）安全事故发生后转移财产意图逃避承担责任的；

（七）其他从重处罚的情形。

实施前款第五项规定的行为，同时构成刑法第三百八十九条规定的犯罪的，依照数罪并罚的规定处罚。

第十三条 实施刑法第一百三十二条、第一百三十四条至第一百三十九条之一规定的犯罪行为，在安全事故发生后积极组织、参与事故抢救，或者积极配合调查、主动赔偿损失的，可以酌情从轻处罚。

第十六条 对于实施危害生产安全犯罪适用缓刑的犯罪分子，可以根据犯罪情况，禁止其在缓刑考验期限内从事与安全生产相关联的特定活动；对于被判处刑罚的犯罪分子，可以根据犯罪情况和预防再犯罪的需要，禁止其自刑罚执行完毕之日或者假释之日起三年至五年内从事与安全生产相关的职业。

相关法律法规

一、《中华人民共和国矿山安全法》（节录）（1992 年 11 月 7 日中华人民共和国主席令第 65 号公布 自 1993 年 5 月 1 日起施行 2009 年 8 月 27 日修正）

第四十六条 矿山企业主管人员违章指挥、强令工人冒险作业，因而发生重大伤亡事故的，依照刑法有关规定追究刑事责任。

第四十七条 矿山企业主管人员对矿山事故隐患不采取措施，因而发生重大伤亡事故的，依照刑法有关规定追究刑事责任。

二、《中华人民共和国劳动法》（节录）（1994 年 7 月 5 日中华人民共和国主席令第 28 号公布 自 1995 年 1 月 1 日起施行 2009 年 8 月 27 日第一次修正 2018 年 12 月 29 日第二次修正）

第九十二条 用人单位的劳动安全设施和劳动卫生条件不符合国家规定或者未向劳动者提供必要的劳动防护用品和劳动保护设施的，由劳动行政部门或者有关部门责令改正，可以处以罚款；情节严重的，提请县级以上人民政府决定责令停产整顿；对事故隐患不采取措施，致使发生重大事故，造成劳动者生命和财产损失的，对责任人员依照刑法有关规定追究刑事责任。

三、《中华人民共和国煤炭法》（节录） (1996 年 8 月 29 日中华人民共和国主席令第 75 号公布　自 1996 年 12 月 1 日起施行　2009 年 8 月 27 日第一次修正　2011 年 4 月 22 日第二次修正　2013 年 6 月 29 日第三次修正　2016 年 11 月 7 日第四次修正)

第六十五条　煤矿企业的管理人员对煤矿事故隐患不采取措施予以消除，发生重大伤亡事故的，依照刑法有关规定追究刑事责任。

四、《中华人民共和国建筑法》（节录） (1997 年 11 月 1 日中华人民共和国主席令第 91 号公布　自 1998 年 3 月 1 日起施行　2011 年 4 月 22 日第一次修正　2019 年 4 月 23 日第二次修正)

第七十一条　建筑施工企业违反本法规定，对建筑安全事故隐患不采取措施予以消除的，责令改正，可以处以罚款；情节严重的，责令停业整顿，降低资质等级或者吊销资质证书；构成犯罪的，依法追究刑事责任。

建筑施工企业的管理人员违章指挥、强令职工冒险作业，因而发生重大伤亡事故或者造成其他严重后果的，依法追究刑事责任。

五、《中华人民共和国安全生产法》（节录） (2002 年 6 月 29 日中华人民共和国主席令第 70 号公布　自 2002 年 11 月 1 日起施行　2009 年 8 月 27 日第一次修正　2014 年 8 月 31 日第二次修正　2021 年 6 月 10 日第三次修正)

第九十三条　生产经营单位的决策机构、主要负责人或者个人经营的投资人不依照本法规定保证安全生产所必需的资金投入，致使生产经营单位不具备安全生产条件的，责令限期改正，提供必需的资金；逾期未改正的，责令生产经营单位停产停业整顿。

有前款违法行为，导致发生生产安全事故的，对生产经营单位的主要负责人给予撤职处分，对个人经营的投资人处二万元以上二十万元以下的罚款；构成犯罪的，依照刑法有关规定追究刑事责任。

第九十四条　生产经营单位的主要负责人未履行本法规定的安全生产管理职责的，责令限期改正，处二万元以上五万元以下的罚款；逾期未改正的，处五万元以上十万元以下的罚款，责令生产经营单位停产停业整顿。

生产经营单位的主要负责人有前款违法行为，导致发生生产安全事故的，给予撤职处分；构成犯罪的，依照刑法有关规定追究刑事责任。

生产经营单位的主要负责人依照前款规定受刑事处罚或者撤职处分的，自刑罚执行完毕或者受处分之日起，五年内不得担任任何生产经营单位的主要负责人；对重大、特别重大生产安全事故负有责任的，终身不得担任本行业生产经营单位的主要负责人。

第九十五条　生产经营单位的主要负责人未履行本法规定的安全生产管理职责，导致发生生产安全事故的，由应急管理部门依照下列规定处以罚款：

（一）发生一般事故的，处上一年年收入百分之四十的罚款；

（二）发生较大事故的，处上一年年收入百分之六十的罚款；

（三）发生重大事故的，处上一年年收入百分之八十的罚款；

（四）发生特别重大事故的，处上一年年收入百分之一百的罚款。

第九十六条　生产经营单位的其他负责人和安全生产管理人员未履行本法规定的安全生产管理职责的，责令限期改正，处一万元以上三万元以下的罚款；导致发生生产安全事故的，暂停或者吊销其与安全生产有关的资格，并处上一年年收入百分之二十以上百分之五十以下的罚款；构成犯罪的，依照刑法有关规定追究刑事责任。

第九十七条 生产经营单位有下列行为之一的，责令限期改正，处十万元以下的罚款；逾期未改正的，责令停产停业整顿，并处十万元以上二十万元以下的罚款，对其直接负责的主管人员和其他直接责任人员处二万元以上五万元以下的罚款：

（一）未按照规定设置安全生产管理机构或者配备安全生产管理人员、注册安全工程师的；

（二）危险物品的生产、经营、储存、装卸单位以及矿山、金属冶炼、建筑施工、运输单位的主要负责人和安全生产管理人员未按照规定经考核合格的；

（三）未按照规定对从业人员、被派遣劳动者、实习学生进行安全生产教育和培训，或者未按照规定如实告知有关的安全生产事项的；

（四）未如实记录安全生产教育和培训情况的；

（五）未将事故隐患排查治理情况如实记录或者未向从业人员通报的；

（六）未按照规定制定生产安全事故应急救援预案或者未定期组织演练的；

（七）特种作业人员未按照规定经专门的安全作业培训并取得相应资格，上岗作业的。

第九十八条 生产经营单位有下列行为之一的，责令停止建设或者停产停业整顿，限期改正，并处十万元以上五十万元以下的罚款，对其直接负责的主管人员和其他直接责任人员处二万元以上五万元以下的罚款；逾期未改正的，处五十万元以上一百万元以下的罚款，对其直接负责的主管人员和其他直接责任人员处五万元以上十万元以下的罚款；构成犯罪的，依照刑法有关规定追究刑事责任：

（一）未按照规定对矿山、金属冶炼建设项目或者用于生产、储存、装卸危险物品的建设项目进行安全评价的；

（二）矿山、金属冶炼建设项目或者用于生产、储存、装卸危险物品的建设项目没有安全设施设计或者安全设施设计未按照规定报经有关部门审查同意的；

（三）矿山、金属冶炼建设项目或者用于生产、储存、装卸危险物品的建设项目的施工单位未按照批准的安全设施设计施工的；

（四）矿山、金属冶炼建设项目或者用于生产、储存、装卸危险物品的建设项目竣工投入生产或者使用前，安全设施未经验收合格的。

第九十九条 生产经营单位有下列行为之一的，责令限期改正，处五万元以下的罚款；逾期未改正的，处五万元以上二十万元以下的罚款，对其直接负责的主管人员和其他直接责任人员处一万元以上二万元以下的罚款；情节严重的，责令停产停业整顿；构成犯罪的，依照刑法有关规定追究刑事责任：

（一）未在有较大危险因素的生产经营场所和有关设施、设备上设置明显的安全警示标志的；

（二）安全设备的安装、使用、检测、改造和报废不符合国家标准或者行业标准的；

（三）未对安全设备进行经常性维护、保养和定期检测的；

（四）关闭、破坏直接关系生产安全的监控、报警、防护、救生设备、设施，或者篡改、隐瞒、销毁其相关数据、信息的；

（五）未为从业人员提供符合国家标准或者行业标准的劳动防护用品的；

（六）危险物品的容器、运输工具，以及涉及人身安全、危险性较大的海洋石油开采特种设备和矿山井下特种设备未经具有专业资质的机构检测、检验合格，取得安全使用证或者安全标志，投入使用的；

（七）使用应当淘汰的危及生产安全的工艺、设备的；

法律适用

相关法律法规

（八）餐饮等行业的生产经营单位使用燃气未安装可燃气体报警装置的。

第一百条　未经依法批准，擅自生产、经营、运输、储存、使用危险物品或者处置废弃危险物品的，依照有关危险物品安全管理的法律、行政法规的规定予以处罚；构成犯罪的，依照刑法有关规定追究刑事责任。

第一百零一条　生产经营单位有下列行为之一的，责令限期改正，处十万元以下的罚款；逾期未改正的，责令停产停业整顿，并处十万元以上二十万元以下的罚款，对其直接负责的主管人员和其他直接责任人员处二万元以上五万元以下的罚款；构成犯罪的，依照刑法有关规定追究刑事责任：

（一）生产、经营、运输、储存、使用危险物品或者处置废弃危险物品，未建立专门安全管理制度、未采取可靠的安全措施的；

（二）对重大危险源未登记建档，未进行定期检测、评估、监控，未制定应急预案，或者未告知应急措施的；

（三）进行爆破、吊装、动火、临时用电以及国务院应急管理部门会同国务院有关部门规定的其他危险作业，未安排专门人员进行现场安全管理的；

（四）未建立安全风险分级管控制度或者未按照安全风险分级采取相应管控措施的；

（五）未建立事故隐患排查治理制度，或者重大事故隐患排查治理情况未按照规定报告的。

第一百零二条　生产经营单位未采取措施消除事故隐患的，责令立即消除或者限期消除，处五万元以下的罚款；生产经营单位拒不执行的，责令停产停业整顿，对其直接负责的主管人员和其他直接责任人员处五万元以上十万元以下的罚款；构成犯罪的，依照刑法有关规定追究刑事责任。

第一百零三条　生产经营单位将生产经营项目、场所、设备发包或者出租给不具备安全生产条件或者相应资质的单位或者个人的，责令限期改正，没收违法所得；违法所得十万元以上的，并处违法所得二倍以上五倍以下的罚款；没有违法所得或者违法所得不足十万元的，单处或者并处十万元以上二十万元以下的罚款；对其直接负责的主管人员和其他直接责任人员处一万元以上二万元以下的罚款；导致发生生产安全事故给他人造成损害的，与承包方、承租方承担连带赔偿责任。

生产经营单位未与承包单位、承租单位签订专门的安全生产管理协议或者未在承包合同、租赁合同中明确各自的安全生产管理职责，或者未对承包单位、承租单位的安全生产统一协调、管理的，责令限期改正，处五万元以下的罚款，对其直接负责的主管人员和其他直接责任人员处一万元以下的罚款；逾期未改正的，责令停产停业整顿。

矿山、金属冶炼建设项目和用于生产、储存、装卸危险物品的建设项目的施工单位未按照规定对施工项目进行安全管理的，责令限期改正，处十万元以下的罚款，对其直接负责的主管人员和其他直接责任人员处二万元以下的罚款；逾期未改正的，责令停产停业整顿。以上施工单位倒卖、出租、出借、挂靠或者以其他形式非法转让施工资质的，责令停产停业整顿，吊销资质证书，没收违法所得；违法所得十万元以上的，并处违法所得二倍以上五倍以下的罚款，没有违法所得或者违法所得不足十万元的，单处或者并处十万元以上二十万元以下的罚款；对其直接负责的主管人员和其他直接责任人员处五万元以上十万元以下的罚款；构成犯罪的，依照刑法有关规定追究刑事责任。

第一百零四条　两个以上生产经营单位在同一作业区域内进行可能危及对方安全生产的生产经营活动，未签订安全生产管理协议或者未指定专职安全生产管理人员进

行安全检查与协调的，责令限期改正，处五万元以下的罚款，对其直接负责的主管人员和其他直接责任人员处一万元以下的罚款；逾期未改正的，责令停产停业。

第一百零五条　生产经营单位有下列行为之一的，责令限期改正，处五万元以下的罚款，对其直接负责的主管人员和其他直接责任人员处一万元以下的罚款；逾期未改正的，责令停产停业整顿；构成犯罪的，依照刑法有关规定追究刑事责任：

（一）生产、经营、储存、使用危险物品的车间、商店、仓库与员工宿舍在同一座建筑内，或者与员工宿舍的距离不符合安全要求的；

（二）生产经营场所和员工宿舍未设有符合紧急疏散需要、标志明显、保持畅通的出口、疏散通道，或者占用、锁闭、封堵生产经营场所或者员工宿舍出口、疏散通道的。

第一百零六条　生产经营单位与从业人员订立协议，免除或者减轻其对从业人员因生产安全事故伤亡依法应承担的责任的，该协议无效；对生产经营单位的主要负责人、个人经营的投资人处二万元以上十万元以下的罚款。

第一百零七条　生产经营单位的从业人员不落实岗位安全责任，不服从管理，违反安全生产规章制度或者操作规程的，由生产经营单位给予批评教育，依照有关规章制度给予处分；构成犯罪的，依照刑法有关规定追究刑事责任。

第一百零八条　违反本法规定，生产经营单位拒绝、阻碍负有安全生产监督管理职责的部门依法实施监督检查的，责令改正；拒不改正的，处二万元以上二十万元以下的罚款；对其直接负责的主管人员和其他直接责任人员处一万元以上二万元以下的罚款；构成犯罪的，依照刑法有关规定追究刑事责任。

第一百零九条　高危行业、领域的生产经营单位未按照国家规定投保安全生产责任保险的，责令限期改正，处五万元以上十万元以下的罚款；逾期未改正的，处十万元以上二十万元以下的罚款。

第一百一十条　生产经营单位的主要负责人在本单位发生生产安全事故时，不立即组织抢救或者在事故调查处理期间擅离职守或者逃匿的，给予降级、撤职的处分，并由应急管理部门处上一年年收入百分之六十至百分之一百的罚款；对逃匿的处十五日以下拘留；构成犯罪的，依照刑法有关规定追究刑事责任。

生产经营单位的主要负责人对生产安全事故隐瞒不报、谎报或者迟报的，依照前款规定处罚。

六、《中华人民共和国劳动合同法》（节录）（2007年6月29日中华人民共和国主席令第65号公布　自2008年1月1日起施行　2012年12月28日修正）

第八十八条　用人单位有下列情形之一的，依法给予行政处罚；构成犯罪的，依法追究刑事责任；给劳动者造成损害的，应当承担赔偿责任：

（一）以暴力、威胁或者非法限制人身自由的手段强迫劳动的；

（二）违章指挥或者强令冒险作业危及劳动者人身安全的；

（三）侮辱、体罚、殴打、非法搜查或者拘禁劳动者的；

（四）劳动条件恶劣、环境污染严重，给劳动者身心健康造成严重损害的。

七、《中华人民共和国石油天然气管道保护法》（节录）（2010年6月25日中华人民共和国主席令第30号公布　自2010年10月1日起施行）

第五十条　管道企业有下列行为之一的，由县级以上地方人民政府主管管道保护工作的部门责令限期改正；逾期不改正的，处二万元以上十万元以下的罚款；对直接负责的主管人员和其他直接责任人员给予处分：

（一）未依照本法规定对管道进行巡护、检测和维修的；

（二）对不符合安全使用条件的管道未及时更新、改造或者停止使用的；

（三）未依照本法规定设置、修复或者更新有关管道标志的；

（四）未依照本法规定将管道竣工测量图报人民政府主管管道保护工作的部门备案的；

（五）未制定本企业管道事故应急预案，或者未将本企业管道事故应急预案报人民政府主管管道保护工作的部门备案的；

（六）发生管道事故，未采取有效措施消除或者减轻事故危害的；

（七）未对停止运行、封存、报废的管道采取必要的安全防护措施的。

管道企业违反本法规定的行为同时违反建设工程质量管理、安全生产、消防等其他法律的，依照其他法律的规定处罚。

管道企业给他人合法权益造成损害的，依法承担民事责任。

第五十七条 违反本法规定，构成犯罪的，依法追究刑事责任。

八、《煤矿安全生产条例》（节录）（2024 年 1 月 24 日中华人民共和国国务院令第 774 号公布 自 2024 年 5 月 1 日起施行）

第六十三条 煤矿企业有下列行为之一的，责令限期改正，处 10 万元以上 20 万元以下的罚款；逾期未改正的，责令停产整顿，并处 20 万元以上 50 万元以下的罚款，对其直接负责的主管人员和其他直接责任人员处 3 万元以上 5 万元以下的罚款：

（一）未按照规定制定并落实全员安全生产责任制和领导带班等安全生产规章制度的；

（二）未按照规定为煤矿配备矿长等人员和机构，或者未按照规定设立救护队的；

（三）煤矿的主要生产系统、安全设施不符合煤矿安全规程和国家标准或者行业标准规定的；

（四）未按照规定编制专项设计的；

（五）井工煤矿未按照规定进行瓦斯等级、冲击地压、煤层自燃倾向性和煤尘爆炸性鉴定的；

（六）露天煤矿的采场及排土场边坡与重要建筑物、构筑物之间安全距离不符合规定的，或者未按照规定保持露天煤矿边坡稳定的；

（七）违章指挥或者强令冒险作业、违反规程的。

第六十四条 对存在重大事故隐患仍然进行生产的煤矿企业，责令停产整顿，明确整顿的内容、时间等具体要求，并处 50 万元以上 200 万元以下的罚款；对煤矿企业主要负责人处 3 万元以上 15 万元以下的罚款。

第六十五条 煤矿企业超越依法确定的开采范围采矿的，依照有关法律法规的规定予以处理。

擅自开采保安煤柱或者采用可能危及相邻煤矿生产安全的决水、爆破、贯通巷道等危险方法进行采矿作业的，责令立即停止作业，没收违法所得；违法所得在 10 万元以上的，并处违法所得 2 倍以上 5 倍以下的罚款；没有违法所得或者违法所得不足 10 万元的，并处 10 万元以上 20 万元以下的罚款；造成损失的，依法承担赔偿责任。

第七十五条 违反本条例规定，构成犯罪的，依法追究刑事责任。

九、《使用有毒物品作业场所劳动保护条例》（节录）（2002 年 5 月 12 日中华人民共和国国务院令第 352 号公布　自公布之日起施行）

第五十八条　用人单位违反本条例的规定，有下列情形之一的，由卫生行政部门给予警告，责令限期改正，处 10 万元以上 50 万元以下的罚款；逾期不改正的，提请有关人民政府按照国务院规定的权限责令停建、予以关闭；造成严重职业中毒危害或者导致职业中毒事故发生的，对负有责任的主管人员和其他直接责任人员依照刑法关于重大劳动安全事故罪或者其他罪的规定，依法追究刑事责任：

（一）可能产生职业中毒危害的建设项目，未依照职业病防治法的规定进行职业中毒危害预评价，或者预评价未经卫生行政部门审核同意，擅自开工的；

（二）职业卫生防护设施未与主体工程同时设计，同时施工，同时投入生产和使用的；

（三）建设项目竣工，未进行职业中毒危害控制效果评价，或者未经卫生行政部门验收或者验收不合格，擅自投入使用的；

（四）存在高毒作业的建设项目的防护设施设计未经卫生行政部门审查同意，擅自施工的。

第五十九条　用人单位违反本条例的规定，有下列情形之一的，由卫生行政部门给予警告，责令限期改正，处 5 万元以上 20 万元以下的罚款；逾期不改正的，提请有关人民政府按照国务院规定的权限予以关闭；造成严重职业中毒危害或者导致职业中毒事故发生的，对负有责任的主管人员和其他直接责任人员依照刑法关于重大劳动安全事故罪或者其他罪的规定，依法追究刑事责任：

（一）使用有毒物品作业场所未按照规定设置警示标识和中文警示说明的；

（二）未对职业卫生防护设备、应急救援设施、通讯报警装置进行维护、检修和定期检测，导致上述设施处于不正常状态的；

（三）未依照本条例的规定进行职业中毒危害因素检测和职业中毒危害控制效果评价的；

（四）高毒作业场所未按照规定设置撤离通道和泄险区的；

（五）高毒作业场所未按照规定设置警示线的；

（六）未向从事使用有毒物品作业的劳动者提供符合国家职业卫生标准的防护用品，或者未保证劳动者正确使用的。

第六十条　用人单位违反本条例的规定，有下列情形之一的，由卫生行政部门给予警告，责令限期改正，处 5 万元以上 30 万元以下的罚款；逾期不改正的，提请有关人民政府按照国务院规定的权限予以关闭；造成严重职业中毒危害或者导致职业中毒事故发生的，对负有责任的主管人员和其他直接责任人员依照刑法关于重大责任事故罪、重大劳动安全事故罪或者其他罪的规定，依法追究刑事责任：

（一）使用有毒物品作业场所未设置有效通风装置的，或者可能突然泄漏大量有毒物品或者易造成急性中毒的作业场所未设置自动报警装置或者事故通风设施的；

（二）职业卫生防护设备、应急救援设施、通讯报警装置处于不正常状态而不停止作业，或者擅自拆除或者停止运行职业卫生防护设备、应急救援设施、通讯报警装置的。

第六十六条　用人单位违反本条例的规定，有下列情形之一的，由卫生行政部门给予警告，责令限期改正，处 5000 元以上 2 万元以下的罚款；逾期不改正的，责令停止使用有毒物品作业，或者提请有关人民政府按照国务院规定的权限予以关闭；造成严重职业中毒危害或者导致职业中毒事故发生的，对负有责任的主管人员和其他直接责任人员依照刑法关于重大劳动安全事故罪、危险物品肇事罪或者其他罪的规定，依法追究刑事责任：

（一）使用有毒物品作业场所未与生活场所分开或者在作业场所住人的；

（二）未将有害作业与无害作业分开的；

（三）高毒作业场所未与其他作业场所有效隔离的；

（四）从事高毒作业未按照规定配备应急救援设施或者制定事故应急救援预案的。

十、《建设工程安全生产管理条例》（节录）（2003 年 11 月 24 日中华人民共和国国务院令第 393 号公布　自 2004 年 2 月 1 日起施行）

第二条　在中华人民共和国境内从事建设工程的新建、扩建、改建和拆除等有关活动及实施对建设工程安全生产的监督管理，必须遵守本条例。

本条例所称建设工程，是指土木工程、建筑工程、线路管道和设备安装工程及装修工程。

第三条　建设工程安全生产管理，坚持安全第一、预防为主的方针。

第四条　建设单位、勘察单位、设计单位、施工单位、工程监理单位及其他与建设工程安全生产有关的单位，必须遵守安全生产法律、法规的规定，保证建设工程安全生产，依法承担建设工程安全生产责任。

第五条　国家鼓励建设工程安全生产的科学技术研究和先进技术的推广应用，推进建设工程安全生产的科学管理。

第五十三条　违反本条例的规定，县级以上人民政府建设行政主管部门或者其他有关行政管理部门的工作人员，有下列行为之一的，给予降级或者撤职的行政处分；构成犯罪的，依照刑法有关规定追究刑事责任：

（一）对不具备安全生产条件的施工单位颁发资质证书的；

（二）对没有安全施工措施的建设工程颁发施工许可证的；

（三）发现违法行为不予查处的；

（四）不依法履行监督管理职责的其他行为。

第五十四条　违反本条例的规定，建设单位未提供建设工程安全生产作业环境及安全施工措施所需费用的，责令限期改正；逾期未改正的，责令该建设工程停止施工。

建设单位未将保证安全施工的措施或者拆除工程的有关资料报送有关部门备案的，责令限期改正，给予警告。

第五十五条　违反本条例的规定，建设单位有下列行为之一的，责令限期改正，处 20 万元以上 50 万元以下的罚款；造成重大安全事故，构成犯罪的，对直接责任人员，依照刑法有关规定追究刑事责任；造成损失的，依法承担赔偿责任：

（一）对勘察、设计、施工、工程监理等单位提出不符合安全生产法律、法规和强制性标准规定的要求的；

（二）要求施工单位压缩合同约定的工期的；

（三）将拆除工程发包给不具有相应资质等级的施工单位的。

第五十六条　违反本条例的规定，勘察单位、设计单位有下列行为之一的，责令限期改正，处 10 万元以上 30 万元以下的罚款；情节严重的，责令停业整顿，降低资质等级，直至吊销资质证书；造成重大安全事故，构成犯罪的，对直接责任人员，依照刑法有关规定追究刑事责任；造成损失的，依法承担赔偿责任：

（一）未按照法律、法规和工程建设强制性标准进行勘察、设计的；

（二）采用新结构、新材料、新工艺的建设工程和特殊结构的建设工程，设计单位未在设计中提出保障施工作业人员安全和预防生产安全事故的措施建议的。

第五十七条　违反本条例的规定，工程监理单位有下列行为之一的，责令限期改正；逾期未改正的，责令停业整顿，并处 10 万元以上 30 万元以下的罚款；情节严重的，降低资质等级，直至吊销资质证书；造成重大安全事故，构成犯罪的，对直接责任人员，依照刑法有关规定追究刑事责任；造成损失的，依法承担赔偿责任：

（一）未对施工组织设计中的安全技术措施或者专项施工方案进行审查的；

（二）发现安全事故隐患未及时要求施工单位整改或者暂时停止施工的；

（三）施工单位拒不整改或者不停止施工，未及时向有关主管部门报告的；

（四）未依照法律、法规和工程建设强制性标准实施监理的。

第五十八条　注册执业人员未执行法律、法规和工程建设强制性标准的，责令停止执业 3 个月以上 1 年以下；情节严重的，吊销执业资格证书，5 年内不予注册；造成重大安全事故的，终身不予注册；构成犯罪的，依照刑法有关规定追究刑事责任。

第五十九条　违反本条例的规定，为建设工程提供机械设备和配件的单位，未按照安全施工的要求配备齐全有效的保险、限位等安全设施和装置的，责令限期改正，处合同价款 1 倍以上 3 倍以下的罚款；造成损失的，依法承担赔偿责任。

第六十条　违反本条例的规定，出租单位出租未经安全性能检测或者经检测不合格的机械设备和施工机具及配件的，责令停业整顿，并处 5 万元以上 10 万元以下的罚款；造成损失的，依法承担赔偿责任。

第六十一条　违反本条例的规定，施工起重机械和整体提升脚手架、模板等自升式架设设施安装、拆卸单位有下列行为之一的，责令限期改正，处 5 万元以上 10 万元以下的罚款；情节严重的，责令停业整顿，降低资质等级，直至吊销资质证书；造成损失的，依法承担赔偿责任：

（一）未编制拆装方案、制定安全施工措施的；

（二）未由专业技术人员现场监督的；

（三）未出具自检合格证明或者出具虚假证明的；

（四）未向施工单位进行安全使用说明，办理移交手续的。

施工起重机械和整体提升脚手架、模板等自升式架设设施安装、拆卸单位有前款规定的第（一）项、第（三）项行为，经有关部门或者单位职工提出后，对事故隐患仍不采取措施，因而发生重大伤亡事故或者造成其他严重后果，构成犯罪的，对直接责任人员，依照刑法有关规定追究刑事责任。

第六十二条　违反本条例的规定，施工单位有下列行为之一的，责令限期改正；逾期未改正的，责令停业整顿，依照《中华人民共和国安全生产法》的有关规定处以罚款；造成重大安全事故，构成犯罪的，对直接责任人员，依照刑法有关规定追究刑事责任：

（一）未设立安全生产管理机构、配备专职安全生产管理人员或者分部分项工程施工时无专职安全生产管理人员现场监督的；

（二）施工单位的主要负责人、项目负责人、专职安全生产管理人员、作业人员或者特种作业人员，未经安全教育培训或者经考核不合格即从事相关工作的；

（三）未在施工现场的危险部位设置明显的安全警示标志，或者未按照国家有关规定在施工现场设置消防通道、消防水源、配备消防设施和灭火器材的；

（四）未向作业人员提供安全防护用具和安全防护服装的；

（五）未按照规定在施工起重机械和整体提升脚手架、模板等自升式架设设施验收合格后登记的；

（六）使用国家明令淘汰、禁止使用的危及施工安全的工艺、设备、材料的。

第六十三条　违反本条例的规定，施工单位挪用列入建设工程概算的安全生产作业环境及安全施工措施所需费用的，责令限期改正，处挪用费用 20% 以上 50% 以下的罚款；造成损失的，依法承担赔偿责任。

第六十四条　违反本条例的规定，施工单位有下列行为之一的，责令限期改正；逾期未改正的，责令停业整顿，并处 5 万元以上 10 万元以下的罚款；造成重大安全事故，构成犯罪的，对直接责任人员，依照刑法有关规定追究刑事责任：

（一）施工前未对有关安全施工的技术要求作出详细说明的；

（二）未根据不同施工阶段和周围环境及季节、气候的变化，在施工现场采取相应的安全施工措施，或者在城市市区内的建设工程的施工现场未实行封闭围挡的；

（三）在尚未竣工的建筑物内设置员工集体宿舍的；

（四）施工现场临时搭建的建筑物不符合安全使用要求的；

（五）未对因建设工程施工可能造成损害的毗邻建筑物、构筑物和地下管线等采取专项防护措施的。

施工单位有前款规定第（四）项、第（五）项行为，造成损失的，依法承担赔偿责任。

第六十五条　违反本条例的规定，施工单位有下列行为之一的，责令限期改正；逾期未改正的，责令停业整顿，并处 10 万元以上 30 万元以下的罚款；情节严重的，降低资质等级，直至吊销资质证书；造成重大安全事故，构成犯罪的，对直接责任人员，依照刑法有关规定追究刑事责任；造成损失的，依法承担赔偿责任：

（一）安全防护用具、机械设备、施工机具及配件在进入施工现场前未经查验或者查验不合格即投入使用的；

（二）使用未经验收或者验收不合格的施工起重机械和整体提升脚手架、模板等自升式架设设施的；

（三）委托不具有相应资质的单位承担施工现场安装、拆卸施工起重机械和整体提升脚手架、模板等自升式架设设施的；

（四）在施工组织设计中未编制安全技术措施、施工现场临时用电方案或者专项施工方案的。

第六十六条　违反本条例的规定，施工单位的主要负责人、项目负责人未履行安全生产管理职责的，责令限期改正；逾期未改正的，责令施工单位停业整顿；造成重大安全事故、重大伤亡事故或者其他严重后果，构成犯罪的，依照刑法有关规定追究刑事责任。

作业人员不服管理、违反规章制度和操作规程冒险作业造成重大伤亡事故或者其他严重后果，构成犯罪的，依照刑法有关规定追究刑事责任。

施工单位的主要负责人、项目负责人有前款违法行为，尚不够刑事处罚的，处 2 万元以上 20 万元以下的罚款或者按照管理权限给予撤职处分；自刑罚执行完毕或者受处分之日起，5 年内不得担任任何施工单位的主要负责人、项目负责人。

第六十七条　施工单位取得资质证书后，降低安全生产条件的，责令限期改正；经整改仍未达到与其资质等级相适应的安全生产条件的，责令停业整顿，降低其资质等级直至吊销资质证书。

第六十八条　本条例规定的行政处罚，由建设行政主管部门或者其他有关部门依照法定职权决定。

违反消防安全管理规定的行为，由公安消防机构依法处罚。

有关法律、行政法规对建设工程安全生产违法行为的行政处罚决定机关另有规定的，从其规定。

61 大型群众性活动重大安全事故案

概念　　本罪是指举办大型群众性活动违反安全管理规定，因而发生重大伤亡事故或者造成其他严重后果的行为。

立案标准　　根据最高人民法院、最高人民检察院《关于办理危害生产安全刑事案件适用法律若干问题的解释》第 6 条之规定，具有下列情形之一的，应当认定为"发生重大伤亡事故或者造成其他严重后果"：

(1) 造成死亡 1 人以上，或者重伤 3 人以上的；

(2) 造成直接经济损失 100 万元以上的；

(3) 其他造成严重后果或者重大安全事故的情形。

定罪标准	犯罪客体	本罪侵犯的客体是公众活动场所的公共安全，即公园、娱乐场、运动场、展览馆或者其他供社会公众活动场所中不特定或多数人的生命、健康或重大公私财产的安全。
	犯罪客观方面	本罪在客观方面表现为在举办大型群众性活动中，违反在公共场所的群体性活动中相关的安全管理规定，没有履行相应的注意义务，造成了重大的伤亡事故或其他严重后果。"举办"无论是有偿还是无偿，是民间组织的还是官方组织的。"大型群众活动"是指在一定人的组织下不特定人为某种事项而聚集在一起的活动。 一、行为。本罪的行为形式是不作为，即依照法律、法规、规章以及其他保障公共场所安全的惯例，行为人负有义务采取行动排除在公众活动场所发生的法益侵害或法益的侵害危险性，且有能力履行该义务，而拒不履行。 1. 作为义务。作为义务主要体现在对大型群众性活动的安全保卫工作作出具体规定的各种规范性文件，这些规范性文件主要有：《关于加强建筑系统安全生产工作的紧急通知》《消防法》《道路交通安全法》以及《内河交通安全管理条例》等。《消防法》对大型群众性活动的消防安全作了具体要求，该法第 20 条规定，举办大型群众性活动，承办人应当依法向公安机关申请安全许可，制定灭火和应急疏散预案并组织演练，明确消防安全责任分工，确定消防安全管理人员，保持消防设施和消防器材配置齐全、完好有效，保证疏散通道、安全出口、疏散指示标志、应急照明和消防车通道符合消防技术标准和管理规定。《内河交通安全管理条例》对水上大型群众性活动的安全管理工作作出了规定：举办水上大型群众性活动或者体育比赛，海事管理机构可以根据情况采取限时航行、单航、封航等临时性限制、疏导交通的措施。上述法规是作为义务的来源，对其进行分析，不难看出大型群众性活动的举办者、安全责任人等主要负有以下义务：向公安、消防、交通等主管部门申请，并接受安全检查；制订安全保卫工作方案和应急疏散方案；保证公共场所的设施符合安全标准；配备足够的安全保卫人员；合理控制群众性活动的参加人数等。

定罪标准

犯罪客观方面

2. 履行作为义务的可能性。负责安全保卫工作的主管人员或其他责任人员应当有履行作为义务的能力，这不仅是不作为犯罪的一般要求，也体现了法律不强人所难的精神。

但是义务者是否有履行作为义务的能力，在判断上存在不同的标准：

首先，平均人标准，即理性的一般人在行为人的处境中能否履行作为义务，以其能否履行来判定行为人履行该义务可能性的有无。平均人标准提供了一个客观、明确的判断基准，但是它带有推定的性质，以至于在行为人能力低于理性的一般人时，仍然判定行为人具有履行义务能力，无异于强人所难，难免失之不公正。

其次，行为人标准，即在行为人所处的具体情景下，考察行为人履行作为义务的可能性。该标准能够全面考虑到行为人的个别因素，有效地避免平均人标准所可能带来的强人所难的困境，但是行为人标准，缺乏一个客观、明确的判断基准，赋予了判断者太大的自由裁量权，而且易于陷入对行为人同情的理解当中，以至于在行为人未能履行作为义务的任何情形下，都能发现使其难以为之的因素。

最后，折衷标准，即以平均人标准为主，同时兼顾行为人的特殊状况。在此标准下，如果理性的一般人在行为人所处的情境中能够履行法定的作为义务，原则上就判定行为人具有履行作为义务的可能性，但是如果行为人的理性能力明显低于一般人时，则排除上述判定，认为行为人没有履行作为义务的可能性。折衷标准是在平均人标准的基础上，通过吸收行为人标准的合理要素得以形成，它既承继了平均人标准的长处，也避免了其明显的缺陷，因而逐步成为理论界的通说。

因而，在判断本罪中负责安全保卫工作的主管人员或其他责任人员是否有履行作为义务的能力时，也应该坚持折衷标准，但是考虑到本罪的不作为是发生在业务领域，而非日常生活领域，应当注意的是在考察理性的一般人在行为人情景中的履行义务能力时，这里的一般人不是日常生活领域中的一般人，而是在相同领域里从事安全防卫工作的一般人，即具有平均能力的行为人的同行。如果具有平均能力的行为人的同行具有该能力，就能肯定行为人有履行作为义务的可能性，除非其能力明显低于该同行。

3. 未履行作为义务。未有效履行作为义务分为以下两种情形：第一种情形是，负有义务的行为人没有履行法定的作为义务，主要表现为：未向主管机关申请或申请未被批准，擅自举办大型群众性活动的；不顾场地容量的限制，超员售票，以致参加活动的人数失去控制，超过核准人数的，如某大型群众性活动核准为3万人，而实际参加的有4万人；公共场所的基础设施、游乐设备以及交通工具存在安全隐患，设施不符合安全标准，如场地建筑不坚固，有发生倒塌坠毁的可能性；各种电线、线路老化，容易引发火灾；消防设施不符合法定要求，如灭火器超过使用期限；没有按照规定安装火灾自动报警系统；消防通道和紧急通道被占用，一旦发生事故，消防车不能开进，人员无法逃离现场；未制订完善的安全保卫工作方案和突发事故的应急预案，未落实安全承包责任制，做到安全保卫工作有专人负责，分工不明确，责任无法落实等。第二种情形是，尽管行为人也实施了预防与消除安全隐患的行为，但是该行为不足以产生实质性影响，不能满足法律对作为义务履行的要求，以至于必须被视为未履行的情况。

定罪标准	**犯罪客观方面**	二、结果。必须发生了重大伤亡事故或其他严重后果。这里的"重大伤亡事故"，根据最高人民法院、最高人民检察院《关于办理危害生产安全刑事案件适用法律若干问题的解释》第6条之规定，包括下列情形：（1）造成死亡1人以上，或者重伤3人以上的；（2）造成直接经济损失100万元以上的；（3）其他造成严重后果或者重大安全事故的情形。这里的"情节特别恶劣"，包括下列情形：（1）造成死亡3人以上或者重伤10人以上，负事故主要责任的；（2）造成直接经济损失500万元以上，负事故主要责任的；（3）其他造成特别严重后果、情节特别恶劣或者后果特别严重的情形。 三、因果关系。重大伤亡事故或其他严重后果是由于违反安全管理规定不履行法定作为义务所引起的，二者之间具有因果关系。如果重大伤亡事故或其他严重后果是由不可预测、不可控制的自然灾害或其他意外事件造成的，与义务人的不作为没有直接的因果关系，不应当让义务人承担刑事责任。
	犯罪主体	本罪的主体是特殊主体，即大型群众性活动的举办者或举办单位直接负责的主管人员，以及对该活动的安全保卫工作负有直接责任的人员。需要注意的是，直接负责的主管人员和其他直接责任人员，既可以是非国家机关工作人员，也可以是国家机关工作人员。因为我国许多大型集会、焰火晚会、灯会等群众性活动是由地方政府或者政府部门协调举办，在此情形下，必须分清群众性活动是由地方政府或政府部门举办还是以地方政府或政府部门的名义举办，如果是前者，地方政府或政府部门中作为主管人员、其他直接责任人员的国家机关工作人员，也可以成为本罪的主体；如果是后者，具体承办单位的主管人员和其他责任人员才是本罪的主体。
	犯罪主观方面	本罪的主观方面为过失，即行为人应当预见到自己在大型群众性活动中的违反安全管理规定的行为可能会造成重大伤亡事故或者其他严重后果，因为疏忽大意而没有预见；或者虽然已经预见，但轻信能够避免，因而造成重大伤亡事故或其他严重后果。至于行为人对违反安全管理规定的情况，则可以是故意而明知故犯。
	罪与非罪	一、本罪与一般群众性活动安全事故的界限。二者的区别在于是否造成了重大伤亡事故或其他严重后果，即致人死亡的，或者致多人重伤的；或者是造成重大经济损失。虽然举办大型群众性活动违反安全管理规定，负有直接责任的主管人员或其他直接责任人员没有采取消除安全隐患的措施，对该活动的参加者造成了一定的危害后果，但是后果并不严重，属于一般的群众性活动安全事故，不构成本罪，属于行政违法的，可根据相关规定对其处以行政处罚或行政处分。 二、本罪与公众活动场所发生的意外事故之间的界限。公众活动场所发生的意外事故，是指由于不可预见、不可控制的因素，引发的公众活动场所的人员伤亡或公私财产的重大损失。本罪与公众活动场所发生的意外事故的区别在于，前者行为人主观上应当预见到自己在大型群众性活动中的违反安全管理规定的行为，可能会造成重大

<table>
<tr><td rowspan="6">定 罪 标 准</td><td>罪与非罪</td><td>伤亡事故或者其他严重后果，因为疏忽大意而没有预见；或者虽然已经预见，但轻信能够避免，因而造成重大伤亡事故或其他严重后果的发生；客观上没有履行法定的注意义务，未消除公众活动场所的安全隐患或者致力于落实保障公共安全的举措。后者则是由外在的不可抗力因素所致，尽管客观上发生了重大伤亡事故或者造成了其他严重后果，但是行为人对此无法预见，或者已经预见但无法控制，主观上缺乏过失心理。</td></tr>
<tr><td rowspan="5">此罪与彼罪</td><td>一、本罪与重大责任事故罪的界限。二者之间的主要区别在于：(1) 发生的领域不同。本罪发生在对公众活动场所的安全管理过程中；而重大责任事故罪发生在生产、作业领域。(2) 侵犯的具体法益不同。本罪侵犯的法益是公众活动场所的公共安全；重大责任事故罪侵犯的法益是生产、作业安全。(3) 主体不同。本罪的主体是大型群众性活动的举办者或举办单位直接负责的主管人员，以及对该活动的安全保卫工作负有直接责任的人员，既可以由非国家机关工作人员构成，也可以由国家机关工作人员构成；重大责任事故罪的主体是生产、作业单位的普通从业人员和在生产、作业中直接从事领导、指挥的人员。(4) 客观方面的行为形式不同。本罪主要表现为负有排除公众活动场所安全隐患的行为人，没有履行该义务，对大型群众性活动的参加者的人身、财产法益存在危险性，因而其行为形式是不作为；而重大责任事故罪表现为在生产、作业中违反有关安全管理的规定，一般是以作为的方式实施的。</td></tr>
<tr><td>二、本罪与消防责任事故罪的界限。两者之间的区别在于：(1) 犯罪主体不同。本罪主体是特殊主体，即大型群众性活动的举办者或举办单位直接负责的主管人员，以及对该活动的安全保卫工作负有直接责任的人员；消防责任事故罪的主体是一般主体，包括一般公民、单位负责人或者单位中负有防火责任的管理人员或者其他直接责任人员。(2) 犯罪客观方面不同。本罪在客观方面表现为举办大型群众性活动违反安全管理规定，因而发生重大伤亡事故或者造成其他严重后果；消防责任事故罪的客观方面表现为违反消防管理法规，经消防监督机构通知采取改正措施而拒绝执行，造成严重后果。上述是二罪之间的区别，但是我们更应当注意两罪之间的联系，大型群众性活动重大安全事故罪的犯罪构成内容包括了公众活动场所的消防安全措施不符合国家规定，经消防机构提出改正措施仍然拒绝改正，导致了重大伤亡事故或其他严重后果，涵盖了消防责任事故罪构成要件的内容，两者之间是整体法与部分法的关系，构成了法条竞合中的包容竞合，所以当举办大型群众性活动时，违反消防管理法规，经消防监督机构通知采取改正措施而拒绝执行，造成重大伤亡事故或其他严重后果的，应根据包容竞合的处理原则——整体法优于部分法，适用本法条，以大型群众性活动重大安全事故罪论处。</td></tr>
<tr><td>三、本罪与玩忽职守罪的界限。所谓玩忽职守罪，是指国家机关工作人员严重不负责任，不履行或不正确履行自己的工作职责，致使公共财产、国家和人民利益遭受重大损失的行为。本罪与玩忽职守罪的区别在于：(1) 犯罪客体不同。本罪的客体是公众活动场所的公共安全，即公园、娱乐场、运动场、展览馆或者其他供社会公众活动场所中不特定或多数人的生命、健康或重大公私财产安全；玩忽职守罪的客体是国家机关正常的管理活动。(2) 犯罪客观方面不同。本罪在客观方面表现为举办大型群众性活动违反安全管理规定，因而发生重大伤亡事故或者造成其他严重后果；而玩忽职守罪的客观方面表现为严重不负责任，不履行或不正确履行自己的工作职责，致使公共财产、国家和人民利益遭受重大损失的行为。</td></tr>
</table>

证据参考标准	**主体方面的证据**	**一、证明行为人刑事责任年龄、身份等自然情况的证据** 包括身份证明、户籍证明、任职证明、工作经历证明、特定职责证明等，主要是证明行为人的姓名（曾用名）、性别、出生年月日、民族、籍贯、出生地、职业（或职务）、住所地（或居所地）等证据材料，如户口簿、居民身份证、工作证、出生证、专业或技术等级证、干部履历表、职工登记表、护照等。 对于户籍、出生证等材料内容不实的，应提供其他证据材料。外国人犯罪的案件，应有护照等身份证明材料。人大代表、政协委员犯罪的案件，应注明身份，并附身份证明材料。 **二、证明行为人刑事责任能力的证据** 证明行为人对自己的行为是否具有辨认能力与控制能力，如是否属于间歇性精神病人、尚未完全丧失辨认或者控制自己行为能力的精神病人的证明材料。
	主观方面的证据	**证明行为人过失的证据** 1. 证明行为人应当预见到自己的行为可能发生危害社会的结果的证据；2. 证明疏忽大意的过失的证据；3. 证明过于自信的过失的证据。
	客观方面的证据	**证明行为人在型群众性活动重大安全事故犯罪行为的证据** 具体证据包括：1. 证明行为人对大型群众性活动负有安全保护职责的证据。2. 证明行为人具有通过实施一定的作为避免重大伤亡事故或其他严重后果发生的能力的证据。3. 证明行为人客观上并没有履行自己的作为义务，而是违反法律的要求，实施了不作为行为的证据。4. 证明行为人的不作为与危害结果的发生之间具有因果关系的证据。
	量刑方面的证据	**一、法定量刑情节证据** 1. 事实情节：（1）重大伤亡事故；（2）其他严重后果。2. 法定从重情节：情节特别恶劣。3. 法定从轻情节：（1）可以从轻；（2）可以从轻或减轻；（3）应当从轻或者减轻。4. 法定从轻减轻免除情节：（1）可以从轻、减轻或免除处罚；（2）应当减轻或者免除处罚。5. 法定减轻免除情节：（1）可以减轻或者免除处罚；（2）应当减轻或者免除处罚；（3）可以免除处罚。 **二、酌定量刑情节证据** 1. 犯罪手段；2. 犯罪对象；3. 危害结果；4. 动机；5. 平时表现；6. 认罪态度；7. 是否有前科；8. 其他证据。
量刑标准	犯本罪的	对直接负责的主管人员和其他直接责任人员，处三年以下有期徒刑或者拘役
	情节特别恶劣的	处三年以上七年以下有期徒刑
法律适用	**刑法条文**	**第一百三十五条之一**　举办大型群众性活动违反安全管理规定，因而发生重大伤亡事故或者造成其他严重后果的，对直接负责的主管人员和其他直接责任人员，处三年以下有期徒刑或者拘役；情节特别恶劣的，处三年以上七年以下有期徒刑。

最高人民法院、最高人民检察院《关于办理危害生产安全刑事案件适用法律若干问题的解释》（节录）（2015 年 12 月 14 日最高人民法院、最高人民检察院公布　自 2015 年 12 月 16 日起施行　法释〔2015〕22 号）

第六条　实施刑法第一百三十二条、第一百三十四条第一款、第一百三十五条、第一百三十五条之一、第一百三十六条、第一百三十九条规定的行为，因而发生安全事故，具有下列情形之一的，应当认定为"造成严重后果"或者"发生重大伤亡事故或者造成其他严重后果"，对相关责任人员，处三年以下有期徒刑或者拘役：

（一）造成死亡一人以上，或者重伤三人以上的；

（二）造成直接经济损失一百万元以上的；

（三）其他造成严重后果或者重大安全事故的情形。

实施刑法第一百三十四条第二款规定的行为，因而发生安全事故，具有本条第一款规定情形的，应当认定为"发生重大伤亡事故或者造成其他严重后果"，对相关责任人员，处五年以下有期徒刑或者拘役。

实施刑法第一百三十七条规定的行为，因而发生安全事故，具有本条第一款规定情形的，应当认定为"造成重大安全事故"，对直接责任人员，处五年以下有期徒刑或者拘役，并处罚金。

实施刑法第一百三十八条规定的行为，因而发生安全事故，具有本条第一款第一项规定情形的，应当认定为"发生重大伤亡事故"，对直接责任人员，处三年以下有期徒刑或者拘役。

第七条　实施刑法第一百三十二条、第一百三十四条第一款、第一百三十五条、第一百三十五条之一、第一百三十六条、第一百三十九条规定的行为，因而发生安全事故，具有下列情形之一的，对相关责任人员，处三年以上七年以下有期徒刑：

（一）造成死亡三人以上或者重伤十人以上，负事故主要责任的；

（二）造成直接经济损失五百万元以上，负事故主要责任的；

（三）其他造成特别严重后果、情节特别恶劣或者后果特别严重的情形。

实施刑法第一百三十四条第二款规定的行为，因而发生安全事故，具有本条第一款规定情形的，对相关责任人员，处五年以上有期徒刑。

实施刑法第一百三十七条规定的行为，因而发生安全事故，具有本条第一款规定情形的，对直接责任人员，处五年以上十年以下有期徒刑，并处罚金。

实施刑法第一百三十八条规定的行为，因而发生安全事故，具有下列情形之一的，对直接责任人员，处三年以上七年以下有期徒刑：

（一）造成死亡三人以上或者重伤十人以上，负事故主要责任的；

（二）具有本解释第六条第一款第一项规定情形，同时造成直接经济损失五百万元以上并负事故主要责任的，或者同时造成恶劣社会影响的。

第十条　在安全事故发生后，直接负责的主管人员和其他直接责任人员故意阻挠开展抢救，导致人员死亡或者重伤，或者为了逃避法律追究，对被害人进行隐藏、遗弃，致使被害人因无法得到救助而死亡或者重度残疾的，分别依照刑法第二百三十二条、第二百三十四条的规定，以故意杀人罪或者故意伤害罪定罪处罚。

第十二条　实施刑法第一百三十二条、第一百三十四条至第一百三十九条之一规定的犯罪行为，具有下列情形之一的，从重处罚：

（一）未依法取得安全许可证件或者安全许可证件过期、被暂扣、吊销、注销后从事生产经营活动的；

法律适用

司法解释

（二）关闭、破坏必要的安全监控和报警设备的；

（三）已经发现事故隐患，经有关部门或者个人提出后，仍不采取措施的；

（四）一年内曾因危害生产安全违法犯罪活动受过行政处罚或者刑事处罚的；

（五）采取弄虚作假、行贿等手段，故意逃避、阻挠负有安全监督管理职责的部门实施监督检查的；

（六）安全事故发生后转移财产意图逃避承担责任的；

（七）其他从重处罚的情形。

实施前款第五项规定的行为，同时构成刑法第三百八十九条规定的犯罪的，依照数罪并罚的规定处罚。

第十三条 实施刑法第一百三十二条、第一百三十四条至第一百三十九条之一规定的犯罪行为，在安全事故发生后积极组织、参与事故抢救，或者积极配合调查、主动赔偿损失的，可以酌情从轻处罚。

第十六条 对于实施危害生产安全犯罪适用缓刑的犯罪分子，可以根据犯罪情况，禁止其在缓刑考验期限内从事与安全生产相关联的特定活动；对于被判处刑罚的犯罪分子，可以根据犯罪情况和预防再犯罪的需要，禁止其自刑罚执行完毕之日或者假释之日起三年至五年内从事与安全生产相关的职业。

一、《中华人民共和国消防法》（节录） （1998年4月29日中华人民共和国主席令第4号公布　自1998年9月1日起施行　2008年10月28日修订　2019年4月23日第一次修正　2021年4月29日第二次修正）

第二十条 举办大型群众性活动，承办人应当依法向公安机关申请安全许可，制定灭火和应急疏散预案并组织演练，明确消防安全责任分工，确定消防安全管理人员，保持消防设施和消防器材配置齐全、完好有效，保证疏散通道、安全出口、疏散指示标志、应急照明和消防车通道符合消防技术标准和管理规定。

二、《中华人民共和国道路交通安全法》（节录） （2003年10月28日中华人民共和国主席令第8号公布　2007年12月29日第一次修正　2011年4月22日第二次修正　2021年4月29日第三次修正）

第三十九条 公安机关交通管理部门根据道路和交通流量的具体情况，可以对机动车、非机动车、行人采取疏导、限制通行、禁止通行等措施。遇有大型群众性活动、大范围施工等情况，需要采取限制交通的措施，或者作出与公众的道路交通活动直接有关的决定，应当提前向社会公告。

三、《中华人民共和国治安管理处罚法》（节录） （2005年8月28日中华人民共和国主席令第38号公布　自2006年3月1日起施行　2012年10月26日修订）

第二条 扰乱公共秩序，妨害公共安全，侵犯人身权利、财产权利，妨害社会管理，具有社会危害性，依照《中华人民共和国刑法》的规定构成犯罪的，依法追究刑事责任；尚不够刑事处罚的，由公安机关依照本法给予治安管理处罚。

第二十四条 有下列行为之一，扰乱文化、体育等大型群众性活动秩序的，处警告或者二百元以下罚款；情节严重的，处五日以上十日以下拘留，可以并处五百元以下罚款：

（一）强行进入场内的；

（二）违反规定，在场内燃放烟花爆竹或者其他物品的；

法律适用

相关法律法规

（三）展示侮辱性标语、条幅等物品的；

（四）围攻裁判员、运动员或者其他工作人员的；

（五）向场内投掷杂物，不听制止的；

（六）扰乱大型群众性活动秩序的其他行为。

因扰乱体育比赛秩序被处以拘留处罚的，可以同时责令其十二个月内不得进入体育场馆观看同类比赛；违反规定进入体育场馆的，强行带离现场。

四、《中华人民共和国内河交通安全管理条例》（节录）（2002 年 6 月 28 日中华人民共和国国务院令第 355 号公布　自 2002 年 8 月 1 日起施行　2011 年 1 月 8 日第一次修订　2017 年 3 月 1 日第二次修订　2019 年 3 月 2 日第三次修订）

第二十三条　遇有下列情形之一时，海事管理机构可以根据情况采取限时航行、单航、封航等临时性限制、疏导交通的措施，并予公告：

（一）恶劣天气；

（二）大范围水上施工作业；

（三）影响航行的水上交通事故；

（四）水上大型群众性活动或者体育比赛；

（五）对航行安全影响较大的其他情形。

62 危险物品肇事案

概念　本罪是指违反爆炸性、易燃性、放射性、毒害性、腐蚀性物品的管理规定，在生产、储存、运输、使用中发生重大事故，造成严重后果的行为。

立案标准　根据最高人民法院、最高人民检察院《关于办理危害生产安全刑事案件适用法律若干问题的解释》第6条之规定，具有下列情形之一的，应当认定为"造成严重后果"：

(1) 造成死亡1人以上，或者重伤3人以上的；

(2) 造成直接经济损失100万元以上的；

(3) 其他造成严重后果或者重大安全事故的情形。

定罪标准	犯罪客体	本罪侵犯的客体是公共安全，即不特定多数人的生命、健康及重大公私财产安全。由于行为人违反危险物品管理规定，很容易发生重大事故，造成不特定多人的重伤、死亡或者公私财产的重大损失，因此，应依法追究其刑事责任。
	犯罪客观方面	本罪在客观方面表现为违反爆炸性、易燃性、放射性、毒害性、腐蚀性物品的管理规定，在生产、储存、运输、使用中发生重大事故，造成严重后果的行为。构成本罪在客观方面必须具备以下条件： 一、必须有违反危险物品管理规定的行为。所谓危险物品，是指能够引起重大事故发生，致人重伤、死亡或者公私财产遭受重大损失的物品。主要包括：爆炸性物品，如雷管、导火索、导爆管和各种起爆药、炸药等；易燃性物品，如酒精、汽油、煤气、液化气、氢气等；放射性物品，如镭、钴等；毒害性物品，如砒霜、敌敌畏、敌百虫、氰化钾、氧化乐果等；腐蚀性物品，如硫酸、盐酸、硝酸等。上述物品如管理、使用不当，极易发生重大事故，危害公共安全。因而，国家先后颁布了一系列有关危险物品的管理规定，违反这些规定，是构成本罪的前提条件。 二、必须因违反危险物品管理规定而发生重大事故，造成严重后果。如未违反危险物品管理规定，或者因其他原因造成重大事故和严重后果的，则不构成犯罪。所谓严重后果是指致人重伤、死亡或者公私财产遭受重大损失的后果。 三、必须发生在生产、储存、运输、使用的过程中。如在其他情况下发生的与危险物品有关的事故，不以本罪论处。 四、违章行为必须与严重后果之间具有因果关系。
	犯罪主体	本罪的主体是一般主体，主要是从事生产、储存、运输、使用危险物品的职工，其他人员也可成为本罪主体。
	犯罪主观方面	本罪在主观方面表现为过失，即行为人应当知道自己违反危险物品管理规定的行为可能发生重大事故，由于疏忽大意而没有预见，或者虽已预见但轻信能够避免，因而发生重大事故。行为人对违反危险物品管理规定则是明知故犯。

定罪标准	**此罪与彼罪**	一、本罪与失火罪、过失爆炸罪、过失投放危险物质罪的界限。这些罪都属于过失犯罪，都可能表现为引起了火灾、爆炸、中毒等严重后果。主要区别在于：（1）犯罪主体不同。前者的犯罪主体主要是从事生产、储存、运输和使用危险物品的职工；后者可以是任何达到刑事责任年龄、具有刑事责任能力的自然人。（2）犯罪的时间不同。前者只能发生在生产、储存、运输和使用上述危险物品的过程中；后者可能发生在日常生活的任何场合。 二、本罪与重大责任事故罪的界限。二者都是过失犯罪，都可能表现为违反管理规定而引起火灾、爆炸、中毒等严重后果。主要区别在于：（1）犯罪主体不同。前者的主体既可以是从事生产、储存、运输和使用危险物品的职工，也可以是其他公民；后者的主体只能是各种工矿企业、事业单位的职工。（2）犯罪时间不同。前者只能发生在生产、储存、运输和使用危险物品的过程中；后者则发生在生产、作业或者生产管理和指挥活动中。
证据参考标准	**主体方面的证据**	**一、证明行为人刑事责任年龄、身份等自然情况的证据** 包括身份证明、户籍证明、任职证明、工作经历证明、特定职责证明等，主要是证明行为人的姓名（曾用名）、性别、出生年月日、民族、籍贯、出生地、职业（或职务）、住所地（或居所地）等证据材料，如户口簿、居民身份证、工作证、出生证、专业或技术等级证、干部履历表、职工登记表、护照等。 对于户籍、出生证等材料内容不实的，应提供其他证据材料。外国人犯罪的案件，应有护照等身份证明材料。人大代表、政协委员犯罪的案件，应注明身份，并附身份证明材料。 **二、证明行为人刑事责任能力的证据** 证明行为人对自己的行为是否具有辨认能力与控制能力，如是否属于间歇性精神病人、尚未完全丧失辨认或者控制自己行为能力的精神病人的证明材料。
	主观方面的证据	**证明行为人过失的证据** 1. 证明行为人应当预见自己的行为可能发生危害社会的结果的证据；2. 证明疏忽大意的过失的证据；3. 证明过于自信的过失的证据。
	客观方面的证据	**证明行为人违反危险物品管理规定肇事犯罪行为的证据** 具体证据包括：1. 证明行为人在生产、储存、运输、使用中，违反爆炸性物品的管理规定，发生重大事故，造成严重后果行为的证据；2. 证明行为人在生产、储存、运输、使用中，违反易燃性物品的管理规定，发生重大事故，造成严重后果行为的证据；3. 证明行为人在生产、储存、运输、使用中，违反放射性物品的管理规定，发生重大事故，造成严重后果行为的证据；4. 证明行为人在生产、储存、运输、使用中，违反毒害性物品的管理规定，发生重大事故，造成严重后果行为的证据；5. 证明行为人在生产、储存、运输、使用中，违反腐蚀性物品的管理规定，发生重大事故，造成严重后果行为的证据；6. 证明致人重伤、死亡的证据；7. 证明使公私财产遭受重大损失的证据；8. 证明后果特别严重的证据。

证据参考标准	量刑方面的证据	**一、法定量刑情节证据** 1. 事实情节：（1）造成严重后果；（2）后果特别严重。2. 法定从重情节。3. 法定从轻减轻情节：（1）可以从轻；（2）可以从轻或减轻；（3）应当从轻或者减轻。4. 法定从轻减轻免除情节：（1）可以从轻、减轻或者免除处罚；（2）应当从轻、减轻或者免除处罚。5. 法定减轻免除情节：（1）可以减轻或者免除处罚；（2）应当减轻或者免除处罚；（3）可以免除处罚。 **二、酌定量刑情节证据** 1. 犯罪手段。2. 犯罪对象。3. 危害结果：（1）一般后果；（2）特别严重后果；（3）人员伤亡；（4）经济损失；（5）其他证据。4. 动机。5. 平时表现。6. 认罪态度。7. 是否有前科。8. 其他证据。
量刑标准	犯本罪的	处三年以下有期徒刑或者拘役
	后果特别严重的	处三年以上七年以下有期徒刑
刑法条文		**第一百三十六条**　违反爆炸性、易燃性、放射性、毒害性、腐蚀性物品的管理规定，在生产、储存、运输、使用中发生重大事故，造成严重后果的，处三年以下有期徒刑或者拘役；后果特别严重的，处三年以上七年以下有期徒刑。
法律适用	司法解释	**一、最高人民法院、最高人民检察院《关于办理危害生产安全刑事案件适用法律若干问题的解释》（节录）**（2015年12月14日最高人民法院、最高人民检察院公布　自2015年12月16日起施行　法释〔2015〕22号） **第六条**　实施刑法第一百三十二条、第一百三十四条第一款、第一百三十五条、第一百三十五条之一、第一百三十六条、第一百三十九条规定的行为，因而发生安全事故，具有下列情形之一的，应当认定为"造成严重后果"或者"发生重大伤亡事故或者造成其他严重后果"，对相关责任人员，处三年以下有期徒刑或者拘役： （一）造成死亡一人以上，或者重伤三人以上的； （二）造成直接经济损失一百万元以上的； （三）其他造成严重后果或者重大安全事故的情形。 实施刑法第一百三十四条第二款规定的行为，因而发生安全事故，具有本条第一款规定情形的，应当认定为"发生重大伤亡事故或者造成其他严重后果"，对相关责任人员，处五年以下有期徒刑或者拘役。 实施刑法第一百三十七条规定的行为，因而发生安全事故，具有本条第一款规定情形的，应当认定为"造成重大安全事故"，对直接责任人员，处五年以下有期徒刑或者拘役，并处罚金。 实施刑法第一百三十八条规定的行为，因而发生安全事故，具有本条第一款第一项规定情形的，应当认定为"发生重大伤亡事故"，对直接责任人员，处三年以下有期徒刑或者拘役。

第七条 实施刑法第一百三十二条、第一百三十四条第一款、第一百三十五条、第一百三十五条之一、第一百三十六条、第一百三十九条规定的行为，因而发生安全事故，具有下列情形之一的，对相关责任人员，处三年以上七年以下有期徒刑：

（一）造成死亡三人以上或者重伤十人以上，负事故主要责任的；

（二）造成直接经济损失五百万元以上，负事故主要责任的；

（三）其他造成特别严重后果、情节特别恶劣或者后果特别严重的情形。

实施刑法第一百三十四条第二款规定的行为，因而发生安全事故，具有本条第一款规定情形的，对相关责任人员，处五年以上有期徒刑。

实施刑法第一百三十七条规定的行为，因而发生安全事故，具有本条第一款规定情形的，对直接责任人员，处五年以上十年以下有期徒刑，并处罚金。

实施刑法第一百三十八条规定的行为，因而发生安全事故，具有下列情形之一的，对直接责任人员，处三年以上七年以下有期徒刑：

（一）造成死亡三人以上或者重伤十人以上，负事故主要责任的；

（二）具有本解释第六条第一款第一项规定情形，同时造成直接经济损失五百万元以上并负事故主要责任的，或者同时造成恶劣社会影响的。

第十条 在安全事故发生后，直接负责的主管人员和其他直接责任人员故意阻挠开展抢救，导致人员死亡或者重伤，或者为了逃避法律追究，对被害人进行隐藏、遗弃，致使被害人因无法得到救助而死亡或者重度残疾的，分别依照刑法第二百三十二条、第二百三十四条的规定，以故意杀人罪或者故意伤害罪定罪处罚。

第十二条 实施刑法第一百三十二条、第一百三十四条至第一百三十九条之一规定的犯罪行为，具有下列情形之一的，从重处罚：

（一）未依法取得安全许可证件或者安全许可证件过期、被暂扣、吊销、注销后从事生产经营活动的；

（二）关闭、破坏必要的安全监控和报警设备的；

（三）已经发现事故隐患，经有关部门或者个人提出后，仍不采取措施的；

（四）一年内曾因危害生产安全违法犯罪活动受过行政处罚或者刑事处罚的；

（五）采取弄虚作假、行贿等手段，故意逃避、阻挠负有安全监督管理职责的部门实施监督检查的；

（六）安全事故发生后转移财产意图逃避承担责任的；

（七）其他从重处罚的情形。

实施前款第五项规定的行为，同时构成刑法第三百八十九条规定的犯罪的，依照数罪并罚的规定处罚。

第十三条 实施刑法第一百三十二条、第一百三十四条至第一百三十九条之一规定的犯罪行为，在安全事故发生后积极组织、参与事故抢救，或者积极配合调查、主动赔偿损失的，可以酌情从轻处罚。

第十六条 对于实施危害生产安全犯罪适用缓刑的犯罪分子，可以根据犯罪情况，禁止其在缓刑考验期限内从事与安全生产相关联的特定活动；对于被判处刑罚的犯罪分子，可以根据犯罪情况和预防再犯罪的需要，禁止其自刑罚执行完毕之日或者假释之日起三年至五年内从事与安全生产相关的职业。

法律适用

司法解释

二、最高人民法院、最高人民检察院、公安部、工业和信息化部、住房和城乡建设部、交通运输部、应急管理部、国家铁路局、中国民用航空局、国家邮政局《关于依法惩治涉枪支、弹药、爆炸物、易燃易爆危险物品犯罪的意见》（节录）（2021 年 12 月 28 日最高人民法院、最高人民检察院、公安部、工业和信息化部、住房和城乡建设部、交通运输部、应急管理部、国家铁路局、中国民用航空局、国家邮政局公布 自 2021 年 12 月 31 日起施行 法发〔2021〕35 号）

5. 违反危险化学品安全管理规定，未经依法批准或者许可擅自从事易燃易爆危险物品道路运输活动，或者实施其他违反危险化学品安全管理规定通过道路运输易燃易爆危险物品的行为，危及公共安全的，依照刑法第一百三十三条之一第一款第四项的规定，以危险驾驶罪定罪处罚。

在易燃易爆危险物品生产、经营、储存等高度危险的生产作业活动中违反有关安全管理的规定，有下列情形之一，具有发生重大伤亡事故或者其他严重后果的现实危险的，依照刑法第一百三十四条之一第三项的规定，以危险作业罪定罪处罚：

（1）委托无资质企业或者个人储存易燃易爆危险物品的；

（2）在储存的普通货物中夹带易燃易爆危险物品的；

（3）将易燃易爆危险物品谎报或者匿报为普通货物申报、储存的；

（4）其他涉及安全生产的事项未经依法批准或者许可，擅自从事易燃易爆危险物品生产、经营、储存等活动的情形。

实施前两款行为，同时构成刑法第一百三十条规定之罪等其他犯罪的，依照处罚较重的规定定罪处罚；导致发生重大伤亡事故或者其他严重后果，符合刑法第一百三十四条、第一百三十五条、第一百三十六条等规定的，依照各该条的规定定罪从重处罚。

6. 在易燃易爆危险物品生产、储存、运输、使用中违反有关安全管理的规定，实施本意见第 5 条前两款规定以外的其他行为，导致发生重大事故，造成严重后果，符合刑法第一百三十六条等规定的，以危险物品肇事罪等罪名定罪处罚。

7. 实施刑法第一百三十六条规定等行为，向负有安全生产监督管理职责的部门不报、谎报或者迟报相关情况的，从重处罚；同时构成刑法第一百三十九条之一规定之罪的，依照数罪并罚的规定处罚。

9. 通过邮件、快件夹带易燃易爆危险物品，或者将易燃易爆危险物品谎报为普通物品交寄，符合本意见第 5 条至第 8 条规定的，依照各该条的规定定罪处罚。

相关法律法规

一、《中华人民共和国海上交通安全法》（节录）（1983 年 9 月 2 日中华人民共和国主席令第 7 号公布 自 1984 年 1 月 1 日起施行 2016 年 11 月 7 日修正 2021 年 4 月 29 日修订）

第二条 在中华人民共和国管辖海域内从事航行、停泊、作业以及其他与海上交通安全相关的活动，适用本法。

第五十八条 客船载运乘客不得同时载运危险货物。

乘客不得随身携带或者在行李中夹带法律、行政法规或者国务院交通运输主管部门规定的危险物品。

第六十二条 船舶载运危险货物，应当持有有效的危险货物适装证书，并根据危险货物的特性和应急措施的要求，编制危险货物应急处置预案，配备相应的消防、应急设备和器材。

第六十三条 托运人托运危险货物，应当将其正式名称、危险性质以及应当采取的防护措施通知承运人，并按照有关法律、行政法规、规章以及强制性标准和技术规范的要求妥善包装，设置明显的危险品标志和标签。

托运人不得在托运的普通货物中夹带危险货物或者将危险货物谎报为普通货物托运。

托运人托运的货物为国际海上危险货物运输规则和国家危险货物品名表上未列明但具有危险特性的货物的，托运人还应当提交有关专业机构出具的表明该货物危险特性以及应当采取的防护措施等情况的文件。

货物危险特性的判断标准由国家海事管理机构制定并公布。

第六十四条 船舶载运危险货物进出港口，应当符合下列条件，经海事管理机构许可，并向海事管理机构报告进出港口和停留的时间等事项：

（一）所载运的危险货物符合海上安全运输要求；

（二）船舶的装载符合所持有的证书、文书的要求；

（三）拟靠泊或者进行危险货物装卸作业的港口、码头、泊位具备有关法律、行政法规规定的危险货物作业经营资质。

海事管理机构应当自收到申请之时起二十四小时内作出许可或者不予许可的决定。

定船舶、定航线并且定货种的船舶可以申请办理一定期限内多次进出港口许可，期限不超过三十日。海事管理机构应当自收到申请之日起五个工作日内作出许可或者不予许可的决定。

海事管理机构予以许可的，应当通报港口行政管理部门。

第六十五条 船舶、海上设施从事危险货物运输或者装卸、过驳作业，应当编制作业方案，遵守有关强制性标准和安全作业操作规程，采取必要的预防措施，防止发生安全事故。

在港口水域外从事散装液体危险货物过驳作业的，还应当符合下列条件，经海事管理机构许可并核定安全作业区：

（一）拟进行过驳作业的船舶或者海上设施符合海上交通安全与防治船舶污染海洋环境的要求；

（二）拟过驳的货物符合安全过驳要求；

（三）参加过驳作业的人员具备法律、行政法规规定的过驳作业能力；

（四）拟作业水域及其底质、周边环境适宜开展过驳作业；

（五）过驳作业对海洋资源以及附近的军事目标、重要民用目标不构成威胁；

（六）有符合安全要求的过驳作业方案、安全保障措施和应急预案。

对单航次作业的船舶，海事管理机构应当自收到申请之时起二十四小时内作出许可或者不予许可的决定；对在特定水域多航次作业的船舶，海事管理机构应当自收到申请之日起五个工作日内作出许可或者不予许可的决定。

第一百一十六条 违反本法规定，构成违反治安管理行为的，依法给予治安管理处罚；造成人身、财产损害的，依法承担民事责任；构成犯罪的，依法追究刑事责任。

二、《放射性同位素与射线装置安全和防护条例》（节录）（2005 年 9 月 14 日中华人民共和国国务院令第 449 号公布 自 2005 年 12 月 1 日起施行 2014 年 7 月 29 日第一次修订 2019 年 3 月 2 日第二次修订）

第二条 在中华人民共和国境内生产、销售、使用放射性同位素和射线装置，以及转让、进出口放射性同位素的，应当遵守本条例。

本条例所称放射性同位素包括放射源和非密封放射性物质。

第三条 国务院生态环境主管部门对全国放射性同位素、射线装置的安全和防护工作实施统一监督管理。

国务院公安、卫生等部门按照职责分工和本条例的规定，对有关放射性同位素、射线装置的安全和防护工作实施监督管理。

县级以上地方人民政府生态环境主管部门和其他有关部门，按照职责分工和本条例的规定，对本行政区域内放射性同位素、射线装置的安全和防护工作实施监督管理。

第六十条 违反本条例规定，生产、销售、使用放射性同位素和射线装置的单位有下列行为之一的，由县级以上人民政府生态环境主管部门责令停止违法行为，限期改正；逾期不改正的，责令停产停业，并处2万元以上20万元以下的罚款；构成犯罪的，依法追究刑事责任：

（一）未按照规定对本单位的放射性同位素、射线装置安全和防护状况进行评估或者发现安全隐患不及时整改的；

（二）生产、销售、使用、贮存放射性同位素和射线装置的场所未按照规定设置安全和防护设施以及放射性标志的。

第六十八条 本条例中下列用语的含义：

放射性同位素，是指某种发生放射性衰变的元素中具有相同原子序数但质量不同的核素。

放射源，是指除研究堆和动力堆核燃料循环范畴的材料以外，永久密封在容器中或者有严密包层并呈固态的放射性材料。

射线装置，是指X线机、加速器、中子发生器以及含放射源的装置。

非密封放射性物质，是指非永久密封在包壳里或者紧密地固结在覆盖层里的放射性物质。

转让，是指除进出口、回收活动之外，放射性同位素所有权或者使用权在不同持有者之间的转移。

伴有产生X射线的电器产品，是指不以产生X射线为目的，但在生产或者使用过程中产生X射线的电器产品。

辐射事故，是指放射源丢失、被盗、失控，或者放射性同位素和射线装置失控导致人员受到意外的异常照射。

三、《中华人民共和国铁路法》（节录）（1990年9月7日中华人民共和国主席令第32号公布 自1991年5月1日起施行 2009年8月27日第一次修正 2015年4月24日第二次修正）

第六十条第一款 违反本法规定，携带危险品进站上车或者以非危险品品名托运危险品，导致发生重大事故的，依照刑法有关规定追究刑事责任。企业事业单位、国家机关、社会团体犯本款罪的，处以罚金，对其主管人员和直接责任人员依法追究刑事责任。

四、《中华人民共和国民用航空法》（节录）（1995年10月30日中华人民共和国主席令第56号公布 自1996年3月1日起施行 2009年8月27日第一次修正 2015年4月24日第二次修正 2016年11月7日第三次修正 2017年11月4日第四次修正 2018年12月29日第五次修正 2021年4月29日第六次修正）

第一百九十四条 公共航空运输企业违反本法第一百零一条的规定运输危险品的，由国务院民用航空主管部门没收违法所得，可以并处违法所得一倍以下的罚款。

公共航空运输企业有前款行为，导致发生重大事故的，没收违法所得，判处罚金；并对直接负责的主管人员和其他直接责任人员依照刑法有关规定追究刑事责任。

五、《危险化学品安全管理条例》（节录）（2002 年 1 月 26 日中华人民共和国国务院令第 344 号公布　自 2002 年 3 月 15 日起施行　2011 年 3 月 2 日第一次修订 2013 年 12 月 7 日第二次修订）

第二条　危险化学品生产、储存、使用、经营和运输的安全管理，适用本条例。

废弃危险化学品的处置，依照有关环境保护的法律、行政法规和国家有关规定执行。

第三条　本条例所称危险化学品，是指具有毒害、腐蚀、爆炸、燃烧、助燃等性质，对人体、设施、环境具有危害的剧毒化学品和其他化学品。

危险化学品目录，由国务院安全生产监督管理部门会同国务院工业和信息化、公安、环境保护、卫生、质量监督检验检疫、交通运输、铁路、民用航空、农业主管部门，根据化学品危险特性的鉴别和分类标准确定、公布，并适时调整。

第七十八条　有下列情形之一的，由安全生产监督管理部门责令改正，可以处 5 万元以下的罚款；拒不改正的，处 5 万元以上 10 万元以下的罚款；情节严重的，责令停产停业整顿：

（一）生产、储存危险化学品的单位未对其铺设的危险化学品管道设置明显的标志，或者未对危险化学品管道定期检查、检测的；

（二）进行可能危及危险化学品管道安全的施工作业，施工单位未按照规定书面通知管道所属单位，或者未与管道所属单位共同制定应急预案、采取相应的安全防护措施，或者管道所属单位未指派专门人员到现场进行管道安全保护指导的；

（三）危险化学品生产企业未提供化学品安全技术说明书，或者未在包装（包括外包装件）上粘贴、拴挂化学品安全标签的；

（四）危险化学品生产企业提供的化学品安全技术说明书与其生产的危险化学品不相符，或者在包装（包括外包装件）粘贴、拴挂的化学品安全标签与包装内危险化学品不相符，或者化学品安全技术说明书、化学品安全标签所载明的内容不符合国家标准要求的；

（五）危险化学品生产企业发现其生产的危险化学品有新的危险特性不立即公告，或者不及时修订其化学品安全技术说明书和化学品安全标签的；

（六）危险化学品经营企业经营没有化学品安全技术说明书和化学品安全标签的危险化学品的；

（七）危险化学品包装物、容器的材质以及包装的型式、规格、方法和单件质量（重量）与所包装的危险化学品的性质和用途不相适应的；

（八）生产、储存危险化学品的单位未在作业场所和安全设施、设备上设置明显的安全警示标志，或者未在作业场所设置通信、报警装置的；

（九）危险化学品专用仓库未设专人负责管理，或者对储存的剧毒化学品以及储存数量构成重大危险源的其他危险化学品未实行双人收发、双人保管制度的；

（十）储存危险化学品的单位未建立危险化学品出入库核查、登记制度的；

（十一）危险化学品专用仓库未设置明显标志的；

（十二）危险化学品生产企业、进口企业不办理危险化学品登记，或者发现其生产、进口的危险化学品有新的危险特性不办理危险化学品登记内容变更手续的。

法律适用　相关法律法规

从事危险化学品仓储经营的港口经营人有前款规定情形的，由港口行政管理部门依照前款规定予以处罚。储存剧毒化学品、易制爆危险化学品的专用仓库未按照国家有关规定设置相应的技术防范设施的，由公安机关依照前款规定予以处罚。

生产、储存剧毒化学品、易制爆危险化学品的单位未设置治安保卫机构、配备专职治安保卫人员的，依照《企业事业单位内部治安保卫条例》的规定处罚。

第七十九条 危险化学品包装物、容器生产企业销售未经检验或者经检验不合格的危险化学品包装物、容器的，由质量监督检验检疫部门责令改正，处 10 万元以上 20 万元以下的罚款，有违法所得的，没收违法所得；拒不改正的，责令停产停业整顿；构成犯罪的，依法追究刑事责任。

将未经检验合格的运输危险化学品的船舶及其配载的容器投入使用的，由海事管理机构依照前款规定予以处罚。

第八十条 生产、储存、使用危险化学品的单位有下列情形之一的，由安全生产监督管理部门责令改正，处 5 万元以上 10 万元以下的罚款；拒不改正的，责令停产停业整顿直至由原发证机关吊销其相关许可证件，并由工商行政管理部门责令其办理经营范围变更登记或者吊销其营业执照；有关责任人员构成犯罪的，依法追究刑事责任：

（一）对重复使用的危险化学品包装物、容器，在重复使用前不进行检查的；

（二）未根据其生产、储存的危险化学品的种类和危险特性，在作业场所设置相关安全设施、设备，或者未按照国家标准、行业标准或者国家有关规定对安全设施、设备进行经常性维护、保养的；

（三）未依照本条例规定对其安全生产条件定期进行安全评价的；

（四）未将危险化学品储存在专用仓库内，或者未将剧毒化学品以及储存数量构成重大危险源的其他危险化学品在专用仓库内单独存放的；

（五）危险化学品的储存方式、方法或者储存数量不符合国家标准或者国家有关规定的；

（六）危险化学品专用仓库不符合国家标准、行业标准的要求的；

（七）未对危险化学品专用仓库的安全设施、设备定期进行检测、检验的。

从事危险化学品仓储经营的港口经营人有前款规定情形的，由港口行政管理部门依照前款规定予以处罚。

第八十一条 有下列情形之一的，由公安机关责令改正，可以处 1 万元以下的罚款；拒不改正的，处 1 万元以上 5 万元以下的罚款：

（一）生产、储存、使用剧毒化学品、易制爆危险化学品的单位不如实记录生产、储存、使用的剧毒化学品、易制爆危险化学品的数量、流向的；

（二）生产、储存、使用剧毒化学品、易制爆危险化学品的单位发现剧毒化学品、易制爆危险化学品丢失或者被盗，不立即向公安机关报告的；

（三）储存剧毒化学品的单位未将剧毒化学品的储存数量、储存地点以及管理人员的情况报所在地县级人民政府公安机关备案的；

（四）危险化学品生产企业、经营企业不如实记录剧毒化学品、易制爆危险化学品购买单位的名称、地址、经办人的姓名、身份证号码以及所购买的剧毒化学品、易制爆危险化学品的品种、数量、用途，或者保存销售记录和相关材料的时间少于 1 年的；

（五）剧毒化学品、易制爆危险化学品的销售企业、购买单位未在规定的时限内将所销售、购买的剧毒化学品、易制爆危险化学品的品种、数量以及流向信息报所在地县级人民政府公安机关备案的；

（六）使用剧毒化学品、易制爆危险化学品的单位依照本条例规定转让其购买的剧毒化学品、易制爆危险化学品，未将有关情况向所在地县级人民政府公安机关报告的。

生产、储存危险化学品的企业或者使用危险化学品从事生产的企业未按照本条例规定将安全评价报告以及整改方案的落实情况报安全生产监督管理部门或者港口行政管理部门备案，或者储存危险化学品的单位未将其剧毒化学品以及储存数量构成重大危险源的其他危险化学品的储存数量、储存地点以及管理人员的情况报安全生产监督管理部门或者港口行政管理部门备案的，分别由安全生产监督管理部门或者港口行政管理部门依照前款规定予以处罚。

生产实施重点环境管理的危险化学品的企业或者使用实施重点环境管理的危险化学品从事生产的企业未按照规定将相关信息向环境保护主管部门报告的，由环境保护主管部门依照本条第一款的规定予以处罚。

第八十二条　生产、储存、使用危险化学品的单位转产、停产、停业或者解散，未采取有效措施及时、妥善处置其危险化学品生产装置、储存设施以及库存的危险化学品，或者丢弃危险化学品的，由安全生产监督管理部门责令改正，处 5 万元以上 10 万元以下的罚款；构成犯罪的，依法追究刑事责任。

生产、储存、使用危险化学品的单位转产、停产、停业或者解散，未依照本条例规定将其危险化学品生产装置、储存设施以及库存危险化学品的处置方案报有关部门备案的，分别由有关部门责令改正，可以处 1 万元以下的罚款；拒不改正的，处 1 万元以上 5 万元以下的罚款。

第八十三条　危险化学品经营企业向未经许可违法从事危险化学品生产、经营活动的企业采购危险化学品的，由工商行政管理部门责令改正，处 10 万元以上 20 万元以下的罚款；拒不改正的，责令停业整顿直至由原发证机关吊销其危险化学品经营许可证，并由工商行政管理部门责令其办理经营范围变更登记或者吊销其营业执照。

第八十四条　危险化学品生产企业、经营企业有下列情形之一的，由安全生产监督管理部门责令改正，没收违法所得，并处 10 万元以上 20 万元以下的罚款；拒不改正的，责令停产停业整顿直至吊销其危险化学品安全生产许可证、危险化学品经营许可证，并由工商行政管理部门责令其办理经营范围变更登记或者吊销其营业执照：

（一）向不具有本条例第三十八条第一款、第二款规定的相关许可证件或者证明文件的单位销售剧毒化学品、易制爆危险化学品的；

（二）不按照剧毒化学品购买许可证载明的品种、数量销售剧毒化学品的；

（三）向个人销售剧毒化学品（属于剧毒化学品的农药除外）、易制爆危险化学品的。

不具有本条例第三十八条第一款、第二款规定的相关许可证件或者证明文件的单位购买剧毒化学品、易制爆危险化学品，或者个人购买剧毒化学品（属于剧毒化学品的农药除外）、易制爆危险化学品的，由公安机关没收所购买的剧毒化学品、易制爆危险化学品，可以并处 5000 元以下的罚款。

使用剧毒化学品、易制爆危险化学品的单位出借或者向不具有本条例第三十八条第一款、第二款规定的相关许可证件的单位转让其购买的剧毒化学品、易制爆危险化学品，或者向个人转让其购买的剧毒化学品（属于剧毒化学品的农药除外）、易制爆危险化学品的，由公安机关责令改正，处10万元以上20万元以下的罚款；拒不改正的，责令停产停业整顿。

第八十五条 未依法取得危险货物道路运输许可、危险货物水路运输许可，从事危险化学品道路运输、水路运输的，分别依照有关道路运输、水路运输的法律、行政法规的规定处罚。

第八十六条 有下列情形之一的，由交通运输主管部门责令改正，处5万元以上10万元以下的罚款；拒不改正的，责令停产停业整顿；构成犯罪的，依法追究刑事责任：

（一）危险化学品道路运输企业、水路运输企业的驾驶人员、船员、装卸管理人员、押运人员、申报人员、集装箱装箱现场检查员未取得从业资格上岗作业的；

（二）运输危险化学品，未根据危险化学品的危险特性采取相应的安全防护措施，或者未配备必要的防护用品和应急救援器材的；

（三）使用未依法取得危险货物适装证书的船舶，通过内河运输危险化学品的；

（四）通过内河运输危险化学品的承运人违反国务院交通运输主管部门对单船运输的危险化学品数量的限制性规定运输危险化学品的；

（五）用于危险化学品运输作业的内河码头、泊位不符合国家有关安全规范，或者未与饮用水取水口保持国家规定的安全距离，或者未经交通运输主管部门验收合格投入使用的；

（六）托运人不向承运人说明所托运的危险化学品的种类、数量、危险特性以及发生危险情况的应急处置措施，或者未按照国家有关规定对所托运的危险化学品妥善包装并在外包装上设置相应标志的；

（七）运输危险化学品需要添加抑制剂或者稳定剂，托运人未添加或者未将有关情况告知承运人的。

第八十七条 有下列情形之一的，由交通运输主管部门责令改正，处10万元以上20万元以下的罚款，有违法所得的，没收违法所得；拒不改正的，责令停产停业整顿；构成犯罪的，依法追究刑事责任：

（一）委托未依法取得危险货物道路运输许可、危险货物水路运输许可的企业承运危险化学品的；

（二）通过内河封闭水域运输剧毒化学品以及国家规定禁止通过内河运输的其他危险化学品的；

（三）通过内河运输国家规定禁止通过内河运输的剧毒化学品以及其他危险化学品的；

（四）在托运的普通货物中夹带危险化学品，或者将危险化学品谎报或者匿报为普通货物托运的。

在邮件、快件内夹带危险化学品，或者将危险化学品谎报为普通物品交寄的，依法给予治安管理处罚；构成犯罪的，依法追究刑事责任。

邮政企业、快递企业收寄危险化学品的，依照《中华人民共和国邮政法》的规定处罚。

第八十八条 有下列情形之一的，由公安机关责令改正，处 5 万元以上 10 万元以下的罚款；构成违反治安管理行为的，依法给予治安管理处罚；构成犯罪的，依法追究刑事责任：

（一）超过运输车辆的核定载质量装载危险化学品的；

（二）使用安全技术条件不符合国家标准要求的车辆运输危险化学品的；

（三）运输危险化学品的车辆未经公安机关批准进入危险化学品运输车辆限制通行的区域的；

（四）未取得剧毒化学品道路运输通行证，通过道路运输剧毒化学品的。

第八十九条 有下列情形之一的，由公安机关责令改正，处 1 万元以上 5 万元以下的罚款；构成违反治安管理行为的，依法给予治安管理处罚：

（一）危险化学品运输车辆未悬挂或者喷涂警示标志，或者悬挂或者喷涂的警示标志不符合国家标准要求的；

（二）通过道路运输危险化学品，不配备押运人员的；

（三）运输剧毒化学品或者易制爆危险化学品途中需要较长时间停车，驾驶人员、押运人员不向当地公安机关报告的；

（四）剧毒化学品、易制爆危险化学品在道路运输途中丢失、被盗、被抢或者发生流散、泄露等情况，驾驶人员、押运人员不采取必要的警示措施和安全措施，或者不向当地公安机关报告的。

第九十条 对发生交通事故负有全部责任或者主要责任的危险化学品道路运输企业，由公安机关责令消除安全隐患，未消除安全隐患的危险化学品运输车辆，禁止上道路行驶。

第九十一条 有下列情形之一的，由交通运输主管部门责令改正，可以处 1 万元以下的罚款；拒不改正的，处 1 万元以上 5 万元以下的罚款：

（一）危险化学品道路运输企业、水路运输企业未配备专职安全管理人员的；

（二）用于危险化学品运输作业的内河码头、泊位的管理单位未制定码头、泊位危险化学品事故应急救援预案，或者未为码头、泊位配备充足、有效的应急救援器材和设备的。

第九十二条 有下列情形之一的，依照《中华人民共和国内河交通安全管理条例》的规定处罚：

（一）通过内河运输危险化学品的水路运输企业未制定运输船舶危险化学品事故应急救援预案，或者未为运输船舶配备充足、有效的应急救援器材和设备的；

（二）通过内河运输危险化学品的船舶的所有人或者经营人未取得船舶污染损害责任保险证书或者财务担保证明的；

（三）船舶载运危险化学品进出内河港口，未将有关事项事先报告海事管理机构并经其同意的；

（四）载运危险化学品的船舶在内河航行、装卸或者停泊，未悬挂专用的警示标志，或者未按照规定显示专用信号，或者未按照规定申请引航的。

未向港口行政管理部门报告并经其同意，在港口内进行危险化学品的装卸、过驳作业的，依照《中华人民共和国港口法》的规定处罚。

第九十三条 伪造、变造或者出租、出借、转让危险化学品安全生产许可证、工业产品生产许可证，或者使用伪造、变造的危险化学品安全生产许可证、工业产品生产许可证的，分别依照《安全生产许可证条例》、《中华人民共和国工业产品生产许可证管理条例》的规定处罚。

伪造、变造或者出租、出借、转让本条例规定的其他许可证，或者使用伪造、变造的本条例规定的其他许可证的，分别由相关许可证的颁发管理机关处 10 万元以上 20 万元以下的罚款，有违法所得的，没收违法所得；构成违反治安管理行为的，依法给予治安管理处罚；构成犯罪的，依法追究刑事责任。

第九十四条 危险化学品单位发生危险化学品事故，其主要负责人不立即组织救援或者不立即向有关部门报告的，依照《生产安全事故报告和调查处理条例》的规定处罚。

危险化学品单位发生危险化学品事故，造成他人人身伤害或者财产损失的，依法承担赔偿责任。

第九十五条 发生危险化学品事故，有关地方人民政府及其有关部门不立即组织实施救援，或者不采取必要的应急处置措施减少事故损失，防止事故蔓延、扩大的，对直接负责的主管人员和其他直接责任人员依法给予处分；构成犯罪的，依法追究刑事责任。

第九十六条 负有危险化学品安全监督管理职责的部门的工作人员，在危险化学品安全监督管理工作中滥用职权、玩忽职守、徇私舞弊，构成犯罪的，依法追究刑事责任；尚不构成犯罪的，依法给予处分。

六、《铁路安全管理条例》（节录）（2013 年 8 月 17 日中华人民共和国国务院令第 639 号公布　自 2014 年 1 月 1 日起施行）

第六十七条 铁路运输托运人托运货物、行李、包裹，不得有下列行为：

（一）匿报、谎报货物品名、性质、重量；

（二）在普通货物中夹带危险货物，或者在危险货物中夹带禁止配装的货物；

（三）装车、装箱超过规定重量。

第九十六条 铁路运输托运人托运货物、行李、包裹时匿报、谎报货物品名、性质、重量，或者装车、装箱超过规定重量的，由铁路监督管理机构责令改正，可以处 2000 元以下的罚款；情节较重的，处 2000 元以上 2 万元以下的罚款；将危险化学品谎报或者匿报为普通货物托运的，处 10 万元以上 20 万元以下的罚款。

铁路运输托运人在普通货物中夹带危险货物，或者在危险货物中夹带禁止配装的货物的，由铁路监督管理机构责令改正，处 3 万元以上 20 万元以下的罚款。

第一百零五条 违反本条例规定，给铁路运输企业或者其他单位、个人财产造成损失的，依法承担民事责任。

违反本条例规定，构成违反治安管理行为的，由公安机关依法给予治安管理处罚；构成犯罪的，依法追究刑事责任。

七、《中华人民共和国安全生产法》（节录）（2002 年 6 月 29 日中华人民共和国主席令第 70 号公布　自 2002 年 11 月 1 日起施行　2009 年 8 月 27 日第一次修正 2014 年 8 月 31 日第二次修正　2021 年 6 月 10 日第三次修正）

第二十四条 矿山、金属冶炼、建筑施工、运输单位和危险物品的生产、经营、储存、装卸单位，应当设置安全生产管理机构或者配备专职安全生产管理人员。

前款规定以外的其他生产经营单位，从业人员超过一百人的，应当设置安全生产管理机构或者配备专职安全生产管理人员；从业人员在一百人以下的，应当配备专职或者兼职的安全生产管理人员。

法律适用

相关法律法规

第二十五条 生产经营单位的安全生产管理机构以及安全生产管理人员履行下列职责：

（一）组织或者参与拟订本单位安全生产规章制度、操作规程和生产安全事故应急救援预案；

（二）组织或者参与本单位安全生产教育和培训，如实记录安全生产教育和培训情况；

（三）组织开展危险源辨识和评估，督促落实本单位重大危险源的安全管理措施；

（四）组织或者参与本单位应急救援演练；

（五）检查本单位的安全生产状况，及时排查生产安全事故隐患，提出改进安全生产管理的建议；

（六）制止和纠正违章指挥、强令冒险作业、违反操作规程的行为；

（七）督促落实本单位安全生产整改措施。

生产经营单位可以设置专职安全生产分管负责人，协助本单位主要负责人履行安全生产管理职责。

第二十六条 生产经营单位的安全生产管理机构以及安全生产管理人员应当恪尽职守，依法履行职责。

生产经营单位作出涉及安全生产的经营决策，应当听取安全生产管理机构以及安全生产管理人员的意见。

生产经营单位不得因安全生产管理人员依法履行职责而降低其工资、福利等待遇或者解除与其订立的劳动合同。

危险物品的生产、储存单位以及矿山、金属冶炼单位的安全生产管理人员的任免，应当告知主管的负有安全生产监督管理职责的部门。

第二十七条 生产经营单位的主要负责人和安全生产管理人员必须具备与本单位所从事的生产经营活动相应的安全生产知识和管理能力。

危险物品的生产、经营、储存、装卸单位以及矿山、金属冶炼、建筑施工、运输单位的主要负责人和安全生产管理人员，应当由主管的负有安全生产监督管理职责的部门对其安全生产知识和管理能力考核合格。考核不得收费。

危险物品的生产、储存、装卸单位以及矿山、金属冶炼单位应当有注册安全工程师从事安全生产管理工作。鼓励其他生产经营单位聘用注册安全工程师从事安全生产管理工作。注册安全工程师按专业分类管理，具体办法由国务院人力资源和社会保障部门、国务院应急管理部门会同国务院有关部门制定。

第三十四条 矿山、金属冶炼建设项目和用于生产、储存、装卸危险物品的建设项目的施工单位必须按照批准的安全设施设计施工，并对安全设施的工程质量负责。

矿山、金属冶炼建设项目和用于生产、储存、装卸危险物品的建设项目竣工投入生产或者使用前，应当由建设单位负责组织对安全设施进行验收；验收合格后，方可投入生产和使用。负有安全生产监督管理职责的部门应当加强对建设单位验收活动和验收结果的监督核查。

第三十五条 生产经营单位应当在有较大危险因素的生产经营场所和有关设施、设备上，设置明显的安全警示标志。

第三十六条 安全设备的设计、制造、安装、使用、检测、维修、改造和报废，应当符合国家标准或者行业标准。

生产经营单位必须对安全设备进行经常性维护、保养，并定期检测，保证正常运转。维护、保养、检测应当作好记录，并由有关人员签字。

生产经营单位不得关闭、破坏直接关系生产安全的监控、报警、防护、救生设备、设施，或者篡改、隐瞒、销毁其相关数据、信息。

餐饮等行业的生产经营单位使用燃气的，应当安装可燃气体报警装置，并保障其正常使用。

第三十七条 生产经营单位使用的危险物品的容器、运输工具，以及涉及人身安全、危险性较大的海洋石油开采特种设备和矿山井下特种设备，必须按照国家有关规定，由专业生产单位生产，并经具有专业资质的检测、检验机构检测、检验合格，取得安全使用证或者安全标志，方可投入使用。检测、检验机构对检测、检验结果负责。

第三十九条 生产、经营、运输、储存、使用危险物品或者处置废弃危险物品的，由有关主管部门依照有关法律、法规的规定和国家标准或者行业标准审批并实施监督管理。

生产经营单位生产、经营、运输、储存、使用危险物品或者处置废弃危险物品，必须执行有关法律、法规和国家标准或者行业标准，建立专门的安全管理制度，采取可靠的安全措施，接受有关主管部门依法实施的监督管理。

第四十条 生产经营单位对重大危险源应当登记建档，进行定期检测、评估、监控，并制定应急预案，告知从业人员和相关人员在紧急情况下应当采取的应急措施。

生产经营单位应当按照国家有关规定将本单位重大危险源及有关安全措施、应急措施报有关地方人民政府应急管理部门和有关部门备案。有关地方人民政府应急管理部门和有关部门应当通过相关信息系统实现信息共享。

第四十一条 生产经营单位应当建立安全风险分级管控制度，按照安全风险分级采取相应的管控措施。

生产经营单位应当建立健全并落实生产安全事故隐患排查治理制度，采取技术、管理措施，及时发现并消除事故隐患。事故隐患排查治理情况应当如实记录，并通过职工大会或者职工代表大会、信息公示栏等方式向从业人员通报。其中，重大事故隐患排查治理情况应当及时向负有安全生产监督管理职责的部门和职工大会或者职工代表大会报告。

县级以上地方各级人民政府负有安全生产监督管理职责的部门应当将重大事故隐患纳入相关信息系统，建立健全重大事故隐患治理督办制度，督促生产经营单位消除重大事故隐患。

第四十二条 生产、经营、储存、使用危险物品的车间、商店、仓库不得与员工宿舍在同一座建筑物内，并应当与员工宿舍保持安全距离。

生产经营场所和员工宿舍应当设有符合紧急疏散要求、标志明显、保持畅通的出口、疏散通道。禁止占用、锁闭、封堵生产经营场所或者员工宿舍的出口、疏散通道。

第四十三条 生产经营单位进行爆破、吊装、动火、临时用电以及国务院应急管理部门会同国务院有关部门规定的其他危险作业，应当安排专门人员进行现场安全管理，确保操作规程的遵守和安全措施的落实。

第四十四条 生产经营单位应当教育和督促从业人员严格执行本单位的安全生产规章制度和安全操作规程；并向从业人员如实告知作业场所和工作岗位存在的危险因素、防范措施以及事故应急措施。

法 律 适 用

相 关 法 律 法 规

生产经营单位应当关注从业人员的身体、心理状况和行为习惯，加强对从业人员的心理疏导、精神慰藉，严格落实岗位安全生产责任，防范从业人员行为异常导致事故发生。

第九十七条 生产经营单位有下列行为之一的，责令限期改正，处十万元以下的罚款；逾期未改正的，责令停产停业整顿，并处十万元以上二十万元以下的罚款，对其直接负责的主管人员和其他直接责任人员处二万元以上五万元以下的罚款：

（一）未按照规定设置安全生产管理机构或者配备安全生产管理人员、注册安全工程师的；

（二）危险物品的生产、经营、储存、装卸单位以及矿山、金属冶炼、建筑施工、运输单位的主要负责人和安全生产管理人员未按照规定经考核合格的；

（三）未按照规定对从业人员、被派遣劳动者、实习学生进行安全生产教育和培训，或者未按照规定如实告知有关的安全生产事项的；

（四）未如实记录安全生产教育和培训情况的；

（五）未将事故隐患排查治理情况如实记录或者未向从业人员通报的；

（六）未按照规定制定生产安全事故应急救援预案或者未定期组织演练的；

（七）特种作业人员未按照规定经专门的安全作业培训并取得相应资格，上岗作业的。

第九十八条 生产经营单位有下列行为之一的，责令停止建设或者停产停业整顿，限期改正，并处十万元以上五十万元以下的罚款，对其直接负责的主管人员和其他直接责任人员处二万元以上五万元以下的罚款；逾期未改正的，处五十万元以上一百万元以下的罚款，对其直接负责的主管人员和其他直接责任人员处五万元以上十万元以下的罚款；构成犯罪的，依照刑法有关规定追究刑事责任：

（一）未按照规定对矿山、金属冶炼建设项目或者用于生产、储存、装卸危险物品的建设项目进行安全评价的；

（二）矿山、金属冶炼建设项目或者用于生产、储存、装卸危险物品的建设项目没有安全设施设计或者安全设施设计未按照规定报经有关部门审查同意的；

（三）矿山、金属冶炼建设项目或者用于生产、储存、装卸危险物品的建设项目的施工单位未按照批准的安全设施设计施工的；

（四）矿山、金属冶炼建设项目或者用于生产、储存、装卸危险物品的建设项目竣工投入生产或者使用前，安全设施未经验收合格的。

第九十九条 生产经营单位有下列行为之一的，责令限期改正，处五万元以下的罚款；逾期未改正的，处五万元以上二十万元以下的罚款，对其直接负责的主管人员和其他直接责任人员处一万元以上二万元以下的罚款；情节严重的，责令停产停业整顿；构成犯罪的，依照刑法有关规定追究刑事责任：

（一）未在有较大危险因素的生产经营场所和有关设施、设备上设置明显的安全警示标志的；

（二）安全设备的安装、使用、检测、改造和报废不符合国家标准或者行业标准的；

（三）未对安全设备进行经常性维护、保养和定期检测的；

（四）关闭、破坏直接关系生产安全的监控、报警、防护、救生设备、设施，或者篡改、隐瞒、销毁其相关数据、信息的；

（五）未为从业人员提供符合国家标准或者行业标准的劳动防护用品的；

（六）危险物品的容器、运输工具，以及涉及人身安全、危险性较大的海洋石油开采特种设备和矿山井下特种设备未经具有专业资质的机构检测、检验合格，取得安全使用证或者安全标志，投入使用的；

（七）使用应当淘汰的危及生产安全的工艺、设备的；

（八）餐饮等行业的生产经营单位使用燃气未安装可燃气体报警装置的。

第一百条　未经依法批准，擅自生产、经营、运输、储存、使用危险物品或者处置废弃危险物品的，依照有关危险物品安全管理的法律、行政法规的规定予以处罚；构成犯罪的，依照刑法有关规定追究刑事责任。

第一百零一条　生产经营单位有下列行为之一的，责令限期改正，处十万元以下的罚款；逾期未改正的，责令停产停业整顿，并处十万元以上二十万元以下的罚款，对其直接负责的主管人员和其他直接责任人员处二万元以上五万元以下的罚款；构成犯罪的，依照刑法有关规定追究刑事责任：

（一）生产、经营、运输、储存、使用危险物品或者处置废弃危险物品，未建立专门安全管理制度、未采取可靠的安全措施的；

（二）对重大危险源未登记建档，未进行定期检测、评估、监控，未制定应急预案，或者未告知应急措施的；

（三）进行爆破、吊装、动火、临时用电以及国务院应急管理部门会同国务院有关部门规定的其他危险作业，未安排专门人员进行现场安全管理的；

（四）未建立安全风险分级管控制度或者未按照安全风险分级采取相应管控措施的；

（五）未建立事故隐患排查治理制度，或者重大事故隐患排查治理情况未按照规定报告的。

第一百零五条　生产经营单位有下列行为之一的，责令限期改正，处五万元以下的罚款，对其直接负责的主管人员和其他直接责任人员处一万元以下的罚款；逾期未改正的，责令停产停业整顿；构成犯罪的，依照刑法有关规定追究刑事责任：

（一）生产、经营、储存、使用危险物品的车间、商店、仓库与员工宿舍在同一座建筑内，或者与员工宿舍的距离不符合安全要求的；

（二）生产经营场所和员工宿舍未设有符合紧急疏散需要、标志明显、保持畅通的出口、疏散通道，或者占用、锁闭、封堵生产经营场所或者员工宿舍出口、疏散通道的。

第一百零七条　生产经营单位的从业人员不落实岗位安全责任，不服从管理，违反安全生产规章制度或者操作规程的，由生产经营单位给予批评教育，依照有关规章制度给予处分；构成犯罪的，依照刑法有关规定追究刑事责任。

63 工程重大安全事故案

概念

　　本罪是指建设单位、设计单位、施工单位、工程监理单位违反国家规定，降低工程质量标准，造成重大安全事故的行为。

立案标准

　　根据最高人民法院、最高人民检察院《关于办理危害生产安全刑事案件适用法律若干问题的解释》第 6 条之规定，具有下列情形之一的，应当认定为"造成重大安全事故"：

(1) 造成死亡 1 人以上，或者重伤 3 人以上的；

(2) 造成直接经济损失 100 万元以上的；

(3) 其他造成严重后果或者重大安全事故的情形。

定罪标准		
	犯罪客体	本罪侵犯的客体是建筑工程质量标准的规定以及公众的生命、健康和重大公私财产的安全，即公共安全。建筑工程质量与人们的生活、工作密切相关。"豆腐渣工程"对人们的生命健康和财产安全是一个极大隐患。由于建设单位、设计单位、施工单位、工程监理单位违反国家规定，降低工程质量标准，往往容易造成重大安全事故，致使多人重伤、死亡或者重大公私财产损失。这不仅违反了国家关于基本建设工程质量的有关规定，而且会危及公共安全。因此，应依法追究直接责任人员的刑事责任。
	犯罪客观方面	本罪在客观方面表现为建设单位、设计单位、施工单位、工程监理单位违反国家规定，降低工程质量标准，造成重大安全事故的行为。"建设单位"，是指建筑物的所有人或者使用人。"设计单位"，主要是指对建筑工程专门进行设计的单位。"施工单位"，是指根据建设单位的要求和设计单位的设计承担具体施工的单位。"工程监理单位"，是指对建筑工程进行监督管理，担任工程质量监督工作的单位。"违反国家规定"，是指违反国家或者行业管理部门制定、发布的有关建筑工程质量标准的法律规定、章程规定的要求等行为。"降低工程质量"，是指违反操作规程粗制滥造、以次料充当好料，不实行严格的质量检测的行为。构成本罪，首先，以建设单位、设计单位、施工单位、工程监理单位违反国家规定，降低工程质量标准为前提；其次，必须造成重大安全事故。如果只有违反国家规定，降低工程质量标准的行为，但尚未造成重大安全事故的，则不构成本罪。
	犯罪主体	本罪的主体是特殊主体，即建设单位、设计单位、施工单位、工程监理单位中对工程质量负责的直接责任人员，才能成为本罪主体。
	犯罪主观方面	本罪在主观方面表现为过失，包括疏忽大意的过失和过于自信的过失。尽管过失的表现形式不同，但行为人对造成危害后果的心理状态却是一样的，即在主观上都不希望发生重大安全事故。至于行为人违反国家规定，降低工程质量标准，则是明知故犯。即是说，行为人明知违反国家规定，降低工程质量标准，但对严重后果却未预料到，或者轻信能够避免。

定罪标准	**罪与非罪**	对"造成重大安全事故"的认定，应当根据最高人民法院、最高人民检察院《关于办理危害生产安全刑事案件适用法律若干问题的解释》第6条之规定：（1）造成死亡1人以上，或者重伤3人以上的；（2）造成直接经济损失100万元以上的；（3）其他造成严重后果或者重大安全事故的情形。这里的"后果特别严重"，包括下列情形：（1）造成死亡3人以上或者重伤10人以上，负事故主要责任的；（2）造成直接经济损失500万元以上，负事故主要责任的；（3）其他造成特别严重后果、情节特别恶劣或者后果特别严重的情形。
	此罪与彼罪	本罪与重大责任事故罪的界限。二者都是过失犯罪。主要区别在于：（1）犯罪主体不同。前者的主体是建设单位、设计单位、施工单位、工程监理单位中对工程质量负责的直接责任人员；后者的主体是对生产、作业负有组织、指挥或者管理职责的负责人、管理人员、实际控制人、投资人等人员，以及直接从事生产、作业的人员。（2）客观方面表现不同。前者在客观方面表现为建设单位、设计单位、施工单位、工程监理单位违反国家规定，降低工程质量标准，造成重大安全事故；后者则表现为在生产、作业活动中违反有关安全管理的规章制度，从而导致重大伤亡事故。
证据参考标准	**主体方面的证据**	**一、证明行为人刑事责任年龄、身份等自然情况的证据** 包括身份证明、户籍证明、任职证明、工作经历证明、特定职责证明等，主要是证明行为人的姓名（曾用名）、性别、出生年月日、民族、籍贯、出生地、职业（或职务）、住所地（或居所地）等证据材料，如户口簿、居民身份证、工作证、出生证、专业或技术等级证、干部履历表、职工登记表、护照等。 对于户籍、出生证等材料内容不实的，应提供其他证据材料。外国人犯罪的案件，应有护照等身份证明材料。人大代表、政协委员犯罪的案件，应注明身份，并附身份证明材料。 **二、证明行为人刑事责任能力的证据** 证明行为人对自己的行为是否具有辨认能力与控制能力，如是否属于间歇性精神病人、尚未完全丧失辨认或者控制自己行为能力的精神病人的证明材料。
	主观方面的证据	**证明行为人过失的证据** 1. 证明行为人应当预见自己的行为可能发生危害社会的结果的证据。2. 证明疏忽大意的过失的证据。3. 证明过于自信的过失的证据。4. 目的：（1）获取非法利润；（2）牟利；（3）营利。
		之一　建设单位违反国家规定降低工程质量标准类案件
	客观方面的证据	**证明行为人违反国家规定降低工程质量标准犯罪行为的证据** 具体证据包括：1. 证明行为人违反法律法规规定，要求设计单位对设计项目降低工程质量、不合乎安全系数要求的行为的证据；2. 证明行为人违反法律法规规定，要求施工企业降低工程质量、不合乎安全系数要求的行为的证据；3. 证明行为人违反法律法规规定，提供或强迫施工企业使用不合乎安全系数要求的建筑材料行为的证据；4. 证明行为人违反法律法规规定，提供或强迫施工企业使用不合乎安全系数要求的建筑构件行为的证据；5. 证明行为人违反法律法规规定，提供或强迫施工企业使用不

证据参考标准	**客观方面的证据**	合乎安全系数要求的建筑配件行为的证据；6. 证明行为人违反法律法规规定，提供或强迫施工企业使用不合乎安全系数要求的设备行为的证据；7. 证明行为人造成重大安全事故行为的证据。

一、法定量刑情节证据

1. 事实情节。2. 法定从重情节。3. 法定加重情节。4. 法定从轻减轻情节：（1）可以从轻；（2）可以从轻或减轻；（3）应当从轻或者减轻。5. 法定从轻减轻免除情节：（1）可以从轻、减轻或者免除处罚；（2）应当从轻、减轻或者免除处罚。6. 法定减轻免除情节：（1）可以减轻或者免除处罚；（2）应当减轻或者免除处罚；（3）可以免除处罚。

二、酌定量刑情节证据

1. 犯罪手段：（1）提供不合乎安全系数要求的建筑材料、构配件、设备；（2）强迫使用不合乎安全系数要求的建筑材料、构配件、设备。2. 犯罪对象。3. 危害结果：（1）人员伤亡；（2）建筑工程损害；（3）经济损失；（4）其他证据。4. 动机。5. 平时表现。6. 认罪态度。7. 是否有前科。8. 其他证据。

之二　设计单位违反国家规定降低工程质量标准类案件

证明行为人违反国家规定降低工程质量标准犯罪行为的证据

具体证据包括：1. 证明行为人违反国家建筑工程质量标准和安全系数进行设计行为的证据；2. 证明行为人不按国家建筑工程质量标准和安全系数进行设计行为的证据；3. 证明行为人不按国家建筑工程质量标准和安全系数进行设计，造成工程质量事故行为的证据；4. 证明行为人不按国家建筑工程质量标准和安全系数进行设计，造成损失严重或损失特别严重的证据；5. 证明行为人降低工程质量标准造成重大安全事故行为的证据。

一、法定量刑情节证据

1. 事实情节。2. 法定从重情节。3. 法定加重情节。4. 法定从轻减轻情节：（1）可以从轻；（2）可以从轻或减轻；（3）应当从轻或者减轻。5. 法定从轻减轻免除情节：（1）可以从轻、减轻或者免除处罚；（2）应当从轻、减轻或者免除处罚。6. 法定减轻免除情节：（1）可以减轻或者免除处罚；（2）应当减轻或者免除处罚；（3）可以免除处罚。

二、酌定量刑情节证据

1. 犯罪手段。2. 犯罪对象。3. 危害结果：（1）人员伤亡；（2）建筑工程损失；（3）经济损失；（4）其他证据。4. 动机。5. 平时表现。6. 认罪态度。7. 是否有前科。8. 其他证据。

之三　施工单位违反国家规定降低工程质量标准类案件

证明施工单位违反国家规定降低建筑工程质量标准犯罪行为的证据

具体证据包括：1. 证明行为人施工偷工减料行为的证据；2. 证明行为人使用不合乎安全系数要求的建筑材料行为的证据；3. 证明行为人使用不合乎安全系数要求的建筑构件行为的证据；4. 证明行为人使用不合乎安全系数要求的建筑配件行为的

证据参考标准	**客观方面的证据**	证据；5. 证明行为人不按设计图纸施工行为的证据；6. 证明行为人不按照施工技术标准施工行为的证据；7. 证明行为人造成重大质量事故行为的证据；8. 证明行为人造成损失严重行为的证据；9. 证明行为人造成损失特别严重行为的证据；10. 证明行为人其他偷工减料行为的证据；11. 证明行为人违反国家规定，降低工程标准造成重大安全事故行为的证据。
	量刑方面的证据	**一、法定量刑情节证据** 1. 事实情节。2. 法定从重情节。3. 法定加重情节。4. 法定从轻减轻情节：（1）可以从轻；（2）可以从轻或减轻；（3）应当从轻或者减轻。5. 法定从轻减轻免除情节：（1）可以从轻、减轻或者免除处罚；（2）应当从轻、减轻或者免除处罚。6. 法定减轻免除情节：（1）可以减轻或者免除处罚；（2）应当减轻或者免除处罚；（3）可以免除处罚。 **二、酌定量刑情节证据** 1. 犯罪手段：（1）偷工减料；（2）使用不合乎安全系数要求的建筑材料、构配件和设备；（3）不按照设计图纸或者技术标准施工；（4）其他证据。2. 犯罪对象。3. 危害结果。4. 动机。5. 平时表现。6. 认罪态度。7. 是否有前科。8. 其他证据。

之四　工程监理单位违反国家规定降低工程质量标准类案件

	客观方面的证据	**证明行为人违反国家规定降低工程质量标准犯罪行为的证据** 具体证据包括：1. 证明行为人违反国家规定降低工程设计质量标准监理行为的证据：（1）无设计许可证；（2）违反设计规范；（3）违反设计规程；（4）达不到设计工程的资格；（5）无资质证明；（6）建筑工程设计降低质量标准；（7）其他证据。2. 证明行为人违反国家规定降低建筑工程施工质量标准监理行为的证据：（1）无建筑许可证；（2）无资质审查证书；（3）无资质等级证书；（4）无质量检测；（5）质量低劣；（6）工程不合格。3. 证明行为人违反国家规定降低有关建筑方面质量标准监理行为的证据：（1）建筑材料不合格；（2）建筑构件不合格；（3）建筑设备不合格；（4）其他证据。4. 证明行为人违反国家规定降低建筑工程设计、施工及有关方面监理导致造成重大安全事故行为的证据。
	量刑方面的证据	**一、法定量刑情节证据** 1. 事实情节。2. 法定从重情节。3. 法定从轻减轻情节：（1）可以从轻；（2）可以从轻或减轻；（3）应当从轻或者减轻。4. 法定从轻减轻免除情节：（1）可以从轻、减轻或者免除处罚；（2）应当从轻、减轻或者免除处罚。5. 法定减轻免除情节：（1）可以减轻或者免除处罚；（2）应当减轻或者免除处罚；（3）可以免除处罚。 **二、酌定量刑情节证据** 1. 犯罪手段：（1）降低设计质量监理；（2）降低施工质量监理；（3）其他。2. 犯罪对象。3. 危害结果。4. 动机。5. 平时表现。6. 认罪态度。7. 是否有前科。8. 其他证据。

量刑标准	犯本罪的	对直接责任人员处五年以下有期徒刑或者拘役，并处罚金
	后果特别严重的	处五年以上十年以下有期徒刑，并处罚金

刑法条文

第一百三十七条 建设单位、设计单位、施工单位、工程监理单位违反国家规定，降低工程质量标准，造成重大安全事故的，对直接责任人员，处五年以下有期徒刑或者拘役，并处罚金；后果特别严重的，处五年以上十年以下有期徒刑，并处罚金。

法律适用

司法解释

一、最高人民法院、最高人民检察院《关于办理危害生产安全刑事案件适用法律若干问题的解释》（节录）（2015 年 12 月 14 日最高人民法院、最高人民检察院公布 自 2015 年 12 月 16 日起施行 法释〔2015〕22 号）

第六条 实施刑法第一百三十二条、第一百三十四条第一款、第一百三十五条、第一百三十五条之一、第一百三十六条、第一百三十九条规定的行为，因而发生安全事故，具有下列情形之一的，应当认定为"造成严重后果"或者"发生重大伤亡事故或者造成其他严重后果"，对相关责任人员，处三年以下有期徒刑或者拘役：

（一）造成死亡一人以上，或者重伤三人以上的；

（二）造成直接经济损失一百万元以上的；

（三）其他造成严重后果或者重大安全事故的情形。

实施刑法第一百三十四条第二款规定的行为，因而发生安全事故，具有本条第一款规定情形的，应当认定为"发生重大伤亡事故或者造成其他严重后果"，对相关责任人员，处五年以下有期徒刑或者拘役。

实施刑法第一百三十七条规定的行为，因而发生安全事故，具有本条第一款规定情形的，应当认定为"造成重大安全事故"，对直接责任人员，处五年以下有期徒刑或者拘役，并处罚金。

实施刑法第一百三十八条规定的行为，因而发生安全事故，具有本条第一款第一项规定情形的，应当认定为"发生重大伤亡事故"，对直接责任人员，处三年以下有期徒刑或者拘役。

第七条 实施刑法第一百三十二条、第一百三十四条第一款、第一百三十五条、第一百三十五条之一、第一百三十六条、第一百三十九条规定的行为，因而发生安全事故，具有下列情形之一的，对相关责任人员，处三年以上七年以下有期徒刑：

（一）造成死亡三人以上或者重伤十人以上，负事故主要责任的；

（二）造成直接经济损失五百万元以上，负事故主要责任的；

（三）其他造成特别严重后果、情节特别恶劣或者后果特别严重的情形。

实施刑法第一百三十四条第二款规定的行为，因而发生安全事故，具有本条第一款规定情形的，对相关责任人员，处五年以上有期徒刑。

实施刑法第一百三十七条规定的行为，因而发生安全事故，具有本条第一款规定情形的，对直接责任人员，处五年以上十年以下有期徒刑，并处罚金。

实施刑法第一百三十八条规定的行为，因而发生安全事故，具有下列情形之一的，对直接责任人员，处三年以上七年以下有期徒刑：

（一）造成死亡三人以上或者重伤十人以上，负事故主要责任的；

（二）具有本解释第六条第一款第一项规定情形，同时造成直接经济损失五百万元以上并负事故主要责任的，或者同时造成恶劣社会影响的。

第十条 在安全事故发生后，直接负责的主管人员和其他直接责任人员故意阻挠开展抢救，导致人员死亡或者重伤，或者为了逃避法律追究，对被害人进行隐藏、遗弃，致使被害人因无法得到救助而死亡或者重度残疾的，分别依照刑法第二百三十二条、第二百三十四条的规定，以故意杀人罪或者故意伤害罪定罪处罚。

法律适用

司法解释

第十二条 实施刑法第一百三十二条、第一百三十四条至第一百三十九条之一规定的犯罪行为，具有下列情形之一的，从重处罚：

（一）未依法取得安全许可证件或者安全许可证件过期、被暂扣、吊销、注销后从事生产经营活动的；

（二）关闭、破坏必要的安全监控和报警设备的；

（三）已经发现事故隐患，经有关部门或者个人提出后，仍不采取措施的；

（四）一年内曾因危害生产安全违法犯罪活动受过行政处罚或者刑事处罚的；

（五）采取弄虚作假、行贿等手段，故意逃避、阻挠负有安全监督管理职责的部门实施监督检查的；

（六）安全事故发生后转移财产意图逃避承担责任的；

（七）其他从重处罚的情形。

实施前款第五项规定的行为，同时构成刑法第三百八十九条规定的犯罪的，依照数罪并罚的规定处罚。

第十三条 实施刑法第一百三十二条、第一百三十四条至第一百三十九条之一规定的犯罪行为，在安全事故发生后积极组织、参与事故抢救，或者积极配合调查、主动赔偿损失的，可以酌情从轻处罚。

第十六条 对于实施危害生产安全犯罪适用缓刑的犯罪分子，可以根据犯罪情况，禁止其在缓刑考验期限内从事与安全生产相关联的特定活动；对于被判处刑罚的犯罪分子，可以根据犯罪情况和预防再犯罪的需要，禁止其自刑罚执行完毕之日或者假释之日起三年至五年内从事与安全生产相关的职业。

二、最高人民法院、最高人民检察院、公安部《关于办理涉窨井盖相关刑事案件的指导意见》（节录）（2020 年 3 月 16 日最高人民法院、最高人民检察院、公安部公布 自公布之日起施行 高检发〔2020〕3 号）

五、在生产、作业中违反有关安全管理的规定，擅自移动窨井盖或者未做好安全防护措施等，发生重大伤亡事故或者造成其他严重后果的，依照刑法第一百三十四条第一款的规定，以重大责任事故罪定罪处罚。

窨井盖建设、设计、施工、工程监理单位违反国家规定，降低工程质量标准，造成重大安全事故的，依照刑法第一百三十七条的规定，以工程重大安全事故罪定罪处罚。

十二、本意见所称的"窨井盖"，包括城市、城乡结合部和乡村等地的窨井盖以及其他井盖。

相关法律法规

一、《中华人民共和国建筑法》（节录）（1997 年 11 月 1 日中华人民共和国主席令第 91 号公布 自 1998 年 3 月 1 日起施行 2011 年 4 月 22 日第一次修正 2019 年 4 月 23 日第二次修正）

第六十九条 工程监理单位与建设单位或者建筑施工企业串通，弄虚作假、降低工程质量的，责令改正，处以罚款，降低资质等级或者吊销资质证书；有违法所得的予以没收；造成损失的，承担连带赔偿责任；构成犯罪的，依法追究刑事责任。

工程监理单位转让监理业务的，责令改正，没收违法所得，可以责令停业整顿，降低资质等级；情节严重的，吊销资质证书。

第七十二条 建设单位违反本法规定，要求建筑设计单位或者建筑施工企业违反建筑工程质量、安全标准，降低工程质量的，责令改正，可以处以罚款；构成犯罪的，依法追究刑事责任。

第七十三条 建筑设计单位不按照建筑工程质量、安全标准进行设计的，责令改正，处以罚款；造成工程质量事故的，责令停业整顿，降低资质等级或者吊销资质证书，没收违法所得，并处罚款；造成损失的，承担赔偿责任；构成犯罪的，依法追究刑事责任。

第七十四条 建筑施工企业在施工中偷工减料的，使用不合格的建筑材料、建筑构配件和设备的，或者有其他不按照工程设计图纸或者施工技术标准施工的行为的，责令改正，处以罚款；情节严重的，责令停业整顿，降低资质等级或者吊销资质证书；造成建筑工程质量不符合规定的质量标准的，负责返工、修理，并赔偿因此造成的损失；构成犯罪的，依法追究刑事责任。

第七十九条 负责颁发建筑工程施工许可证的部门及其工作人员对不符合施工条件的建筑工程颁发施工许可证的，负责工程质量监督检查或者竣工验收的部门及其工作人员对不合格的建筑工程出具质量合格文件或者按合格工程验收的，由上级机关责令改正，对责任人员给予行政处分；构成犯罪的，依法追究刑事责任；造成损失的，由该部门承担相应的赔偿责任。

二、《中华人民共和国安全生产法》（节录）（2002 年 6 月 29 日中华人民共和国主席令第 70 号公布　自 2002 年 11 月 1 日起施行　2009 年 8 月 27 日第一次修正　2014 年 8 月 31 日第二次修正　2021 年 6 月 10 日第三次修正）

第九十条 负有安全生产监督管理职责的部门的工作人员，有下列行为之一的，给予降级或者撤职的处分；构成犯罪的，依照刑法有关规定追究刑事责任：

（一）对不符合法定安全生产条件的涉及安全生产的事项予以批准或者验收通过的；

（二）发现未依法取得批准、验收的单位擅自从事有关活动或者接到举报后不予取缔或者不依法予以处理的；

（三）对已经依法取得批准的单位不履行监督管理职责，发现其不再具备安全生产条件而不撤销原批准或者发现安全生产违法行为不予查处的；

（四）在监督检查中发现重大事故隐患，不依法及时处理的。

负有安全生产监督管理职责的部门的工作人员有前款规定以外的滥用职权、玩忽职守、徇私舞弊行为的，依法给予处分；构成犯罪的，依照刑法有关规定追究刑事责任。

第九十一条 负有安全生产监督管理职责的部门，要求被审查、验收的单位购买其指定的安全设备、器材或者其他产品的，在对安全生产事项的审查、验收中收取费用的，由其上级机关或者监察机关责令改正，责令退还收取的费用；情节严重的，对直接负责的主管人员和其他直接责任人员依法给予处分。

第九十二条 承担安全评价、认证、检测、检验职责的机构出具失实报告的，责令停业整顿，并处三万元以上十万元以下的罚款；给他人造成损害的，依法承担赔偿责任。

承担安全评价、认证、检测、检验职责的机构租借资质、挂靠、出具虚假报告的，没收违法所得；违法所得在十万元以上的，并处违法所得二倍以上五倍以下的罚款，没有违法所得或者违法所得不足十万元的，单处或者并处十万元以上二十万元以下的罚款；对其直接负责的主管人员和其他直接责任人员处五万元以上十万元以下的罚款；给他人造成损害的，与生产经营单位承担连带赔偿责任；构成犯罪的，依照刑法有关规定追究刑事责任。

对有前款违法行为的机构及其直接责任人员，吊销其相应资质和资格，五年内不得从事安全评价、认证、检测、检验等工作；情节严重的，实行终身行业和职业禁入。

第九十三条 生产经营单位的决策机构、主要负责人或者个人经营的投资人不依照本法规定保证安全生产所必需的资金投入，致使生产经营单位不具备安全生产条件的，责令限期改正，提供必需的资金；逾期未改正的，责令生产经营单位停产停业整顿。

有前款违法行为，导致发生生产安全事故的，对生产经营单位的主要负责人给予撤职处分，对个人经营的投资人处二万元以上二十万元以下的罚款；构成犯罪的，依照刑法有关规定追究刑事责任。

第九十四条 生产经营单位的主要负责人未履行本法规定的安全生产管理职责的，责令限期改正，处二万元以上五万元以下的罚款；逾期未改正的，处五万元以上十万元以下的罚款，责令生产经营单位停产停业整顿。

生产经营单位的主要负责人有前款违法行为，导致发生生产安全事故的，给予撤职处分；构成犯罪的，依照刑法有关规定追究刑事责任。

生产经营单位的主要负责人依照前款规定受刑事处罚或者撤职处分的，自刑罚执行完毕或者受处分之日起，五年内不得担任任何生产经营单位的主要负责人；对重大、特别重大生产安全事故负有责任的，终身不得担任本行业生产经营单位的主要负责人。

第九十五条 生产经营单位的主要负责人未履行本法规定的安全生产管理职责，导致发生生产安全事故的，由应急管理部门依照下列规定处以罚款：

（一）发生一般事故的，处上一年年收入百分之四十的罚款；

（二）发生较大事故的，处上一年年收入百分之六十的罚款；

（三）发生重大事故的，处上一年年收入百分之八十的罚款；

（四）发生特别重大事故的，处上一年年收入百分之一百的罚款。

第九十六条 生产经营单位的其他负责人和安全生产管理人员未履行本法规定的安全生产管理职责的，责令限期改正，处一万元以上三万元以下的罚款；导致发生生产安全事故的，暂停或者吊销其与安全生产有关的资格，并处上一年年收入百分之二十以上百分之五十以下的罚款；构成犯罪的，依照刑法有关规定追究刑事责任。

第九十七条 生产经营单位有下列行为之一的，责令限期改正，处十万元以下的罚款；逾期未改正的，责令停产停业整顿，并处十万元以上二十万元以下的罚款，对其直接负责的主管人员和其他直接责任人员处二万元以上五万元以下的罚款：

（一）未按照规定设置安全生产管理机构或者配备安全生产管理人员、注册安全工程师的；

（二）危险物品的生产、经营、储存、装卸单位以及矿山、金属冶炼、建筑施工、运输单位的主要负责人和安全生产管理人员未按照规定经考核合格的；

（三）未按照规定对从业人员、被派遣劳动者、实习学生进行安全生产教育和培训，或者未按照规定如实告知有关的安全生产事项的；

（四）未如实记录安全生产教育和培训情况的；

（五）未将事故隐患排查治理情况如实记录或者未向从业人员通报的；

（六）未按照规定制定生产安全事故应急救援预案或者未定期组织演练的；

（七）特种作业人员未按照规定经专门的安全作业培训并取得相应资格，上岗作业的。

第九十八条 生产经营单位有下列行为之一的，责令停止建设或者停产停业整顿，限期改正，并处十万元以上五十万元以下的罚款，对其直接负责的主管人员和其他直接责任人员处二万元以上五万元以下的罚款；逾期未改正的，处五十万元以上一百万元以下的罚款，对其直接负责的主管人员和其他直接责任人员处五万元以上十万元以下的罚款；构成犯罪的，依照刑法有关规定追究刑事责任：

（一）未按照规定对矿山、金属冶炼建设项目或者用于生产、储存、装卸危险物品的建设项目进行安全评价的；

（二）矿山、金属冶炼建设项目或者用于生产、储存、装卸危险物品的建设项目没有安全设施设计或者安全设施设计未按照规定报经有关部门审查同意的；

（三）矿山、金属冶炼建设项目或者用于生产、储存、装卸危险物品的建设项目的施工单位未按照批准的安全设施设计施工的；

（四）矿山、金属冶炼建设项目或者用于生产、储存、装卸危险物品的建设项目竣工投入生产或者使用前，安全设施未经验收合格的。

第九十九条 生产经营单位有下列行为之一的，责令限期改正，处五万元以下的罚款；逾期未改正的，处五万元以上二十万元以下的罚款，对其直接负责的主管人员和其他直接责任人员处一万元以上二万元以下的罚款；情节严重的，责令停产停业整顿；构成犯罪的，依照刑法有关规定追究刑事责任：

（一）未在有较大危险因素的生产经营场所和有关设施、设备上设置明显的安全警示标志的；

（二）安全设备的安装、使用、检测、改造和报废不符合国家标准或者行业标准的；

（三）未对安全设备进行经常性维护、保养和定期检测的；

（四）关闭、破坏直接关系生产安全的监控、报警、防护、救生设备、设施，或者篡改、隐瞒、销毁其相关数据、信息的；

（五）未为从业人员提供符合国家标准或者行业标准的劳动防护用品的；

（六）危险物品的容器、运输工具，以及涉及人身安全、危险性较大的海洋石油开采特种设备和矿山井下特种设备未经具有专业资质的机构检测、检验合格，取得安全使用证或者安全标志，投入使用的；

（七）使用应当淘汰的危及生产安全的工艺、设备的；

（八）餐饮等行业的生产经营单位使用燃气未安装可燃气体报警装置的。

第一百条 未经依法批准，擅自生产、经营、运输、储存、使用危险物品或者处置废弃危险物品的，依照有关危险物品安全管理的法律、行政法规的规定予以处罚；构成犯罪的，依照刑法有关规定追究刑事责任。

第一百零一条 生产经营单位有下列行为之一的，责令限期改正，处十万元以下的罚款；逾期未改正的，责令停产停业整顿，并处十万元以上二十万元以下的罚款，对其直接负责的主管人员和其他直接责任人员处二万元以上五万元以下的罚款；构成犯罪的，依照刑法有关规定追究刑事责任：

（一）生产、经营、运输、储存、使用危险物品或者处置废弃危险物品，未建立专门安全管理制度、未采取可靠的安全措施的；

（二）对重大危险源未登记建档，未进行定期检测、评估、监控，未制定应急预案，或者未告知应急措施的；

（三）进行爆破、吊装、动火、临时用电以及国务院应急管理部门会同国务院有关部门规定的其他危险作业，未安排专门人员进行现场安全管理的；

（四）未建立安全风险分级管控制度或者未按照安全风险分级采取相应管控措施的；

（五）未建立事故隐患排查治理制度，或者重大事故隐患排查治理情况未按照规定报告的。

第一百零二条　生产经营单位未采取措施消除事故隐患的，责令立即消除或者限期消除，处五万元以下的罚款；生产经营单位拒不执行的，责令停产停业整顿，对其直接负责的主管人员和其他直接责任人员处五万元以上十万元以下的罚款；构成犯罪的，依照刑法有关规定追究刑事责任。

第一百零三条　生产经营单位将生产经营项目、场所、设备发包或者出租给不具备安全生产条件或者相应资质的单位或者个人的，责令限期改正，没收违法所得；违法所得十万元以上的，并处违法所得二倍以上五倍以下的罚款；没有违法所得或者违法所得不足十万元的，单处或者并处十万元以上二十万元以下的罚款；对其直接负责的主管人员和其他直接责任人员处一万元以上二万元以下的罚款；导致发生生产安全事故给他人造成损害的，与承包方、承租方承担连带赔偿责任。

生产经营单位未与承包单位、承租单位签订专门的安全生产管理协议或者未在承包合同、租赁合同中明确各自的安全生产管理职责，或者未对承包单位、承租单位的安全生产统一协调、管理的，责令限期改正，处五万元以下的罚款，对其直接负责的主管人员和其他直接责任人员处一万元以下的罚款；逾期未改正的，责令停产停业整顿。

矿山、金属冶炼建设项目和用于生产、储存、装卸危险物品的建设项目的施工单位未按照规定对施工项目进行安全管理的，责令限期改正，处十万元以下的罚款，对其直接负责的主管人员和其他直接责任人员处二万元以下的罚款；逾期未改正的，责令停产停业整顿。以上施工单位倒卖、出租、出借、挂靠或者以其他形式非法转让施工资质的，责令停产停业整顿，吊销资质证书，没收违法所得；违法所得十万元以上的，并处违法所得二倍以上五倍以下的罚款，没有违法所得或者违法所得不足十万元的，单处或者并处十万元以上二十万元以下的罚款；对其直接负责的主管人员和其他直接责任人员处五万元以上十万元以下的罚款；构成犯罪的，依照刑法有关规定追究刑事责任。

第一百零四条　两个以上生产经营单位在同一作业区域内进行可能危及对方安全生产的生产经营活动，未签订安全生产管理协议或者未指定专职安全生产管理人员进行安全检查与协调的，责令限期改正，处五万元以下的罚款，对其直接负责的主管人员和其他直接责任人员处一万元以下的罚款；逾期未改正的，责令停产停业。

第一百零五条　生产经营单位有下列行为之一的，责令限期改正，处五万元以下的罚款，对其直接负责的主管人员和其他直接责任人员处一万元以下的罚款；逾期未改正的，责令停产停业整顿；构成犯罪的，依照刑法有关规定追究刑事责任：

（一）生产、经营、储存、使用危险物品的车间、商店、仓库与员工宿舍在同一座建筑内，或者与员工宿舍的距离不符合安全要求的；

（二）生产经营场所和员工宿舍未设有符合紧急疏散需要、标志明显、保持畅通的出口、疏散通道，或者占用、锁闭、封堵生产经营场所或者员工宿舍出口、疏散通道的。

第一百零六条　生产经营单位与从业人员订立协议，免除或者减轻其对从业人员因生产安全事故伤亡依法应承担的责任的，该协议无效；对生产经营单位的主要负责人、个人经营的投资人处二万元以上十万元以下的罚款。

第一百零七条 生产经营单位的从业人员不落实岗位安全责任，不服从管理，违反安全生产规章制度或者操作规程的，由生产经营单位给予批评教育，依照有关规章制度给予处分；构成犯罪的，依照刑法有关规定追究刑事责任。

第一百零八条 违反本法规定，生产经营单位拒绝、阻碍负有安全生产监督管理职责的部门依法实施监督检查的，责令改正；拒不改正的，处二万元以上二十万元以下的罚款；对其直接负责的主管人员和其他直接责任人员处一万元以上二万元以下的罚款；构成犯罪的，依照刑法有关规定追究刑事责任。

第一百零九条 高危行业、领域的生产经营单位未按照国家规定投保安全生产责任保险的，责令限期改正，处五万元以上十万元以下的罚款；逾期未改正的，处十万元以上二十万元以下的罚款。

第一百一十条 生产经营单位的主要负责人在本单位发生生产安全事故时，不立即组织抢救或者在事故调查处理期间擅离职守或者逃匿的，给予降级、撤职的处分，并由应急管理部门处上一年年收入百分之六十至百分之一百的罚款；对逃匿的处十五日以下拘留；构成犯罪的，依照刑法有关规定追究刑事责任。

生产经营单位的主要负责人对生产安全事故隐瞒不报、谎报或者迟报的，依照前款规定处罚。

第一百一十一条 有关地方人民政府、负有安全生产监督管理职责的部门，对生产安全事故隐瞒不报、谎报或者迟报的，对直接负责的主管人员和其他直接责任人员依法给予处分；构成犯罪的，依照刑法有关规定追究刑事责任。

第一百一十二条 生产经营单位违反本法规定，被责令改正且受到罚款处罚，拒不改正的，负有安全生产监督管理职责的部门可以自作出责令改正之日的次日起，按照原处罚数额按日连续处罚。

第一百一十三条 生产经营单位存在下列情形之一的，负有安全生产监督管理职责的部门应当提请地方人民政府予以关闭，有关部门应当依法吊销其有关证照。生产经营单位主要负责人五年内不得担任任何生产经营单位的主要负责人；情节严重的，终身不得担任本行业生产经营单位的主要负责人：

（一）存在重大事故隐患，一百八十日内三次或者一年内四次受到本法规定的行政处罚的；

（二）经停产停业整顿，仍不具备法律、行政法规和国家标准或者行业标准规定的安全生产条件的；

（三）不具备法律、行政法规和国家标准或者行业标准规定的安全生产条件，导致发生重大、特别重大生产安全事故的；

（四）拒不执行负有安全生产监督管理职责的部门作出的停产停业整顿决定的。

第一百一十四条 发生生产安全事故，对负有责任的生产经营单位除要求其依法承担相应的赔偿等责任外，由应急管理部门依照下列规定处以罚款：

（一）发生一般事故的，处三十万元以上一百万元以下的罚款；

（二）发生较大事故的，处一百万元以上二百万元以下的罚款；

（三）发生重大事故的，处二百万元以上一千万元以下的罚款；

（四）发生特别重大事故的，处一千万元以上二千万元以下的罚款。

发生生产安全事故，情节特别严重、影响特别恶劣的，应急管理部门可以按照前款罚款数额的二倍以上五倍以下对负有责任的生产经营单位处以罚款。

第一百一十五条 本法规定的行政处罚，由应急管理部门和其他负有安全生产监督管理职责的部门按照职责分工决定；其中，根据本法第九十五条、第一百一十条、第一百一十四条的规定应当给予民航、铁路、电力行业的生产经营单位及其主要负责人行政处罚的，也可以由主管的负有安全生产监督管理职责的部门进行处罚。予以关闭的行政处罚，由负有安全生产监督管理职责的部门报请县级以上人民政府按照国务院规定的权限决定；给予拘留的行政处罚，由公安机关依照治安管理处罚的规定决定。

第一百一十六条 生产经营单位发生生产安全事故造成人员伤亡、他人财产损失的，应当依法承担赔偿责任；拒不承担或者其负责人逃匿的，由人民法院依法强制执行。

生产安全事故的责任人未依法承担赔偿责任，经人民法院依法采取执行措施后，仍不能对受害人给予足额赔偿的，应当继续履行赔偿义务；受害人发现责任人有其他财产的，可以随时请求人民法院执行。

三、《中华人民共和国老年人权益保障法》（节录）（1996 年 8 月 29 日中华人民共和国主席令第 73 号公布　自 1996 年 10 月 1 日起施行　2009 年 8 月 27 日第一次修正　2012 年 12 月 28 日修订　2015 年 4 月 24 日第二次修正　2018 年 12 月 29 日第三次修正）

第八十二条 涉及老年人的工程不符合国家规定的标准或者无障碍设施所有人、管理人未尽到维护和管理职责的，由有关主管部门责令改正；造成损害的，依法承担民事责任；对有关单位、个人依法给予行政处罚；构成犯罪的，依法追究刑事责任。

四、《中华人民共和国防震减灾法》（节录）（1997 年 12 月 29 日中华人民共和国主席令第 94 号公布　自 1998 年 3 月 1 日起施行　2008 年 12 月 27 日修订）

第八十五条 违反本法规定，未按照要求增建抗干扰设施或者新建地震监测设施的，由国务院地震工作主管部门或者县级以上地方人民政府负责管理地震工作的部门或者机构责令限期改正；逾期不改正的，处二万元以上二十万元以下的罚款；造成损失的，依法承担赔偿责任。

第八十七条 未依法进行地震安全性评价，或者未按照地震安全性评价报告所确定的抗震设防要求进行抗震设防的，由国务院地震工作主管部门或者县级以上地方人民政府负责管理地震工作的部门或者机构责令限期改正；逾期不改正的，处三万元以上三十万元以下的罚款。

第九十一条 违反本法规定，构成犯罪的，依法追究刑事责任。

五、《中华人民共和国石油天然气管道保护法》（节录）（2010 年 6 月 25 日中华人民共和国主席令第 30 号公布　自 2010 年 10 月 1 日起施行）

第五十条 管道企业有下列行为之一的，由县级以上地方人民政府主管管道保护工作的部门责令限期改正；逾期不改正的，处二万元以上十万元以下的罚款；对直接负责的主管人员和其他直接责任人员给予处分：

（一）未依照本法规定对管道进行巡护、检测和维修的；

（二）对不符合安全使用条件的管道未及时更新、改造或者停止使用的；

（三）未依照本法规定设置、修复或者更新有关管道标志的；

（四）未依照本法规定将管道竣工测量图报人民政府主管管道保护工作的部门备案的；

（五）未制定本企业管道事故应急预案，或者未将本企业管道事故应急预案报人民政府主管管道保护工作的部门备案的；

（六）发生管道事故，未采取有效措施消除或者减轻事故危害的；

（七）未对停止运行、封存、报废的管道采取必要的安全防护措施的。

管道企业违反本法规定的行为同时违反建设工程质量管理、安全生产、消防等其他法律的，依照其他法律的规定处罚。

管道企业给他人合法权益造成损害的，依法承担民事责任。

第五十七条 违反本法规定，构成犯罪的，依法追究刑事责任。

六、《中华人民共和国消防法》（节录） (1998 年 4 月 29 日中华人民共和国主席令第 4 号公布 自 1998 年 9 月 1 日起施行 2008 年 10 月 28 日修订 2019 年 4 月 23 日第一次修正 2021 年 4 月 29 日第二次修正)

第五十九条 违反本法规定，有下列行为之一的，由住房和城乡建设主管部门责令改正或者停止施工，并处一万元以上十万元以下罚款：

（一）建设单位要求建筑设计单位或者建筑施工企业降低消防技术标准设计、施工的；

（二）建筑设计单位不按照消防技术标准强制性要求进行消防设计的；

（三）建筑施工企业不按照消防设计文件和消防技术标准施工，降低消防施工质量的；

（四）工程监理单位与建设单位或者建筑施工企业串通，弄虚作假，降低消防施工质量的。

法律适用

相关法律法规

64 教育设施重大安全事故案

概念

本罪是指明知校舍或者教育教学设施有危险，而不采取措施或者不及时报告，致使发生重大伤亡事故的行为。

立案标准

根据最高人民法院、最高人民检察院《关于办理危害生产安全刑事案件适用法律若干问题的解释》第 6 条之规定，实施《刑法》第 138 条规定的行为，因而发生安全事故，造成死亡 1 人以上，或者重伤 3 人以上的，应当认定为"发生重大伤亡事故"，对直接责任人员，处 3 年以下有期徒刑或者拘役。

定罪标准	犯罪客体	本罪侵犯的客体是学校及其他教育机构教育环境及公众的生命健康安全。校舍或者教育教学设施有危险，如不及时采取措施，一旦发生坍塌，往往危及不特定的多数师生的生命健康安全，并造成校舍或者教育教学设施的破坏。《教育法》对此作了明确规定，目的是通过法治手段保障教育、教学活动的正常秩序，保证进行教育教学活动的师生的安全。因此，应依法追究直接责任人员的刑事责任。
	犯罪客观方面	本罪在客观方面表现为行为人明知校舍或者教育教学设施有危险，而不采取措施或者不及时报告，致使发生重大伤亡事故的行为。如果行为人不知校舍或者教育教学设施有危险而发生的坍塌等，致人重伤、死亡的，则不构成犯罪。"校舍"是指各类学校及其他教育机构的教室、教学楼、行政办公室、学生宿舍、阅览室、图书馆等。"教育教学设施"是指用于教育教学的各种设施、设备，如实验室、实验设备、体育器械等。本罪在客观方面首先表现为行为人明知校舍或者教育教学设施有危险，而不采取有效的预防和补救措施或者不及时报告的行为；其次必须造成重大伤亡事故。否则，不构成本罪。
	犯罪主体	本罪的主体是特殊主体，即对校舍或者教育教学设施负有直接领导、管理责任的人员，换言之，对校舍、教育教学设施的安全负有直接责任的人员才能构成本罪主体。
	犯罪主观方面	本罪在主观方面表现为过失，包括疏忽大意的过失和过于自信的过失。尽管过失的表现形式不同，但行为人对造成危害后果的心理状态却是一样的，即在主观上都不希望发生危害社会的严重后果。至于行为人对校舍或者教育教学设施有危险，则是明知的。即是说，行为人明知校舍或者教育教学设施有危险，而不采取措施或者不及时报告，但对严重后果却未预料到，或者轻信能够避免。
	罪与非罪	一、区分本罪与非罪的界限，应当注意：行为人明知校舍或者教育教学设施有危险，而不采取措施或者不及时报告的不作为，必须与重大伤亡事故的危害结果有因果关系。即是说，行为人不采取措施或者不及时报告的不作为是发生重大伤亡事故的原因。否则，不应追究行为人的刑事责任。

定罪标准	**罪与非罪**	二、本罪属于结果犯。如果没有发生重大伤亡事故，或者虽然发生了事故，但并未造成人员伤亡等严重后果的，不构成本罪。对"重大伤亡事故"的认定，应当根据最高人民法院、最高人民检察院《关于办理危害生产安全刑事案件适用法律若干问题的解释》第 6 条之规定，即造成死亡 1 人以上，或者重伤 3 人以上的。此外，这里的"后果特别严重"，是指造成死亡 3 人以上或者重伤 10 人以上，负事故主要责任的；或者造成死亡 1 人以上，或者重伤 3 人以上，同时造成直接经济损失 500 万元以上并负事故主要责任的，或者同时造成恶劣社会影响的。
证据参考标准	**主体方面的证据**	**一、证明行为人刑事责任年龄、身份等自然情况的证据** 包括身份证明、户籍证明、任职证明、工作经历证明、特定职责证明等，主要是证明行为人的姓名（曾用名）、性别、出生年月日、民族、籍贯、出生地、职业（或职务）、住所地（或居所地）等证据材料，如户口簿、居民身份证、工作证、出生证、专业或技术等级证、干部履历表、职工登记表、护照等。 对于户籍、出生证等材料内容不实的，应提供其他证据材料。外国人犯罪的案件，应有护照等身份证明材料。人大代表、政协委员犯罪的案件，应注明身份，并附身份证明材料。 **二、证明行为人刑事责任能力的证据** 证明行为人对自己的行为是否具有辨认能力与控制能力，如是否属于间歇性精神病人、尚未完全丧失辨认或者控制自己行为能力的精神病人的证明材料。
	主观方面的证据	**证明行为人过失的证据** 1. 证明行为人应当预见自己的行为可能发生危害社会的结果的证据；2. 证明疏忽大意的过失的证据；3. 证明过于自信的过失的证据。
	客观方面的证据	**证明行为人教育设施重大安全事故犯罪行为的证据** 具体证据包括：1. 证明行为人明知教室有倒塌的危险，而不采取措施，又不及时报告行为的证据；2. 证明行为人明知宿舍有倒塌的危险，而不采取措施，又不及时报告行为的证据；3. 证明行为人明知办公室有倒塌的危险，而不采取措施，又不及时报告行为的证据；4. 证明行为人明知其他教育教学设施有倒塌的危险，而不采取措施，又不及时报告行为的证据；5. 证明发生重大伤亡事故的证据；6. 证明后果特别严重的证据。
	量刑方面的证据	**一、法定量刑情节证据** 1. 事实情节：（1）重大伤亡事故；（2）后果特别严重。2. 法定从重情节。3. 法定从轻减轻情节：（1）可以从轻；（2）可以从轻或减轻；（3）应当从轻或者减轻。4. 法定从轻减轻免除情节：（1）可以从轻、减轻或者免除处罚；（2）应当从轻、减轻或者免除处罚。5. 法定减轻免除情节：（1）可以减轻或者免除处罚；（2）应当减轻或者免除处罚；（3）可以免除处罚。 **二、酌定量刑情节证据** 1. 犯罪手段。2. 犯罪对象。3. 危害结果：（1）人员伤亡；（2）房屋倒塌。4. 动机。5. 平时表现。6. 认罪态度。7. 是否有前科。8. 其他证据。

量刑标准	犯本罪的	对直接责任人员，处三年以下有期徒刑或者拘役
	后果特别严重的	对直接责任人员，处三年以上七年以下有期徒刑

刑法条文

第一百三十八条 明知校舍或者教育教学设施有危险，而不采取措施或者不及时报告，致使发生重大伤亡事故的，对直接责任人员，处三年以下有期徒刑或者拘役；后果特别严重的，处三年以上七年以下有期徒刑。

法律适用

司法解释

最高人民法院、最高人民检察院《关于办理危害生产安全刑事案件适用法律若干问题的解释》（节录）（2015年12月14日最高人民法院、最高人民检察院公布　自2015年12月16日起施行　法释〔2015〕22号）

第六条 实施刑法第一百三十二条、第一百三十四条第一款、第一百三十五条、第一百三十五条之一、第一百三十六条、第一百三十九条规定的行为，因而发生安全事故，具有下列情形之一的，应当认定为"造成严重后果"或者"发生重大伤亡事故或者造成其他严重后果"，对相关责任人员，处三年以下有期徒刑或者拘役：

（一）造成死亡一人以上，或者重伤三人以上的；

（二）造成直接经济损失一百万元以上的；

（三）其他造成严重后果或者重大安全事故的情形。

实施刑法第一百三十四条第二款规定的行为，因而发生安全事故，具有本条第一款规定情形的，应当认定为"发生重大伤亡事故或者造成其他严重后果"，对相关责任人员，处五年以下有期徒刑或者拘役。

实施刑法第一百三十七条规定的行为，因而发生安全事故，具有本条第一款规定情形的，应当认定为"造成重大安全事故"，对直接责任人员，处五年以下有期徒刑或者拘役，并处罚金。

实施刑法第一百三十八条规定的行为，因而发生安全事故，具有本条第一款第一项规定情形的，应当认定为"发生重大伤亡事故"，对直接责任人员，处三年以下有期徒刑或者拘役。

第七条 实施刑法第一百三十二条、第一百三十四条第一款、第一百三十五条、第一百三十五条之一、第一百三十六条、第一百三十九条规定的行为，因而发生安全事故，具有下列情形之一的，对相关责任人员，处三年以上七年以下有期徒刑：

（一）造成死亡三人以上或者重伤十人以上，负事故主要责任的；

（二）造成直接经济损失五百万元以上，负事故主要责任的；

（三）其他造成特别严重后果、情节特别恶劣或者后果特别严重的情形。

实施刑法第一百三十四条第二款规定的行为，因而发生安全事故，具有本条第一款规定情形的，对相关责任人员，处五年以上有期徒刑。

实施刑法第一百三十七条规定的行为，因而发生安全事故，具有本条第一款规定情形的，对直接责任人员，处五年以上十年以下有期徒刑，并处罚金。

实施刑法第一百三十八条规定的行为，因而发生安全事故，具有下列情形之一的，对直接责任人员，处三年以上七年以下有期徒刑：

（一）造成死亡三人以上或者重伤十人以上，负事故主要责任的；

（二）具有本解释第六条第一款第一项规定情形，同时造成直接经济损失五百万元以上并负事故主要责任的，或者同时造成恶劣社会影响的。

司法解释

法律适用

第十条 在安全事故发生后，直接负责的主管人员和其他直接责任人员故意阻挠开展抢救，导致人员死亡或者重伤，或者为了逃避法律追究，对被害人进行隐藏、遗弃，致使被害人因无法得到救助而死亡或者重度残疾的，分别依照刑法第二百三十二条、第二百三十四条的规定，以故意杀人罪或者故意伤害罪定罪处罚。

第十二条 实施刑法第一百三十二条、第一百三十四条至第一百三十九条之一规定的犯罪行为，具有下列情形之一的，从重处罚：

（一）未依法取得安全许可证件或者安全许可证件过期、被暂扣、吊销、注销后从事生产经营活动的；

（二）关闭、破坏必要的安全监控和报警设备的；

（三）已经发现事故隐患，经有关部门或者个人提出后，仍不采取措施的；

（四）一年内曾因危害生产安全违法犯罪活动受过行政处罚或者刑事处罚的；

（五）采取弄虚作假、行贿等手段，故意逃避、阻挠负有安全监督管理职责的部门实施监督检查的；

（六）安全事故发生后转移财产意图逃避承担责任的；

（七）其他从重处罚的情形。

实施前款第五项规定的行为，同时构成刑法第三百八十九条规定的犯罪的，依照数罪并罚的规定处罚。

第十三条 实施刑法第一百三十二条、第一百三十四条至第一百三十九条之一规定的犯罪行为，在安全事故发生后积极组织、参与事故抢救，或者积极配合调查、主动赔偿损失的，可以酌情从轻处罚。

第十六条 对于实施危害生产安全犯罪适用缓刑的犯罪分子，可以根据犯罪情况，禁止其在缓刑考验期限内从事与安全生产相关联的特定活动；对于被判处刑罚的犯罪分子，可以根据犯罪情况和预防再犯罪的需要，禁止其自刑罚执行完毕之日或者假释之日起三年至五年内从事与安全生产相关的职业。

相关法律法规

一、《中华人民共和国未成年人保护法》（节录）（1991 年 9 月 4 日中华人民共和国主席令第 50 号公布　自 1992 年 1 月 1 日起施行　2006 年 12 月 29 日第一次修订　2012 年 10 月 26 日第一次修正　2020 年 10 月 17 日第二次修订　2024 年 4 月 26 日第二次修正）

第三十五条 学校、幼儿园应当建立安全管理制度，对未成年人进行安全教育，完善安保设施、配备安保人员，保障未成年人在校、在园期间的人身和财产安全。

学校、幼儿园不得在危及未成年人人身安全、身心健康的校舍和其他设施、场所中进行教育教学活动。

学校、幼儿园安排未成年人参加文化娱乐、社会实践等集体活动，应当保护未成年人的身心健康，防止发生人身伤害事故。

第一百二十九条 违反本法规定，侵犯未成年人合法权益，造成人身、财产或者其他损害的，依法承担民事责任。

违反本法规定，构成违反治安管理行为的，依法给予治安管理处罚；构成犯罪的，依法追究刑事责任。

二、《中华人民共和国教育法》（节录）（1995 年 3 月 18 日中华人民共和国主席令第 45 号公布　自 1995 年 9 月 1 日起施行　2009 年 8 月 27 日第一次修正　2015 年 12 月 27 日第二次修正　2021 年 4 月 29 日第三次修正）

第七十三条 明知校舍或者教育教学设施有危险，而不采取措施，造成人员伤亡或者重大财产损失的，对直接负责的主管人员和其他直接责任人员，依法追究刑事责任。

法律适用

相关法律法规

三、《中华人民共和国义务教育法》（节录）（1986 年 4 月 12 日中华人民共和国主席令第 38 号公布　自 1986 年 7 月 1 日起施行　2006 年 6 月 29 日修订　2015 年 4 月 24 日第一次修正　2018 年 12 月 29 日第二次修正）

第十六条　学校建设，应当符合国家规定的办学标准，适应教育教学需要；应当符合国家规定的选址要求和建设标准，确保学生和教职工安全。

第十九条　县级以上地方人民政府根据需要设置相应的实施特殊教育的学校（班），对视力残疾、听力语言残疾和智力残疾的适龄儿童、少年实施义务教育。特殊教育学校（班）应当具备适应残疾儿童、少年学习、康复、生活特点的场所和设施。

普通学校应当接收具有接受普通教育能力的残疾适龄儿童、少年随班就读，并为其学习、康复提供帮助。

第二十四条　学校应当建立、健全安全制度和应急机制，对学生进行安全教育，加强管理，及时消除隐患，预防发生事故。

县级以上地方人民政府定期对学校校舍安全进行检查；对需要维修、改造的，及时予以维修、改造。

学校不得聘用曾经因故意犯罪被依法剥夺政治权利或者其他不适合从事义务教育工作的人担任工作人员。

第六十条　违反本法规定，构成犯罪的，依法追究刑事责任。

65 消防责任事故案

概念　　本罪是指违反消防管理法规，经消防监督机构通知采取改正措施而拒绝执行，造成严重后果的行为。

立案标准　　根据最高人民法院、最高人民检察院《关于办理危害生产安全刑事案件适用法律若干问题的解释》第 6 条规定，实施《刑法》第 139 条规定的行为，因而发生安全事故，具有下列情形之一的，应当认定为"造成严重后果"：

(1) 造成死亡 1 人以上，或者重伤 3 人以上的；

(2) 造成直接经济损失 100 万元以上的；

(3) 其他造成严重后果或者重大安全事故的情形。

定罪标准

犯罪客体

　　本罪侵犯的客体是国家的消防监督制度和公共安全。消防工作是全民同火灾作斗争的事业，关系到国计民生和社会的安定，涉及各行各业、千家万户。我国对消防工作实行严格的监督管制，专门制定了《消防法》《消防监督检查规定》等消防法规。其中规定，我国消防工作由各级公安机关实施监督，县以上公安机关设置消防监督机构，消防监督机构发现有重大火灾隐患的，应及时向被检查的单位或居民以及上级主管部门发出《火险隐患整改通知书》，被通知单位的防火负责人或公民，应当采取有效措施，消除火灾隐患，并将整改的情况及时告诉消防监督机构。每个单位和公民都必须严格遵守消防法规，认真做好消防工作，及时消除火灾隐患。而有些单位和公民片面追求经济效益，违反消防管理法规，经消防监督机构通知采取改正措施而拒绝执行，因而发生火灾，造成严重后果，严重破坏消防监督管理秩序，危害公共安全，给国家、集体和人民群众带来巨大损失。

犯罪客观方面

　　本罪在客观方面表现为违反消防管理法规且经消防监督机构通知采取改正措施而拒绝执行的行为。违反消防管理法规而造成严重后果，是这种犯罪行为的本质特征。(1) 所谓违反消防管理法规，是指违反了我国《消防法》《森林防火条例》《草原防火条例》《仓库防火安全管理规则》等。违反的行为多种多样，既可以是作为，也可以是不作为。(2) 经消防监督管理机构通知采取改正措施而拒绝执行。如果行为人只是违反了消防管理法规，但没有接到过消防监督机构采取改正措施的通知，则即使造成了严重后果，也不构成本罪。消防监督机构，是指根据有关法律、法规建立的专门负责消防监督检查工作的机构。(3) 违反消防管理法规与严重后果之间存在因果关系。即严重后果是由于违反消防管理法规的行为引起的。违反消防管理法规的行为与严重后果之间没有因果联系，则不构成本罪。(4) 严重后果必须发生在消防监督机构监督管理的过程中。拒绝执行的行为必须与严重后果之间存在因果关系。

　　这里的"严重后果"的认定应当根据最高人民法院、最高人民检察院《关于办理危害生产安全刑事案件适用法律若干问题的解释》第 6 条之规定，包括：(1) 造成死亡 1 人以上，或者重伤 3 人以上的；(2) 造成直接经济损失 100 万元以上的；(3) 其

定罪标准	**犯罪客观方面**	他造成严重后果或者重大安全事故的情形。这里的"后果特别严重",包括下列情形:(1) 造成死亡3人以上或者重伤10人以上,负事故主要责任的;(2) 造成直接经济损失500万元以上,负事故主要责任的;(3) 其他造成特别严重后果、情节特别恶劣或者后果特别严重的情形。
	犯罪主体	本罪的主体为一般主体。行为人既包括自然人,即年满16周岁且具备刑事责任能力的人,也包括单位。
	犯罪主观方面	本罪在主观方面表现为过失,可以是疏忽大意的过失,也可以是过于自信的过失。这里所说的过失,是指行为人对其所造成的危害结果的心理状态而言。行为人主观上并不希望火灾事故发生,但就其违反消防管理法规,经消防机构通知采取改正措施而拒绝执行而言,却是明知故犯的。行为人明知是违反了消防管理法规,但却未想到会因此立即产生严重后果,或者轻信能够避免,以致发生了严重后果。
	罪与非罪	区分罪与非罪的界限,关键是看造成后果的严重程度。构成消防责任事故罪,必须造成严重后果。而一般消防事故,虽然发生了事故,造成了一定危害后果,但未达到严重程度,故不构成犯罪。 同时,如果在消防监督机构执行消防监督职责前发生火灾事故的,不能以本罪论处。
	此罪与彼罪	一、本罪与失火罪的界限。本罪是行为人在存在火险隐患的情况下拒不执行消防监督机构关于采取改正措施的通知,致使引起火灾,造成严重后果的。失火罪是行为人在日常生活与生产活动中用火不慎,引起火灾,造成严重后果的。 二、本罪与玩忽职守罪的界限。本罪的犯罪主体是一般主体,玩忽职守罪的犯罪主体是国家机关工作人员。如果单位的负责人或有关人员是国家机关工作人员,违反消防管理法规,经消防监督机构通知采取改正措施而拒绝执行,致使发生火灾事故,造成严重后果的,则属于法条竞合,按照《刑法》第397条第1款"本法另有规定的,依照规定"的规定,应以特别法条即《刑法》第139条的规定定罪处罚。也就是说,对犯罪行为人应以消防责任事故罪论处,而不应以玩忽职守罪论处。
证据参考标准	**主体方面的证据**	**一、证明行为人刑事责任年龄、身份等自然情况的证据** 包括身份证明、户籍证明、任职证明、工作经历证明、特定职责证明等,主要是证明行为人的姓名(曾用名)、性别、出生年月日、民族、籍贯、出生地、职业(或职务)、住所地(或居所地)等证据材料,如户口簿、居民身份证、工作证、出生证、专业或技术等级证、干部履历表、职工登记表、护照等。 对于户籍、出生证等材料内容不实的,应提供其他证据材料。外国人犯罪的案件,应有护照等身份证明材料。人大代表、政协委员犯罪的案件,应注明身份,并附身份证明材料。 **二、证明行为人刑事责任能力的证据** 证明行为人对自己的行为是否具有辨认能力与控制能力,如是否属于间歇性精神病人、尚未完全丧失辨认或者控制自己行为能力的精神病人的证明材料。

		三、证明单位的证据
证据参考标准	主体方面的证据	证明是否属于依法成立并有合法经营、管理范围的公司、企业、事业单位、机关、团体。 证明单位的名称、住所地、性质、法定代表人、单位负责人、业务范围、成立时间等证据材料，如企业营业执照、国有公司性质证明及非法人单位的身份证明等。 **四、证明法定代表人、单位负责人或直接责任人员等的身份证据** 法定代表人、直接负责的主管人员和其他直接责任人在单位的任职、职责、负责权限的证明材料等。包括身份证明、户籍证明、任职证明等，如户口簿、居民身份证、工作证、护照、专业或技术等级证、干部履历表、职工登记表、任命书、业务分工文件、委派文件、单位证明、单位规章制度等。
	主观方面的证据	**证明行为人过失的证据** 1. 证明行为人应当预见自己的行为可能发生危害社会的结果的证据；2. 证明疏忽大意的过失的证据；3. 证明过于自信的过失的证据。
	客观方面的证据	**证明行为人消防责任事故犯罪行为的证据** 具体证据包括：1. 证明行为人不采取改正措施消除火险隐患行为的证据；2. 证明行为人不执行《火险隐患整改通知书》行为的证据；3. 证明引起重大火灾，造成严重后果的证据；4. 证明引起重大火灾，导致后果特别严重的证据。
	量刑方面的证据	**一、法定量刑情节证据** 1. 事实情节：（1）严重后果；（2）后果特别严重。2. 法定从重情节。3. 法定从轻减轻情节：（1）可以从轻；（2）可以从轻或减轻；（3）应当从轻或者减轻。4. 法定从轻减轻免除情节：（1）可以从轻、减轻或者免除处罚；（2）应当从轻、减轻或者免除处罚。5. 法定减轻免除情节：（1）可以减轻或者免除处罚；（2）应当减轻或者免除处罚；（3）可以免除处罚。 **二、酌定量刑情节证据** 1. 犯罪手段。2. 犯罪对象。3. 危害结果：（1）人员伤亡；（2）财产损失。4. 动机。5. 平时表现。6. 认罪态度。7. 是否有前科。8. 其他证据。

量刑标准	犯本罪的	处三年以下有期徒刑或者拘役
	后果特别严重的	处三年以上七年以下有期徒刑

法律适用	刑法条文	**第一百三十九条** 违反消防管理法规，经消防监督机构通知采取改正措施而拒绝执行，造成严重后果的，对直接责任人员，处三年以下有期徒刑或者拘役；后果特别严重的，处三年以上七年以下有期徒刑。

最高人民法院、最高人民检察院《关于办理危害生产安全刑事案件适用法律若干问题的解释》（节录）（2015年12月14日最高人民法院、最高人民检察院公布　自2015年12月16日起施行　法释〔2015〕22号）

第六条　实施刑法第一百三十二条、第一百三十四条第一款、第一百三十五条、第一百三十五条之一、第一百三十六条、第一百三十九条规定的行为，因而发生安全事故，具有下列情形之一的，应当认定为"造成严重后果"或者"发生重大伤亡事故或者造成其他严重后果"，对相关责任人员，处三年以下有期徒刑或者拘役：

（一）造成死亡一人以上，或者重伤三人以上的；

（二）造成直接经济损失一百万元以上的；

（三）其他造成严重后果或者重大安全事故的情形。

实施刑法第一百三十四条第二款规定的行为，因而发生安全事故，具有本条第一款规定情形的，应当认定为"发生重大伤亡事故或者造成其他严重后果"，对相关责任人员，处五年以下有期徒刑或者拘役。

实施刑法第一百三十七条规定的行为，因而发生安全事故，具有本条第一款规定情形的，应当认定为"造成重大安全事故"，对直接责任人员，处五年以下有期徒刑或者拘役，并处罚金。

实施刑法第一百三十八条规定的行为，因而发生安全事故，具有本条第一款第一项规定情形的，应当认定为"发生重大伤亡事故"，对直接责任人员，处三年以下有期徒刑或者拘役。

第七条　实施刑法第一百三十二条、第一百三十四条第一款、第一百三十五条、第一百三十五条之一、第一百三十六条、第一百三十九条规定的行为，因而发生安全事故，具有下列情形之一的，对相关责任人员，处三年以上七年以下有期徒刑：

（一）造成死亡三人以上或者重伤十人以上，负事故主要责任的；

（二）造成直接经济损失五百万元以上，负事故主要责任的；

（三）其他造成特别严重后果、情节特别恶劣或者后果特别严重的情形。

实施刑法第一百三十四条第二款规定的行为，因而发生安全事故，具有本条第一款规定情形的，对相关责任人员，处五年以上有期徒刑。

实施刑法第一百三十七条规定的行为，因而发生安全事故，具有本条第一款规定情形的，对直接责任人员，处五年以上十年以下有期徒刑，并处罚金。

实施刑法第一百三十八条规定的行为，因而发生安全事故，具有下列情形之一的，对直接责任人员，处三年以上七年以下有期徒刑：

（一）造成死亡三人以上或者重伤十人以上，负事故主要责任的；

（二）具有本解释第六条第一款第一项规定情形，同时造成直接经济损失五百万元以上并负事故主要责任的，或者同时造成恶劣社会影响的。

第十条　在安全事故发生后，直接负责的主管人员和其他直接责任人员故意阻挠开展抢救，导致人员死亡或者重伤，或者为了逃避法律追究，对被害人进行隐藏、遗弃，致使被害人因无法得到救助而死亡或者重度残疾的，分别依照刑法第二百三十二条、第二百三十四条的规定，以故意杀人罪或者故意伤害罪定罪处罚。

第十二条　实施刑法第一百三十二条、第一百三十四条至第一百三十九条之一规定的犯罪行为，具有下列情形之一的，从重处罚：

法律适用

司法解释

（一）未依法取得安全许可证件或者安全许可证件过期、被暂扣、吊销、注销后从事生产经营活动的；

（二）关闭、破坏必要的安全监控和报警设备的；

（三）已经发现事故隐患，经有关部门或者个人提出后，仍不采取措施的；

（四）一年内曾因危害生产安全违法犯罪活动受过行政处罚或者刑事处罚的；

（五）采取弄虚作假、行贿等手段，故意逃避、阻挠负有安全监督管理职责的部门实施监督检查的；

（六）安全事故发生后转移财产意图逃避承担责任的；

（七）其他从重处罚的情形。

实施前款第五项规定的行为，同时构成刑法第三百八十九条规定的犯罪的，依照数罪并罚的规定处罚。

第十三条 实施刑法第一百三十二条、第一百三十四条至第一百三十九条之一规定的犯罪行为，在安全事故发生后积极组织、参与事故抢救，或者积极配合调查、主动赔偿损失的，可以酌情从轻处罚。

第十六条 对于实施危害生产安全犯罪适用缓刑的犯罪分子，可以根据犯罪情况，禁止其在缓刑考验期限内从事与安全生产相关联的特定活动；对于被判处刑罚的犯罪分子，可以根据犯罪情况和预防再犯罪的需要，禁止其自刑罚执行完毕之日或者假释之日起三年至五年内从事与安全生产相关的职业。

相关法律法规

《中华人民共和国消防法》（节录）（1998 年 4 月 29 日中华人民共和国主席令第 4 号公布　自 1998 年 9 月 1 日起施行　2008 年 10 月 28 日修订　2019 年 4 月 23 日第一次修正　2021 年 4 月 29 日第二次修正）

第五十八条 违反本法规定，有下列行为之一的，由住房和城乡建设主管部门、消防救援机构按照各自职权责令停止施工、停止使用或者停产停业，并处三万元以上三十万元以下罚款：

（一）依法应当进行消防设计审查的建设工程，未经依法审查或者审查不合格，擅自施工的；

（二）依法应当进行消防验收的建设工程，未经消防验收或者消防验收不合格，擅自投入使用的；

（三）本法第十三条规定的其他建设工程验收后经依法抽查不合格，不停止使用的；

（四）公众聚集场所未经消防救援机构许可，擅自投入使用、营业的，或者经核查发现场所使用、营业情况与承诺内容不符的。

核查发现公众聚集场所使用、营业情况与承诺内容不符，经责令限期改正，逾期不整改或者整改后仍达不到要求的，依法撤销相应许可。

建设单位未依照本法规定在验收后报住房和城乡建设主管部门备案的，由住房和城乡建设主管部门责令改正，处五千元以下罚款。

第五十九条 违反本法规定，有下列行为之一的，由住房和城乡建设主管部门责令改正或者停止施工，并处一万元以上十万元以下罚款：

（一）建设单位要求建筑设计单位或者建筑施工企业降低消防技术标准设计、施工的；

（二）建筑设计单位不按照消防技术标准强制性要求进行消防设计的；

（三）建筑施工企业不按照消防设计文件和消防技术标准施工，降低消防施工质量的；

（四）工程监理单位与建设单位或者建筑施工企业串通，弄虚作假，降低消防施工质量的。

第六十条 单位违反本法规定，有下列行为之一的，责令改正，处五千元以上五万元以下罚款：

（一）消防设施、器材或者消防安全标志的配置、设置不符合国家标准、行业标准，或者未保持完好有效的；

（二）损坏、挪用或者擅自拆除、停用消防设施、器材的；

（三）占用、堵塞、封闭疏散通道、安全出口或者有其他妨碍安全疏散行为的；

（四）埋压、圈占、遮挡消火栓或者占用防火间距的；

（五）占用、堵塞、封闭消防车通道，妨碍消防车通行的；

（六）人员密集场所在门窗上设置影响逃生和灭火救援的障碍物的；

（七）对火灾隐患经消防救援机构通知后不及时采取措施消除的。

个人有前款第二项、第三项、第四项、第五项行为之一的，处警告或者五百元以下罚款。

有本条第一款第三项、第四项、第五项、第六项行为，经责令改正拒不改正的，强制执行，所需费用由违法行为人承担。

第六十一条 生产、储存、经营易燃易爆危险品的场所与居住场所设置在同一建筑物内，或者未与居住场所保持安全距离的，责令停产停业，并处五千元以上五万元以下罚款。

生产、储存、经营其他物品的场所与居住场所设置在同一建筑物内，不符合消防技术标准的，依照前款规定处罚。

第六十二条 有下列行为之一的，依照《中华人民共和国治安管理处罚法》的规定处罚：

（一）违反有关消防技术标准和管理规定生产、储存、运输、销售、使用、销毁易燃易爆危险品的；

（二）非法携带易燃易爆危险品进入公共场所或者乘坐公共交通工具的；

（三）谎报火警的；

（四）阻碍消防车、消防艇执行任务的；

（五）阻碍消防救援机构的工作人员依法执行职务的。

第六十三条 违反本法规定，有下列行为之一的，处警告或者五百元以下罚款；情节严重的，处五日以下拘留：

（一）违反消防安全规定进入生产、储存易燃易爆危险品场所的；

（二）违反规定使用明火作业或者在具有火灾、爆炸危险的场所吸烟、使用明火的。

第六十四条 违反本法规定，有下列行为之一，尚不构成犯罪的，处十日以上十五日以下拘留，可以并处五百元以下罚款；情节较轻的，处警告或者五百元以下罚款：

（一）指使或者强令他人违反消防安全规定，冒险作业的；

（二）过失引起火灾的；

（三）在火灾发生后阻拦报警，或者负有报告职责的人员不及时报警的；

（四）扰乱火灾现场秩序，或者拒不执行火灾现场指挥员指挥，影响灭火救援的；

（五）故意破坏或者伪造火灾现场的；

（六）擅自拆封或者使用被消防救援机构查封的场所、部位的。

第六十五条 违反本法规定，生产、销售不合格的消防产品或者国家明令淘汰的消防产品的，由产品质量监督部门或者工商行政管理部门依照《中华人民共和国产品质量法》的规定从重处罚。

人员密集场所使用不合格的消防产品或者国家明令淘汰的消防产品的，责令限期改正；逾期不改正的，处五千元以上五万元以下罚款，并对其直接负责的主管人员和其他直接责任人员处五百元以上二千元以下罚款；情节严重的，责令停产停业。

消防救援机构对于本条第二款规定的情形，除依法对使用者予以处罚外，应当将发现不合格的消防产品和国家明令淘汰的消防产品的情况通报产品质量监督部门、工商行政管理部门。产品质量监督部门、工商行政管理部门应当对生产者、销售者依法及时查处。

第六十六条 电器产品、燃气用具的安装、使用及其线路、管路的设计、敷设、维护保养、检测不符合消防技术标准和管理规定的，责令限期改正；逾期不改正的，责令停止使用，可以并处一千元以上五千元以下罚款。

第六十七条 机关、团体、企业、事业等单位违反本法第十六条、第十七条、第十八条、第二十一条第二款规定的，责令限期改正；逾期不改正的，对其直接负责的主管人员和其他直接责任人员依法给予处分或者给予警告处罚。

第六十八条 人员密集场所发生火灾，该场所的现场工作人员不履行组织、引导在场人员疏散的义务，情节严重，尚不构成犯罪的，处五日以上十日以下拘留。

第六十九条 消防设施维护保养检测、消防安全评估等消防技术服务机构，不具备从业条件从事消防技术服务活动或者出具虚假文件的，由消防救援机构责令改正，处五万元以上十万元以下罚款，并对直接负责的主管人员和其他直接责任人员处一万元以上五万元以下罚款；不按照国家标准、行业标准开展消防技术服务活动的，责令改正，处五万元以下罚款，并对直接负责的主管人员和其他直接责任人员处一万元以下罚款；有违法所得的，并处没收违法所得；给他人造成损失的，依法承担赔偿责任；情节严重的，依法责令停止执业或者吊销相应资格；造成重大损失的，由相关部门吊销营业执照，并对有关责任人员采取终身市场禁入措施。

前款规定的机构出具失实文件，给他人造成损失的，依法承担赔偿责任；造成重大损失的，由消防救援机构依法责令停止执业或者吊销相应资格，由相关部门吊销营业执照，并对有关责任人员采取终身市场禁入措施。

第七十条 本法规定的行政处罚，除应当由公安机关依照《中华人民共和国治安管理处罚法》的有关规定决定的外，由住房和城乡建设主管部门、消防救援机构按照各自职权决定。

被责令停止施工、停止使用、停产停业的，应当在整改后向作出决定的部门或者机构报告，经检查合格，方可恢复施工、使用、生产、经营。

当事人逾期不执行停产停业、停止使用、停止施工决定的，由作出决定的部门或者机构强制执行。

责令停产停业，对经济和社会生活影响较大的，由住房和城乡建设主管部门或者应急管理部门报请本级人民政府依法决定。

第七十一条 住房和城乡建设主管部门、消防救援机构的工作人员滥用职权、玩忽职守、徇私舞弊，有下列行为之一，尚不构成犯罪的，依法给予处分：

法律适用

相关法律法规

（一）对不符合消防安全要求的消防设计文件、建设工程、场所准予审查合格、消防验收合格、消防安全检查合格的；

（二）无故拖延消防设计审查、消防验收、消防安全检查，不在法定期限内履行职责的；

（三）发现火灾隐患不及时通知有关单位或者个人整改的；

（四）利用职务为用户、建设单位指定或者变相指定消防产品的品牌、销售单位或者消防技术服务机构、消防设施施工单位的；

（五）将消防车、消防艇以及消防器材、装备和设施用于与消防和应急救援无关的事项的；

（六）其他滥用职权、玩忽职守、徇私舞弊的行为。

产品质量监督、工商行政管理等其他有关行政主管部门的工作人员在消防工作中滥用职权、玩忽职守、徇私舞弊，尚不构成犯罪的，依法给予处分。

第七十二条 违反本法规定，构成犯罪的，依法追究刑事责任。

规章及规范性文件

《机关、团体、企业、事业单位消防安全管理规定》（节录）（2001 年 11 月 14 日中华人民共和国公安部令第 61 号公布 自 2002 年 5 月 1 日起施行）

第四十六条 违反本规定，依法应当给予行政处罚的，依照有关法律、法规予以处罚；构成犯罪的，依法追究刑事责任。

66 不报、谎报安全事故案

概念　本罪是指负有报告安全事故职责的人员，在安全事故发生后，不报或者谎报事故情况，贻误事故抢救，情节严重的行为。

立案标准　在安全事故发生后，负有报告职责的人员不报或者谎报事故情况，贻误事故抢救，具有下列情形之一的，应予立案：

1. 导致事故后果扩大，增加死亡 1 人以上，或者增加重伤 3 人以上，或者增加直接经济损失 100 万元以上的；

2. 实施下列行为之一，致使不能及时有效开展事故抢救的：

（1）决定不报、迟报、谎报事故情况或者指使、串通有关人员不报、迟报、谎报事故情况的；

（2）在事故抢救期间擅离职守或者逃匿的；

（3）伪造、破坏事故现场，或者转移、藏匿、毁灭遇难人员尸体，或者转移、藏匿受伤人员的；

（4）毁灭、伪造、隐匿与事故有关的图纸、记录、计算机数据等资料以及其他证据的；

3. 其他情节严重的情形。

"负有报告职责的人员"，是指负有组织、指挥或者管理职责的负责人、管理人员、实际控制人、投资人，以及其他负有报告职责的人员。

定罪标准

犯罪客体　本罪侵犯的客体是公共安全，即不特定多数人的生命、健康或重大公私财产的安全以及安全事故的报告制度。

犯罪客观方面　本罪的客观方面表现为，在安全事故发生后，负有报告职责的人员不报或者谎报事故情况，贻误事故抢救，并且具有严重情节的。

一、本罪的前提。构成本罪的前提条件是已经发生了安全事故。所谓的安全事故，根据相关的法律、法规规定，包括火灾事故、交通安全事故、建筑质量安全事故、民用爆炸物品和化学危险品安全事故、煤矿和其他矿山安全事故、锅炉、压力容器、压力管道和特种设备安全事故、其他安全事故。至于导致事故发生的原因，在所不问，既可以是责任事故，也可以是自然力、现有技术条件引发的自然事故或技术事故。同时应当注意的是，此处的"安全事故"，是指一般程度的安全事故即可，而不要求必须是重特大事故。所谓的重特大事故，依据《生产安全重特大事故和重大未遂伤亡事故信息处置办法（试行）》，是指以下情形：一次死亡 30 人以上（含 30 人）特别重大事故；一次死亡 10~29 人特大事故；一次死亡 3~9 人重大事故；一次受伤 10 人以上（含 10 人）的事故。但是该事故必须能在一定范围内给生命、健康或较大的公私财产带来侵害，否则轻微的小事故，即使责任人漏报、瞒报，也不会带来被刑罚处罚的法益侵害性。

定罪标准

犯罪客观方面

二、行为。本罪的行为表现为负有报告安全事故职责的人员，违反其职责，不报或者谎报事故情况，因而其行为形式是不作为。即行为人对已经发生的安全事故负有法定的报告义务，能够履行该义务，而拒绝履行。(1) 存在法定的报告义务。行为人对发生的安全事故必须负有法定的报告义务。现有的法律、法规、规章对在公共安全事故发生以后相关责任人员的报告义务，作出了较为详细的规定。根据《安全生产法》第83条、第84条之规定，生产经营单位发生生产安全事故后，事故现场有关人员应当立即报告本单位负责人。单位负责人接到事故报告后，应当迅速采取有效措施，组织抢救，防止事故扩大，减少人员伤亡和财产损失，并按照国家有关规定立即如实报告当地负有安全生产监督管理职责的部门，不得隐瞒不报、谎报或者迟报，不得故意破坏事故现场、毁灭有关证据。负有安全生产监督管理职责的部门接到事故报告后，应当立即按照国家有关规定上报事故情况。负有安全生产监督管理职责的部门和有关地方人民政府对事故情况不得隐瞒不报、谎报或者迟报。国务院《关于特大安全事故行政责任追究的规定》则对特大安全事故作出了规定，特大安全事故发生后，有关县（市、区）、市（地、州）和省、自治区、直辖市人民政府及政府有关部门应当按照国家规定的程序和时限立即上报，不得隐瞒不报、谎报或者拖延报告，并应当配合、协助事故调查，不得以任何方式阻碍、干涉。(2) 能够履行报告义务。对发生的安全事故负有报告职责的人员，必须存在着向主管人员或主管部门报告的可能性，对该可能性有无的判断，一般说来应坚持客观标准为主，同时兼顾行为人本身的条件，即应考察和行为人处于同一领域的一般人在行为人面临的具体情形中，能否履行报告义务，也要考虑到行为人是否具有某些低于一般人的反应能力的素质、条件等。就通常的情况而论，决定履行报告的可能性取决于是否了解到安全事故发生的信息以及是否具有向有关机关报告的通讯、交通等客观条件。行为人必须认识到安全事故已经发生的事实，认识的途径可以是群众的举报、新闻媒体的报道，也可以是下级机关的汇报等，与此同时行为人必须具有向主管机关或上级机关及时报告的便利的通讯设施、交通设施等，基于此才能断定行为人能够履行报告义务；相反，如果行为人没有掌握安全事故发生的信息，或者虽然掌握，但是由于地处偏远地带，交通极度不便或者通讯设施极为落后，未能在法定期限内报告的，应该认为行为人没有履行报告义务的可能性。(3) 未如实报告。所谓如实报告，就是指负有报告责任的人员，在安全事故发生后，必须将安全事故的整体状况准确报告给主管人员和主管部门，这些情况主要包括：事故发生的时间、地点、初步认定的事故发生原因、事故已经造成的损失以及事故可能会带来的危害等。未如实报告，根据《刑法》的规定，表现为不报或谎报安全事故。所谓不报，即隐瞒安全事故已经发生的真相；而谎报，则是指行为人尽管向有关部门报告了安全事故，但是有意忽略或者扭曲了安全事故的关键性事实，主要表现为：少报伤亡人数；对事故原因作不实的说明或汇报等。

三、结果。负有报告职责的人员，不履行法定的报告义务，必须贻误了事故抢救，并且情节严重。贻误事故抢救，是指延误时机，干扰了救灾、抢险工作及时、有效地进行。这里的"情节严重"，应当包括：(1) 导致事故后果扩大，增加死亡1人以上，或者增加重伤3人以上，或者增加直接经济损失100万元以上的；(2) 实施下列行为之一，致使不能及时有效开展事故抢救的：①决定不报、迟报、谎报事故情况或者指使、串通有关人员不报、迟报、谎报事故情况的；②在事故抢救期间擅离职守

定 罪 标 准	**犯罪客观方面**	或者逃匿的；③伪造、破坏事故现场，或者转移、藏匿、毁灭遇难人员尸体，或者转移、藏匿受伤人员的；④毁灭、伪造、隐匿与事故有关的图纸、记录、计算机数据等资料以及其他证据的；(3) 其他情节严重的情形。此外，具有下列情形之一的，应当认定为"情节特别严重"：(1) 导致事故后果扩大，增加死亡 3 人以上，或者增加重伤 10 人以上，或者增加直接经济损失 500 万元以上的；(2) 采用暴力、胁迫、命令等方式阻止他人报告事故情况，导致事故后果扩大的；(3) 其他情节特别严重的情形。 四、因果关系。负有报告职责的人员不报或者谎报事故情况，导致贻误事故抢救，并引发了严重的后果，不报或者谎报事故的不作为与严重后果之间存在法律上的因果关系。如果义务人在安全事故发生后，不报或者谎报事故情况，尽管没有履行报告义务，但是积极地指挥、调度救助人员，迅速组织救助工作，只是因为恶劣的天气情况、复杂的地质状况或现有技术条件的限制，最终导致了严重后果的发生，也应当认为不报或者谎报事故的不作为与严重后果之间不存在法律上的因果关系，义务人不应当承担刑事责任。
	犯罪主体	本罪主体"负有报告职责的人员"，是指负有组织、指挥或者管理职责的负责人、管理人员、实际控制人、投资人，以及其他负有报告职责的人员。在安全事故发生后，与负有报告职责的人员串通，不报或者谎报事故情况，贻误事故抢救，情节严重的，依照本罪以共犯论处。应当加以说明的是，地方各级人民政府的主要领导人仅对特大、重大安全事故负有报告的职责，因为地方各级人民政府对安全事故的报告义务主要体现在国务院《关于特大安全事故行政责任追究的规定》，各省、自治区、直辖市颁布的《关于重大安全事故行政责任追究的规定》等法律规定中。其中国务院《关于特大安全事故行政责任追究的规定》第 16 条规定，特大安全事故发生后，有关县（市、区）、市（地、州）和省、自治区、直辖市人民政府及政府有关部门应当按照国家规定的程序和时限立即上报，不得隐瞒不报、谎报或者拖延报告。北京市《关于重大安全事故行政责任追究的规定》第 5 条、第 10 条规定，发生重大事故后，有关政府负责人应当立即赶赴现场组织抢救和善后处理工作，并迅速向上一级政府报告。有关政府或政府部门隐瞒不报的，对该政府的主要领导人或政府部门的正职负责人给予行政处分。
	犯罪主观方面	本罪的罪过形式，既可以是过失，包括疏忽大意的过失和过于自信的过失，也可以是间接故意，即复合罪过。 一、过失。负有报告义务的行为人应当预见到自己不报或谎报安全事故的行为，会贻误事故抢救，并带来较为严重的后果，因疏忽大意没有预见，或者尽管已经预见到自己行为的后果，但是轻信其能够避免。在过失的心态下，义务人对于不报或谎报安全事故带来的贻误抢救、情节严重的后果持一种否定、排斥的心理态度。 二、间接故意。应当承认，本罪的心理态度存在间接故意的情形，因为在安全事故发生后，特别是重大、特大的安全事故，行为人明知自己的不报、瞒报行为会产生贻误抢救的结果，但是为了逃避因安全事故带来的刑事责任、行政责任，放任了危害后果的发生。客观而言，在现实生活中疏忽大意的过失比较少见，过于自信的过失、间接故意是本罪罪过形式中比较常见的形态。

定罪标准	**罪与非罪**	一、本罪与漏报、错报安全事故行为的界限。漏报、错报安全事故的行为，从外表上看也表现出不报、谎报安全事故的外观，也可能贻误事故抢救，并带来严重的后果，但是该行为与不报、谎报安全事故罪最大的不同之处在于，前者对于漏报、错报的安全事故并不明知，或者尽管明知，但由于信息统计、传输等技术性失误，以至于发生了认识上的错误，致使没有准确地向主管部门或相关的主管人员报告；后者则已经掌握安全事故发生的状况，有意地掩盖、隐瞒，意图使主管机关不能掌握或者不能准确掌握安全事故的信息。 二、本罪与不报、谎报安全事故行政违法行为的界限。本罪与不报、谎报安全事故行政违法行为的界限在于两者所带来的后果不同，前者要求不报、谎报安全事故的行为贻误事故抢救，并且情节严重；而后者尽管存在不报、谎报安全事故的情形，但是没有贻误事故抢救，或者贻误事故抢救，而情节较轻。两者的界限决定了对前者进行刑事处罚，而对后者处以行政处分或行政处罚。
	此罪与彼罪	一、本罪与玩忽职守罪的界限。本罪与玩忽职守罪的主要区别在于：（1）犯罪客体不同。本罪的客体是公共安全，即不特定多数人的生命、健康或重大公私财产安全；玩忽职守罪的客体是国家机关正常的管理活动。（2）犯罪客观方面不同。本罪在客观方面表现为在安全事故发生后，负有报告职责的人员不报或者谎报事故情况，贻误事故抢救，情节严重的行为；而玩忽职守罪的客观方面表现为严重不负责任，不履行或不正确履行自己的工作职责，致使公共财产、国家和人民利益遭受重大损失的行为。（3）主体不同。本罪的主体既可以是生产、经营单位的负责人，也可以是对安全生产负有直接责任的国家机关工作人员；玩忽职守罪的主体只能是国家机关工作人员。 二、本罪与重大责任事故罪的界限。重大责任事故罪，是指在生产、作业中违反有关安全管理的规定，因而发生重大伤亡事故或者造成其他严重后果的行为。本罪与重大责任事故罪之间的区别在于：（1）犯罪客体不同。重大责任事故罪的客体是生产、作业安全；而本罪的客体不仅包括生产、作业安全，也包括其他公共领域、公共场所的安全，范围更加广泛。（2）发生的前提不同。本罪发生的前提是安全事故已经发生；而重大责任事故罪的前提是在生产、作业的过程中。（3）客观方面的行为表现样态不同。本罪的行为表现为负有报告职责的人员不报或者谎报事故情况；而重大责任事故罪的行为表现为在生产、作业中违反有关安全管理的规定。此外，根据最高人民法院、最高人民检察院《关于办理危害生产安全刑事案件适用法律若干问题的解释》第10条之规定，在安全事故发生后，直接负责的主管人员和其他直接责任人员故意阻挠开展抢救，导致人员死亡或者重伤，或者为了逃避法律追究，对被害人进行隐藏、遗弃，致使被害人因无法得到救助而死亡或者重度残疾的，分别依照《刑法》第232条、第234条的规定，以故意杀人罪或者故意伤害罪定罪处罚。
证据参考标准	**主体方面的证据**	**一、证明行为人刑事责任年龄、身份等自然情况的证据** 包括身份证明、户籍证明、任职证明、工作经历证明、特定职责证明等，主要是证明行为人的姓名（曾用名）、性别、出生年月日、民族、籍贯、出生地、职业（或职务）、住所地（或居所地）等证据材料，如户口簿、居民身份证、工作证、出生证、专业或技术等级证、干部履历表、职工登记表、护照等。 对于户籍、出生证等材料内容不实的，应提供其他证据材料。外国人犯罪的案件，应有护照等身份证明材料。人大代表、政协委员犯罪的案件，应注明身份，并附身份证明材料。

证据参考标准	**主体方面的证据**	**二、证明行为人刑事责任能力的证据** 　　证明行为人对自己的行为是否具有辨认能力与控制能力，如是否属于间歇性精神病人、尚未完全丧失辨认或者控制自己行为能力的精神病人的证明材料。
	主观方面的证据	**证明行为人过失的证据** 　　1. 证明行为人应当预见到自己的行为可能发生危害社会的结果的证据；2. 证明疏忽大意的过失的证据；3. 证明过于自信的过失的证据。
	客观方面的证据	**证明行为人不报、谎报安全事故犯罪行为的证据** 　　具体证据包括：1. 证明行为人实施犯罪行为之前已经发生安全事故的证据；2. 证明行为人具有法定的报告义务的证据；3. 证明行为人能够履行报告义务的证据；4. 证明行为人未如实报告的证据；5. 证明未如实报告的行为贻误了事故抢救，情节严重的证据。
	量刑方面的证据	**一、法定量刑情节证据** 　　1. 事实情节：情节严重。2. 法定从重情节：情节特别严重。3. 法定从轻情节：（1）可以从轻；（2）可以从轻或减轻；（3）应当从轻或者减轻。4. 法定从轻减轻免除情节：（1）可以从轻、减轻或免除处罚；（2）应当减轻或者免除处罚。5. 法定减轻免除情节：（1）可以减轻或者免除处罚；（2）应当减轻或者免除处罚；（3）可以免除处罚。 **二、酌定量刑情节证据** 　　1. 犯罪手段；2. 犯罪对象；3. 危害结果；4. 动机；5. 平时表现；6. 认罪态度；7. 是否有前科；8. 其他证据。
量刑标准	犯本罪的	处三年以下有期徒刑或者拘役
	情节特别严重的	处三年以上七年以下有期徒刑
法律适用	**刑法条文**	**第一百三十九条之一**　　在安全事故发生后，负有报告职责的人员不报或者谎报事故情况，贻误事故抢救，情节严重的，处三年以下有期徒刑或者拘役；情节特别严重的，处三年以上七年以下有期徒刑。
	司法解释	**一、最高人民法院、最高人民检察院《关于办理危害生产安全刑事案件适用法律若干问题的解释》（节录）**（2015 年 12 月 14 日最高人民法院、最高人民检察院公布　自 2015 年 12 月 16 日起施行　法释〔2015〕22 号） 　　**第四条**　　刑法第一百三十九条之一规定的"负有报告职责的人员"，是指负有组织、指挥或者管理职责的负责人、管理人员、实际控制人、投资人，以及其他负有报告职责的人员。 　　**第八条**　　在安全事故发生后，负有报告职责的人员不报或者谎报事故情况，贻误事故抢救，具有下列情形之一的，应当认定为刑法第一百三十九条之一规定的"情节严重"：

法律适用

司法解释

（一）导致事故后果扩大，增加死亡一人以上，或者增加重伤三人以上，或者增加直接经济损失一百万元以上的；

（二）实施下列行为之一，致使不能及时有效开展事故抢救的：

1. 决定不报、迟报、谎报事故情况或者指使、串通有关人员不报、迟报、谎报事故情况的；

2. 在事故抢救期间擅离职守或者逃匿的；

3. 伪造、破坏事故现场，或者转移、藏匿、毁灭遇难人员尸体，或者转移、藏匿受伤人员的；

4. 毁灭、伪造、隐匿与事故有关的图纸、记录、计算机数据等资料以及其他证据的；

（三）其他情节严重的情形。

具有下列情形之一的，应当认定为刑法第一百三十九条之一规定的"情节特别严重"：

（一）导致事故后果扩大，增加死亡三人以上，或者增加重伤十人以上，或者增加直接经济损失五百万元以上的；

（二）采用暴力、胁迫、命令等方式阻止他人报告事故情况，导致事故后果扩大的；

（三）其他情节特别严重的情形。

第九条 在安全事故发生后，与负有报告职责的人员串通，不报或者谎报事故情况，贻误事故抢救，情节严重的，依照刑法第一百三十九条之一的规定，以共犯论处。

第十条 在安全事故发生后，直接负责的主管人员和其他直接责任人员故意阻挠开展抢救，导致人员死亡或者重伤，或者为了逃避法律追究，对被害人进行隐藏、遗弃，致使被害人因无法得到救助而死亡或者重度残疾的，分别依照刑法第二百三十二条、第二百三十四条的规定，以故意杀人罪或者故意伤害罪定罪处罚。

第十二条 实施刑法第一百三十二条、第一百三十四条至第一百三十九条之一规定的犯罪行为，具有下列情形之一的，从重处罚：

（一）未依法取得安全许可证件或者安全许可证件过期、被暂扣、吊销、注销后从事生产经营活动的；

（二）关闭、破坏必要的安全监控和报警设备的；

（三）已经发现事故隐患，经有关部门或者个人提出后，仍不采取措施的；

（四）一年内曾因危害生产安全违法犯罪活动受过行政处罚或者刑事处罚的；

（五）采取弄虚作假、行贿等手段，故意逃避、阻挠负有安全监督管理职责的部门实施监督检查的；

（六）安全事故发生后转移财产意图逃避承担责任的；

（七）其他从重处罚的情形。

实施前款第五项规定的行为，同时构成刑法第三百八十九条规定的犯罪的，依照数罪并罚的规定处罚。

第十三条 实施刑法第一百三十二条、第一百三十四条至第一百三十九条之一规定的犯罪行为，在安全事故发生后积极组织、参与事故抢救，或者积极配合调查、主动赔偿损失的，可以酌情从轻处罚。

第十六条 对于实施危害生产安全犯罪适用缓刑的犯罪分子，可以根据犯罪情况，禁止其在缓刑考验期限内从事与安全生产相关联的特定活动；对于被判处刑罚的犯罪分子，可以根据犯罪情况和预防再犯罪的需要，禁止其自刑罚执行完毕之日或者假释之日起三年至五年内从事与安全生产相关的职业。

二、最高人民法院《关于进一步加强危害生产安全刑事案件审判工作的意见》（节录）（最高人民法院 2011 年 12 月 30 日公布　自公布之日起施行　法发〔2011〕20 号）

11. 事故发生后，负有报告职责的国家工作人员不报或者谎报事故情况，贻误事故抢救，情节严重，构成不报、谎报安全事故罪，同时构成职务犯罪或其他危害生产安全犯罪的，依照数罪并罚的规定处罚。

三、最高人民法院、最高人民检察院、公安部、工业和信息化部、住房和城乡建设部、交通运输部、应急管理部、国家铁路局、中国民用航空局、国家邮政局《关于依法惩治涉枪支、弹药、爆炸物、易燃易爆危险物品犯罪的意见》（节录）（2021 年 12 月 28 日最高人民法院、最高人民检察院、公安部、工业和信息化部、住房和城乡建设部、交通运输部、应急管理部、国家铁路局、中国民用航空局、国家邮政局公布　自 2021 年 12 月 31 日起施行　法发〔2021〕35 号）

7. 实施刑法第一百三十六条规定等行为，向负有安全生产监督管理职责的部门不报、谎报或者迟报相关情况的，从重处罚；同时构成刑法第一百三十九条之一规定之罪的，依照数罪并罚的规定处罚。

9. 通过邮件、快件夹带易燃易爆危险物品，或者将易燃易爆危险物品谎报为普通物品交寄，符合本意见第 5 条至第 8 条规定的，依照各该条的规定定罪处罚。

一、国务院《关于特大安全事故行政责任追究的规定》（节录）（2001 年 4 月 21 日中华人民共和国国务院令第 302 号公布　自公布之日起施行）

第十六条　特大安全事故发生后，有关县（市、区）、市（地、州）和省、自治区、直辖市人民政府及政府有关部门应当按照国家规定的程序和时限立即上报，不得隐瞒不报、谎报或者拖延报告，并应当配合、协助事故调查，不得以任何方式阻碍、干涉事故调查。

特大安全事故发生后，有关地方人民政府及政府有关部门违反前款规定的，对政府主要领导人和政府部门正职负责人给予降级的行政处分。

二、《中华人民共和国道路交通安全法》（节录）（2003 年 10 月 28 日中华人民共和国主席令第 8 号公布　2007 年 12 月 29 日第一次修正　2011 年 4 月 22 日第二次修正　2021 年 4 月 29 日第三次修正）

第三十九条　公安机关交通管理部门根据道路和交通流量的具体情况，可以对机动车、非机动车、行人采取疏导、限制通行、禁止通行等措施。遇有大型群众性活动、大范围施工等情况，需要采取限制交通的措施，或者作出与公众的道路交通活动直接有关的决定，应当提前向社会公告。

三、《中华人民共和国安全生产法》（节录）（2002 年 6 月 29 日中华人民共和国主席令第 70 号公布　自 2002 年 11 月 1 日起施行　2009 年 8 月 27 日第一次修正　2014 年 8 月 31 日第二次修正　2021 年 6 月 10 日第三次修正）

第二十一条　生产经营单位的主要负责人对本单位安全生产工作负有下列职责：

（一）建立健全并落实本单位全员安全生产责任制，加强安全生产标准化建设；

（二）组织制定并实施本单位安全生产规章制度和操作规程；

（三）组织制定并实施本单位安全生产教育和培训计划；

（四）保证本单位安全生产投入的有效实施；

（五）组织建立并落实安全风险分级管控和隐患排查治理双重预防工作机制，督促、检查本单位的安全生产工作，及时消除生产安全事故隐患；

（六）组织制定并实施本单位的生产安全事故应急救援预案；

（七）及时、如实报告生产安全事故。

第八十三条 生产经营单位发生生产安全事故后，事故现场有关人员应当立即报告本单位负责人。

单位负责人接到事故报告后，应当迅速采取有效措施，组织抢救，防止事故扩大，减少人员伤亡和财产损失，并按照国家有关规定立即如实报告当地负有安全生产监督管理职责的部门，不得隐瞒不报、谎报或者迟报，不得故意破坏事故现场、毁灭有关证据。

第八十四条 负有安全生产监督管理职责的部门接到事故报告后，应当立即按照国家有关规定上报事故情况。负有安全生产监督管理职责的部门和有关地方人民政府对事故情况不得隐瞒不报、谎报或者迟报。

第一百一十条 生产经营单位的主要负责人在本单位发生生产安全事故时，不立即组织抢救或者在事故调查处理期间擅离职守或者逃匿的，给予降级、撤职的处分，并由应急管理部门处上一年年收入百分之六十至百分之一百的罚款；对逃匿的处十五日以下拘留；构成犯罪的，依照刑法有关规定追究刑事责任。

生产经营单位的主要负责人对生产安全事故隐瞒不报、谎报或者迟报的，依照前款规定处罚。

第一百一十一条 有关地方人民政府、负有安全生产监督管理职责的部门，对生产安全事故隐瞒不报、谎报或者迟报的，对直接负责的主管人员和其他直接责任人员依法给予处分；构成犯罪的，依照刑法有关规定追究刑事责任。

四、《中华人民共和国防震减灾法》（节录）（1997年12月29日中华人民共和国主席令第94号公布 自1998年3月1日起施行 2008年12月27日修订）

第八十九条 地震灾区的县级以上地方人民政府迟报、谎报、瞒报地震震情、灾情等信息的，由上级人民政府责令改正；对直接负责的主管人员和其他直接责任人员，依法给予处分。

第九十一条 违反本法规定，构成犯罪的，依法追究刑事责任。

五、《中华人民共和国食品安全法》（节录）（2009年2月28日中华人民共和国主席令第9号公布 自2009年6月1日起施行 2015年4月24日修订 2018年12月29日第一次修正 2021年4月29日第二次修正）

第一百二十八条 违反本法规定，事故单位在发生食品安全事故后未进行处置、报告的，由有关主管部门按照各自职责分工责令改正，给予警告；隐匿、伪造、毁灭有关证据的，责令停产停业，没收违法所得，并处十万元以上五十万元以下罚款；造成严重后果的，吊销许可证。

第一百四十九条 违反本法规定，构成犯罪的，依法追究刑事责任。

六、《中华人民共和国消防法》（节录）（1998年4月29日中华人民共和国主席令第4号公布 自1998年9月1日起施行 2008年10月28日修订 2019年4月23日第一次修正 2021年4月29日第二次修正）

第六十二条 有下列行为之一的，依照《中华人民共和国治安管理处罚法》的规定处罚：

（一）违反有关消防技术标准和管理规定生产、储存、运输、销售、使用、销毁易燃易爆危险品的；

（二）非法携带易燃易爆危险品进入公共场所或者乘坐公共交通工具的；

（三）谎报火警的；

（四）阻碍消防车、消防艇执行任务的；

（五）阻碍消防救援机构的工作人员依法执行职务的。

第七十二条 违反本法规定，构成犯罪的，依法追究刑事责任。

法律适用

相关法律法规

一、最高人民检察院、公安部《关于公安机关管辖的刑事案件立案追诉标准的规定（一）》（节录）（2008 年 6 月 25 日最高人民检察院、公安部公布　自公布之日起施行　公通字〔2008〕36 号　2017 年 4 月 27 日修订）

第十五条之一　〔不报、谎报安全事故案（刑法第一百三十九条之一）〕在安全事故发生后，负有报告职责的人员不报或者谎报事故情况，贻误事故抢救，涉嫌下列情形之一的，应予立案追诉：

（一）导致事故后果扩大，增加死亡 1 人以上，或者增加重伤 3 人以上，或者增加直接经济损失 100 万元以上的；

（二）实施下列行为之一，致使不能及时有效开展事故抢救的：

1. 决定不报、迟报、谎报事故情况或者指使、串通有关人员不报、迟报、谎报事故情况的；

2. 在事故抢救期间擅离职守或者逃匿的；

3. 伪造、破坏事故现场，或者转移、藏匿、毁灭遇难人员尸体，或者转移、藏匿受伤人员的；

4. 毁灭、伪造、隐匿与事故有关的图纸、记录、计算机数据等资料以及其他证据的；

（三）其他不报、谎报安全事故情节严重的情形。

本条规定的"负有报告职责的人员"，是指负有组织、指挥或者管理职责的负责人、管理人员、实际控制人、投资人，以及其他负有报告职责的人员。

二、国家安全生产监督管理局（已撤销）《生产安全重特大事故和重大未遂伤亡事故信息处置办法（试行）》（节录）（2006 年 7 月 2 日国家安全生产监督管理局（已撤销）公布　自公布之日施行　安监总调度〔2006〕126 号）

一、重特大事故和重大未遂伤亡事故范围

（一）一次死亡 30 人以上（含 30 人，下同）特别重大事故；

（二）一次死亡 10 – 29 人特大事故；

（三）一次死亡 3 – 9 人重大事故；

（四）一次受伤 10 人以上（含 10 人，下同）的事故；

（五）重大未遂伤亡事故包括：

1. 涉险 10 人以上（含 10 人，下同）的事故；

2. 造成 3 人以上被困或下落不明的事故；

3. 紧急疏散人员 500 人以上（含 500 人，下同）和住院观察治疗 20 人以上（含 20 人，下同）的事故；

4. 对环境造成严重污染（人员密集场所、生活水源、农田、河流、水库、湖泊等）事故；

5. 危及重要场所和设施安全（电站、重要水利设施，核设施、危化品库、油气站和车站、码头、港口、机场及其他人员密集场所等）事故；

6. 危险化学品大量泄漏、大面积火灾（不含森林火灾）、大面积停电、建筑施工大面积坍塌，大型水利设施、电力设施、海上石油钻井平台垮塌事故；

7. 轮船触礁、碰撞、搁浅，列车、地铁、城铁脱轨、碰撞、民航飞行重大故障和事故征候；

8. 涉外事故；

9. 其它重大未遂伤亡事故。

（六）新闻媒体、互联网披露和群众举报的重特大事故、重大未遂伤亡事故；

（七）社会影响重大的其它事故；

国务院有明确规定后，执行新规定。